Frigga Haug

Der im Gehen erkundete Weg
Marxismus-Feminismus

Frigga Haug

Der im Gehen erkundete Weg

Marxismus-Feminismus

Argument/InkriT

Berliner Beiträge zur kritischen Theorie Band 18

Die Deutsche Nationalbibliothek verzeichnet diese Publikation in der Deutschen Nationalbibliografie; detaillierte bibliografische Daten sind im Internet über http://dnb.d-nb.de abrufbar.

Deutsche Originalausgabe

Umschlaggestaltung: Martin Grundmann
Umschlagmotiv: Juanita Guccione, Voyage's End,
© Estate of Juanita Guccione, courtesy Weinstein Gallery
Lektorat: Else Laudan
Satz: Iris Konopik
Druck: CPI books, Leck. Printed in Germany
Gedruckt auf säure- und chlorfreiem Papier
ISBN 978-3-86754-502-0
Zweite Auflage 2018

Inhalt

Einleitung: Die Arbeit des Gedächtnisses

Sollte ich das Buch mit dem Anfang beginnen, also mit meinen beiden ersten Eingriffen, die ich vor fast einem halben Jahrhundert, Anfang der 1970er Jahre[1], in dieses bis heute aufgeladene Feld von Gewissheiten, Gewohnheiten und auch Dummheit hineinschrieb, in dem sich Marxismus-Feminismus entwickeln musste? Die Frage selbst signalisiert schon in der Wortwahl Unmögliches, das sich sogleich als schlechter Stil äußert. Was heißt, mit dem Anfang beginnen? Es ist eine Frage, die sich noch nicht ins Offene wagt. Die beiden Texte liegen wie ein Stein in meinem Magen, unerledigt und zugleich nebensächlich. Ich wollte sie vergessen. – Nach vielfachen Umkreisungen konnte ich sie erst nicht wiederfinden, was aber bei veröffentlichten Texten nicht ganz leicht ist. Dann wagte ich es und las sie. Wird schon so schlimm nicht werden. Schließlich sind auch diese Stücke von mir geschrieben, können also nicht einfach so schlecht sein, wie ich vor der Prüfung befürchtete. Sie übertrafen meine beklemmenden Vorannahmen bei weitem, weil sie nicht bloß langweilig und unerfahren waren. Vor allem kannte ich sie schon als Argumente von jemand andrem, die nicht ich war. Sie lasen sich, zum Teil bis in den Wortlaut, ganz wie die vielen von mir für äußerst dumm, halsstarrig, unbelehrbar gehaltenen Artikel gegen mich im Kontext der Opfer-Täter-Debatte nur 10 Jahre später[2], und auch wie die Reden gegen meine Versuche fast 40 Jahre später, linke Politik von Frauen angesichts des verloren gegangenen Horizonts zu verlebendigen.[3]

Erinnerungspolitik zu betreiben ist ebenso notwendig wie schmerzhaft. Geht doch auch im Umgang mit uns selbst die Hoffnung eine höchst merkwürdige Verbindung mit dem Vergessen ein. Christa Wolf schreibt in *Kindheitsmuster*, dass »wir uns unaufhaltsam fremd werden ohne unser Gedächtnis an das, was wir getan haben, an das, was uns zugestoßen ist [...] die Arbeit des Gedächtnisses [...] als Krebsgang, als mühsame rückwärtsgerichtete Bewegung, als Fallen in einen Zeitschacht, auf dessen Grund das Kind in aller Unschuld auf einer Steinstufe sitzt« (10f.). Aber dem berechnenden Gedächtnis, »das nach dem Inselprinzip arbeitet und dessen Auftrag lautet: Vergessen! Verfälschern!« (13), ist schon das Handwerk gelegt. Denn es gibt ja diese veröffentlichten Texte von mir im Original, anfassbare Belege, obwohl, wie ich mir versichere, kein Mensch sie mehr erinnern wird.

1 »Die missverstandene Emanzipation« (1971), »Verteidigung der Frauenbewegung gegen den Feminismus« (1973).

2 Vgl. Kapitel 3.3

3 Diskussion um die *Vier-in-einem-Perspektive. Politik von Frauen für eine neue Linke*, 2007.

Aber vor zwei Jahren wurde ich gebeten, für die Festschrift für Ingrid Kurz-Scherf einen Beitrag zum Verhältnis von Feminismus und Marxismus beizusteuern und darin zu erklären, wie es kam, dass ich 1971 eine Streitschrift gegen den Feminismus schrieb, um wenig später mich an die Spitze der dafür Streitenden zu stellen.

Ertappt. Verschweigen ging nicht mehr. Also musste ich mich zu diesen Texten bekennen und sie als Fehler von mir schieben. Die Lösung sollte jetzt eine kurze reumütige Beichte sein, um dann zum eigentlichen Werk unbeschwert voranzuschreiten. Aber ich handelte damals nicht »in aller Unschuld«, vor allem aber nimmt der spontane Versuch der wegsteckenden Erinnerung an, dass es ein Ich gibt, unsere heutige Individualitätsform, die im Wesentlichen immer ganz identisch gehandelt, gedacht und gefühlt hat, kurz die Verkörperung bürgerlicher Existenzphilosophie ist, während all meine viele Arbeit mit Erinnerungen Lehren zog über das Verändern, das uns selbst einbezieht. Eine Strategie gegen das sorgfältige Erinnern ist die »Eliminierung von Widersprüchen«, um sich selbst als kohärente Person nach außen zu präsentieren – eine Dauerarbeit, so hatte ich selbst wiederholt diagnostiziert. Ja, Erinnerungsarbeit[4] als Arbeit mit der Vergangenheit, um in der Gegenwart Handlungsfähigkeit zu vergrößern, wurde in diesem kleinen Täuschungsversuch in ihren Grundannahmen, dass Menschen sich selbst in die Gesellschaft bauen in einem ständigen Konstruktionsprozess, praktisch in Frage gestellt durch die nicht explizierte Hoffnung, ich als Einzige sei immer gleich gewesen. Keine Notwendigkeit der Selbstkritik als bewegendes Element von Veränderung. Vergessen die schwierige Lage, dass Befreiungsverlangen mit Widerstand in einem selbst rechnen muss als einer Person, die teilhat an Gesellschaft mit allen Sinnen.

Grade weil ich Marxistin war, bevor ich mich als Feministin denken konnte, musste ich die von mir gegen feministische Versuche von anderen verfassten Polemiken an den Anfang dieses Buches stellen. Hier lässt sich nämlich studieren, gegen welche Barrikaden und sicheren Festungen sich die kleine feministische Pflanze auch im Marxismus herausarbeiten musste. Historisch-kritisch vorgehen heißt Kritik ins Fundament einbauen als ständige Praxis der Veränderung. Die Existenz dieser Beiträge und ihre schmerzhafte Relektüre brachten mich dazu, das Buch ganz anders aufzubauen, als ich zunächst vorhatte. Nicht nur die Aufsätze, die am besten durchgearbeitet, am vollkommensten die Stärke eines feministischen Marxismus bezeugen konnten, sollten nun die Sammlung leiten. Feministischer Marxismus, so erkannte ich endlich, ist nichts, das wir irgendwann fertig in Händen halten und in seinen Facetten bestimmen und dokumentieren kön-

4 Die die Forschenden als Subjekte einbeziehende Methode, zu der ich zehn Bücher veröffentlicht habe.

nen. Er ist selbst ein ständiger Lernprozess. Genau diesen führe ich vor, um in allen Zweifeln so voranzukommen, dass die Denkgewohnheiten, die Begriffe, die zur Hand waren in ihrem historischen und theoretischen Milieu, und die allmähliche Durchdringung erkennbar werden. Dies empfiehlt sich umso mehr, als ja marxistischer Feminismus keinesfalls heute Mainstream-Theorie ist, um deren Zustandekommen sich keiner mehr schert. Vielmehr bleiben alle diese Vergangenheiten aktuell, solange wir sie nicht ernsthaft durcharbeiten und dabei die Vielen gegen ihre alten Denkweisen theoretisch und politisch dafür gewinnen, einschließlich unserer selbst.

Das Buch zeigt einen doppelten Lernprozess, meinen eigenen – in dieser Hinsicht ist es ein autobiographisches Werk – und den eines sich herausbildenden feministischen Marxismus. Gegenstand des Buches sind Versuche, gegen bürgerliches Denken eine Position zu beziehen, die marxistisch geleitet ist und zugleich vom feministischen Standpunkt innerhalb des tradierten Marxismus – auch mit Marx – Verschiebungen vornimmt. Im Buch wechseln Dokumente, Erzählungen vom heutigen Standpunkt und ebensolche Analysen sowie Darstellung des historischen Moments.

Der Standpunkt

Der Standpunkt, von dem aus geschrieben werden will, ist selbst in Bewegung. Er bestimmt die Perspektive und ist zugleich etwas, das erst gewonnen werden muss. Er ist Grundlage für eine Autorin in Bewegung. Von daher ist die autobiographische Schreibweise angemessen. Zugleich scheint sie die allgemeinen Aussagen in bloß individuelle Zufälle zu verkleinern. *Ich* zu schreiben will gelernt werden. Es drängt eine Person in den Vordergrund und schmälert damit ihr Zeugnis, und umgekehrt wirkt es aufdringlich, bloß ein Ich davorzuschieben, wenn allgemeine Aussagen getroffen werden wollen. Aber es ist notwendig für Erkenntnis, sich eben nicht als Ausnahme, als Außen, als nicht betroffen zu denken und wahrzunehmen. Im Gegenteil.

Kapitel 1

Inventar ohne Vorbehalt

Der Anfang

1968 hatte sich der *Aktionsrat zur Befreiung der Frau* in Berlin gegründet, dem ich mich nach wenigen Monaten anschloss, noch suchend, wie ich dort sinnvoll tätig sein könnte. Schon bald übte ich Kritik am aktionistischen Charakter des Rates, weil ich nicht ausmachen konnte, wie auf diesem Weg Frauenbefreiung, die ich seit meinem wegen der Geburt meiner Tochter notgedrungenen Exil für dringlich hielt, erreicht werden könnte. Vor allem war es mir ein Problem, dass ich nicht ›wusste‹, und auch sonst niemand dort, woher eigentlich Frauenunterdrückung und ihre Stetigkeit durch die Jahrtausende kam. Dies zu erkunden, so schien mir, war wesentliches Ziel eines Frauenbündnisses. So begann ich den Aktionsrat in eine große Zahl von Schulungsgruppen zu verwandeln, wie dies damals in der Studentenbewegung und in der Zeitschrift *Das Argument,* zu der ich gehörte, üblich war. Das Studium der Klassiker des Marxismus war zu dieser Zeit angesagt. In der Folge spaltete sich der Aktionsrat. Die Mehrzahl der etwa 100 Frauen blieb in den Schulungsgruppen und benannte sich 1970 um in *Sozialistischer Frauenbund Westberlin.* Der Name war Programm – sozialistisch sollte er sein, nicht demokratisch, wie die Frauengruppen in der damaligen kleinen kommunistischen Partei hießen, die als eine Art Arbeitsteilung wesentlich für ›Frieden‹ zuständig waren. Dieser unmögliche Riesenauftrag, für Frieden sorgen zu sollen, hatte die Gruppe für uns unglaubwürdig gemacht und zugleich den Frieden als Aufgabe unerträglich verkleinert. Davon mussten wir uns kämpferisch absetzen. In unserem Namen *sozialistisch* war der Hochmut eingeschlossen, die wahren Sozialistinnen zu sein, die »alles wissen« wollten. Dies war nicht die einzige Unterscheidung, die gewonnen werden wollte. Die immer noch etwa hundert Frauen starke Gruppe, die sich dem politischen Lernen verschrieben hatte, war durchwoben von den vielen anderen Strömungen in der Studentenbewegung, schon weil die einzelnen Frauen zumeist einen Partner hatten, der anderswo organisiert war. Entsprechend wurde jeweils versucht, das Frauengewicht auf die eigene Seite zu ziehen. Gegen diese vielfachen Verschmelzungsansinnen musste sich der Frauenbund erst noch selbst finden und so zusammenschließen, dass sein Bestand nicht mehr in Gefahr war. Neben der gemeinsamen Lektüre der Klassiker hielt ich auf den Plenumstreffen (am Mittwochabend) Vorträge, die weibliche sozialistische Identität und also Sinn und Zweck des Frauenbundes herausarbeiten und damit fördern wollten.

1971 also sprach ich zu den versammelten Frauen des Sozialistischen Frauenbundes in Berlin kritisch zu Karin Schrader-Klebert.[1]

1.1 Die missverstandene Emanzipation[2]

Der zunehmende Bedarf an Frauen in der Wirtschaft, also an berufstätigen Frauen, die neue Wohnsituation für viele Frauen, die rings um die Großstädte in den »grünen Höllen« in kleinen »sozialen Wohnungsbauheimen« ihr Leben mit Warten verbringen, die abnehmende, weil mehr und mehr rationalisierte und durch Maschinen ersetzte Hausarbeit in den »Mittelschichten« und andere Faktoren mehr (wie z.B. auch die Stellung der Frau in den sozialistischen Nachbarstaaten) ließen in den letzten Jahren das »Frauenproblem« akut werden. Es beschäftigten sich nicht nur intensiv die Massenmedien aus verschiedenen Interessen mit diesem Thema, sondern es wurden auch in vielen westlichen Ländern in zunehmendem Maße, inzwischen etwa in fast allen Großstädten der BRD, Frauengruppen gegründet, die mehr oder weniger bewusst irgendwie die Emanzipation oder die Befreiung der Frau sich zum Ziele machten. Subjektiv war der Auslöser für den Zusammenschluss nicht viel mehr als ein Unbehagen an der eigenen individuell erfahrenen Situation. Die auf diese Weise konstituierten Gruppen verfolgten mit den verschiedensten Methoden das Ziel, unmittelbar etwas für sich zu ändern – angefangen von Selbsthilfeorganisationen (Kinder- und Schülerläden) über psychoanalytische Zirkel, in denen die erfahrenen Versagungen hin- und hergeredet wurden, bis hin zu spektakulären Aktionen wie Gefangennahme von Männern, Büstenhalterverbrennungen usw., die aus der Presse weitgehend bekannt sind. Die prinzipielle Erfolglosigkeit dieser Arten von »Praxis« sowie die dennoch schnelle zahlenmäßige Zunahme dieser Gruppen bewirkten vielerorts eine Umorientierung. Die individuellen Erfahrungen mussten nicht nur verallgemeinert werden,

1 Das Buch beginnt so mit einer problematischen Sicherheit – davon zeugt schon die Titelkategorie ›missverstanden‹, die eine Autorin im Besitz des Richtigen voraussetzt. Am Anfang stehen also Irrtum und Selbstkritik. Anders als die meisten anderen Aufsätze sind daher die beiden ersten Beiträge nicht überarbeitet, sondern werden als unveränderte Dokumente begleitet von Analyse und Darstellung des historischen Moments.

2 Aus: *Das Argument* 67, 1971, 674–687

sondern über die Verallgemeinerung hinaus galt es, die Ursachen und somit die Wege für eine wirkliche langfristige Veränderung ausfindig zu machen. Es begann eine Phase, die vielleicht am ehesten mit dem Begriff »Lernbewegung« zu fassen ist. Frauen aus den verschiedensten Berufen, untere und mittlere Angestellte, Kindergärtnerinnen, Lehrerinnen, Krankenschwestern, Studentinnen und Hausfrauen schlossen sich zusammen, um die gesellschaftlichen Zusammenhänge begreifen zu lernen, aus denen ihre spezifische Situation und Stellung resultierte. Ihre Schulung konnte ohne Weiteres auf die Klassiker des Marxismus-Leninismus zurückgreifen, soweit es die allgemeinen Bewegungsgesetze der Gesellschaft zu erfassen galt; Schwierigkeiten tauchen aber dort auf, wo die spezielle Situation der Frau in der heutigen Gesellschaft zu bestimmen ist. Die benachteiligte Stellung der Frauen im Allgemeinen reflektiert sich im Nichtvorhandensein von Untersuchungen, Analysen und Arbeiten zu ihrer Situation. So wurde und wird mit Heißhunger schlechthin alles ergriffen, was sich, wie einseitig und verkehrt auch immer, überhaupt mit dem Thema »Frau« befasst. In dieser Situation der großen Nachfrage ist es zwar vom kommerziellen Standpunkt aus verständlich, vom Standpunkt der Nützlichkeit aber unverzeihlich, mit schlechter und irreführender Theorie die Bedürfnisse abzuspeisen.

Letzteres geschieht im *Kursbuch 17*, dessen prominentester und wohl auch heute noch am meisten gelesener Aufsatz von Karin Schrader-Klebert hier exemplarisch kritisiert werden soll. Eine solche Kritik stößt auf vielfältigen Widerstand, denn, so möchte man einwenden, schreibt schon einmal eine Frau in solch engagierter Weise gegen die Unterdrückung der Frauen, so sollte man hauptsächlich dankbar sein; – auch hat eine vom verantwortlichen Redakteur des *Kursbuch* in seinem Bekanntenkreis unternommene Umfrage ergeben, dass alle »linken« Frauen und Männer von diesem Aufsatz begeistert waren, auf Ablehnung stieß er nur bei Liberalen und Konservativen. Aber ist etwas schon deshalb richtig, weil es von traditioneller Warte her gesehen für falsch gehalten wird? Oder ist es richtig, weil alle sich neu konstituierenden Gruppen bis heute mit genau den Praktiken beginnen, die sich zwingend aus der von Schrader-Klebert dargelegten Theorie ergeben bzw. umgekehrt die Theorie diese Praktiken widerspiegelt? Gerade dieses letzte Phänomen zwingt zur Beschäftigung mit den Darlegungen der Autorin. Falls Aufklärung überhaupt sinnvoll sein soll, gilt es, solche falschen Theorien zu widerlegen, um Sackgassen und Irrwege zu vermeiden, um die kollektiven Energien in Bahnen zu lenken, die etwas anderes bewirken, als das Bürgertum mit neuartigen Zirkusclownerien zu belustigen.

Der Titel des Aufsatzes von Schrader-Klebert »Die kulturelle Revolution der Frau« ist eher zu bescheiden. Es wird nämlich nicht weniger unternommen, als die Geschichte der Unterdrückung der Frau über mehr als tausend Jahre zurückzuverfolgen; mehrere Wissenschaften und Wissenschaftssprachen werden bemüht, um auf »radikalste Weise die Misere der Frau« darzustellen und zur Veränderung aufzurufen.

Von einem weiblichen Standpunkt – es wird noch darzustellen sein, welcher Klassenstandpunkt es ist – wird die ganze Geschichte linear zurückverfolgt als eine Geschichte zunehmender Unterdrückung der Frau – mit den Worten der Autorin: als eine »Geschichte der Männer«. Sie ist »eine Geschichte der Gewaltanwendung« gegen die Frauen, und es gilt, »die Gewalt, deren Produkt sie sind, gegen die Unterdrücker selbst zurückzuwenden, sich vom Status des Opfers und Objekts in den des Subjekts und Handelnden zu versetzen« (1/2). Die elitären Begriffe und die Sprache des wissenschaftlichen Jargons, die den Aufsatz für eben die Gruppe, für die er geschrieben sein soll – nämlich alle unmündig und bewusstlos gehaltenen Frauen –, nicht nur zu einer Zumutung, sondern schlechthin unverständlich machen, bedürfen der Entzifferung.

Zunächst wird eine neue Klasse ausgerufen: die Frauen aller Länder. Da die Geschichte eine Geschichte der Gewaltanwendung aller Männer gegen alle Frauen sein soll, gelingt sofort eine erste Gleichsetzung, die in ihrer zunächst nur sprachlichen Radikalität sicher viele Sympathisanten findet: »Die Frauen sind die Neger aller Völker und der kollektiven Geschichte« (1). Aber alle, die sich gegen Gewalt wenden, sind so den Frauen gleich bzw. die Frauen ihnen: Sie entsprechen den »unterdrückten, entmenschten Völkern«, die sich richten gegen »imperialistische und kolonialistische Gewalt«, den »Entmündigten und politisch entrechteten Gruppen innerhalb der monopolkapitalistischen Länder« (1). Nachdem so schon auf Seite 1 ganz bombastisch das Feld des eigentlichen revolutionären Potenzials aufbereitet ist, die Autorin sich der Zustimmung derer, die politisch auf Seiten der kämpfenden Neger, allgemeiner der unterdrückten Völker stehen, versichert hat, können die Feinde, gegen die diese kämpfen, fallengelassen werden; vergleichbar war ja ohnehin nur das Mittel, nämlich die Gewalt, die angeblich alle Männer gegen alle Frauen nahezu seit Ewigkeiten einsetzen. Es geht also um eine Solidarisierung aller Frauen gegen alle Männer. Beklagt wird, dass sich fälschlich die weiße Frau mit dem weißen Mann solidarisiert statt mit der schwarzen Frau, die bourgeoise Frau mit dem bourgeoisen Mann, die Proletarierfrau mit dem Proletariermann usw., statt alle in der neuen weiblichen Klasse. So abstrakt hat man auf den ersten Blick sicher das Gefühl, da sei irgendetwas richtig, Frauen seien eben im Ganzen irgendwie von den Männern unterdrückt. Auf den zweiten Blick wird es schon fragwürdiger: Betrachtet man die empirische Realität, wer möchte da nicht lieber Studentin sein als Straßenfeger, lieber Bankdirektorsgattin als Grubenarbeiter? Aber, so wird man einwenden, dies ist nicht der richtige Vergleich: Es müsste heißen Student oder Studentin, Bankdirektor oder

Bankdirektorsgattin, Grubenarbeiter oder Grubenarbeiterfrau – hier ist man schon nicht mehr so ganz sicher – auch nicht beim Straßenfeger, vielleicht nicht beim gesamten Proletariat? Doch da ist es wieder ganz deutlich beim Unterschied zwischen Proletarier oder Proletarierin, d.h. Frau aus der Arbeiterklasse im Produktionsprozess. Schon aus dieser einfach zu betrachtenden Wirklichkeit ergibt sich klar, dass es ganz offensichtlich eine Unterdrückung oder Benachteiligung der Frau gegenüber dem Mann aus der gleichen Klasse, insbesondere aus dem gleichen Beruf gibt. Sie werden also alle unterdrückt, aber trotz dieses gemeinsamen Dritten, der Unterdrückung, sind die Frauen aus den einzelnen Klassen so weit entfernt voneinander, wie nur Klassen voneinander entfernt sein können. Nicht nur wird es unmöglich, den Ursprung, das Wesen, die historische Notwendigkeit der Unterdrückung der Frauen überhaupt zu begreifen, wenn man, wie Schrader-Klebert, über die Klassenschranken hinweg das Allgemeine, Verbindende verkündet, sondern darüber hinaus bzw. aus dem Nichtbegreifen notwendig folgend, wird die revolutionäre Lösung so bescheiden sein wie der revolutionäre Kampf abstrakt. Man braucht bloß die Männer dahin zu bringen, etwas freundlicher und weniger egoistisch zu sein. Mit ein bisschen gutem Willen von ihrer Seite wäre das Spiel schon gewonnen.

Wenn aber die Wirklichkeit so offensichtlich schon die Klassenunterschiede aufnötigt, so bleibt die Frage, wie dann diese doch auch für die Autorin sichtbare Welt in die allgemeine Gleichheit eingezwängt werden kann? Das geht ganz einfach. Auf Seite 12 heißt es: »Entweder sie (die Frau) wurde geschunden und verbraucht, war bald alt und hässlich, dann war ihre einzige Erwartung der Tod; oder der Mann, der sie besaß, war reich, dann diente es seinem Prestige, wenn sie nichts tat, schmarotzte und in einem goldenen Käfig ihren Körper nach den Wünschen des Mannes als Objekt darbot.«

Wer die Wirklichkeit so bloß noch als Bildmaterial benutzt, bei dem verwundert ein Satz wie der folgende nicht: »Zu meinen, den Mangel der Frau, der ein Produkt der Jahrtausende ist, durch einen ökonomischen Mangel kompensieren zu können, ist naiv oder zynisch« (5). Trotz dieser Skepsis gegenüber der Ökonomie, die dieser Satz wohl dokumentieren soll, basiert die gesamte Analyse Schrader-Kleberts auf ökonomischen Kategorien. Man wird sehen müssen, wie sie eingesetzt werden.

Es beginnt sogleich mit der Geschichte der Unterdrückung, die auf der *Arbeitsteilung* basieren soll. Nun ist Arbeitsteilung an sich nichts Böses, sondern im Gegenteil der Beginn von Kultur und Fortschritt in der Gesellschaft überhaupt, und es dürfte schwerfallen, eine wünschenswerte Gesellschaft sich vorzustellen, die nicht – wenn auch in anderer Form und für den Einzelnen in abnehmendem Maße einseitig und folgenreich für seine Klassenlage – auf der Arbeitsteilung basiert. Das allein kann es also nicht sein. Es muss etwas Spezifisches zur Arbeitsteilung hinzukommen. Brecht lässt Me-ti dazu sagen: »Die Arbeitsteilung ist gewiss ein Fortschritt. Aber sie ist zu einem Werkzeug der Unterdrückung geworden. Wenn man dem Arbeiter sagt, er solle vor allem ein guter Autobauer sein, sagt man damit, er solle z.B. die Festsetzung seines Lohnes anderen überlassen, die darin sich gut auskennen, guten Unternehmern oder guten Politikern. Wenn man dem Arzt sagt, er solle vor allem ein guter Schwindsuchtforscher sein, sagt man damit, er solle sich nicht um den Wohnungsbau kümmern, der die Schwindsucht erzeugt. Man ordnet die Verteilung der Arbeit so an, dass die Ausbeutung und Unterdrückung dazwischen bestehen kann, als wäre sie auch eine Arbeit, die einige zu besorgen hätten« (Brecht: *Gesamtausgabe*, Prosa 5, Me-ti, 130f.).

Es hilft auch nicht weiter, die spezifisch häusliche Arbeit als »immanent« und vom »Wiederholungszwang« (10) geprägt zu beschreiben. Ob ich Koch bin oder zu Hause Essen koche (ganz zu schweigen vom Beruf des Kellners), Fensterputzer oder meine eigenen Fenster putze, die Tätigkeiten selber dürften sich nur quantitativ, d.h. in ihrem Ausmaß voneinander unterscheiden. – Der Wiederholungszwang als spezifisch für eine Tätigkeit ist im Übrigen besonders aus der Fließbandarbeit geläufig. Verglichen mit dem minütlich gleichen Griff oder Knopfdruck ist die Hausfrauenarbeit, gerade zum Beispiel das Kochen, ausgesprochen schöpferisch.

Die Autorin kommt der Wahrheit nur wenig näher, wenn sie schreibt: »Das geschichtliche Prinzip dieses Gewaltmonopols ist die Nichtbeteiligung der Frau am *Produktionsprozess.* Sie nimmt nicht an der Aneignung der Natur teil, so auch nicht an der Beherrschung der Natur und deren Konsequenzen, der Herrschaft des Menschen über den Menschen« (5). Aber der Begriff »Produktionsprozess« wird fern von jeder Realität, von allen tatsächlichen ökonomischen Strukturen wieder nur als Reizwort benutzt, um den Anschein zu erwecken, es handle sich wirklich um eine grundlegende Theorie. Zunächst einmal ist vom Kapitalismus nicht die Rede, so dass der Produktionsprozess nicht als der Ort der Mehrwertproduktion, der Prozess der Produktion von Waren begriffen wird, welcher grundlegend die Beziehungen der Menschen bestimmt. Der Produktionsprozess ist für Schrader-Klebert der Ort, an dem die Aneignung der Natur geleistet wird, also die Beherrschung derselben und als Resultat die Herrschaft des Menschen über den Menschen; dies alles wird monopolisiert von den Männern. Sie haben auch die »Umverteilung von Besitz und Gewalt« (6) vorgenommen. Die »Produktivität der Arbeit« ist ihr *»Privateigentum«*. – An dieser Stelle wird mit der Einführung des Begriffs Privateigentum wieder Kapitalismusverdacht mobilisiert, jedem wird bei einigem Nachdenken klar sein, dass die Verwendung des Begriffs hier nichts mit dem wirklichen Privateigentum zu tun haben kann. Privateigentum kommt historisch zunächst als Privateigentum an Grund und Boden vor, später als Privateigentum an Produktionsmitteln mit der Möglichkeit, andere Menschen für sich arbeiten zu lassen.

Die »Möglichkeit« der »Selbstveränderung durch Handlung«, der »Veränderung der eigenen Lebensbedingungen, der eigenen Bedürfnisse«, »der Beherrschung der Produktionsbedingungen« (6) gelte nur für den Mann. An einem bestimmten Zeitpunkt der Geschichte sei »aber die Monopolisierung der Produktionsbedingungen für den Mann in einem Maße ökonomisch effizient geworden, dass eine Freisetzung der Frau eine Destruktion der gesellschaftlichen Produktionsverhältnisse bedeutet hätte« (8). Dieser Satz ist derartig aus der Luft gegriffen, dass er eigentlich nur in die Reihe der Mythen und Märchen gehört. Aber die kann man ja erklären. Ein Versuch der Entzifferung bringt hier hingegen weiter nichts, als dass vielleicht die schon zu Monopolkapitalisten gewordenen Unternehmer fürchten, dass bei einer Teilung ihrer Kapitale mit ihren Frauen sie nicht mehr konkurrenzfähig auf dem Weltmarkt sind. Das aber kann hier kaum gemeint sein.

Der Mann hat »die Verfügung über gesellschaftliche *Produktionsmittel«* (16). Eine solche Betrachtungsweise mag zwar vorübergehend das berechtigte Gefühl der Frauen, dass Männer ihnen gegenüber im Vorteil sind, befriedigen; doch macht man sich die Mühe, darüber nachzudenken, von welchen Männern hier überhaupt nur die Rede sein kann, so sieht man, es müssten die Kapitalinhaber sein. Der Standpunkt, von dem aus hier betrachtet wird, ist demnach ein Oberklassenstandpunkt. Wovon hier die Frauen der Kapitalisten ausgeschlossen werden, ist nicht der Produktionsprozess; der Produktionsprozess selber, von dem die Frauen der Arbeiter keineswegs immer ausgeschlossen sind, ist mit solch euphemistischen Worten wie etwa »Selbstveränderung durch Handlung« sicher nur bei völliger Verachtung der Wirklichkeit zu beschreiben. (Es empfiehlt sich, hierüber, und auch spezifisch über Frauenarbeit, Engels' *Lage der arbeitenden Klassen in England* zu lesen.)

Aber auch die Kategorien *Proletarier, Ware, Preis, Wert* und *Kapital* werden von der Autorin in Anspruch genommen. Man wird, inzwischen misstrauisch geworden, sehen, wofür.

Da die Frauen vom Produktionsprozess ausgeschlossen sind, welcher Aneignung der Natur bedeuten soll, mit dem Resultat der Herrschaft des Menschen über den Menschen, folge daraus die Herrschaft des Mannes über die Frau. Irgendwie sei ihr Körper enteignet. Die Frau wird auf S. 19 zunächst zur »Ware«, »die den Gesetzen des Marktes unterliegt«; »Der *Preis* der Ware ist ihr Wert«; der Mann »investiert« in sie »Kapital«, worauf der »Gewinn« steigt. Auf S. 21 gar wird »ihr Körper ihr Kapital«. »Das Begehren des Mannes ist der Kredit.« »Mit dem Trauschein geht der Körper in den Besitz des Mannes über, er erhält das Nutzungsrecht und damit die rechtliche Verpflichtung, diesen Besitz zu schützen und zu halten« (21). Offenbar definieren sich nach Ansicht der Autorin Kapitalbesitzer durch die rechtliche Verpflichtung, ihren Besitz zu schützen und zu halten. »Der Warenwert muss seinen Konsumbedürfnissen entsprechen und muss sich bei entsprechender Investition steigern.« Hier geht wegen der radikalen Phrasen so viel durcheinander, dass es schwer wird, überhaupt einen Anfang zu finden.

Zunächst zum Warencharakter der Frau. Eine Ware ist verkäuflich. Wer tritt also als Käufer auf, wer als Verkäufer? Man denkt sogleich an Prostituierte, sie verkaufen sich auf dem Markt und haben einen Preis. Die Prostitution taucht aber bei Schrader-Klebert an ganz anderer Stelle auf, bei ihrer großen Entdeckung, dass es in unserer Gesellschaft eine Klasse gibt, die fortwährend verkauft, was ihr nicht gehört. Es ist dies: die Arbeiterklasse. »So wie der Proletarier nur seine abstrakte Arbeitskraft ist, die er verkaufen muss, um eben diese abstrakte Arbeitskraft zu erhalten – wobei ihm weder Arbeitskraft noch Produkt gehören –, so muss die Prostituierte sich allen Männern verkaufen, um eben diesen Körper zu erhalten, den sie verkaufen muss« (15). Dem Proletarier gehört also nicht seine Arbeitskraft, die er verkauft, die Prostituierte ist ihres Körpers, den sie verkauft, enteignet wie alle Frauen. Beide müssen also, bevor sie auf den Markt gehen, kriminell werden, denn in welcher Gesellschaft kann man schon etwas verkaufen, was einem nicht gehört. Eine Grundbedingung für die Entstehung des Kapitalismus aber war die Ablösung von Sklaverei und Leibeigenschaft durch das Recht des Menschen, über seinen Leib selber zu verfügen. Da der Kapitalismus aber ohnehin in der gesamten Analyse der Autorin nur eine sehr untergeordnete Rolle spielt, sollte man vielleicht auch nicht auf seinen wesentlichen Elementen beharren? Wo kommen aber dann Proletarier, Waren und Kapital her?

Zurück zum Warencharakter der Frau. Bleiben wir bei der Voraussetzung: sie gehört sich nicht, wird aber ge- und verkauft. Zweite Möglichkeit: Der Mann verkauft sie. Dies wäre wieder das Sonderbeispiel des Zuhälters in Bezug auf die Prostitution. Dritte Möglichkeit: Der Mann kauft sie, vielleicht von ihren Eltern. Mit einiger Gewaltsamkeit ließen sich bürgerliche Ehen, die aus Gründen der ökonomischen Bereicherung geschlossen werden, so interpretieren. Aber was in einem solchen Fall nach Kauf der Ware konsumiert wird, dürfte weniger die Frau sein, als vielmehr der Nutzen, der aus dem angeheirateten Besitz springt. Zudem passte auch nur der kleine Teil der besitzenden Frauen in das Interpretationsschema, die Masse der Bevölkerung bzw. der Anteil an Frauen in ihr, die Besitzlosen werden vernachlässigt, oder sie sind eben keine »Waren«. Um überhaupt den Gedankengang weiter verfolgen zu können, soll an dieser Stelle die

Vorstellung, die Frau gehöre nicht sich selbst, fallengelassen werden. Dann könnte sie sich selber an den Mann verkaufen, nicht in einem einzigen Tauschakt, sondern zum Beispiel das lebenslängliche Nutzungsrecht an ihr gegen die Sicherung ihrer Ernährung, Wohnung, Bekleidung usw. Diese Feststellung bringt wenig weiter, insbesondere nicht als eine, die beweisen soll, dass es dem Manne grundsätzlich anders geht als der Frau. Schließlich verkauft er, wenn er nicht Kapitalist ist, im Allgemeinen auch seine Arbeitskraft als Ware auf dem Markt, um seinen Lebensunterhalt zu sichern. Den Gesetzen des Marktes soll die Frau durch die Ausstattung ihrer Erscheinungsweise (19) mit »Gegenständen des Konsummarktes« unterliegen. Diese bestimmen ihren Preis und Wert. Soll das heißen, dass Frauen in Mittelklassen mehr Haushaltsgeld ausgeben als in Arbeiterfamilien, so ist das eine Binsenweisheit und hätte einfacher gesagt werden können. Da die Frauen aber eben nicht wirklich durch eine einzige finanzielle Transaktion gekauft werden, lässt sich der Satz anders nicht interpretieren. Die Tatsache, dass die Eheschließung unversehens zu einer Art Geschäft wird, lässt sich aber nur dann der männlichen Bosheit und Herrschaft anlasten, wenn man dem Kapitalismus mit seinen objektiven Gesetzen und Lebensbedingungen so gleichgültig gegenübersteht wie die Autorin. Hierzu sagt Brecht: »Me-ti wurde gefragt, ob es gegen die Gute Sitte verstoße, wenn eine Ehefrau ihrem Mann gegenüber untreu wird. Er sagt: ›In einem Land, wo der Mensch alles kaufen muss, die Tasse Tee und das Bett und das Buch und das Geschlechtsteil einer Frau, darf man ihm nicht verwehren, wenn er das Gekaufte für sich beansprucht. Wenn ich in einem Haus eine Wohnung habe, darf dann der Wirt auch andere in dieser Wohnung beherbergen? Es ist unsittlich, wenn die Frau, die das Geld nimmt für die Vermietung ihres Geschlechtsteils, dieses dann auch anderweitig vermietet, ausgenommen, es ist ausgemacht. Allerdings findet die Frau in solchen Ländern auch keinen Bissen zu essen, noch eine Lagerstatt, wenn sie nicht ihr Geschlechtsteil vermietet, so dass ein Betrug von ihr eigentlich nur einen unsittlichen Vertrag bricht. Hat sie doch nichts, schamhaft ihre Blöße zu verdecken, wenn sie diese nicht verkauft! Ich meine: in einem Lande wie dem unsrigen ist alles unsittlich, sowohl der Ehebruch wie die Ehe‹« (Me-ti, a. a. O., 68).

Nicht genug. Schrader-Klebert verwandelt den Körper der Frau schließlich sogar von einer Ware in Kapital, d. h. in sich selbst verwertenden Wert. Lassen wir die Prostitution und Anna aus Brechts »Sieben Todsünden«, deren »kleiner weißer Hintern« mehr wert war als eine »kleine Fabrik«, weg und betrachten die absolute Unvernunft der Frauen, die dieses Kapital, mit dem sie schon auf die Welt kommen und für das sie auch schon »durch das Begehren des Mannes Kredit gewinnen«, einfach abgeben. Statt den Gesetzen des Kapitals zu gehorchen und dasselbe ständig zu vermehren, indem sie andere für sich arbeiten lassen, übereignen die Frauen das Ganze einfach, vielleicht aus purer Dummheit, an die Männer. Aber jetzt haben wir eine neue Gesellschaft, die Gesellschaft, in der alle Männer Kapitalisten sind. »Nun kann er investieren und das Kapital arbeiten lassen. Der Körper muss schön sein, gepflegt sein, immer bereit sein, soll nicht fordern und zu allem verwendbar sein; muss Kinder gebären, sich im Haushalt abnutzen lassen oder sich in einem untergeordneten Beruf verbrauchen, um zum gemeinsamen Konsum, Prestige beizusteuern« (21). Ein in sein Kapital investierender Arbeiter ist schlichter Hohn, ebenso die Beschreibung seiner Frau mit Sätzen aus »Brigitte« und »Jasmin«. Eine Kapitalistenfrau, die sich im Haushalt abnutzen oder sich in einem untergeordneten Beruf verbrauchen lässt, ist gleichfalls Hohn von der anderen Seite. Wie sich der Warenwert dann noch bei entsprechender Investition steigert, bleibt dunkel. Vielleicht bekommt sie Spezialnahrung und kriegt dann mehr Kinder, und diese werden verkauft? Aber dann erfüllte sie nicht so sehr die Funktion der Ware als vielmehr die des Produktionsmittels. Abgesehen davon sollte man einmal wirklich außerhalb der amerikanischen Vulgärsoziologie, in der durch die Einführung des Begriffs Prestige offenbar solches vollbracht wird, versuchen, realökonomisch mit Tauschwerten Tauschwerte anzulocken. Nichts anderes bedeutet es, wenn einer sich vorstellt, er hängt seiner Frau einen teuren Schmuck um den Hals und dann steigt sein Einkommen. Es ist etwa so wie der Aberglaube, man müsse nur ein paar Silbermünzen in der Hand haben, wenn der erste Kuckucksruf im Frühling ertönt, um zu großem Reichtum zu kommen. Ein auch nur oberflächlicher Blick auf den kapitalistischen Verwertungsprozess, auf die Lohnkämpfe zu allen Zeiten zeigt sogleich, dass hier andere Gesetze regieren, als es sich ein im Privatauftrag der Verhüllung und Vernebelung arbeitender Soziologe amerikanischer Machart träumen lässt.

Der oben zitierte Satz macht zudem in *affirmativer Negation* noch einmal mit, was Reklame, die zum Warenabsatz im Kapitalismus immer notwendiger wird, suggerieren will. Versprechen etwa die Waren der Kosmetikindustrie durch ihre Reklame Schönheit, Gepflegtheit usw. und somit Liebe und Erfolg, so lastet Schrader-Klebert, den Betrug immerhin spürend, dies aber keineswegs den Verwertungsgesetzen des Kapitals, sondern der Bosheit der Männer an. Gerade diese Betrachtungsweise in Kombination mit dem hilflosen, weil falsch gerichteten Protest gegen das Hausfrauendasein spielte und spielt noch eine große Rolle in den verschiedenen Frauengruppen. Logisch führt dieser Standpunkt zur verbal außerordentlich radikal klingenden, praktisch völlig folgenlosen passiven Verweigerung, die aus der Phase der antiautoritären Studentenbewegung schon bekannt ist.

Schließlich wird das Fundament angegeben, auf dem das Ganze ruht, die wirklich tragenden Säulen einer »Gesellschaft, die auf Ausbeutung des Menschen durch den Menschen gegründet ist«: nämlich »Ehe (Familie) und Prostitution«. Sie sind »Institutionen«, die der Mann sich »geschaffen hat«, um sich das »Gewaltmonopol« der »Fesselung« der Produktivkraft der Frau zu sichern (16). Da die Formel »Gesellschaft, die auf Ausbeutung des Menschen durch den Menschen gegründet ist« u.a. die Formel für den Kapitalismus ist, sollte man annehmen, dass es sich im Folgenden um diesen handelt. Wer beutet im Kapitalismus wen aus und zu welchem Zweck? Doch hauptsächlich die Kapitalistenklasse die Arbeiterklasse zum Zwecke der Kapitalakkumulation; dabei würde es ihnen allerdings im Traum nicht einfallen, die Produktivkraft, die die Quelle der Wert- und Mehrwertproduktion, also die einzige Quelle ihres Reichtums ist, in der Weise zu fesseln, wie Schrader-Klebert dies für die Männer den Frauen gegenüber vorsieht. Zudem dürfte es schwerfallen, die Gewalt bei der Aneignung der durch die Arbeiterklasse geschaffenen Reichtümer so unmittelbar zu entdecken. Vielleicht ist hier doch nicht vom Kapitalismus die Rede, denn die gemeinte Ausbeutung der Frauen von Seiten der Männer hat bislang noch nicht dazu geführt, die Männer zu Kapitalisten zu machen, außer in der oben beschriebenen Wendung der Autorin. Gleichwohl soll den Voraussetzungen der Autorin gefolgt werden, um zu sehen, wie Ehe und Prostitution zu tragenden Säulen werden. Zunächst gelten ihr Ehe und Prostitution als das Gleiche (15). Einmal wird der Körper von vielen genutzt, das andere Mal hat ein einziger das Nutzungsrecht. Beide Körper sind enteignet. Wie man dann noch seinen Körper verkaufen kann, bleibt nach wie vor das Geheimnis der Autorin. Nach der Gleichsetzung kann sie die Prostituierte fallenlassen und sich allein der Ehefrau zuwenden. Wir wissen schon, dass ihr die »Verfügung über die gesellschaftlichen Produktionsmittel genommen ist« (16) – die haben die Männer – und dass ihr »die Potenz, sich Natur anzueignen«, abgesprochen wird. Diese beiden Kriterien sind der Grund dafür, dass sie sich »selbst nicht als menschliche Existenz setzen kann«. Das heißt, sie ist kein Mensch. »In die Sphäre der Produktion konnte sie aber erst dann massenhaft eindringen, als mit der Entwicklung der Manufaktur die Arbeitskraft den Arbeitenden enteignet wurde. Denn die Arbeit, die der männliche Lohnsklave leistet, ist ebenso abstrakt und entfremdet wie die, die die Frau für den Mann seit Jahrtausenden tut. Frauen und Kinder waren deshalb ein so billiges Potenzial für die Unternehmer, weil sie keine Menschen waren und für diese Sklaverei bereits die richtige Mentalität mitbrachten «(17). Wie schon weiter oben entwickelt, wurde die Arbeitskraft dem Arbeitenden nicht enteignet, auch nicht mit der Entwicklung der Manufaktur, sondern er kann im Gegenteil frei über sie verfügen. Überlegungen zu den falsch verwandten Begriffen »abstrakt und entfremdet« sollen hier beiseite gelassen werden, um sehen zu können, dass die Arbeiter das Gleiche tun wie die »Frauen seit Jahrtausenden«. Also könnten jetzt eigentlich die Proletarier aus den Gesamtmännern, von denen bislang die

Rede, herausgenommen und die Gesamtheit der Frauen dieser Klasse zugeschlagen werden? Aber das geht nicht, denn die Frauen sind ja keine Menschen, wenn sie auch eine Mentalität, nämlich die der Sklaven haben, weshalb sie so billig sind. Dass der Preis der Ware Arbeitskraft Frau für die Unternehmer billiger war als der der Männer, hängt, wie ein nur flüchtiger Blick in die Kapitalismusgeschichte zeigt, sicher nicht mit ihrem Nicht-Mensch-Sein zusammen, sondern damit, dass der Lohn der männlichen Arbeiter für die Reproduktion der gesamten Familie berechnet war. Die Frauen traten also nicht nur als zusätzliche Verdienerinnen auf – ihr Lohn musste nicht für die gesamte Familie ausreichen –, sondern zugleich als Konkurrentinnen auf dem Arbeitsmarkt, was wiederum den Kapitalisten die Möglichkeit bot, sowohl den Lohn der Frauen als auch den der Männer noch niedriger anzusetzen.

Schrader-Klebert muss das Nicht-Mensch-Sein der arbeitenden Frauen einführen, denn sonst fiele mindestens eine Klasse aus ihrer gesamten Analyse heraus, die Klasse der Proletarierinnen. Da sie im Produktionsprozess sind, wie auch die Kinder, müssten sie wie vorher bei den Männern beschrieben über die Produktionsmittel herrschen, sich fortwährend Natur aneignen – aber über wen haben sie das Gewaltmonopol? Und die nicht arbeitende Frau? »Das Verhältnis, das sie zur Welt hat, ist ein dingliches und beschränkt ihr Bewusstsein auf die Ideologie des Habens: Sie hat einen Mann und Kinder genauso wie sie Blumentöpfe und Silberbesteck, Perserteppiche und Modellhüte hat« (27). Die Besitztümer, die hier maßgeblich für die Frau schlechthin genannt werden, geben den Klassenstandpunkt, von dem aus gesprochen wird, ohne weitere Analyse ganz offenkundig wieder.

Die Ehe ist ferner »die Vernichtung von Liebe, Eros oder Sexualität«; sie ist die »Negation von Autonomie, Freiheit und Selbstverfügung«. Sie ist »Agent der Klassenherrschaft«. »Heute vermittelt sie das Interesse der Herrschaft, die für die Aufrechterhaltung der monopolkapitalistischen Produktionsverhältnisse notwendige Atomisierung des Menschen zu erzeugen. Die gesellschaftlichen Zwänge, mit denen die Monogamie heute verbunden ist, dienen der Notwendigkeit, die Menschen in Abhängigkeit und Sterilität festzuhalten. Umgemünzt in psychische Zwänge ergeben sie das Bild der alltäglichen Quälerei zwischen den Ehepartnern und die Unfähigkeit des Einzelnen, sich gegen den Ichverlust, den er von der Gesellschaft erleidet, zu wehren. Die Institution der Ehe schließt aus: die Selbstbestimmung des Menschen; die Selbstverfügung der Frau über den eignen Körper; die freie Weiterentwicklung zu anderen angemessenen Formen der sozialen Beziehung. Sie schließt Liebe aus, weil sie Liebesfreiheit und Verlangensfreiheit ausschließt. Die Institution der Ehe stabilisiert: die Atomisierung des Menschen, insofern sie die Fixierung des Menschen auf nur einen anderen

Menschen vorschreibt, damit die Beziehung zu allen anderen Menschen zweitrangig und gegen Gewalt und Grausamkeit gegenüber anderen Menschen gleichgültig macht« (26).

Jetzt ist die Aktivität klar bestimmt: man braucht überhaupt nur die Ehen oder Familien, die Säulen des Kapitalismus aufzulösen, bzw. um im Bild zu bleiben, zum Zusammenbrechen zu bringen – schon ist es aus mit dem Kapitalismus, d. h. mit Abhängigkeit, Quälerei und der Atomisierung des Menschen. Möchte man auch dieser vergleichsweise einfachen Prozedur zustimmen, so wird vielleicht doch ein Unbehagen sich ausbreiten, ob nicht unter der Hand eine tragende Säule vergessen wurde. Vielleicht ist die Familie nur Ausdruck von etwas, das seine Ursachen ganz woanders hat? Wer allerdings so mit der Betrachtung der ökonomischen Wirklichkeit umgeht wie Schrader-Klebert, darf sich nicht wundern, wenn die große Revolution nurmehr einen Kratzer auf dem Firnis der gesellschaftlichen Machtverhältnisse hinterlässt. Wer die Warenproduktion als der Industriegesellschaft zugehörig beschreibt (18), mit der sie nicht viel mehr zu tun hat als der Kapitalismus mit dem Menschen überhaupt, dem kann auch die Ehe zur Ursache der Atomisierung des Menschen geraten. »Im 19. Jahrhundert, der Blütezeit der bürgerlichen Kaufehe, war der Heiratsmarkt vorwiegend Aktienbörse: die Frau war das, was sie an ökonomischen Werten repräsentierte – Kapital, Kredit, ein ›guter Name‹ etc. Mit der zunehmenden Verselbständigung des kapitalistischen Systems gegenüber den Individuen wurde der Heiratsmarkt sukzessive zum Fleischmarkt und zur Gefühlsbörse (24). Wieder werden mit den Bestimmungen »Aktienmarkt«, »Kapital«, »Kredit«, »guter Name« usw. die wenigen reichen Bürger- und Patrizierfrauen zum weiblichen Teil der Bevölkerung schlechthin verallgemeinert. Der Abstieg des Bürgertums zugunsten weniger Kapitalbesitzer trifft die Autorin dann auch so, dass sie von einer Verselbständigung des kapitalistischen Systems gegenüber den Individuen spricht. Hiermit kann sie kaum etwas anderes meinen als den Untergang der kleinen und mittleren Kapitalbesitzer im Konkurrenzkampf, denn die Arbeiter und andere Lohnempfänger waren noch nie eins mit dem Kapital. Die beklagte Verselbständigung des Kapitals soll eine Umwandlung des Heiratsmarkts von der vorherigen »Aktienbörse« zum »Fleischmarkt« und zur »Gefühlsbörse« nach sich gezogen haben. Dies soll eine gesellschaftskritische Übersetzung der Tatsache sein, dass die besitzlosen Individuen nicht des Geldes wegen, sondern wegen der vermeinten Schönheit des Partners und aus Liebe heiraten, eine Freiheit, die schon Marx und Engels dem Proletariat im Gegensatz zum Bürgertum zuschrieben. Bei Schrader-Klebert ist dies allerdings kein Schritt zur Humanisierung und Emanzipation, sondern der Kulturverfall bewegt sich von der eher vornehmen Aktienbörse zum vulgären Fleischmarkt.

Wer also verzichtet auf die Analyse der grundlegenden verursachenden Widersprüche, wird immer nur die Probleme auf der Oberfläche hin- und herschieben. Wer am Ende den schwarzen Peter in der Hand behält, ist mehr oder weniger zufällig. Auch die Auseinandersetzung mit all den Mythen und Märchen, die Männer (welche Männer?) schon irgendwann einmal über Frauen geschrieben haben, bringt da keinen Schritt weiter. Die Autorin wird sich sicher der Sympathie vieler Frauen versichern, weil sie vielfach Meinungen und Gefühle ausdrückt, die aus dem unmittelbar Erlebten sich aufdrängen. Wenn aber der Wille zur Veränderung aus der Privatsphäre sich hinauswagt, wenn aus dem Wunsch, selber einen netteren Mann zu haben oder ein befriedigenderes Leben, der Wunsch zur allgemeinen Befreiung des Menschen wird, wird man nicht darum herumkommen, den privaten Kampf zum politischen umzumünzen, wirklich radikal zu werden, d.h., das Übel an der Wurzel zu packen.

Zu leisten wäre eine Analyse, die den Prozess der Vergesellschaftung der Menschen in seiner Koppelung an die Entwicklung und schließliche Abschaffung des Kapitalismus beschreibt. Die Vergesellschaftung, d.h. die Entwicklung der vereinzelt oder in Kleingruppen autonom produzierenden Menschen zu Gliedern einer Gesamtgesellschaft, in der, wenn auch nur durch den Austausch vermittelt, alle für alle produzieren und für alle da sind, ist unbedingt zu bejahen, und ohne sie wäre Sozialismus nicht denkbar. Man muss weiter untersuchen, wie die historisch stattgefundene Vergesellschaftung der Menschen bestimmt ist durch die kapitalistische Ausbeutung, von der bei der zunehmenden Arbeitsteilung die Frauen weitgehend ausgenommen werden – dies aus Gründen sowohl der Notlage der arbeitenden Klassen als auch aus dem kapitalistischen Verwertungsinteresse, das einfach nicht alle Arbeitskraft auf einmal ausbeuten konnte. Dies ist aber nur eine Frage der Zeit. Die Herausnahme der Frauen aus dem Verwertungsprozess des Kapitals wäre gut, wenn sie nicht verbunden wäre mit der Herausnahme aus der Gesellschaft überhaupt, wie schlecht sie immer sein mag. Es scheint der Weg über den Produktionsprozess, über den freiwilligen Verkauf der Arbeitskraft an den Kapitalisten zugunsten seiner Bereicherung unumgehbar.

Der Kapitalismus zwingt die Menschen in erbitterte Konkurrenz gegeneinander. Man muss beständig auf der Hut sein, dass man nicht übervorteilt wird, jeder ist ein möglicher Feind, der mein eigenes Interesse beschneiden muss. Dies kann man als Atomisierung des Menschen bezeichnen. Deren Ursache ist also nicht die Ehe, sondern diese ist vielmehr im Gegenteil der verzweifelte Versuch, aus diesem Gegeneinander von Konkurrenz, Neid und Not auszubrechen. Der Versuch, die Isolation wenigstens in der kleinsten Einheit 2 oder 2 + Kinder zu durchbrechen. Wo alle sich als Tauschende, Berechnende gegenübertreten, wo erbitterte Konkurrenz herrscht (Konkurrenz wird übrigens von der Autorin innerhalb ihrer Analyse ganz folgerichtig nicht als der Warengesellschaft, insbesondere dem Kapitalismus eigen, sondern als männliche Norm bezeichnet), wo also solche Zustände herrschen, sollte die Familie die Zufluchtstätte darstellen, in der persönliche Beziehungen die sachlichen überwiegen. Immer noch gilt, wie Brecht in »Aufstieg und Fall der Stadt Mahagonny« sagt: »Denn wie man sich bettet, so liegt man / Es deckt einen keiner da zu / Und wenn einer tritt, dann bin ich es / Und wird einer getreten, dann bist's du«[3]. Dass der Rückzug in die Familie innerhalb einer solchen Gesellschaft kaum durchführbar ist, dass die Bewusstseinsdeformation diese Beziehungen bis zum Unerträglichen strapaziert, dass die Herausnahme der Frauen aus der Gesellschaft verheerende Folgen für sie und rückwirkend auf die Partner hat, liegt auf der Hand. Sichtbar wird das insbesondere bei den Frauen der Mittelklasse, bei denen der Zusammenschluss in der Ehe nicht zusätzlich durch ökonomische Not diktiert ist. Durch ihr Privileg, eben nicht bis zur Bewusstlosigkeit arbeiten zu müssen, spüren sie etwas von der Vergeblichkeit des Bestrebens, zu Hause eine Idylle aufrechterhalten zu sollen, ohne dass sie gleichzeitig die Ursache der Unzufriedenheit und damit den Weg zur Veränderung erkennen können. Da sie von der Gesellschaft wenig mehr als ihren eigenen Mann erfahren, scheint er die Ursache von allem zu sein. Was ihr versagt ist, geschieht scheinbar durch ihn. Sie neidet ihm die Welt, in der er ist, aber dank ihrer Erziehung geht sie nicht selber hinaus in diese, sondern versucht ihn zurückzuholen, und insofern kann die Familie auch zum reaktionären Potenzial werden. Grausamkeit und Gewalt, die die Familie gegen andere Familien richtet, ist nichts Typisches für sie, sondern ist bloß die gleiche Gewalt, die in der kapitalistischen Welt alle gegen alle zwingt. Es geht also nicht an, das Resultat schlicht zur Ursache zu erklären und das, was als Ausbruch aus der Isolation gedacht war, erst einmal zu zerstören und dann zuzuhören, wie »die Totenglocke des Kapitalismus läutet«. Zudem wird der Kapitalismus selbst im Zuge der Rekrutierung der Frauen auf dem Arbeitsmarkt die Familien zerstören. Würde er allerdings gleich ganz radikal die Familien und ihre Sozialbeziehungen auflösen, müsste er zusätzlich zu den vielen Dienstleistungsunternehmen, Kindergärten etc. mit einer ziemlich großen Quote von psychisch Zerstörten rechnen, was die Ausbeutungsmöglichkeiten allzu stark vermindern würde. (Über die Zunahme der Geisteskrankheiten und die Sterblichkeit der Kinder bei der ersten Auflösung der Familien durch den Kapitalismus kann man nachlesen bei Marx im 1. Bd. des *Kapital*, MEW 23, 384ff.) »Diese inneren Veränderungsprozesse« (Abtrennung der Privatsphäre und die Folgen),

3 Brecht: *Werkausgabe*, Frankfurt/M. 1967/1977, Bd. 2, *Aufstieg und Fall der Stadt Mahagonny*, 11. Akt, 530

sagt Schrader-Klebert, »bedeuten eine Zersetzung der bürgerlichen Kultur in Richtung auf die Orwell'sche Utopie einer bewusstlosen, atomisierten Masse hin. Bezeichnenderweise sind in der Orwell'schen Utopie Ehe und Familie funktionslos geworden« (39). Hier kann man wirklich nur sagen: Eben.

Nach einer so durch und durch falsch angelegten Analyse, die wirklich nur auf den allerersten Blick sympathisch sein kann, verwundert das winzige Mäuschen, das aus der Kraftanstrengung der Autorin schließlich herausspringt, überhaupt nicht.

Was am Ende nach der erfolgreichen Revolution herauskommt, ist vielleicht nicht zufällig nur amerikanisch ausdrückbar. Was uns erwartet, ist eine »society of friends« (44).

1.2 Erschrecken, Scham und Zweifel

Die Lektüre dieses Aufsatzes bleibt eine Qual. Mein Ich von heute kennt diese Frau nicht, die da ungeheuer selbstsicher hochtrabend Urteile fällt, die zumeist kaum begründet werden. Mein Ich von damals lässt offenbar keine Zweifel zu, keine Fragen, und bleibt von der Lektüre selbst ganz unangefochten. Ich scheine zu wissen, woher Frauenunterdrückung kommt und wie dagegen anzugehen ist. Dabei stehe ich ganz offensichtlich auf dem unsicheren Grund des Nichtwissens, eine Suchende. Das ist etwas, das sich durchzieht: die Suche nach Erkenntnis. Diese aber wird zugleich blockiert vom vermeintlichen Wissen, vom Besserwissen. Ich will bei dieser Suche nicht gestört werden. Der Schutzraum, in dem Erkenntnis erarbeitet wird, ist eben dieser Sozialistische Frauenbund, der als Adressat, als Publikum auftritt, die Frauen nicht als Akteurinnen in gemeinsamer Produktion.

Der Aufsatz von Schrader-Klebert musste mich herausfordern. Er warf ein doppeltes Problem auf. Er war nicht nur an sehr prominenter Stelle (im *Kursbuch*) veröffentlicht und genoss daher eine Art Wahrheits- und Bedeutungsbonus. Er benutzte vor allem marxistische Begrifflichkeit, die ich mir im Kontext meiner Arbeit in der Zeitschrift *Das Argument* angeeignet hatte, selbst aber noch keineswegs sinnvoll verbinden konnte mit meiner Politik und Lehre im Sozialistischen Frauenbund. Solches jedoch unternahm Schrader-Klebert. Was die Lektüre der Klassiker spröde machte und schwierig, war hier schon überwunden in allgemeiner Unterstellung unter eine gewaltsame Verschwörung der Männer gegen Frauen. Als beschämende Erinnerung bleibt, dass dieser erste Vortragsabend auch missglückt war. Das bedeutungsvolle Herumwerfen mit marxschen Begriffen, dessen ich die Autorin zieh, konnte von den anwesenden Frauen nicht als Beraubung ihrer eigenen Grundlagen verstanden werden, weil sie dieses gesamte Theoriegebäude zwar in ihren Gruppen zu diskutieren begannen, sich aber weder selbst darin finden, noch überhaupt Frauenunterdrückung in dieser Gesellschaftsanalyse verorten oder ihr Fehlen bemängeln konnten. So blieb von dem Abend kaum mehr als der Eindruck eines Fehlers, der allerdings ebenso mich traf.

In meinem Vortrag/Aufsatz selbst liest man sichere Urteile, aber man spürt auch den Zorn auf eigenes Ungenügen. So knüppele ich drauflos, wo die Klassenfrage nicht beachtet ist, argwöhne Oberklassenstandpunkte und bescheide mich meist mit der Behauptung von etwas als falsch, statt dies herauszuarbeiten. Man sieht mich vor allem mit dem Widerspruch ringen, die Frauenfrage als wesentlich und als nicht wirklich grundlegend zu verteidigen. Begrifflich bin ich dafür schlecht ausgerüstet mit den damals in der ersten Rezeption von Marx übernommenen Vorstellungen von ›Wesen und Erscheinung‹ und vom Ideologischen als ›Verhüllung‹ und ›Vernebelung‹ habe ich für die Erarbeitung der Frauenfrage ein kaum brauchbares Handwerkszeug. So verstelle ich auch durch empörte Zurückweisung die Ansätze, die ich bei Schrader-Klebert nur etwas hätte verschieben müssen, wie zum Beispiel den Zusammenhang von Veränderung von Natur und also Produktionsbedingungen durch Männer (6) und die Destruktion der Verhältnisse durch »die Freisetzung von Frauen« (8). (Das kommt Jahrzehnte später, vgl. dazu meinen Beitrag in *Argument* 308, 2014.)

Im Ganzen ist die Kritik an Schrader-Klebert auch Zeugnis, wie man es nicht machen sollte. Sie hört nicht zu. Sie sucht nicht. Sie zweifelt nicht. Aber in alledem werden Beunruhigungen sichtbar, die nach weiterer Analyse verlangen. Sie sind zum einen methodischer Art: Warnung vor falschen Verallgemeinerungen, vor dem analogisierenden oder metaphorischen Gebrauch marxscher Begriffe und vor der bloßen Verurteilung von Formen – wie etwa der Familie –, ohne den Inhalt, die Kräfte zu prüfen, die darin leben. Zum anderen gibt es inhaltlich erste Versuche, der abstrakten Verurteilung von Hausfrauenarbeit als »immanent« und »repetitiv« mit beharrlicher Rückbindung an Erfahrung und an wirkliche Menschen zu begegnen und private in politische Kämpfe zu überführen. In der höhnischen Wiedergabe des angestrebten Ziels der Autorin, der »society of friends«, sieht man mich schon vor mehr als vier Dekaden gegen die Verflachung des Denkens durch den Import von Vokabular aus den USA streiten, das geeignet ist, die jeweilige Sprecherin auf der Höhe der Zeit auszuweisen, den Fluss aber, der das wirkliche Leben vom Begreifen trennt, so zu verbreitern, dass ans Übersetzen nicht mehr gedacht werden kann. Das bleibt.

Nehmen wir die verschiedenen Punkte als Forschungsauftrag und verfolgen des Weiteren seine Einlösung.

Schonraum

Die Haltung, einen Schutzraum erstellen zu müssen und gegen Gefahr von außen zu verteidigen, bestimmt auch den nächsten Eingriff. – 1973 sprach ich im Frauenplenum nicht mehr nur zu einem einzelnen Aufsatz. Jetzt werde ich grundsätzlicher. Mein Angriff gilt dem erstarkenden internationalen Feminismus als Bedrohung für sozialistische Frauen. Ich schreibe zum paradoxen Titel:

1.3 Verteidigung der Frauenbewegung gegen den Feminismus[4]

Eine offensichtlich an Verbreitung gewinnende Erscheinung ist der Feminismus[5] in vielerlei Gestalt. So buntscheckig aber die Erscheinungsformen sind, reduzieren sie sich doch ihrem Wesen nach allesamt auf die Auffassung des Geschlechterkampfs als Gesellschaft konstituierende Beziehung, sind sie in ihrer Wirkung demnach prinzipiell unpolitisch und in diesem Sinne antisozialistisch. Die Anstrengung, mit der vor allem in den Medien versucht wird, der Politisierung und Organisierung der Frauen mit Hilfe des Feminismus entgegenzuarbeiten, legt Zeugnis ab für die Kraft, die von der Frauenbewegung befürchtet wird. Die Faszination, die der Feminismus selbst für die Frauenbewegung hat, die Leichtigkeit, mit der seine buntschillernde, scheinradikale Art oftmals kurzfristig den Sieg über den grauen, zähen Alltagskampf der politischen Organisationen davonträgt, verweisen auf ein erhebliches Moment an Realitätsbezug, welches dem Feminismus eigen sein muss. Aus alledem ergibt sich die Dringlichkeit, sich mit ihm, soweit er Mittel ist, die Frauenbewegung in Sackgassen zu treiben, kritisch auseinanderzusetzen.

Die Verbreitung feministischer Auffassungen wird erleichtert durch die Marktgängigkeit des Themas, daher durch die Publikationspraxis der Verlage sowie ihrer Autoren. Zeigt sich doch unter den sozialen Bewegungen die Frauenbewegung – wegen ihres als exotisch bis anrüchig empfundenen Charakters – als besonders geeignet für die in den Medien tätigen Geschäftemacher.

Wie in allen sozialen Bewegungen gibt es auch in den Frauenorganisationen Mitglieder, die die gesamte Bewegung, ihre eigene Stellung in ihr und sämtliche Aktionen als profitliche private Einkommensquelle betrachten. Meist besser ausgebildet, des Redens und der schnellen Analyse kundiger, nutzen sie den Wert, den sie für die Mitglieder der Bewegung haben und den diese ihnen zuschreiben, als Marktwert, bieten die Bewegung und häufig eigens von ihnen zu Publikationszwecken mitinitiierte Aktionen als eigene Produkte auf dem Markt feil. Dabei werden sie wiederum von

4 Aus: *Das Argument* 83, 1973, 938–947

5 Es wird im Folgenden unter Feminismus nicht etwa – wie z. B. im Brockhaus seit 50 Jahren unverändert nachzulesen ist – ein Eintreten für die Beteiligung der Frauen am öffentlichen und kulturellen Leben verstanden, sondern es wird der Begriff nur dann verwandt, wenn er – wie es heute üblich ist – sich in irgendeiner Weise auf den Geschlechterkampf als auf eine die Gesellschaft grundlegend bestimmende Beziehung bezieht und von daher Freiheit, Kampf und Tagesaufgaben formuliert.

den Medien unterstützt, die Einzelpersonen aus der Bewegung als Markennamen leichter aufbauen und profitlicher verkaufen zu können meinen.

Ein solches Verhalten, in dem also die berechtigte soziale Empörung einer Bevölkerungsgruppe unter dem Aspekt ihrer Verwertbarkeit für den Medienmarkt, ihrer Verkäuflichkeit, verhandelt wird, mag zwar moralisch verwerflich sein, muss aber der Bewegung nicht immer schaden, kann ihr im Gegenteil sogar nützen, wenn und soweit es Propaganda des Worts oder der Tat ist für die gemeinsame Sache in Richtung auf ein angebbares allgemeines Ziel. Wenn es also darum geht, neue Veröffentlichungen zur Frauenfrage zu beurteilen, sind Zielsetzung und Wegweisung vordringlich zu prüfen, auch und gerade dann, wenn solche Schriften von Mitgliedern der Frauenbewegung, von »Betroffenen« verfasst wurden.

Kate Millett, Mitglied von »Women's Liberation«, bekannt geworden durch ihr Buch *Sexus und Herrschaft*[6], bei Aktionen von Frauengruppen Organisator und zugleich Reporter für verschiedene Zeitungen, redigierte nach Tonbandprotokollen von Diskussionen mit drei Frauen ein Buch zum Thema Prostitution[7]. Aus dem gleichen Material drehte sie zur gleichen Zeit einen Film.

In Abkehr von dem »öden Objektivitätsanspruch« (7)[8] soll durch das Mittel der »persönlichen Reportage« (8) echtes Leben dargebracht werden; es soll eine Art weiblicher Kultur entstehen: »Ich wünsche mir, dass die Frauen in künstlerischen Berufen dank der neuen Bewegung mehr Vertrauen in den Wert ihrer Kultur gewinnen (in dem Sinne, dass die Frauen eine Klasse mit eigener Subkultur bilden), mehr Achtung vor der eignen Erfahrung und zugleich die Freiheit oder die Spontaneität, dies auf neue Weise und in neuen Formen auszudrücken.« (21) Das Thema der Prostitution sei bisher nur von Männern auf die ärgerlichste Weise behandelt worden, stattdessen solle hier »das wirkliche, von manchen Frauen erfahrene Leben« (9) artikuliert werden.

Es kann hier nicht darum gehen, dem von der Autorin vorgeschlagenen Maßstab zu folgen und nachzuprüfen, welchen Zuwachs – und ob über-

6 Die amerikanische Originalausgabe erschien 1969 unter dem Titel *Sexual Politics*; nach einem schnellen Erfolg in den USA wurde das Buch 1971 vom Desch-Verlag unter dem in der Bundesrepublik dem Klang nach schon verbreiteten Marktnamen *Sexus und Herrschaft* (erinnert sei etwa nur daran, dass *Das Argument* schon 1962 seine Reihe »Sexualität und Herrschaft« begann) aufgelegt und sicherheitshalber noch mit dem reißerischen Untertitel *Die Tyrannei des Mannes in unserer Gesellschaft* versehen.

7 Kate Millett: *Das verkaufte Geschlecht. Die Frau zwischen Gesellschaft und Prostitution. Vier Frauenstimmen zum Thema* (amerikanischer Originaltitel: Prostitution: A Quartet for Female Voices, 1971), Verlag Kurt Desch, München-Wien-Basel 1973 (126 S., br., 4,80 DM).

8 Die in Klammern angegebenen Seitenzahlen beziehen sich bis auf weiteres auf Milletts Buch zur Prostitution.

haupt einen – an Echtheit, Eindringlichkeit und Andersartigkeit die von ihr gebotenen Schilderungen der Prostitution gegenüber vorhergehenden haben. Auch sei unbenommen, dass die Sprache der Betroffenen für den Fortschritt einer sozialen Bewegung nicht aufmerksam genug gehört werden kann. Die eigentliche Frage ist: Wer sind die Betroffenen? In welcher Bewegung, die wohin führen soll?

Nach dem leidenschaftlichen Plädoyer aber für die Anhörung der Betroffenen statt jener, die fern von Praxis über das Thema der Prostitution räsonieren, ist der Leser – zumindest aus der Sicht der Verhältnisse in der BRD – einigermaßen erstaunt, folgende Stimmen zu vernehmen: als Hauptzeugin eine College-Studentin (vorübergehend Prostituierte: »ich war entschlossen, viel Geld zu verdienen, ich war davon regelrecht besessen«, 50; [...] »Man kann sagen, sie [die meisten Callgirls von Uptown, FH] haben sich für dieses Geschäft entschlossen wegen der Differenz von vierzigtausend Dollar pro Jahr [...] Ein Geschäftsmann würde auch allerlei tun, um vierzigtausend Dollar im Jahr mehr zu haben«, 41); Kate Millett selber (»Indem ich mich in die Leiden anderer Frauen versetzte und ihnen nicht mehr als Studierender oder Kritiker, sondern als Autor oder Filmemacher begegnete, stellte ich mich ihnen als Frau, als eine Frau, die täglich intensiver mit dem Schicksal aller Frauen befasst war, mein eigenes nicht ausgenommen«, 9f.); dann noch, quasi in Nebenrollen, eine Rechtshelferin, jetzt Jurastudentin, Mitglied von »Women's Liberation«, und endlich eine ehemalige Prostituierte, die »eine Zeitlang ein Rehabilitationszentrum für Rauschgiftsüchtige geleitet hat« (25).

Eine solche Auswahl, die allgemein zu sein beansprucht, aber keinen Unterschied macht zwischen einem (reichen eleganten) Callgirl, das nicht der Hunger, sondern die Gier nach Reichtum treibt, und jenen Frauen, die in den Armenvierteln der Großstädte auf den Straßen sich feilbieten, bedarf der Erklärung. Sie findet sich in Milletts erstem Buch *Sexus und Herrschaft*, in dem ebenso geistreich wie einseitig aufs Ausführlichste aus solchen in der Tat wohl unbestritten üblen pornographischen Literatur-Produkten wie denen von Miller und Mailer entwickelt wird, was es heiße, »weiblich zu sein, eine Frau in einer Welt der Männer« (26). Indem Millett solcherart ihre Analyse mit der Lage der Frau im Geschlechtsakt beginnt, kann sie richtig feststellen, dass hier über die sozialen und Klassenschranken hinweg von der Unterdrückung nicht einer Klasse, sondern eines gesamten Geschlechts gesprochen werden sollte, was wiederum etwas mit ihrem Geschlecht zu tun haben muss. Aus diesem Grunde wiederum scheinen ihr alle menschlichen Tätigkeiten bis auf eine unwesentlich, verkürzt sie das Leben auf den Geschlechtsakt, die Gesellschaft auf das Geschlechtsverhältnis.

Aus der richtigen Einsicht, dass Sexualität etwas mit Herrschaft zu tun hat – dass sie einerseits für Herrschaft in Dienst genommen wird, während sich andererseits in der sexuellen Praxis bestehende Herrschaftsstrukturen ausdrücken –, zieht sie nicht den Schluss, dass die Gesellschaft geändert werden muss, um andere Formen von Liebe und Sexualität zu ermöglichen, sondern sie legt umgekehrt nahe, die Sexualität zu ändern, wodurch sich die Gesellschaftsänderung ergibt.

Die von ihr konstatierte Objekthaftigkeit der Frau im Geschlechtsakt dehnt sie fast zwanghaft analogisierend auf alle Lebensbereiche aus. »Und wir sahen dabei andere Arten von Prostitution, wie sie das Leben an der Universität mit sich bringt: die Kriecherei vor den Department-Chefs, in den Fakultätssitzungen« (75). Die Gleichsetzung des Schicksals aller Frauen mit dem der Prostituierten funktioniert über solche analogisierenden Assoziationen. Vom Objekt im Geschlechtsakt wird die Frau zum Objekt schlechthin, als solches wird sie »instrumentalisiert«. Da Instrumente gemeinhin recht brauchbare Dinge sind, ist der Schritt zur »Frau als Gebrauchswert« nur kurz, jedoch sollte man meinen, ist es eigentlich keine Abwertung, nützlich zu sein – denn nichts anderes meint der Begriff Gebrauchswert –; ein solcher Einwand verkennt aber den Charakter der Argumentation, denn die Bezeichnung als Gebrauchswert diente ohnehin nur als Brückenschlag zur nächsten Bestimmung: die Frau ist Ware. Auf diese Weise verschwindet der Unterschied zwischen Prostituierten und solchen Frauen, die nicht ihr Geschlecht zum Kauf anbieten, und die Prostituierten avancieren gleichsam zu Stellvertretern für die Frauen im Allgemeinen, die deren Schicksal in der »Männergesellschaft« ohne jedes schmückende Beiwerk, also unverhüllt darstellen sollen. »Ich sehe in der Prostitution so etwas wie ein Paradigma: ein Exempel für die soziale Situation der Frau, wie sie im Grunde besteht. Hier wird nicht nur ihre Abhängigkeit offenbar, verknüpft mit den finanziellen Beziehungen zwischen den Geschlechtern, in Ziffern und Zahlen fixiert, statt versteckt hinter den Paragraphen eines Heiratsvertrages (der noch immer auf dem Prinzip ›Sex für Sachwerte‹ beruht und sich dabei auf die Geschichte berufen kann); ja durch den bloßen Akt der Prostitution wird unser Wert deklariert: als: der Wert einer Sache« (73). So liegt es nahe, die Strategie der amerikanischen Frauenbefreiungsbewegung in erster Linie auf die Agitation der Prostituierten zu lenken. »Diese Prostituierten sind unsere politischen Gefangenen – ihre Vagina hat sie ins Gefängnis gebracht. Darum wurden sie eingesperrt, wegen der Vagina, das ist ihr Delikt, das, welches wir alle begehen, einfach dadurch, dass wir Frauen sind. Das ist Sexualpolitik, ihr harter Kern« (90).

Die Frauen einen soll demnach gemeinsamer Hass auf die Männer, von denen sie erniedrigt und versklavt werden. Spätestens hier soll die Parallele zum Proletariat zwingend werden: Frauen haben nichts zu verlieren als ihre Ketten, die ihre Unterdrücker, die Männer, kollektiv in Händen halten, *gegen* sie aufzustehen scheint das Gebot der Stunde zu sein.

Dagegen wäre allerdings einzuwenden, dass die Frauen, im Unterschied zum Proletariat – bei dem nur liberale Bürger gern bei dem Leidensaspekt seiner Unterdrückung verharren, um die Kraft und Potenz übersehen zu können, die es allein zum Träger der Zukunft machen –, nicht die Schöpfer aller Werte, des gesellschaftlichen Reichtums sind. Sie haben keine Welt zu gewinnen. Denn gerade ihr partielles Ausgeschlossensein aus der gesellschaftlichen Produktion des Lebens in Gestalt ihrer Reduktion auf die Erhaltung der Art (Haus und Kinder) macht ihre spezifische Unterdrückung aus. Die Notwendigkeit, jene Privatheit zu überwinden, einen Platz in der Gesellschaft zu erkämpfen, um den gemeinsamen Kampf um eine menschlichere (nicht weiblichere) Gesellschaft aufzunehmen, macht eigene Frauenorganisation ebenso nötig wie andere Zusammenschlüsse von unterdrückten Minderheiten. Seit mehr als 100 Jahren allerdings steht nicht mehr die Emanzipation von Bevölkerungs*teilen*, sondern die der Menschheit auf der Tagesordnung. Ihr entgegenzuwirken, ihr in den Rücken zu fallen, ist trotz all ihrer Notwendigkeit zugleich die besondere Gefahr jener Organisationen, die die Befreiung nur bestimmter, besonders unterprivilegierter Teile der Menschheit anzielen, daher auch die Gefahr von Frauenorganisationen. Eine besonders schlagkräftige Waffe im Kampf gegen die wirkliche Politisierung der Frauen ist der Feminismus in vielerlei Gestalt.

In der in Milletts Buch vorliegenden Form, in der die Prostituierten mit großem Aufwand an emotionaler Aufrührung zur Avantgarde der Bewegung stilisiert werden und in der vergleichsweise sehr bescheiden das Ziel der Strategie »eine gewandelte öffentliche Haltung« (11) zur Frage der Prostitution sein soll, wird durch die bei den Feministen übliche Gleichsetzung von Prostitution und Ehe[9] die tatsächliche Preisgabe des letzten nicht unter das Verwertungsprinzip fallenden Werts der menschlichen Unantastbarkeit und Würde durch den Verkauf von »Liebe« auf eine Weise entskandalisiert, dass um die Würde des Menschen und um Liebe wirklich zu kämpfen als gänzlich absurd aus den Augen verloren werden muss.

Stattdessen aber kann es für eine ernsthafte Frauenbefreiungsbewegung in der Frage der Prostitution doch nur um den Kampf *gegen* die Bedingungen gehen, die sie möglich oder gar notwendig machen, und für Bedingungen, die zugleich das Verhältnis zwischen den Geschlechtern auf eine neue Stufe heben. Es ist dies zunächst der höchst prosaische Kampf um die ökonomische Unabhängigkeit vom Ehemann, d. h. um ausreichende angemessene Arbeitsplätze, um Ausbildung, um gleiche Löhne, um rechtliche Gleichstellung etc. Allerdings hat dieser Kampf weder Weg noch Ziel mit dem von Millett mit den folgenden Worten beschworenen gemein:

9 Vgl. hierzu meine Ausführungen in *Das Argument* 67, 1971, »Die missverstandene Emanzipation – Kritik zu Schrader-Klebert«.

»Blumen, Musik, Rausch, Gespräche und ein phantastischer Liebesgenuss [...] das alles könnte sein. Und ich meine, es ist ein Ziel, um das es sich zu kämpfen lohnt« (88).

Nach dem gleichen Muster gestrickt, aber weniger originell und weniger konsequent als der von Kate Millett ist Alice Schwarzers neuester Versuch, die Frauen zum Gegenstand einer Buchveröffentlichung zu machen[10]. 16 Interviews mit Frauen aller möglichen Ausbildungs- und Berufsarten und entsprechend unterschiedlicher sozialer Lage werden dem Leser vorgeführt, ohne dass im Entferntesten klar wird, warum gerade 16 und nicht einer oder 100 Berichte, denn die Texte könnten in ihrer sattsam bekannten, in sämtlichen Medien durch ständige Wiederholung plattgewalzten folgenlosen Art ebenso ins Unendliche fortgeführt werden wie ungesagt bleiben: Menschen wachsen auf in unterschiedlichen Familien, lernen dies und das oder nichts, haben Freunde, Geschwister, Eltern, ergreifen einen mehr oder minder zufälligen Beruf, werden mehr oder weniger ausgebeutet, die Arbeit ist mehr oder weniger langweilig, eintönig, ist im Text jeder Verweis auf weibliche Vorurteile oder geschlechtsspezifische Benachteiligungen bedeutsam kursiv gedruckt (»Ich versteh nicht, warum man überhaupt lernen soll als *Mädchen*. Bei uns werden *Männer* bevorzugt.«)

Über die bekannten Tatsachen hinaus erfährt man allerdings nichts Neues und im Unterschied zu den vielen, wenn auch mittelmäßigen Erhebungen über Frauenarbeit und -bewusstsein zudem nichts über die Verbreitung der jeweiligen Phänomene.

Beim angestrengten Versuch, ihr Buch mit »Frauenbefreiungsbewegungen« zu verknüpfen, bastelt Schwarzer die Bruchstücke möglicher und tatsächlicher Meinungen zu einem programmatischen Entwurf zusammen[11]: »Hüten sollten Frauen sich vor: – Teilzeitarbeit [...] Drei-Phasen-Theorie [...] Hausfrauengehalt [...] Sackgassenberufen (Sekretärin, Assistentin, Stewardess etc.)« (26). Aus der gesicherten Höhe eines privilegierten Berufes ist Schwarzer als Feministin jeglicher Politik oder gar Politisierung der Frauen abhold: *»Frauen müssen erkennen, dass sie recht haben;* dass sie Gründe haben, sich unter den gegebenen Umständen kaum für ›Karriere‹ und ›offizielle‹ Politik zu interessieren (die doch nur ein Instrument zu ihrer Unterdrückung ist)« (22). Begeistert schließt sie sich der neuerlich

10 Alice Schwarzer (Hg.): *Frauenarbeit – Frauenbefreiung. Praxis-Beispiele und Analysen*, edition suhrkamp, Bd. 637, Frankfurt/M. 1973 (188 S., br., 4,50 DM). – Bis auf weiteres beziehen sich die im Folgenden in Klammern wiedergegebenen Seitenzahlen auf Schwarzers Buch.

11 Eine gekürzte Fassung ihres Beitrags erschien zuerst in der Zeitschrift *Neues Forum*, März 1973, ebenso eine Kurzfassung des noch zu diskutierenden Beitrags von Susan Sontag, der ursprünglich im Juli 1972 als Antwort auf einen Fragebogen der in Paris erscheinenden spanischsprachigen, vor allem in Lateinamerika gelesenen *Revue Libre* erschienen war und schon von *Les Temps Modernes* in französischer Sprache nachgedruckt wurde.

hauptsächlich aus den USA importierten Vorstellung an, nach der hinter jeder Unterdrückung das patriarchalische oder männliche Prinzip stecke. »Dass den Frauen als *primäre* Funktion die Arbeit im Reproduktionsbereich gesellschaftlich zugewiesen ist, macht sie zur niederen Kaste, deren Lebensschicksal in unbezahlter ›Sklavenarbeit‹ im Dienste der übergeordneten Kaste, der Männer, besteht« (14)[12]. Noch 1973 kann Herbert Marcuse für die Frauenbewegung, durch Schwarzer unterstützt, leitsternhaft verkünden: »die patriarchalische Gesellschaft hat ein Bild der Frau, eine weibliche Gegenkraft geschaffen, die noch zu einem Totengräber der patriarchalischen Gesellschaft werden kann« (23).

Als »autonome Frauenbefreiungsgruppen« werden von der Autorin stolz jene Gruppen bezeichnet, die im Unterschied zu den »Klassenkämpferinnen« (13) nichts mit einer »männerdominierten Partei oder Organisation« (28, 187) zu tun haben wollen, nicht die »außerhäusliche Produktionssphäre« (13) in den Vordergrund rücken. – Als verwerflich wegen seiner »rein sozialistischen Richtung« (13) gilt etwa der »Sozialistische Frauenbund Westberlin«. – Entsprechend wird beiläufig einer angeblichen Unterdrückung der Frau in den sozialistischen Ländern Erwähnung getan[13], um anzuzeigen, dass der Sozialismus kein Weg zur Frauenbefreiung sei, denn die »Männergesellschaft kann bestenfalls Interesse an spannungsmildernden Konzessionen, nicht aber an grundlegenden Veränderungen haben, da sie von der Benachteiligung der Frauen gesamtgesellschaftlich und individuell profitiert« (26).

Im Anhang findet sich die deutsche Übersetzung eines Beitrags von Susan Sontag. Mit ähnlicher Leidenschaftlichkeit und ganz ähnlichen Analysen wie bei Kate Millett wird hier berechtigte Empörung in Handlungsaufforderungen abgedrängt, deren Befolgung die Bewegung praktisch irrelevant machen würde. Es geschieht dies vermittels der offenbar in den USA in Mode gekommenen wahnhaften Vorstellung, welche den Namen »Sexismus« trägt und im Prinzip auf der schon oben geschilderten Methode beruht, in analogisierender Weise sexuelle Strukturen oder solche, die man dafür hält, auf gesellschaftliche zu übertragen. So fordert Sontag etwa dazu auf, den »sexistischen Charakter der Sprache aufzudecken«. »Eine gewisse Anzahl der amerikanischen Militanten im Frauenbefreiungskampf sind sich der trügerischen Natur der Grammatik bewusst geworden« (146f.). Oder aber sie entdeckt, dass »das Wesen der Macht nach sexistischen Modellen definiert ist« (155), so dass der »Faschismus [...] die natürliche Erfüllung

12 Schwarzer zitiert hier aus einem Vorwort des *Frankfurter Weiberrats* zu einer Auswahl amerikanischer Feministinnentexte.

13 Die Quellen, nach denen sie die Wahrheit über die sozialistischen Länder verkündet, sind: *Le Monde*, die *Frankfurter Rundschau*, Broyelle und Myrdal.

der Werte des patriarchalischen Regimes« (156) ist. Aus der richtigen Einsicht, dass die Frauen keine Klasse sind, zieht Sontag den fälschlichen Schluss, dass »kaum eine Beziehung zwischen Klassenkampf und Frauenkampf« (152) bestehe. So behauptet sie auch, dass die Anprangerung der Unterdrückung der Frau bei Marx und Engels nicht zwingend logisch aus dem Marxismus hervorginge, sondern »weil sie Humanisten, Erben der Aufklärung, waren« (153). Durch eine weniger inhaltlich gefüllte als vielmehr von ihr selbst wesentlich als »radikal« bezeichnete Vorstellung vom Sozialismus entgeht ihr, dass dieser wiederum der einzig reale Testamentsvollstrecker von Humanismus und Aufklärung ist.

Im Übrigen legt Sontag eine in vielen Einzelpunkten – Familie, Berufstätigkeit, Hausarbeit – richtige Analyse, in anderen eine einsichtige Phänomenologie vor. Durch die Überordnung der Frauenunterdrückung über die der Klassen – einfach weil sie die älteste bekannte Form von Herrschaft und Knechtschaft ist – unterstützt sie – zugleich mit der begrüßenswerten Förderung der Kampfbereitschaft und individuellen Emanzipation der Frauen – die Täuschung über die nicht so sehr männliche als profitorientierte Macht der ausbeutenden Klasse und damit die Erfolglosigkeit im Kampf *gegen* die historisch letzte Schlüsselform der Herrschaft des Menschen über den Menschen.

Was in der Frauenbewegung als Feminismus die erfolgreiche Politisierung der Frauen gefährdet, die Identifizierung von Herrschaft und Ausbeutung mit dem männlichen Geschlecht, erfüllt ebenso das gesamte Buch Pilgrims[14]. Ausweglos und düster langweilig propagiert er einen Zerstörungstrieb des Mannes, der zunächst den Mann selber, dann die Erde insgesamt bedrohe. Die Gesellschaft als Verschwörung der Väter folge dem dunklen Herrscherwillen, der Macht gebe über »Söhne und Frauen«. Der Auflehnung werde entgegengearbeitet durch frühzeitige sexuelle Deformation. Alles Schlechte, das in der Welt geschieht, vom Hunger in Indien bis hin zur Umweltverschmutzung, Faschismus, Kriege im Allgemeinen wie der Vietnamkrieg im Besonderen usw., wird erklärt aus der vulgärpsychoanalytisch hergeleiteten Theorie von der Herrschaft der Väter. Damit die Sicht auf wirkliche Gegner gänzlich vernebelt sei, wird das übermächtige Patriarchat als weltweite Horrorstruktur postuliert. Als Beweis wird quer durch die Geschichte, von der Bibel bis zur sozial-liberalen Koalition, gewaltsam in das Schema – Vater unterdrückt Sohnessexualität, um die Herrschaft zu behalten – gezwungen, was immer sich irgendwie zurechtbiegen lässt. Über die sozialistischen Länder erfährt man ein wenig, so beiläufig

14 Volker Elis Pilgrim: *Der Untergang des Mannes*. Kurt Desch Verlag, München-Wien-Basel 1973 (228 S., Hln., 22,– DM). – Die folgenden in Klammern gesetzten Seitenzahlen beziehen sich, wenn nicht anders angegeben, auf das genannte Buch Pilgrims.

und nebenher, dass niemand ernsthafte politische Absichten des Autors mutmaßen kann. »Die umwälzendsten Ideen des 19. und 20. Jahrhunderts – die Ideen von der Machbarkeit gesellschaftlicher und individueller Verhältnisse –, die sich aus den Theorien von Marx und Freud kristallisiert haben, sind inzwischen systematisiert, orthodoxiert, ideologisiert, das heißt zur Mitwirkung an der Verewigung der patriarchalischen Zustände gebogen worden, die sie ursprünglich bekämpfen sollten [...] die Söhne mumifizieren die Ideen ihrer progressiven Väter für die Mausoleen sogenannter Systeme, die man betrachten oder erleiden muss, die man aber nicht mehr verändern darf, so wie es mit dem Marxismus geschehen ist« (33). Falls das Buch wirklich Leser finden sollte, bleibt die Hoffnung, dass es geeignet scheint, durch die Konsequenz, mit der der Autor dem »Sexismus« verfällt, dessen Absurdität deutlicher werden zu lassen und so zu seiner schnelleren Überwindung beizutragen.

Dass alle Versuche der Verbreitung »feministischer« Gedanken letztlich Versuche der Entpolitisierung der Frauen sind, beweist nicht nur die Analyse der positiv vorgeschlagenen Wege zur angeblichen Befreiung, sondern auch die Nennung jener, die man nicht gehen soll. Es wird nämlich in allen diesen Verlautbarungen – mehr oder minder dick aufgetragen – ausdrücklich vor dem Sozialismus gewarnt. Darüber hinaus wird gar durch psychologische Tricks versucht, sozialistisches Potenzial für den Feminismus abzuwerben. So wird häufig – offenbar marxistisch angerührtes Publikum voraussetzend – mit Marx-Assoziationen gearbeitet: Bei Millett traten die Frauen auf, die »nichts zu verlieren haben als ihre Ketten«, bei Marcuse werden sie zum »Totengräber der (patriarchalischen) Gesellschaft«. In einem kürzlich im westdeutschen Fernsehen ausgestrahlten dreiteiligen Film[15] wird nicht nur der Geschlechterkampf als Basis dargestellt, über der ein ideologischer Überbau sich erhebe, sondern sogar an den Eingangssatz aus dem *Kommunistischen Manifest* erinnert – »Ein Gespenst geht um in Europa« –, freilich ohne den Kommunismus zu erwähnen, vielmehr statt seiner den »männlichen Herrschaftswillen« im »lebensfeindlichen Industriesystem«.

Eine weitere Strategie richtet sich gegen eine vermutete zunehmend historisch-materialistische Denkweise. So beschäftigen sich nicht nur Millett und Pilgrim, sondern auch der genannte Film mit einer Neufassung der Geschichte als einer, deren Bewegung seit dem Sündenfall dem Kampf der Geschlechter geschuldet sei. Der Faschismus, den als gänzlich verschieden vom Kapitalismus darzustellen sich schon viele Historiker bemüht haben,

15 Wilhelm Bittorf: *Der Kampf der Geschlechter. Der Sündenfall – Liebeshass – Sexualpolitik.* Der Film ähnelt im Übrigen in weiten Teilen dem Buch von Pilgrim, ohne es allerdings anzugeben.

wird von den Theoretikern des Feminismus ganz besonders gründlich für ihre Schablone »Männer *gegen* Frauen« vereinnahmt. War der Faschismus bei Sontag »die natürliche Erfüllung der Werte des patriarchalischen Regimes« (Schwarzer, 156), kommen bei Pilgrim SS-Eliteeinheiten und Auschwitz nur im Zusammenhang mit deformierter Sexualität vor (Pilgrim, 35, 37), so erfuhr man in dem erwähnten Film, dass der Faschismus der »letzte Ausbruch des Machtwahns der Männer, die höchste Form des männlichen Chauvinismus und seine Blamage« war, und Kate Millett handelt gar Faschismus und die Entwicklung in der Sowjetunion im gleichen Kapitel unter dem gemeinsamen Titel »Die Gegenrevolution. 1930–1960. Reaktionäre Politik« ab.[16]

Auch der Kapitalismus braucht die Frauen in zunehmendem Maße als Berufstätige, ist angewiesen darauf, dass sie etwas lernen, kann kein großes Interesse mehr an ihrer fehlenden Gleichberechtigung haben. Das schließt den Kampf der Frauen um ihre Rechte nicht aus, sondern macht ihn im Gegenteil erst erfolgversprechend. Die Kampferfahrung wird sie in die Lage versetzen, der Entpolitisierung des Feminismus zu entgehen. Denn dieser kann aufgrund seiner falschen Feindsetzung langfristig zwar keine tatsächliche Veränderung bewirken. Seine Faszination jedoch beruht auf der Indienstnahme vieler menschlicher Sehnsüchte wie denen nach Liebe und Solidarität, Zärtlichkeit und allgemeiner Zuneigung, Vertrauen, Geborgenheit usw. Sein Verdienst ist es, einen Teil dieser Sehnsüchte – wenn auch in Subkulturen und also nicht allgemein – zu befriedigen.

Ein Nährboden für den Feminismus ist gesellschaftlich verschuldete massenhafte Unfähigkeit, Zusammenhänge zu durchschauen; dies ist zugleich ein Anzeichen des Unterdrücktseins. Die Lernbewegung, die durch Teile der Frauenorganisationen geht, wird begreifendes Erkennen möglich machen. Auf jene, die die gesellschaftliche Wirklichkeit durchschaut haben, wird der Feminismus keine entpolitisierende Faszination mehr ausüben. Wenn sie kämpfen, können sie nicht immer freundlich sein, bei der Arbeit können sie weder »Blumen« noch »Musik« noch »einen phantastischen Liebesgenuss« erfahren; die Solidarität jedoch, die aus der Zusammenarbeit entspringt, sollte es ermöglichen, einen Teil jener Sehnsüchte, die den Feministen das Ziel verbauen und die zugleich ihre Berechtigung ausmachen, in der politischen Frauenorganisation Erfüllung finden zu lassen.

16 Millett: *Sexus und Herrschaft*, 185ff.

1.4 Ringen in ungesichertem Gelände

Meine *Verteidigung der Frauenbewegung* ist von einer doppelten Furcht bestimmt: Es werde die Frauenbewegung schon in ihren Anfängen entpolitisiert, bevor sie politisch mächtig werden könne, und es geschehe dies machtvoll sowohl als Tat von Einzelnen als auch mit Unterstützung der Medien. Diese könnten mit den Sehnsüchten von Frauen rechnen, durch die Letztere der Verführung anheimfallen, nicht mehr gegen die allgemeine Unterdrückung der Frauen zu streiten. Wesentliches Medium sei der Importfeminismus aus den USA. Das Motiv ehrt mich und weist mich als Kämpferin für Frauenrechte aus, wenngleich die Durchführung in Urteilen und Sprache zeigt, dass solche Gefahr nur den anderen droht, während ich selbst die Zusammenhänge erkenne und weiß, wo Freunde, wo Feinde sind. Meine eigene Lehre: Bildung und Schulung von Frauen, dass sie Zusammenhänge begreifen lernen. Das Denkmuster – Avantgarde, zu der man gehört, klares Freund-Feind-Denken und Klassenkampf – kommt aus der sozialistischen Studentenbewegung mit beginnendem Marxstudium und *weiß*, dass der Kapitalismus das Grundübel ist und vom Klassenkampf der Arbeiter beseitigt werden muss. Daher müssen alle anderen Kämpfe zurückstehen, um die gemeinsame Kraft nicht zu schwächen. Da die Studierenden keine Arbeiter sind, wird die Eingliederung in den Klassenkampf als Politik abstrakt und muss auch in der Frauenfrage nicht konkret werden. Kritik von Sprache und Grammatik, Begriffe wie Sexismus und Patriarchat werden höhnisch ausgestellt, als spräche ihre Erwähnung schon für die Verfehlung von Politik.

In dieser selbstbewussten und dürr-abstrakten Klarheit bleiben bemerkenswerte Anstöße, deretwegen sich, neben der notwendigen Selbstkritik, die Aufhebung dieses Anfangs für mein Buch auch lohnt. Sie werden mich nicht loslassen, bis ich erst mehrere Jahrzehnte später zu haltbareren Lösungen komme. Es beginnt mit der Absage an die Verlockung, den Kampf um Frauenbefreiung als Kampf von Frauen gegen Männer zu führen. Diese Linie durchzieht den Text und ist doch von allen Seiten mit Fallstricken umgarnt, so dass die einzelnen Sätze zugleich richtig und falsch sind. So, wenn postuliert wird, dass es um eine menschlichere Gesellschaft gehe, die daher nur gemeinsam erkämpft werden könne, und solcherart zielbewusst der Weg gar nicht mehr erst gesucht wird; und gerade wenn behauptet wird, Frauen seien ausgeschlossen aus der Gesellschaft, und ihr Einschluss in die vorhandenen Verhältnisse gefordert wird, am Weg des Widerspruchs nicht einmal Maß genommen wird. Oder wenn angesichts der Ahnung, dass es mit der Herrschaft der Väter am Ende des Fordismus ebenfalls zu Ende geht, bloßes Abwinken geschieht mit dem Verdikt, die Berufung auf diese Herrschaft sei »vulgärpsychoanalytisch«. Die gespürte Unruhe wird nicht zur weiteren Forschung genutzt, sondern in diesem Moment einfach abgestellt. Überhaupt erfährt man mich vielfach eifrig beschäftigt, die eigenen Sinne zu verschließen gegen den Zweifel, der mich selbst als Person hätte in Frage stellen können. Kategorisch lehne ich als Zumutung ab, mich mit Sprache und Grammatik befassen zu sollen, werden die Kategorien »Sexismus« und »Patriarchat« als US-Importe dem allgemeinen Unverständnis überlassen.

Dass eine weitertreibende Lösung nicht gefunden wird, liegt u.a. in dieser zu Studentenbewegungszeiten üblichen ›linken‹ Denkweise, die den Feind *kennt* und außerhalb von sich ortet und so keine Vorstellung von Herrschaftswirken im Inneren der Gesellschaft und der Individuen erarbeiten konnte.

Der Text strahlt Sicherheit aus in Weg und Ziel und doch vor allem Aufregung, so dass man sich fragt, in welcher Situation er warum eigentlich geschrieben wurde.

1973 hatte ich meine akademische Laufbahn inmitten von Kämpfen begonnen, zunächst um ein Institut für soziale Medizin, ein Kampf, den ich verlor und gleichzeitig gewann. Die Medizinstudenten riefen unter anderem wegen der Ablehnung meiner Einstellung als Assistentin zum ersten Generalstreik; ich wurde eine linke Symbolfigur; der Präsident ließ mehrfarbige Flugblätter drucken, die die Mediziner beruhigen sollten, da sie meine Anstellung im Psychologischen Institut verkündeten und damit besiegelten, dass ich einstweilen untergebracht war.

Mein Auftrag war jetzt die Lehre von Bildungsökonomie, einem neuen Fach, das den Bildungsboom der 1970er Jahre fundieren sollte. Ich begann mit der Gründung des *Projektes Automation und Qualifikation*, weil mir als Marxistin – zu diesem Zeitpunkt hatte ich nicht nur die *Grundrisse*, sondern auch den ersten Band des *Kapital*s in einer Gruppe um die Zeitschrift *Das Argument* studiert – wiederum »ganz klar« war, dass eine gesteigerte gesellschaftliche Nachfrage nach Bildung im Zusammenhang mit der Entwicklung der Produktivkräfte stehen musste. Ich begann also mit Arbeitsforschung.

Und die Frauenbewegung, die hier verteidigt werden soll? Unter den Vorträgen im Plenum des Sozialistischen Frauenbundes war die *Verteidigung gegen den Feminismus* der zweite, der veröffentlicht wurde. So ist auch er als Ringen um Standpunkt und Perspektive zu begreifen in ungesichertem Gelände. Dabei streitet er zugleich gegen die Vermarktung der Bewegung, eine Gefahr, die durchgehend drohte, und um den eigenen Ort. Eifersüchtig wird gewarnt, nicht die Blumen vor der Arbeit, nicht den Genuss anstelle der Anstrengung zu wählen – es wird Jahre dauern, bis als Problem erkannt wird, dass dies die falschen Gegensätze waren.

Als allgemeine Lehre kann weiter gezogen werden, dass der ärgste Feind forschenden Erkennens das vermeintliche Wissen ist. Gestritten wird um Weg und Ziel, dabei aber umstandslos vorausgesetzt, dass das Ziel bekannt sei, mindestens für mich. Es ist der Sozialismus. Dieser aber bleibt selbst so abstrakt, dass geradezu erbittert gegen eine Füllung des Ziels gestritten wird. Er ist nicht Freundlichkeit, nicht Blumen, nicht Genuss – er ist, so sehen wir mich ringen, in allererster Linie Wissen um Zusammenhänge, das wiederum aber die Fragen von Frauen noch nicht einbezieht. Hier herrscht Mangel und weiter die Suche nach dem Zusammenhang von Frauenunterdrückung und Kapitalismus oder Klassenkampf, der Bearbeitung harrend. Die Unruhe wird beiseitegeschoben durch Konzentration auf ein anderes Forschungsfeld: die Arbeit, ein Feld, das sich, was ihre alltägliche Geschichte angeht, überraschend als fast ebenso unerforscht erweist wie die Frauenfrage. Das Gelände wird immer unsicherer, denn jetzt geht es nicht nur um den Umbau von Gesellschaft, ein Jahrhundertunterfangen, es geht auch um den Umbau von Zukunft, damit sie als Fernziel die Schritte in den Nahkämpfen orientiert. Die überkommenen und übernommenen Gewissheiten sinken recht kraftlos herab zu Forderungen nach Lohngleichheit und gleichen Rechten, so dass die Veränderungsleidenschaft ganz in dem Verlangen aufgeht, den richtigen Feind zu wissen und entsprechend zu handeln. Das Wissen tritt dabei selbst metaphysisch auf, etwas, das man hat oder eben nicht, nicht als Prozess, als Entwicklung, als Werdendes, obwohl ich mich selbst in Aneignungskämpfen um Wissen finde. So erscheint Feminismus als Feind, nachdem ihm ein bestimmtes Wesen attestiert wurde. Feminismus ist, so heißt es bündig, die Lehre vom Männerhass. Als späte Rache wird solch definitorisches Für-wahr-Halten mich nach 1989 heimsuchen, wenn das Frauenvolk aus der ehemaligen DDR mit eben diesem Gepäck auftritt und ein Recht auf Antifeminismus das erhoffte Wachstum eines feministischen Marxismus blockiert.

Ich habe das Glück, gegerbt und heimgesucht von eigenen Irrtümern, an mir selbst lernen zu können. Das theoretische Handwerkszeug aber eröffnet bislang noch keinen Raum, »den Feind« in sich zu denken und daher es zu wagen, »Selbstveränderung und Veränderung der Umstände«, wie Marx dies in den *Thesen gegen Feuerbach* schreibt, als »revolutionäre Praxis« zusammenzudenken. Das macht die Analysen etwas leblos, die Stimme zu laut und sicher und die Haltung in erster Linie rechthaberisch, ungeeignet für Kämpfe auf unerforschtem Gelände.

Dabei kommt aber eine neue Dimension in die Wahrnehmung. Es ist dies die politische Haltung, sich und die Sache der Frauenbefreiung nicht zu verkaufen. Das Postulat wird vorläufig noch tastend und fast trotzig bloß behauptet. Praktisch hatte es zur Folge, dass innerhalb des Sozialistischen Frauenbunds als Regel galt, die Herausbildung von Medienmarken durch Ausstellung einzelner Frauen aktiv und einmütig zu verhindern.

1.5 Zwischenzeiten: Die Jahre bis 1980

Nach dem antagonistischen Anfang eines Verhältnisses zwischen Marxismus und Feminismus finden sich für die nächsten 7 Jahre keine Veröffentlichungen in Sachen Frauenunterdrückung und -bewegung. Zwar traf sich der Sozialistische Frauenbund weiter, die Schulungsgruppen fanden statt, Aufsätze von marxistischen Klassikern wurden gelesen, Daten zur Lage der Frauen studiert, zur Klassenfrage die der Angestellten hinzugenommen und jährlich der 8. März mit einer kleinen Demonstration, der 1. Mai mit Extraplakaten in den Reihen einer größeren Demonstration begangen – aber es rührte sich nichts, das mich zu energischem Eingreifen herausgefordert hätte. Gemäß meiner neuen Stelle (für Bildungsökonomie) am Psychologischen Institut arbeitete ich mich ein in die Arbeitsforschung, in die Gründung der Kritischen Psychologie, in die Bildungsdebatten und begann die empirische Forschung über die Automationsarbeit in der BRD. Dies war kollektive Arbeit in einem von mir geleiteten Projekt, das mehr als ein Jahrzehnt zusammen forschte und schrieb.

Von Anfang an fand ich mich in Auseinandersetzung mit den die Bereiche besetzenden Positionen. Arbeitsforschung – da gab es fast nichts. Eine umfangreiche historische Studie zur Entwicklung der Arbeit musste in Angriff genommen werden, um überhaupt historisch-kritisch arbeiten zu können und einen Fragenkatalog zu entwickeln, mit dem in den Betrieben die veränderten Anforderungen an die Arbeitenden untersucht werden sollten. Das war in groben Zügen der Forschungsplan. An zwei weiteren Fronten musste gestritten werden: Gibt es überhaupt nennenswert Automatisierung in den kapitalistischen Ländern, oder ist der Kapitalismus längst in sein Fäulnisstadium eingetreten und kann die Produktivkräfte gar nicht weiterentwickeln, wie dies aus der DDR-Forschung kam, aus der über Arbeit im Allgemeinen und ihre Geschichte ansonsten am meisten zu lernen war? – Zu diesem Zeitpunkt hatten die Industriebetriebe in der BRD in großem Umfang bereits mit der Automatisierung begonnen. Hundert waren von unserem Automationsprojekt schon angeschrieben, um eine Begehung und Befragung zu gestatten. – Aber auch auf der anderen Seite, in den Sozialwissenschaften der BRD, die in der Frage der Arbeit auch die Gewerkschaften berieten, gab es Konfrontation und Streit. Das *Projekt Automation und Qualifikation* hatte sich zum Ziel gesetzt, die Chancen und Möglichkeiten für die Arbeitenden bei Einführung von Mikroelektronik (Computern) zu erkunden und aufzubereiten für eine Gewerkschaftspolitik, die auf die Notwendigkeiten der Zeit antworten muss. »Automation führt zur Höherqualifikation« war die Devise gegen einen mehrheitlichen Trend, Dequalifikation oder zumindest Polarisierung zu diagnostizieren. –

Schließlich sollte innerhalb der Kritischen Psychologie der Standpunkt der Arbeit in der sich als marxistische Wissenschaft entwickelnden Psychologie ausgebaut und versichert werden. Dabei fand sich das Institut in fieberhafter Arbeit der Gründung der Kritischen Psychologie. Ein eigener Studienplan musste entwickelt werden, in dessen Diskussion alle Mitglieder aus dem Lehrkörper, die technischen Angestellten, die Sekretärinnen und die Studierenden (es waren damals etwa 900) eingeschlossen waren. Und nicht zuletzt musste auch in der Bildungsökonomie ein Standpunkt gefunden und begründet werden, der die anstehenden Reformen überhaupt mit der Entwicklung der Produktivkräfte verband. Kurz, auch im marxistisch schon in Ansätzen erkundeten Feld galt es überwiegend Neuland zu gewinnen. Da blieb keine Kraft und kein Raum, die Frage nach Geschlechterverhältnissen überhaupt zu stellen.

Als besonders fruchtbar für eine allgemeine Theorie von Bildungsökonomie erwies sich das Studium des Ausbaus von Bildung in den Unternehmen selbst. »Bildungsreform vom Standpunkt des Kapitals« wurde einer der Grundlagentexte, die das Projekt zu Beginn schrieb. In diesen ersten Jahren am Psychologischen Institut entstanden zahlreiche Aufsätze und drei Bücher aus der Projektarbeit[17]. Und wir hatten in unserer groß angelegten Empirie mit Reisen in mehr als 60 Betriebe in der BRD begonnen.

Vertieft man sich noch einmal in das Studium dieser Bücher und erinnert diese atemlose Zeit, dann ist der kämpferische Geist des Projekts, der Energie und Sinn spendete, überall spürbar. Aber die Notwendigkeit, an allen Fronten gewohnte Fragestellungen zu verschieben, hatte den Forschungen auch eine bestimmte Haltung abgenötigt, die andere Möglichkeiten der Wahrnehmung zunächst versperrte. An die Seite gerückt war die Analyse der notwendigen Folgen der Automatisierung in Gestalt struktureller Arbeitslosigkeit, und – es fehlten die Frauen. So umstürzlerisch diese gesamte Projektarbeit angelegt war, belegte sie zugleich im gewohnten Fahrwasser, dass Arbeit und Automation, Bildungsreform und -ökonomie mit dem weiblichen Geschlecht und seiner Marginalisierung gar nichts zu tun haben bzw. dass Frauen zumindest nicht wesentlich ungleich betroffen sein könnten, ihre Beteiligung also nicht extra zu studieren war. Für einen sich erst langsam herausbildenden feministischen Marxismus sind diese ersten Veröffentlichungen des Projekts unter meiner Leitung ein weiterer Beleg für eine sozialtheoretische Begriffsbildung und empirische Forschung, die Frauen und ihre Entwicklungsverhältnisse mit dem Mantel der Unsichtbarkeit zudeckt.

Der Krieg der Amerikaner gegen das Volk von Vietnam war beendet –

17 *Automation in der BRD*, 1975, [3]1979; *Theorien über Automationsarbeit*, 1978; *Entwicklung der Arbeitstätigkeiten und die Methode ihrer Erfassung*, 1978, [2]1979

und damit auch der Quell der weltweiten Empörung, der die US-Amerikaner zumindest über die nächste Generation die kulturelle Hegemonie gekostet hatte. Die »neuen sozialen Bewegungen«, die sich in dieser politischen Konjunktur entwickelt hatten, flauten allmählich ab. – Ich hatte inzwischen promoviert[18] und dann habilitiert mit den Veröffentlichungen zur Arbeitsforschung und einem Vortrag zu dialektischer Theorie und empirischer Methodik (1978). Dieser wurde Grundlage eingreifender Sozialforschung und der Entwicklung marxistisch fundierter Methodologie. Das bedeutete den Abschied von üblichem Determinationsdenken, um an der Stelle Vorschläge für eine Empirie zu machen, die in Bewegung und Veränderung arbeitet. Aber auch hier keine Frauenforschung, kein Versuch der theoretischen Fundierung von Frauenemanzipation.

Die Stelle als Assistentin am Psychologischen Institut war 1978 ausgelaufen. Ich wurde ›arbeitslos‹. Mein Gesuch auf Arbeitslosenunterstützung wurde abgelehnt, weil ich nicht nachweisen konnte, dass ich dem Arbeitsmarkt bedingungslos zur Verfügung stand, da ich ein Kind hatte. Zudem hatte ich einen Ehemann, der ja für mich sorgen konnte, hatte also kein Anrecht auf irgendeine finanzielle Unterstützung.

Es lässt sich lernen, dass, wo sich aus marxistisch fundierter sozialwissenschaftlicher Forschung keine Notwendigkeit zu ergeben scheint, die Geschlechterfrage in ein Forschungsprojekt einzubeziehen, dies geradezu unweigerlich aus der Bewältigung des Alltags kommen wird, aus der Dialektik der Sache selbst.

Nach einem Jahr Arbeitslosigkeit konnte ich der mir vom Arbeitsamt schließlich zugewiesenen Stelle in einem Heim für ›schwererziehbare Kinder‹ entgehen, weil ich eine Gastprofessur am Institut für Klinische Psychologie in Kopenhagen annahm.

18 Zu *Gesellschaftliche Produktion und Erziehung*, 1976

Kapitel 2

Arbeitsforschung

2.1 1980 – Krisen in beiden Sphären meiner wissenschaftlichen und politischen Arbeit

Frauen sind auch in der Vielzahl ja nicht bloß Gegenstand wissenschaftlicher Forschung oder fehlen dort. Sie sind vielmehr lebendige Menschen, eine große Gruppe, meinesgleichen, mit denen ich als Mitglied des Sozialistischen Frauenbundes und als Schulungsleiterin zu tun hatte, angetreten, über die Ursachen von Frauenunterdrückung radikal zu forschen. In diesen sieben Jahren frauenloser Arbeitsforschung und ebensolcher Kritischer Psychologie hatte ich Marx sorgfältig weiter studiert, in Kapitallesegruppen vermittelt und zur Grundlage auch meiner empirischen Arbeitsforschungen gemacht. In all diesem Tun gab es keinen Anstoß, der die Abwesenheit von Frauen in der Forschung auch nur hätte bemerken lassen. Dabei hatte ich die gesamte Zeit auch mit Frauen über Frauen forschend verbracht. Wir erarbeiteten als Gruppe im Sozialistischen Frauenbund marxistische Texte und Sozialstatistiken, stellten die Daten über das Unrecht an Frauen zusammen und gaben ein monatliches Informationsblatt und eine zweimonatliche Zeitschrift (*Pelagea* nach Gorkis und Brechts revolutionärer Mutter) heraus, organisierten große Veranstaltungen (etwa zu Frauenarbeitslosigkeit im Auditorium Maximum der Technischen Universität Berlin), schrieben kleine provozierende Theaterstücke, die wir öffentlich aufführten (etwa – ebenfalls nach Brecht – »Nutze die Jugend nicht, denn sie vergeht«), und begingen Jahr um Jahr den Internationalen Frauentag (8. März) und den Ersten Mai als politische Kundgebung mit radikalen Losungen wie »Alle sollen alles wissen«, die zu unseren Praxen passten.

Mit anderen Worten: Ich führte als Forscherin und als politische Aktivistin ein Doppelleben, in dem der eine Teil vom anderen so gut wie nichts wusste. Dies wurde im Jahre 1980 auf beiden Seiten von Grund auf erschüttert.

2.2 Zerreißproben

Die erste Krise kam aus der Arbeits-, nicht aus der Frauenforschung. Die mit Computern (also Hochtechnologie) Arbeitenden wollten, verkürzt gesprochen, die Chancen und Möglichkeiten der neuen Anlagen nicht wahrnehmen, wollten die so sorgfältig zusammengetragenen und an ihren Arbeitsplätzen erforschten Ergebnisse nicht auf sich beziehen, sondern bestanden auf ihrem Recht, sich und ihre Welt anders wahrzunehmen – und zwar bedrückender und sich selbst passiver. Wollten wir (im Automationsprojekt) mit unseren Erkundungen nicht einfach in der Luft hängen bleiben, waren wir gezwungen, unser Verfahren so zu ändern, dass die alltäglichen Erfahrungen der Subjekte explizit einbezogen waren. Und jetzt tauchten die Geschlechterverhältnisse plötzlich an prominenter Stelle auf.

Da waren zunächst die Programmierer, Männer wie Frauen, die die vorgesehenen Forschungsfragen nach der vermehrten Selbstbestimmung in der Arbeit (selbstbestimmte Zeiteinteilung und eigene Verantwortung und Kontrolle[1]) mit einer Verschiebung unserer Fragen beantworteten, die das Verhältnis von Arbeit und Freizeit zum zentralen Thema machte. Dabei kamen wir zu dem Ergebnis, dass die Grenzüberschreitung der Arbeit ins Private die Programmierer schutzlos ließ, weil sie die arbeitsmäßige Belebung ihres Privatlebens ebenso genossen, wie dies auch ihre Gesundheit erschöpfte. Die Begeisterung für die Arbeit machte vor der Endlichkeit der eigenen Kräfte nicht halt, »oft waren es acht Stunden, ohne was zu essen«, berichtet einer (PAQ 1983, 13). Programmieren wurde zur Sucht. Die Programmierer benutzten dafür das Wort *Faszination*, das sehr genau eine Anziehung bezeichnet, die zugleich die Normalität des Daseins aus den Fugen bringt.

Das zweite Opfer waren die familiären wie überhaupt die Liebesbeziehungen. Die Programmierer in unserem Sample waren geschieden und hatten keine Zeit und wenig Lust auf neue Bindungen. So erfuhren sie am eigenen Leibe mit allen Sinnen, dass die Trennung von Arbeits- und Privatleben Schutzgrenzen ermöglicht hatte, innerhalb deren die familiäre Arbeitsteilung tragend war. Dringlich wurde die Entwicklung einer neuen Arbeitskultur für die selbstbestimmte Hightech-Arbeit. Dies galt für beide Geschlechter, wenn auch unterschiedlich.

Einmal die Sinne geschärft, fiel uns erst jetzt (nachdem wir schon drei Bücher über unsere empirischen Untersuchungen zur Automationsarbeit geschrieben hatten) wirklich auf, dass – mit Ausnahme des Programmierens und Setzens – Automationsarbeit Männerarbeit war. »Der Geschlechtergegensatz ist anwesend als Abwesenheit von Frauen« (ebd., 125). Nun, da

1 Vgl. Kap 2, Die Programmierer, in: PAQ (1983): *Zerreißproben*, 12–46.

die Geschlechterfrage ins Licht gerückt und bewusst geworden war, wurden unsere Untersuchungen fast schlagartig anders und viel reicher. Wir entdeckten Ausschließungen, Wahrnehmungsverrücktheiten – so wenn ein Mann sich unter vielen weiblichen Menschen als einsamer Einzelarbeiter erfährt – und vor allem Mechanismen, wie Frauenabwertung und -marginalisierung bis zur Unsichtbarkeit immer wieder hergestellt wird. Man kann das trotz der langen Zeit, die seit den Untersuchungen verstrich, als immer weiter aktuell nachlesen im Band *Zerreißproben* von 1983 und in vielen unserer Aufsätze, die für eine Umorientierung der Arbeitsforschung unter Einschluss der Frauen plädieren.

Der Blick, jetzt geöffnet für Geschlechterfragen, zeigt unverhofft eine Bewegung, die wir als Feminisierung von Arbeit bezeichnen können. Immer mehr Qualitäten computerisierter Arbeit, die ja informationsverarbeitende Arbeit, also im Kern Büroarbeit ist, werden mit Kategorien beschreibbar, die auf von Frauen besetzte Arbeitsfelder passen und von Männern daher als Herabwürdigung und Verachtung ihrer Arbeit aufgefasst werden. Wir lernten in eben diesem Bedeutungsfeld die Krise der Facharbeiter begreifen, welche die Facharbeiter Arbeitsarten aussetzt, die sie als Frauenarbeit ablehnen. Dies eröffnete uns eine fruchtbare Aufnahme der *Cultural Studies* mit ihrem kritischen Blick auf die positive Besetzung von Arbeitskulturen, die den Verschleiß der Arbeitenden zur Folge haben, und umgekehrt auf die Notwendigkeit der Entwicklung neuer Arbeitskulturen für Arbeit mit Hochtechnologie.[2]

Unser Projekt wollte den Gewerkschaften zuarbeiten. In der allgemeinen Unsicherheit über die Umbrüche in den Produktivkräften und also der Arbeitsbedingungen reagierten die Gewerkschaften aber mit Abwehr und Bewahrungsstrategien, beraten von Sozialwissenschaftlern, die eine allgemeine Dequalifizierung prognostizierten (Braverman 1977, Kern/Schumann 1970). Sie bestärkten die überwiegend männlichen Facharbeiter darin, ihren Besitzstand zu verteidigen. Im Widerspruch zur Dequalifizierungsthese war das Eigentümliche in diesen Kämpfen und Veränderungsschüben, dass die Unternehmer bei der Umstellung auf computerisierte Prozesse auf die Qualifikationen der Facharbeiter setzten und die Analyse der Arbeitsanforderungen ohne Weiteres eine Bündelung von Qualifikationen ergab, die in dieser Form nur bei Facharbeitern zu finden war. Unsere Forschung stieß in den Betrieben durchweg auf »eine große Vorliebe für Facharbeiter bei der Auswahl des Bedienungspersonals, […] zugleich damit auch die Nennung der insbesondere von ihnen zu erwartenden Produktionstugenden wie Qualitätsbewusstsein, Verantwortung usw.« (PAQ 1981, 357). Immer wieder

2 Vgl. dazu F. Haug: »Arbeitskultur und Geschlechterverhältnisse«, in: Kaschuba u. a. (Hg.) 1991.

war zu hören: »Facharbeiter sind dafür zuständig, dass die Produktion läuft, auf sie kann man sich verlassen« (PAQ 1987, 70). Aber was als Chance der Facharbeit sich anzukündigen schien, erwies sich bald als ›Krise des Facharbeiters‹. Dies wird verständlich, sobald die ›Feminisierung der Arbeit‹ als weitere Dimension in die Analyse der Kämpfe einbezogen wird[3].

Treten wir einen Schritt näher: Wiewohl nur eine kleinere Branche betreffend, ist die Entwicklung in der Druckindustrie exemplarisch. Dieser Bereich war traditionell männlich besetzt; die entsprechende Gewerkschaft (Verband der Deutschen Buchdrucker) wurde 1866 als ›Männerbund‹ gegründet und hatte Frauen bis nach dem Ersten Weltkrieg ausgeschlossen. Die Setzer und Drucker galten als Hochqualifizierte unter den Facharbeitern; ihre Gewerkschaft (die IG Druck und Papier) war traditionell links und führend in den Klassenkämpfen. Der Einbruch des Fotosatzes in diese Domäne wurde zunächst als Katastrophe abgewehrt; später versuchte man, die entsprechenden Arbeitsplätze mit dem vorhandenen männlichen Arbeitspersonal zu besetzen. Gewerkschaftlicher Schutz galt nicht den ungeregelt eindringenden ›weiblichen Schreibkräften‹, die die ›Männer verdrängten‹ und qua Geschlecht den Beweis zu erbringen schienen, dass ›Dequalifizierung‹ stattgefunden hatte. Die Kämpfe (vgl. dazu Weber 1982; Haug 1982; PAQ 1981; Robak 1996) betrafen etwa die Einschätzung der Maschine – ist sie vornehmlich technisch und verlangt daher Männerarbeit, oder ist sie kaum mehr als eine Schreibmaschine und kann daher von ›Tippsen‹ bedient werden? –, damit verknüpft die Frage der Qualifikation: Muss man Computerarbeit erlernen, oder ist dies eine Tätigkeit für Affen bzw. Frauen? Die Bewertungen wurden vom Kampf um die Arbeitsplätze mehrfach überlagert, z. B. dadurch, dass die männlichen Arbeiter die Computerhandbücher nachts heimlich zu Hause studierten – nicht, um die Leichtigkeit im Umgang mit den neuen Produktionsmitteln zu beweisen, sondern um sich als genuin geeignet zu präsentieren, während die Computerarbeiterinnen der ersten Generation sich durchweg bald auf eine Reproduktion der alten Arbeitsteilungen einließen: Sie ließen Männern den Vortritt, sobald es ein wenig ›kompliziert‹ oder ›verantwortlich‹ wurde. Die Bedeutungskämpfe, die immer auch Kämpfe um Arbeitsplätze waren, erstreckten sich auf Kooperationsbeziehungen und die damit verbundenen Arbeitskulturen. Sie wurden von der tatsächlichen Entwicklung überholt, die zunächst die männlichen Setzer aus den Betrieben entfernte, um weiblichem Personal Platz zu machen, das wiederum bei der nächsten Arbeitsteilung und Zusammenfügung ›ersetzt‹ wurde. Mit der Weiterentwicklung des PC verlagerten sich nämlich die vielen Tipparbeiten, die ein Heer von Frauen in Lohn gehalten hatten, zurück zu denen, die die Texte verfassten.

3 Dazu auch Kapitel 4.4

Die ›Setzerinnen‹ setzten nicht mehr, sondern ›konvertierten‹ und ›machten Umbruch‹ – eine kurzfristige weitere Qualifizierung, die wiederum durch die Produktivkraftentwicklung überflüssig wurde. ›Desktop-publishing‹ fasste die Tätigkeiten beim Autor zusammen, was den Ruin vieler dezentralisierter Setzunternehmer – zumeist Frauen – bedeutete.

Einige Dimensionen dieses Lehrstücks lassen sich unter dem Begriff *Krise der Facharbeiter* verallgemeinern. Die körperliche Grundierung, welche die männliche Facharbeit trotz ihres Umgangs mit Maschinen behalten hatte und die zusammen mit den handwerklich gebliebenen Dimensionen von Kunstfertigkeit, Tradition und spezifischem Materialwissen ihre besondere Männlichkeit ausmachte, verschiebt sich in Grauzonen intellektualisierter Arbeit, die wiederum bei diesen Arbeitern als ›weibisch‹ gilt. Das Misstrauen wird gestärkt durch den tatsächlichen Einzug von Frauen in verschiedene Bereiche mikroelektronischen Produzierens. Bewusstseinsschichten aus mehreren Arbeitsgenerationen blockieren die Möglichkeit einer von den Geschlechtern gemeinsam vollzogenen selbstbewussten Aneignung der neuen Produktivkräfte.

Ich nahm die Einladung zu einem Weltkongress für Bildschirmarbeit in Stockholm an und damit die Notwendigkeit, dieses Segment von Forschung an einem Detail des Arbeitsinstruments anzusetzen, statt es an der Ganzheit der Arbeitsanforderungen zu studieren. Auch diese Arbeit brachte unerwartete Ergebnisse zum Verhältnis von Arbeit und Krankheit, nämlich unter anderem, dass das gleiche Arbeitsinstrument je nach Land und entsprechender Kultur ganz verschiedenartige Krankheiten (von Fehlgeburten über Lähmungen zu Kopfschmerzen) hervorrufen konnte. Sie zeigten so, dass es in jedem Fall falsch war, in der industriellen Pathologie direkt deterministisch zu verfahren, nach bestimmtem Verschleiß zu suchen und Menschen also wie Maschinen zu denken[4].

Das von mir als Zusammenfassung kollektiver Forschung geschriebene Kapitel in *Widersprüche der Automationsarbeit* (1987) sei im Folgenden als ein Stück marxistisch-feministischer Arbeitsforschung dokumentiert, weil es offenbart, wie umfassend groß und wie mikroskopisch klein eine Analyse vorgehen muss, die Ernst macht mit dem Postulat, die Erforschten als Subjekte von Forschung einzubeziehen. Dies aber erst verbindet die Arbeitsforschung mit der Frauenforschung, sobald sie marxistisch-feministisch vorgeht.

4 Vgl. dazu F. Haug: »Automation and Work Culture«, in: B. Knave u. a. (eds) 1987; ausgearbeitet in: »Arbeitsforschung im Zeitalter der Mikroelektronik«, in: *Forum Kritische Psychologie* 20, Berlin 1987.

Arbeitsforschung und Geschlechterverhältnisse[5]

Spannungen im Verhältnis der Geschlechter und Ungleichheiten auf Kosten der Frauen sind so selbstverständlich, dass wir uns Fragen nach Veränderungen in den Geschlechterbeziehungen unter veränderten Bedingungen der Produktion erst sehr spät stellten. Dabei hätte uns schon eine kleine Stichprobe aus dem umfangreichen Katalog der Eigenschaften, die Unternehmer sich für Automationsarbeiter wünschen, stutzig machen müssen. Da ist die Rede von: Selbständigkeit, Standfestigkeit und Mut, starken Nerven, Erfahrung und einem angeborenen Besitzdenken in Bezug auf seine Maschine und einem Gefühl für Programme, Teambereitschaft und Abenteurertum, hoher technischer Begabung und Qualitätsbewusstsein (PAQ 1981a, 390f.).

Kulturelle Gewohnheit und die Verwunderung über die Widersprüchlichkeit der gedachten Produktionsarbeiter als auch über deren Entfernung vom Lohnarbeiter alten Typs hatten uns übersehen lassen, dass alle diese Qualitäten (oder doch die meisten) männlich sind oder doch weitgehend nur von Männern erfüllt werden konnten. Es klingt wie eine Ausschreibung für eine Stelle in einer Forschungsexpedition, auf der ungeahnte Gefahren lauern, denen nur harte Männer mit dem gewissen Etwas trotzen können.

Dem unternehmerischen Entwurf entspricht betriebliche Praxis zumindest in Bezug auf das gedachte Geschlecht. An den neuen qualifizierten Automationsarbeitsplätzen in der industriellen Produktion fanden wir keine Frauen. Während uns aus sozialistischen Ländern von weiblichen Messwarten und NC-Arbeiterinnen berichtet wird, sind diese Plätze in den von uns untersuchten Betrieben männliche Domäne. Lediglich an den Rändern der Automationsarbeit, in den Lücken nicht voll automatisierter Produktion – hauptsächlich in der Daten- und Texterfassung – finden sich ganze Abteilungen von Frauen, ständig bedroht von technologischer Weiterentwicklung und ihrem Überflüssigwerden (PAQ 1983, 168ff.). Die Arbeitsteilung funktioniert. Wo sie entlang der Geschlechtslinie verläuft, können wir davon ausgehen, dass nicht nur die Unternehmer solche Teilungen definieren, sondern in hohem Maße die Arbeitenden (beiderlei Geschlechts) selber Trennungen vornehmen, Ausgrenzungen überzeugt leben und so Arbeitsteilung dieser Art ständig reproduzieren. Dabei nehmen wir nicht an, dass Arbeitsteilungen einem harmonischen Aufbau ständig wachsender Qualifikationen folgen, so dass Arbeitsplätze in einer Art sekundärer Natürlichkeit je nach Ausbildung verteilt werden. Am Beispiel der geschlechtsspezifischen Arbeitsteilung zeigt sich eindrück-

5 Aus: PAQ 1987: *Widersprüche der Automationsarbeit. Ein Handbuch*, 60–74, hier verknappend bearbeitet.

lich, dass nicht friedliche Übergänge, sondern Bruchlinien zwischen den Arbeitsfeldern verlaufen, deren Grenzen streng bewacht sind vor Überschreitungen. Das Einhalten der Grenzen ist eine kulturelle Gewohnheit, so dass in einigen Fällen sogar Beziehungen zwischen den Inhabern einzelner Felder beim Arbeiten nicht mehr als Kooperationsbeziehungen wahrgenommen werden können: so nicht die zwischen Putzfrauen und Produktionsarbeitern oder auch Kopfarbeitern etwa in der Universität (PAQ 1983, 168ff.); stattdessen sind sie gegensätzlich gebaut. Solche gegensätzlichen Arbeitsbeziehungen sind für ein kollektives Automationsprojekt eine Behinderung.

Den Eigenschaftswünschen, wie sie die Unternehmer denken, entsprechen auch auf der Ebene der Arbeitenden Vorstellungen von eigener und arbeitsteilig anderer *Identität*, von Charakter. Auch dies gilt in besonderem Maße zwischen den Geschlechtern. Hier ist die *Sexualität* ein Medium, in dem Grenzüberschreitungen verhindert werden sollen; eine Form, auf deren Rahmen Kämpfe bezogen werden, ist die *Familie.*

Wir betrachten an dieser Stelle nicht die gesamtgesellschaftliche Arbeitsteilung zwischen weiblicher Haus- oder »Reproduktionsarbeit« und männlicher Produktions- oder öffentlicher Arbeit, sondern die Arbeitsteilungen innerhalb der Erwerbsarbeit. Hier wiederum geht es uns nicht hauptsächlich darum, wie etwa durch fehlende sanitäre Einrichtungen bei entsprechenden Gesetzen weibliche Berufstätigkeit an verschiedenen Plätzen verhindert wird – dieses Gebiet ist weitgehend erforscht, an Veränderungen wird gearbeitet (vgl. dazu den Modellversuch »Mädchen in Männerberufen«; Lit. u.a. Bednarz-Braun 1983; Mayer u.a. 1984; Schütte 1984). Wir möchten vielmehr untersuchen, wie die Beteiligten (Männer und Frauen) in ihrem Verhalten und durch ihre eigenen Haltungen und Wahrnehmungen die Trennungen pflegen mit dem Effekt einer ständig reproduzierten Einordnung der Frauen an den unteren Rändern von Produktion und Dienstleistung.

Sexismus in der Arbeit

Sexualität ist nicht nur ein Feld möglicherweise unerwünschter Ablenkung von der Arbeit, wenn Individuen beiderlei Geschlechts zusammenarbeiten, sie ist in weit höherem Maße ein Kampfplatz der Erniedrigung, Ausgrenzung und Erhaltung von Arbeitsteilung. Insofern es bei der Automatisierung auch um die Auflösung alter Arbeitsteilungen geht, interessieren uns die Formen, in denen mittels des Sexuellen solche Auflösungen verhindert werden (PAQ 1983, 138ff.). Im nicht exakt bestimmbaren Bereich dessen, was als Sexualität oder besser noch als Sexuelles gelten soll, liegen die Maßstäbe, nach denen über Wert und Unwert von Frauen geurteilt wird.

(Die spezifische Rolle, die das Sexuelle unter männlichen Arbeitskollegen spielt, konnte in diesem Zusammenhang nicht berücksichtigt werden. Wir schränken unseren Gegenstand auf die Beziehungen zwischen den Geschlechtern am Arbeitsplatz ein und schreiben vom Standpunkt der Frauen.) Die Beziehungen zu Kollegen werden für die Frauen zu akrobatischen Kunststücken der Einhaltung von angemessener Distanz. Was schicklich ist, der Sitte entspricht, keine Schamlosigkeit verrät, wird am Arbeitsplatz mit sexueller Bedeutungshaftigkeit entschieden. Zensuren erteilen die männlichen Arbeitskollegen; ihre Einschätzung sortiert die Frauen nach Typen. Das angenommene moralisch-sexuelle Verhalten verschmilzt mit den Personen und kann von da außerordentlich wirksam zum Gradmesser des gesamten Verhaltens werden, d.h. den sexuellen Herkunftsort verlassen (vgl. F. Haug 1983a). Unsittlich und schamlos ist jetzt nicht mehr eine angebliche Ermutigung zu sexueller Annäherung, umgekehrt fordert alles, was nicht dem Herkommen entspricht, die Einschätzung sexueller Unmoral heraus. Zum Beispiel, dass eine Frau einen Männerberuf ergreift, herkömmliche Unterwerfung nicht mitmacht, als selbständige Person auftritt. Der ungewohnte aufrechte Gang erscheint als widernatürlich, die Erniedrigung zum allgemein zugänglichen Sexualobjekt als Wiederherstellung der Ordnung.

Ruth, eine Werkzeugmacherin, engagierte Gewerkschafterin und einzige Frau in einer Abteilung von Facharbeitern männlichen Geschlechts, erzählt eine alltäglich-ungewöhnliche Geschichte eines solchen Vorgangs:[6]

»Also ich hab da so eine wilde These, die lässt sich wohl nicht belegen. Aber ich hab da nun knapp zwei Jahre gearbeitet, und ich bin mit den Kollegen ganz gut ausgekommen, also was diese Zwischenmenschlichkeit angeht. Obwohl da immer wieder Sachen gelaufen sind, die darf man nicht so ernst nehmen. Aber so, was in den Köpfen vorgeht: Bei irgendwelchen abendlichen Diskussionen ging's halt mal darum, wie denn so Mädels einzuschätzen seien, die in solche – also es hat sich angezündet [...] an so nem Diskothekenbesuch, [...] dass es Diskotheken gäbe, wo halt wenig Frauen sind, und von den Frauen, die da reingehen, wüsste man ja schon, was man zu halten hätte. – Und dann ging der Schwenk so über in die Arbeitswelt – und irgendwie war ihnen wohl gar nicht bewusst, dass ich da nun auch dabeistand – und dann ging das halt darum, dass es nun ja auch Frauen gäbe, solche männermordende, die sich in alle Bereiche drängen würden und auch in die Arbeitswelt. Und dann sprang das wieder zurück auf die Diskothek, und dann sagte der eine Kumpel – er war übrigens auch Vertrauensmann der Gruppe: ›Jetzt hab ich meinen Sohn mal aus der Disko abgeholt, und auf der Tanzfläche, ne, da ham die's doch fast getrieben.‹ Da

6 Die Geschichte von Ruth wurde von Silke Wenk eingebracht.

sagte ich: ›Mensch, Hanne, welche Disko ist das denn?! Werd ich mir mal angucken, hab ich noch nie gesehen.‹ – ›Na ja, da und da und da. Und ich hab meinem Sohn auch gesagt, [...] dass er ruhig mal ein bisschen üben kann, also bei so nem Mädchen [...]. Also, dass er dann halt auch [...] der braucht net die erste Beste zu nehmen, der kann ruhig mal ein bisschen üben.‹ Da habe ich ihm nun gesagt: ›Also weißt du, Hanne, [...] andere Männer [...], andere Familien haben auch Söhne, und die empfehlen ihnen dasselbe [...].‹ – Weil er hat nämlich auch noch eine Tochter. – Also seine Tochter würde er zu Hause behalten und würde sie immer schön behüten und so. Und die dürfte das nicht. Aber sein Sohn, der dürfte das, weil, ein Mann müsste ja ein bisschen üben vorher. – Und in dem Diskussionszusammenhang war das halt wirklich alles auf einer Stufe: Also die Frauen, die in solche Männerdomänen eindringen, und die Frauen, die dann in Diskotheken es angeblich auf der Tanzfläche mit den Jungens da treiben und so [...] Das gab dann so ein geschlossenes Bild, und das ganz ungeniert.« (PAQ 1983, 140)

Fast ungläubig noch erkennt die Werkzeugmacherin, dass der ständige Themenwechsel Methode hat. Durch ihn entstehen Bedeutungen, die sich gerade dadurch rationaler Kritik entziehen, dass sie so nicht klar ausgesprochen werden müssen. In ihnen erahnen wir Elemente des Facharbeiterselbstverständnisses, ihrer Kultur. Im Klartext entziffern wir:

Frauen, die in männliche Domänen eindringen = Facharbeiterberufe ergreifen, sind schamlos.

Schamlos sind auch die jungen Mädchen in den Diskos. Frauen als Facharbeiterinnen sind männermordend, so wie die, die es auf der Tanzfläche fast treiben. Die Letzteren muss man sich greifen, kann man sich angucken, dem Facharbeitersohn empfehlen als sexuelles Übungsgelände. Der Facharbeitersohn kann etwas Besseres erwarten als eine solche Frau; ihre Existenz aber gibt ihm die Möglichkeit zu üben, zu wählen und eine Frau zu nehmen, der er Übung voraushat, der er sexuell überlegen ist. Anders die Facharbeitertochter – sie darf nicht in eine solche Disko gehen, erhält keine Übung in Männerbereichen. Und die Facharbeiterfrau ist das Gegenteil einer solchen Diskobesucherin und einer männermordenden Facharbeiterin – sie drängelt sich nicht in Männerdomänen und hat keine Erfahrung. Eine Facharbeiterin ist demnach eine Frau, mit der man es treiben kann, Erfahrungen sammeln, die also schamlos ist und von daher niemals geheiratet werden könnte.

Dass Facharbeiter so die vereinzelt in ihrem Arbeitsbereich auftauchenden Frauen als Eindringlinge ausgrenzen und als Sexualobjekte begrüßen, bedeutet auch, dass die Wege weiblichen innerbetrieblichen Aufstiegs – der ja gleichbedeutend ist mit einer Zunahme an Aufgaben, Kompetenz und Verantwortung – vorgezeichnet sind. Der Weg über den Nachweis von

Wissen und Können ist schon weitgehend dadurch versperrt, dass sie von ihren Facharbeitervorgesetzten vornehmlich als Geschlechtswesen wahrgenommen werden. Dies ermöglicht ihnen, als Sexualwesen Protektion zu erfahren, sofern sie auf diesem Gebiet die in sie gesteckten Erwartungen erfüllen. Die Liste solcher Karrieren ist lang.

Wir ahnen, dass die Töchter der Facharbeiter von zu Hause nicht gerade ermutigt werden, qualifizierte Berufe z.B. in Messwarten oder an NC-Maschinen zu ergreifen, und wir begreifen jetzt, dass ihre Väter (und Ehemänner) sie vor einer Arbeitswelt bewahren möchten, deren frauenfeindliches Klima sie selber mit herstellen. Auch sehen wir die Versuchung für die Frauen, die sich in Männerdomänen begeben haben, den verhinderten Bewegungsraum durch teilweises Einlösen männlicher Erwartungen an sie als Geschlechtswesen zu erreichen. Zusätzlich können wir davon ausgehen, dass die schillernde Bedeutung, die die Moral insbesondere beim Bemessen weiblicher Verhaltensweisen anlegt und die es erlaubt, ständig zwischen Arbeitsverhalten und sexuellem Verhalten hin- und herzuspringen, von beiden Geschlechtern bedient wird. Gerade weil die Grenzen des Schicklichen so unsicher und unbefestigt sind, bewirken Andeutungen, Witze, zweideutige Bemerkungen, dass Frauen sich den Erwartungen so frühzeitig unterstellen, dass sie überhaupt nicht erst in die Gefahrenzone des Schamlosen kommen.

Dies gilt nicht nur für Bereiche, in denen Frauen in die Domänen qualifizierter Produktionsarbeit aufsteigen müssten, sondern ebenso für den männlich dominierten Politikbereich. In einer mit Betriebsrätinnen gemachten Untersuchung über Behinderungen ihrer Politik durch patriarchale Verhaltensmuster konnten wir feststellen, dass sexuelle Anzüglichkeiten eine Hauptwaffe von Männern auch bei Fraktionskämpfen im Betriebsrat selbst sind (vgl. dazu Morisse u.a. 1982). Dies führt umgekehrt dazu, dass die betroffenen Frauen Konflikte, die sich unterschiedlicher Stellung in der Produktion verdanken (z.B. privilegierte Facharbeiter gegen »Frauenabteilungen«, die als unqualifiziert gelten), als persönlichen Konflikt mit einem oder mehreren bestimmten Männern erleben und austragen.

Fluchtburg Familie

Die Familie ist eine Form des Zusammenlebens, in der Frauenunterdrückung hartnäckig reproduziert wird; das kann man gewiss für die Form der Kleinfamilie behaupten. Frauen arbeiten dort vereinzelt; da ihre Taten nicht unmittelbar auf die gesellschaftliche Produktion bezogen sind, werden sie sozial gering geschätzt; zudem leben sie in einer fast feudal anmutenden Form ökonomischer Abhängigkeit vom persönlichen Ehemann; dies gilt zumindest für die Nur-Hausfrauen. Dabei liegen ihre Arbeitsstunden über dem Durchschnitt, der in der Erwerbsarbeit üblich ist. Indem sie als Hausfrauen existieren, tragen sie als lebende Vorbilder zur ständigen Reproduktion solcher Arbeitsteilung in Hausfrauen und Erwerbsarbeitsmänner bei. Aber Familie ist nicht nur ein Ort der Frauenunterdrückung. In der Beschäftigung mit dem Problemfeld Sexualität erfuhren wir Familie auch als Ort, an dem die männlichen Arbeiter ihre Frauen vor den Erniedrigungen im Arbeitsleben bewahren wollen. Das gilt nicht nur für die von ihnen selbst inszenierten sexuellen Anzüglichkeiten und Handgreiflichkeiten, das gilt auch für das gesamte Feld psychischer Verelendung und ökonomischer Ausbeutung, für die Abhängigkeit von Vorgesetzten, für schwere körperliche Arbeit usw. (Aspekte solch paternalistischen Verhaltens gehen auch in die Arbeitsschutzbestimmungen für Frauen ein; vgl. hier z.B. Nemitz u.a. 1984). Wir können von daher annehmen, dass die Familie nicht nur ein staatsgeschützter Raum ist, Instrument reaktionärer Politik und ideologisch von rechts besetzt. Umgekehrt ist die Familie auch die private Fluchtburg, welche die Arbeiter vor kapitalistischen Übergriffen zu bewahren versuchen, deren Grenzmauern sie bewacht halten und in die sie sich zur Sammlung von Kräften zurückziehen. (Clara Zetkin war darüber hinaus der Auffassung, dass die Arbeiterfamilien der Ort der Erziehung von Sozialisten seien und von daher verteidigt und geschützt werden müssten.) Die von Marx (in den *Ökonomisch-philosophischen Schriften 1844*, MEW-Ergänzungsband 1) hervorgehobene Verkehrung, dass der Arbeiter nicht zu Hause ist, wo er arbeitet, und zu Hause ist, wo er nicht arbeitet, übersah schon damals, dass dieses besondere Verhältnis nur für das männliche Geschlecht gilt. Frauen arbeiten dort, wo sie zu Hause sind, und im marxschen Sinn sind auch sie dort nicht zu Hause, wo sie zu Hause sind; sie haben keinen Ort.

Im Verhältnis von Kapital und Lohnarbeit stellen sich die Produktionsbedingungen immer wieder her. Die gegensätzlichen Klassen sind beide in diese gesellschaftliche Reproduktion verstrickt. Das ist wörtlich zu nehmen, denn es bedeutet auch, dass die Siege, die die Arbeiterklasse der Kapitalistenklasse abringt, die Zeichen dieser Produktionsverhältnisse tragen: so die Privatheit der Familie, in der und durch die Frauenunterdrückung sich hält. Eine Politik, die hier etwas verändern will, würde die Kräfte der Frauen zum Teil gegen die männlichen Arbeiter und ihre organisierte Interessenvertretung mobilisieren müssen. Dies erscheint umso dringlicher, als die Ausgrenzung der Frauen aus den Männerdomänen und ihre Einsperrung in die Familien eine höchst unzeitgemäße Borniertheit innerhalb der männlichen Arbeiterklasse ist und einem kollektiven Automationsprojekt und seinen Möglichkeiten widerstreitet[7].

7 Siehe auch Kapitel 4.4

Wenn die Familie Maßstab und Einsatz, Sieg und Niederlage ist, Form, in deren Namen Arbeitsteilungen und Ausgrenzungen geschehen, was geschieht dann im Verhältnis der Geschlechter und ihren Haltungen zu dieser Form, sofern sie gleichberechtigte Automationsarbeiter sind? Es ist zweckdienlich, hier nicht Beispiele zu wählen, in denen Frauen als Vereinzelte, Isolierte exotisch Neuland betreten, sondern solche, in denen die Anwesenheit von Frauen auch in qualifizierten Berufen schon zum Alltag gehört. Dies gilt bei den Automationsberufen für die Programmierer. [...] »Es ist schon auffällig«, sagt eine, »dass da viele Ehescheidungen, viele Brüche und so verzeichnet werden. Allerdings alles bei Leuten – und da muss man sich mal ansehen, wie lange Programmierung existiert – die sind ja alle so etwa um 30 bis 35. Das ist eine ganz bestimmte Altersstufe, in der das so passiert, und wenn du so nachfragst, haben die Beziehungen eine ganz bestimmte Laufzeit gehabt. Und dann ist dieser Beruf dazugekommen größtenteils.« (PAQ 1983, 39)

Solche Beobachtungen in eine Art Kausalitätsdenken zu pressen und so zu verallgemeinernden Aussagen über das Familienverhalten von Automationsarbeitern zu kommen, ist nicht unsere Absicht. Scheidungen, Brüche in den Geschlechterbeziehungen entsprechen dem »Zeitgeist«, wie eine der Programmiererinnen einwandte. Aber auch dieser Zeitgeist ist Resultat des Verhaltens von vielen, die bestimmt sind durch eine Vielzahl von unterschiedlichen Faktoren. Sicher können wir festhalten, dass die Selbstverständlichkeit, mit der die Programmierer vom Scheitern ihrer Familienversuche sprechen, ein Moment ist, welches an Bedeutung gewinnt, wenn wir es mit einem weiteren in Beziehung setzen: dem Inhalt der Programmiertätigkeit und seiner Gewichtung für die Familienbeziehungen durch die Programmierer selbst.

Programmieren bedeutet in erster Linie Probleme lösen. Komplexe Aufgaben werden in eine Ordnung gebracht, die eine Zerlegung in Teilschritte und damit eine allmähliche Zielerreichung ermöglicht. Solches Problemlösen lässt keine Widersprüche zu, keine irrationalen Über- und Unterordnungen und keine Unordnung. Problemlösen verlangt in erster Linie Organisation und Systematik. Ein Versuch, solche Anforderungen mit denen in der Familie oder zwischen den Geschlechtern in Beziehung zu setzen, bringt überraschende Ergebnisse: Der männliche Programmierer spricht erwartungsgemäß: Problemlöseverhalten hat in persönlichen Beziehungen und in der Familie nichts zu suchen. Es wirkt zerstörend. Die Begründung: es ist intellektuell. Der intellektuellen Durchdringung halten die Gefühle, die allgemein als Träger solcher Beziehungen gedacht werden, nicht stand.

Otto: »Im Januar ist meine Frau ausgezogen, und das hat was mit der Arbeit zu tun, wie auch immer man das drehen und wenden mag, hat es was damit zu tun. [...] Das sage ich jetzt einfach so. Ich denke, die ist also auch eine voll ausgereifte Intellektuelle von oben bis unten, wir haben sehr viel unser Leben problematisiert. Und da habe ich sie noch mehr mit angesteckt, als sie mich schon hatte. Sie hat auf eine andere Weise mich dazu motiviert, es weiter zu tun. Wir haben das beide gemacht und haben uns damit irgendwie überfordert. Wir haben versucht, Probleme zu lösen.«

Wir sind geneigt, dem männlichen Verfechter einer Beziehung ohne Problemlöseverhalten zuzustimmen, treffen aber auf die Merkwürdigkeit, dass die weiblichen Programmierer ganz andere Punkte und Wichtigkeiten benennen: Männliche Kontrolle und Erstarrung von Verhältnissen sowie die Unmöglichkeit, Neues einzubringen, schreiben sie fehlendem Problemlöseverhalten zu. Chaos und Unordnung, Undiszipliniertheit als negative Effekte mangelnden Problemlöseverhaltens, die Unmöglichkeit, einen eigenen Weg zu gehen, stehen den positiven Momenten einer wachsenden Sensibilisierung, einer Schärfung der Sinne gegenüber. Sich die Probleme sorgfältig zurechtzulegen bedeutet eine bessere Beachtung von Umwelt, anderen Menschen und die Erkenntnis eigner Vorlieben sowie deren Veränderung. Die Diskrepanz in den Beurteilungen ist groß. Da der Kontext immer die Familie bzw. die Partnerbeziehung ist, müssen wir wohl davon ausgehen, dass die gegensätzliche Sichtweise sich unterschiedlichen Standorten der »Partner« verdankt: ihrer Ungleichheit. Konflikte werden in »Partnerbeziehungen« gewöhnlich nicht gelöst, sondern durch »irrationale Lösungen«, behauptet als Liebe, geschlichtet und übergangen. Die konfliktträchtigen Felder sind mit einer Reihe von traditionsbeladenen Entscheidungsmöglichkeiten besetzt und geordnet. Jeder Konflikt ist eine Bedrohung alter Ordnung mit der Aufforderung, eine Umordnung vorzunehmen. Dass dies ebenso geschehen soll, wie in rationaler Weise die Aufgaben beim Programmieren bewältigt werden, setzt Gleichheit voraus und bedroht damit die gewohnte Entscheidungsstruktur männlicher Familienangehöriger; weibliche dagegen erkennen in der neuen Ordnung Freiheit.

Für die Frauen, so können wir resümierend festhalten, wächst mit einem sorgfaltigen Problemlöseverhalten in den Konflikten ihres Alltags ihre Handlungsfähigkeit, die Möglichkeit, selbständig zurechtzukommen und Selbstbewusstsein zu erlangen. (Es wäre interessant zu erforschen, ob der Krankheitstyp, in dem Frauen die Konflikte im Alltag durch Verschiebung gemeinhin lösten, sich bei den neuen Automationsberufen bzw. ihren weiblichen Akteuren verändert. – Erste Überlegungen finden sich dazu bei B. Nemitz 1983.)

So weit sehen wir einen inneren Zusammenhang zwischen den Programmiertätigkeiten, der Übertragung von Programmierfähigkeiten auf alltägliches Verhalten und dem Zerbrechen herkömmlicher Familienbande.

Wir sehen die männlichen Vertreter beraubt und etwas angeschlagen daraus hervorkommen und die Frauen munterer zu neuen Taten schreiten. Aber das Zerbrechen der alten Formen von Vergesellschaftung bringt nicht automatisch neue hervor. Die Widerspruchsfreiheit des Problemlöseverhaltens, die den Frauen Lösungen für bislang unbewältigte Konflikte brachte, zeigt sogleich ihre Beschränkung für die Konstruktion neuer Formen. Das Leben vergesellschafteter Menschen lässt sich nicht widerspruchsfrei organisieren. Es dennoch zu versuchen fordert eine Negation von wirklichen Widersprüchen im Denken heraus: ihre Ideologisierung. Was wir brauchen, sind Zusammenlebensformen, die das Austragen von Widersprüchen ermöglichen und unterstützen: eine Widerspruchskultur.

Facharbeiteridentität im Umbruch

Der Begriff Identität hält ein Feld besetzt, in dem wir erst zu arbeiten begonnen haben. Wir benutzen ihn mit Vorbehalt. Wir wollen mit ihm den Vorgang benennen, dass die einzelnen Menschen sich bewusst auf Gruppenkulturen, Sitten, Traditionen und Geschichte beziehen, um handlungsfähig zu sein. Die Selbstwahrnehmung und ihre Auswirkung auf das Verhalten von Menschen sollen mit dem Identitätsbegriff für uns fassbar werden. In diesem Sinne bezieht sich Identität nicht auf Einzelne, sondern auf kulturelle Gruppen, bzw. sie bezieht die Individuen als Vereinzelte auf soziale Gruppen, erlaubt ihnen so gesellschaftliche Handlungsfähigkeit trotz Vereinzelung (vgl. R. Nemitz 1985; Schubert 1984).

Sozialpsychologisch und soziologisch zielt der Begriff Identität auf einzelne Individuen und bestimmt ihr Verhältnis zur Gesellschaft mit Kategorien wie Rolle, Erwartung, Identifikation. Wir möchten den Begriff Identität dagegen für eine Form benutzen, die die Menschen selber herstellen, indem sie die antagonistischen Bedingungen ihres Lebens so umarbeiten, dass sie darin einen Sinn finden und handlungsfähig sind.

In unseren Untersuchungen stießen wir auf das eigentümliche Phänomen, dass die Facharbeiter von der Automation am wenigsten existenziell bedroht waren – ging doch ein Überflüssigwerden massenhafter unqualifizierter Arbeit einher mit einem Mangel an Facharbeitern – und dass gleichwohl von ihnen lautstark als den am meisten Betroffenen gesprochen wurde. Da die Behauptung einer Facharbeiterkrise nicht nur ein Ergebnis soziologischer Untersuchungen war, sondern von uns auch als erzählte Erfahrung betroffener Facharbeiter erhoben wurde, mussten wir davon ausgehen, dass in den von ihnen neuerlich verlangten Tätigkeiten Aspekte enthalten sind, die den Grund ihres Krisenbewusstseins hergaben. Angeregt durch eine Untersuchung aus dem Birminghamer Kulturforschungsinstitut über die kulturellen Identitäten von Hilfsarbeitern (Willis 1979), versuchten wir die »Facharbeiterkrise« als Verschiebung ihrer kollektiven Identität zu begreifen (Räthzel 1981; F. Haug 1982a). Dass »Kraft und Ausdauer« verschwänden und mit ihnen »Lebensweisen« fragwürdig würden wie »trinkfest sein, viel essen, keine Angst haben«, deuteten wir zugleich als Verlust an Facharbeiterselbstbewusstsein und als Krise im Verhältnis zu den Frauen: »Ihre Tätigkeit gibt ihnen erst recht eine Möglichkeit, sich Frauen gegenüber überlegen zu fühlen: Frauen sind nicht nur körperlich schwächer, sie haben auch keinen Sinn für Technik« (Räthzel 1981, 838). Wir schlussfolgerten: »Die neuen Tätigkeiten sehen einerseits wie zu verachtende Tätigkeiten aus, erfordern aber andererseits Fähigkeiten, die die Facharbeiter nicht so ohne Weiteres haben« (ebd., 839). Wir sind bei solchen Bestimmungen eher unbemerkt in Definitionen gerutscht, die Willis ausdrücklich für schwere körperliche Arbeit gab, und haben dabei das Spezifische der Facharbeit weitgehend vernachlässigt. So erschienen schließlich die Tugenden der Facharbeiter uns wider besseres Wissen als weitgehend überflüssig für die automatischen Anlagen (PAQ 1981a, 355ff.). Dies war ein Ergebnis, das uns weder die unverminderte Nachfrage nach diesem Arbeitertyp begreifen ließ noch die besondere Verschränkung, die Facharbeiteridentität, Automation und Geschlechterbeziehungen miteinander eingehen.

[...] Wir haben vorgeführt, dass der automatisierte Produktionsprozess genau diesen Arbeitertyp verlangt, als wäre er eigens dafür konstruiert. Grauzonen, in denen nur selbständiges Handeln nützt, die ständige Weiterentwicklung der Produktivkräfte, das Nachdenken über den Gebrauch der Dinge, die selbstbewusste Herstellung von Kooperation – all dies sind Anforderungen, die auf den Stolz in der Arbeit setzen und nicht auf eine Gleichgültigkeit, wie sie verantwortungslosen Detailoperationen geschuldet ist. Gäbe es den Facharbeiter nicht, man müsste ihn für die automatisierte Arbeit erfinden, und dies selbst dann, wenn klar ist, dass eine ganze Reihe seiner Qualifikationen nicht mehr gebraucht werden.

Wir können jetzt die eigentümliche Abwesenheit von Frauen an den meisten automatischen Produktionsarbeitsplätzen eher erklären und einen weiteren Versuch unternehmen, die Krise der Facharbeiter und die Bedrohung zu erfassen, die in einer Verschiebung der Geschlechterverhältnisse für sie liegt. Vom männlich selbstbewussten Facharbeiterstandpunkt scheinen Frauen weder als zuverlässig noch als wirklich verantwortungsbewusst oder als selbständig zu gelten, und sie sind zudem in Bereichen tätig, die von Männern für nichtig gehalten werden. Engagierten sie sich für die gesellschaftliche Produktion und deren Nutzen im notwendigen Umfang, wäre dies eine Bedrohung, weil es unweigerlich zur Vernachlässigung häuslicher Arbeiten führen müsste. Der gesellschaftliche Druck auf die »natürliche Häuslichkeit« von Frauen müsste an Kraft verlieren und damit die Selbstverständlichkeit, mit der jeder einzelne Arbeiter von seiner Frau die beanspruchte Pflege erwarten kann. Bei der unterstellten Unzuverlässigkeit und Verantwortungslosigkeit von Frauen spüren wir nicht nur männliche Überlegenheit. Die Zuschreibungen geraten zudem auf abschüssige Geleise. Fast unmerklich sehen wir uns in den Bereich geschoben, in dem es um Fragen von Sexualität und Moral geht, um die nicht zuverlässige Vaterschaft, schließlich wieder um die Verantwortung für die Familie. Die Frauen bleiben als Unterlegene zurück, ungeeignet für Arbeit, auf die man stolz sein kann, für Qualität. Wir kommen zu dem seltsamen Resultat, dass die Facharbeiteridentität auch dort eine Art körperlicher Grundierung hat, wo körperliche Arbeit nicht mehr dominantes Merkmal der Tätigkeiten ist. Facharbeit wird gelebt als eine Art männlich-körperlicher Potenzialität. Indem solche »Eigenschaften« wie Gewissenhaftigkeit, Qualität und Verantwortung mit Männlichkeit verschränkt gedacht werden[8], ohne dass dieses Geschlecht ausdrücklich benannt ist, bleiben sie für Frauen ewig unerreichbar.

Wenn Frauen Arbeitsplätze zu besetzen beginnen, an denen keine Körperkraft, wohl aber Selbständigkeit, Gewissenhaftigkeit, Verantwortungsbewusstsein gefordert sind, wirkt dies auf die gleichzeitig beschäftigten Facharbeiter wie ein Schock: Sie geraten entweder mit sich selbst in eine große Krise, zweifeln an ihrer Männlichkeit und verheimlichen zu Hause den Charakter ihrer neuen Tätigkeit und das Geschlecht ihrer Kollegen, oder sie versuchen, die Letzteren überhaupt nicht als Kollegen wahrzunehmen. Bei unseren Untersuchungen trafen wir u. a. einen Setzer, der lange behauptete, »allein« zu arbeiten. Dies war ihm das größte Problem der neuen Satztechnik. »Nur, heute habe ich überhaupt keinen Menschen mehr, nur noch 'nen Computer. Und das macht keinen Spaß.« (PAQ 1983,133) Tatsächlich arbeitete er mit vier Frauen zusammen. Sie waren über den Weg »Tippse« – Perforatortasterin – wegen der Geschwindigkeit ihrer Hände in den Fotosatz gekommen; er kam über ein spezifisches Abkommen, das die Gewerkschaft mit den Unternehmern ausgehandelt hatte, als Maschinensetzer zu dieser Tätigkeit. Einerseits war ihm bewusst, dass alle jetzt die gleiche Arbeit taten. Jedoch spielte sich bald – aufgrund der überlegenen Schnelligkeit der Frauen – eine neue Arbeitsteilung ein: Sie schreiben, er macht die Fehlerkorrektur. Nun erfordert dies beim Fotosatz keine ganz unterschiedlichen Qualifikationen. Aber es gelingt dem ehemaligen

8 Eine ausgezeichnete historische Untersuchung über die polare Konstruktion von Männerarbeit und Frauenarbeit legten Ann Game und Rosemary Pringle 1983 vor. Sie zeigen u. a., wie unsere selbstverständliche Gewohnheit, Arbeit nach solchen Merkmalen wie »leicht und schwer, gefährlich und ungefährlich, interessant und monoton, schmutzig und nicht schmutzig« zu beurteilen, auf eigentümliche Weise zugleich die geschlechtliche Zuordnung von Arbeit mit herstellt.

Maschinensetzer, für sich diese Arbeitsteilung so abzubilden, als ob die *Überlegenheit* der Frauen in Bezug auf ihre Geschwindigkeit beim Setzen so etwas wie weibliche und damit *unterlegene* Flüchtigkeit sei und ihm die gründliche, männlich angemessene Arbeit der Fehlerkorrektur bleibe. Gewissenhaftigkeit und Verantwortung, Qualitätsarbeit – wenn da Frauen mitmischen, dann nur unter Kontrolle von Facharbeitern, bestenfalls unter ihrem Schutz.

Wie sehr die Identitäten der Facharbeiter eingewoben sind in herkömmliche vertikale Arbeitsteilung, wie sehr sie verstrickt sind, geradezu gegensätzliche Positionen in den Hierarchien zu festigen und versuchsweise auszubauen, erhoben wir ebenso am Beispiel eines Einrichters in einem Betrieb mit überwiegend weiblichen Beschäftigten (ebd., 126ff.). »Als Fachangestellter« – hier gelingt es ihm, die Integrationsbemühungen der Betriebsleitung mit seiner Facharbeiteridentität in ein neues Wort zu verschmelzen – »wird man zuallererst für sein Verantwortungsbewusstsein bezahlt, weniger für körperliche Arbeit [...] Verantwortungsbewusstsein, Qualitätsbewusstsein. Du [...] hast die Pflicht, jeden Tag Prüfungen vorzunehmen [...]. Du hast also für die Betriebsbereitschaft zu sorgen.« (Ebd., 126, 130) Der Einrichter spricht weniger über Facharbeit im herkömmlichen Sinn als vielmehr über Haltungen, in denen eine Bereitschaft erkennbar ist, sich mit den Produktionseignern zu arrangieren, eben weil auf ihn als männlichen Facharbeiter so viel Verlass ist. Wir betonen sein Selbstbewusstsein als männlich, weil es in dieser Doppeltheit (von oben zu kommen und geschlechtsbezogen zu sein) auch seine Haltung gegenüber den Frauen im Betrieb bestimmt: »Du kannst also Frauen umsetzen, wie du Lust und Laune hast«, sagt er mit Bezug auf ihre Arbeiten in der niedrigsten Lohngruppe, die auf Jedermannsqualifikationen hindeuten, »du wirst natürlich die Frauen immer nach ihren Talenten oder so einsetzen, nach ihren Fähigkeiten oder so« (ebd., 130). Aus seinen Worten spricht der Patriarch. Die Frauen unterstehen seiner Willkür (nach Lust und Laune); ihm obliegt die Beurteilung ihrer Qualitäten, die ihnen anhaften, jedenfalls nicht in der Arbeit erst entwickelt werden, wie er dies für sich selbst selbstverständlich denkt (er sucht stets »seine Grenzen«, um über sie hinauszuwachsen; ebd.). Insofern erweist sich seine Art, die Frauen zu taxieren, auch als feste Barriere gegen jede qualifizierende Aneignung automatischer Arbeitsplätze durch die Frauen im Betrieb. Dabei bildet er sein Verhalten gegenüber den Frauen für sich als Sorge ab; er muss »spuren«, damit *sie* auf »ihr Geld« kommen (ebd., 127). Er sorgt als Einrichter für ihren Lohn, sorgt sich als Gewerkschafter um ihre Arbeitsplätze und als ihr Vorgesetzter um den angemessenen Arbeitsplatz. Ineinander verschmolzen sind so der Opferdiskurs, in dem die Tätigkeiten nur unter dem Gesichtspunkt der Belastung und Geschwindigkeit, nicht dem der Entfaltung und Entwicklung vorkommen, und männlicher Paternalismus, der die Frauen vor Schaden ebenso bewahren möchte, wie er es vor Lernen und ausgreifender Aneignung tut. Hinzu kommt seine »Fähigkeit zum Führen« (ebd., 126f.), die wohl bei unentwickelten Produktivkräften notwendig sein kann, die sich aber beim Aufbruch vertikaler Kooperation als Hemmnis erweist und als eine Festigung von Herrschaft über alle Unteren: Frauen, »Unqualifizierte«, Ausländer.

Unsere Überlegungen zum Verhältnis von Frauenunterdrückung und Facharbeiteridentität führten uns direkt in das Feld von Gewerkschaftspolitik. Hier gerieten wir in heftige Auseinandersetzung mit Detlef Hensche, einem Vorstandsmitglied der Druckergewerkschaft (vgl. F. Haug 1982b, c und die Antwort von Hensche 1982). Hensche machte geltend, dass an der Verbesserung der Bedingungen von Frauenarbeit in der Druckergewerkschaft schon gearbeitet werde, und vor allem betonte er, dass es Facharbeiter auf jeden Fall geben müsse und insofern die entsprechenden Arbeitsteilungen und ihre tarifmäßige Erfassung zwingend seien. Da wir die Notwendigkeit von Facharbeitern nicht bestreiten möchten, wollen wir unsere Auffassung von der Rolle der Geschlechterverhältnisse für die Reproduktion der Verhältnisse in Betrieb und Gesellschaft an dieser Stelle präzisieren.

Zweifellos ist in Facharbeiteridentitäten Klassenbewusstsein und damit die Möglichkeit auf langen nachhaltigen Widerstand positiv verknüpft mit dem Stolz auf die Arbeit und mit dem notwendigen Können. Ohne die verschiedenen Momente – wie Verantwortung, Qualitätsbewusstsein, Wissen und Können – werden die Möglichkeiten, die an automatischen Arbeitsplätzen angeeignet und umgearbeitet werden können, nicht zum Tragen kommen. Eine Arbeiteridentität, die nicht nur gegensätzlich gegen fremde Herrschaft gebildet ist, sondern sich auch positiv auf eigene Selbstbestimmung bei der Arbeit berufen kann, ist ein Fundament einer Klasse, auf dem gebaut werden kann. Gleichwohl sind in eben dieses Klassenbewusstsein in Facharbeiteridentitäten Momente tragend eingeschlossen, die unverträglich sind mit Frauenbefreiung, mit dem Abbau vertikaler Arbeitsteilung und schließlich mit der Aneignung der Möglichkeiten von Automation, die den Abbau von Herrschaft befördern: ihrer Wissenschaftlichkeit und der damit gegebenen Allgemeinheit.

So können wir in Fortführung von Hensches Überlegungen zur Notwendigkeit von Facharbeitern wohl zustimmend festhalten, dass ein Projekt der Befreiung, das sich die Chancen der Automation zunutze machen will, auf dem Engagement in der Arbeit, auf Kenntnissen und Fähigkeiten, auf der Meisterung der Produktion beruhen muss, wie dies bislang allein bei Facharbeitern gegeben war. So verstanden, wird es ohne Facharbeiter nicht gehen. Zugleich wird es mit ihnen nicht gehen. Die Facharbeiteridentitäten müssten entbunden werden von allen Herrschaftsmomenten, die sie gegen andere Arbeitergruppen, insbesondere gegen Frauen in sich bergen.

Herkömmliche Arbeitsteilungen zwischen den Geschlechtern müssten aufgehoben werden; das bedeutet eine tiefgreifende kulturelle Umwälzung in allen Lebensbereichen. Insbesondere die Frauen selber werden einen entscheidenden Schritt in die von Facharbeitern besetzten Domänen tun müssen, um einem kollektiven Automationsprojekt von unten zum Durchbruch zu verhelfen (vgl. dazu Cockburn 1983, 1984).

2.3 Neue Begriffe

Die Wendung zu den Geschlechterverhältnissen in der Arbeitsforschung hat einige neue Begriffe und Verschiebungen erbracht, die für die Erarbeitung eines feministischen Marxismus aufgehoben werden sollen. Sie haben das Augenmerk vom Arbeitsmittel und von Arbeitssubjekten auf *Kooperationsbeziehungen* und ihre Voraussetzungen erweitert. Neue Bestimmung fand die *Familie* als eine Art Verschiebebahnhof für sonst nicht glückende Betriebsfahrten. Konflikte zwischen den Geschlechtern, die nicht mehr durch herkömmliche Unter- und Überordnung austragbar waren, wurden verschoben in den *Bereich des Sexuellen*, der darum als ein weiterer wichtiger Bereich für die Arbeitsforschung hinzugewonnen werden konnte. So wurde die Geschlechterfrage nicht der herkömmlichen Arbeitsforschung einfach hinzugefügt oder angehängt; umgekehrt erwies sich eine Arbeitsforschung als unzulänglich und an vielen Stellen blind, die nicht von vornherein *alle Arbeitsbeziehungen als in Geschlechterverhältnissen kodiert* begreift. Die besondere Aufnahme der Geschlechter machte die Forschung allgemeiner und den Blick freier.

In den vielfältigen Veränderungen wurde der Bereich des Kulturellen als unbedingter Forschungsgenstand für eine Arbeitsforschung erkannt und der Begriff der *kulturellen Gewohnheit* als Festigung gegen Veränderung, mithin als Bewahrungskraft herausgearbeitet. Die Verknüpfung der unterschiedlichen Bereiche aus dem Privaten wie dem Öffentlichen, der Arbeitstätigkeit wie dem Sexuellen, ließen lineare und bestenfalls zweidimensionale Forschungen nicht mehr zu, so dass insgesamt für eine neue Arbeitskultur plädiert werden konnte, die eine *Widerspruchskultur*[9] impliziert. In diesen ganzen Verschiebungen und Neueröffnungen wurde neuerlich klar, dass die Arbeit in der Form der Lohnarbeit ein Brennpunkt auch der feministischen Alltagsforschung sein musste, weil in ihr sich die alten kulturellen Gewohnheiten festsetzen und gegen Änderungen abdichten. Die *Feminisierung der Arbeit* wurde als widersprüchlicher Prozess fassbar und die *Krise der Facharbeiter* als Aufforderung erkannt, aus der Dialektik der Entwicklung selbst die Fragen der Geschlechterverhältnisse als Schlüssel fürs Begreifen in die Arbeitsforschung aufzunehmen. Neuerungen in den

9 Eine Widerspruchskultur zu entwickeln ist sehr viel leichter gesagt als getan. Im Grund verlangt sie praktische Dialektik. Das heißt, die Dinge in Veränderung zu denken und daher darauf gefasst zu sein, dass das Denken in Gegensätzen unzureichend ist, dass nämlich ein jedes auch schon mit seinem Gegenteil schwanger geht, die Fragen also anders gestellt werden müssen und zwar so, dass sie eine Veränderung der Beteiligten einbeziehen. Brecht ist ein Meister der Widerspruchskultur.

Geschlechterverhältnissen sind nur durchzusetzen, wenn die alten Gewohnheiten umgestürzt werden, was nur die Beteiligten beider Geschlechter betreiben können.

Im Grunde aber entfernte uns die Weise, wie wir Arbeitsforschung marxistisch und feministisch zugleich zu entwickeln begannen, immer weiter von einer Forschungsweise, die in einen üblichen Wissenschaftsbetrieb hätte aufgenommen werden können. Sie wurde untauglich für eine Forschung, die sich keinem Transformationsprojekt verschrieb.

Kapitel 3

Frauenforschung

Nach der produktiven Krise in der Arbeitsforschung brach ebenso unverhofft die zweite Krise in der Frauengruppe aus. Sie wurde wie ein Unwetter durchlebt, brachte aber danach plötzliche Klarheit und einen neuen Aufbruch, der auch in diesem Bereich die weitere Forschung, die Politik und die Theorien bestimmte, das Projekt international bekannt machte, so dass endlich der Anschluss an den internationalen Feminismus gelang. Sie erlaubte auch, die aus meiner anfänglichen Borniertheit gegenüber Feminismus geerbten Schulden so einzulösen, dass eine Wendung erarbeitet werden konnte.

Diesen Bruch dokumentiert ein Auszug aus den *Vorlesungen zur Einführung in die Erinnerungsarbeit*[1].

3.1 Erinnerungsarbeit[2]

Die »Wiedereinsetzung der Erinnerung in ihr Recht als Mittel der Befreiung [ist] eine der edelsten Aufgaben des Denkens«, verkündet Herbert Marcuse lange vor Beginn der Studenten-, der Frauenbewegung (Marcuse 1957, 223). Aber wiewohl die Möglichkeit, vom schon Gedachten schneller und ausgreifender aufzusteigen in Zusammenhänge von Mensch und Gesellschaft, um die es uns ja ging, wenn wir die Herkunft von Frauenunterdrückung erkunden wollten, begannen wir nicht mit solch verführerisch-aufklärerischen Sätzen. Unser Weg war mühsamer, anfänglicher, verschlungener, naiver. Wir hatten unerwartete Schwierigkeiten mit und in uns selbst, die wir als politisch-kulturellen Schock erfuhren.

Es war zu Beginn der »neuen« Frauenbewegung Anfang der siebziger Jahre. »Wir«, das war in diesem Fall eine Gruppe sozialistischer Frauen, die sich zusammengefunden hatte, um das, was wir die »Defizite weiblicher

1 Eine Reihe von 1997 an der Duke University in den USA gehaltenen Vorträgen, 1999 im Deutschen erschienen als *Vorlesungen zur Einführung in die Erinnerungsarbeit*.

2 Aus: *Vorlesungen zur Einführung in die Erinnerungsarbeit*, 1999, 17–21, für diese Veröffentlichung überarbeitet.

Sozialisation« nannten, zu überwinden, uns zur Politik zu befähigen. Wir nahmen an, dass wir uns in erster Linie ein Wissen aneignen müssten, verbunden mit der Fähigkeit, es öffentlich zu artikulieren – wir begannen mit dem, was wir für die uns fehlende Politikausbildung hielten. Eine der beiden historisch ersten Gruppen der neuen Frauenbewegung, der »Aktionsrat zur Befreiung der Frau« in Westberlin, war von uns, die wir dazugehörten, umgebaut worden in viele kleine Lerngruppen[3], in denen wir eine Menge Bücher und Aufsätze lasen und diskutierten, wie dies in den Zeiten der Studentenbewegung üblich war. Wir nannten das *Schulung*. Unsere Auswahl bezog sich wesentlich auf das Feld der *Kritik der politischen Ökonomie*, ergänzt um Sozialstatistiken und Wirtschaftsnachrichten, eben weil wir uns befähigen wollten, in der Politik ebenso kompetent zu sein, wie wir die Männer vermuteten. Es gab zu dieser Zeit, den beginnenden siebziger Jahren, kaum Theorie-Bücher, die direkt von Frauen handelten; in unser Blickfeld kamen so nur Friedrich Engels und August Bebel, ein wenig Alexandra Kollontai und Clara Zetkin. Wir kämpften uns durch Engels' *Ursprung der Familie, des Privateigentums und des Staats* und fügten noch *Lohn, Preis, Profit,* später selbst Marx' *Kapital Band 1* zu unserem Studienmaterial.[4]

In meiner Gruppe waren wir 11 Frauen, und unsere Begeisterung, gemeinsam zu lernen, konnte gar nicht genug Nahrung bekommen. Wir reisten zusammen, wir verbrachten gemeinsame Wochenenden und zuweilen sogar unsere Ferien, wir kochten und aßen miteinander und durchstreiften die Berliner Kneipen bei Nacht, was zu der damaligen Zeit für Frauen als anstößig galt. Wir organisierten Konferenzen, Demonstrationen, Go-ins, zum Beispiel in einen vornehmen Ärztekongress, um die über Fertilität Redenden dazu zu drängen, sich für ein Recht auf Abtreibung einzusetzen; und wir waren Mitorganisatorinnen des ersten Kongresses der »neuen« Frauen in Frankfurt 1972, ein Treffen, auf dem wir, für uns erstmalig, Männer nicht zuließen. Dort lebten wir auch das erste Fest nur mit Frauen, dessen Faszination, ja im Grunde dessen bloße Möglichkeit wir bis dahin für ganz ausgeschlossen gehalten hatten. Wir fühlten uns unerhört stark und lebendig.

Bald suchten wir in unserer Lerngruppe nach einem Ausweg, der selbst auferlegten Regel zu entkommen, nach einem Jahr je einzeln neue Gruppen

3 Der Aktionsrat versammelte etwa 100 Frauen; die Kleingruppen hatten jeweils rund ein Dutzend Mitglieder. Die Geschichte auch dieser Bewegung und dieser neuen Organisationsformen wird stets neu geschrieben, verstärkt seit 1998, aus Anlass ihres 30. Jubiläums (vgl. auch meinen Beitrag in Haug, F. 1996).

4 Eigentümlicherweise war Simone de Beauvoirs *Das andere Geschlecht* kein Werk, aus dem wir uns für unsere Fragen Antwortwege erhofften. Es war uns zu philosophisch und zu voraussetzungsvoll und in dieser Weise schwieriger als Marx.

zu gründen, damit der Frauenbund immer größer werden konnte, eine Vermehrung, die im Grunde erst zum Stillstand hätte kommen sollen, wenn die gesamte weibliche Bevölkerung Westberlins erfasst worden wäre; wir wollten in unserer Gruppe zusammenbleiben, wenigstens noch ein weiteres Jahr. Da kamen wir auf die Idee, ein nützliches Buch zu schreiben, ein Buch für die Bewegung, in dem wir unsere gemeinschaftlichen Lernerfahrungen allen Frauen zugänglich machen wollten, damit sie lernten wie wir.

Das Schwierigste war der Anfang. Wir taten das Nächstliegende: Wir schrieben zunächst Zusammenfassungen von all den Aufsätzen und Büchern, die wir gelesen hatten, und erstellten so eine Art Studienbuch, das, ohne Umschweife gesprochen, ganz und gar langweilig und zudem schlecht geschrieben war. Nichts von der Leidenschaft, die uns beim Lernen beseelt hatte, nichts von der Stärke, welche die Gemeinsamkeit vermittelt hatte, nichts von der Bewegung, die wir doch alle gespürt hatten. Aber schlimmer noch, beim wiederholten Durchlesen mussten wir erkennen, dass unser Buch gar nicht vom Lernen handelte und schon gar nicht von den Frauen, die solches erfahren hatten, sondern eben von dem, was wir gelesen hatten, zum Beispiel von der Urgesellschaft, von Jägern und Treibern, vom Staat und vom Wirtschaftswachstum, von Angestellten und von Bildungskennziffern. Wir hatten schon 80 Seiten geschrieben, und noch war keine einzige Frau irgendwo aufgetaucht. Das geschah in der ersten Hälfte der siebziger Jahre. Damals war uns schon bewusst, dass die Frauen in der Bewegung, für die wir dieses Buch ja schreiben wollten, es in neuer Rigorosität, die auf der sichtbaren Anwesenheit von Frauen auch in Texten bestand, keinesfalls lesen würden.

Wir legten das bisher Verfasste beiseite und versuchten uns zu besinnen, *wie* wir eigentlich zusammen gelernt hatten. Die Erinnerung wollte sich nicht verlebendigen. So gaben wir uns die Aufgabe, je einzeln aufzuschreiben, was uns bei der Frage des gemeinsamen Gelernthabens einfiel, kleine Geschichten, Notizen zu jäh erlebter Erkenntnis, zur Lust am Lernen, an Lernerfolg oder auch Mühe und Unlust.

Wir waren gespannt auf diese neuen Geschichten. Die Hoffnung, dass sie uns einen Schlüssel zu unserem Lernen liefern könnten, beschwichtigte unser schlechtes Gewissen, dass wir uns jetzt uns selbst und so alltäglichen Geschichten zuwandten, statt ordentlich zu forschen. Das wechselseitige Vorlesen dieser Alltagstexte stürzte uns jedoch in den nächsten Schock. Während alle Frauen in der Gruppe, unabhängig von ihrem Bildungshintergrund, inzwischen in der Lage waren, ein wissenschaftliches Buch oder einen Aufsatz in klaren Worten zusammenzufassen, waren die Geschichten aus dem eigenen Leben in äußerst schlechtem Stil geschrieben wie ehedem Schulaufsätze. Sie stotterten herum, wo es um Gefühl, und auch, wo es um Vernunft ging. Und, was für uns das Schlimmste war, sie erwiesen sich als tief verwurzelt in eben den gesellschaftlichen Verhältnissen, in den Werten und der Moral, die zu überwinden wir angetreten waren und die wir bei uns selbst im Grunde schon längst überwunden dachten. Sie sprachen gewissermaßen mitten aus einem ideologischen Commonsense, waren verankert in der herrschenden Kultur und waren doch von uns geschrieben, die wir uns klug und geschult gedacht hatten, fähig, andere zu belehren. Kurz: Wir hatten ungeprüft angenommen, dass wir über die Verhältnisse erhaben seien und anderen, weniger Glücklichen, helfen müssten, sich ebenfalls zu erheben.

Aus diesem schweren Schock, uns selbst als Kinder dieser Verhältnisse zu erfahren, zogen wir fünf wichtige Lehren, die so etwas wie grundlegende Theoreme und der Anfang von *Erinnerungsarbeit* und unseres feministischen Marxismus wurden. Ich fasse knapp zusammen:

1. Es war falsch, uns als so etwas wie die »Avant-Garde« der Frauenbewegung zu denken, was wir, wenn auch nicht so deutlich ausgesprochen, implizit taten. Wir trugen als Kinder dieser gesellschaftlichen Verhältnisse die gleichen Male, trafen auf die gleichen Hindernisse, hatten die gleichen Mängel und Möglichkeiten wie die meisten anderen Frauen. Diese Einsicht veränderte auf lange Sicht unsere Politik und änderte für mich zugleich die Vorstellung, wie Forschung zu betreiben wäre. Wir konnten uns selbst als »empirisches Material«, als »Gegenstände« unserer Forschung betrachten, wenn wir wissen wollten, wie weibliche Sozialisationsprozesse geschehen. Das machte den Forschungsprozess sogleich leichter und unendlich schwieriger.

2. Wir müssen annehmen, dass herrschende Kultur und Ideologie auch durch uns selbst reproduziert werden. Also ist es notwendig, im gleichen Zug diese Bereiche zu studieren und zu erforschen, in denen wir als Produzentinnen des Kulturellen und des Ideologischen tätig sind, und wie wir dies erfahren. Wir treten mithin doppelt auf als Subjekte und als Objekte, und beides in Veränderung.

3. Wir lernten auch auf schmerzhafte Weise die Politik der Sprache. So erfuhren wir also endlich nach langer Weigerung praktisch, dass Sprache nicht einfach ein Werkzeug ist, dessen wir uns besser oder schlechter bedienen konnten, sondern dass sie mit uns Politik machte. Wir waren solcherart zugleich Subjekt von Sprache, da war sie ein Instrument; und wir waren ihre nicht vollständig bewusste Stimme, deren sie sich zugleich bediente. So waren wir ihr Instrument.

4. Der Umstand, dass wir unfähig waren, über Frauen zu sprechen, wenn wir Lerntheorien und Theorien von Gesellschaft und von Kultur usw. nachzeichneten, war nicht nur unser Mangel, sondern verdankte sich auch der vollständigen Abwesenheit von Frauen in eben diesen Theorien, die es von da an in erster Linie kritisch zu bearbeiten galt.

5. Ein riesiges unbekanntes Land, das Wissen, wie Frauen sich in Gesellschaft hineinarbeiten, lag vor uns, und wir als Frauen waren die Expertinnen, die zwar vorbewusst, aber dennoch »wussten«, wie das getan wurde, weil wir selbst es Tag und Nacht lebten. Dies nicht bloß passiv, als Opfer, sondern aktiv, als Produzentinnen unseres Lebens.

Diese Einsichten waren zugleich schmerzhaft und beglückend. Wenn wir uns selbst als Teil dieser gesellschaftlichen Verhältnisse dachten, die wir als irgendwie uns äußerliche und von uns unabhängige Strukturen zu kritisieren gelernt hatten, mussten wir uns demnach als Persönlichkeiten wahrnehmen, welche eben diese Gesellschaft reproduzierten, in die wir mit Herz und Verstand, mit Gefühl und Vernunft verstrickt waren. Es war schwierig, unsere Politik zu ändern, aber es war faszinierend, uns plötzlich selbst als Forschungsfeld zu entdecken und andere Frauen im ganzen Land und auch im Ausland zu überzeugen, ebenso zu verfahren. Wiederum war es unerhört schwierig, die Selbstverständlichkeit, mit der wir uns unhinterfragt wahrgenommen hatten, zu ändern, in eine gewisse Distanz zu uns zu gehen, mit unseren Gefühlen zu arbeiten ebenso wie mit der Weise, wie wir spontan Alltag dachten und wie wir eine Verbindung zwischen Gefühlen und Haltungen und Alltagsleben vermuteten. Dies war die Geburtszeit von Erinnerungsarbeit.

Ich habe diese Arbeit inzwischen über zwei Jahrzehnte in immer anderen Bereichen und mit immer wechselnden Forschungsgruppen getan; wir schrieben und veröffentlichten neun Bücher, von denen zwei ins Englische übersetzt wurden[5]. Wir nannten das Forschungsprojekt in seiner Gesamtheit *Frauenformen*. Der Begriff sollte verschiedene theoretische Einsichten zusammenfügen. Er ist Anspielung an die Kategorie der Individualitätsform, die der französische Philosoph Lucien Sève in seiner Persönlichkeitstheorie (1972) vorgeschlagen hat, und verweist damit auf die fertigen Formen, welche die einzelnen Individuen in jeder Epoche vorfinden und in die hinein sie ihre Persönlichkeiten entfalten können und müssen. Damit sind die eigenen Aktivitäten ebenso eingeschlossen in die Untersuchung wie die Bedingungen, die die Einzelnen vorfinden – Formierung ebenso wie Selbstformung. In dieser Weise baut Sève für unsere Forschungszwecke den marxschen Formbegriff aus. Aber der Begriff transportiert zugleich eine Zusatzbedeutung: Frauenformen, das sind auch diese Idealmaße, in die Frauen sich hineinzwängen, körperlich ebenso wie seelisch, es sind die Idealisierungen und ihre Wirklichkeiten und zugleich die Träume und Hoffnungen von Selbstverwirklichung, je historisch verschieden. Mit jeder neuen Untersuchung haben wir die For-

5 Frigga Haug (ed.): *Female Sexualization*, London 1987; Frigga Haug: *Beyond Female Masochism. Memory-Work and Politics*, London 1992.

schungsmethode ein wenig verändert und auch verbessert. Sie ist weiter in Bewegung, ist so selbst ein Prozess.

Die wesentlichen Dimensionen in diesem Zusammenhang blieben lebenslange Forschungsprojekte: Methoden, Erkenntnis zu gewinnen, Sprache und Kultur, Lernen und vor allem die dringliche umfassende Frage, wie wir in unserer Wirklichkeit diese jetzige Gesellschaft in all ihren Umbrüchen, in ihren Schrecknissen und ihren Möglichkeiten, wie wir ihre Herrschaftsverhältnisse reproduzieren, wir als Individuen und wir als Frauen. Diese Frage weist für mich weit hinaus über den modischen Abschied von der Möglichkeit, von Frauen zu sprechen (im Plural) und so ein kollektives Subjekt zu unterstellen. Die Frage, wie die Geschlechter und ihre Konstruktion, wie die Geschlechterverhältnisse gesellschaftliche Triebkräfte sind und sie selbst blockieren oder vorantreiben, muss die Möglichkeit, von Frauen als Teil dieses Zusammenhangs zu sprechen, voraussetzen. In dem fraglos bunten Gemisch an Realisierungen von *Frausein* in Gesellschaft will ich ein Verbindendes in den Positionierungen zum anderen Geschlecht voraussetzen, das es mir allererst ermöglicht, die vielfältigen Besonderheiten zu studieren und Befreiungspotenziale zu entdecken.

3.2 Frauen – Opfer oder Täter?

Aus der Arbeit mit uns selbst, unseren Erfahrungen und den niemals abgeschlossenen Versuchen, das »Erkenne dich selbst« als politische Praxis zu gewinnen, haben wir Anfang der achtziger Jahre zwei Bücher kollektiv verfasst[6]. 1980 schlossen wir die Arbeit am ersten Buch ab und veröffentlichten es zunächst unter dem Titel *Frauenformen. Alltagsgeschichten und Entwurf einer Theorie weiblicher Sozialisation.* Es enthält die gesammelten Daten zur Lage der Frauen, Dokumente und Nachrichten, die wir für unser Studium von Frauenunterdrückung zusammengestellt hatten, und vor allem die von uns wieder und wieder bearbeiteten Geschichten aus unserem dem Lernen gewidmeten Frauenalltag, die wir zunächst als undruckbar kritisch beiseitegelegt hatten.[7] Erst etwa ein Jahr später wurde klar, dass nicht die druckfertig gemachten Geschichten das Wesentliche und Interessante und auch Neuartige unserer gemeinsamen Arbeit waren, sondern dass der Schritt davor, der Prozess der Bearbeitung selbst, also die Arbeit mit den Erinnerungen es wert war, aufgehoben und weiterentwickelt zu werden. Dies haben wir in allen folgenden Büchern so gehandhabt. Die zentrale These und Erkenntnis habe ich in einem kleinen Vortrag für die Erste Volksuniversität in Westberlin (ebenfalls 1980) zusammengefasst unter dem Titel: *Frauen – Opfer oder Täter? Über das Verhalten von Frauen.* Dieser Beitrag ist im Grunde eine etwas populär mit Witzen angereicherte Rede zu der Erkenntnis, dass in einer Gesellschaft, in der keine diktatorische Gewalt das Verhalten der Einzelnen reguliert, um die aktive Zustimmung der Beteiligten gerungen werden muss. Angewandt auf Frauen hieß das, dass sie an ihrer eigenen Unterdrückung teilhaben und also auch ihr gewöhnliches Sich-Opfern als ihre Aktivität verstanden werden muss.

Dieser kleine Text erregte so viel Begeisterung wie Empörung; er wurde schnell in mehrere Sprachen übersetzt (Englisch, Dänisch, Italienisch, Finnisch, Türkisch, Spanisch). Er wurde Ausgangspunkt für eine Kampagne, die aus dem tradierten Marxismus in den Organisationen der Arbeiterbewegung gegen mich geführt wurde und mehr als ein Jahrzehnt dauerte. Das geflissentliche Schweigen über Frauen war gebrochen. Im Streit lassen sich die Barrieren gegen einen feministischen Marxismus ebenso erkennen wie die Bausteine, die ein solches theoretisch-politisches Unterfangen erst in anstrengender Arbeit gewinnen musste. Wenngleich einige Beispiele und Veranschaulichungen inzwischen etwas überholt scheinen, so doch nicht

6 Frauenformen 1 (1980) und 2 (1983)

7 Die Daten wurden für die 4. Auflage 1991 aktualisiert und das Buch unter den neuen Titel *Erziehung zur Weiblichkeit* gestellt.

die Tendenz. Opfer-Täter, das wurde zu einer Art Fanal und ein tragender Baustein im feministischen Marxismus[8].

Wesentlich wurde er auch als Beginn der Westberliner Volksuniversität. Diese, angeregt von der jährlich zu Pfingsten stattfindenden Folkuniversitet der schwedischen Linkspartei, gab uns den Mut, den Begriff »Volk« den *Rechten* zu entreißen und ihn demokratisch zu verstehen. Gegenüber dem herrschenden Block aus Privilegien, Herrschaft und Reichtum schlugen wir vor, das Volk zu sehen als »die Kräfte der Arbeit, der kritischen Wissenschaft, der Frauenbewegung, der Grünen, der Studentenbewegung und der alternativen Kultur. Ihnen soll die Volksuni gewidmet sein. [...] Träger der Volksuni sind einzelne Gewerkschafter und Wissenschaftler – keine Organisationen. [...] Die Volksuni möchte die Traditionen der Kritischen Universität der Studenten und des Frauenstudiums aufnehmen und zusammenbringen mit den Elementen einer arbeitsorientierten Wissenschaft und alternativer Kultur.«[9] Die Gründung wurde mit großem Zuspruch von den meisten linken Wissenschaftlern und vielen Gewerkschaftern begonnen, nahm im Laufe der Zeit noch die Christen- und die Schwulen- und die ›Dritte Welt‹-Bewegung auf. Auf sie richteten sich die Hoffnungen, einen großen Dialog zu eröffnen, dass die, die »sonst den Mund nicht aufmachen, sich hier wirklich artikulieren« (Helmut Gollwitzer in seinem Grußwort). Und Wolfgang Abendroth hoffte, dass die Aufarbeitung der Theorie zugunsten der Praxis der Linken nötig und möglich würde in einer Volksuni, in der Diskussion anstelle von »fraktionellen Scheuklappen« gedeiht. Dies also war der Raum, selber im Werden, in dem sich feministischer Marxismus entwickeln konnte und musste.

8 Dies hielt, bis sprachliche Korrektheit sich an der männlichen Form des Täters stieß und die These gar nicht mehr als solche gesprochen werden konnte. Aber das war viel später.

9 Aus dem Volksunibuch 1980

Frauen – Opfer oder Täter?[10]

Die im Titel »Opfer oder Täter« enthaltene Frage scheint an sich etwas albern zu sein. Entweder ich entscheide mich für die Alternative »Täter«, dann wäre ich so unverschämt wie die Richter, die in Vergewaltigungsprozessen den Frauen tätigen Anteil nachweisen wollen; oder ich stimme der Alternative »Opfer« zu, eine Lösung, die auf so viel Einverständnis bauen kann, dass mein Beitrag an dieser Stelle schon zu Ende wäre. Es lohnte sich keine weitere Beschäftigung mit der Frage. Denn allen ist klar: Frauen sind in erster Linie Opfer. Dafür gibt es zahlreiche Beweise: die Frauenhäuser, die Unzahl der Vergewaltigten und Geschlagenen. Dann: Frauen dürfen einige Berufe nicht ausüben. Sie werden ferngehalten vom öffentlichen Leben. Man erlaubt ihnen nicht, die Tempel der Macht zu betreten. In untergeordneten Hilfsberufen fristen sie ihr tägliches Leben. In den Interessenverbänden ist ihre Anzahl gering. Sie sind doppelt belastet durch einen Wust von Hausarbeit und Kindergeschrei, während ihre Männer sich dem Genuss des Fernsehens hingeben, Bier trinken, kegeln, mit den Sekretärinnen flirten, aufregende Abenteuer erleben, die Leiter des Erfolgs unendlich hinaufklimmen. – Kein Zweifel: Frauen sind also Opfer. Zumeist sind sie Opfer ihrer Männer, auf jeden Fall aber der gesellschaftlichen Verhältnisse. Ihr öffentliches Ansehen ist gering. Da ist einmal die Werbung. Zur Erregung von Kaufgelüsten werden Frauenkörperteile vielseitig verwendet, sie dienen der Steigerung von Gefühlen, z. B. wenn ein Mädchen mit kurzen Hosen bzw. wenn ein Mädchenhintern auf einem Motorrad sitzt, welches zusammen zum Kauf einer Zigarettenmarke anregen soll; z. B. wenn Bier nur mit Busen verkauft werden kann – bis hin zur warenästhetischen Ausgestaltung von Produkten, so wenn ein Aschenbecher ein Frauenbauch ist, ein Nussknacker Frauenoberschenkel nachbildet usw. – Im Beruf ist ihr Ansehen ebenso gering. Wie sie arbeiten müssen und was darüber gedacht wird, mag ein Ausspruch aus dem Mund eines Personalchefs verdeutlichen, der sonst ganz freundlich war und ganz menschlich. Wir fragten nach den Anforderungen bei der Computerarbeit und er antwortete:

»Wenn die Fehlermöglichkeiten bekannt sind und das Prüfprogramm routiniert ablaufen kann, dann ist das reine Sträflingsarbeit und kann von Frauen erledigt werden.«

Und ein anderer: »Unsere Frauen müssen gut stehen können und belastbar und unter 40 sein. Sie dürfen nicht zu korpulent sein, nicht wie die italienischen Mammas.«

Kurz: Insgesamt gilt, Frauenarbeit ist ein Synonym für unqualifizierte Arbeit. Diese hier sehr grob skizzierten Belege für den Standpunkt, Frauen

10 Der Vortragstext von 1980

sind Opfer dieser Verhältnisse und Opfer der Männer, sind zugleich gültig für den größten Teil der feministischen Frauenliteratur und kennzeichnen ihren Standpunkt.[11] Bis hierher gilt, und ich kann dem nur zustimmen: Frauen sind in unserer Gesellschaft unterdrückt.

Was kann man dagegen tun? Wie könnten sie sich aufrichten?

Dem Aufrichten stehen – sehr verkürzt gesprochen – zwei Hindernisse entgegen. Erstens: Die Unterdrückten tragen die Male ihrer Unterdrückung. Das heißt z.B., wenn wir den Worten des Personalleiters ihren Realitätsgehalt abgewinnen wollen: Die von ihm beschäftigten Frauen haben vermutlich nicht die gleichen Fähigkeiten wie die dort arbeitenden Männer, weil sie nicht auf die gleiche Arbeitserfahrung bauen können. Die heutigen Frauen können also nicht alles tun. Zweitens: Frauen haben Schwierigkeiten beim Kampf um ihre eigene Befreiung, weil sie unter Umständen das, was sie wollen, auch wieder nicht wollen. Das heißt, diejenigen, die im Aufbruch sind, die sich befreien wollen, kämpfen nicht nur gegen Hindernisse von außen, sie haben zusätzliche Schwierigkeiten mit sich selbst, z.B. solche, die gemeinhin bekannt oder diskutiert sind als Beziehungsprobleme, welche dem revolutionären Impuls im Wege stehen. Als ›Beziehungsprobleme‹ bezeichne ich in diesem Zusammenhang verharmlosend Zusammenbrüche von Frauen, weil sie private Konflikte nicht bewältigen und daher ihre Befreiungsversuche verunmöglicht sind.[12]

Die Frage, die ich mir jetzt zunächst stelle, lautet: Was sind das für Strukturen, für gesellschaftliche Verhältnisse, in denen Frauen unterdrückt sind und aus denen sie diese Unterdrückungsmale tragen? Ich kann die Antwort hier sehr knapp geben, weil dieser Zusammenhang allgemein bekannt ist: Frauen sind primär für die Familie da. Die Familie gilt nach wie vor als Grundeinheit der Gesellschaft, in der die Frauen den Schutz der Nachkommen gewährleisten sollen. Das Frauendasein, das Hausfrau- und Muttersein, den Mann zu reproduzieren, die Kinder zu erziehen, dafür ihr Lebensziel und jeden anderen Lebensinhalt aufzugeben, bezeichne ich jetzt verkürzt als die gesellschaftliche Funktion der Frau.

Diese Funktion wird gemeinhin verknüpft mit der Natur der Frau. Zunächst kann man festhalten: das geschieht nicht zu Unrecht, schließlich

11 Im Jahr 2008, in dem dieser Text erneut aufgelegt wurde, jährte sich zum 100. Mal Simone de Beauvoirs Geburtstag. Sie wird in den Medien gefeiert als Beginn des intellektuellen Feminismus. Gepriesen wird als ihr zugeschriebener Leitsatz: »Wir werden nicht als Frauen geboren, wir werden dazu gemacht« (wiewohl die Übersetzung des zweiten Teils, »on le devient«, korrekt »wir werden dazu« lautet). Er war auch ein Grundstein des Opferdiskurses in der Frauenbewegung.

12 In den ersten Jahren der »neuen Frauenbewegung«, also Anfang der siebziger Jahre, gab es den Versuch, alle Zweierbeziehungen, die als unterdrückerisch erkannt waren, aufzulösen. Die psychischen Folgen für die beteiligten Frauen waren schlimm.

bekommen die Frauen die Kinder. Dem schnellen Einverständnis folgt unvermittelt die zweifelnde Frage: Ist denn die Natur der Frauen dermaßen überwältigend, oder, anders gesprochen, können sie ihre Natur so wenig regulieren, dass diese Natur zum Inhalt ihres Lebens werden muss? Die Frage also, die ich mir jetzt stelle, lautet: Wie steht es eigentlich mit der »Naturbeherrschung«, die gesellschaftlich und allgemein so hoch gehalten wird und so weit schon vorangetrieben ist, bezogen auf die Natur der Frau? Das heißt auch, vereinfacht zurückübersetzt auf unsere vorhergehende Frage nach der Naturbedingtheit der gesellschaftlichen Funktion der Frau: Müssen Frauen eigentlich Kinder in so einer großen Anzahl bekommen, dass ihr gesamtes Leben davon erfüllt und beherrscht ist? Die Frage scheint lächerlich, aber ein Blick zurück in die Geschichte zeigt: Das ist tatsächlich bis in eine Zeit, die der Gegenwart erschreckend nahe ist, der Fall gewesen. Ich gebe hier nur zwei Daten. Man kann darüber in einigen vorliegenden Forschungsberichten genug Material finden (vgl. u. a. Sullerot 1979): Genauere Kenntnisse über die Empfängnisverhütung sind erst in diesem 20. Jahrhundert gewonnen worden. Die Möglichkeit, die Kinder nicht zu stillen – eine Kraft raubende Tätigkeit, welche die Mütter ein, zwei, drei Jahre oder noch länger fesselte –, die Entdeckung der Sterilisation der Nahrung, geschah Ende des 19. Jahrhunderts. Bis zu diesem Zeitpunkt, also bis Anfang des 20. Jahrhunderts bekamen die Frauen, die überhaupt mit einem Mann zusammenlebten, bis zu 19 Kinder, wobei nicht einmal die Hälfte der Kinder überlebte. (Im Übrigen gebaren auch die legendären Handwerksfrauen, die innerhalb der Frauenbewegung häufig diskutiert werden, also die Metzgerinnen und andere zunftmäßig organisierte Frauen, eine sehr große Zahl von Kindern, waren also praktisch dauernd schwanger.) Die trotz der hohen Kindersterblichkeit immer noch sprunghafte Vergrößerung der Gesellschaft durch ein solches Verhalten wurde im Übrigen – wie wohl bekannt ist – dadurch ermäßigt, dass nicht alle Frauen heiraten durften und, in solch sozialer Ausgrenzung (Klöster), auch nicht alle Kinder gebaren. Wenn Frauen 19 Kinder bekommen und diese dann auch noch stillen müssen und infolgedessen kaum noch zu etwas anderem Zeit und Möglichkeit haben (es ist wohl nicht notwendig, extra darauf hinzuweisen, dass man nach 19 Kindern oder auch nach 18 oder 17 irgendwann im Kindbett stirbt), kann man wohl von einer extremen Ausgeliefertheit an die eigene Natur sprechen. Diese Art der Unterjochung der Frau unter ihre eigene Natur ist unnötig und überflüssig geworden mit der Möglichkeit der Empfängnisverhütung und mit der Möglichkeit, die Kinder mit »Fremdnahrung« großzuziehen. Dennoch werden Frauen in der Familie gehalten, als sei nach wie vor das gleiche Verhältnis gegeben. Es geht mir nicht darum, allgemein gegen das Stillen zu sprechen. Aber es scheint mir für jedes Befreiungsverlangen wichtig, genau zu wissen und zu prüfen, wo Frauen durch ihre eigene Natur in einer Gesellschaft behindert sind, in der eine kulturelle Form (Familie) gefunden ist, welche die Frauen zugleich fesselt. Auch die eigne Natur muss erst angeeignet werden, und Stillen kann erst zu einem Vergnügen werden, wenn es nicht Monat um Monat, Jahr für Jahr getan werden muss.

Die Funktion von Frauen in der Familie ist ein Hemmschuh für ihre Entwicklung, bedeutet einen Ausschluss aus den wesentlichen gesellschaftlichen Bereichen, macht sie abhängig, ist unterdrückend. Solcher Art geschlagen, nicht zugelassen, erniedrigt zum Anheizen des Konsums, sieht man Frauen in der Verbannung des häuslichen Herdes zusätzlich zur öffentlichen Belustigung missbraucht. In der Form des Witzes stimmen die einverständigen Lacher überein: Frauen sind böse, dumm, nichtsnutzig und eitel. Ihre Aktivitäten werden durchweg negativ bestimmt. Ganze Bücher ließen sich füllen mit Witzen, in denen Frauen nur noch im Spiegel ihrer Männer auftreten, so z. B. in diesem:

»Fred wird gefragt: ›Bist du verheiratet?‹ und er antwortet: ›Nein, ich seh nur so aus, weil man mir mein Auto gestohlen hat.‹«

Aber es gibt nicht nur diese Witze, die durchweg so sind, dass man sie verärgert und wütend beiseitelegt. Da Frauen dauernd solch frauenfeindlichen Witzen ausgesetzt sind, wenden sie sich zumeist bloß unmutig ab, ohne diesem Witzmaterial einen weiteren Gedanken zu schenken. Bei meinem Versuch, solche Witze als Belege für das schlechte öffentliche Ansehen der Frau zu finden, fand ich allerdings eine eigentümliche, etwas andere zusätzliche Bedeutung. Ich stelle jetzt drei solcher Witze vor, die wohl als übliche frauenfeindliche Witze gelten können:

»Die Fahrschülerin sagt zu ihrem Fahrlehrer: ›Ich fahre bei Rot an, Grün steht mir so schlecht.‹« Einverständig sollen wir lachen über die Behauptung, Frauen kümmerten sich hauptsächlich um Kleidung und Aussehen.

Ein anderer, ein jüdischer Witz:

»Ein Ehemann berichtet seinen Freunden: ›Meine Frau ist wirklich reinlich, sie ist die Einzige in ganz New York, die den Müll säubert, bevor sie ihn wegwirft.‹« Der Witz zwingt uns, in der Geschichte zurückzuspringen, um ihn zu verstehen, denn das Einverständnis, über eine solch hirnverbrannte Tat der Frau zu lachen, ist längst überholt durch die tatsächlich jetzt in Zeiten der Mülltrennung und Wiederverwertung abverlangte Praxis, genau dieses zu tun, den Müll zu reinigen, bevor man sich seiner entledigt.

Oder ein dritter aus dem ÖTV-Magazin: ein Bild – Sonnenschein, Wiese, Wasser, ein Paar auf dem Handtuch mit Kofferradio. Der Mann sieht sorgenvoll aus, die Frau sauer. Sie sagt:

»Ich habe gleich gesagt: stell die Nachrichten aus an so einem schönen Tag, aber nein, nun ziehst du einen Flunsch und denkst an den Overkill[13].«

Ich denke, dass solche Witze bei allem vordergründigen kleinlichen Einverständnis, sich über Frauen lustig zu machen, zugleich kritische Witze sind. Sie haben ein aufklärerisches Moment. Sie zeigen nämlich, dass die Bereiche, in denen Frauen sich befinden, und die dazugehörenden Aktivitäten sich zerstörerisch gegen die Frauen selber richten müssen. Dies gilt sowohl für diesen albernen Witz mit dem Fahrlehrer, in dem die Frau bei Rot anfährt, als auch für den Witz mit dem Overkill, um den sie sich nicht kümmert, weil sie gerade eine gemütliche fröhliche Atmosphäre will, und selbst noch für den Witz, der die Sinnlosigkeit der Säuberungsarbeit hervorhebt, gerade weil er inzwischen veraltet ist. D.h. diese Witze sind im Bösesten noch aufklärerisch, sie sagen etwas aus über die Bedrohung, die diese Bereiche, die »das Reich« der Frau sind, für Frauen darstellen. Sie entselbstverständlichen durch Übertreibung und verweisen so auf die Notwendigkeit der Befreiung der Frau aus »ihrem Reich«. Wie wäre eine solche Befreiung und Veränderung möglich? Braucht sie nicht, und sagen diese Witze nicht auch das, vorab geänderte Frauen?

Erinnern wir uns, dass die Existenz in Ehe und Familie, die Mutterschaft der Frauen eine außerordentliche Einschränkung, Abhängigkeit und Entwicklungshemmung bedeutet. Wenn das jede weiß, wie kommt es dann, dass noch Mutterschaft und Ehe von Frauen gewünscht wird? Eine andere Wahl ist möglich. Frauen werden nicht dazu gezwungen. Zugespitzt formuliere ich jetzt als These: Indem Frauen Mutterschaft und Ehe in der herkömmlichen Weise wollen, zumindest heimlich wünschen und irgendwo anstreben, willigen sie freiwillig in ihre Unterwerfung ein.[14]

In einer Reihe von solchen wie den eben zitierten Witzen wird zweierlei deutlich: zum einen das vertane Leben und zum zweiten, dass sich Frauen innerhalb dieser Bereiche wohl zu wehren beginnen, dass dieser Widerstand aber in eine falsche, weil selbstschädigende Richtung zielt. Zum Beweis zitiere ich noch einen ganz eindeutig frauenfeindlichen und geschmacklosen Witz, der trotz alledem noch diese beiden Momente zeigt: »Manche Frauen sind wie Zigaretten. Zuletzt sammelt sich das Gift im Mund an.« Solche

13 Overkill ist die Möglichkeit, den Gegner mehr als einmal, vielleicht fünf- oder zehnmal oder hundertmal zu vernichten.

14 Dass es im Jahre 2013 Regierungskampagnen gibt gegen die Praxis der Frauen, sehr spät oder gar keine Kinder zu bekommen, weil sie sie nicht einfach als Bereicherung, sondern als Lebensberaubung empfinden, zeigt individuellen Aufbruch an, auch wenn es massenhaft geschieht. Noch hat die Gesellschaft keine umfassende Lösung für die Frage gefunden, wie die nächste Generation gesellschaftlich angemessen großgezogen werden könnte, ohne Frauen um ihr Leben zu betrügen.

Witze verweisen also darauf, dass Frauen sich in diesem abgedrängten Leben zu wehren beginnen, wenn auch auf eine verdrehte und nicht auf eine auf wirkliche Befreiung gerichtete Weise. Dafür braucht es offenbar ein Wissen um die Konstruktion jener Unterdrückung, in die Frauen sich freiwillig begeben. Wie bemächtigt sich Unterdrückung der Frauen?

Für die weitere Analyse stelle ich als nächste These auf: Jede Unterdrückung, die nicht mit äußerem Zwang arbeitet, muss um die Zustimmung der Beteiligten ringen. – Die eingangs vorgeführte Annahme, dass die Frauen ausschließlich Opfer seien, erweist sich als hoffnungslos, wenn man für die Veränderung ihrer Lage streiten und dabei auf ihre Beteiligung bei der Befreiung setzen muss. Es bleibt ewig im Dunkeln, warum Befreiung möglich und notwendig ist und vor allem, wer sie vollbringen soll, wie also – um es allgemeiner auszusprechen – eigentlich Frauen als Opfer und Objekte in den Status von tätigen Subjekten kommen. In anderen Worten: Die Auffassung, dass Frauen ausschließlich Opfer seien, schweigt darüber, wie sie aus der Position derer, über die gehandelt wird, in die Position von selber Handelnden gelangen können. Geprägt und versiegelt müssten sie schweigen, müssten sie also bleiben, könnten sie sich nicht aus der unterdrückten Stellung aufrichten, wenn man am Gedanken des Opferseins festhält. Geht man dagegen davon aus, Menschen und also auch Frauen seien irgendwie auch Schöpfer ihrer selbst, so folgt: Die einzelnen Frauen finden selbstverständlich die Unterdrückungsstrukturen, die gesellschaftlichen Verhältnisse, in die sie hineinwachsen, in denen ihnen eine nicht-aufgerichtete Haltung zugemutet wird, zunächst fertig vor. Aber diese Strukturen existieren nur weiter, wenn sie von denen, die in ihnen leben, immer wieder hergestellt werden. Dass dies so ist, heißt auch, dass diese Strukturen eben von denen, die sie herstellen, geändert werden können. Dies ist im Übrigen die einzige Möglichkeit, in der Veränderung gedacht werden kann. D. h., der Gedanke, dass Frauen ihre eigenen Verhältnisse ändern können, setzt voraus, dass sie diese Verhältnisse auch mit herstellen und also – wie oben behauptet –, dass die Unterdrückung, wenn und soweit sie nicht mit äußerem Zwang arbeitet, die Zustimmung der Unterdrückten braucht. In jedem Tun steckt also ein Stück Einwilligung. Auch das Sich-Opfern ist eine Tat und kein Schicksal.

Machen wir die Zumutung mit, eine solche Einwilligung in Unterdrückung mitzudenken, so erhebt sich die Frage nach dem Wie solcher Zustimmungsakte. Eine thesenhafte Antwort: Im Prozess der Vergesellschaftung – gemeinhin Sozialisation genannt – geschieht nicht, wie in einer Reihe von Sozialisationstheorien behauptet, eine einfache Prägung, ein von oben nach unten Aufdrücken bestimmter Charaktereigenschaften, sondern der Vergesellschaftungsprozess ist selber eine Aktivität, in der auf jeder Stufe Einwilligung hergestellt werden muss. Wie kann das geschehen? Ich skizziere jetzt einige Annahmen aus der Kritischen Psychologie (vgl. dazu u.a. Holzkamp 1979, Holzkamp-Osterkamp 1975 u. 1976):

Wir gehen davon aus, dass die Entwicklung der Einzelnen, also das Heranwachsen von Kindern zu Erwachsenen und jede weitere Entwicklung, ein Prozess ständiger Verunsicherung ist. Man lernt etwas, erreicht eine Position von Wissen und Handlungsfähigkeit und ist geneigt, auf dieser Stufe gesichert stehen zu bleiben. Um weiter zu wachsen, um auf die nächste Position zu kommen, muss man die eben erreichte alte Position verlassen. Das ist ein Prozess der Verunsicherung oder anders: ein Konflikt. Das Erreichen der nächsten Stufe setzt die Lösung des Entwicklungskonfliktes voraus und bietet selbst eine höhere Stufe von neuer Sicherheit und Handlungsfähigkeit. Für diesen Prozess, in dem Entwicklung auf Verunsicherung und Konflikt basiert, gibt es gesellschaftliche Strukturen oder Instanzen wie Familie, Eltern, Lehrer usw., die diesen Prozess emotional absichern, also die Einzelnen dabei unterstützen, von Stufe zu Stufe zu kommen, sich zu entwickeln.

Dass Entwicklung überhaupt in dieser Weise konfliktreich vonstattengeht, beinhaltet die Möglichkeit von Nicht-Entwicklung. Solange in den verschiedenen Gesellschaftsformationen Unterdrückung und Ausbeutung herrschen, ist eine umfassende Kompetenz der einzelnen Gesellschaftsmitglieder ohnehin ausgeschlossen, wird durch die Verhältnisse verunmöglicht, durch die herrschenden Instanzen verhindert. Eine solche Behinderung beim Versuch, höhere Handlungsfähigkeit zu erreichen, trifft besonders die Frauen in unserer Gesellschaft, sofern sie vom gesellschaftlichen Produktionsprozess ferngehalten sind, sich fernhalten. Durch verschiedene Mittel wie Bestechung, Umleitung, Verdrängung, Kompensation gelingt es, dass sie sich mit Stufen niedrigerer Handlungsfähigkeit bescheiden. Dies ist besonders offensichtlich in all jenen Bereichen gesellschaftlicher Macht, in denen über die Bedingungen des Handelns entschieden wird.

Bevor ich diesen Zusammenhang mit einigen Beispielen verdeutliche, möchte ich aus dem bisher Ausgeführten als Forschungsleitlinie formulieren: Bei allen Unterdrückungszusammenhängen müssen die Tätigkeiten und Haltungen auch der Unterdrückten genau herausgearbeitet werden. Neben strukturellen Behinderungen werden wir Konfliktvermeidungsstrategien entdecken und aufspüren können, wie alternative Handlungsmöglichkeiten durch »Verführung« verpasst werden. Kompensationen, Belohnungen, Erleichterungen werden vermutlich die eingeschlagenen Wege orientieren. Dies gilt sowohl für historische Forschung wie für die Analyse individueller Vergesellschaftung heute.

Vergegenwärtigen wir uns diesen Zusammenhang am Beispiel der Familie im Vergleich zur Lohnarbeit. Unter der Voraussetzung, dass es unter unseren heutigen Bedingungen »unterdrückend« ist, ausschließlich Mutter und Ehefrau zu sein (aus den bekannten Gründen, dass Frauen so nicht nur aus jeder Teilhabe an gesellschaftlichen Entscheidungen ausgeschlossen sind, sondern zudem selbst nicht für sich sorgen können, kein eigenes Einkommen besitzen, sich nicht nähren und kleiden, nicht wohnen können ohne Einwilligung des Ehemannes usw.), fragen wir uns, warum Frauen dann dennoch diesen Zustand »freiwillig« wählen, dabei häufig um die Unterdrückung wissen und trotzdem nicht die Berufstätigkeit vorziehen. Diese Frage scheint mir nicht so schwer zu beantworten.

Nutzen und Nachteile einer Ehefrau- und Familientätigkeit gegenüber der Lohnarbeit liegen auf der Hand. Es können Kleinigkeiten sein, z. B. ist die unmittelbare Abhängigkeit in der Lohnarbeit beim Hausfrauendasein nicht sofort und nicht immer einsichtig. Man muss nicht unbedingt, wenn man noch keine Kinder hat, so früh aufstehen, man muss sich nicht verkaufen, man kann über seine Zeit selbst verfügen, es scheint jedenfalls so, als ob man das kann. Man kann also auf manchen Stufen dem unmittelbar angenehmeren, beschützteren Leben den Vorzug geben gegenüber einem anstrengenderen, aber auch gesellschaftlicheren und in dieser Weise glücklicheren Leben. Die Schwierigkeiten, das Schwierige zu wählen, werden dadurch vergrößert, dass die emotionale Einbettung als Verführung auftritt, als Traum von ewiger Liebe gesellschaftlich unterstützt wird.

Wenn Lernen und Entwicklung Risiken sind und das Infragestellen alter Positionen der sozialen Absicherung bedarf, sieht es um die Lern- und Entwicklungsmöglichkeiten von Frauen gesamtgesellschaftlich schlecht aus. Positionen von Macht und Entscheidung, ja einigermaßen entwicklungsfähige Positionen in der Erwerbsarbeit sind für Frauen in unserer Gesellschaft bislang ja nicht vorgesehen. Im gesellschaftlichen Raum werden sie also für eine ausschreitende Konfliktlösung, für den aufrechten Gang wenig emotionale Absicherung erhalten. Sie werden Außenseiterinnen sein. Um für Frauen Lernprozesse massenhaft abzusichern, bedarf es anderer, bislang unüblicher Kollektive, einer eigenen Lernkultur. Hier bekommt für jeden Lernschritt, den Frauen machen müssen, der sie aus der gesellschaftlichen Erwartung herausnimmt, die Frauenbewegung einen hohen Stellenwert, wird sie zur Notwendigkeit.

Nach der eingangs skizzierten Entwicklungsbedingung, welche die Ausgeliefertheit von Frauen an ihre eigene Natur betraf (Empfängnisverhütung, Kindernahrung, die das Stillen nicht zur Notwendigkeit macht), finden wir jetzt die Frauenbewegung als eine zweite, im wahrsten Sinne des Wortes notwendige Voraussetzung für Frauenbefreiung. Die Frauenbewegung und die in ihr entstandenen Frauenkulturen geben den Einzelnen die Möglichkeit, verfestigte Strukturen bei sich selber aufzulösen, ihre eigene Veränderung in die Hand zu nehmen.

Diese hier sehr verkürzt skizzierten Elemente fasse ich jetzt in einem anderen Kontext zusammen und komme damit gleichzeitig zur Gesamtzusammenfassung. Die neue Fragestellung, unter der ich das bisher Ausgeführte noch einmal entwickle, lautet:

Wozu soll es eigentlich nützen, einen solchen Standpunkt der Aktivität von Frauen bei ihrer eigenen Unterdrückung einzunehmen? Anders gesprochen: Wem nützt denn diese Analyse, die behauptet, Frauenunterdrückung ließe sich nur verstehen, wenn man nachvollziehe, dass Frauen Schritt um Schritt dieser Praxis des Unterdrücktwerdens selber zugestimmt haben? – Eine erste Antwort: Wenn wir etwas verändern wollen, wenn Frauenbewegung etwas verändern und erreichen will, werden wir feststellen, dass unsere alten Persönlichkeitsstrukturen der Veränderung im Wege stehen.

Man denke z.B. an die ungeheure Kraft, mit der die meisten Frauen an den privaten Beziehungen hängen und die sie in jeder – unvermeidlichen – Krise gegen sich selber richten, so dass sie eher selbstzerstörerisch als verändernd sind. Ferner steht der befreienden Veränderung ein zumeist schon als Teil der Persönlichkeitsstruktur verfestigter Anspruch auf Nichtanstrengung entgegen: geäußert als Recht auf Unmittelbarkeit, auf Wohlleben hier und jetzt statt der langen Anstrengungen, die jede Veränderung verlangt. Die eben genannten privaten Beziehungen haben nicht nur selbstzerstörerische Kraft, sie nehmen auch einen zu großen Platz in den Gefühlen der Frauen ein. Wenn wir als Frauen etwas verändern wollen, müssen wir die Eingriffspunkte herausfinden, die uns fähig machen, selber zu handeln. D.h., für das Handeln müssen wir unsere eigene Haltung verändern und dies – so wollte ich ausführen – ist zugleich nur möglich als eine Veränderung der eigenen Persönlichkeitsstruktur. Warum?

Gehen wir davon aus, dass die Rede von der Unterdrückung der Frauen nicht bloße Phrase ist, sondern dass Frauen auch praktisch ein unterdrücktes Leben führen, dass sie ihre Unterdrückung als Tätigkeit selber Tag für Tag leben müssen, so werden wir auch annehmen müssen, dass die Resultate einer solchen Praxis ihre Persönlichkeiten strukturieren. Wenn sie in bestimmten Bereichen unfähig gehalten werden, können sie nur handlungsfähig werden, indem sie Teile ihrer eigenen Persönlichkeit mit zur Disposition und in Frage stellen. Dies wiederum ist eine allgemeine Eigenschaft von Lernprozessen. Im Versuch, immer kompetenter zu werden, immer unabhängiger, immer mehr Bereiche des eigenen Lebens zu kontrollieren, werden Frauen bald auf Bereiche stoßen, in denen sie die erstrebte Kompetenz nicht erreichen können. Im Allgemeinen sind es alle Bereiche, die die Herrschaftsstrukturen der Gesamtgesellschaft sichern; bei den Frauen, in unseren Verhältnissen sind es zusätzlich Bereiche gesellschaftlichen Eingreifens, die den Prozess der individuellen Vergesellschaftung schon sehr viel früher behindern. Die geheimen Verbote für Frauen, sich zu entwickeln, »erwachsen« zu werden, müssten die Einzelnen verrückt machen, krank, handlungsunfähig, wenn sie sich jeweilig, bei jedem Schritt bewusst wären, dass sie in diesen Bereichen nicht kompetent werden dürfen. Zwar werden genügend Menschen in unseren Verhältnissen verrückt und krank, und dies gilt auch insbesondere für Frauen. Aber diejenigen, die nicht »verrückt« werden, sondern auf beschränktem Niveau handlungsfähig bleiben, müssen in ihrem Vergesellschaftungsprozess die einzelnen Bereiche, in denen ihnen Kompetenz nicht zugestanden und nicht ermöglicht wird, uminterpretieren, verdrängen, nicht wahrnehmen, aus dem Bewusstsein ausgrenzen. Diese Fehldeutungen bilden einen Teil der Persönlichkeitsstruktur. Eine solche Bauweise kann z. B. das Resultat hervorbringen, dass die ausgegrenzten Bereiche als nicht vorhanden vorkommen, emotional nicht besetzt scheinen, in den Gefühlen der Frauen keinen Platz haben, als langweilig empfunden werden.

Wenn Frauen die Bedingungen und Verhältnisse verändern wollen, unter denen sie leiden, müssen sie die von ihnen schon mit dieser Inkompetenz einverständig besetzten Bereiche in ihren eigenen Persönlichkeiten umbauen, die Sache anders wahrnehmen, d. h., sie müssen auch ihre Gefühle verändern. Das ist ein Verunsicherungsprozess besonders krisenhaften Ausmaßes, eine Krise, die sich allein nicht aushalten lässt. Man kann sie nur durchstehen, wenn irgendwo eine Absicherung stattfindet.

Und damit komme ich jetzt zum Schluss. Wenn gesellschaftliche Absicherung nicht gegeben ist – und das ist sie zweifellos nicht –, dann, könnte man einwenden, genügen dafür politische Organisationen, Gruppen, genügt also ein politisches Kollektiv. Ich möchte hier behaupten, dass das bei Frauen nicht ausreichend ist, und zwar deswegen nicht, weil in diesem Prozess der Umorganisierung der eigenen Gefühle, der krisenhaften Überführung der bisherigen Lebensstrukturen in neue, die Männer, mit denen Frauen zusammen in diesen Kollektiven und Organisationen sind oder wären, ein zusätzliches Spannungsmoment hineinbringen, das die Umorientierung verwehrt. Schließlich sind Männer auch Nutznießer dieser vorher anders gesetzten Persönlichkeitsstrukturen. Sie können also gar nicht unvoreingenommen unterstützen, wenn Frauen sich z. B. ablösen von der Notwendigkeit, unbedingt eine »persönliche Beziehung« zu haben, die über allen anderen gesellschaftlichen Aktivitäten stehen soll, wenn sie Familie weniger wichtig nehmen, wenn sie mitentscheiden wollen und ihre Stimme erheben. Diese Veränderungsprozesse zu ermöglichen und durchzusetzen ist das historische Recht und die Notwendigkeit der Frauenbewegung.

Die Opfer-Täter-Debatte

Mehr noch als der kleine Vortrag zu *Opfer/Täter* erteilt die heftige Debatte um ihn wichtige Lehren für einen feministischen Marxismus im Entstehen. Gedacht war der Beitrag als eine Art Forschungsskizze, ein Rahmen für das Vorhaben, kollektive Sozialisationsforschung zu betreiben. Die These von der Beteiligung bei der Produktion und Reproduktion auch von Unterdrückungsverhältnissen war, wie gesagt, der Anfang von *Erinnerungsarbeit*. Diese wurde eine textkritische Methode, im Kollektiv zu verfolgen. Gearbeitet wird an schriftlich verfassten Erinnerungsszenen, welche von allen in der Gruppe geschrieben werden zu einem Thema, auf das man sich geeinigt hat – nehmen wir exemplarisch Angst. Wir entwarfen eine Art Frageraster, das erlauben sollte, zunächst die Verankerung der eigenen Meinungen und Annahmen in der herrschenden Kultur zu zeigen, dann die Konstruktion der Autorin von sich selbst und den sie umgebenden Menschen herauszuarbeiten, um schließlich die Geschichte hinter der geschriebenen Geschichte aufzuspüren, das noch nicht ganz Bewusste also bewusst zu machen.[15] Erinnerungsarbeit wurde für eine lange Zeit so etwas wie eine eigene Bewegung mit gemeinsamen Konferenzen und Veröffentlichungen, welche die abebbende Welle der Frauenbewegung aufnahm. Erinnerungsarbeitsgruppen gibt es international bis heute (2015), zum Zeitpunkt, da ich dies schreibe. Diese Kombination von Alltagsforschung, Geschichte und Erinnerung, Textarbeit im Kollektiv und deren Verbreitung in einer Art Bewegung sind ein Schwerpunkt und eine Säule des feministischen Marxismus, eine bestimmte Weise, die Einzelnen als Subjekte zugleich in forschendes Lernen, ins Schreiben und in eine Politik der Umgestaltung ihrer selbst und von Gesellschaft zu ziehen.

Eine Grundlage dafür sind die *Feuerbachthesen* von Marx. Indem sie so mit forschendem Leben gefüllt werden, nehmen sie zugleich vorweg, was Jahre später zu einer Losung in feministischer Forschung wurde: dass nämlich Frausein eine Konstruktion ist. Dies ist hier schon erweitert um die Selbstbeteiligung der Einzelnen und um die Berücksichtigung, dass es zugleich gesellschaftliche Norm ist, in dieser Form den Einzelnen aufgegeben und eigene Tat, Letzteres nicht »aus freien Stücken«, wie Marx dies nennt.

15 Ein Forschungsleitfaden findet sich in Frauenformen 2, *Sexualisierung der Körper*, Berlin/West 1983.

Frauengrundstudium

1980 haben wir[16] das Projekt *Frauengrundstudium* gegründet, welches sich die Aufgabe gestellt hat, Erfahrungen zu bearbeiten, eingreifende Theorie zu verbreiten und insgesamt die Lehre an den Universitäten durch ein Studium zu ergänzen, das Studentinnen in die Lage versetzen wollte, eigene Fragen zu stellen, und ihnen Werkzeuge liefern, Theoriearbeit zum allgemeinen Nutzen voranzutreiben. Die schnell wachsende Literatur aus der Frauenbewegung wurde ebenso angeeignet wie Kritische Psychologie als marxistische Subjektwissenschaft und die marxistischen Klassiker. Forschendes Lernen war das allgemeine Ziel in Richtung auf Frauenbefreiung. Im Zentrum stand die *Erinnerungsarbeit* und ihre Verbreitung, was schnell gelang. Die Gruppe ging auf Reisen. In den meisten Universitätsstädten wurden Erinnerungsarbeitsgruppen gegründet, die zu selbstgewählten Themen eine Forschungsarbeit begannen. Jährlich fanden bundesweite Konferenzen statt, auf denen die bis dahin gesammelten Fragen und Probleme gemeinsam diskutiert und das Verfahren weiterentwickelt wurde.

Ohne Zweifel war das Projekt mit seinem Anspruch, Sozialisationsforschung zugleich mit einem Frauenschwerpunkt zu füllen als auch methodisch zu verändern und unter Einbeziehung der Vielen auf eine neue empirische Basis zu stellen, viel zu groß angelegt. Aber das war es nicht, was die Opfer-Täter-Debatte anheizte und fast ein Jahrzehnt in Atem hielt. Sie entzündete sich gar nicht an dem Unterfangen, eine große empirische Forschung zur Vergesellschaftung von Frauen zu beginnen[17]. Der Stein des Anstoßes war nicht die Kritik an der herkömmlichen Sozialisationsforschung, sondern es war die in der These, dass Frauen ihre eigene Unterdrückung mit herstellen, enthaltene Vorstellung und Praxis von Politik, die als ungehörig, unzumutbar, kurz, als Fehltritt zu ahnden war. Knapp gesprochen schälte sich im vielen Hin und Her langsam heraus, dass Marxens »Selbstveränderung und Veränderung der Umstände fallen zusammen« aus der *Dritten Feuerbachthese*, die im Opfer-Täter-Text aufgenommen und für Frauenforschung in Handlungsaufforderungen übersetzt war, in den sich damals noch auf Marx berufenden Organisationen nicht nur nicht bekannt war, sondern eben dort als Ketzerei, als kleinbürgerliche Irreführung verurteilt wurde.

16 Wir, das ist eine schnell wachsende Gruppe von Frauen (zunächst 17 aus Berlin und Hamburg, den beiden Zentren des Sozialistischen Frauenbundes), die als »organische Intellektuelle« wissenschaftlich-politisch eingreifen, wo es nottut. Sie bilden wenig später den Kern der Frauenredaktion im *Argument*. Als Hefte zum Frauengrundstudium erschienen von 1980–1984 drei, in mehreren Auflagen.

17 Aus diesen Forschungen entstanden 9 Bücher, die Studienhefte und eine Vielzahl von Aufsätzen.

Die folgenden Dokumente zeigen den arbeitsreichen Lernprozess, der, mit großer Energie verfochten, begründet, was zunächst als Einschreibung der Frauenfrage in den Marxismus begann, was gerade in dieser Auseinandersetzung zu einer scharfen Kritik an tradierter sozialistischer Politik wurde und im Gegenzug zur Entwicklung feministischer Politik führen musste. Die Polemik liest sich auch heute noch erfrischend, weil sie ganz didaktisch die Lust am Selber-Denken ebenso vor Augen führt wie die Unmöglichkeit der bekannten Politik von oben nach unten, in der alles determiniert ist, die »Verhältnisse« der Beelzebub sind, der alle in Bann schlägt, und Marxismus zu einer Art Religion verkommt.

Als weiterer Baustein für einen marxistischen Feminismus lässt sich das Studium feministischer wie marxistischer Texte und ihrer Kritik festhalten als ein ständiges Messen der Kräfteverhältnisse. Ein vorläufiges Resultat ist, dass Theoriekritik und Kritik der Politik zusammengehören und dass Erinnerungsarbeit eine notwendige Praxis für eine Transformation von Gesellschaft ist, weil diese von den historisch vorfindlichen Menschen vorangetrieben werden muss, die zugleich mit den Herrschafts- und Unterwerfungsstrukturen verwachsen sind.

3.3 Lehren aus der Diskussion um Opfer/Täter

Kein Text, den ich je schrieb, hat eine so heftige und langanhaltende Diskussion hervorgerufen wie die kurze Programmatik des Opfer-Täter-Textes. Über mehr als fünf Jahre ließ die Frauengruppe aus dem Frauengrundstudium Auflage um Auflage drucken, die Aktualität der Thesen ließ nicht nach. In der leidenschaftlich geführten Kontroverse findet man so viele begeisterte Äußerungen wie vernichtende Kritik. Dabei gibt es »fast kein Missverständnis, das diese Opfer-Täter-Theorie nicht hervorgerufen hat« (heißt es im Vorwort zur 2. Auflage unseres Diskussionsheftes, Haug [Hg.] 1982). Lese ich im Jahre 2015 erneut die Debatten, um zu prüfen, was sich aufzuheben lohnt, stelle ich überrascht fest, dass ganz offensichtlich schon damals die Positionen zur Diskussion standen, die 1989 beim Zusammenbruch der in den staatssozialistischen Ländern betriebenen Politik deutlich hervortraten. Als einen wesentlichen Streitpunkt können wir das Recht entziffern, überhaupt eine bestimmte Frage zu stellen. Um aus der Geschichte zu lernen und sie nicht einfach zu vergessen, ist es lehrreich, sich die damalige Kontroverse wenigstens in Auszügen noch einmal vor Augen zu führen, zu lernen also aus der Kritik der Kritik.

Dabei habe ich lange gezweifelt, ob es vernünftig sei, Positionen recht ausführlich zu Wort kommen zu lassen, die sich sehr offensichtlich schnell blamieren. Ist es nicht ein billiger Triumph, selbst als historisch im Recht dazustehen? Da dieser historische Ort aber wiederum gar keiner von einer ist, die gesiegt hat, sondern selbst immer weiter kämpferisch ringt, dass das Unrecht nicht geduldet werde, habe ich mich schließlich zur Dokumentation einiger Kritiken und meiner ungehörten Gegenrede an dieser Stelle entschlossen. Es gibt sonst kein Zeugnis, und so werden immer wieder die gleichen betonierten Wege gegangen, obwohl man längst auf Waldboden ins Freie treten könnte. Auch methodisch ist zu lernen. Kurz: die dokumentierte Auseinandersetzung ist auch ein Vorschlag zur Diskussion eigener Politik immer weiter.

Den folgenden Beitrag schrieb ich als Replik für die *Roten Blätter*; er wurde – wie die meisten Versuche der Intervention von Befürwortern des Opfer-Täter-Theorems – nicht abgedruckt. Wir haben ihn dann zusammen mit anderen der Öffentlichkeit nicht zugänglichen Arbeiten selbst gedruckt als Studienheft 56, Berlin/West 1982. Die Kritiken aus den *Roten Blättern* sind in ihrer Begründung mit zitierten Thesen aufgenommen; sie eigens wieder abzudrucken würde jeden Umfangsrahmen sprengen.[18]

18 Die *Roten Blätter* wurden Ende 1989 eingestellt.

Frauen können bleiben, wie sie sind

Missverständnisse kann man beseitigen. Entweder hat die Sprechende sich nicht sorgfältig genug ausgedrückt oder die Zuhörenden haben nicht genau genug hingehört. Dass solches zu glauben eine kindliche Illusion ist, lernte ich spätestens aus den Kritiken [...] zu meinem Opfer-Täter-Text. Ihre »Missverständnisse« haben durchweg folgende Struktur: Eine schlägt vor, durch den Wald zu gehen, und ein anderer hört sie gegen das öffentliche Verkehrssystem polemisieren. Nehmen wir zum Beispiel gleich zu Anfang folgenden Halbsatz: »kommt Frigga Haug zu der Schlussfolgerung, dass Bewusstseins- und Persönlichkeitsveränderung der Schlüssel zur Frauenbefreiung ist«.

Die Aussage ist »etwas« übertrieben, das wissen natürlich Autorinnen wie Leserinnen – aber es scheint zunächst legitim, »überspitzt« zu formulieren oder eine Aussage »zuzuspitzen«, einfach, um zu sehen, was so erkennbar wird, was fehlt. Machen wir es auch so und fragen uns, was wollen die beiden[19] mit einem solchen Satz mitteilen – ganz unabhängig davon, ob dies in meinem Text steht oder nicht. Ich komme zu folgendem Ergebnis: Die Überspitzung soll eine Gemeinschaft stiften all derer, die jetzt einverständig rufen dürfen: Aber das weiß doch jede, dass Frauenbefreiung eine ganz harte materielle Sache ist! Was nützt mir mein schönes Bewusstsein, wenn ich kein Geld habe, geschlagen werde und, und, und – jede kann »selbsttätig« die Reihe der sattsam bekannten Fakten der Frauenunterdrückung wiederholen, wie sie u. a. auch in meinem Opfer-Täter-Beitrag gleich auf der ersten Seite stehen.

Das Wissen um die vielfältigen Unterdrückungsformen wird in dem zitierten Satz benutzt, um Verachtung zu mobilisieren für eine, die so ertappt werden kann, Bewusstsein und Persönlichkeitsstrukturen hier einbringen zu wollen. Das Urteil ist schon gefällt: ein Bürger bzw. eine Bürgerin verwechselt mal wieder Idee und Fakten. Im gemeinsamen Gelächter über eine solche Dummheit steckt allerdings noch die Aufforderung, dass die im Hohn nahegelegte Umkehrung des Satzes, dass nämlich die Bewusstseins- und Persönlichkeitsstrukturen *keine* Rolle spielen, für straflos verdaulich, für richtig gehalten wird. Frauen können so bleiben, wie sie sind, denken und fühlen, was sie immer schon für gut hielten, ihr Leben einteilen in Mann und Kinder, Berufstätigkeit gering achten, glauben, dass ein privater Haushalt Lebenssinn genug sei, darunter leiden und nicht wissen, was tun. Eines Morgens werden sie aufwachen in geänderten Verhältnissen, die wir, die wir ja um die harte Materialität von Unterdrückung in den Verhältnissen wissen, kraftvoll für sie bereitet haben.

19 Iris Rudolph und Werner van Haren

Ich bekunde an dieser Stelle, dass ich ein solches Denken für falsch halte. Frauen müssen sich selbst aus einschnürenden Verhältnissen befreien, sonst bleibt es für sie ohne Folgen. Dies kann niemand stellvertretend für sie übernehmen. Diese Einsicht ist Änderung ihres Bewusstseins. Die Umsetzung in die Tat benötigt andere Persönlichkeitsstrukturen als die der treusorgenden Hausfrau und Mutter. Der Umbruch geschieht schon in so kleinen Taten wie: abends zu einem Frauenarbeitskreis gehen, obwohl der Ehemann ein gemütliches Zuhause will. Das durchzustehen braucht von Frauen gebildete Solidaritätsstrukturen, braucht eine Frauenbewegung.

Nicht jammern, Widerstand leisten

Das zweite »Missverständnis« ist entweder eine einfache Fälschung in der Hoffnung, dass niemand so genau lese und man auch noch Kredit habe aus der vorhergehenden Gemeinschaft in Bezug auf die Materialität von Unterdrückung, oder aber einfache Unfähigkeit der Autorinnen, zu lesen und zu rezipieren. Sie schreiben: »Wir gehen von gesellschaftlichen Ursachen der Unterdrückung der Frau aus. Deshalb finden wir es viel entmutigender, zu sagen, dass alles gar nicht so zu sein brauchte, hätten Frauen in ihrer Sozialisation bloß nicht zugestimmt, sich einfach anders entschieden.« Nirgends in meinem Text steht, dass die Unterdrückung der Frauen keine gesellschaftlichen Ursachen hat, sondern ich beschäftige mich mit der Frage, warum sich die Frauen nicht massenhaft wehren, *obwohl* sie doppelt unterdrückt sind. Diese Frage zu stellen finde ich wichtig, weil ich mich nicht damit begnügen möchte, bloß dauernd zu wiederholen, dass es die gesellschaftlichen Verhältnisse sind, welche alles verursachen. Stattdessen nehme ich an, dass die Menschen ihre gesellschaftlichen Verhältnisse (auch) selber machen, sie sind selbst Teil dieser Verhältnisse. Eine Änderung muss also von ihnen erkämpft werden; in diesen Kampf sind sie als Persönlichkeiten verwickelt. Ich suche nach Eingriffspunkten, die diese Aktivität des »Sich-Wehrens« unterstützen könnten.

Schuld und Verantwortung

Die Kritikerinnen fahren fort: »Wir finden es verunsichernd und einschneidend, Frauen selbst und nicht bestimmte gesellschaftliche Verhältnisse als schuldig an Frauenunterdrückung zu betrachten.« Die Rede von Schuld und Verantwortung ist als Antwort auf die Opfer-Täter-These relativ verbreitet. Sie ist die moralische Wendung des Opfer-Täter-Theorems und entspringt unseren Köpfen spontan, weil wir so erzogen sind. Diese Formulierung im Feld der Moral will sagen, dass man für den Platz, den man in der Gesellschaft einnimmt, persönlich verantwortlich ist, bzw. dass ein schlechter Platz verschuldet ist, ein persönliches Versagen. Die Rede von Schuld und Verantwortung lässt also die Verhältnisse, wie sie sind, und richtet Kritik auf die Person, insbesondere, wenn sie an ihrem selbstverschuldeten Platz *unzufrieden* ist. Umgekehrt arbeitet mein Versuch, das Opfer-Täter-Theorem in den Kontext der Selbsttätigkeit der Menschen zu überführen. Zugespitzt ließe sich formulieren, dass der Gedanke, dass die Menschen ihre eigenen Verhältnisse produzieren, Kritik nur dann gegen die Person richtet, wenn sie an ihrem schlechten Platz *zufrieden* ist, unduldbare Verhältnisse duldet, sich einrichtet in unmenschlichen Bedingungen. Gerade um die Kritik gegen Verhältnisse richten zu können, habe ich versucht, die vorherrschende passivierende Rede von »Frauen als Opfern« umzubauen durch die Zusammenstellung »Opfer/Täter« oder »Opfer als Täter« oder »sich opfern ist eine Tat«. Ziel und Resultat ist es, die von uns beeinflussbaren Handlungsweisen und Haltungen, die unser weibliches Sich-Opfern durchbrechen können, herauszuarbeiten. Dabei nehme ich an, dass das Erdulden als typisch weibliche Haltung die Verhältnisse stabilisiert, während umgekehrt hier eine Veränderung der Haltungen auch die Kräfteverhältnisse ändert und so ein Stück der gesellschaftlichen Verhältnisse selbst.

Hase und Igel

Der Igel hetzte den Hasen zu Tode, obwohl er sich dabei kaum bewegte. Seine Frau wartete am anderen Ende der Strecke, so dass je ein Igel bei der Ankunft des Hasen rufen konnte: Ich bin schon da.

Ein ähnliches Verfahren versucht mein Kritikergespann. Sie wiederholen einerseits kontinuierlich »die Verhältnisse sind an allem schuld« – eine lähmende Binsenweisheit, die zu nichts verpflichtet und die jeder kennt. Sodann benutzen sie diese »Einsicht«, um klarzustellen, es käme auf das Bewusstsein überhaupt nicht an (siehe oben). Schließlich stellen sie sich meine Frage nach dem Wunsch vieler Frauen, eine Familienidylle haben zu wollen, und erklären weise, die Frauen *wüssten* eben nicht, auf was sie sich da einließen, schließlich seien sie »ideologisch verdummt«: »Wir meinen vielmehr, dass nicht die Masse der Frauen weiß, dass die Beschränkung auf Heim und Herd eine außerordentliche Einschränkung bedeutet. Wie viele Frauen erleben das nach wie vor als schicksalshafte und naturbedingte normale Existenz in Übereinstimmung mit dem, was durch Erziehung und gesellschaftliche Vorurteile und alltägliche Berieselung an Mütterlichkeitsideologie verbreitet wird.« Der andere Igel ergänzt schnell: »Die von Haug unterstellte Wahlmöglichkeit stellt sich jedoch für die meisten Frauen aufgrund ihres Bewusstseins nicht.« Ich selber sprach im Kontext des Familienwunsches übrigens von »bewussten« Frauen aus der sozialistischen Bewegung, die sehr wohl wissen, dass eine traditionelle Familie eine Behinderung ist. Ergänzen wir noch als Refrain den ersten Igel, der jetzt meine Voraussetzung, dass, wo nicht mit physischer Gewalt ins System gezwungen wird, Zustimmung organisiert werden muss, gegen mich wiederholen darf: »Aber Haug vergisst völlig, dass es ein wesentliches Merkmal des Kapitalismus gegenüber den vorangegangenen Klassengesellschaften ist, dass er den persönlichen Zwang abgelöst hat durch den sachlichen Zwang der Besitzverhältnisse, durch eine scheinbar freiwillige Abhängigkeit [...]«. Der Schlussigel im Wettlauf steht gleich auf beiden Seiten der Rennbahn. Die ökonomischen Verhältnisse arbeiten mit »Ideologie«, verkündet er: »Das, was Haug als Einwilligung beschreibt, ist nicht Zustimmung, sondern die massenhaft durch die ökonomischen Verhältnisse erzwungene und mit der entsprechenden Weiblichkeitsideologie verbrämte doppelte Unterdrückung der Frau.« Die »Verhältnisse« arbeiten offenbar mit blödsinnig überflüssigen »falschen« Werkzeugen, denn »Weiblichkeitsideologie« (sie würde Bewusstseinsarbeit nötig machen) wollten wir doch auf Empfehlung der Autorinnen zugunsten der Verhältnisse außer Acht lassen.

Die Igel, im Chor wieder vereint, reden dann eine Weile besänftigend über Bewusstseinsfragen. Vorherrschend das Zugeständnis, dass es so etwas nun doch gibt, legitimiert durch die Erinnerung: das stand doch bei Marx – Sein und Bewusstsein –, und aufatmend wird schließlich zusammengebunden, dass alles aus den Verhältnissen komme. Dies scheint mir als Politikvorschlag allerdings mehr als ärmlich. Wir können das ja einmal versuchen und stellen uns folgenden Dialog vor:

»Dein Freund liebt eine andere Frau? Seine Flatterhaftigkeit zeigt, dass er dem gängigen Konsumverhalten aufsitzt. Du leidest? – Das ist Eifersucht. Sie entspringt dem Besitzdenken der kapitalistischen Gesellschaftsformation.«

Frau: »Ach so ist das. Das wusste ich ja gar nicht. Jetzt werde ich gegen die Verhältnisse kämpfen.«

»Und wie tust du dies?«, fragt eine unsichere Stimme von der Seite.

Die Stimme der Vernunft und Aufklärung rät: »Du gehst in eine Organisation, die das gleiche Ziel hat.«

Die unglückliche Frau ist jetzt überzeugt, sie sagt leuchtend: »Ja, deine Worte haben mich gekräftigt. Mein Freund interessiert mich nicht mehr. Während ich in den Sitzungen an der Abschaffung der Verhältnisse arbeite, kann er ausziehen. Ich brauche jetzt niemanden mehr für mich, weil ich alle habe.«

Obwohl ich mir Mühe gegeben habe, nur »richtige« Sätze sprechen zu lassen, wird doch sicher klar, dass eine solche Form der Politik unsinnig ist, im Alltag nicht greift. Das ständige Wiederholen von Sätzen, die mit dem

»stummen Zwang der ökonomischen Verhältnisse« argumentieren, halte ich für doppelt falsch. Zum einen wird über das lebendige, geschäftige Treiben hinweggegangen, das zu studieren überhaupt erst den Anfang von Politik ermöglicht: Ich denke hier etwa an Erzieher, Eltern, Schule, Pfarrer, Massenmedien, Warenästhetik und vor allem an die Praxen, in denen Frauen sich vergesellschaften – sie alle arbeiten emsig und gesprächig eher als stumm an der Reproduktion der Verhältnisse; zum anderen verschweigt das Gerede vom »stummen Zwang«, dass die Entwicklung aus persönlichen Gewaltverhältnissen zu sachlichen für die Frauen bis heute noch eine fortschrittliche Perspektive ist, dass sie sich das Recht auf Lohnarbeit anstelle der persönlichen, ökonomischen und sexuellen Abhängigkeit immer noch erst erkämpfen müssen. Ich halte also das bloß rechthaberische Wiederholen von diesen Sätzen über »den stummen Zwang der ökonomischen Verhältnisse« eher für eine Behinderung von Politik als für eine Ermutigung zum Handeln.

Nachgeben und Zustimmen

Entmutigung folgt auch aus solchen Sätzen wie den folgenden – diesmal ist es meine eigene:

»Wenn also solche alltäglichen Entscheidungen gegen die eigenen Interessen, u. U. gegen die eigene Einsicht ausfallen – was hat das mit freiwilliger Unterwerfung, gar mit einem Interesse an der eigenen Unterdrückung zu tun?! Es ist doch wohl eher Ausdruck der Tatsache, wie schwer es ist, alltägliche Konflikte durchzustehen, ist keine Zustimmung, sondern eher Nachgeben.«

Nirgends steht in meinem Text etwas von einem »Interesse an Unterdrückung«. Und wenn man in alltäglichen Konflikten nachgibt, so ist dies genau eine solche Praxis, die ich als eine typisch weibliche Form der Unterwerfung und insofern als eine Art von Zustimmung (mit Ressentiment und Säuernis) kennzeichnen wollte. Der Opfer-Täter-Text hat in diesem Kontext etwa folgende schlichte Argumentationsstruktur:

Auch Nachgeben ist eine Tat/diese Tat hat eine Alternative/die Alternative heißt: nicht nachgeben.

Es geht darum, das Nachgeben zu verhindern, Widerstandskräfte kollektiv zu stärken. Zu untersuchen sind die Kräfteverhältnisse und ihre Umorganisation im Alltag.

Die Autorinnen fahren fort: »Neben der Stärke des ›stummen Zwangs‹ der ökonomischen Verhältnisse ist natürlich die Übernahme der Mütterlichkeitsideologie durch die Frauen Bedingung der *Fügung* von Frauen in ihre eigene Lage. Die verinnerlichte Weiblichkeitsideologie ist ein Hemmschuh für ihre Bewusstseinsentwicklung, bewirkt die Überzeugung, das alltägliche Ausüben der Frauenrolle – im Widerspruch zu den objektiven Fraueninteressen – sei im ureigensten Fraueninteresse. Sich zu fügen, etwas nicht als unterdrückerisch zu begreifen oder sogar zu glauben, es sei gut für einen selbst, hat noch lange nichts mit Zustimmung zu tun.« Der Gehalt dieses Satzes ist:

Keine Zustimmung ist: die Übernahme von Mütterlichkeitsideologie/ ihre Verinnerlichung/eine Überzeugung haben/etwas alltäglich ausüben/ sich fügen/etwas nicht als unterdrückerisch begreifen.

Die Sache wird immer geheimnisvoller. Der Kontext legt nahe, dass die Autorinnen meinen, durch Zustimmung wechsele man die Seiten: aus Unterdrückten werden Unterdrücker. Es bleibt mir verschlossen, diesem Gedankenknäuel zu folgen. Stattdessen halte ich alle von den Autorinnen aufgezählten »Nichtzustimmungen« für zustimmende Aktionen, an deren Umkehr zu arbeiten ist.

Die Autorinnen ahnen wohl ein Glatteis und machen sich jetzt durch Worte stärker: »Konfliktvermeidung als Zustimmung zu werten, ist allerdings mehr als zynisch.« Sie verschweigen leider, warum dies so ist bzw. sein soll. Sie bezeichnen Konflikte dann als »Hemmnisse im konsequenten Frauenkampf« und ziehen wiederum daraus keine Konsequenzen.

Folgen für eine sozialistische Frauenpolitik

Ich versuche mir die Folgen für eine sozialistische Politik zu vergegenwärtigen, die aus dem Text der Autorinnen zu ziehen sind. Ich vermute, die Hauptlernergebnisse sind:

- Frigga Haug zu misstrauen,
- dagegen zum siebenmillionsten Mal zu erfahren, dass »es« die Verhältnisse sind,
- dass es den Frauen schlecht geht
- und dass man es ihnen sagen soll.

Die Befürchtungen, dass dies doch magere Politikvorschläge sind, werden am Ende durch Akkorde aus Marx-Engels' Frühschriften übertönt: »Es handelt sich nicht darum, was dieser oder jener Proletarier oder selbst das ganze Proletariat als Ziel sich einstweilen vorstellt. Es handelt sich darum, was es ist, und was es diesem Sein gemäß geschichtlich zu tun gezwungen sein wird.«

Wie falsch. So dürfen die Autoritäten in der »Heiligen Familie« sagen, es komme nicht darauf an, was einer denkt; aber sagten sie nicht auch: Die Theorie muss durch die Köpfe der Massen hindurch, ehe sie materielle Gewalt wird?

Und was hat das alles mit der Frauenfrage zu tun? Welches ist denn der Frauen historisches Sein, wenn sie nicht Lohnarbeiter sind? Und was werden sie also zu tun gezwungen sein? Es wäre vielleicht nützlich, auch darüber nachzudenken.

Die Autorinnen wissen schon, dass da »ein objektiv falsches Bewusstsein« ist, können aber »aus Platzgründen« nicht näher darauf eingehen und benutzen den ganzen Platz, um weiter den selbst erfundenen, aber mir untergeschobenen Gedanken eines Fraueninteresses an Unterdrückung zu widerlegen.

Dass ich versuchte, praktische Konsequenzen aus dem im Marxismus vertrauten Gedanken zu ziehen, dass die Menschen ihr eigenes Leben und damit die Verhältnisse, unter denen sie leben, selbst produzieren und reproduzieren müssen, nehmen mir die Autorinnen besonders übel. Dass Unterwerfungsstrukturen z.B. einen Aufstand hervorrufen können oder ein Sich-Beugen, und dass es wichtig ist, beides in den einzelnen Schritten zu studieren, um Handlungsfähigkeit zu vergrößern, denken sie um in den für jeden als lächerlich zu erkennenden Satz: Jeder könne sich zu allem entscheiden, alle Türen stünden offen. Ich hätte gesagt, es sei falsches Bewusstsein, wenn eine Fabrikarbeiterin werde statt Präsidentin der Vereinigten Staaten. Der billige Triumph über solche Lächerlichkeiten lässt sie keinen zweiten Blick auf die unbestreitbare Tatsache werfen, dass Menschen unter den gleichen Bedingungen zu angepassten Duckmäusern werden können wie zu widerständigen Kämpfern, und dass es nützlich wäre, die Entwicklungen beider wie unser aller zu untersuchen.

Stattdessen streuen sie ihre zwei »Haupterkenntnisse«, dass ich der Meinung sei, jede habe bei der Lebenslotterie freie Wahl und allein das Bewusstsein produziere die unterdrückerischen Verhältnisse, quer durch den ganzen Text, wohl in der Meinung, dass die ständige Wiederholung eine schließliche Haftung in den Leserinnenköpfen bewirke – eine systematische Desensibilisierung. Etwa in Sätzen wie diesem:

»Indem Haug die Frauenunterdrückung als Ergebnis falscher Entscheidungen, als Ergebnis der Täterschaft von Frauen darstellt, reduziert sie die Frauenfrage auf eine Bewusstseinsfrage.«

Immerhin folgt am Schluss noch eine theoretische Meisterleistung: »Die kapitalistische Gesellschaft bleibt der Täter von Frauenunterdrückung.«

Indem nun der wahre Täter ausgekundschaftet ist, ist er zugleich entschwunden. Denn wer ist die kapitalistische Gesellschaft? So spart man sich die Politik, die schließlich auch noch hätte klären müssen, wieso sich Männer gegenüber Frauen zu Vollstreckern jener Unterdrückung machen lassen.

Kapital und Weiblichkeitsideologie

Die kapitalistische Gesellschaft »reproduziert« auch die Weiblichkeitsideologie. Wenn wir schon keine anti-ideologische Arbeit leisten sollen, wie die Autorinnen nahelegen, wie arbeitet dann eigentlich die kapitalistische Gesellschaft? Durch wen? Und mit wem und wer? Hier fangen doch nach den altbekannten Lehrsätzen die eigentlichen Fragen überhaupt erst an. »Weiblichkeitsideologie ist Resultat des Kapitalinteresses.« Diese Behauptung sähe ich gern ausgeführt, z.B. als Interesse von einem Kapital, das seinen Profit auf Frauenarbeit gründet. Vielleicht lässt es seine Agenten Lichtbildvorträge halten über die Frau als »schicksalhafte Mutter«; oder es spricht von der fürsorglichen Wärme zarter Frauenhände am Fließband und versucht, die Reinemachefrauen durch Flugblätter über den »Mann als Ernährer« vom Betrieb fernzuhalten?

Es täte dringend not, diese allzu einfachen Formeln vom Kapitalinteresse, das bis ins Letzte durchschlägt und alles restlos determiniert, fürs Politikmachen genauer zu durchdenken. Insbesondere die dem Kapital weit vorausgehende Frauenfrage benötigt eine andere Politik. Am Ende schließlich fühle ich mich wirklich gefoppt. Da las ich über acht Spalten, dass es so etwas wie »Zustimmung« nicht gibt, und glaubte nun endlich, dass die Autorinnen dieses Wort nur aus einem anderen Kontext kennen und mich daher einfach nicht verstehen können; schon versuchte ich, um weitere Missverständnisse zu vermeiden, andere Begriffe auszudenken, und da lese ich, dass »das Kapital sich Zustimmung zu seinen Interessen verschafft (eben mit der Weiblichkeitsideologie)«. Hier kann ich nur noch vermuten, dass solche Ungereimtheiten daher rühren, dass der Artikel von zwei Autorinnen stammt, bei denen die eine nicht wusste, was der andere schrieb.

Alltag, Frauenfrage, Marxismus

Zwischen Ärger und Empörung, Zorn und Unmut denke ich doch, dass dieser Artikel der Kritikerinnen etwas Gutes hat. Als Eingriff in eine Diskussion bringt er die Dinge in Bewegung, auch wenn er vom Standpunkt des Gewohnten spricht. Bewegung aber ist es, die ungeheuer nottut. Statt vom Kapital und den dominanten Strukturen der herrschenden Verhältnisse nur zu sprechen, sollten wir dorthin gehen, wo diese ihre täglichen Siege feiern: in den Alltag der Menschen; dort wo die Zustimmungen organisiert werden, in den Hoffnungen der Menschen und in ihren Sehnsüchten, ihren Wünschen und Gewohnheiten, in ihrem Konsumverhalten, in ihren Haltungen zur Welt sollten wir den Dienern des Bestehenden ihre Macht bestreiten. Dazu sollte der Opfer-Täter-Text einen Beitrag leisten.

Blicken wir auf unsere Regierungsparteien und ihre Programme und Erfolge und sehen, dass eine große Zahl der Menschen z.B. eine angemessene Regelung ihres Lebenszusammenhangs von der CDU/CSU erwartet, scheint es mir mehr als abenteuerlich zu sein, eine politische Strategie ohne die Wünsche und Hoffnungen der Menschen, ohne die Untersuchung ihres Gewordenseins auch nur zu denken.

In diesem Zusammenhang sind die Frauen ein besonderes Kapitel. Ihre Stellung und Funktion in der Gesellschaft lässt sie zugleich Kitt sein für die Risse im System und ein Unruhepotenzial, da sie mehr unterdrückt sind und weniger zu verlieren haben als die Männer. Die Frauenbewegung wuchs schnell, solange sie in unzähligen Selbsterfahrungsgruppen einem Bedürfnis der Frauen entgegenkam: aus der Isolation herauszukommen und die eigene Welt mit der Sphäre des Politischen zusammenbringen zu können. Die Erfahrungsgruppen gleichen aber auch einem Springbrunnen, dessen Wasser trotz aller Bewegung wieder in ihn zurücklaufen. Die Frage nach der vorwärtsweisenden Bündelung von Erfahrungen scheint mir eine Frage nach einer eingreifenden Wissenschaft zu sein, nach dem, was Marx und Engels wissenschaftlichen Sozialismus nannten. Dieser muss die Erfahrungen und das Alltagskonkrete einbeziehen, sonst ergreift er die Menschen nicht. Er muss wissenschaftlich sein, sonst fehlt jede Perspektive. Für die Frauenpolitik scheint mir ein möglicher Weg die Arbeit mit Erinnerungen und Erfahrungen zu sein. Damit kann Alltägliches aus dem Status des Selbstverständlichen gerückt und Einsicht gewonnen werden in die Gewordenheit von Verhältnissen, in die man selbst verstrickt ist und also auch sozial geworden, mit der Perspektive der Veränderbarkeit. Das Schreiben von Erfahrungsszenen (Geschichten) macht zudem Spaß und bezieht alle ein. Es ist zugleich »Alltagskultur« und ein Weg besseren Begreifens.[20]

Die Frauenfrage hängt nicht ursächlich mit den kapitalistischen Verhältnissen zusammen. Frauenunterdrückung ist vorkapitalistisches Erbe. Deshalb sind für die Emanzipation der Frauen wie gegen die Indienstnahme von Frauenunterdrückung für die Aufrechterhaltung der Verhältnisse andere vielfältige Kampfformen nötig, ist schon heute vieles zu gewinnen. Auch hier befinden wir uns erst am Anfang. Während wir darangehen, die Frauenfrage den veränderten Möglichkeiten und Notwendigkeiten gemäß neu in den Marxismus einzuschreiben […], können wir noch einige Zeit darüber streiten, ob wir überhaupt zu Recht darauf bestehen, dass Frauenunterdrückung aus Profitinteressen allein nicht abgeleitet werden kann, die

20 Vgl. dazu etwa die in mehreren Städten angelaufenen Gruppen zu »Einübung in ökonomische Strukturen«, »Arbeit, die Spaß macht«, »Frauen und Interessen«, »Entscheidungen und Konflikte«, »Frau und Familie«, »Fürsorge und Kontrolle« u.v.m. – Projekt Frauengrundstudium, 1980–1989.

Frauenfrage in der Frage der Arbeiterbewegung nicht aufgeht. Auch dies wird eine Diskussion sein, die uns weiterbringt.

Die Anfänge sind noch nicht ermutigend. Die Organisationen der Arbeiterbewegung sind weitgehend Männerbünde, die mit dem Theoriemonopol dekretieren, dass bei ihnen die Frauenfrage aufs Beste besorgt werde, im Streit die Feder ergreifen und für die Frauen sprechen und selbst die existenzielle Frage von Leben und Tod bemühen, um u.U. die Frauenfrage als Friedensfrage so weit zu entnennen, dass jeder Protest als Blasphemie erscheint. Nicht ewig werden die Frauen schweigen. Die Existenz der neuen autonomen Frauenbewegung ist schon eine starke lebendige Kritik am Fehlen einer Frauenpolitik in den vorhandenen Organisationen. Für sozialistische Feministinnen scheint es mir dringlich, die Verknüpfungen und Verbindungen zu untersuchen, welche die Profitinteressen mit den patriarchalischen Strukturen zur Befestigung und zum Ausbau ihrer Herrschaft eingegangen sind.

Umbrüche

Rückblickend kann ich erkennen, dass der Vortrag zu Opfer/Täter in der historischen Situation wie ein Katalysator wirkte. Er verbreitete sich im In- und Ausland schnell und bewirkte viel. Wenn ich ihn heute wieder lese, finde ich ihn harmlos und eigentlich auch bescheiden. Aber er kam ganz offenbar zu einer Zeit, als vieles in Bewegung war und Ausdruck suchte. Damals allerdings[21],

als ich im Januar 1981 im Institut für marxistische Studien und Forschungen in Frankfurt meine Thesen zum Verhalten von Frauen (Opfer oder Täter) verteidigte, erlebte ich den Schrecken eines Dorian Gray bei Oscar Wilde. Noch saß ich angestrengt glücklich unter den Genossinnen und Genossen, um Probleme des Politikmachens, hier besondere Schwierigkeiten und neue Möglichkeiten der Politisierung von Frauen zu diskutieren, da wurde hinter meinem Rücken schon das Schreckensbild einer verwüsteten Existenz entrollt – umgekehrt wie bei Gray war es sichtbar für alle, außer für mich. Die Massivität der Vorwürfe, aber insbesondere der Stil der Auseinandersetzung zwischen offener Feindseligkeit und Hohn, jedenfalls bis zur »Exkommunikation aus dem Marxismus« reichend, erschreckten mich. Monatelang schlief ich geplagt von Alpträumen. Ebenso lang dauerte dieser Prozess der Ablösung und des Eingeständnisses vor mir selbst, dass ich viele Freunde und Freundinnen verloren hatte und einen Teil meiner wissen-

21 Das folgende Dokument ist abgedruckt in *Erinnerungsarbeit* (1990), 32–41.

schaftlich-politischen Vergangenheit würde neu aufarbeiten müssen. Ich war vom rechten Wege abgewichen. Nach 14 Jahren aktiver Mitgliedschaft in der sozialistischen Frauenbewegung hatte ich versucht, Erkenntnisse und Vorschläge der Kritischen Psychologie [und Marx' *Feuerbachthesen*] für die Frauenfrage umzuarbeiten. Der Versuch gelang: neue Bewegung kam in viele Frauengruppen – sie begriffen die Ausführungen in meinem kurzen »Opfer-Täter-Beitrag« als Aufruf, in für sie verständlicher und möglicher Weise tätig zu werden. »Opfer/Täter« ist inzwischen zu einer Art Klassiker geworden in der Diskussion um Frauenpolitik[22] – dies nicht zuletzt dank der scharfen Kritik in den kommunistischen und vielen sozialistischen Organen[23].

Immerhin hat sich in den langanhaltenden Kämpfen ein Kern der Kontroverse herausgebildet. Es ist für mich erkennbar geworden, warum »Opfer/Täter« überhaupt in solcher Weise zum Stein des Anstoßes werden konnte. Daher kann ich auch persönlich gelassener die Probleme und den Stand ihrer Bearbeitung darstellen. Frauenpolitik ist auf diese Weise diskutierbarer geworden. Ich habe mich auch daran gewöhnt, selbst für einen kurzen historischen Moment einen Pol in einer gegensätzlichen Auffassung in der Frauenfrage verkörpern zu müssen. Ich stelle fest: Der insbesondere von kommunistischer Seite kommende Vorwurf, ich hätte einen Politikvorschlag entwickelt, der in ihre bisherige Politikweise nicht umstandslos zu integrieren sei, trifft mich zu Recht. Allerdings kann ich dies nicht länger als Vergehen begreifen, sondern es scheint mir angesichts der allgemeinen Mutlosigkeit in der Politik umgekehrt notwendig, neue Politikformen zu diskutieren und wo möglich zu praktizieren.

Streitfragen

Ich erinnere kurz an einige für diesen Zusammenhang des Politikmachens wichtige Elemente aus dem »Opfer-Täter-Theorem«.

Zunächst die Situation, in der die Thesen entstanden: In der Frauenbewegung wurden mit großem Engagement Daten, Fakten, Ereignisse zusammengetragen, die allesamt immer nahtloser belegten, was allgemein bekannt war: Frauen sind Opfer der Verhältnisse und der Männer. In Frauengemeinschaften wurde ohnmächtige Wut angesammelt ohne

22 Allein im Jahr 1982 fanden 24 Veranstaltungen in verschiedenen Städten des In- und Auslandes zu »Opfer/Täter« statt.

23 In den Umbruch- und Auflösungsprozessen, die Ende 1989 einsetzten und den institutionalisierten Marxismus radikal in Frage stellten, gab es auch eine kurze »Rehabilitierung« meiner damals »ausgeschlossenen« Beiträge, allerdings ohne dass dies noch irgendeine gesellschaftliche Relevanz gehabt hätte.

mögliche Artikulation einer Veränderung. In dieses Feld sich langsam aufschaukelnder Resignation oder von ausschließlich auf alternative Projekte gerichteter Aktivität (wie eine Landkommune ohne Männer, ohne Hierarchie usw.) habe ich versucht, einen Eingriff zu formulieren. Er sollte einen Zusammenhang herstellen zwischen der Politik im Großen und dem Verhalten im kleinen Alltag. Ich lehnte mich dabei an Vorbilder wie Brecht an, der angesichts des Faschismus »eines ganzen Volkes von Verrätern und Verratenen« sagte:

»... da beschlossen wir uns umzusehen, was für ein Volk, bestehend aus was für Menschen, in welchem Zustand, mit was für Gedanken, er unter seine Fahne rufen wird.«

Von ihm lernend fragte ich mich: wie Frauen sind, die sich nicht wehren, die mitmachen, die zustimmen, und warum sie alles ertragen, wenn sie doch, wie wir auch alle wissen, sogar »doppelt unterdrückt« sind. Warum also werden unerträgliche Bedingungen von Menschen ertragen? Mein Ausgangspunkt war, dass eine Auffassung, die die einzelnen Menschen als Opfer der Verhältnisse denkt und damit die Strukturen, in die wir uns hineinarbeiten, als allgewaltig erklärt, nicht begreifen kann, wie Menschen überhaupt etwas ändern können in dieser steinernen Welt. Darüber hinaus nehme ich an, dass solches Reden ausschließlich von schlechten Zuständen selbst eine Politik ist, welche die allgemeine Mutlosigkeit verstärkt.

Fragen wir umgekehrt: Was können Menschen ändern, wie können sie in die Politik im Großen eingreifen? Es ist wohl inzwischen eine Binsenweisheit, dass ein Effekt unserer Verhältnisse die Vereinzelung der Menschen ist. Dies gilt in besonderer Weise für Frauen. Beginnen wir also in unserem Alltag und fragen uns, worunter die Einzelnen leiden. Frauen sind z.B. Opfer von Mann und Kindern in der Familie. Wie verhalten sie sich dabei? Was tragen sie selbst zur ständigen Wiederherstellung dieses Verhältnisses bei? Welches sind die Beiträge der Knechte und Mägde in der Herr/Knecht-Beziehung?[24] Oder allgemeiner gesprochen, welches sind die Beiträge der Unterdrückten im Unterdrückungsverhältnis? Als zentrale These behauptete ich: Sich opfern ist eine Tat und kein Schicksal. Es bestimmt ganze Lebensläufe von Frauen. Wie könnten sie da herauskommen? Wie

24 An vielen Stellen gelingt es nicht, die Sprache so zu verändern, dass Frauen nicht einfach hinter den selbstverständlichen Männlichkeiten verschwinden. Ein Fall ist die Herr-Knecht-Beziehung. Die Metapher ist geeignet, Herrschaft in verschiedenen historischen Formationen als ein Verhältnis zwischen Menschen zu sprechen, welches von der unteren wie der oberen Position gemeinsam produziert wird. Jede Einsetzung einer Frau in diesem Zusammenhang gibt dem Ganzen eine sexuelle Note, und zwar ohne den Blick in einen weiteren Herrschaftszusammenhang ausreichend zu öffnen: etwa Herr-Magd-Beziehung. – Im *Historisch-kritischen Wörterbuch des Marxismus*, Bd. 8/2, 2015 wird im Stichwort *Magd* auch dieser Problematik kritisch nachgegangen.

könnten sie sich stärken, wie gestärkt werden für widerständiges Verhalten? Selbstverständlich und deutlich formuliert ist die Notwendigkeit einer Untersuchung der Struktur, der Verhältnisse, die die Einzelnen zunächst fertig vorfinden. Aus ihnen gehen sie aber nicht ohne Spuren hervor. Man kann kaum davon ausgehen, dass die Verhältnisse schlecht, wir aber, die wir in ihnen leben, schon ganz in Ordnung sind. Um handlungsfähig zu sein, bauen wir die Verhältnisse in uns ein. Die geforderten Haltungen werden Teil der Persönlichkeit. Eine aufopferungsvolle Frau stabilisiert sich auch im Leid. Noch immer vertrete ich die Auffassung, dass solche Persönlichkeitsstrukturen der Veränderung im Wege sind. Dass ihre Form der Auflehnung gegen die Verhältnisse oftmals die Selbstzerstörung ist. In diesem Kontext lässt sich eine Haltung, die Eingriffe in gesellschaftliche Zusammenhänge für sich selbst ausschließt, in unseren Verhältnissen als »normal« ausmachen. Besonders häufig ertragen Frauen die für sie vorgesehene gesellschaftliche Inkompetenz mit Auffassungen wie: Die anderen machen das schon; ich sorge für mein Heim, die anderen sind für die Gesellschaft zuständig; eine Kriegsgefahr gibt es doch nicht wirklich; die Arbeitslosigkeit trifft hoffentlich nicht meine Familie usw. Die Vielfalt der Redewendungen für dieselbe Haltung lässt schon auf ihre massenhafte Verbreitung schließen. Solche Meinungen, die man vielleicht als Denkgefühle bezeichnen kann, sind Strategien, um gesellschaftliche Inkompetenz und Ohnmacht aushalten zu können. Insofern braucht es für veränderndes Eingreifen in bestehende Verhältnisse auch andere Personen, Frauen mit anderen Haltungen und Gefühlen. Frauen, die Unrecht nicht geschehen lassen, die sich wehren, die nicht einwilligen, die fünf nicht gerade sein lassen, die sich beunruhigen, empören, nicht nur ihre Ruhe haben wollen, sich nicht hinter ihre vier Wände zurückziehen, nicht gefügig sind usw.

Andere Konfliktverarbeitungsmuster als solche des Privatisierens zu entwickeln braucht eine Stärke, die allein durch aufklärerische Aufrufe nicht zu erlangen ist. Um die Verunsicherung durchzustehen, braucht es u.a. selbstbewusste Frauenkollektive. Insofern ist eine eigene Frauenbewegung historisch notwendig. Nutzen der Opfer-Täter-These sollte es sein, daran zu arbeiten, dass nicht Selbstzerstörung (etwa in privaten Beziehungen), sondern eingreifende Veränderung als protestierende Äußerung gegen einschnürende Verhältnisse möglich sei; dass bestimmte Dimensionen unserer Persönlichkeiten, mit denen wir uns in diesen Verhältnissen eingerichtet haben, zur Disposition gestellt werden und dass geschlechtsspezifische »Unfähigkeiten« abgebaut, »Fähigkeiten« gestärkt würden. Dies erlaubt es uns zugleich, am Leiden im Alltag zu beginnen und aus der Vereinzelung ins Kollektiv zu gehen. Diese Bewegung ist selber schon eine Veränderung der Verhältnisse.

[...]

Zur Debatte um Streitfragen II

Um einen Entwurf, der zur »Selbst-Politisierung« gedacht war, als entpolitisierend zu verstehen, sind einige Missinterpretationen notwendig, die ich vor dem wirklichen Dissens zur Frage des Politikmachens exemplarisch noch einmal zurückweisen möchte.

Die Karrierefrage: Jede kann Präsidentin der Vereinigten Staaten werden

Diejenigen, die sich gegen Unrecht und unterdrückerische Verhältnisse zur Wehr setzen, sind im Allgemeinen wenige. Warum arrangieren sich so viele? Wenn wir annehmen, dass sie unter unseren Verhältnissen gleichwohl leiden, müssen wir untersuchen, warum sie und wie sie in das Leid einwilligen. Schließlich könnten sie auch anders handeln. Aus solchen Überlegungen um die Anzahl der für gesellschaftliche Veränderung Streitenden machte die Kritik[25] ein Karriereproblem. Solche »individuellen Entwicklungsperspektiven« hätten nur wenige »Aufsteiger«, ich nährte »Versagermentalität«. An keiner Stelle bin ich davon ausgegangen, dass in unserer Gesellschaft Politisierung zum Aufstieg verhilft. Schon gar nicht glaubte ich, dass sich den vorhandenen Strukturen zu widersetzen in den gleichen Strukturen ein gesellschaftliches Erfolgserlebnis werden kann.

Der rechtliche Diskurs

In einem größeren Beitrag wird unterstellt, ich verträte die Position, jeder trage die Verantwortung für seine soziale Lage. Gegen solchen Unsinn wird stattdessen eine Politik der Klage und der Forderung von Rechten und Ansprüchen vorgeschlagen. Da heißt es:

»Wir gehen davon aus, dass die Lebenssituation der Frauen – ob als Studentin, Berufstätige, Nur-Hausfrau – zahlreiche Widersprüche beinhaltet, die mit ihrer Rolle als Unterdrückte zusammenhängen. Sei es die Rotstiftpolitik, die durch Schließung des Kindergartens die Hausfrau betrifft, weil sich so ihre Belastung erhöht; sei es der Vergleich mit dem Lohn des Mannes, der für gleichwertige Tätigkeit mehr erhält als die berufstätige Frau; sei es durch frauenfeindliche Sprüche eines Professors im Seminar, das Rausprüfen von Frauen aus einem männlichen Studiengang wie z.B. Medizin. Was auch immer – in der Lebenssituation jeder Frau existieren genügend Ansatzpunkte, wo Unterdrückung erlebt wird.« (Rudolph/van Haren 1982, 64).

Ich habe diesen Politikvorschlag so ausführlich zitiert, weil er explizit gegen meinen Vorschlag zur Politisierung formuliert ist, und eine Reihe von Schwierigkeiten des Politikmachens exemplarisch hier diskutiert

25 In diesem Kontext geht es um Kritik aus kommunistischen Zeitschriften.

werden können. Da ist zunächst die Herangehensweise: Vorgeschlagen wird, wir kommen von außen und prüfen, wo Frauen Unterdrückung gesellschaftlicher Art erfahren. Wir wissen schon, dass es im Betrieb die Lohnungleichheit ist und im staatlichen Raum die fehlenden oder zu knappen sozialen Dienstleistungen (Kindergärten). Die Autorinnen behaupten, dass diese Situation zum Widerstand herausfordert, betroffenes Handeln unmittelbar im Gefolge hat.

Und sie behaupten ferner, dass es sich hier um Widersprüche der kapitalistischen Gesellschaft handele: Widersprüche seien Ansatzpunkte für politisches Handeln. [Diese Behauptung halte ich für richtig und wichtig.] Nun sind aber Mängel – wie fehlende staatliche Förderung – ebensowenig Widersprüche wie Lohnungleichheiten. Der frauenfeindliche Professor im Zitat führt uns nicht einmal in den kapitalistischen Raum. Dass die Frauen sich aufgrund solcher Mängel und Ungerechtigkeiten wehren, ist eine Behauptung, die gegen die Erfahrung steht. Im Gegenteil wird man bei zunehmendem Skandieren der Rotstiftpolitik zunehmende Resignation und Langeweile hervorrufen und kein »Anstürmen gegen den Gegner«. Ich möchte damit nicht behaupten, dass staatliche Sozialpolitik etwas wäre, um das wir uns nicht zu kümmern hätten, und auch nicht, Lohnungerechtigkeiten seien einfach zu schlucken. Mein Problem ist es vielmehr, warum diese Forderungen, warum der Hinweis auf solche Mängel, der Verweis auf Ansprüche, Politik zur bloßen Pflichtübung für die schon Politisierten macht. Zunächst scheint mir die Formulierung der Politik auf der Ebene des Rechts jedes »Ansetzen an Widersprüchen« zu verfehlen und damit auch ein sozialistisches Engagement. Insbesondere bei der Frauenfrage wird so die Kraft, die über die Grenzen der Herrschaftsverhältnisse hinausreicht in befreite Zukunft, in ein Gleichheitsversprechen zurückgezähmt, das sie überhaupt nicht anzielt. Der Rechtsdiskurs ist möglich unter Vertragsgleichen, schließt Tausch und Entschädigung usw. ein. Mit solchen Begriffen wird aber die Frauenfrage verfehlt. – Gingen wir stattdessen wirklich von gesellschaftlichen Widersprüchen aus und prüften, wie sie gelebt und erfahren werden, kämen wir zu anderen Vorschlägen der Formulierung von Politik. Die Verhältnisse sind zum Beispiel so, dass ich nicht gut sein kann. Ich möchte gut sein. Das ist kein Anspruch, auf den ich ein Recht habe, sondern ein menschlicher Wunsch, der mich verstrickt. Einer betrügt mich, einer lügt, einer stiehlt, einer beutet mich aus. Wenn ich nicht ausbeute, kann ich nicht gut sein, ließ Brecht uns im »Guten Menschen von Sezuan« lernen. Das Gute hat in unseren Verhältnissen eine kommerzielle Grundlage. Wenn ich aufrecht bleiben will, kann es sein, dass ich lügen muss usw. Der Zorn richtet sich gegen solche Verhältnisse, in denen die Personen in zerreißende, nicht lebbare Widersprüche geraten. Aber es sind die Personen, die diese Widersprüche erfahren, es ist ihr Leid, von dem aus Politik formulierbar wird, die sie ergreifen können und nicht die Ableitungen aus den unmittelbar staatlichen und betrieblichen Bereichen mit der Behauptung weiblicher Betroffenheit.

Die Mütterfrage

Nichts hat so viel Empörung hervorgerufen wie die von mir nicht erfundene, sondern u.a. auch schon von Marx und Engels behauptete Erklärung, dass die Familienform einschnürend sei. Bei meinen Kritikern (hier Rudolph/van Haren, a.a.O.) wird daraus gar das Recht auf Familie, welches ich den Frauen abspräche. Und Politik wird jetzt angesiedelt in einem Raum, in dem Frauen neuerdings angeblich immer auf Kinder verzichteten, obwohl sie ein Recht auf sie hätten. Hier sehen sie einen neuen Widerspruch und also Ansatz für Politisierung: Frauen sollen sich gegen Verhältnisse zur Wehr setzen, in denen sie nicht berufstätig und Mütter zugleich sein dürften. Sehen wir hier davon ab, dass es sich nicht um einen Widerspruch handelt (dieser Begriff ist in der gesamten Auseinandersetzung bloße Phrase), so kommt mir dieser neue Politikvorschlag ziemlich abenteuerlich vor. Gewöhnlich bekommen Frauen Kinder in einem Alter, in dem sie schon berufstätig sind, je nach Befriedigung im Beruf, nach Notlage und Anspruch an Kindererziehung werden sie die Frage der Doppelbelastung mit ihren Partnern aushandeln. Wieso sich gerade hier ein enormer gesellschaftlicher Widerspruch auftut, bleibt mir ebenso unerklärlich wie die Frage, warum es unter Marxistinnen unüblich geworden ist, die Fesseln und die herrschaftsstabilisierende Funktion der Familie in Augenschein zu nehmen.

Die Bewusstseinsfrage

Auf den Gebieten von Ideologie und Bewusstsein muss noch viel gearbeitet werden. Hier ist es, als ob die unterschiedlichen Diskutierenden Fremdsprachen füreinander sprächen. Ideologie und Bewusstsein sind z.B. für die hier herangezogenen Kritikerinnen zumeist ein und dasselbe. An anderer Stelle behaupten sie, Ideologie sei für mich falsches Bewusstsein, mein Politikvorschlag einer der bloßen Aufklärung. Daher können sie schlussfolgern, ich verfehle »das Wesen der Sache, weil [ich] das Wirken der Gewalt gesellschaftlicher Verhältnisse ausblende«.

Versuchen wir die Frage noch einmal zu rekonstruieren. Wie reproduzieren sich die gesellschaftlichen Verhältnisse? Die Kritikerinnen antworten: mit Gewalt. Gewalt bedeutet Militär, Polizei, Prügel, Zwang. Ein Blick auf unsere Gesellschaft genügt, um zu sehen, dass sie sich über den Staat zwar mit einem Gewaltpanzer umgibt, dieser aber in der Normalität des täglichen Lebens gewöhnlich nicht zum Einsatz kommt. Wo werden denn Frauen gezwungen, Opfer zu sein, einsam für ihre Kinder zu Hause zu sitzen, sich von ihren Männern unterdrücken zu lassen, den Konsum anzuheizen usw.? Die durchschnittlichen kapitalistischen Verhältnisse stellen sich alltäglich durch Zustimmung ihrer Mitglieder wieder her. Die Einzelnen unterstellen sich dem Staat. Dieses nennen wir eine ideologische Unterwerfung. Sie hat mit falschem Bewusstsein ebensowenig zu tun, wie Aufklärung dagegen eine Umerziehungsmethode wäre. Die Untersuchung des so verstandenen Ideologischen sucht auch nach der eigenen Aktivität bei der Unterstellung/Unterwerfung. Dies ist eine Voraussetzung dafür, auch Befreiung als eigene Aktivität überhaupt fassen zu können. Es geht selbstverständlich nicht als isolierte Einzeltat. Die Anordnung zu verändern, welche die Unterwerfung strukturiert, dafür braucht es starke Kollektive. Kollektives Handeln, sagen die Kritikerinnen, sei besser als die Kritik hemmenden Bewusstseins. Ich halte solche Äußerungen nicht für einen Versuch, miteinander zu diskutieren. Ebenso könnte man sagen, essen sei besser als hungern. Das Problem, dem sich zu stellen ich für nützlich halte, ist, woher denn die Kollektive kommen können bei massenhafter Vereinzelung insbesondere der Frauen?

Meine Fragen

Warum sind es so wenige, welche die herrschenden Verhältnisse verändern wollen? Warum arrangieren sich so viele? Diese Fragen sind an Haltungen und Einstellungen gerichtet. Welchen Wirkungsgrund hat »rechte« Politik? Womit können sich die Protagonisten des herrschenden Systems verbünden? Wie können sie Einwilligung in Verhältnisse herstellen, die im Grunde gegen die Lebensinteressen derjenigen verstoßen, die da einwilligen? Meine Kritikerinnen werfen mir vor, dass ich solche Fragen stelle, und konstruieren einen künstlichen Gegensatz: Ich würde *nur* solches fragen, statt auch an die Veränderung selbst zu denken. Ich weise das ganz einfach zurück, ebenso wie eine weitere Unterstellung: Ich würde die Unterdrückung selbst aus der Einwilligung in sie erklären. Das ist nicht der Fall. Ich beschäftige mich mit der Frage, warum die Menschen (hier die Frauen) sich nicht wehren oder anders: warum das System so stabil ist, wie es ist. Vier Fünftel des Textes meiner Kritikerinnen (hier Rudolph u. van Haren, a. a. O.) beruhen auf der Behauptung, ich würde die Kritik an den Verhältnissen durch Kritik am Bewusstsein ersetzen. Selbst nach mehrmaliger Lektüre meines Textes ist es mir nicht gelungen, diesen Vorwurf bestätigt zu finden. Dagegen erkenne ich im Vorwurf umgekehrt eine Politik, die ganz und gar auf die Dimension der Erfahrung als der Ebene, auf der die Individuen die Verhältnisse für sich mit Bedeutung versehen, sie sich aneignen und umarbeiten, verzichtet und stattdessen besserwisserisch und stellvertretend immer schon weiß, was die Menschen bedrückt. Eine solche Politik kann die Menschen nicht wirklich erreichen. Erst wenn aufgearbeitet ist, wo die Menschen widersprüchlich leidvoll verstrickt sind, können sie selbst Politik machen, die sich im Übrigen mit Wissenschaft verbindet.

Warum ist es so schwierig, eine Veränderung der Personen auch als Politik aufzufassen? Wenn wir davon ausgehen, dass die Menschen unter Abhängigkeit, Unterdrückung und Ausgeliefertheit wirklich leiden, dass sie gesellschaftlich inkompetent gehalten sind, dann verbindet doch jede Veränderung ihres Verhältnisses zur Welt ihre Taten mit gesellschaftlichen Taten, beginnen sie, Gesellschaft bewusst zu machen, statt sie nur zu erleiden. Umgekehrt denke ich, dass der Versuch, ihnen bloß *bewusst* zu machen, dass dieser oder jener Mangel gesellschaftlich bedingt ist, eine resignative Haltung verstärkt und eigentümlicherweise den Blick gerade erst nach innen richtet.

Wenn wir Personen sozial auffassen, das »menschliche Wesen als Ensemble der gesellschaftlichen Verhältnisse« und also die Einzelnen als mit der Aufgabe der Aneignung ihrer Menschlichkeit befasst, können wir doch kaum losgelöst nur auf die Verhältnisse Bezug nehmen und hoffen, dass die Personen sich darunter schon einfinden. Frauenpolitik ist, so erfährt man an anderer Stelle ebenfalls in den *Marxistischen Blättern* (Landefeld 1982, 58), wenn die Frauen Folgendes tun: sich einsetzen für »die Fortsetzung des Kampfes um Lohngleichheit, gegen Kürzungen im Kindergartenbereich und Schulbereich, für Reallohnerhöhung, für Arbeitszeitverkürzung und Abbau der Arbeitslosigkeit. Dieser Kampf wird vom Neofeminismus traditionell vernachlässigt.«

Wieder möchte ich keinesfalls behaupten, dass die genannten Punkte unwesentlich seien, jedoch entdecke ich in dieser Bestimmung mehrere Eigentümlichkeiten: Die Geschlechterverhältnisse kommen im Politikvorschlag für Frauen überhaupt nicht vor. Ebenso wenig ist das alltägliche Leid formuliert und damit auch nicht die Gefühle und Haltungen, nicht die individuellen Frauen und ihr Verlangen. Damit wird implizit angedeutet: Das ist privat. Politik beginnt erst auf der Stufe von Lohn und Arbeitszeit. Wenn man anfängt, sich überhaupt zu wehren, sich einzumischen, dann ist das noch keine Politik. Ich denke, dass genau diese Auffassung, die selbst noch vorschreibt, was eigentlich Politik sei, die Einzelnen unpolitisch hält. Politik erscheint so als eine Sache, die andere machen, der ich nur zuzustimmen brauche, die im Übrigen auch ausschließlich im Raum staatlicher und betrieblicher Maßnahmen geschieht. Es bleibt die brennende Frage: Wie kommen eigentlich die Einzelnen in einem solchen Politikkonzept dazu, die Gesellschaft verändern zu wollen? Die vorweggenommene Antwort lautet: Indem ihnen gesagt wird, die Verhältnisse seien an ihrer »Misere« schuld. […] Ich plädiere dagegen für eine Politik, die auch danach fragt, wie und wann eine Frau kämpfen kann, immer und alltäglich. Darin ist Selbstveränderung eingeschlossen. Sie ist selbst auch eine Politik. Sie schließt Gesellschaftsveränderung nicht aus, sondern ist Teil von ihr.

Es geht darum, mit der Veränderung sofort anzufangen. Jede kann etwas tun. Die Verhältnisse sind so weit, dass alle gebraucht werden, sich mit Phantasie, Zorn und Energie handelnd an ihren Umbau zu machen. Dafür müssen wir aufhören, Zement in den Verhältnissen zu sein, müssen wir uns auch selbst verändern.

Alltägliche Unterwerfungspraxen und allgemeine Resignation im Politischen, fehlendes Eingreifen im Großen und im Kleinen haben miteinander zu tun. Von den Einzelnen abzusehen, als würden sie nicht gebraucht, und stattdessen immer wieder auf die übermächtigen Verhältnisse zu verweisen ist selbst eine Politikform, die die lähmende Passivierung erzeugt, gegen die sie laut zu Felde zieht. Es scheint mir, als hätten wir einen Punkt erreicht, an dem über Polemik hinaus abwägende Diskussion von Politikvorschlägen möglich sein müsste. So schlage ich nicht vor, in Zukunft auf die Forderung nach Kindergärten, nach der Abschaffung von Lohnungleichheiten usw. zu verzichten. Aus der fehlenden massenhaften Zustimmung zu solcher Politik ziehe ich vielmehr den Schluss, dass die Suche nach dem politischen Potenzial in der Frauenbewegung, im Persönlichen, im Alltäglichen, in der allgemeinen Unruhe dringlich ist.

Die Frauen sind eine große gesellschaftliche Kraft. Versuchen wir, einen Rahmen zu konstruieren, in dem die vielfältigen widerständigen Organisationen und Kollektive einander nicht blockieren und bekämpfen, sondern gerade aus der Unterschiedenheit die Eingriffspunkte wechselseitig Stärke gewinnen.

Weitere Lehren auf dem Weg, einen feministischen Marxismus zu gewinnen

Aus dem Stück um Opfer/Täter kommt Bewegung auf allen Ebenen zugleich. Zunächst zu Marxismus. Dieser, als eine Art freundliche Werkstatt geglaubt, erweist sich als Eigentum in bestimmten Händen und ist von strengen Leibwächtern vor Eindringlingen bewacht. Unverhofft bin ich draußen und soll dort auch bleiben. Gegen Anfechtungen gilt es drakonisch Abwehrkräfte zu mobilisieren. Die Waffen sind Sätze aus Marx: *Das gesellschaftliche Sein bestimmt das Bewusstsein* ist eine solche Keule, die gegen Selberdenken immunisiert. Wenn es das Sein ist, welches Bewusstsein bestimmt, kann man selbst wenig tun. Man müsste das Sein verändern, und dies können natürlich nur jene, die das richtige Bewusstsein haben, also aus einem anderen Sein sich speisen oder aber sonstwie im Besitz der Wahrheit sind als einer Art unantastbaren Kanons. Alle Fragen von Ideologie, Wahrnehmung des Alltags und seiner Bedeutungen sind tabu. Diejenigen, die sich in diesem Bereich zu denken trauen, gehören exkommuniziert. Aber dies scheint sich ausschließlich auf der rationalen Ebene von Vernunft und Unvernunft abzuspielen, von falschen Gedanken und dem Besitz der richtigen. Der Weg zur Frage, *wie* eigentlich das gesellschaftliche Sein das Bewusstsein bestimmt, ist noch lang. Dies würde ein neuer Beginn von Forschung sein.

Aber der Abwehrkampf gegen das Hinterfragen greift keineswegs nur auf der Denkebene ein. Unverhofft finde ich mich ausgestoßen aus dem Kreis der Freunde, ausgemustert aus der kleinen Gemeinschaft der Sozialisten. »Auch Sozialisten können sich irren und müssen sich kritisieren«, sagte mein langjähriger Freund und Mitstreiter Klaus Holzkamp beim Verlassen des Raums. Der Satz ist ebenso richtig wie abweisend – er zieht den Schlussstrich unter die Diskussion im Institut für marxistische Studien und Forschungen in Frankfurt, in dem ich soeben aus der Gemeinschaft der Rechtgläubigen ausgeschlossen wurde. Ich bin nicht mehr »Bündnispartner«, sondern finde mich außerhalb des Randes, im Jenseits, wo sonst nur feindliche Bürger hausen. Der Vorgang stößt bei mir auch auf Unglauben. Ich möchte unbedingt Marx herbeirufen, dass er an meiner Seite diskutiere und verhindere, dass sein Werk eine Waffe wird gegen diejenigen, die es ausbauen und tauglich verwenden.

Aber ich habe immerhin meine Frauengruppe behalten – zwei (Barbara Nemitz und Nora Räthzel) kämpften in dem Tribunal im IMSF mit, in dem die Enthüllung meiner als Dorian Gray geschah. Ich habe die große Gruppe um die Zeitschrift *Das Argument* und den dazugehörigen Verlag, wo ich selbst veröffentlichen kann, und ich kann Marx studieren in vielen Lerngruppen. Ich habe im eigenen Haus Wolf Haug mit dem Projekt Ideologietheorie, aus dem ich entscheidende Gedanken für meine feministische

Arbeit gewonnen habe wie den, dass, wo nicht mit Zwang regiert wird, um Zustimmung gerungen werden muss, den ich eben für die Opfer-Täter-These feministisch ausbaute.[26] Und ich habe meine Studierenden, eine stets wachsende Gruppe von begeisterten Menschen, die mit mir das Feld von Arbeit und Kritischer Psychologie erkunden.

Dies erwies sich als weiterer Irrtum. So klein diese Partei der Kommunisten damals war, so gut hatte sie den Eingang meiner Universität bewacht. Der damalige Spartakusbund beriet die Neuankömmlinge, bei wem mit Gewinn zu studieren sei und bei wem nicht. So kam es, es hatte grade ein neues Semester begonnen, dass mein sonst so überfülltes Seminar leer blieb, langsam erst Zuwachs bekam von »Chaoten« – so wurden diejenigen genannt, die sich der Spartakuslinie nicht beugen wollten. Im Denken an diese Linie gewöhnt, empfand ich zunächst nichts als Beraubung. Die Besten fehlten, fühlte ich. Und dies blieb so über vier Jahre, in denen ich allerdings die verrückende Arbeit mit den ganz anderen Studierenden als herausfordernde Bereicherung erfuhr.

Unvermittelt in meinem eigenen Gelände, der Universität, beiseitegestellt, lernte ich auch andere Kollegen schätzen, die ich als »zu anderen Strömungen gehörig« weniger beachtet hatte – Freundschaften, die über Jahrzehnte hielten. Und ich lernte mich selbst besser kennen als eine, deren Urteile in ihren ersten Kritiken am Feminismus so borniert waren, wie ich jetzt den Spartakus gegen mich argumentieren erfuhr.

Dass die Opfer-Täter-These in den Organisationen der Arbeiterbewegung so lang und rigoros bekämpft wurde, kann auch als Zeichen gelesen werden, dass alte Strukturen zerbrachen. 1984 brachte das Institut für marxistische Studien und Forschungen ein Buch heraus mit dem Titel *Krise des Marxismus oder Krise des Arguments?* In der rhetorischen Frage stand die Antwort natürlich vorher fest. Und doch war dies nur 5 Jahre vor der Selbstaufgabe der sozialistischen Länder, und so war es eine massive Krise des tradierten Marxismus, die die Heftigkeit der Diskussion und Verurteilung bestimmte. In dem Buch schrieben die gleichen Autorinnen wie in der Debatte drei Jahre zuvor, sie verurteilten mit den gleichen Argumenten wie zuvor. Aber die waren in diesen Jahren kraftloser geworden, trafen mich weniger, ich verspürte nicht einmal mehr den Wunsch, darauf zu antworten. Das Band, das mich kämpferisch mit dieser Gruppe verband, war zerrissen. Ich war jetzt nicht nur ausgestoßen, sondern auch fortgegangen. Viele Frauen aus der Kommunistischen Partei empörten sich damals über diesen Kurs und

26 Fast unnötig zu sagen, dass auch das Projekt Ideologietheorie der Bannstrahl traf. Zwei seiner Mitglieder wurden aus der Kommunistischen Partei ausgeschlossen, und das gesamte Projekt und seine Veröffentlichungen fielen unter das Ablehnungsverdikt.

verließen die Partei, und dieses Verhalten wurde wiederum auf die Negativ-Seite meiner Praxen gebucht. Ich war ein spaltender Störenfried.

Dabei bin ich Marxistin geblieben – anders als viele Gegnerinnen von damals. Immer weiter baue ich Erinnerungsarbeit aus, die ja nur auf der Grundlage der Zustimmung zu den herrschenden Verhältnissen, zu einer aktiven Subalternität Anwendung finden kann. Sobald ich aufhörte, innerhalb der Arbeiterbewegungsorganisationen die feministische Diskussion weiterzuführen, wurde Zeit und Kraft frei, mich in der weiteren Welt umzusehen und politisch zu betätigen, kurz: mich einzusetzen für einen feministischen Marxismus und damit für Frauenpolitik als umfassendes Transformationsprojekt.

Ich bleibe Marxistin, aber dies bedeutet mir auch anderes. Ich muss vieles erneut studieren und, indem ich nicht einzelne Sätze als Waffen benutze, Marx mit Marx kritisieren lernen. So den Satz mit dem Proletariat, welches zur Tat gezwungen ist (s. S. 96). Es gibt offenbar auch problematische Sätze bei Marx, die im Kontext neu zu hinterfragen sind. An diesem Satz hängt das Avantgardemodell, das sich in der Frauenfrage schon bei uns selbst als besonders fragwürdig gezeigt hatte. Nicht nur Selberdenken ist gefragt. Stark zu machen sind auch eigene Erfahrung und Methoden, mit ihr zu arbeiten. Zudem bin ich gar nicht allein bzw. dieses wesentlich nur in Bezug auf die Arbeit an einem feministischen Marxismus in Deutschland, wo die Frauenbewegung schon weitgehend abgeflaut ist. Aber hebe ich den Blick aus der Provinzialität meines Landes, das so stark vom Antikommunismus beackert ist, der durch die Koexistenz mit der staatssozialistischen DDR stets neue Nahrung erhält, so entdecke ich im internationalen Raum einen ganzen Wärmestrom von aufbrechenden Feministinnen. Feministischer Marxismus, so lerne ich, ist selbst in erster Linie ein internationales Projekt von großer Kraft. Feminismus ist dem Marxismus nicht bloß anzuhängen. Dieser muss umgebaut werden, und in diesem Umbau sind alle mit Leib und Seele einbegriffen. Die Arbeit dauert mehr als ein Leben. Denn feministischer Marxismus ist als Vorschlag für einen lebensfähigen Marxismus selbst ein Prozess, ein stetes Werden, für den das eigene Leben einzusetzen lohnt und sinnvoll ist.

3.4 Der eurokommunistische Moment

Die Heftigkeit der Abwehr gegen die im Zusammenhang von Opfer/Täter vorgebrachten Argumente und die Dauer dieses Streites brauchen auch eine Erläuterung aus welthistorischem Zusammenhang. Im Jahr 1980 war schon erkennbar, dass sich die linken Bewegungen in einer mehrfachen Krise befanden und dass auf der anderen Seite krisenhafte Veränderungen in der ganzen Welt vor sich gingen. 1973 hatte es eine Wirtschaftskrise gegeben, weil das Öl, eine Ressource kapitalistischer Produktion und auch des gesellschaftlichen Niveaus der Konsum- und Lebensweise, sich enorm verteuert hatte. Die Krise des Fordismus, der Massenproduktion auf der Basis des Fließbands mit Elementen eines wohlfahrtsstaatlichen Kompromisses, hatte schwerwiegende Folgen nicht nur für die Industriearbeiter. Fordismus war zudem eine Grundlage für das Modell der Kleinfamilie, auch für Arbeiter mit Ernährerlohn und also dem Anrecht auf eine Hausfrau – eine Konstellation, die noch als Fortschritt galt, während sie als Gefängnis für Frauen in der Frauenbewegung bekämpft wurde. Dieses Modell von Arbeit und Lebensweise wurde mit erschreckender Geschwindigkeit vom Hightech-Kapitalismus und struktureller Arbeitslosigkeit abgelöst. Da, wo der Ernährer und so auch Haustyrann ökonomisch ins Wanken geriet, festigte sich das Patriarchat noch einmal. Die Überlebtheit der vom Mann ernährten Kleinfamilie ließ die Frauenbewegungen Erfolge einstreichen, gerade weil sie im Zeitgeist waren; umgekehrt wurden die Rückzugsgefechte der Patriarchen härter. Feminismus in der Arbeiterbewegung wurde bekämpft, weil er an der Zeit war.

Diese Krisen brachten den Linken keinen Zuwachs, im Gegenteil. Die Krise des Marxismus, also die Besinnung, ob die Lehre und Politik, die in den kommunistischen Parteien vertreten wurden, noch zeitgemäß waren, brachte in den südeuropäischen Ländern – vor allem Italien, Frankreich, Spanien – den Eurokommunismus hervor. »Die Diktatur des Proletariats« wurde aus den Programmen gestrichen, das Avantgardemodell in Frage gestellt. Begriffe wie Klasse und Klassenkampf wurden neu diskutiert, Revolution und die Rolle der Partei neu gefasst[27]. Diese Erneuerung, die insbesondere der italienischen KPI einen enormen Zuwachs brachte[28], wurde von der deutschen Partei und ihrem diffusen Einflussbereich in den Organisationen der Arbeiterbewegung nicht übernommen, im Gegenteil

27 Vgl. u.a. eine erste Bilanz, Arbeitskreis Westeuropäische Arbeiterbewegung, 1979: *Eurokommunismus und Theorie der Politik.*

28 Vgl. das Testament über die Geschichte der italienischen kommunistischen Partei von Lucio Magri, 2015 auf Deutsch erschienen.

wurde die Gefolgschaft zur Sowjetunion verstärkt. In diesem Zusammenhang mussten die feministischen Versuche der Erneuerung marxistischer Politik als bloß gefährliche Ketzerei erscheinen, angesteckt von eben jenem Eurokommunismus, gegen den es den Marxismus-Leninismus zu schützen galt. – Wiewohl eine ganze Reihe von Kritiken aus dem Eurokommunismus die feministischen Versuche, den Marxismus umzubauen, unterstützten, war die Verbindung sehr lose. Die Frauen bauten weltweit an einer Erneuerung sozialistischer Politik, die dann den Eurokommunismus als Konjunktur nutzen konnte.

3.5 Bausteine eines feministischen Marxismus

Die Anfänge eines feministischen Marxismus zeigen eine Reihe ganz markanter Bausteine: Krisen im Forschungsprozess verlangen andere Methoden der Erkenntnisgewinnung. Wenn Frauen in der Geschichte nicht wirklich vorkommen, braucht es ein neues Verfahren, das Verschwiegene dennoch zu hören. Eine erste Wendung ist die zum Alltagskonkreten. Das führt zur Entdeckung, dass, was als Sozialisationsforschung erscheint, bei Einbezug der Subjekte zugleich als politische Frage auftritt. Fragen müssen verschoben werden: Die allgemein geteilte Annahme, dass es »die Verhältnisse« seien, die Frauenunterdrückung bewirken, wird zu der Frage, warum Frauen sich nicht wehren.

Das Untersuchungsfeld wird erweitert in den Bereich des Ideologischen, der Moral und Werte, subjektiv der Sehnsüchte und Wünsche. Noch bevor dies eine intellektuelle Mode wurde, erstes Signal der Postmoderne und des Postmarxismus, werden Erkenntnisse über die Selbstmodellierung von Frauen zusammengetragen, eine Einsicht, die später allgemein als ›Konstruktion des Subjekts‹ bezeichnet wurde. Die empirische Forschung mit den Fragen nach den Individualitätsformen, also danach, wie sich die Einzelnen in die Gesellschaft hineinentwickeln, reißt die Grenzen zum Politischen ein. Diese Wendung, vom Lernen zur Problematik des gesellschaftlichen Zusammenhangs und seiner Regelung zu kommen, zeigt Zusammenhänge zwischen tradierter Wissenschaft und herrschender Politik.

Krise und Zweifel erweisen sich als erste Produktivkraft. Der Zweifel richtet sich vor allem auf die Verfahren, die Betroffenheit der Subjekte und ihre Leiderfahrungen einfach aus bekannten Sätzen abzuleiten, statt sie zu erforschen. Gleichheit ist kein Ziel von Frauenbefreiung, sondern ein Weg. Die These von der Beteiligung an eigener Unterdrückung wurde vom tradierten Marxismus als Verbürgerlichung bekämpft. Sie ist ein Dietrich für ein riesiges Forschungsfeld und für eine andere Politik. Diese Forschung verlangt kollektive Strukturen, weil sie die betroffenen Subjekte einbezieht.

Die Arbeit und Politik mit Erfahrung braucht Wissenschaft, um im Chaos des Unmittelbaren gemeinsam mögliche Wege zu erkennen. Solche Wissenschaft ist im tradierten Wissenschaftsbetrieb nicht vorgesehen. Ein Eingriff in herkömmliches Denken, also auch in Marxismus, muss damit rechnen, als das wahrgenommen zu werden, was er ist: Zerstörung des Alten. Es braucht eigene Anstrengung, aus dem Zerstören in die Konstruktion des Neuen zu kommen. Auf diesem Weg kann man sich nicht nur Freunde machen. Im Gegenteil.

Die meisten dieser Bausteine für einen feministischen Marxismus verunsichern das Gebäude des herkömmlichen Marxismus in den Organisationen der Arbeiterbewegung. Neue Fragen verstoßen gegen die Gewissheit, den richtigen Weg zu wissen und von oben verkünden zu können, dabei auf die Untersuchung von Erfahrungen zu verzichten und Gedanken, die vom Gewohnten abweichen, als feindlich abzuwehren – sie verstoßen vor allem gegen das Recht zu bestimmen, was Politik ist, um sie dann politischen Funktionären (sie sind fast alle männlich) zu überantworten und auf Seiten der Unteren Unterordnung zu erwarten. Das gilt insbesondere für Frauenpolitik, die über die Grenzen von Forderungen nach mehr Lohn, nach mehr Kindergärten und Schulen, um Arbeitszeitverkürzung und gegen Arbeitslosigkeit und allgemein für Frieden nicht hinauskommt. Insbesondere die Frage der Selbstveränderung als politische Frage scheint mit dem tradierten Marxismus (nicht für Marx) unvereinbar. Besonderes Dynamit lagert in der Frage des Verhältnisses von Sein und Bewusstsein. Der Satz, dass das gesellschaftliche Sein das Bewusstsein bestimme, der zur harmlosen Milieutheorie verkommen als sicherer Kanon in den Schränken der Parteibürokratie aufgehoben lag, war in all den neuen Verunsicherungen, die mit den Erfahrungen der Betroffenen arbeiteten, aufs Unheimlichste in Bewegung geraten. Die Sprengkraft der *Feuerbachthesen* musste neu entdeckt werden. Aber so, wie es damals in der Studentenbewegung hieß, dass man als Verfassungsfeind erkannt wird, wenn man aus dem Grundgesetz vorliest, so konnte man in der kommunistischen Partei und ihrem Umkreis als Antikommunistin verstoßen werden, wenn man Marx zitierte.

Kapitel 4

Trennungszusammenhänge

Der Titelbegriff klingt paradox, da er einen Gegensatz durch einfaches Zusammenschreiben auszuhebeln scheint. Er will anderes. Er gibt einer praktischen Dialektik einen sprachlichen Ausdruck, der zum Stolpern und notwendigem Nachdenken auffordert. Es soll im Folgenden darum gehen, Trennung und Zusammenhang nicht als Alternativen zu denken, sondern sie sprachlich so zusammenzuzwingen, dass neue Erkenntnis gewonnen werden kann über Verhältnisse, in denen die Trennung von Zusammenhängendem eine Herrschaftsmethode ist. Dies wird in drei Praxisfeldern durchgearbeitet: am Verhältnis von frauenbewegtem und sozialistischem Engagement (Arbeiter- und Frauenbewegung); von Frauen und Wissenschaft (Frauenredaktion in einer marxistischen Theoriezeitschrift) und Frauen in Gewerkschaftspolitik (als Subjekte und Objekte).

Ein Auftrag

Nach der fast zehnjährigen Geschichte feministischer Eingriffe in Marxismus war es an der Zeit, die Fragen grundsätzlicher anzugehen, statt sie auf sich zukommen zu lassen. Dennoch kam ein neuer Anstoß zunächst ganz arglos wieder von außen. Ich wurde vom DGB, bei dem ich gelegentlich Vorträge zur Entwicklung der Arbeit und ihrer möglichen Humanisierung unter den Bedingungen der Computerisierung von Produktion und Verwaltung hielt, aufgefordert, zum Zusammenhang von Arbeiter- und Frauenbewegung zu sprechen. Gewohnt, entweder zu Frauenfragen oder zur Arbeitsforschung zu Vorträgen eingeladen zu werden, wollte ich spontan ablehnen. Das sei nicht mein Fach, ich hätte dazu nicht gearbeitet. Noch während ich das schrieb, merkte ich, dass dies nicht anging. Ich konnte mich nicht beiden Bewegungen zugehörig fühlen und dennoch niemals über einen Zusammenhang nachgedacht haben. Der Widerhaken saß. Ich wusste, dass ich nacharbeiten musste, und nahm die Einladung schweren Herzens an. Es folgten mehrere bedrückende Monate, in denen ich den so klar gewussten, ja selbstverständlichen Zusammenhang, der sich in mir selbst ja lebendig hergestellt hatte, nicht finden konnte.

Am Ende stand ein etwas unförmiger Vortrag, den ich zunächst auf der Zweiten Berliner Volksuni 1981 hielt, genau ein Jahr nach der Opfer/

Täter-Intervention. Diesmal im voll gefüllten Auditorium Maximum der Freien Universität Berlin. Er wurde erst recht ein Skandal, der mich weitere Freundschaften kostete. Weil er ein wichtiges Dokument für die Auseinandersetzung um das Verhältnis von Marxismus und Feminismus ist, soll er an dieser Stelle dokumentiert, sollen die Bausteine aufgehoben werden. Er enthält aufs Erstaunlichste die meisten Punkte, die mehr als 30 Jahre später die Diskussionen um das Programm der Partei DIE LINKE bestimmten. Das heißt, an dieser Front – Feminismus und Gewerkschaftspolitik – gibt es kaum Fortschritte, die Geschichte scheint auf der Stelle zu treten. Der Beitrag ist hier auf die Aussagen zur Weiterentwicklung eines feministischen Marxismus verknappt. Fragwürdiges und Irrtümer sind jedoch nicht wegzensiert, sie zeigen im Gegenteil, wie lang der Lernweg ist, zumal sie bis heute aktuell sind.[1]

1 Der vollständige Text »Männergeschichte, Frauenbefreiung, Sozialismus« erschien zuletzt im Buch *Die Vier-in-einem-Perspektive* (2008, [3]2011). Der alte Titel ist gemäß der Fragestellung, den Zusammenhang der Bewegungen zu reflektieren, hier geändert.

4.1 Zum Zusammenhang von Frauenbewegung und Arbeiterbewegung

Zunächst dachte ich, dass der Zusammenhang der beiden Bewegungen geradezu natürlich gegeben sei, beide stritten für Befreiung, die an mich gestellte Frage war keine, mit der man sich weiter beschäftigen musste. Diese Selbstverständlichkeit gehört zu meinem politischen Leben. Seit mehr als 20 Jahren fühle ich mich der Arbeiterbewegung, als Marxistin dem wissenschaftlichen Sozialismus zugehörig; seit 12 Jahren arbeite ich in der Frauenbewegung. Dass mir die Existenz zweier voneinander unabhängiger Bewegungen mit ähnlichen Zielen unproblematisch war, lehrte mich als Erstes, das Gefühl des Selbstverständlichen als Alarmzeichen zu werten.

Ich begann zu arbeiten. Aus den Regalen holte ich die schon seit drei bis vier Jahren international geführte Diskussion zur Frage Feminismus und Marxismus oder Feminismus und Arbeiterbewegung, deren Lektüre ich bislang für Ferienzeiten aufgehoben, sie also weitgehend ignoriert hatte. Wie kam es zu dieser Diskussion? Sie gehört in den Kontext der Beschäftigung mit den »neuen sozialen Bewegungen«, von Politikerinnen der Arbeiterbewegung artikuliert als Erstaunen über ein so großes kritisches Potenzial in der Gesellschaft, das die Organisationen der Arbeiterbewegung bisher nicht auf sich lenken konnten. Das führte zu Fragen nach der Mobilisierungskraft dieser Frauenbewegung und zur Diskussion dieser Politikform. Es geht darum, was eigentlich die Arbeiterbewegung aus der Frauenbewegung lernen kann und umgekehrt, wie können Frauen ihre Forderungen so formulieren und zusammenfassen, dass sie in den durch die Parteien besetzten politischen Bereich gelangen. Diese Fragen setzen selber, unabhängig davon, ob sie negativ oder positiv beantwortet werden, einen Zusammenhang zwischen Frauenbewegung und Arbeiterbewegung voraus, dies bei seiner praktischen Leugnung.

Trennung von Arbeiter- und Frauenbewegung

Was heißt praktische Leugnung? Ich meine damit die jeweilige theoretische Begründung von Unterdrückung und die auf dieser Grundlage formulierte Politik. Zunächst die Arbeiterbewegung: Im tradierten Marxismus wird ein Hintereinander oder ein Auseinander der Befreiungsaktionen angenommen. Zuerst kommt die Hauptsache, also die politökonomische Revolution, die Befreiung von kapitalistischer Herrschaft über Lohnarbeit, und im Anschluss kommen die übrigen Veränderungen, z.B. der Abbau von Herrschaft der Männer über Frauen. Dieses prinzipielle Auseinander wird beim Erstarken der Frauenbewegung begleitet von einer Erscheinung, die ich als »opportunistische Aufnahme von Frauenforderungen« in die Gesamtforderungen von Arbeiterorganisationen bezeichnen will, die bis zu der Einrichtung von (zunächst von Männern geführten) Frauenressorts reichte. Als opportunistisch begreife ich Zugeständnisse, um die Frauen als Wählerinnen zu gewinnen, statt dass eine wirklich veränderte Gesamtpolitik konzipiert wird. Die Anstückelung hat zudem den Effekt, dass man die so ins Programm aufgenommenen Zusätze jederzeit wieder abhängen kann, ohne dadurch prinzipiell etwas zu verändern. Solche Politik fragt zumeist, wie kann man die Frauen, die nun so plötzlich aufgewacht sind, für diese oder jene Aktion einsetzen, nicht, welche Defizite hat eine Politik, in der die spezifischen Forderungen der Hälfte der Bevölkerung nicht »von selbst« enthalten sind.[2]

Auch von Seiten der Frauenbewegung gibt es diese praktische Leugnung eines Zusammenhangs zwischen den beiden Bewegungen: Es ist die Patriarchatsthese. Sie geht davon aus, dass die Herrschaft von Männern über Frauen klassenübergreifend ist, historisch den Kapitalismus überdauern wird und vor ihm existierte. In ihrer extremsten Formulierung (etwa durch Kate Millett 1971) kommt die Patriarchatsthese auch ganz ohne das Denken und die Zurkenntnisnahme von Klassenkampf aus.[3]

Eine dritte Position sucht die beiden Bewegungen durch Ausdehnung der Begriffe aus der Arbeiterbewegung auf die Frauenbewegung zusammenzufügen. Das gilt für die Begriffe Klasse und Arbeit, wobei nicht diskutiert wird, ob damit tatsächlich die jeweiligen Inhalte erhalten bleiben. Argumentiert wird entweder ganz radikal mit Ausrufung des weiblichen Geschlechts als Klasse, um sich auf diese Weise in den Klassenkampf einzuschreiben, oder es wird die Beschränkung des marxschen Klassenbegriffs auf die Arbeiter in Frage gestellt und auf die Angestellten ausgedehnt, was es erlaubt, wenigstens einen größeren Teil der berufstätigen Frauen in die Arbeiterklasse einzugemeinden. Zu diesen begrifflichen Bemühungen, die über die besondere Veränderung des Kampfes gegen kapitalistische Unterdrückung auf frauenspezifische Weise noch gar nichts sagen, gehört auch die Behauptung, dass ein Zusammenbruch des Kapitalismus bevorstehe, wenn die Frauen die Hausarbeit nicht mehr verrichteten, so dass als Grundlage ökonomischer Ausbeutung die unbezahlte Hausarbeit benannt wird. Es soll hier nicht behauptet werden, es bliebe alles beim Alten, wenn

2 Die Geschichte geht in diesen Punkten ungemein langsam voran. Die hier vor mehr als drei Jahrzehnten skizzierten Vorgehensweisen haben sich seither kaum geändert – zumeist wird heute an die bewährten Passagen ein „und Geschlecht« angehängt, um zu zeigen, dass man im Zeitgeist lebt.

3 Zur Diskussion der leitenden Kategorien in der Frauenbewegung lese man das sehr verständlich geschriebene Buch von Michèle Barrett, 1980.

etwa die Hausfrauen ihr arbeitsteiliges Geschäft im Gesamtzusammenhang verweigerten, fraglich scheint lediglich das theoretische Bemühen, sich auf diese Weise in den Klassenkampf zwischen Kapital und Arbeit einzunisten. Es vergisst, dass die Geschichte der kapitalistischen Produktion eine ist, in der die Frauen praktisch immer eine Gastrolle spielten, dass der Kampf zwischen den beiden Klassen tatsächlich als männlicher Kampf geführt wurde. Natürlich fällt einem an dieser Stelle schnell ein, dass es wichtige Arbeitskämpfe von Frauen gab und gibt, welche Rolle die Textilarbeiterinnen in der Russischen Revolution hatten und Ähnliches mehr. Aber gerade, dass man ihr Wirken eigens und extra aufheben und benennen muss, zeigt die Unselbstverständlichkeit, mit der Frauen im Arbeiterkampf auftreten. Immerhin erkennt man im Bemühen, einen Zusammenhang theoretisch herzustellen, das Eingeständnis, sonst keine direkte Verbindung ausmachen zu können. So eignet auch allen drei Versuchen, die den praktischen Nicht-Zusammenhang vorführen, ein ganz allgemeiner, abstrakt übergeordneter Bezug zwischen beiden Bewegungen. Beide haben als Ziel eine Gesellschaft ohne Unterdrückung und Ausbeutung, und beide sind Projekte zur verbessernden Veränderung der je eigenen Lebensbedingungen.

Einheit in der Trennung: sozialistische Feministinnen

Neben diesem Allgemeinen gibt es noch einen besonderen Zusammenhang zwischen Frauen- und Arbeiterbewegung. Es ist dies der, der sich in Personen herstellt und der sich wegen des praktischen Auseinanders äußert als innere Zerrissenheit, z.B. schon zeitlich, und als »Sitzen zwischen den Stühlen«, belächelt von den wirklich politischen Menschen, die schon so entwickelt sind, dass sie nur noch in der Arbeiterbewegung arbeiten, befeindet von den wahren Feministinnen als abtrünnig, weil nicht ausschließlich der Frauenfrage gewidmet – ich meine den sozialistischen Feminismus und seine Vertreterinnen, z.B. mich. Welche Politik machen wir?

Unsere Politik soll Ausgangspunkt meiner Analyse sein, weil sie ja eine praktische Antwort auf unsere Frage nach dem Zusammenhang von Frauen- und Arbeiterbewegung geben muss. Ich nehme mir die Politik des *Sozialistischen Frauenbundes* vor, in dem ich seit 1969 (damals hieß er noch *Aktionsrat zur Befreiung der Frau*) Mitglied war. Diese Darstellung wird sehr (selbst-)kritisch und, um verständlicher zu sein, auch noch ein wenig überzeichnet. Die Vereinfachung ist notwendig, um die von mir mit zu verantwortende Politik in ihrer Fragwürdigkeit darzustellen.

Zurück ins Jahr 1969. Ich war seit Ende der 1950er Jahre Mitglied des Sozialistischen Deutschen Studentenbundes; der Sozialismus galt uns als notwendige Gestalt von Freiheit und Emanzipation; die Abschaffung der Kapitalherrschaft, die Enteignung der Produktionsmittelbesitzer, die

Vergesellschaftung der Produktionsmittel – das waren die Ziele, für die wir uns einsetzen wollten. Dass die Frauenfrage älter ist als der Kapitalismus, war uns klar. Dass die Arbeiterbewegung, also die Parteien und Gewerkschaften, in denen sie sich organisatorisch äußert, die Frauenfrage nicht anständig vertrat, dass die Frauen selber nur ungenügend in diesen Organisationen vertreten waren und daher ihre Belange nicht durchsetzen konnten, ja dass sie, soweit sie nicht Lohnarbeiter waren, gar nicht direkt zur Arbeiterbewegung gehören konnten – das alles bewegte uns, die wir uns zunächst nur »politisch« verstanden, uns zusätzlich in einer Frauenorganisation zusammenzufinden. Da wir die politischen Ziele nicht aufgeben wollten, musste es eine *sozialistische Frauenorganisation* sein.

Wie dachten wir den Zusammenhang von Sozialismus und Frauenfrage? Orientiert auf die politischen Organisationen, die unsere Interessen nicht vertraten, sahen wir unsere Hauptaufgabe in der Schulung der Frauen für die politische Praxis, ihrer Befähigung, sich in Versammlungen zu Wort zu melden, Flugblätter zu schreiben usw., und in der Erarbeitung der Einsicht, dass sie sich, zusätzlich zu ihrer Organisierung in Frauengruppen, »richtig politisch«, mindestens gewerkschaftlich, organisieren müssten. So hatten wir im Statut des Sozialistischen Frauenbunds einen Paragraphen, der die zusätzliche Mitgliedschaft in der Gewerkschaft verbindlich machte. Außerdem sahen wir unsere Aufgabe in der Agitation zur Berufstätigkeit, zur Befreiung aus ökonomischer Abhängigkeit von einem Mann. Die doppelte Aktivität, die wir so von allen Mitgliedern verlangten, die wirkliche Zerrissenheit von offiziell-politischen und Frauenfragen, aktualisierte sich immer wieder in einer vollständigen Überlastung der Frauenorganisation wie aller einzelnen Mitglieder. Vietnam, Südafrika, das Hochschulrahmengesetz, atomare Aufrüstung, Krieg und Frieden, die Notstandsgesetzgebung – zu allen Fragen mussten wir etwas tun, schließlich waren wir eine *politische* Frauenorganisation; aber wann sollten wir dann Frauenfragen behandeln, die mit dieser Elle gemessen immer nicht so dringend waren, nicht so notwendig, auch morgen erledigt werden konnten? Wir waren mehr belastet als je zuvor und taten weniger für die Frauenfrage als nötig. Rings um uns wuchs die sich autonom nennende nicht-sozialistische Frauenbewegung, machte Großveranstaltungen zur »Hausgeburt«, zu »Selbsterfahrung« und »Selbstuntersuchung« – wir waren nicht dabei. Schließlich fassten wir den Beschluss, als Frauenorganisation nur noch in Frauenfragen öffentlich aufzutreten und außerdem – da wir ja eine sozialistische Gruppe waren – zum Ersten Mai, dem Kampftag der Arbeiterklasse. Im Großen und Ganzen befanden wir uns so um die Mitte der 1970er Jahre auf dem Stand von Ottilie Bader, die 1908 folgende Auffassung vertrat:

»Es braucht nicht länger Sonderorganisationen der Genossinnen zu geben, überall werden die Frauen der sozialdemokratischen Partei beitreten. Die gemeinsame Organisation schließt jedoch nicht aus, dass im Hinblick auf das verfolgte Ziel und unter Berücksichtigung der vorliegenden Verhältnisse solche von den Genossinnen geschaffenen Einrichtungen erhalten bleiben, welche sich als ein treffliches Mittel bewährt haben, die weiblichen Parteimitglieder theoretisch zu schulen und unter den Massen der weiblichen Bevölkerung Mitarbeiterinnen für den politischen und wirtschaftlichen Klassenkampf des Proletariats zu gewinnen und sie den Organisationen zuzuführen.« (Zit. n. Niggemann 1981, 70)

Am Ersten Mai also marschierten wir mit unseren Transparenten zu Lohngleichheit, mehr Bildung für Frauen, mehr Chancengleichheit, gleicher Lohn usw. Weil aber hier die Arbeiterklasse »an sich« marschierte, wurde uns niemals erlaubt, unser Organisationstransparent mitzuführen, und so machten wir mit unseren speziellen Forderungen zu Frauenfragen, Kindertagesstätten und Ähnlichem nicht besonders viel her, waren vielmehr Anhängsel an die ernsteren Dinge, wie schon immer. Wen wundert es, dass nur wenige von uns in diesen Reihen gingen, die meisten, weil sie ohnehin Doppelmitglieder waren, die würdigeren Parolen trugen, welche die Arbeiterklasse als Ganze angingen. Wen wundert auch, dass der Frauenbund nicht größer wurde. Viele kamen zu uns, ebenso viele gingen, wenn sie eine Weile bei uns gelernt hatten, in die »erwachsenen«, »richtigen« Organisationen. Einige vertraten dort sogar Frauenforderungen. Warum fassten wir nicht als Kritik auf, dass die Frauen wieder auseinanderliefen? Weil wir der Auffassung waren, dass es gut sei, wenn sie uns verließen und in »politischen Organisationen« arbeiteten. Dass wir selber immer blieben, ich z. B., schien uns notwendig, weil doch Kontinuität da sein musste und weil nicht genug getan wurde für Frauen, wie immer.

Aus dieser Art von Politik ziehe ich den Schluss: Wir haben den Zusammenhang von Sozialismus und Frauenfrage im Grund als Nicht-Zusammenhang gedacht. Wir suchten Fehler bei uns und wollten sie ausbessern, damit wir Politik machen könnten. Aber wir hatten der Annahme Glauben geschenkt, dass der Sozialismus zu erringen sei durch die Enteignung der Produktionsmittelbesitzer und dass die Frauenfrage zwar nicht ausschließlich im Anschluss zu erledigen sei, auch nicht, dass sie sich automatisch erübrige; wohl meinten wir, dass man uns (mehr als die Hälfte der Bevölkerung) brauche bei der Befreiung, und wohl auch glaubten wir, dass die Veränderung der Verhältnisse selber die Veränderung der Personen bewirke, die Verwandlung von Menschen, die in privaten Verhältnissen groß geworden und befangen sind. Was wir uns aber nicht fragten und was wir nicht zu denken versuchten, war, dass auch die Politik einer Bewegung, die alle Verhältnisse von Herrschaft und Knechtschaft umstürzen will, eine andere sein muss als eine, in der bloß ein Teil der Bevölkerung für den anderen recht und schlecht mitbestimmt, wie das auszusehen hat. Wir glaubten an den

Ernst der richtigen Politik. Wo uns die Politik Spaß machte – z.B. als wir am Ersten Mai ein Plakat trugen, das hieß »Alle sollen alles wissen«, woraufhin wir an den Rand gedrängt wurden und das Plakat verboten werden sollte – wo uns also die Politik Spaß machte, bekamen wir den Vorwurf des Kleinbürgerlichen, mit dem wir nie zurande kamen. Auch verloren wir nie das schlechte Gewissen bei dem Gedanken, dass das Proletariat uns fehlte, ein Argument, mit dem jeder Kleinbürger in sozialistischem Kontext den anderen Kleinbürger schlägt; wir versuchten hilflose Konstruktionen auf diesem Feld, indem wir behaupteten, dass auch Angestellte Arbeiterinnen sind, oder sagten: Weil wir in unserem Frauenbund auch Arzthelferinnen, Krankenschwestern, technische Zeichnerinnen, Buchhändlerinnen organisieren, haben wir im Grunde auch einen Teil des Proletariats bei uns. D.h., wir versuchten mit den Methoden des theoretischen Umbiegens, unseren Kampf als direkten Klassenkampf auszugeben. Wir glaubten also zugleich an eine direkte Beziehung und glaubten auch Lenin, dass die Kräfte nicht auseinandergezogen werden dürften, dass wir also nicht vom ökonomischen Kampf Kräfte abziehen dürften für den Frauenkampf; wir glaubten, dass es im Grunde richtig sei, erst das eine, dann das andere zu tun.

Dass wir den ökonomischen Kampf so ohne Weiteres und so kritiklos als den allein politischen dachten, ist – unabhängig von der Frauenfrage – umso verwunderlicher, als in der allgemeinen politischen Diskussion zu der Zeit etwa die Frage des Zusammenhangs von Staat und Monopolen diskutiert wurde. Wie aber kämpft man eigentlich gegen die Macht des Staates, wenn man sie im Einvernehmen mit den Monopolen glaubt, und wo befindet sie sich? Ist der Staat nicht z.B. Förderer der Familie und mischt sich daher ein in die Stellung der Frauen? Kümmert er sich nicht um Fragen von Schule und Erziehung? Wieso haben wir unsere Politik dann nicht auf diese Bereiche gerichtet?

Die Kampagne gegen §218

Ich führe jetzt ein Beispiel für eine besonders unproduktive Politik von uns vor, welche uns doppelt beschämt – die Abtreibungskampagne. Sich anzusehen, wie wir den Kampf gegen den §218 geführt haben, ist lehrreich, weil man hier zugleich studieren kann, dass die persönliche Betroffenheit allein kein ausreichender Ausgangspunkt ist. Bei uns führte unser Vorgehen zur Lustlosigkeit in der Politik. Wie kam das? Dass wir die Kampagne um den §218 als wirkliche Pflichtübung absolviert haben, werde ich zum Ausgangspunkt einiger Überlegungen machen, in deren Verlauf ich unsere Politikform und unsere Gedankenführung so herausarbeiten möchte, dass ihre Fragwürdigkeit auf konstruktive Weise überwindbar wird. Bei aller Kritik soll als Verdienst nicht unerwähnt bleiben, dass der Sozialistische Frauenbund mit dieser Kampagne begonnen hat, aus der letztlich innerhalb der Bundesrepublik die ganze neue Frauenbewegung hervorgegangen ist. Die ersten Selbstanzeigen (»Auch ich habe abgetrieben«) im »Stern« waren von Mitgliedern des Frauenbundes aufgegeben – angestiftet von Alice Schwarzer, die die Kampagne aus Frankreich mitbrachte. Ebenso organisierten wir die erste große Konferenz in Berlin und eine Demonstration; eine von uns sprach beim Hearing im Parlament für die damals schon auf mehr als 40 Gruppen angewachsene Bewegung. Aber schon bald fanden wir uns in einer uns lähmenden Diskussion darüber, welches Bündnis wir eigentlich eingehen sollten bei dieser Frage. Die Bündnisfrage war deswegen aktuell, weil die SPD mit ihrer großen Massenorganisation sich diesem Kampf anschließen wollte, aber nur dann, wenn wir die Fristenlösung forderten. Wir aber waren radikal und wollten die ersatzlose Streichung des § 218. Wir fragten in unserem Plenum: Wollen wir lieber die Massen gewinnen und also die befristete Lösung fordern, oder wollen wir wenige bleiben, uns als nicht korrumpierbar zeigen und daher die ersatzlose Streichung fordern? Die Alternative stellte uns vor das große Problem, mit der natürlich gewollten »Massenwirksamkeit« uns den Vorwurf des kleinbürgerlichen Reformismus einzuhandeln. Wir begannen eine historische theoretische Arbeit zu dem Gesamtkomplex Körper mit dem Resultat, dass das Recht auf den eigenen Körper, welches in der Frage um den § 218 steckt, im Grunde aufs private, bürgerliche Individuum abzielt, zwar notwendig ist als Kampflosung, doch nicht weiter gekommen ist als zum Stand der Französischen Revolution von 1789, als die Bürger ihre Rechte als Individuen forderten. Als wir so weit gelesen hatten, also feststellten, dass wir uns auf dem Wege der bürgerlichen Revolution, des privaten bürgerlichen Individuums befanden, schlossen wir eine komplizierte zusätzliche Analyse an, um zu begründen, dass es im Kapitalismus dennoch fortschrittlich sein kann, für bürgerliche Individualforderungen zu kämpfen. Gegen die Übergriffe des Staates müsse das Recht des Einzelnen auch u. U. gegen die Gesellschaft geschützt werden, eben weil der Kapitalismus nicht der Sozialismus ist. Die Politik, die wir daraufhin machten, war – wie oben gesagt – trotz wirklicher Betroffenheit, da es kaum eine Frau gibt, die nicht irgendwann abgetrieben hat – relativ phantasie- und lustlos, eine Pflichtübung mit dem Gefühl, die wirkliche Politik mal wieder zu verpassen.

Wege zum Sozialismus

Ich denke nicht, dass die Frage, die wir uns stellten, von uns falsch beantwortet wurde und dass man sie anders hätte ableiten und analysieren müssen, sondern dass wir uns die falschen, im Sinne von unpraktischen Fragen stellten. Die Frage, ob diese oder jene Forderung, die wir haben, in sich selber schon sozialistisch ist oder uns ohne Umwege zum Sozialismus führt, ist verkehrt, weil sie uns handlungsunfähig macht.

Ich nehme jetzt einige – von mir erweiterte – Überlegungen auf, wie sie Sheila Rowbotham (1979, 125ff.) für die englische Abtreibungskampagne formulierte, um daran die Fruchtbarkeit andrer Politikformen zu zeigen. Rowbotham fragt: Welche Fragen stellen sich mit der Abtreibung, wie verändert sich das Bewusstsein im Kampf gegen die Abtreibung? Dabei hält sie sich nicht mit irgendwelchen Analysen über die Rechtmäßigkeit einer Forderung nach dem Recht über den eigenen Körper auf, wie wir das gemacht haben, sondern begreift: Die Abtreibungsfrage führt uns

- zum Nachdenken über Fruchtbarkeit und Mutterschaft;
- zur allgemeinen Frage der sexuellen Herrschaft des Mannes über die Frau;
- zu Überlegungen über die Beziehungen der Menschen zu ihrem Körper;
- zur Bedeutung sexueller Lust;
- zu Gedanken über Gesetze und Parlament;
- über ein demokratisches und soziales Gesundheitswesen;
- über ein umfassendes System der Kinderbetreuung;
- über die Macht des Staates in der Bevölkerungspolitik;
- über empfängnisverhütende Technologie und über Profite in der Pharmaindustrie

und – können wir jetzt weiter fortfahren:

- über die Rolle der Kirche und der Justiz im Allgemeinen;
- über den Zusammenhang von Sexualität und Politik;
- über Familienpolitik und staatliche Haushalte;
- zur Rolle der Wissenschaft bei der Legitimierung von Herrschaft usw.

Praktisch lässt sich das gesamte System gesellschaftlicher Ordnung von einer anscheinend so persönlichen Frage, wie es die der Abtreibung ist, in seinen Zusammenhängen und Verknüpfungen vorführen. Man kann daraus lernen, dass es eine Vielfalt von Machtbeziehungen gibt und dass unser vorheriges ableitendes Denken eine Bewegung voraussetzte, die nur im Denken so stattfindet, nicht aber im Handeln der Menschen. Wir unterstellten eine Bewegung, wo viele Bewegungen sind. Die Vielfältigkeit der Macht- und Herrschaftsbeziehungen war vergessen. Die Frage kann also nicht heißen, ist dies oder das schon sozialistisch, sondern: Was verändert sich, was wird verändert, wie wird es gelebt, was hängt damit zusammen, wie sind in der Wirklichkeit die Positionen und Posten miteinander verknüpft? Dieses Beispiel kann man gleichzeitig benutzen für die Frage des Zusammenhangs von Arbeiterbewegung und Frauenbewegung und für die Frage nach der Art des Politikmachens, nach den Politikformen.

Vorschlag für eine sozialistische Frauenpolitik

Ich formuliere im Folgenden einige Thesen, die, den Zusammenhang der beiden Bewegungen betonend, zugleich für eine Änderung sozialistischer Politik plädieren. Die Überlegungen sind noch nicht ausgereift und setzen Konsens voraus über folgende Punkte:

1. dass die Macht der Männer über die Frauen, also die Frauenunterdrückung, älter ist als die Klassenunterdrückung und

2. dass die Sozialstruktur dieser Gesellschaft auf der Frauenunterdrückung basiert; unter Sozialstruktur verstehe ich das System der gesamtgesellschaftlichen Arbeitsteilung, die geschlechtsspezifische Zuweisung von Aufgaben der Reproduktion der Gattung (Familienaufgaben) und das System kultureller Werte und Normen (vgl. dazu Näheres bei Paramio 1981);

3. dass in der Befreiung von der Ausbeutung durch das Kapital mit der Arbeiterklasse als historischem Subjekt die Frauenbefreiung nicht enthalten ist;

4. dass die Versuche, die Frauenfrage dennoch in das Programm des Klassenkampfes aufzunehmen, zu lustlosen Verkrampfungen führen, zu einer Rangliste von Wichtigem und Unwichtigem und einem künstlichen Zusammenhang von Konjunktur und Frauenbefreiung (ich meine hier die wirtschaftliche Konjunktur und die Einstellung, dass wir uns in Krisenzeiten einen solchen Luxus wie Frauenforderungen nicht erlauben können, sondern wir in der Hauptsache zusammenstehen müssen);

5. setze ich voraus, dass Versuche von Teilen der Frauenbewegung, die kapitalistische Ausbeutung direkt mit der Frauenunterdrückung zusammenzubringen, fruchtlose Gedankenspiele sind, die die Köpfe mit komplizierten Produktionen beschäftigen können (wie die Zusammenbindung von Kapital und Hausarbeit), in der Praxis aber alles beim Alten lassen. Zusätzlich möchte ich als Schlussfolgerung aus dem Abtreibungsbeispiel in die Überlegungen folgende Behauptung einbeziehen: Eine allgemeine Politik, die – wie wir sie bisher verstanden – den Kampf gegen die kapitalistische Ausbeutung der vorwiegend männlichen Arbeiter auf eine Weise in den Mittelpunkt rückt, dass andere Unterdrückungsfragen wie die Frauenfrage bestenfalls hinten an einen Forderungskatalog angehängt werden, ist fragwürdig. Dies nicht allein deswegen, weil sie die Hälfte der Menschheit einzubeziehen vergisst, sondern weil sie, unter der Behauptung, Herrschaft an sich abzuschaffen, nicht alle Machtbeziehungen angeht und weil sie also in dieser Weise abstrakt und nicht konkret ist, nicht wirklich in das Glück oder Unglück der Menschen eingreift.

Paramio ist sogar der Ansicht, dass z.B. die Politikfähigkeit der Gewerkschaften in den westlichen Industrieländern davon abhängt, ob sie die Forderung nach gleicher Bezahlung von Mann und Frau als unabdingbare und erste Forderung durchzusetzen bereit sind. Die eingangs formulierte Frage nach der fehlenden Anziehungskraft der Arbeiterorganisationen für die neuen sozialen Bewegungen bzw. die sich in ihnen zusammenfindenden Menschen, die von mir untersucht wurde auch als ein Problem der Unmöglichkeit, die Forderungen dieser Bewegungen in eine Politik herkömmlichen Stils zu integrieren, verlangt zu ihrer Beantwortung jetzt: nicht nur einen Vorschlag für eine Frauenpolitik zu machen, sondern zugleich etwas in der allgemeinen Politik zu problematisieren. Ich nenne dies: ihre Abstraktheit.

Das Persönliche ist das Politische

Für den Versuch, die Abstraktheit in der Politik zu überwinden, stelle ich zunächst die Hauptthese dar, mit der die neue Frauenbewegung in die Geschichte eingetreten ist: *Das Persönliche ist politisch*. Diese Parole kennt sicher jeder; ihre Nützlichkeit beim Politikmachen wird von den »wirklich politischen« Menschen allzu oft mit Blick auf eine missbräuchliche Auslegung übersehen. Die Berechtigung eines solchen Satzes liegt auf drei Ebenen:

1. Das, was als persönlich, als Privatsphäre gilt, ist mit Macht und Herrschaftslegitimation so verbunden, dass es Nährboden ist für die Beibehaltung der übrigen gesellschaftspolitischen Machtstrukturen.

2. Die Abtrennung der Sphären voneinander, von Politik und Privatsphäre, ist selber eine Art von Machtausübung, deren Resultat z.B. die Existenz von Berufspolitikern ist, eine Arbeitsteilung, die es schon pragmatisch verunmöglicht, dass wir aus der Privatsphäre umstandslos hinaustreten in die allgemeine Politik.

3. Herrschaft, wegen deren Abschaffung die Gesellschaftsveränderung auf dem Programm steht, muss auch im persönlichen Erleben aufgespürt werden, nur so kann ein radikaler, massenhafter und engagierter Kampf geführt werden, nur so können die eigenen Lebensbedingungen umgestaltet werden.

Mit den drei genannten Bedeutungen konnte die Frau als politisches Subjekt in die Geschichte eintreten. Aber die Gültigkeit einer solchen These erstreckt sich notwendig auf die gesamte Politik. Kritisch ließe sich behaupten, dass alle Politik, die solche Grundannahmen nicht beachtet, stillschweigend voraussetzt, dass die Männer, die sie machen, selber nur öffentliche Personen und nicht auch Menschen mit persönlichen Bereichen sind, die in ihr Politikmachen eingreifen, auf die ihre Politik zurückwirkt. – Über den Zusammenstoß zwischen dieser feministischen Weise des Politikmachens und der herkömmlichen Verordnung von bestimmten für nützlich erachteten Aktionen berichtet Jane Jenson (1981) sehr eindrücklich. Ihre

Geschichte einer Frauengruppe der Kommunistischen Partei in einem Pariser Arrondissement ist lehrreich. Ihre Stärke liegt in der ausführlichen Beschreibung des Politikmachens. Da geht es z.B. um die Frage, welche Frauenbücher man auf dem Büchertisch verkaufen darf, deren Beantwortung die vorgeordneten Männer den Frauen abnehmen wollten. Am wichtigsten fand ich die Weigerung der Frauen, ein Flugblatt zu verteilen, weil es die angesprochenen Frauen verdumme. Es enthielt im Wesentlichen so allgemeine und daher ohne irgendeine Gedankentat beantwortbare Fragen wie: »Möchten Sie besser leben? Möchten Sie, dass es Ihrer Familie besser geht? Glauben Sie, dass Sie schlecht behandelt sind?«, um sodann zur Wahl der KPF aufzurufen, die Lösungen für diese Fragen bereithalte. Die Frauenkommission begründete ihre Weigerung, das Blatt zu verteilen, nicht allein damit, dass der Inhalt die Frauen auf die Familie reduziere, sondern vor allem damit, dass es »von außen komme, ohne das geringste Bemühen, die Frauen selber zum Nachdenken über notwendige Veränderungen zu bewegen, und dass es außerdem verabsäume, sie dazu anzuregen, Veränderungen, die sie wirklich wollten, überhaupt zu empfinden« (Jenson 1981, S.140). Die Frauenkommission wollte dagegen eine Politik, »in der die Frauen für die Veränderungen in ihren Leben verantwortlich wären und das, was sie verbessern wollten, nicht den Definitionsversuchen von Politikern und Parteien überlassen bliebe« (ebd).

Die Überlagerung von Herrschaftsstrukturen

Vor der Zuspitzung zum Politikvorschlag fasse ich die bisherigen Ergebnisse zusammen. Gesucht war der Zusammenhang von Arbeiter- und Frauenbewegung. Der Befreiungskampf der Arbeiterbewegung gilt der kapitalistischen Ausbeutung, ist also ein wesentlich ökonomischer Kampf, der im Kapitalismus alltäglich um den Lohn und um die Arbeitsbedingungen konkretisiert wird und übergreifend eine nicht nach Profitgesichtspunkten geregelte Produktion und dementsprechend andere als Tausch- und Konkurrenzbeziehungen unter den Menschen anzielt. Die Frauenforderungen verlangen eine andere Strukturierung der Bereiche. Der Versuch, die Elemente voneinander abzuleiten, führt zu reduktionistischen Lösungen, die sich als nicht tragfähig erwiesen haben, wie die Erweiterung des Klassenbegriffs oder die Behauptung, die Privatheit der Reproduktion der Arbeiterklasse sei kapitalnotwendig. Hier sind die nordischen Länder auf dem besten Wege, große Teile des Reproduktionsbereichs zu vergesellschaften (auch bei uns nimmt Fertigkost, Kantinenessen usw. als weitere Quelle des Profits stetig zu), ohne dass sie damit aufhören, kapitalistisch zu sein. Arbeiterbewegung und Frauenbewegung sind nicht auseinander ableitbar, keine der beiden Bewegungen ist auf die andere reduzierbar. (Es käme ohnehin keiner auf die Idee, die Arbeiterbewegung aus der Frauenfrage abzuleiten, während die umgekehrte Reduktion gang und gäbe ist.) Die Zumutung, dennoch einen Zusammenhang zu denken, wird vergrößert, besinnt man sich, dass ja die Frauenfrage ohnedies viel älter ist als der Kapitalismus und mit ihm die Arbeiterfrage. Gibt es einen nicht-reduktionistischen Weg, eine Verknüpfung zu denken? Untersuchen wir, ob und wie die unterschiedlichen Fesseln, aus denen sich Arbeiter und Frauen befreien wollen, zusammengeschmiedet sind. Der Zusammenhang der beiden Bewegungen muss darin gesucht werden, wie sich die beiden Unterdrückungen praktisch aufeinander beziehen, wie die Herrschaftselemente zusammenwirken. Dieses geschieht in jeder Gesellschaftsformation anders und neu.

Das Zusammenwirken der Unterdrückungen verbietet auch eine einseitige historische Untersuchung der Frauenunterdrückung, wie sie die These vom Patriarchat nahelegt. Die schärfere Sicht, die die Patriarchatsthese auf die Unterdrückung der Frauen durch Männer gewinnt, lässt genau die Machtbeziehungen und -verschränkungen, die heute wirksam sind, unsichtbar. Statt einer genauen Untersuchung dessen, was aktuell geschieht, erhalten wir Veranschaulichungen des Immergleichen, der Frauenunterdrückung, bei der dann etwa die Klitorisbeschneidung ganz Ähnliches bedeutet wie z. B. die Ehe. Zur Handlungsfähigkeit benötigen wir gerade die Analyse der Andersartigkeit der verschiedenen Formen.

Diese Zusammenarbeit der Machtstrukturen zu untersuchen ist einfach, solange sie den Klassengegensätzen folgen; sobald also die ökonomische Klassenposition mit der Mann/Frau-Position übereinstimmt, der klassenmäßig Obere demnach der Mann ist und die klassenmäßig Untere die Frau. Bei diesem Zusammentreffen der beiden Mächte erfolgt eine Brutalisierung, so wenn der Unternehmer seine weiblichen Lehrlinge zu Liebesdiensten verpflichtet, der Chef seine Sekretärinnen, der Hausherr das Dienstmädchen usw. (Paramio führt aus, dass im umgekehrten Fall die männlichen Lohnarbeiter ihre vorgeordnete Chefin zu vergewaltigen suchen oder mindestens davon träumen, um »ihr zu zeigen, dass sie doch bloß eine Frau ist«, wie mir ein befreundeter Arbeiter auf mein zweifelndes Fragen, ob denn das so richtig sein könne, bestätigte.)

Schwieriger zu entziffern sind die alltäglichen Überlagerungen und Verschränkungen der unterschiedlichen Herrschaftsstrukturen. Sie zu untersuchen im gewerkschaftlichen Kampf, in traditionellen politischen Organisationen, am Arbeitsplatz und in allen alltäglichen Situationen ist eine vordringliche Aufgabe sozialistischer Frauenorganisationen, weil die Zusammenarbeit von Frauenunterdrückung und ökonomischer Ausbeutung den Kampf auf beiden Seiten lähmt. Einige Beispiele zum Beleg, dass sich die herkömmliche Politik der Arbeiterbewegung selbst schwächt, wenn sie die Frauenfrage nicht einbezieht, eben weil die Machtstrukturen ineinander verschränkt sind, aufeinander aufbauen.

Nehmen wir den Kampf gegen die Arbeitslosigkeit. Seine erste Schwächung geschieht durch seine scheinbare Stärkung: durch die Herausnahme der Frauen aus dem Anspruch auf einen Arbeitsplatz. Das geschieht durch die Ideologie des männlichen Verdieners, die ja eine reale Praxis darstellt – der Mann verdient mehr als die Frau –; das geschieht durch den z.B. auch in Gewerkschaften verbreiteten Gedanken, Frauenerwerbsarbeit sei in strengen Zeiten ein Luxus, das Erste, worauf verzichtet werden kann, Hauptsache, die Männer haben wenigstens Arbeitsplätze. Diese Einstellungen schlagen sich nieder im Forderungskatalog der Gewerkschaften und lassen zu, dass die Arbeitenden nach Geschlecht gegeneinander ausgespielt werden, was beide Teile schwächt.

Zugespitzt erfährt man ein solches Vorgehen im Falle der Automatisierung. Das Zusammenwirken von Frauenunterdrückung und ökonomischer Ausbeutung lässt sich am Beispiel der Druckindustrie vor Augen führen, obwohl gerade dieser Bereich emotional so stark besetzt ist, dass ein Abwägen der Argumente schwerfällt[4]. […]

Auch der Kampf um den Lohn ist nicht unabhängig von der Beziehung der Geschlechter, hängt z.B. mit der Familienstruktur zusammen: Dass Arbeiter nicht radikal streiken können, weil sie für die Familien verantwortlich sind, ist bekannt; dass sie den gleichen Lohn für Frauen nicht durchsetzen, weil sie selbst die Hauptverdiener sind, liegt nahe; und dass die Frauen an der Front »gleicher Lohn« nicht offensiv kämpfen, weil sie in die herrschenden ›Werte‹ von Familie und Mutterschaft praktisch verstrickt sind, ist wahrscheinlich; ob die einzelnen Arbeitergruppen sich gegeneinander ausspielen lassen, weil die geschlechtsspezifische Arbeitsteilung innerhalb der Fabrik die ›natürliche‹ Über- und Unterordnung in qualifizierte und unqualifizierte, leichte und schwere Arbeit glaubhaft und wirksam macht und weil von daher von Einheit der Arbeiterklasse nicht die Rede sein kann, ist ein weiteres Feld für eine empirische Untersuchung.[5] Stattdessen gibt es Privilegien für Männer, sekundäre Ausbeutung, Bestechung, Indienstnahme der privaten Strukturen für den Pakt mit dem Boss, den Herr-im-Haus-Standpunkt, das Einverständnis damit, wer verantwortlich ist und wer nicht, die Art des Selbstbewusstseins in Abgrenzung gegen Untere, die in den Familien eingeübt wird, und umgekehrt die Selbst-

4 Dies wurde ausgeführt in Kapitel 2.

5 In einem Arbeitskreis im Rahmen der Westberliner Volksuni »Tägliche Siege und Niederlagen – Tagebücher von Gewerkschafterinnen« arbeiten Betriebsrätinnen, Vertrauensfrauen, Gewerkschafterinnen unter dieser Fragestellung die Geschichte ihrer täglichen politischen Arbeit auf. Veröffentlicht in *Das Argument* 135, Morisse u.a. 1982.

bescheidung von Seiten der Frauen. Klar analysiert Paul Willis (1979[6]), wie Männlichkeit mit körperlich schwerer Arbeit zusammengedacht wird und von daher an der »Männlichkeitsbejahung« die freiwillige Einordnung in untergeordnete Lohnarbeit hängt.

Das Bewusstsein der Arbeiter ist also nicht einfach fortschrittlich oder reaktionär, sondern beides (vgl. dazu meinen Bericht vom Kongress des Ingenieurvereins, in *Argument* 127, 416ff.). Unsere Handlungsfähigkeit hängt ab vom Wissen um die konkrete Verbindung, die die verschiedenen Machtstrukturen miteinander eingehen. Die Abgrenzung der Kämpfe und Bereiche in »ökonomische« und »private« behindert die Sicht auf die wechselseitige Unterstützung. So wird der allein »ökonomische« Kampf weitgehend unwirksam, weil er den ideologisch strukturierten Konflikt der durch gesellschaftlich gültige Werte geprägten Verhaltensweisen nicht berücksichtigt und die Probleme der geschlechtsspezifischen gesamtgesellschaftlichen Arbeitsteilung nicht einbezieht. Umgekehrt ist der Kampf, der sich ausschließlich auf die Mann-Frau-Unterdrückung beschränkt, nicht wirksam, weil er die wirkliche Unterstützung der Männermacht durch die ökonomischen Verhältnisse – das Ineinanderwirken von Macht – nicht beachtet. Aus der Schwierigkeit, die Kämpfe getrennt zu führen, folgt meines Erachtens nicht, dass das arbeitsteilige Sich-Auflehnen gegen Unterdrückung durch bloßes Aneinanderfügen der Bewegungen, durch wechselseitige Unterstützung ergänzt werden müsse. Drei Gründe sprechen gegen die Möglichkeit, dass in die Politik der Arbeiterbewegung die Forderungen der Frauenbewegung so umstandslos integriert werden könnten:

1. weil die Kämpfe gegen die Ausbeutung durch das Kapital, die Geschichte der Produktionskämpfe und die Geschichte der Arbeiterbewegung eine Geschichte männlich bestimmter gesellschaftlicher Produktion ist und weil von daher die Frauenforderungen immer zweitrangig angehängt, unter »ferner liefen« rangieren;

2. weil Männer auch Nutznießer der Frauenunterdrückung sind (in einem männlichen Lebensplan kommt z. B. die Aufgabe der Kindererziehung als Lebenszeit in der Regel nicht einmal dann vor, wenn ein Mann Kinder haben will), obwohl oder weil es eben diese Machtstruktur ist, die sie von konsequenten Kämpfen gegen die Ausbeutung abhält, korrumpierbar, spaltbar und bestechlich macht;

3. weil die vorherrschende Politikform der Stellvertretung – durch andere, die für mich die Politik machen, andere, die für mich die Bedingungen verändern, die Vorsorge treffen, die für mich die Forderungen stellen – für die Frauenbewegung ganz und gar unannehmbar ist. Mit ihrer Forderung, das Private, Persönliche sei das Politische, bringt sie zugleich eine andere

6 Inzwischen neu übersetzt und wieder veröffentlicht, Hamburg 2013.

Politikform, mit der die Frauen die politische Bühne betreten, indem jede Einzelne politisch wird. Frauenbewegung meint eine Aktivität, die alle ergreift, und eben darin beruht ihre Durchsetzungsfähigkeit. (Deswegen ist auch die Lösung einer Frauenpartei über Delegationsprinzip keine Lösung.)

Autonome Sozialistische Frauenorganisationen

Welche Politik wäre dann für die sozialistischen Frauenorganisationen geeignet? Betrachten wir ein letztes Mal die spezifischen Bereiche, in denen Frauenunterdrückung gesellschaftlich erkennbar wird. Oben habe ich behauptet, die Sozialstruktur sei auf Frauenunterdrückung aufgebaut. Das bezieht sich im Wesentlichen auf zwei Bereiche, nämlich auf das System der gesellschaftlichen Arbeitsteilung (mit der geschlechtsspezifischen Arbeitsstruktur), auf die geschlechtsspezifische Zuweisung von Familienaufgaben (Kindererziehung, Beziehung überhaupt), und auf den Bereich der Ideologie, der Werte, des Bewusstseins, der Wissenschaft. In diesen Bereichen gibt es überall Verschränkungen der Machtstrukturen, wird Widerstand nötig sein und Reorganisation. Die Kämpfe der bisherigen, autonom sich nennenden Frauenbewegung beziehen sich auf die Werte, Vorbilder, Tabus, Vorurteile, Gewohnheiten, zwischenmenschliche sexuelle und geistige Praxen. Sie sind in dieser Weise kulturelle Kämpfe, Versuche, eine andere Kultur zu entdecken und andere Wertvorstellungen. Außerdem wird versucht, bisherige Staatsfunktionen zurück in die Gesellschaft zu nehmen durch Übernahme von Dienstleistungen in Selbsthilfegruppen, z.B. Frauenhäuser, Gesundheitsläden usw. Diese Aktionen sind gegen staatliche Kontrolle gerichtet und stellen Modelle eines anderen Umgangs miteinander dar. Ferner wird in der autonomen Frauenbewegung versucht, Männergeschichte und Männerwissenschaft umzuschreiben, die nicht bearbeiteten Felder, die vergessenen Bereiche, die nicht gelebten Alternativen oder die verborgen gelebten zu entdecken und lebbar zu machen. Führt man sich diese Aktionen und Arbeiten vor Augen, wird einsichtig: Es kann kaum darum gehen, diese Kämpfe zugunsten eindeutig sozialistischer zu unterlassen, und auch nicht darum, dass sozialistische Gruppen versuchen sollten, diese Aktionsfelder zu bestimmen. Ebenso wäre es ein Missverständnis, die Kritik an der Politik der »sozialistischen Frauen« und den Bericht über feministische Aktivitäten als Aufforderung zu verstehen, die Gegenstücke zu den kulturellen Aktionen zu stornieren, also Forderungen nach mehr staatlichen sozialen Leistungen, Kämpfe um Lohn, Lebensstandard, Arbeitsbedingungen usw. zu unterlassen. Es gibt keine absolute Lösung. Alle Kämpfe sind mehrfach bestimmt. Statt der Universallösung gibt es viele Lösungsformen, die zusammenzubinden sind, statt des einen historischen Subjekts ist ein vielstimmiges zu bilden. Die verschiedenen Widerstandsformen unter eine Frage zu zwingen wäre steril. Gelingt es, sie zusammenzubinden, ist der Widerstand umso stärker, je vielfältiger seine einzelnen Formen sind. Der Gedanke, dass eine politische Bewegung konzentriert auf einer Linie arbeiten muss, sonst geschwächt ist, unterschätzt die Vielfältigkeit und Zerstreutheit der Herrschaft auf viele Punkte, den Systemcharakter.

Der sozialistische Teil der Frauenbewegung, die autonomen sozialistischen Frauenorganisationen geben eine konstruktive Antwort auf das Problem des Auseinanders von Frauen- und Arbeiterbewegung. Der in ihnen gelebte Zusammenhang von Sozialismus und Feminismus ist geeignet, diejenige Forschung voranzutreiben, die das Zusammenwirken der Machtstrukturen, der ökonomisch-politischen und der patriarchalischen, untersucht. Dabei taucht die Frage nach den angeblich fehlenden Arbeiterfrauen in der Frauenbewegung zum ersten Mal in einem völlig anderen Licht auf: Nicht mehr nostalgisch und nicht mehr mit schlechtem Gewissen gedenkt man ihrer, auch nicht wollen jetzt Frauen für andere Frauen die Bedingungen ändern. Vielmehr haben in solcher Forschung die Arbeiterinnen eine Schlüsselstellung als forschende Subjekte. Ihre Erfahrungen sind wichtig für die Erforschung der verschränkten Machtstrukturen. So treten sie nicht auf als Frauen, die man glücklich auf die zwei Hauptsachen der reformistischen Arbeiterbewegung reduzieren kann – nämlich Lohn und Arbeitsbedingungen –, sondern auch sie treten in die Geschichte als forschende, als politische Subjekte, aufrecht, nicht als Objekte der Geschichtsschreibung.

Doch Forschung kann wohl kaum die einzige Politik sozialistischer Frauenorganisationen sein. Aber auch hier, denke ich, sollten wir endlich ernst nehmen, dass der Sozialismus wissenschaftlich ist oder nicht ist, und dies auch übertragen auf unsere tägliche Politik. Dabei geht es auch um eine veränderte Wissenschaft. Es genügt nicht, die allgemeinen Strukturen unserer Gesellschaftsformation zu kennen und darin eine immergleiche Politik durchzusetzen. Stattdessen müssen vor jeder Aktion die Kraftfelder genau studiert werden. Die Felder, in denen wir Politik machen, sind ja keineswegs unverändert und einseitig bestimmt. Gerade die Aktionen der Feministinnen verschieben im Fall von Frauenpolitik die Kräfte unaufhörlich und verändern so die Bedingungen, in denen wir uns bewegen.

Nehmen wir als ein Beispiel das »Frauenhaus«. Wir können eine solche Aktion zugunsten von geschlagenen und vergewaltigten Frauen als ein Stück sozialpädagogischer Arbeit einordnen, welche dem Staat auf dem Fürsorgesektor Aufgaben abnimmt und in sich ganz ohne sozialistische Perspektive ist, bestenfalls Sozialreform. Wir könnten auch die Konkretheit einer solchen Aktion für Frauenhäuser der allgemeinen Forderung nach mehr Staatsausgaben im Sozialbereich vorziehen und uns nurmehr für solche Aktion engagieren. Konsequent könnten wir langfristig immer mehr soziale Dienstleistungen in Bewegungsinitiativen verlagern wollen. Die Einseitigkeit solcher Handlungen springt ins Auge. Tatsächlich spricht nichts dafür, die Frauenhausaktivitäten abzulehnen; wichtig ist es auch, die Forderungen an den staatlichen Sozialhaushalt zu stellen. Der Widerspruch ist eine Zumutung ans Denken, nicht an die Politik. Die Tatsache, dass es diese Frauenhausaktivitäten gibt, ermöglicht eine andere Politik im Staatssektor. Der Skandal auf dem Frauensektor stärkt die Sozialforderungen durch Konkretion – jeder kann nachvollziehen, was es bedeutet –, zugleich ermöglicht die Existenz solcher Frauenhäuser, sie als Modelle für eine humanere Fürsorge zu propagieren und so auch hier auf Veränderung zu drängen.

Die Aktionen der vielfältigen Initiativen zu studieren, bevor die eigenen begonnen werden, setzt im Übrigen ein großes schöpferisches Reservoir an Ideen frei und macht Vergnügen, begründet eine politische Diskussionskultur. Zudem wird das Politikfeld humaner. Verlangen wir doch nicht mehr von uns, dass wir besserwisserisch andere Aktionen, Kampfformen, Losungen einfach verurteilen und damit bekämpfen oder ignorieren. Ihre Einbeziehung in die politischen Kämpfe erlaubt es uns, menschlichere Politikweisen zu entwickeln. So fragen wir uns etwa bei einer Politik, die Forderungen enthält, die wir niemals stellen würden, weil wir sie für falsch halten, wie z.B. »Lohn für Hausarbeit«: Was bedeutet eigentlich eine solche Forderung für die von ihr beeindruckbaren Hausfrauen? Wie verarbeiten sie jetzt ihre Hausfrauentätigkeit? Welche Fragen stellen sich ihnen? Welche orientierenden Fragen könnten wir stellen, die jetzt gehört würden? – Wer kontrolliert ihre Arbeit? Warum wird Arbeit kontrolliert? Wofür wird man bezahlt? Wird jede Hausfrau gleich bezahlt? Unabhängig von ihrer Qualifikation? Was für eine Qualifikation haben eigentlich Hausfrauen? Wie ist das Verhältnis von Haus- und Fabrikarbeit? … – Der Katalog möglicher fruchtbarer Diskussionen wird so lang wie die Phantasie der diskutierenden Gruppen, wobei die sozialistischen Frauen notwendig ihre Fragen auf die Brennpunkte staatlichen und unternehmerischen Handelns im Zusammenhang mit der Frauenunterdrückung lenken. So vielfältig wie das eröffnete Politikfeld werden die möglichen Formen der Politik werden. Der Reichtum an Einfällen, der in der Bevölkerung steckt, war nur lange durch eine langweilige Stellvertreterpolitik blockiert. Dabei werden die sozialistischen Frauenorganisationen nicht um die eingangs infrage gestellte Schulung in den Grundlagen der politischen Ökonomie herumkommen, wobei aber auch dieses Feld noch vieler konkreter Umsetzungen in die alltäglichen Erfahrungen bedarf (vgl. dazu das historische »Frauengrundstudium«).

Insgesamt sehe ich eine Chance für die autonomen sozialistischen Frauenorganisationen darin, dass sie die feministische Radikalität und Respektlosigkeit mit der sozialistischen Perspektive verbinden; dass sie eine Politik »von unten« mit einem hohen Maß an Verbindlichkeit leben können und dass sie eigene Spontaneität verknüpfen mit der Verantwortung, die kollektiven Erfahrungen zu sammeln und aus ihnen und mit ihnen neue Politik zu entwickeln. Dabei können sie die Unbescheidenheit der autonomen Organisation verbinden mit der Einsicht, dass sie sich in alle Politik einmischen müssen.

4.2 Lehren aus der Zusammenfügung sozialistischer Fragen mit feministischem Wollen

So chaotisch der Beitrag zu *Frauenbewegung und Arbeiterbewegung* zunächst scheint, so vielfältig die Lehren, die für einen feministischen Marxismus zu ziehen sind. Allerdings umreißen sie zunächst wesentlich Forschungsfelder, noch keine Ergebnisse – aber auch methodische Beobachtungen, wie Erkenntnis gewonnen werden könnte, die hervorzuheben und aufzubewahren sind.

Da ist zunächst der Umgang mit einer Frage. Diese, die zunächst zufällig daherzukommen scheint, wird überführt in ein Forschungsprogramm, in dem sie selbst historisch-kritisch erarbeitet werden muss. Gegen alle Evidenzen und Selbstverständlichkeiten wird die Frage mit nein beantwortet (es gibt keinen Zusammenhang zwischen Frauen- und Arbeiterbewegung), ohne ganz fallen gelassen zu werden. Sie wird verschoben in einen Auftrag an die Politik, auch die eigene. Es wird also mit ihr gearbeitet. Man erfährt Frageverschiebung, historische Kritik, Negation und neue Position als Elemente des feministischen Umgangs mit vorgefundenem Denken und Dafürhalten. Vorhandene Meinung muss in begreifendes Denken überführt werden. In diesem Prozess werden Gewohnheiten praktisch auf die Probe gestellt auf beiden Seiten, bei den Frauen wie bei den Arbeitern. Der gefragte Zusammenhang ist keiner, wenn er nicht von den Beteiligten hergestellt wird. So er dies nicht wird, folgen Abschließungen gegeneinander, wie zu erfahren ist.

Als eine zweite wichtige Lehre folgt daraus früh: keine gesonderte Frauenpolitik zu machen, sondern den Zusammenhang zwischen den Bewegungen und ihren Fragen herzustellen. Dies allerdings erweist sich als äußerst langwierig, schwierig, blockiert, eben weil schon hierarchische Lösungen den Weg versperren. Sozialistischer Feminismus erscheint als idealer Zusammenschluss, geeignet, den Zusammenhang sowohl zu denken, als auch eine Transformation in diese Richtung anzubahnen.

Die Ausgangsfrage nach dem Zusammenhang von Arbeiter- und Frauenbewegung ist besonders fruchtbar, weil sie bewegungsorientiert metaphysische Fallen meiden kann. Sie führt zu einer Reihe neuer Begriffe, die allesamt für einen feministischen Marxismus taugen: doppelte Militanz, Trennungszusammenhang, mehrfache Bestimmung, Zusammenschmieden oder Zusammenbinden als nötige Praxis, was entweder/oder-Lösungen ausschließt. Warum-Fragen, die nach Grund und Ursache forschend dem Determinismus verfallen, werden durch Wie-Fragen ersetzt, was sogleich zu Forschung auffordert. Jedes Phänomen wird als Teil in einem zu erforschenden Zusammenhang betrachtet, nicht als etwas, das von oben aus einem schon Gewussten abgeleitet werden kann. Dieses Verfahren können wir als strukturgenetisch bezeichnen.

Herrschaft wird vorläufig als ›zerstreut‹ angenommen, und es werden erste Versuche gemacht, Kämpfe im Kulturellen gerade im Bereich der Arbeit anzunehmen und aufzuspüren. Gewohnheiten, Meinungen, Moral werden als Nährboden von Herrschaft unter die Lupe genommen. Der Umbau muss von Grund auf geschehen. Dagegen steht Opportunismus, der sich mit Anhängsellösungen zufrieden gibt, wie dies bis heute die Politik um Frauen bestimmt.

Der Vorschlag, mit eigener Erfahrung und Praxis zweifelnd zu beginnen, führt in die großen Bereiche von Demokratie und Klassenkampf und dort zum Zweifel am Avantgarde-Denken wie an Demokratie von oben. Erste Vorstellungen werden befestigt, dass die Aufnahme feministischen Denkens, welches selbst sich erst herausbildet, in Arbeiterbewegungsdenken, welches sich als nicht allgemein zeigt – weil unter Ausschluss von Frauen tradiert –, einen Umsturz im politischen Handeln und als Fernziel Demokratie von unten bedeutet. Aber dieser Vorgang wird selbst als einer in Entwicklung zu fassen sein, nicht etwas, das man schon in Händen hält. Er verlangt Selbstkritik.

Schließlich wird im Hin und Her, im tastenden Vorangehen erkennbar, dass Mut dazu gehört, gegen gewohntes Denken andere Vorschläge zu machen. Dies erweist sich als notwendig, weil anders die Einzelnen in den entgegengesetzten Vereinnahmungen keinen eigenen Ort finden, sondern bestenfalls in doppelter Militanz zerrissen werden.

4.3 Experiment einer autonomen Frauenredaktion

Wie kann man theoretisch und politisch weiterkommen, wenn es für feministische Gedanken und tastende Versuche innerhalb des tradierten Marxismus Abwehr, Verbote, Exkommunikation gibt und kaum Möglichkeit der öffentlichen Diskussion? Es war ja nicht so, dass ich keine Publikationsmöglichkeiten gehabt hätte. Ich war Redakteurin und Autorin der marxistischen Theoriezeitschrift *Das Argument.* Diesen Ort galt es wirklich zu nutzen. Dabei kann es sich bei der Einschreibung von feministischen Gedanken in den Marxismus nicht um eine Problematik nur einer einzelnen Person handeln. Beides, Feminismus wie Marxismus, sind gesellschaftliche Projekte; sie müssen viele ergreifen, um relevant zu sein. So beschlossen wir, die um die Opfer-Täter-Frage, um Erinnerungsarbeit, ums Frauengrundstudium, um die Politik im Sozialistischen Frauenbund sich versammelnden Frauen in der Zeitschrift *Das Argument* nicht nur als Einzelne zu publizieren, sondern eine eigene Frauenredaktion zu gründen. Sie wollte das Feld mit besetzen, in dem über Thematik, Auswahl von Texten und damit auch Autorinnen, über die Bearbeitung von Aufsätzen und über zu rezensierende Bücher bestimmt wurde. Kurz gesprochen ging es mit der Gründung der Frauenredaktion um eine feministische Quote in der Zeitschrift *Das Argument.*

Ein Grund war auch die Erfahrung, in der Debatte um die *Feuerbachthesen* (Opfer/Täter) in den linken Organen nicht erwidern zu dürfen. So gründeten wir 1982 im *Argument* eine »autonome Frauenredaktion«. Sie hatte zunächst 30 Mitglieder aus verschiedenen Disziplinen, Berufen und Städten. Das Vorhaben war von vornherein vielfältig, im Editorial des ersten Frauenheftes *Das Argument 132* ausgesprochen als »Projekt der Verbindung von Marxismus und Feminismus auf dem Feld der Theoriebildung«, als »politisches Programm« und dann als »Versuch, Trennungen, die unser Leben durchzogen haben« (ebd., 628), zu überwinden. Dazu heißt es: »Unsere gespaltenen Biographien zeigen nicht nur die Trennungen und Abgrenzungen der politischen und sozialen Bewegungen, sie sind zugleich ein Problem der Frauenbewegung und der Kultur darin. [...] Die Frauenbewegung ging gegen die Trennungen und Zerrissenheit an unter dem Motto ›Das Persönliche ist politisch‹. Jede von uns weiß, wie perspektivreich und beflügelnd dieses Programm ist [...]. Gleichzeitig ist es eines der schwierigsten Programme, weil damit unsere eigene Arbeits- und Lebensweise zur Diskussion und damit zur Veränderung ansteht.« (628f.)

Feministischer Marxismus zeigte sich als Projekt, das gleichzeitig andere Wege der Erkenntnisgewinnung gehen, politisch arbeiten und individuell in die gewordenen Persönlichkeiten eingreifen musste. So war es auch ein kritisch-kulturelles Vorgehen, das nicht nur mit den gegebenen Formen brechen, sondern Neues an die Stelle setzen musste. Vorgeschlagen wird, die Frauenbewegung als Lernbewegung zu leben: »lehrende Lernende und lernende Lehrende in der eigenen Person zu vereinigen und so die Aneignung einer Theorie unter der eigenen Fragestellung zu betreiben« (ebd.).

Der nächste Text dokumentiert unsere ersten Schritte, den marxistisch bestimmten *Argument*-Raum für Feminismus zu besetzen und diese Tat zu begründen. In diesem Zusammenhang wird selbstbewusst der Ausdruck marxistisch-feministisch verwendet und in seiner Bedeutungsvielfalt entwickelt. Standpunkt und Perspektive werden als bewegende Zentren des Vorhabens deutlich. Man wird erkennen, wie langsam der historische Prozess vorankommt. Denn auch im Streit um den feministischen Ort im *Argument* scheint die Zeit stillzustehen. Der Streit um die Einsetzung einer Frauenredaktion kostete uns viele Freunde. Am schmerzhaftesten, dass Wolfgang Abendroth empört die Zusammenarbeit aufkündigte; ermutigend zugleich, dass die damalige, hauptsächlich von Männern (2 Frauen und 7 Männer) getragene Redaktion dennoch zur Gründung der Frauenredaktion stand. Über Jahrzehnte bleiben die Gegenargumente, die Rechtfertigungen ähnlich, kurz: die Problematik ist nach wie vor aktuell. Es könnte morgen wieder geschehen.

Frauen und Theorie[7]

»Wozu eine Frauenredaktion im *Argument*? Frauen lesen die Zeitschrift ja doch nicht.« So urteilte ein Redakteur und drückte damit die selbstverständliche Bereitschaft aus, Zustände, die unter aller Kritik sind, resigniert hinzunehmen. Die Resignation sagt: Was die Frauen angeht, werdet ihr nichts ändern können; verändern würdet ihr nur die Zeitschrift, und zwar zum Schlechteren. Ähnlich befürchten andere »Niveauverlust« oder »Unwissenschaftlichkeit« infolge der Einrichtung der Frauenredaktion – oder gar den »Einbruch der Irrationalität aus der Frauenbewegung«. Die Annahme einer relativ geringeren Zahl von *Argument*-Leserinnen gründet vermutlich auf Gedanken über die Unzulänglichkeit der Frauen, nicht der Zeitschrift. Also müssten nur die Frauen zur Zeitschrift, nicht auch die Zeitschrift zu den Frauen kommen. Selbst in dieser verkehrten Form mag sich noch die Ahnung ausdrücken, dass die herkömmlichen theoretischen Texte (auch im *Argument)* nicht für Frauen geschrieben sind.

7 Aus: *Das Argument* 132, 1982, 168–173, leicht gekürzte und bearbeitete Fassung.

Nehmen wir einmal an, die Aufsätze im *Argument* entsprächen den Idealvorstellungen wissenschaftlichen und politischen Herangehens: Sie seien relevant und aktuell, kontroverse Auffassungen würden diskutiert, die Ausführungen folgten den Maximen von Überprüfbarkeit der Schlussfolgerungen und Verallgemeinerbarkeit des Standpunkts. Was für eigentümliche Wesen müssen dann »Frauen« sein, dass sie sich für solche Texte nicht interessieren, die Unbequemlichkeit der einsamen Lesestunden scheuen, die Anstrengung der Abstraktion meiden usw.? Der Einfachheit halber abstrahieren wir jetzt davon, dass es auch viele Männer gibt, die studieren, sich geistig betätigen, ohne sich für Aufsätze im *Argument* zu interessieren, und dass es umgekehrt selbstverständlich Frauen gibt, die ein großes Interesse an den genannten wissenschaftlich-politischen Arbeiten haben, und beschäftigen uns mit dem tatsächlich bemerkbaren geschlechtsspezifischen Unterschied bei der Aneignung theoretischen Wissens.

Das ist schon ganz auffällig bei der Beteiligung der weiblichen Studierenden an den Diskussionen in Seminaren oder anderen Gesprächsrunden. Im Durchschnitt schweigen die Frauen, niemand ahnt, was hinter ihren Stirnen vor sich geht, wenn theoretische Diskussionen mit einem gewissen Abstraktionsgrad anstehen – neuerlich wird die argumentative Untätigkeit durch zunehmende Stricktätigkeit kontrastiert –, und sie greifen in die Diskussionen erst dann spürbarer ein, sobald diese das Feld abstrakter Theorie verlassen und sich alltäglichen Erfahrungen annähern. »Abstrakt« konnte in diesem Kontext zu einem Code-Wort für Uninteressantes werden. Die Distanz vom Alltagskonkreten, wie die Abstraktionstätigkeit sie zurücklegt, scheint zugleich Entfernung vom Interesse der Frauen zu sein.

Dass dies heute [in den 1980er Jahren] auffällig wird, hängt, so glauben wir, mit der zunehmenden Zahl von weiblichen Studierenden zusammen und mit dem durch die Frauenbewegung gestärkten, auch ihr Umfeld ergreifenden Selbstbewusstsein der Frauen. Anders gesprochen war das Schweigen der Frauen zuvor weniger aufdringlich, was sowohl auf ihre geringere Zahl zurückzuführen war – man konnte sie übersehen – als auch darauf, dass sie sich bemühten, das fehlende Interesse durch vorgespielte Interessiertheit zu ersetzen. Die Studentenbewegung hat die Kritik am Gelehrten ermutigt – der Protest hat die Universitäten verändert, die Spuren bleiben; die Frauenbewegung hat das Recht der Frauen auf »Betroffenheit«, Alltag, Erfahrung proklamiert: im Schnittpunkt dieser beiden Bewegungen finden wir die Frauen, die im Kollektiv Seminarstunden umfunktionieren in einen Austausch von Erzählungen und Sinndeutungen, Assoziationen und Eindrücken, oder ebenso kollektiv laut schweigen und vorführen, dass sie mit dem Verhandelten nichts zu tun haben.

In der Diskussion dieser – grob gesprochen – als Theorie- und Wissenschaftsfeindlichkeit eingenommenen Haltung in der Frauenbewegung schreibt Elke Enderwitz (in *Argument 119,* 1979, 16): »›Das Schlimmste ist nicht, dass immer noch relativ wenige Frauen studieren, das Schlimme ist, dass überhaupt noch Frauen an der Uni zu finden sind.‹ So lautete kürzlich die Schlussfolgerung von Feministinnen, als in einer Diskussion der Missstand zur Sprache kam, dass die von Männern dominierte Wissenschaft die Frauen als Lehrende und Forscherinnen, in manchen Zweigen sogar als Studentinnen auszuschließen sucht.« Im zitierten Satz ist die Begründung für die Theorieabkehr doppelt ausgesprochen: Wissenschaft wird hauptsächlich von Männern betrieben, Frauen in Forschung und Lehre haben immer noch Seltenheitswert; die »Wissenschaft ist von Männern dominiert«, das zielt darüber hinaus auf die Art und Weise der Wissenschaft, auf Denkform, Begriffsbildung, Abstraktion.

Dies für möglich zu halten oder auch nur im *Argument* zu erwähnen, dass Wissenschaft selber männlich sein könne, scheint denjenigen Recht zu geben, die den Zusammenbruch von Wissenschaftlichkeit und Niveau durch den Einzug der Frauenredaktion befürchten. Wir stimmen darin überein, dass Theorie- und Wissenschaftsfeindlichkeit oder auch nur -gleichgültigkeit von Frauen eine Bedrohung ist für die Perspektive der Befreiung, auch ihrer eigenen. Auf dem Wege der Emanzipation sind Wissenschaft und Theorie Produktivkräfte, die man nicht straflos beiseitewirft. Es ist, als machte man sich im Zeitalter der Düsenflugzeuge, die die getrennten Kontinente und Völker aneinanderzurücken ermöglichen, zu Fuß auf den Weg, die Welt zu umschreiten. Das Ziel rückt in so weite Ferne, dass selbst die Frage, ob die Richtung eingehalten wird, gleichgültig wird. Es kann uns also nicht darum gehen, Wissenschaft/Theorie für Frauen durch das Alltagskonkrete zu ersetzen, eine Theoriezeitschrift wie das *Argument* durch eine Seitenbesetzung quasi von innen aufzulösen. Es geht uns auch nicht darum, die Maßstäbe der Überprüfbarkeit und der Allgemeinheit preiszugeben. Unser Anspruch ist unbescheidener.

Gehen wir noch einmal zurück zu dem Phänomen, dass Frauen aus der Frauenbewegung immer selbstverständlicher den Anspruch formulieren, theoretische Arbeit möge bei ihren Erfahrungen anfangen, Theorie ihren Praxen dienen. Die in solchen Erwartungen formulierten Ansprüche scheinen ganz legitim, werden sie etwa von einem Mitglied der Arbeiterbewegung formuliert. Sofort scheint es uns sogar ein persönliches Problem eines so angesprochenen Wissenschaftlers, seiner höchst eigenen Vermittlungsunfähigkeit, wenn er diesen Forderungen nicht gerecht wird. Dahinter verbirgt sich die Sicherheit, dass die Arbeitererfahrungen etwas mit der angesprochenen Wissenschaft – sowieso dem Marxismus – zu tun haben. Anders bei den Frauen. Ihre Ansprüche scheinen Wissenschaft herunterziehen zu wollen in die Belanglosigkeit von Kaffeeklatsch, Hausfrauengeschwätz, Kindergeschrei. Begriffe wie Mehrwert, Klassenkampf,

Produktionsverhältnisse spielen in der Küche keine Rolle. Und Brechts richtiger Satz, dass über das Fleisch in der Suppe nicht in der Küche entschieden werde, verweist uns ein weiteres Mal darauf, dass die Taten und Erfahrungen in den Küchen keinen Belang haben für die gesellschaftlich relevanten Kämpfe, dass der Prozess nur einlinig andersherum verläuft, vom gesellschaftlichen Ganzen herunter in die Einzelpraxen. Dass riesige Praxisbereiche – die häuslich-privaten – bestenfalls mit Mängelmeldungen wie »nicht genug zu konsumieren« in die Theorie der Gesellschaft eingehen, macht, dass umgekehrt die Wissenschaft sich in den häuslichen Bereichen nicht zu Hause fühlen kann. Der Anspruch, mit Begriffen aus der gesellschaftlichen Produktion und aus den Klassenkämpfen in die Familiensphäre verpflichtet zu werden, erscheint als Verunreinigung von Wissenschaft, Absetzung von den gesellschaftlichen Kämpfen. Diese Befürchtung offenbart unfreiwillig die Berechtigung des Frauenprotestes: Indem die marxistische Wissenschaft, die Kritik der politischen Ökonomie in ihrer bisherigen Ausarbeitung mit den familiären Praxen der Frauen nichts zu tun hat, bleiben Erfahrungen, Leben und Treiben in diesem großen gesellschaftlichen Bereich unbegriffen und ebenso unklar seine Perspektive und damit die Frage der Emanzipation der Frauen. Das geht so weit, dass wir ohne Schwierigkeit Marxisten finden können, die ansonsten in der Frage der gesellschaftlichen Produktion und der sozialistischen Perspektive ganz einig sind, in der Frage der Familie die einen aber behaupten, sie gehöre aufgelöst, die Kindererziehung vergesellschaftet, Volksküchen sollten für Ernährung sorgen, während die anderen meinen, dass Familienfrau und Muttersein doch höchst wichtige gesellschaftliche Bereiche seien, die Familienform selber nichts Verwerfliches, gerade weil sie von ökonomischer Fremdbestimmung nicht unmittelbar betroffen sei usw. Diese gleichzeitig möglichen Auffassungen finden ihren praktischen Niederschlag in den Familienpolitiken der staatssozialistischen Länder.

Wissenschaftliche Theorien und ihre Begriffe werden aus den konkreten Praxen der Menschen gewonnen. Indem sie Gesetzmäßigkeiten herausarbeiten, müssen sie abstrahieren von der konkreten Vielfalt. Das macht ihre Kraft aus, wie zugleich der Anschein erweckt wird, alle Praxen könnten mit einer Begrifflichkeit erfasst werden, die sich doch nicht allen verdankt. Dieser Sachverhalt ist in Bezug auf bürgerliche Theorien im Marxismus genügend begriffen. Der Marxismus selber, als Theorie des wissenschaftlichen Sozialismus, ist zweifellos die am meisten ausgearbeitete Theorie der Befreiung der Menschen und in dieser Weise eine Theorie, die auch für Frauenbefreiung unabdingbar ist. Begrifflichkeit (Arbeit, Klasse, Lohn, Kapital, Produktionsverhältnisse, Produktivkräfte usw.) und Entwicklungsgesetze stammen aus der Geschichte der Klassenkämpfe und der vergesellschafteten Arbeit. Soweit die Praxen der Menschen sich auf diese Felder beziehen, können Erkenntnisse mit Hilfe marxistischer Theorie gewonnen, Eingriffe und Perspektiven formuliert werden. Große Schwierigkeiten treten auf, wenn diese Praxen von anderen durchkreuzt werden – die Lohnarbeiterin-Hausfrau-Mutter – oder gar, wenn ausschließlich in anderen Praxen gelebt wird – die Hausfrau, der Schüler, die ständig Arbeitslosen. Dass sie durch die zentralen Begriffe nicht artikuliert werden können, macht, dass ihre Fragen unwesentlich scheinen. Dass die Frau-Mutter-Praxis und -Lage etwa in den betrieblichen Kämpfen eine geringe Rolle spielt im Vergleich zur Lohnverhandlung, macht, dass die politischen Kämpfe schwierig werden, für die Frauen die Politik »abstrakt« wird.

Im *Kapital* analysiert Marx den Lohn als den Wert der Ware Arbeitskraft; er zeigt, dass dieser durch den Wert der zur Herstellung und Erhaltung der Arbeitskraft notwendigen Lebensmittel bestimmt ist. Er formuliert dann: »Die Summe der zur Produktion der Arbeitskraft notwendigen Lebensmittel schließt also die Lebensmittel der Ersatzmänner ein, d. h. der Kinder der Arbeiter« (MEW 23, 186). In diesem Satz sind die Frauen nicht erwähnt, und dieses Übergehen drückt symptomatisch ihre Stellung in Theorie und Praxis aus. Sie gehören in die Logik der Daseinsreproduktion, spielen in der Kapitalreproduktion und der gesellschaftlichen Arbeit in diesem Zusammenhang die Rolle von Instrumenten, notwendig wie ein Dach über dem Kopf oder ein Bett zum Schlafen. Zugleich wird deutlich, dass ihre Lebensweise nicht zureichend mit kapitalistisch-ausgebeutet, ihre Abhängigkeit vom Ernährer nicht mit fremdbestimmter Lohnarbeit gefasst werden kann. Es ergibt sich sogar der merkwürdige Effekt, dass der Versuch, diese Begriffe auf Hausfrauen anzuwenden, wie eine Aufforderung wirkt, die gesellschaftlichen Kämpfe nicht ernst zu nehmen und zugleich das Dasein im Haus nicht zu erfassen. Sagt man, ein Mann »beute seine Frau aus« oder sie habe ein Recht auf Berufstätigkeit, um der »Fremdbestimmtheit« durch den Ehemann zu entgehen, scheint es, man verharmlose die Profitgesetze zu häuslichen Streitigkeiten; und dabei hat dieses Herunterholen der zu großen Begriffe in die kleinen privaten Heime die Folge, dass das Leid der Frauen, der entwürdigende Kampf in persönlich kontrollierter Abhängigkeit verringert scheint und in seiner spezifischen Form überhaupt nicht erfasst wird. Die Perspektive der Befreiung muss durch zusätzliche theoretische Anstrengung, durch andere Begrifflichkeit erarbeitet werden. Sie gilt es in den Marxismus einzuschreiben, den wissenschaftlichen Sozialismus um sie zu erweitern. So nehmen wir nicht an, dass das Beharren auf Einbeziehung alltäglicher Erfahrung von Frauen eine Aufforderung sein kann, in der begriffslosen Wiederholung des Alltäglichen auch stehen zu bleiben. Wir fassen dagegen dieses Insistieren auf dem Alltagskonkreten auf als Kritik an der Art und Weise der Abstraktion, an ihrem Bezug auf durchgängig männliche bzw. von Männern wahrgenommene Praxen.

Daher haben wir uns die schwierige Aufgabe gestellt, zugleich das bisher Erarbeitete im wissenschaftlichen Sozialismus, diese theoretische Kraft, ebenso zum Ausgangspunkt weiterer Forschung zu machen wie die konkreten alltäglichen Erfahrungen und Bereiche der Frauen. Diese Arbeit kann nur kollektiv geschehen. Die Erfahrungen der vielen Frauen in den unterschiedlichen gesellschaftlichen Bereichen sollen begriffen werden. Von hier aus wollen wir den Marxismus schöpferisch ausbauen. Indem wir so den Marxismus nicht als Dogma verstehen, sondern als eine Aneignung von Welt, die uns zur weiteren Aneignung auffordert, könnten wir unser Vorhaben auch einfach mit »marxistisch« bezeichnen. Dass wir dennoch das Wort marxistisch-feministisch wählen, heißt nicht, dass es hier um eine besondere Spielart des Marxismus gehen soll, sondern es verbindet uns in erster Linie mit ähnlichen Versuchen, wie sie zurzeit in England und Italien, z.T. auch in Frankreich und in der Bundesrepublik (in Ansätzen in der Zeitschrift »Beiträge für eine feministische Theorie und Praxis«) erarbeitet werden. Strategisch aber signalisiert der Begriff »marxistisch-feministisch« den doppelten Anspruch: die Frauenbefreiung in den Marxismus einzuschreiben wie den Marxismus, also das große Projekt der solidarisch vergesellschafteten Arbeit, in den Feminismus.

Dass wir keine eigene marxistisch-feministische Zeitschrift gründen, sondern unsere Arbeit innerhalb des Projektverbunds entfalten, den das *Argument* darstellt, entspricht diesem Doppelanspruch und seinem Umfang. Es bietet zunächst den Vorteil einer kontinuierlichen Auseinandersetzung mit einem besonders entwickelten Diskussionszusammenhang. Die unvermeidlichen Reibungen werden wir nutzen, unsere Positionen besser auszubauen, das Spezifische schärfer zu fassen. Dies sehen wir als eine Voraussetzung dafür, uns nicht in ein Ghetto einzuschließen, sondern wirklich eingreifen, verändern zu können. Die radikale Veränderung beginnt mit einer umfassenden Stellung der Frauenfrage. Diese unsere Frage soll nicht selbst einen »Bereich« bilden, sondern wir richten sie an alle Bereiche und in allen Bereichen. Und wenn wir auf unserer Frage bestehen, so nicht in der Absicht, in aller Ewigkeit für uns zu bleiben. Eine Frauenredaktion ist historisch transitorisch notwendig; ihre Notwendigkeit hängt ab von den Kräfteverhältnissen. Sie stellt eine der Formen dar, in denen wir beginnen, unseren Platz in der Gesellschaft, zu deren Vermenschlichung wir dadurch beitragen, in einer dadurch also veränderten Gesellschaft einzunehmen. Dass wir viele sind, bewahrt uns vor allzu schneller Mutlosigkeit und bedeutet eine weitere Stärke: Wir arbeiten aus der Bewegung heraus und nicht als Einzelwissenschaftlerinnen. Daher gründeten wir die Redaktion als ein Plenum von Forschungsprojekten, in dem die Vorhaben der einzelnen Projekte erörtert werden können, zugleich die Diskussion um das Gesamtprojekt vorangetrieben wird; gemeinsame Positionen ebenso erarbeitet werden wie fruchtbare Differenzen kenntlich gemacht und die Eingriffe in die übrige Zeitschrift diskutiert werden müssen – dies alles neben der regulären Redaktionsarbeit, die zwei Schwerpunkte (von sechs) der Zeitschrift pro Jahr gestalten und Diskussionen, aktuelle Analysen, Buchbesprechungen und pro Heft einen Rezensionsteil erarbeiten wird. In den Heftschwerpunkten werden Forschungsberichte, Auszüge aus der internationalen Diskussion und orientierende Einzelbeiträge veröffentlicht.

Wir begannen unser Projekt mit dem Heft (132) über Frauen und Theorie. Dass wir so anscheinend abgehoben anfangen, könnte als erstes Zugeständnis an eine Theoriezeitschrift aufgefasst werden und als Preisgabe unseres Anspruchs, die Erfahrungen der vielen Frauen einzubringen. Das Gegenteil ist unsere Absicht. Wir wollen zeigen, dass das Absehen von den Erfahrungen der Vielen auch und gerade ein Problem der Theorie ist; dass wir theoretisch begreifen müssen, um handeln zu können; dass wir Theorie verändern müssen, nicht preisgeben. Dass dabei einzelne Texte schwer verständlich sind, besonders für die Frauen, die sich nicht häufig in theoretischen Diskussionen aufhalten, wie dies auch für einige unserer redaktionellen Projekte aus dem Arbeiterinnenalltag der Fall ist, halten wir für eine Schwierigkeit, die wir bearbeiten müssen. Nach diesem Einstieg in die Probleme der Theoriebildung und die derzeitigen Defizite des wissenschaftlichen Sozialismus werden wir unseren zweiten Schwerpunkt in diesem Jahr (Heft 135) dem Zusammenhang von weiblicher Erfahrung, Arbeit und Gewerkschaften zuwenden. Das scheint zunächst leichter, handelt es sich doch in diesem Bereich um ein politisch besetztes Feld, in dem die bekannten Gesetze von Lohnarbeit und Kapital wirksam und theoretisch begriffen sind und in dem wir die zusätzlich und quer dazu stehenden, die Kapitalgesetze verstärkenden und modifizierenden Mechanismen der Frauenunterdrückung herausarbeiten wollen. Wir begeben uns also in die Höhle des Löwen.

Wissenschaft als Produktivkraft und Humor als Waffe

Ganz wesentlich ist der Optimismus des Anfangs. Es sind viele Frauen, die mit großem Selbstbewusstsein und Engagement die feste Burg einer wissenschaftlichen Zeitschrift zu besetzen beginnen. Zentral bleibt der Versuch einer bestimmten praxeologischen Begründung, und dies in einem Marxismus, der von anderer Praxis ausgeht. Die neuen Fragen richten sich auf die Notwendigkeit zusätzlicher Begriffe für die verbreiteten Frauenpraxen, die aus alltäglicher Verdoppelung ins Begreifen vorstoßen. Dabei wird zunächst festgehalten, dass solche Begriffe Marxismus ausbauen, erweitern, ihm hinzugefügt werden, nicht, dass sie ihn umbauen. Unerschrocken wird eine große Empirie und Theoriekritik, die den jahrhundertealten Vorsprung männlich besetzter Wissenschaft einholen könnte, vorgeschlagen und begonnen. Es geht mit der Besetzung eines Ortes auch um die Veränderung von Personen, die den Platz nicht einfach räumen wollen. Es geht um Wissenschaft als Produktivkraft, die in der Aneignung verändert werden soll. Dass tradierte Wissenschaft selbst ein Geschlecht haben soll, nämlich männlich sei, wird fast spielerisch ausprobiert, um alsbald Plausibilität und Festigkeit zu gewinnen. Der Satz wird Sprungbrett, nicht etwa weibliche Wissenschaft zu verlangen, sondern eine, die nicht in Geschlechterverhältnissen eingeschlechtlich kodiert ist.

Die einzelnen Fragen werden früh gestellt, aber nicht unbedingt verfolgt, tauchen immer wieder auf, bis sie einen sicheren Platz im Erkenntnisanspruch bekommen. So gibt es schon hier, bei der Abwehr des Versuchs, Marxismus-Feminismus könne als eine bloße Spielart des Marxismus verstanden werden, die Überlegung, dass feministischer Eingriff insgesamt transitorisch sei, bis er wahrhaft allgemein geworden ist. Was an Bruch und Umbau auf diesem Wege notwendig wird, bleibt noch wagemutig unerkannt. Marxismus-Feminismus ist als Spannungsbogen errichtet, als Zerreißprobe geahnt und als Aufgabe angestrengten Zusammenhaltens akzeptiert.

Die Frauenredaktion hält bis 2015 in immer kleinerer Größe, erfährt nach 1989 noch einmal eine Renaissance, ist immer überfordert, ihre Geschichte muss noch geschrieben werden. Festzuhalten bleibt an dieser Stelle noch, dass sie nicht nur den Verlag verändert hat durch Aufbau einer sehr erfolgreichen Frauenkrimireihe, durch viele Sonderbände und eine feministische Wissenschaftsreihe, sondern auch die Zeitschrift durch Schaffung der Kolumne ›Nachrichten aus dem Patriarchat‹. Wie Günther Anders über Jahrzehnte als regelmäßige Glosse über die Antiquiertheit des Menschen der Zeitschrift seinen Namen und einen spezifischen Charakter gab, so übernimmt die Frauenredaktion ab 1992 als selbstgestellte Aufgabe, Humor allgemein als Waffe zu nutzen: Damit »möchten wir dazu anstiften, überall eine Kultur des Glossenschreibens zu entwickeln. Glossen zu schreiben ist eine Schulung in sozialer Wahrnehmung, in Sprache, in Selbstbewusstsein, [….] um den Weg für politisches Denken und Handeln freizuräumen.« – Diese Nachrichten aus den ersten 13 Jahren sind als kleines Buch gesammelt[8]. Im Vorwort schreibe ich ungebrochen optimistisch/pessimistisch: »Zwar ist [das Patriarchat] in seiner historischen Form lange schon Geschichte, jedoch klammern sich auf den vielfältigen Ebenen der alten Ordnung bei allen Umbrüchen und Stürmen die ehemaligen Herren

8 F. Haug (Hg.): *Nachrichten aus dem Patriarchat*, Hamburg 2005.

aneinander und verteidigen längst obsolet gewordene Positionen, Standpunkte, Meinungen, als wäre die Festung gegen alle Zeiten zu halten. In dieser Weise herrschen sie zugleich, behindern neues Leben, wie sie das Ganze auch als Theater erkennen lassen, eine lächerliche Inszenierung, die von Befreiung noch nichts weiß. Die Haltlosigkeit des Patriarchats bedeutet nicht, dass es das Leben von Frauen nicht beeinträchtigt, sie an der vollen Entfaltung ihrer Persönlichkeiten nicht behindert. Verhältnismäßig lange schon gibt es allgemeine Menschenrechte auch für Frauen, gibt es das Grundgesetz, das die Gleichheit der Menschen garantiert, und allerlei weitere Rechte und Gesetze, die von der befreiten Menschheit künden. Umgekehrt gibt es keine Ebene, auf der das alte Patriarchat, auf der Männermacht sich nicht verfügend zu behaupten sucht. Ob in Sprache, Moral, Ideologie, Normen, Werten, Arbeitsteilung, Bildung, Rechten, vor allem, wo es um Gestaltung von Gesellschaft, wo es um Politik, Kultur, Wissenschaft geht, bleiben die Entscheidungsposten beharrlich in Männerhand, bleiben Frauen also marginalisiert, unwichtig wie eh und je. Diese Kluft zwischen dem Seinsollenden und der Wirklichkeit ist es, die zum weiblichen Eingreifen herausfordert, die für uns eine Befreiungspolitik anderer Art ermöglicht. Die Allgegenwart von Patriarchat macht allgegenwärtig. Geistesgegenwart ist gefragt, um das selbstverständlich Männliche als Alarmzeichen zu hören. Aus der Lähmung patriarchaler Verfügung gilt es jetzt aufzuwachen und mit Spott und Gelächter die Anmaßung wieder und wieder vorzuführen. Nutzen wir Humor als Waffe, Zorn als Tugend.« (2005, 3f.)

4.4 Sozialistinnen und Gewerkschaftspolitik

Für mich hatte sich aus den Untersuchungen über die Automatisierung der Arbeit die Notwendigkeit, feministisch vorzugehen, nahezu aufgedrängt. Frauen waren gesondert zu betrachten, gerade weil sie ins Allgemeine eingeschrieben werden mussten. Die Auseinandersetzung um den Zusammenhang von Arbeiter- und Frauenbewegung war die fruchtbare Fundierung. Da das Projekt Automation und Qualifikation ausdrücklich Gewerkschaftspolitik zuarbeiten wollte, weil es sich als Teil der Arbeiterbewegung begriff, wurde die im nächsten Dokument wiedergegebene Kritik an der Politik der Druckergewerkschaft zunächst in ihrer Mitgliederzeitschrift vorgetragen. Es kam zu einem heftigen Streit, dann zum Bruch, der erst 25 Jahre später schließlich versöhnt werden konnte. Dieses Lehrstück ist historisch ein wichtiges Dokument für den feministischen Marxismus und bringt eine Reihe neuer Bausteine.

Frauenfrage und Gewerkschaftspolitik – Das Beispiel: Setzen[9]

Dass Frauen in und mit Gewerkschaften Probleme haben, ihre Interessen zu artikulieren, ist bekannt. Gewöhnlich bringen wir dies mit ihrem geringen Organisationsgrad in Zusammenhang, mit der kleineren Zahl weiblicher Beschäftigter überhaupt und mit der hauptsächlich männlichen Besetzung der maßgebenden Funktionen in den Gewerkschaften. Kurz: Die Arbeit ist männlich, die Gewerkschaften vertreten hauptsächlich Männer, und es sind Männer, die mit dem Vertreten beschäftigt sind. Dies ist historisch gewachsen und nicht von heute auf morgen änderbar. Bewährte Klassenkampftraditionen und kulturelle Muster stehen auf dem Spiel, wenn hier Frauen Beschwerde führen. Unversehens findet sich weibliche Klage vor den Wagen unternehmerischer Interessen gespannt oder doch im Widerstreit mit den männlichen aktuellen Forderungen gegen die Unternehmer – hier heißt es zurückstecken und Rücksicht üben. Weniger rücksichtsvoll gebärden sich die Produktivkräfte. Neue Maschinen und Anlagen reißen viel Gewohntes

9 Der Beitrag ist die überarbeitete Fassung meines Aufsatzes aus *Die Mitbestimmung* 2, 1982. Er erhielt in der Nummer 4/82 eine heftige Kritik von Detlef Hensche, Mitglied im Hauptvorstand der IG Druck und Papier. Diese neue Fassung bezieht seine Kritik und viele Anregungen aus Diskussionen mit Setzerinnen und im Projekt Automation und Qualifikation ein, Quelle: *Das Argument* 135, 1982, 644–652. Sie wurde für diese Veröffentlichung noch ein weiteres Mal überarbeitet und vor allem verknappt.

ein: das betrifft Qualifikationen, Belastungen, Arbeitsaufgaben, Berufsfelder, Zeiten und Räume. Den Zusammenbruch aufzuhalten – schließlich sind es eigennützig handelnde Unternehmer, die die neuen Maschinen anschaffen – ist eine Notwendigkeit gewerkschaftlicher Politik; eine andere, die alten Positionen so gut wie möglich zu erhalten, »Facharbeit abzusichern«. Interessen und ihre Verteidigung scheinen zwischen den Klassen festgeschrieben. Was die eine verliert, gewinnt die andere. Einigermaßen waghalsig ist in diesem Konflikt eine Position, die inmitten der Trümmer die Chancen für die Konstruktion einer besseren gesellschaftlichen Arbeit für weitere Personengruppen, ja ganze Bevölkerungsmehrheiten – für die Frauen – herauslesen möchte. Anders gesprochen: Geschichte der gesellschaftlichen Produktion ist zugleich Geschichte einer Arbeitsteilung, in der Frauen entweder den unteren Rand einer in Fragmente zerlegten Arbeiterklasse besetzten oder gar ausschließlich in den häuslichen Bereich abgedrängt wurden. Diese Arbeitskräftestruktur wird sich immer wieder herstellen, wenn und soweit wir das Gewohnte verteidigen. Frauen können überhaupt nur gewinnen, sofern die alten Arbeitsteilungsschranken in Frage gestellt und verändert werden. Eine Bedingung, eine Voraussetzung dafür ist die Automation.

Ich möchte diese noch unfertigen polemischen Behauptungen aus einer feministischen Sicht am Beispiel der Entwicklung in der Druckindustrie verdeutlichen. Forderungen nach Gleichheit stoßen nicht allein auf Klassenschranken: Die Gesellschaft ist durchsetzt von Abteilungen, die besondere – zumeist historisch gewachsene – Vorteile gegen andere zu bewahren suchen. Darum benötigt die Forderung nach Gleichheit mehr als nur den rechtlich abgesicherten gleichen Zugang. Notwendig wird der Kampf um die Bedingungen des Wegs, die Eroberung kompensatorischer Ungleichheiten, um sich Gleichheit überhaupt anzunähern. So etwas wären zum Beispiel Quotierungen bei Einstellungen, die ›geschlechtliche, ethnische oder Benachteiligungen wegen körperlicher Behinderungen‹ auszugleichen versuchen. Den umgekehrten Fall einer Bevorteilung können wir »privilegiert« nennen. Privilegiert sind zum Beispiel die Kinder der Mittel- und Oberschichten in Sachen Bildung. Privilegiert in diesem Sinn ist auch der Beruf des Schriftsetzers schon seit dem 15. Jahrhundert.[10] Des Lesens und Schreibens kundig waren zu der Zeit wenige. Der Umgang mit den Texten war ein zusätzliches Bildungselement. Das fertige Produkt kostete so viel wie der Jahreslohn eines Handwerksgesellen. Die Buchdrucker (im 19. Jahrhundert Sammelbezeichnung für alle graphischen Berufe) organisierten sich als Erste (1866). »Zwecks Sicherung dauerhaft hoher Erwerbschan-

10 Eine informative knappe Geschichte der Druckergewerkschaft findet sich bei Claudia Weber 1982, 15–43.

cen war sie [die Organisation] insbesondere auch an der Verknappung des Arbeitskräfteangebots durch Regulierung der Zugangsbedingungen zu Ausbildung und Beschäftigung interessiert (in Form von sogenannten ›Lehrlingsskalen‹ und Besetzungsvorschriften).« (Weber 1982, 32) »Die Buchdruckertarife galten bis 1906 ausschließlich für männliche Facharbeiter« (ebd.), und immerhin gelang es der IG Druck, den »männlichen Facharbeitern bis in die Mitte der 70er Jahre die Spitzenposition in der industriellen Lohnskala [zu] sichern und als eine der ersten Gewerkschaften die 40-Stunden-Woche (1965) durch[zu]setzen« (ebd., 33). Vorreiter war sie beim 13. Monatsgehalt, bei Urlaub und Urlaubsgeld. Die Buchdrucker haben den höchsten Organisationsgrad. Auch dies gilt nur für die Männer: bei den Facharbeitern beträgt er über 80 % (DGB-Durchschnitt 35 %). Der Überrepräsentierung bei den männlichen Facharbeitern entspricht eine Unterrepräsentierung bei den Frauen sowohl in der Gewerkschaft als auch in den Entscheidungsgremien gemessen an ihrer Zahl. »Unter den gewählten Tarifkommissionsmitgliedern gab es 1975/76 keine Frau.« (Ebd., 28) Vor dem Hintergrund solcher Daten wirken der Einbruch durch den Fotosatz und damit die Versuche der Unternehmer, weibliche Schreibkräfte einzusetzen, wie eine Katastrophe. Der Fotosatz, so hört man allgemein, hat Tausende gut ausgebildeter Arbeiter (die besten) arbeitslos gemacht; »vollkommen ungebildete« Leute traten an ihre Stelle, die – so hörte ich kürzlich auf einer Großveranstaltung – nicht einmal die Rechtschreibung beherrschen müssen. Wie groß ist da der Schritt dieser einstmals stolzen Zunft der Schriftsetzer zu den Analphabeten zurückgebliebener Regionen, die ohne etwas zu begreifen, aber angestrengt ihre Nerven an Computern verausgaben? Der Manipulation ist Tür und Tor geöffnet, denn jetzt ist billig in massenhafter Auflage herstellbar, was zuvor schon vom Tempo des Setzens her einer Einschränkung unterlag. Die »vollständig fehlende Qualifikation« der angelernten neuen Bedienerinnen an den Setzmaschinen erlaubt es, ihnen jede mögliche Gemeinheit zum Setzen zu übergeben. Die Katastrophe ist vielfältig. Der Versuch, sie einzudämmen, findet ein eingefahrenes Repertoire an Handlungsweisen vor. Bei der Mechanisierung im Satzbereich von 1899 waren *Besetzungsvorschriften* erfolgreich gewesen (nur gelernte Handsetzer) – sie sollten auch jetzt »fachfremde Angelernte« (vornehmlich Frauen) von der Bedienung der Geräte fernhalten. – Es geht um die Arbeitsplätze: Ihre Zahl ist bedroht und vor allem die Verknüpfung von Fachkraft und Arbeitsplatz. Dass der Fotosatz im Ganzen nicht aufgehalten werden konnte, ist bekannt. Die Gewerkschaft Druck und Papier war die erste Einzelgewerkschaft, die einen Tarifvertrag »Neue Technik« abschloss. Es soll im Folgenden nicht gefragt werden, ob »die negativen Folgen« der Entwicklung ausreichend abgewehrt wurden, sondern ob die wesentlichen Momente der Entwicklung auch positiv ausreichend genutzt wurden, ob die Handlungsweisen [...] der Spezifik der Entwicklung angemessen waren und sind.

Die Veränderung kam zugleich über Nacht und ganz allmählich. Das erleichterte es den Unternehmern, die Unkosten, die eine solche Veränderung mit sich bringt, also den experimentellen Einsatz, den Arbeitenden in die Schuhe zu schieben. In den Druckereibetrieben mit gleichzeitiger Setzerei wurden die Kapazitäten ausgeweitet. Die neu angeschafften Maschinen wurden versuchsweise mit Stenotypistinnen besetzt. Ihre hohe Fingerfertigkeit konnte die Möglichkeit der Elektronik, eine schnelle Buchstabenfolge aufzunehmen, besser ausnutzen im Vergleich zur langsamen Mechanik des Maschinensatzes. Diese faktische »Erniedrigung der Setzer« durch angelernte weibliche Arbeitskräfte wurde vollends skandalös, als in einigen Zeitungsbetrieben der Versuch gemacht wurde, zugleich eine hohe Aktualität zu erreichen und Arbeitskräfte einzusparen, indem man die Journalisten ihre Meldungen sogleich auf der Setzmaschine (statt auf der Schreibmaschine) schreiben ließ.

Die gleichzeitige Bedrohung der Setzer »von unten« und »von oben« verwirrt den Blick. Die zunächst einheitliche Auffassung, dass der Fotosatz eine Dequalifizierung mit sich bringe (daher könne er von Frauen erstellt werden – schließlich ist weibliche Arbeit ein Synonym für unqualifizierte Arbeit) –, musste angesichts der einrückenden Journalisten modifiziert und eine neue Einheit für die Abwehrstrategie gefunden werden. Sie wird hergestellt durch die Frage danach, *wer eigentlich an den neuen Setzmaschinen arbeiten darf*. Diese Frage rührt aus der Aufgabe der Druckergewerkschaft, die Arbeitsplätze der Setzer zu sichern; sie muss zugleich die in derselben Gewerkschaft organisierten Journalisten berücksichtigen; sie braucht sich allerdings nicht um das Heer der ungelernten oder angelernten weiblichen Arbeitskräfte zu kümmern, die großenteils neu, später in Heimarbeit von den Unternehmern eingesetzt werden und von daher »noch nicht« in den Zuständigkeitsbereich der Druckergewerkschaft fallen. Der Kampf geht also um die »korrekte Besetzung der verbleibenden Arbeitsplätze«, »ihre Vergabe nur an Fachkräfte«. Jeder soll das tun, was er bisher schon tat; die neue Technik darf hier keine Verschiebungen bringen.

Dahinter steht nicht notwendig die Auffassung, dass die herkömmliche Arbeitsteilung die bestmögliche ist, wohl aber, dass jede Veränderung nur zum Schlechteren gerate. Dass die Argumentation in hohem Grade ständisch verfährt und also nach unten immer rigider etwaige Verbesserungen aufhalten muss, aus Angst, sie würden Privilegien derjenigen, die höhere Stufen besetzen, antasten, wird nur deshalb nicht offenkundig, weil die realistische Angst vor dem Verlust der Arbeitsplätze überhaupt die Sicht auf die einzelnen Argumentationen verdunkelt. Im Versuch, eine einheitliche strategische Argumentation zu finden für unterschiedlich Arbeitende, werden die einschätzenden Begriffe seltsam dehnbar. So meint der Schutz vor »fachfremden Arbeiten«, der zugleich »Schutz vor Abqualifizierung« sein soll für die Einführung des Fotosatzes: Die Journalisten sollen nicht zu »fachfremder« = »technischer« Arbeit gezwungen werden. Wieweit sie längst ihre Arbeiten tippen und damit »fachfremde« Sekretärinnenarbeit leisten, bleibt ebenso unerwähnt, wie geschwiegen wird über das Problem, ob das Setzen überhaupt eine »technische« Arbeit ist. »Abqualifiziert« wird so ein Journalist, wenn er an den Bildschirm soll. Das Einverständnis wird wesentlich gespeist von der Kenntnis, dass eine Journalistenstunde teurer ist, besser bezahlt wird als eine Setzerstunde und demnach höherwertig sein muss. Inwieweit eine so rigide Arbeitsteilung sinnvoll ist und wo überall der Journalist etwa schon »abqualifiziert« ist, beim Tippen, beim Telefonieren, beim Tragen von Büchern usw., wird deshalb nicht zum Problem, weil seine zusammengesetzte Tätigkeit sich historisch in der augenblicklich gültigen Weise durchgesetzt hat. Fassen wir also probeweise den Journalisten durch die Zumutung von Bildschirmarbeit und Setzertätigkeit als von »Abqualifizierung« bedroht – so erfahren wir im nächsten Argumentationsnetz, dass auch die Setzer von »Abqualifizierung« bedroht seien. Bei ihnen sind es aber nicht »niedrigere« Tätigkeiten, die ihnen zugemutet werden, sondern umgekehrt greifen anders qualifizierte Arbeitskräfte, »Stenotypistinnen«, nach ihren Arbeiten. Die Bedrohung des Setzers »von unten« stellt den Wert seiner Tätigkeit infrage wie die Bedrohung »von oben« den Wert der Journalistenarbeit in ihrer alten Form. Die einheitliche Infragestellung der festen Zuordnung von Beruf zu Tätigkeitsmerkmalen ergibt die einheitliche Politik »Schutz vor fachfremder Arbeit«, »Schutz vor Abqualifizierung«. Dass dabei das namenlose Heer der tippenden Frauen (die zum Teil als Heimarbeiterinnen, unterbezahlt und ohne sozialen Schutz arbeiten) nicht zur Diskussion steht und auch keine Politik entwickelt wird, wie diese an den neuen Maschinen zu qualifizieren wären, wird deshalb nicht problematisch, weil zu Zeiten der Bedrohung von Facharbeitern und ihren Privilegien an Frauenarbeit eben keiner denken kann. *Im Facharbeiterproblem ist die Frauenfrage nicht stellbar.*

Das Problem der »richtigen« Besetzung der neuen Arbeitsplätze betrifft nicht nur verschiedene Personengruppen, sie ist in sich selber vielschichtig. Angesprochen werden die Bereiche Arbeitslosigkeit und Qualifikation. Darunter aber geht es vielfältig um die Trennung von Kopf- und Handarbeit (nicht um ihre Aufhebung), immer um männliche Facharbeit, abgesichert und verankert im Selbstverständnis durch historische Tradition.

Wenden wir den Blick von der Politik der zuständigen Gewerkschaft auf die neuen Setzmaschinen und fragen uns, was man wirklich können muss, um diese Maschinen zu beherrschen. In dieser Allgemeinheit stürzt uns die Frage sogleich in ein neues Dilemma: Es gibt eine ganze Reihe unterschiedlicher Setzmaschinen. Was soll man als das allen gemeinsame Neue betrachten, um überhaupt einen Ausgangspunkt für eine allgemeine Einschätzung zu haben? Der Blick von außen sagt: das Gemeinsame ist der Bildschirm. Entsprechend gibt es auch eine gewerkschaftliche Diskussion über »die schädlichen Folgen der Bildschirmarbeit« und entsprechende Forderungen nach regelmäßiger augenärztlicher Untersuchung, nach einer zeitlichen Begrenzung der Arbeit an diesen Geräten. Solche Forderungen, die sich mit der Gesundheit der Arbeitenden befassen und Arbeit unter physikalischen Zumutungskriterien untersuchen, sind sicher allgemein richtig und auf alle Arbeitsplätze ausdehnbar. Regelmäßige Untersuchung der Sehkraft und entsprechende Abhilfe bei ihrer Ermüdung sollten allgemein durchgeführt werden – Abwechslung in der Arbeit, soweit die Tätigkeiten nicht in sich selber »zusammengesetzte« sind, entspricht dem menschlichen Organismus, der nicht für einseitige Dauerbelastung geeignet ist. (Im Übrigen war für die Stenotypistinnen ihre Sitz- und Schreibposition und waren die Diktiergeräte [Ohrwürmer] lange schon gesundheitsschädlich, ohne dass sehr viel Aufhebens davon gemacht worden wäre.)

Betrachten wir eine mittlere für den Buchsatz geeignete Setzmaschine – sie kostete Anfang der 80er Jahre etwa 80.000 DM – und vergleichen den Produktionsprozess bis zur Druckvorlage. Der Text wird vom Manuskript eingetippt; die Geschwindigkeit ist nicht durch die Mechanik eingeschränkt und daher in höherem Maße von der Geschicklichkeit der Setzenden abhängig. Zur Beschreibung ihrer Tätigkeit schreibt eine Setzerin den damaligen Anforderungsstand: »... hier ist eine Möglichkeit, die Anschlaggeschwindigkeit der – durch Arbeitsteilung vereinseitigten – Stenotypistinnen auszunutzen und ins Extrem zu steigern. Die für den Briefwechsel eingeübten Layout-Kenntnisse sowie das bloße Abtippen reichen für die Setzer-Tätigkeit jedoch nicht aus. Hier gibt es in einem Zugriff zu erreichende unterschiedliche Schriftarten und (z.B. bei mir 88) Schriftgrößen. Überschriften, Kolumnen, die *während des Abtippens des Manuskriptes* eingefügt und angeordnet werden müssen. Das setzt eine genaue Kenntnis der zu verwendenden Schriften und des Layouts des Gesamtwerkes voraus. Da der Bildschirm lediglich anzeigt, was geschrieben wird, und nicht, *wie es tatsächlich aussieht* (eine größere, fettere Überschrift ist auf dem Bildschirm z.B. als ›SZ14LS145FT3CC04C0‹ erkennbar), ist eine genaue Kenntnis der ›Setz-Maschinensprache‹ unabdingbar. Der Satz von Tabellen, der schon mit der Schreibmaschine ein besonders sorgfältiges Arbeiten verlangt, gilt beim Fotosatz als ›höchste‹ Satzkunst, da der Bildschirm (noch) nicht sichtbar macht, *wie* die Zahlen auf dem Papier stehen. Für Dich als Beispiel, damit Du die Komplikation erkennen kannst: 3 Zahlen, 1, 2 und 3 sollen neben- und im Folgenden untereinander stehen. Das sieht im Schirm so aus:

TAB100000100RTAB202(X)0100RTAB304000100RTCT11CT22CT33 TABRET

Wenn diese Zeile dann noch unterstrichen werden soll in ihrer ganzen Breite, sieht es z.B. so aus: TAB400000500JCT4FOPRL0ISICPL0TABRET –

So sieht der *einfachste* Tabellensatz aus. Hier kann von bloßem Abtippen nicht mehr die Rede sein.

Vor der Einführung des Fotosatzes (und wegen der Schwierigkeit, z.B. Tabellen sofort richtig zu setzen[...]) trat hier ein Schriftsetzer zweiter Art auf und fügte – zumeist per Hand – die anderen Schriftarten zu dem Text. Er gab dem Gesamttext die Form (Layout). Wenn im Fotosatz heute die ›Person‹ an der Setzmaschine neuen Typs dies alles ›in einem Atemzuge‹ bewältigt, so führt sie damit die Tätigkeit des Setzers, des Layouters und des Programmierers aus (der ›Blick für die passenden Schriften‹ reicht nicht aus). Im Satzbetrieb ist die Fingerfertigkeit der Stenotypistinnen insbesondere deshalb gefragt, weil Text massenhaft abzusetzen ist und schwierige Arbeiten (wie z.B. Seitenumbruch, Flugblätter, Tabellen etc.) anderen (für den Maschinensatz besser qualifizierten und höher bezahlten) Setzern übertragen werden. Während man setzt, kann man auf dem Bildschirm das Gesetzte sehen und Korrekturen sofort eingeben. Das geschieht nicht – wie viele irrtümlich meinen – per ›Knopfdruck‹, sondern durch einen zweiten Satz-Vorgang. Indem der Bildschirm die Möglichkeit eröffnet, Text auf ihm direkt *Korrektur zu lesen* (weil der Text noch nicht ausgedruckt ist), können Fehler, die während des Korrekturlesens gesehen werden, korrigiert werden. Dies geschieht wie das Setzen und setzt eine weitere Fähigkeit voraus, nämlich die, die Sprache, die Grammatik und das Einfügungsprogramm der Satzmaschine zu beherrschen ...« (Barbara Steinhardt)[11]

Hier verschwindet tendenziell der Korrektor als eigenständiger Berufszweig im Setzer. Die Klage über den Verlust dieses *Berufes* lässt sich nicht ein auf die Bereicherung, die größere Kompetenz, die die *Setzertätigkeit* dadurch erfährt. Zudem wäre ein Bestehen auf der Korrekturtätigkeit für Setzer eine Möglichkeit, der dauernden Anspannung gleichartigen Setzens zu entgehen.

In langen Fahnen hing vormals das Gesetzte als Bürstenabzug zum Trocknen. Später kam der »Layouter« und fügte die Abschnitte und Zeilenmengen so, dass ein gutes Seitenbild herauskam, je nach Geschick. Heute hat der Setzer die Möglichkeit, das gesamte Layout mit der Maschi-

11 Gewiss sind die Anforderungen heutiger Satzmaschinen andere. Die sorgfältige Beschreibung durch die Setzerin ist hier auch Beleg, wie reflektiert diese neuen Maschinenarbeiterinnen sich ihre Aufgabe zurechtlegen und wie notwendig das für eine eingreifende Politik von unten ist.

ne herzustellen. Abstände und Seitenenden werden dabei jedes Mal vom Setzenden eingegeben. Der Computer übernimmt die Umstellung und Zeilenausrechnung in andere Schriftgrößen. Kurz, der Setzer ist auch der Layouter in dem Maße, wie der Computer mit den technischen Möglichkeiten ausgestattet ist und er diese Möglichkeiten beherrscht. Je virtuoser er damit umgehen kann, desto besser wird das Seitenbild aussehen. Früher, so hört man häufig, mussten die Setzer noch die Rechtschreibung und die Trennung beherrschen, heute tut das die Maschine. So sprechen allerdings nicht die Setzer, weder die alten noch die neuen, denn abgesehen von der allgemeinen Rechtschreibung beim Schreiben, die der Setzer mindestens so gut beherrschen muss wie der Autor des entsprechenden Textes, weiß doch jeder, dass die Trennungsfähigkeiten der Computer zumindest bislang noch begrenzt sind. [...] Hier heißt es korrigieren.

Das Fotosetzverfahren ermöglicht, ja erfordert eine große Vielseitigkeit, wenn die technischen Möglichkeiten wirklich ausgeschöpft werden. Tatsächlich wäre eine Perspektive die humanste, die denjenigen, der die Texte konzipiert, in die Textgestaltung einbezieht. Setzen und Schreiben als abwechselnde Tätigkeiten können wir uns schwer vorstellen, weil wir zu borniert sind, uns z.B. Setzer beim Verfassen von Texten zu denken. Dabei sind schon heute in manchen Artikeln der *taz* die Ausführungen der Setzer/innen das Spannendste. Unsere unfähige Phantasie wird festgehalten von der Festgefahrenheit der Arbeitsteilung und nicht von der prinzipiellen Unfähigkeit der einen oder anderen Berufsgruppe[12]. Auch ist seit geraumer Zeit bekannt, dass das alleinige Abschreiben nicht selbstverfasster Texte belastender ist als die Schreibarbeit als untergeordnetes Element beim Verfassen von Texten. Die oben beschworene Vielseitigkeit der neuen Setzer an den Fotosatzmaschinen nimmt sich in der Wirklichkeit viel weniger euphorisch aus. An Terminals sitzen Frauen auch in Heimarbeit und arbeiten im Akkord, tausendzeichenweise wird abgerechnet. Wenn sie zu viele Fehler machen, lohnt sich ihr Einsatz nicht, das kostet zu viel Korrekturlauf und Material, sie werden nicht wieder beschäftigt. Die Glücklicheren verdrängen die Setzer. Der Vorgang lässt sie nicht unbeschadet; für ihre Arbeitsbedingungen kämpft niemand, nicht einmal sie selber. Diese Zerlegung der Arbeit ist eine Möglichkeit der neuen Technik. Sie ist jedoch keine notwendige Folge.

Wie steht es mit der Kompetenz an den neuen Maschinen? Das ist eine Frage der Ausbildung – und umgekehrt, mangelt es an der nötigen Kenntnis und Fertigkeit, eine Frage der Belastung. Kennt man z.B. die Maschine nur ungefähr, so geht es einem wie einem neugebackenen Autofahrer:

12 Man vgl. dazu etwa die Bewegung schreibender Arbeiter sowie das »Gewerkschafterinnentagebuch«, Morisse u.a., in *Das Argument* 135, 1982, 635–645.

schweißige Hände, Herzklopfen, Angst, Magenschmerzen, Kopfschmerzen, Übelkeit und ständige Anspannung sind die Symptome. Beherrscht man es, so strebt man ihm lustvoll entgegen, genießt die Handhabbarkeit, prüft die Möglichkeiten, erweitert die Bereiche, stellt Schwächen fest, nimmt Verbesserungen vor, experimentiert. Das Betriebsverfassungsgesetz sieht da in seinem § 611 vor: »Recht auf Normalleistung bei unbekannter Belastung durch Einführung neuer Technologie.« Die starke Behauptung eines Rechtes unter dem Standpunkt der Arbeitsabgabe lenkt ab von der ungeheuer vagen Formulierung im Begriff »Normalleistung«. Wäre es nicht möglich, das Recht auf Kompetenz an die Stelle zu setzen?

Die Reform der Ausbildung wurde von der IG Druck schon in den 1960er Jahren gefordert. Aber Layouten, Korrigieren, Setzen, Reprofotografieren, das sind unterschiedliche Ausbildungsfelder. Die Vielseitigkeit, die ihre Zusammenlegung erbringt, könnte eine Verzettelung in der Ausbildung bedeuten. Dilettantismus auf allen Gebieten. Warum sollte man nicht Kollektive vorsehen, bei denen jeder alles kann, aber Schwerpunkte in den einzelnen Fähigkeiten liegen? Die Schwierigkeit in der Realisierung eines solchen Vorschlags liegt in der Festigkeit der einzelnen Berufe und ihren tarifmäßig abgesicherten zumutbaren Tätigkeiten. Die Arbeitsteilung ist nicht horizontal; dies aber wäre Voraussetzung für ein funktionierendes Kollektiv. Die neuen Maschinen sprengen die alten Arbeitsteilungen. Die Zusammenlegung von Arbeitstätigkeiten in den Maschinen macht zu ihrer Beherrschung eine Zusammenlegung der Kenntnisse und Fähigkeiten notwendig, will man die positiven Möglichkeiten für die Arbeitenden nutzen. Das bedarf der Mitbestimmung bei der Art der anzuschaffenden Maschinen ebenso wie eine Neuorientierung bei der Politik der zumutbaren und angemessenen und den Tarif bestimmenden Arbeit. Ohne kollektive Formen wird es kaum gehen.

Auf dem letzten Gewerkschaftstag der Druckergewerkschaft (1980) gab es einen typischen Vorstoß für eine Maschinenbesetzung (es war dies der Vorschlag der Stuttgarter zur Bedienung einer Rollenoffset-Maschine). Ziel dieses Vorschlags ist es, die Anzahl der ausgebildeten Drucker festzulegen und diese auf Arbeiten »ihres Berufsbildes« zu verpflichten; alle übrigen Arbeiten wie Ölen, Schmieren, Ein- und Ausheben von Formen, Bedienen von Rollenträgern, Auffüllen der Farbe, Abrichten und Schleifen sollte dagegen Hilfskräften vorbehalten bleiben. Das Festhalten an solchen Arbeitsteilungen wird, soweit man das bis jetzt absehen kann, von der neuen Technologie immer aufs Radikalste in Frage gestellt. Arbeitslosigkeit für die Hilfskräfte, Tätigkeiten, die nicht eingeordnet werden können und die dann von Unternehmern billig an Arbeitende gegeben werden, die sich privat dafür ausbilden; damit Desolidarisierung in der Gewerkschaft; Abgruppierungen der um einige, wenn nicht alle vorherigen Tätigkeitsmerkmale

Beraubten werden die Folge sein, wenn kein Versuch gemacht wird, alte verfestigte Arbeitsteilungsformen endlich ins Kollektiv aufzulösen. Weber fügt hinzu: »Aus der Sicht der IG Druck und Papier ging es jedoch in der RTS-Auseinandersetzung wie in früheren ähnlich gelagerten Konflikten allein um die Erhaltung qualifizierter Facharbeit und die Verteidigung eines einmal erreichten Reproduktionsniveaus [...]. Zum Teil leistete [...] die gewerkschaftliche Argumentation selbst der Abqualifizierung des Kampfes als ›berufsständisch-konservativ‹ insofern Vorschub, als sie allein seinen Abwehrcharakter, die Sicherstellung der traditionellen Arbeitsteilung, betonte.« (Weber 1982, 43)

Nachtrag: Detlef Hensche schlug mir vor, die Geschichte der Druckergewerkschaft sorgfältiger zu studieren. Der richtige Rat lässt mich einige Punkte noch schärfer hervorheben. So erscheint es mir jetzt ganz evident, dass die Kämpfe der IG Druck ganz nachdrücklich durch das Festhalten am männlichen Facharbeiterbewusstsein und durch Geringschätzung weiblicher Arbeit geprägt sind, auch wenn tatsächlich weibliche Perforatortasterinnen den Maschinensetzerlohn (seit 1959) bekamen. Auch diese Regelung verdankte sich zunächst dem Versuch, die weiblichen Schreibkräfte von den Geräten fernzuhalten. Am Perforator sollten vorzüglich Schriftsetzer (nach einer Eignungsprüfung) beschäftigt werden. Die Arbeitsmarktlage war für die Schriftsetzer günstig, so mussten sie nicht an den Perforator, was dazu führte, dass hier Angelernte und so auch weibliche Arbeitskräfte Eingang fanden [...] (vgl. dazu Weber 1982, 36f.).

Die Hochschätzung der Schriftsetzer, die längst im Massensatz an einer Art großer Schreibmaschine saßen, speiste sich aus dem Vorsprung und den Privilegien einer Berufsgruppe, die einmal die Kunst des Lesens und Schreibens im Unterschied zur Durchschnittsbevölkerung beherrschte. »Das Facharbeitermonopol konnte um die Jahrhundertwende vermutlich auch deshalb kampflos durchgesetzt werden, weil die potenziellen Konkurrenten, damals wie heute in erster Linie angelernte Schreibkräfte, auf dem Arbeitsmarkt nicht in dem Ausmaß verfügbar waren wie jetzt. Die Beschäftigung von Frauen als Schreibkräfte (nicht als unqualifizierte Industriearbeiterinnen) war noch unterentwickelt, und gegen sie richtete sich eine Reihe kultureller Vorbehalte.« (ebd., 40) Die Sekretärinnen zogen erst in die Schreibstuben ein, als die Alphabetisierung sich schon lange durchgesetzt hatte und man mit Lesen und Schreiben allein keine besondere Qualifikation besaß. Ihre Fertigkeit, die Schnelligkeit ihrer Hände, eine weibliche Tugend seit langem, war niemals etwas, das sich besonderer Achtung erfreuen konnte. Selbst in einem Satz des Vorsitzenden Mahlein, der doch die Arbeit an den neuen Maschinen hervorheben und nicht, wie andere, geringschätzen will: »Es sieht zwar schreibmaschinenähnlich aus, ist jedoch qualifizierte Arbeit«, drückt sich auch jene Missachtung der weiblichen Arbeit aus. Die Schwierigkeit, dass sich hier patriarchalische Strukturen mit Ausbeutungsstrukturen überlagern, ist ja nicht bloß eine im Denken und in den Einstellungen, sondern sie bestimmt die Politik in der Arbeiterbewegung auch von ihrer Basis her. Schließlich bilden die Drucker und Setzer als Facharbeiter nicht nur theoretisch das Herzstück *männlichen Klassenbewusstseins*, sie sind auch praktisch organisiert, während die weiblichen Sekretärinnen, Stenotypistinnen usw. erst anfangen, ein wesentlicher Teil der Arbeiterbewegung zu werden. Eine weitere Schwierigkeit für die gewerkschaftliche Politik ist der Status, den die Arbeitenden an den Maschinen einnehmen. Schreibkräfte sind Angestellte, ebenso Arbeitende an Bildschirmen. Selbst diese windige Form, Arbeiter zu Angestellten zu machen, die man hundertmal als Trick und Einwickelmanöver entlarven mag, hat einen Einfluss darauf, welchen Platz in der Gesellschaft die Einzelnen für sich angemessen finden, und bestimmt ihr politisches Handeln. Drucker und Setzer sind Arbeiter. Die Verschiebungen in den Positionen (vom Arbeiter zum Angestellten) wurden bislang einseitig von den Unternehmern als Pluspunkte verbucht. Auch hier gälte es, durch Entwicklung einer offensiven Arbeitskultur entgegenzuarbeiten.

Lehren aus dem Setzertext

Wieso ist der Beitrag über Drucken und Setzen einer zu feministischem Marxismus und nicht einfach nur zu Gewerkschaftspolitik? Müsste dann nicht alle Forschung, in der von Frauen die Rede ist, als feministische Intervention in den Marxismus aufgefasst werden? Dies scheint in der Tat notwendig, soweit es sich um Hinterfragen und Umschreiben von Texten in marxistischer Tradition und schon daher auch von Texten zur Arbeiterbewegungspolitik handelt. Auch wo Arbeiterbewegung sich nicht auf Marxismus beruft, trägt sie die Bürde, als Klassensubjekt zu sprechen und also in der Klassenauseinandersetzung von Arbeit und Kapital zu agieren. Die Forderungen und Kämpfe haben also einen allgemeinen Anspruch in kapitalistischen Produktionsverhältnissen. Insoweit Frauen da nicht vorkommen, obwohl sie vorhanden sind, haben die Argumente eine strategische Leerstelle. Sie sichtbar zu machen, das kann man aus diesem Text für den Marxismus-Feminismus neu lernen, braucht andere Methoden, die zugleich die Weisen des Unsichtbarmachens von Frauen als eigene Methode entziffern und Gegenmethoden erfinden. – Zuallererst den Zweifel, dann, aus dem Schweigen das Verborgene herauszufinden. Dies verlangt eine große Kenntnis in allen möglichen Bereichen, die jeweils neu erarbeitet werden müssen. Diese Arbeit reicht notwendig weit zurück in die Geschichte. Um das Gegebene nicht einfach, weil gewohnt, als natürlich wahrzunehmen, braucht es die Entwicklung historisch-genetischen Verfahrens. Das heißt, die Verhältnisse als gewordene zu studieren und den Prozess des Werdens mit zu erforschen. Insofern bewegt sich auch feministischer Marxismus im Werden in sämtlichen Fachgebieten. Zentral ist es, den Standpunkt von Frauen, den es in den Wissenschaften so noch nicht gibt, der also erst legitimiert werden will, einzunehmen. Der Text ist auch Beleg, wie viele Hindernisse es gibt, welche Politiken gebraucht werden und auch, wie mühsam sich feministischer Marxismus durcharbeitet, wie alle Grenzen von Fächern durchquert werden müssen, alle neu und anders gezogen gehören. Eine wesentliche Dimension ist die Entwicklung der Produktivkräfte. Sie bestimmt, wie Arbeit selbst sich ändert, umkämpft ist, und nötigt zum Studium von Kräfteverhältnissen um Arbeit. Und in alledem erfährt man, wie die Klassenfrage den feministischen Marxismus überlagert – wie ein dichter Knoten von Abwehr paradox zusammengebunden ist mit Bewahrung und Schutz, und gerade damit der Befreiung aller entgegensteht.

Wichtige Lehren sind zu ziehen: Der Ausgangspunkt, mit der Arbeit zu beginnen, zielt direkt ins Feld der Lohnarbeit und darin auf die Abwesenheit von Frauen, selbst wo sie körperlich anwesend sind. Wesentlich wird es, die Entwicklung der Produktivkräfte zunächst der industriellen Arbeit zu verfolgen und von dort darauf zu stoßen, dass diese Lohnarbeitsstrukturen von einem dichten Netz an Gewohnheiten, Privilegien, Ausschließungen, Verwaltung, institutioneller Absicherung umgeben sind, so dass es gar keine gradlinige Politik – etwa der Einschreibung von Frauen in die Geschichte bestimmter Arbeit – geben kann. Die Gewerkschaften als Zusammenschlüsse zum Schutz der Arbeitenden unter kapitalistischen Produktionsverhältnissen erweisen sich ebenfalls als vielfach bestimmt, nicht einfach als Interessenvertreter von Arbeit gegen Kapital. Die Grundstellung als Ehefrauen, als Mütter, als Mitzuversorgende, als Zuverdienerinnen, die Frauen in diesem Kontext durchgehend zugestanden ist, lässt sich gegen die Verteidiger des Gewohnten kaum verändern. Zunächst ist die Gewohnheit als Haltung selbst zu hinterfragen, die so gut wie immer im Bündnis mit beharrenden Kräften ist. Sie bestimmt Selbstwertgefühl und damit Gesundheit und was als angemessene Arbeit gewertet werden kann. Das Änderungsverlangen eines feministischen Marxismus wird immer ausgreifender und vielfältiger. Die Arbeit daran eine für Riesinnen.

»Alle festen eingerosteten Verhältnisse mit ihrem Gefolge von altehrwürdigen Vorstellungen und Anschauungen werden aufgelöst, alle neugebildeten veralten, ehe sie verknöchern können. Alles Ständische und Stehende verdampft, alles Heilige wird entweiht, und die Menschen sind endlich gezwungen, ihre Lebensstellung, ihre gegenseitigen Beziehungen mit nüchternen Augen anzusehen.« (MEW 4, 11) Diese Diagnose, die Marx im *Kommunistischen Manifest* für die Bourgeoisie-Epoche spricht, ist so wahr wie unwahr. Sie rechnet nicht mit den vielen Auffangstationen, die die beharrenden Kräfte finden und stets erneuern. Sie rechnet nicht mit einer Allianz von Patriarchat und Kapital, die Ausbeutung paradox absichert.

Einleuchtend wird, dass Forderungen nach gleicher Behandlung unter Ungleichen falsch sind. Umgekehrt ist ungleiche Behandlung vonnöten, Bevorzugung, wie dies etwa Quotenpolitik begründen kann.

Diese Einsichten in einen Bereich im Umbruch verschieben das Forschungsfeld ein weiteres Mal in Richtung auf die Akteure. Subjektforschung zeigt sich als wesentliches Element von feministischem Marxismus, so wie zuvor Demokratie von unten als unerlässliches Fernziel. Und immer wieder neu stößt man darauf, dass die Teilung der Arbeit in großem Maßstab zentraler Ausgangspunkt ist, wie ihre Veränderung wesentliche Aufgabe eines feministischen Marxismus wird.

Kapitel 5

Feministisch-marxistische Alltagsforschung

5.1 Subjektforschung – Materialanalyse mit Erinnerungsarbeit

»Das Zusammenfallen des Ändern[s] der Umstände und der menschlichen Tätigkeit oder Selbstveränderung kann nur als *revolutionäre Praxis* gefasst und rationell verstanden werden«. So eindringlich dieser Satz aus den *Feuerbachthesen* von Marx am Anfang aller unserer Versuche steht, als sozialistische Feministinnen Politik zu machen, füllt er sich konkret je anders. Wo kann man beginnen? Die Verschlingung verbietet ein zuerst und später. Man kann nicht die Bedingungen seines Lebens verändern und ungestraft selbst gleich bleiben. Man kann sich nicht verändern, ohne die Bedingungen des Lebens umzubauen. Als sozialistische Feministinnen begannen wir geradezu selbstverständlich mit den Bedingungen, was zumeist zu Forderungen an den Staat führte (mehr Kindergärten, bessere Schulen usw.), und begriffen die Selbstveränderung nicht als zusätzliche Extraaufgabe, sondern eher als Effekt. Anfang der 1980er Jahre gibt es andere Möglichkeiten für Frauen, sich in die Welt zu bewegen, als noch zu Beginn der Frauenbewegung in den 1970ern oder gar früher. Was hält sie in alten Haltungen, die ihnen das Neue zu ergreifen verwehren? Erinnerungsarbeit ist eine Methode, sedimentierte Haltungen und Verknüpfungen aufzuspüren mit der Absicht, sie bewusst zu machen, um die Möglichkeit zu öffnen, auch sich selbst mit mehr Bewusstsein zu machen. Subjektforschung musste so ein Schwerpunkt eines beginnenden feministischen Marxismus werden.

Unter der Voraussetzung, dass im Marxismus, also in der Kritik der politischen Ökonomie, wesentliche Erkenntnisse gewonnen sind, die den ökonomischen Zusammenhang unserer Gesellschaft betreffen, gehörte die Erarbeitung von Marxismus zu den Grundvoraussetzungen in der sozialistischen Frauenbewegung. Von dort aber fiel der Weg ins Alltagskonkrete unerhört schwer, wie auch der in die Ökonomie als dem wirtschaftlichen Treiben in unserer Gesellschaft. Die Aneignung wirtschaftlicher Vorgänge, etwa als Zeitungslektüre, stieß sich an der verbreiteten Haltung unter uns, die »Wirtschaft« langweilig zu finden. Langeweile ist ein nicht sogleich durchschaubares Gefühl. Sie steht auf jeden Fall dem Ergreifen der Vorgänge entgegen. Selbstkritik ist eine unentbehrliche Praxis für jedes Verändernwollen. Diese drei zusammenzunehmen, Kritik der politischen Ökonomie, Erinnerungsarbeit um Haltungen und Einstellungen sowie Selbstkritik, führte zur Untersuchung weiblicher Langeweile in der Ökonomie. Dieses Stück Materialanalyse soll als Dokument eines feministischen Marxismus ebenfalls erhalten bleiben. Es war folgenreich und bleibt eigentümlich aktuell. Es ist zugleich eine Einführung in die Erinnerungsarbeit.

5.2 Erfahrung und Theorie: Die Langeweile in der Ökonomie und die Farbwerke Hoechst[1]

Um die Wirtschaftsseite einer Tageszeitung zu lesen, muss ich mir einen Ruck geben. Was dort steht, ist mir in seiner Gesetzlichkeit bekannt, und zugleich sind eben diese Gesetze ganz meinem Eingriff entzogen, haben mit meinem konkreten Leben nichts zu tun. Die Wirtschaftsseite langweilt mich. Als Marxistin muss ich mich für Ökonomie interessieren. Täglich also zwinge ich mich, lese: *Volkswagen spürt noch keine Geschäftsbelebung. Klöckner rechnet mit einem ausgeglichenen Abschluss. Hoechst kündigt unveränderte Dividende für 1982 an.* Irgendwie beunruhigend beruhigend. Die Krise in der Stagnation. Profitgesetze, Klassenfragen, Ausbeutung, dahinter zunehmend Arbeitslosigkeit. Die Größe der hier in Frage stehenden Komplexe macht mir ein schlechtes Gewissen, wenn ich der Wirtschaftsseite kein längeres Studium widme und stattdessen auf die Seite mit den kleinen lokalen Nachrichten überwechsele. *Eine Frau springt aus dem vierten Stock in einen Hinterhof.* So viel Verzweiflung kann ich mir vorstellen. *Ein Ölscheich lässt sich sein Flugzeug von innen vergolden, selbst die Armaturen in dem eingebauten Badezimmer sind aus 24-karätigem Gold.* Auch das kann mit meinem Interesse rechnen. Ich habe auch ein Badezimmer, diesen überflüssigen Luxus in Gold, noch dazu in einem Flugzeug, kann ich verurteilen und bemessen und weiß wieder zugleich, dass solche Verhaltensweisen geradezu systemwidrige Ausnahmen sind. Produktion um der Produktion willen, nicht wegen des Luxuskonsums, bestimmt die Kapitalgesetze.

Ich zwinge mich zurück auf die Wirtschaftsseite und lese weiter über die

1 Aus: *Das Argument* 132, 1982, 807–819, unter dem Titel »Erfahrung und Theorie« – zunächst als Vortrag gehalten auf den Volksuniversitäten Stockholm und Berlin 1982.

Normalität des Kapitalismus, nicht über seine Auswüchse. *Der Weltumsatz bei Hoechst ist um 15 % auf 34,4 Milliarden DM gestiegen.* Auch etwas, das meinen Horizont überschreitet: 34,4 Milliarden. Ich stelle fest, dass ich geradezu zwanghaft die Wirtschaftsgeschehnisse auf meine kleine Haushaltsökonomie übertrage. Die Gesellschaft im Großen mir zu eigen zu machen heißt, ihre Gesetze auf die Regeln meines privaten Lebens herunterzudenken. Und umgekehrt. Das geht eine Weile ganz gut: Waren müssen gekauft werden mit Geld; Gebrauchswerte werden produziert; es wird konsumiert; es herrscht Arbeitsteilung. Aber wie die Menschen ihr Leben produzieren, aufgeteilt nach Klassen und um des Mehrwertes willen, dies bestimmt nicht die häusliche Produktion und also das alltägliche Leben, und umgekehrt sind die Versorgung der Kinder, die Familienform und die Unterordnung der Frauen unter die Männer keine Fragen, die mit Ausbeutung, kapitalistischer Fremdbestimmung und Klassenkampf zu kennzeichnen wären. So finden wir uns in dem Paradox, dass die entscheidenden Fragen der Gesellschaftsformation vom Standpunkt des alltäglichen Lebens aus unbegreifbar und von daher langweilig werden und die lebendigen Fragen unseres Alltags vom Standpunkt des Klassenkampfes und also von dem radikaler linker Politik her nebensächlich. Und doch muss es einen Zusammenhang geben zwischen den Dingen im Großen und Ganzen und der Art und Weise, wie massenhaft gelebt wird. Ich quäle mich weiter durch die Zahlenwüsten im Wirtschaftsteil. Die unbegreiflichen Zuwachsraten bei Hoechst, so lese ich, verdanken sich am stärksten der Pharma-Sparte mit einem Plus von 20,9 %; prozentual noch mehr wuchs der Faserumsatz um 31,6 %. Der Hinweis auf die bestimmten Produkte, die den Unternehmern für ihre Profite gleichgültig sein mögen, weckt mein Interesse. Wieso wuchs dermaßen die Arzneimittelproduktion? Und wer braucht die vielen zusätzlichen Fasern? Wie leben die Menschen diese Artikel? Und wie leben sie überhaupt dieses gesamte System? Meine Begriffe aus der *Kritik der politischen Ökonomie* lassen mich da ziemlich hilflos: *Klasse; Klassenkampf; Arbeit, gleichgültige; Produktivkräfte; Produktionsverhältnisse; Ausbeutung und Mehrwert* – von daher kann ich schlecht ableiten, *wie* diese Strukturen ergriffen werden. So wenig die Profitgesetze unmittelbar das Leben in der Familie regeln, so wenig lässt sich der Alltag aus den Kapitalgesetzen deduzieren. Was so für den Alltag aller Menschen gilt, seine Unbegreiflichkeit aus den Gesetzen, nach denen sich die Produktion im Großen analytisch bestimmen lässt, das gilt umso mehr für die Frauenfrage.

Die Frauenunterdrückung ist älter als der Kapitalismus; der häusliche Bereich, der orientierend das Leben der Frauen bestimmt, unterliegt den Kapitalgesetzen nicht direkt; die Verantwortung für Mann und Kinder, die leibliche und seelische Versorgung der Angehörigen sind Aufgaben, die der Logik von Verwertungsprozessen und Lohnarbeit widerstreiten. Liebe und

Fürsorge widersprechen Konkurrenz und Tauschdenken. Wir kommen hier zu einem zweiten Paradox, das ich verkürzt folgendermaßen charakterisieren möchte: Die Frauenunterdrückung hängt ganz offensichtlich mit Bereichen und der Fesselung an sie zusammen, die sich gegensätzlich zu den Kapitalgesetzen bestimmen. Das macht, dass sie von der Befreiungstheorie der Lohnarbeiter, dem Marxismus, nicht nur nicht erfasst wird, sondern sogar auf der Seite der Befreiung eben jene Teile der Frauenleben angesiedelt scheinen, die ihre Unterdrückung ausmachen. Mütterlichkeit, Befriedigung von Bedürfnissen unabhängig von der Leistung, Liebe, Fürsorge, Wohnlichkeit, das sind sozialistische, gar kommunistische Ziele und zugleich die Fesseln, in denen die Frauen heute leben. In der Arbeiterbewegung wurde lange Zeit der Sozialismus als Frau dargestellt; so ist auch heute den Frauen zu Hause die Aufgabe der Erlösung von der außerhäuslichen Fremdbestimmung aufgetragen. (Ohne der Frauenunterdrückung auch nur einen halben Gedanken zu schenken, feiern u.a. André Gorz und Alain Touraine die Frauenbewegung als eine Befreiungsbewegung für Männer, weil sie ihnen die häuslichen Werte bringen könnte. »Es geht dann nicht mehr darum, die Frau von der häuslichen Tätigkeit zu befreien, sondern darum, deren nichtökonomischer Rationalität auch jenseits des *domus* Geltung zu verschaffen ...« [Gorz 1980, 78] »Dank der Frauenbewegung haben wir Männer den Anspruch auf Gefühle, auf Beziehungen zu Kindern usw. wiederentdeckt.« [Touraine, zit. nach Gorz 1980, 79]

Zusammenfassend möchte ich behaupten, die Langeweile in der Ökonomie rührt daher, dass wir uns nicht die Mühe gemacht haben, die Art und Weise zu studieren, wie die Menschen die in der *Kritik der politischen Ökonomie* entdeckten Strukturen alltäglich leben. Das ist eine Frage nach der individuellen Vergesellschaftung.

Wir nehmen die verschiedenen Dimensionen des Lebens: Liebe und Arbeit, Privates und Öffentliches, Haushalt und Wirtschaft als verschiedene getrennte Bereiche wahr, haben über jedes arbeitsteilig getrennte Gedanken und Gefühle, und doch leben wir die Trennung in einem zusammenhängenden Leben. Für die Frauenfrage heißt dies, dass wir über den Zusammenhang von Frauenunterdrückung und Kapitalismus so gut wie nichts wissen – allenfalls empört vor Leichtlohngruppen und der Streichung von Sozialausgaben stehen und noch viel fassungsloser vor Abtreibungsgesetzen und Scheidungskosten –; und dass wir also nicht sagen können, wie sich das Gesamtsystem mit Hilfe von Frauenunterdrückung reproduziert, welche Eingriffe für Frauenbefreiung heute möglich sind, und noch nicht einmal, welche Perspektive eine Arbeiterbewegungspolitik ohne Einbeziehung der Frauenfrage hat.

Kollektive Empirie als Erinnerungsarbeit

Wir stellen also fest, dass es nicht nur an Frauen in Wissenschaft und Kultur, in Regierung und Wirtschaft mangelt, sondern auch, dass die weiblichen Erfahrungen nicht oder kaum in die Theoriebildung, in die tragenden Begriffe etwa des Marxismus Eingang gefunden haben. Ebenso wenig, wie wir begreifen, dass ein System von Konkurrenz, Imperialismus, Ausbeutung, Unterdrückung und Krieg die Zustimmung seiner Bürger erhält, ebenso wenig begreifen wir, warum Frauen nicht gegen eine Struktur sich zur Wehr setzen, in der sie immer wieder zu Wesen werden, die den Männern untergeordnet sind, Wesen zweiter Klasse (vgl. dazu Mouffe 1982). Ich stelle mir die doppelte Frage, wie die Defizite in der Theoriebildung aufzuarbeiten sind, wie also der Marxismus zu erweitern ist um die Frauenfrage, und wie Frauen in ihre Vergesellschaftung verändernd eingreifen können. D. h., ich stelle mir die Frage nach eingreifender Theorie, die die Erfahrungen der Frauen begreift in der Perspektive ihrer Veränderung.

Die neue Frauenbewegung zog aus dem Fehlen der Frauen in allen gesellschaftlich relevanten Bereichen und aus der Ahnung, dass dies in der wissenschaftlichen Theorie kaum anders sei, den Schluss, Politik als Selbsterfahrung zu betreiben. *Das Persönliche ist politisch,* dieser Slogan war für viele Aufforderung, sich in kleinen Gruppen alltägliche Probleme zu erzählen, sich aus der Vereinzelung in das Gefühl massenhafter Erfahrung zu begeben. Dass der bloße Austausch von Erlebtem noch nicht zum Begreifen führt, lässt sich hier schnell einwenden. Dass das Anhäufen von Unterdrückungs- und Gewaltgeschichten zwar zunächst das Selbstbewusstsein stärkt, aber auf Dauer eher mutlos macht, statt Eingriffe zu ermöglichen, dass Selbsterfahrungsgruppen nach relativ kurzer Zeit zusammenbrechen oder weniger dramatisch im Sande verlaufen, ist selber eine ziemlich gesicherte Erfahrung aus diesem Umgang mit Erfahrungen. Aus Erfahrungen muss man nichts lernen, formulierte Brecht, und zugleich gilt, dass man ohne Erfahrung nichts lernen kann[2]. Aus dem bisher skizzierten Dilemma erfahrungsarmer Theorie und theoriearmer Erfahrung möchte ich einen Vorschlag kollektiver Empirie präzisieren: die *Erinnerungsarbeit*[3]. Um herauszufinden, wie das Leben der Vielen im Einzelnen geschieht, müssen wir es besichtigen. Eine Möglichkeit ist, *Geschichten zu schreiben,* Alltagsskizzen und Jedermanns-Erlebnisse von uns aufzuzeichnen[4]. Um zu vermeiden, dass dabei das Alltägliche begriffslos und vorurteilsvoll bloß verdoppelt wird, gilt es, diese Notizen *kollektiv zu be-*

2 Vgl. dazu Haug, F., 1981, 2

3 Vgl. dazu Projekt Frauengrundstudium, 1980 und 1982

4 Vgl. dazu Haug, F. (Hg.), 1980

arbeiten. Um die soziale Konstruktion, die Mechanismen, Verknüpfungen, Bedeutungen unserer Taten und Empfindungen herausarbeiten zu können, müssen wir *historisch vorgehen.* Der Vorschlag, der also die Tugenden der Erfahrungsgruppen beibehalten will, die Verhältnisse im Großen mit dem Leben im Kleinen zu verknüpfen, und die Untugenden vermeiden möchte, im begriffslosen »Kleinen« auf das Gesamt zu verzichten, heißt: *kollektive Erinnerungsarbeit* zu leisten. Die Betonung liegt auf kollektiv, auf Erinnerung und auf Arbeit. Das Resultat ist eine notwendige genussvolle neue große Empirie.

Der Vorschlag ist in dieser Verknüpfung neu. Die einzelnen Bestandteile jedoch werden seit einiger Zeit diskutiert. Das macht die Durchführung leichter und schwieriger. Überall trifft man auf Vorarbeiten, zugleich wird man beschuldigt, Grenzen nicht einzuhalten. Das trifft die Bereiche: sozialwissenschaftliche Methode, Literatur, den Streit um Erfahrung und um Sprache und ihre Bedeutung, um Kultur und Ideologie.

Ich werde versuchen, bei der Präzisierung des Verfahrens die Streitpunkte, wo nicht ausführlich zu benennen, sie jedenfalls in meine Ausführungen operativ einzubeziehen.

Subjekt und Objekt

In den empirischen Sozialwissenschaften streitet man seit langem darum, ob der Mensch als Gegenstand von Forschung nicht seiner menschlichen Spezifik, der Tatsache, dass er selbst handelndes Subjekt ist, eben nicht Objekt, beraubt werde. Kann man auf Menschen wie auf Insekten blicken?[5] Kann man Bewegungen, Eigenschaften, Verhaltensweisen als feste Dinge erfassen? Das geht von Anweisungen an Interviewer, möglichst unauffällig zu sein, damit sie das Feld nicht durch ihr eigenes Menschsein verunklaren, bis zu Vorschlägen, umgekehrt das Interview zu Erziehungszwecken zu benutzen, das Feld anders zu verlassen, als man hineinging. Im Kern des Hin und Her um die geeignete Mensch-Forschung, um das Verhältnis von Subjekt und Objekt in der Forschung, steht die Auffassung von dem, was der Mensch ist und was man mit ihm vorhat. Gilt es, seine Verhaltensweisen zu erforschen, um ihn vom Standpunkt einer Regierung besser steuern zu können, oder fasst man ihn als gesellschaftliches Wesen, das sich seiner Taten und ihrer strukturellen Behinderungen bewusst wird, um eingreifend zu verändern, das die Welt für menschliche Zwecke umbauen will? Man hört an den Formulierungen: Wir ergreifen Partei für den aufrechten Menschen, der den Verhältnissen nicht bloß ausgeliefert ist. Diese Parteinahme hat Einfluss auf die Methode der Empirie. Für uns kommt eine Forschung,

5 Vgl. dazu insbes. Adorno 1969 und F. Haug 1978.

die den Menschen als Gegenstand oder Objekt fasst, nicht in Frage. Dass die Form, das Leben zu erkunden durch das kollektive Schreiben von Geschichten, eine ganz eindeutige Aufforderung ist, Forschung als Selbsttätigkeit zu fassen, liegt auf der Hand. Erforschte und Forschende sind eins. Die Lösung des Subjekt/Objekt-Problems ist fast zu einfach.

So einfach kann nicht jeder Forscher sein. Das beginnt schon bei der Wahl des Themas. Wer bestimmt es? Schließlich ist »Alltag« zunächst ein Chaos. Wer also soll – noch dazu für ein Kollektiv – setzen, was ausgewählt werden soll? Die Fragen um das Monopol der Themenstellung betreffen zugleich umgekehrt die Frage des Interesses der Vielen. Jeder, der einmal in einer Selbsterfahrungsgruppe war oder auch nur auf Familienfesten oder in Eisenbahnabteilen den langen Reden Einzelner zuzuhören gezwungen war, weiß um das Problem. Im Grunde möchte keiner hören, was die anderen zu sagen haben. Man kennt es schon; es ist zudem uninteressant erzählt; die Erzählenden streichen sich heraus und putzen andere herunter; dieses Alltagsgeschwätz über alles kann man nicht ausstehen. Auch in den Selbsterfahrungsgruppen wartet jede darauf, endlich selber an die Reihe zu kommen, möchte eher sprechen als zuhören. In den berechtigten Beschwerden sind schon eine Reihe praktischer Hinweise an die Bearbeitung von Erzähltem enthalten – ich komme später darauf zurück. Hier geht es zunächst um die Frage des Interesses und die Wahl des Themas.

Ich möchte behaupten, dass die Interesselosigkeit bei den Erzählungen anderer nicht allein, nicht einmal wesentlich der Kunstlosigkeit des Vortrags geschuldet ist, sondern eben jener Auffassung entspringt, dass es im Grunde bedeutungslos ist, was jeder so alltäglich tut, erfährt, fühlt usw., bedeutungslos für alle anderen und besonders bedeutungslos für die Gesamtgesellschaft. Da es aber auch eben dieses alltägliche Leben ist, in dem sich die Gesellschaft im Großen reproduziert, wird, so behaupte ich ferner, allein schon ein Wissen darum die Haltung der Einzelnen zu sich selbst und zueinander umbauen. Man nimmt sich und andere ernst. Die Forschungsfrage, wie die Systemstrukturen – etwa die Lohnform, das Geld, das Wachstum der Textilindustrie oder Ähnliches – in meinem Alltag von mir mit welchen Motiven, Hoffnungen, Wünschen usw. aufgenommen, umgearbeitet und getragen werden und wie dies die anderen machen, verwandelt uns unversehens allesamt in Experten unseres Alltags. Wir erscheinen einander nicht mehr als Zeitdiebe oder Konkurrentinnen, die sich die Schau stehlen, sondern als Forschende in gemeinsamer Sache, als Wissende, die die Mosaiksteine liefern können, die zum Bau des Ganzen verwendet wurden und von uns umzugestalten wären. Dass aus unseren Einzelerfahrungen etwas Gemeinsames erkennbar werden kann, verändert schon unsere Beziehung zueinander. Die lernende Haltung macht uns ungeduldig und offen für jede weitere Information und geduldig gegenüber der Unzulänglichkeit der Berichterstattung. Das gilt, so behaupte ich, für jedes Thema, welches unseren Alltag, unsere Erfahrungen mit den gesellschaftlichen Strukturen, wie wir sie vorfinden, verknüpft. Welches Feld dann konkret gewählt und bearbeitet wird, richtet sich am besten nach dem Druck, den die Einzelnen verspüren. Es ist wahrscheinlich, dass sie dort am meisten zu sagen und also beizutragen haben, wo der Leidensdruck am größten ist. Ohnehin verschieben sich im Laufe der Bearbeitung die Probleme, erweisen sich als andere, eröffnen neue Forschungsfelder usw. – hierzu später.

Bestimmen wir gemeinsam, was uns wichtig ist, so ist die Gruppe auch gleich zu Anfang schon der Garant, dass es sich nicht um ein sektiererisches Problem handelt – die bloße Zustimmung schon zeigt, dass es alle betrifft, dass ein Vergleich möglich ist, dass Unterschiedliches zusammengetragen werden kann, dass überhaupt ein Forschungsprozess eröffnet werden kann (ausführlich dazu Haug, F., 1983).

Die soziale Konstruktion subjektiver Erfahrung

Erfahrungen als Quelle der Erkenntnis zu benutzen ist ganz illusionär, könnte man einwenden. Hier wird doch fälschlich unterstellt, dass die Einzelnen überhaupt in der Lage sind, »objektiv« über sich zu berichten. Was ihnen widerfuhr, verarbeiten, ja konstruieren sie doch subjektiv! Hier haben wir das Subjekt/Objekt-Problem, welches wir auf der Seite der Forschung so harmonisch lösten, auf der Seite der Berichterstattung mit ganzer Wucht wieder. Dem subjektiv Erfahrenen ist jede objektive Gültigkeit abzusprechen. Die Begründung: Die Einzelnen drehen und wenden, deuten um und verfälschen, verdrängen und vergessen, was ihnen widerfährt, und verfolgen eine Konstruktion ihrer Person, der sie den Gehalt der Vergangenheit unterordnen. Man kann also nichts darauf geben, was sie von sich und ihrer Weltbearbeitung sagen, es ist subjektiv gefärbt.

Machen wir aus dem Vorwurf der bloß subjektiven Bedeutung der Dinge eine Forschungsfrage. *Wie* verändern, verfälschen, verdrehen die Einzelnen eigentlich die Gegebenheiten ihres Alltags und *warum*? Das Warum hängt mit ihrer Identität zusammen. Das soll heißen, die Menschen bauen die Gegebenheiten ihres Lebens so um, dass sie selber einigermaßen widerspruchsfrei darin existieren können. So sie dies nicht in der Tat können, tun sie es in der Idee, in der Erinnerung. Was wir also erforschen können, ist nicht, »wie es wirklich war«, sondern wie die Einzelnen sich hineinbegaben, sich veränderten, welche Interpretationen sie vornahmen, was sie davon hatten, kurz: wie sie sich selber bauten in die vorhandenen Strukturen.

Der Vorwurf beflügelt uns. Schließlich waren es nicht so sehr die fertigen Strukturen, die wir erkennen wollten, sondern ihr Werden, die Verarbeitung der Gegebenheiten im Alltag mit dem Resultat, dass die Einzelnen die Gesamtgesellschaft immer wieder reproduzieren. Der Vorwurf hat sich in sein Gegenteil verkehrt. Es ist in der Tat *notwendig,* die subjektiven Erinnerungen zu befragen, wenn wir über die Aneignung objektiver Strukturen etwas wissen wollen. Dabei nehmen wir nicht an, dass sie ganz ins Belieben der Einzelnen gestellt ist, wie dies als Beigeschmack des Wortes »subjektiv« zu spüren ist. Ganz im Gegenteil. Wie die Einzelnen etwas wahrnehmen, es für gut und richtig, für schön und erstrebenswert, für verächtlich und verwerflich halten, dies ist die Stätte des täglichen Klassenkampfes um die Köpfe und Herzen der Menschen. Ist uns dieses bewusst, so können wir einige theoretische Hilfe (aus Ideologie- und Kulturtheorie) für unsere kollektive Empirie bekommen. Die Verarbeitungen der Einzelnen, die wir als Weltaneignung entzifferten und der wir in den Alltagsgeschichten auf der Spur sind, werden sich bewegen auf dem Feld herrschender kultureller Werte und gegenkultureller, widerständiger Versuche, dem Leben einen Sinn und Genuss abzuringen. Sie werden Kompromisse sein (vgl. dazu Willis 1979, und Projekt Ideologietheorie 1979). Es empfiehlt sich, als eine Art theoretischen Rahmen die Gewohnheiten, Sitten, Regeln und Normen, das, was erwartet wird, was allgemein dazu gedacht wird, was in unseren eigenen Köpfen als moralische Erwartung und halbtheoretische Einstellung zu der Untersuchungsfrage vorhanden ist, ebenso aufzuschreiben wie die Hoffnungen, die sich an eine Selbstvergesellschaftung im Gegensatz zur Fremdvergesellschaftung heften. Man wird feststellen, dass unsere eigenen Taten, soweit wir sie erinnern, in gewisser Weise neben den gesellschaftlichen Erwartungen und eigenen Wünschen liegen, dass die Probleme verschoben sind. Die Zusammengesetztheit der Kompromisse zu untersuchen heißt auch, Möglichkeiten freizulegen, anders zu leben, bzw. herauszufinden, wie anders gelebt werden könnte – wo Veränderungen nötig und möglich sind.

Unsere kollektive Empirie hat also das hochgesteckte Ziel, herauszuarbeiten, wie die Einzelnen sich in vorhandene Strukturen einbauen, dabei sich selbst konstruieren und die Strukturen zum Teil verändern, wie sie also die Gesellschaft wiederherstellen, wo Änderungsmöglichkeiten sind, wo Fesseln am härtesten drücken usw.

Literatur oder Schreiben – Erste Bearbeitungsschritte: die Sprache

Das Aufschreiben von Erlebnissen und Erinnerungen selber verändert schon eine Menge: Man muss aussondern und gewichten, passende Worte suchen, eine Distanz schaffen, Zusammengehöriges ausfindig machen, sich einen Leser denken und also Einzelnes verständlich ergänzen, damit Zusammenhänge erfassen usw. Man muss sich vor allem das Erlebte bewusst machen, als wäre es zuvor schon bewusst gemacht. Das ist nicht nur anstrengend, es erfordert auch ein ganz anderes Augenmerk auf die Dinge, und umgekehrt stellt man beim Schreiben plötzlich fest, was einem alles einfällt, was sich hinzudrängt. Kurz: Schreiben ist eine eigene Produktion, eine Tätigkeit, die selber ein neues Bewusstsein schafft. Schreiben bringt auch einen eigenen Genuss: so zum Beispiel, wenn man nach langem Hin und Her plötzlich das Wort gefunden hat, das genau das ausdrückt, was man sagen wollte. Schreiben ist ein Handwerk, das gemeinhin arbeitsteilig von Schreibern besorgt wird; Literaten, sie betreiben es als Kunst.

So ist die dritte Front, an der der Streit um das Geschichtenschreiben ausgetragen wird, die zwischen Literatur und Schreiben. Folgen wir mit dieser Schreib-Aufforderung an die Frauen nicht lediglich dem Modetrend nach »authentischer« Literatur? Ich möchte mich an dieser Stelle nicht einmischen in die Auseinandersetzung um höhere Kunst, niedriges Schreiben, um Genialität und Alltagssprache (vgl. dazu insbes. Manthey 1979). Wohl aber scheint es mir notwendig, einige Aspekte des Schadens zu untersuchen, den eine solche Arbeitsteilung in Schreiben und Leben mit sich bringt.

Wir kommen damit zur Frage der *Bearbeitung* von Geschichten. Da ist zunächst die *Sprachlosigkeit.* Sie tritt in den Geschichten auf als Armut an Worten, damit als Unfähigkeit, überhaupt etwas mitzuteilen. Rückfragen danach, was genau geschehen war, wie man sich fühlte, worüber man erregt war, wohin man wollte, treffen stets auf die gleichen Gefängnismauern, den Wünschen und Behinderungen keine Form geben zu können und also für sie keinen Weg zu finden. Solche Sprachlosigkeit halte ich für eine wirkliche Behinderung bei der Befreiung, nicht bloß für einen Ausdruck davon, dass man kein Dichter ist. Das Heraustreten aus dem Dunkel der Vorgeschichte, die Bewegung der Frauen in die Politik, dieser Akt als selbstbewusster Schritt braucht auch die Bewusstheit des Lebens, braucht den Transport der Erfahrungen in begreifende Theorie und braucht mithin die Sprache. Insofern ist die Delegation der Macht über Sprache an einige Auserwählte ein Hindernis auf dem Weg der Befreiung. Eine Aufgabe des Kollektivs ist also auch die, eine Sprachschule zu sein, die anders als die wirkliche Schule aus den geteilten Erfahrungen versucht die Worte zu finden, die zum Handeln befähigen.

Das gilt auch für die häufigste Form, in der die Erinnerungen in Worte gebracht werden: *das Klischee.* Man könnte das Klischee wohl auch als Fremdvergesellschaftung in der Sprache bezeichnen. Anders als die Sprachlosigkeit ist es unmittelbar geschwätzig, kann auf Einverständnis rechnen und verhindert dabei alles Denken und Begreifen. »Er sah ihr tief in die Augen«, »ihr Herz bebte«, »das Blut wich aus ihren Wangen«, »ein Schluchzen stieg in ihre Kehle« – gerade die Gefühlswelt der Frauen scheint imperialistisch besetzt von Klischees, die wie Korsette das angemessene Fühlen und Wollen vorgeben. Der Schriftsteller E.A. Rauter (1978) bezeichnet Klischees als etwas, das ist, wie »wenn man einen Zwetschgenkern in den Mund nimmt, den ein anderer ausgespuckt hat, statt einer Zwetschge«. Klischees sind in gewisser Weise auch Selbstverurteilungen, auf dem ausgetretenen Pfad des Gesollten zu bleiben. Sie sind in jedem Fall Behinderungen beim Begreifen. So etwa schrieb eine Frau bei einer Untersuchung über die Einordnung der Körper in die herrschenden Erwartungen: »Ich entdeckte, dass meine langen lockigen Haare modisch waren und die Aufmerksamkeit auf sich zogen.« Doris Lessing schrieb zu diesem für Frauen so unbegreiflich wichtigen Komplex *Haare:* Der Friseur »entließ sie mit einer sehr dunkelroten Haarfarbe und einer Frisur, bei der sie bei jeder Bewegung das Gefühl hatte, eine schwere Seidenlast schwinge gegen ihre Wangen. So war es früher immer gewesen, wie sie sich noch gut erinnerte.« (Lessing 1978, 38) Es geht mir auch hier nicht darum, eine erfolgreiche Schriftstellerin gegen eine Alltagsschreiberin auszuspielen, sondern ich möchte vorführen, dass im Unterschied der beiden praktisch-politische Handlungsunterschiede liegen. Während Lessing zeigt, dass ein erotisch-sinnliches Moment in der Berührung mit den eigenen Haaren liegt – übrigens würde das niemand verstehen, wenn es nicht für alle fühlbar wäre –, scheint es in der Version unserer Alltagsautorin, als ob ihre Beziehung zu ihren Haaren ganz allein durch Mode und Aufmerksamkeit von anderen bestimmt sei. Ich halte das für eine vulgärsoziologische Theorie, die durch vorgefertigte Wortzusammensetzungen, die gerade so bereitlagen, zustandekommt, wenn wir nicht nachdenken, nicht fühlen und uns nicht erinnern. Die eifrig bereitstehenden Worte anstelle unserer Erfahrung, die sich aber als ihr Ausdruck anbieten, orientieren uns in diesem Fall weg von Sinnengenuss und Körperlichkeit und versprechen Befreiung stattdessen in Abhängigkeit von Moden oder Ähnlichem.

Ganz im Gegensatz zu ihrem Ruf ist unsere alltägliche Sprache auch ziemlich *abstrakt.* Indem sie absieht von der Konkretheit von Gefühlen, Gedanken, Erfahrungen und nur von weit oben über sie spricht, wird es schwer, ohne zusätzliche Anstrengung die weiblichen Erfahrungen in die erzählte Form zu bringen. So schrieb etwa eine Gewerkschafterin: »Während seiner Gewerkschaftsarbeit konnte er zahlreiche Kontakte knüpfen, die ihm auch bei seiner Bewerbung auf eine wesentlich bessere Position nützlich sind.« Kein Wort, kein Begriff, wie das geht, »Kontakte knüpfen«, was zahlt man für so ein Knüpfwerk, wem schlüpft er in den Hintern, wen verärgert er nicht durch eine eigene Meinung, wohin trägt er schmeichelnde Worte (könnte sie solche Kontakte knüpfen, ohne in eine höchst zweideutige Lage zu geraten?), wozu braucht er und was ist eine »bessere Position«? Solche Fragen werden im Kollektiv stellbar. Nach einiger Zeit entsteht geradezu ein lustiger Wettstreit, hinter den Worthüllen die Vorgänge aufzuspüren (vgl. dazu Morisse u. a. 1982). Eine Möglichkeit, solch einordnender Abstraktion zu entgehen, ist die Konzentration auf eine *bestimmte Situation*. Sie erlaubt es, liebevoll *die Details* zu beschreiben, und ermöglicht es so überhaupt erst, andere Dinge zu erkennen als jene, die die vorurteilsvolle Halbtheorie zu erinnern erlaubt hatte, ermöglicht so erst, der Vorschrift zu entkommen und die sinnliche Dimension zu entdecken.

Der Widerspruch, die Leerstelle, das Interesse

Eine besondere Herausforderung bei der Bearbeitung von Geschichten ist der *Widerspruch*. Im Kollektiv lässt sich gut kritisieren, was man einzeln anstandslos toleriert: dass nämlich in unseren Geschichten die einander ausschließenden Meinungen, Bewertungen und Ereignisse eine friedliche Koexistenz der Nichteinmischung führen. Der Bearbeitungsschritt sieht keineswegs vor, reale Widersprüche aus dem Leben etwa durch Wortwahl zu eliminieren. Vielmehr geht es darum, die friedliche Koexistenz, die zumeist ein Produkt von Nichterkennen, von Leugnung und Verdrängen ist, zu durchbrechen. So haben wir zum Beispiel wenig Mühe, endlose Schauergeschichten zu schreiben, in denen unsere Mütter uns in dieser und jener Frage behinderten und uns zu den verstümmelten Charakteren machten, die wir jetzt sind. Andererseits können wir, die wir zumeist auch Mütter sind, sowohl Geschichten schreiben über unsere Behinderungen durch Töchter wie solche über den verderblichen Einfluss der Schule auf die ungetrübte Mutter-Tochter-Beziehung usw. Auch hinter diesen Wahrnehmungen verbergen sich vulgärsoziologische Theorien, wie sie in Illustrierten, aber auch in »wissenschaftlichen« Büchern verbreitet werden. Sie dienen dazu, ein strukturelles Problem auf eine Ebene zwischen zwei Personen zu verschieben, oder anders gesprochen, Probleme in den Verhältnissen als solche von Schuld und Versagen einzelner Personen wahrnehmen zu lassen. Sie können sich leicht halten, wenn wir sie nicht mit Gegenerfahrungen konfrontieren. Auch dies ist eine Aufgabe des Kollektivs.

Eine andere Weise, sich mit Unerträglichkeiten zu arrangieren, ist *das Schweigen*. In den Erinnerungen tritt es auf als *Leerstelle* und als *Bruch*. Die Erkenntnis, dass man das Verschwiegene erforschen muss, der Versuch, Theorien daraufhin zu untersuchen, worüber sie nicht sprechen, war für die Frauenbewegung von großer Bedeutung (vgl. dazu insbes. Irigaray 1980). Schließlich hatten wir uns schon so daran gewöhnt, in der Geschichte nicht vorzukommen, dass wir im eigenen Denken und Sprechen diese Absehung von der bloßen Existenz von Frauen mitmachen. Verschwiegenes zu hören, die Leere zu sehen, ist zunächst schwierig, erfordert ein eigenes detektivisches Training (vgl. dazu auch Sölle 1981). Aber schon allein der Gedanke, dass es so etwas überhaupt gibt und dass es von Bedeutung ist, das Wahrnehmungsfeld strukturiert, das Handeln mit orientiert, schult dieses detektivische Herangehen mit einem Ruck. Die kollektive Diskussion über das Schweigen in den Geschichten ist besonders genussvoll, weil sie schöpferische Ergänzungsleistungen verbindet mit der Entdeckung, dass verschiedene Standpunkte unterschiedliche Sichtweisen erbringen und dass man einen eigenen Standpunkt besitzt, der mit der herkömmlichen Sichtweise auf die Dinge in Konflikt gerät, selbst wenn man diese bislang akzeptiert hatte.

Diese Frage von *Standpunkt* und *Interesse* ist überhaupt eine Schulung in Handlungsfähigkeit. Gewöhnlich erlebt und schreibt man so, dass einem etwas widerfährt, unbekannte Mächte organisieren das Leben für uns, personifiziert in schlechten Charakteren. Die Taten der anderen erklären sich aus ihren Eigenschaften, wir selber sind ihnen ausgeliefert. Ich möchte behaupten, dass eine solche Sichtweise auf andere Menschen zu Handlungsunfähigkeit führen muss, bestenfalls zur Klage. Die theoretische Einsicht, dass die anderen Personen – wie man selber – aus unterschiedlichen Interessen handeln, legt bei der Bearbeitung der Geschichten das Gewicht auf die Ausgestaltung der Personen mit begreifbaren Interessensmotiven. Dieser Schritt in der Bearbeitung ist einer, der die größte Umorganisation unmittelbar nach sich zieht. Die Mühe, die anderen Personen in ihren Bedingungen und Interessen vorzuführen, verändert die Sichtweise auf die eigene Person im Handlungsgefüge. Aus einem Opfer von Verhältnissen und Personen wird eine Gestalt, die *mit* den Bedingungen und Personen arbeitet. Dass diese Erkenntnis nicht nur für das Schreiben wichtig ist, sondern für das Politikmachen überhaupt, erfährt man auch, wenn Frauen über Niederlagen in politischen Kämpfen berichten, z. B. als Schwierigkeit, Bündnisse zustande zu bringen.

Zusammenfassung

Ich breche die Vorführung der Bearbeitungsschritte an dieser Stelle ab, um meinen praktischen Vorschlag wieder in den anfänglichen Kontext zu stellen. Um ihn diskutierbar zu machen, fasse ich noch einmal zusammen, was er leisten sollte. Ich begann mit der Langeweile in der Ökonomie im Großen und brachte dies in Zusammenhang mit der Unbegriffenheit alltäglicher Praxen im Kleinen, insbesondere der weiblichen in ihrer Orientierung auf die Versorgung der Familie, die Fürsorge, das Wohl des Hausstandes usw. Um eine Erklärung zu finden, wie sich die Gesamtgesellschaft durch die Leben der Vielen täglich wieder herstellt, wollte ich die Erfahrung der Einzelnen für die Theoriebildung produktiv nutzen. Dies ist notwendig, um die Unterdrückung der Frau und ihre Einbindung in die Reproduktion der Gesamtgesellschaft zu begreifen und damit zu verändern. Der Vorschlag ist nicht als Ersatz von Politik gemeint, sondern als ein Teil Kulturpolitik. Er richtet sich besonders an die Frauen in der Frauenbewegung im weiteren Sinn. Er verbindet die Basisaktivitäten mit der allgemein arbeitsteilig betriebenen Forschung. Überhaupt stellt er Arbeitsteilungen in Frage und damit Kompetenzen. Dass wir über die Art und Weise, wie die Menschen die gesellschaftlichen Strukturen leben, so wenig wissen, scheint auch eine Frage der Arbeitsteilung zu sein. Es gibt die Analyse der Strukturen – die *Kritik der politischen Ökonomie* – und Auffassungen über die Menschen. Dass z.B. von den Frauen abstrahiert wird beim Nachdenken über Wirtschaftsfragen, macht, dass sie sich langweilen in der Ökonomie und diese Politik als »nicht ihre Sache« von sich fernhalten. Da waren zum Beispiel die Farbwerke Hoechst und ihre Wachstumsraten: Pharmaerzeugnisse und die Fasern. Fragen wir uns, wie man das eigentlich macht, den Umsatz etwa in Kunstfasern zu steigern, haben wir eine Antwort sofort bei der Hand. Das liegt u.a. daran, dass der Massenkonsum gesteigert werden kann, weil Frauen auf jeden Modegag hereinfallen. Befriedigt lehnen wir uns zurück, nehmen uns selbst aus der Analyse aus und akzeptieren als Antwort, was der Fragen Beginn sein müsste. Wie wird denn das gelebt? Warum handeln Frauen so, falls sie so handeln? Welche Bedeutung hat was für sie? Was verknüpfen sie an Hoffnungen, Sehnsüchten mit was? Wie wollen sie leben? Was haben sie für Pläne? Wo wollen sie hin? Wie können sie leben? Wie bauten sie sich in die Strukturen, so dass z.B. »die Mode« als mächtiges Subjekt mit ihnen Handel treiben kann?

Ich möchte zum Abschluss eine kleine Geschichte vorführen, die in einem Projekt entstand zur selbstgestellten Frage: wie Frauen sich selbst aktiv zu Objekten machen, wie sie durch subjektives Tun als Subjekte verschwinden, wie sie Gegenstände zum Anschauen, Anfassen, Objekte etwa männlicher Begierde werden. Anstoß war eine Begegnung mit einer Frau in der Universität, die ein durchsichtiges Kleid trug und darunter einen winzigen dreieckigen lila Schlüpfer und in diesem aufgrund sehr hoher Absatzschuhe ihren Hintern schwenkend mit ungezielter Einladung durch den Flur schritt. Wir fragten uns, wohin sie mit dieser Darbietung wirklich wollte, konnten uns nicht vorstellen, dass die Eindeutigkeit des Auftretens eindeutige Absicht der Akteurin war, und wussten nicht, was sonst. Wir stellten fest, dass wir nicht weit gehen mussten, um zu erkennen, dass auch wir unser Aussehen ständig kontrollieren, irgendwie zur Schau stellen und uns darstellen und uns nach unbekannten Maßstäben mit den Augen anderer taxieren, kurz: dass wir nicht selbstverständlich und einverständig leben, sondern von uns mehr oder weniger unglücklich einen Ausdruck managen. Dieses Gewordensein unseres schaustellerischen Selbst, den Aspekt, in dem wir uns als Objekte leben, wollten wir erforschen (vgl. dazu den Band *Sexualisierung der Körper*, 1983). So entstand also die folgende Geschichte:

Der Schlüpfer

Endlich wurde es wieder Frühling und damit wärmer. Langsam konnte man die Mutter wieder bedrängen, Kniestrümpfe tragen zu dürfen. Als das Thermometer morgens auf dreizehn Grad kletterte, wurden zu der bereitgelegten Wäsche das erste Mal die heißersehnten Kniestrümpfe gelegt. Weil es eigentlich aber noch heller Wahnsinn war, die Mutter ihr die nächste Grippe drohend vor Augen hielt, sollte sie über die Unterhose noch eine blass hellblaue Wollhose anziehen. Die fand sie schrecklich, weil sie immer leicht kratzten und so babyhaft waren. Aber erst mal akzeptierte sie diesen Vorschlag, weil die dicken Strumpfhosen damit der Verbannung auf den Boden näher kamen. Endlich wieder Luft an den Beinen, dachte sie auf dem Weg zur Schule. Die meisten Mädchen hatten noch keine Kniestrümpfe an und sie wurde beneidet, denn das sprach für die Tollheit der Eltern und wie man in der Lage war, seine Wünsche bei ihnen durchzusetzen. In der Pause wurde auch der erste Gummitwist wieder herausgeholt und eifrig um höchste Höhen und komplizierte Sprünge gerungen. Ab kniehoch fing sie an, den Rock hinten runter zu halten, damit niemand, vor allem die frechen Jungen nicht, die blassblaue Unterhose sahen. Das war anstrengend, ersparte Hänseleien, aber verursachte auch Fehler, was sie ärgerte. Am Nachmittag ging sie mit der Großmutter in die Stadt. In der Wäscheabteilung erzählte sie maulend, wie blöde sie die Hosen fände und dass sie sie einfach noch im Treppenhaus vor der Schule ausziehen und erst kurz vor der Haustür nach der Schule wieder anziehen werde. Die Großmutter fragte eine Verkäuferin nach Wollschlüpfern für das Kind. Neben den bekannten etwas kräftiger blauen gab es noch eine Neuheit: weiße Spielhöschen, aus ganz weichem Stoff und hinten hatten sie drei Reihen Rüschen. Pflegeleichter als Wolle seien sie obendrein. Die fand sie ganz toll. Derselbe Stoff wie die Unterwäsche ihrer Mutter. Sie bettelte so lange, bis die Oma nachgab. Sonntags sollte sie die anziehen. Ja, ja, dachte sie, stopfte am nächsten Morgen die Wollhose zurück in den Schrank und zog mit Wonne die Rüschenhose an. Sie konnte die Pause kaum erwarten, bzw. dass der Gummitwist endlich kniehoch war. Mit den Armen Schwung holend, sprang sie so hoch sie konnte. Die Mädchen fragten, wo sie die denn gekauft habe, so eine wollten sie auch haben, und die Jungen schrien: »Die hat ja 'n Entenarsch!« Sollten sie doch schreien, so etwas tragen eben Erwachsene, die Jungen begreifen das eben nicht.

Ich kann an dieser Stelle kaum detailliert diese Geschichte bearbeiten bzw. einen Bearbeitungsprozess schildern, dem weitere Fassungen der Szene folgen. Doch möchte ich auf einige Aspekte hinweisen, die sich schon aus dieser kleinen Szenenwiedergabe allgemein verdeutlichen lassen. Die Geschichte ist einfühlend geschrieben; es fällt uns nicht schwer, ähnliche

Ereignisse und Gefühle aus unseren Köpfen hervorzuholen. Wir können selbstverständlich folgen und entdecken doch rückblickend einige Merkwürdigkeiten.

Da ist einmal ein Widerspruch. Während es zunächst die Jungen waren, die vor allem die blassblaue Hose nicht sehen sollten, sind sie am Ende unerheblich, weil dumm. Wir halten beides für möglich – d.h., die Bedeutungen von Personen ändern ihren Stellenwert im Begründungszusammenhang: vor der Blamage gegenüber Jungen rangiert das Erwachsenwerden und darin schon der komplizierte Zusammenhang, dass man etwas für andere tut und schon akzeptiert, dass sie es missdeuten, und sich dennoch in der spiegelbildlichen Sicht durch andere baut.

Deutlich wird auch der Kompromiss. Die Autorin mogelt das sprachlich so hin, dass die Übernahme fremder Standpunkte durch eine Art altkluger Hineinnahme von Wortstücken ins eigene Reden erahnbar wird: z.B. es war zwar heller Wahnsinn – hier hört man die Mutter –, oder: es gab eine Neuheit, pflegeleicht – die Sprache der Verkäuferin. Das werden später die eigenen Maßstäbe sein, ihr Ursprung ausgelöscht.

Über einige Beziehungen wird geschwiegen. Sie tauchen in der erstarrten Fossilgestalt von Eigenschaften auf: die *ist* babyhaft. Die Geschichte dieser Anstrengung, erwachsen zu werden, muss noch entziffert werden. Warum ist es wichtig zu zeigen, dass man sich bei den Eltern durchsetzen kann? Da wir uns später gerne als Opfer darstellen, sollten wir den Bruch suchen und zuvor die Stärke jener Zusammenhänge, in denen wir uns als Sieger zeigten.

Aber wir erfahren auch etwas über den Siegeszug der Farbwerke Hoechst. Ihre Produkte stoßen auf eine vielfältige, großenteils nicht mehr bewusste Verknüpfung von Gefühlen, Körperempfindungen, Gerüchen, Geschmäckern, Personenbeziehungen, Erinnerungen an Siege und Niederlagen, an Freundschaften und Stimmen, Hoffnungen und Pläne. Da löst ein weißer Volant in einem Schaufenster ein heftiges Gefühl von Freiheit und Schwung aus, von Triumph und Stärke, Sonne und Freundschaft. Die Verbindung ist abgebrochen. Solche nicht bewussten Verbindungen macht sich z.B. die Werbeindustrie zunutze, die den hohen Absatz vorbereitet. Sie bewusst zu machen, um ihnen nicht einfach zu verfallen, daran arbeitet Erinnerungsarbeit.

5.3 Lernschritte

Der Beitrag über die Langeweile in der Ökonomie war der dritte Vortrag auf der Berliner Volksuniversität (1982). Überhaupt erwies sich diese Institution, zu der jährlich etwa zweitausend Menschen aus den verschiedenen Bewegungen zusammenkamen aus ganz Deutschland und auch aus dem Ausland, um zu lernen, Politik voranzubringen, um zu feiern, als ein vorzügliches Auditorium, vor dem sich die Schritte in den feministischen Marxismus gehen, ausprobieren, der Kritik unterwerfen ließen und weitere Schritte geplant, ja in Auftrag gegeben werden konnten. Die Volksunivorträge bilden daher eine Art Gerüst für die in diesem Buch dokumentierten Texte. Sie gehorchten dem Auftrag, in jedem Jahr weiteres Neuland erobert zu haben und also Rechenschaft abzulegen. In meinem Leben blieb die Volksuni, solange es sie gab, ein Ansporn, stets erneuerte Forderung, weiterzuschreiten.

Im Beitrag zur Langeweile geht es darum, die im Opfer-Täter-Text aus der ersten Volksuni begonnene Verbindung von Alltag und Theorie oder auch von Erfahrung und Theorie auszubauen, mit weiterer Theorie-Erfahrung zu unterfüttern. In Frage steht dabei nicht nur, wie eigentlich Alltägliches und Zufälliges, wie individuelle Erfahrung zu erkunden und begrifflich zu fassen ist – in Frage steht auch die Vorstellung vom Subjekt. Ich komme aus dem Zusammenhang von marxistisch grundierten Disziplinen, von Ideologietheorie, von Arbeitsforschung und von Kritischer Psychologie. Mit Unterstützung aus den ersten beiden und gegen den Widerstand aus Letzterer suchte ich Erinnerungsarbeit durchzusetzen und damit eine Vorstellung vom Subjekt als einer Konstruktion unter eigener Beteiligung. Dies geschah einige Jahre, bevor die Frage der Subjektkonstruktion insbesondere im Feminismus zur allgemeinen Mode wurde und zum Mittel, von Arbeit, Arbeiterklasse und -bewegung gänzlich abzusehen. Erst Mitte der achtziger Jahre kam Konstruktionsforschung auf den Markt als Alternative zu Marxismus. – Wir hatten unsere Untersuchungen zur *Sexualisierung der Körper* (1983) vor der postmodernen Wende verfasst. Das Buch wurde ins Englische übersetzt und ein Bestseller, dessen Wirkung bis heute anhält. Allerdings haben wir die Verbindung zu Marxismus nie gekappt. Aber wir haben diesen dafür verändert. Politisch in der sozialistischen Bewegung sozialisiert und wissenschaftlich in der Arbeitsforschung, behalte ich in allen theoretischen Wogen eine Art gesunder Erdung. Zugleich nehme ich aus feministischem Impuls den Mut, vieles Gesicherte in Frage zu stellen und mich nicht auf Gewissheiten auszuruhen.

Für den Umgang mit Alltagserfahrungen gilt es vor allem, methodisch den herkömmlichen Kanon zu verlassen. Es kann weder um Repräsentativität noch um Durchschnitt gehen.[6] Vielmehr wird Erinnerungsarbeit ausgebaut zu einer Methode, die kulturelles Einverständnis mit Normen und Moral hinterfragt und dafür Sprache und Text in ihrer Verwendung zum Gegenstand hat. Klassenkampf, um dessentwillen mir nahegelegt wird, auf feministische Infragestellung zu verzichten, begreife ich auch als Kampf um Köpfe und Herzen, um Verstand und Gefühle. Zentrales Scharnier ist die Handlungsfähigkeit der Einzelnen im Kollektiv – ein Andock-Axiom aus der Kritischen Psychologie.

Zunächst hieß es Ernst machen mit Alltagsforschung, sie dabei in den Rahmen marxistischer Analysen von Gesellschaft bringen und diesen sogleich überschreiten. Viele Bereichsstudien, die wir betrieben, sind Entzifferung von Konstruktionen von Weiblichkeit. Aber das sind nicht einfach Wendungen ins Individuelle, ins Persönliche und Private. Es sind von vornherein auch kollektive Studien zu Alltagserfahrungen. Sie zeigen, wie sich gefügt wird – welche Instanzen tätig sind –, und immer wieder, wie das Subjekt/Objekt-Problem verschoben wird in die Untersuchung, wie man sich als Subjekt zum Objekt macht. Erkannt wird, dass das Alltäglich-Individuelle notwendiger Ausgangspunkt ist, zugleich ist es auch eine Falle, dabei stehen zu bleiben. Zur Überwindung braucht es das Kollektiv. Lernen wird für mich zum zentralen Thema.

Es taucht allmählich eine Vorstellung davon auf, dass das Auseinanderreißen in einen häuslichen Sektor außerhalb der Erwerbsarbeit und umgekehrt einen Erwerbssektor ohne Hausarbeit in der Konstruktion der beiden Geschlechter eine unheilvolle Wirkung zeitigt. Es wird so möglich, dass sozialistische Ziele – wie die Welt wohnlich einzurichten – mit ihren Begleitworten wie Heimat und Geborgensein als Fesseln gegen Befreiung auftauchen. Mit der Entfernung der Frauen aus Öffentlichkeit und Politik wird Befreiung in umfassendem Sinn aus den sozialistischen Zielen verloren und zugleich eben dieses Ziel aufs Spießigste verunmöglicht, so dass kaum noch eine Ahnung bleibt. Unzugehörig sind die einen wie die anderen.

Als Bausteine für feministischen Marxismus gewinnen wir neben einer allgemeinen Respektlosigkeit für gesicherte Regeln im Wissenschaftsbetrieb, dass es eine Entwicklung von Methoden für die Erforschung des Alltäglichen braucht, die die erforschten Subjekte als Forschende einbezieht, sie zur Selbstveränderung und zur Veränderung der Umstände ermutigt und dafür mit einigem Handwerkszeug ausstattet. Es ist praktizierte Demokratie in der Forschung. Für die Erhebungsmethode wird erkennbar, dass Standpunkt, Interesse und Handlungsfähigkeit zentrale Kategorien eines

6 Auch hier kann ich aus eigenen Forschungen über Automationsarbeit methodisch anknüpfen. Vgl. den Vortrag zur Habilitation: »Dialektische Theorie und empirische Methodik«, in: *Das Argument* 111, 1978, 644–656.

marxistischen Feminismus sind und dass das Kulturelle ein wesentliches Kampffeld ist. Sozialistischer Feminismus, so können wir jetzt formulieren, umreißt eine Herangehensweise, in der es in der Tat um die Einzelnen geht, aber um sie als gesellschaftliche Menschen.

Die eingangs, in den ersten beiden Kapiteln dieses Buches, polemisch abgewehrte Befassung mit Sprache – nicht so sehr als Werkzeug als vielmehr als Herrschaftsmittel – wird elementar, ebenso weiter die Arbeit im ideologischen, im kulturellen Feld von Herrschaftssicherung wie von Befreiung. Es gilt vor allem, der Verlockung der steten Gegenwart nicht zu erliegen, sondern historisch vorzugehen. Denken wir uns als historisch gewordene gesellschaftliche Menschen, so muss der Prozess des Werdens Forschungsgegenstand eines feministischen Marxismus sein. Das historisch-kritische Vorgehen ist nach der einen Seite fundamental für die Methode, nach der anderen zeigt es die Notwendigkeit politischen Eingreifens. Es braucht also eingreifende Methoden.

Eine weitere Erkenntnis bleibt festzuhalten: dass nämlich Frauen an Orte gefesselt sind, die zugleich solche der Hoffnung sind. Dass ihre gesellschaftliche Unterdrückung als Verortung in der Haus- und Familienarbeit zugleich ihre Fernhaltung von Unterdrückung in der Lohnarbeit, also in kapitalistischer Ausbeutung ist (oder sein soll) und dass dies selbst wiederum die Fortdauer von Kapitalismus stützt und nährt. Dies gilt es als ein schwieriges Paradox zu begreifen, welches ein weiteres Mal dazu zwingt, die einfachen Vorstellungen vom entweder/oder, von falsch und richtig aufzugeben zugunsten eines Denkens in Widersprüchen. Das Hantieren mit Widersprüchen wird elementares Erfordernis im Denken und in der Politik.

Schließlich wächst ein noch nicht klar ausgesprochener Zweifel, ob eine marxistische Forschung, arbeitsorientiert und aufs Allgemeine zielend, ohne Einbezug von Frauen und Feminismus nicht selbst defizitär, eben nicht wirklich allgemein ist. Neu entdecke ich, dass das ursprüngliche Vorhaben, Feminismus in den Marxismus einzuschreiben und umgekehrt diesen in jenen, zu mechanisch gedacht war: Es konnte nicht nur darum gehen, Ergänzungen, Zusätze, weitere Begriffe und Forschungen aneinanderzufügen, vielmehr musste der Zusammenbau kapitalistisch-patriarchaler Gesellschaften so erkannt werden, dass sich nach Eingriffen suchen ließ, wie das Zusammenklebende gelöst werden kann, um freie Schritte nach vorn zu tun. Ein gigantisches Forschungsprogramm, von dessen Einlösung wir noch weit entfernt waren.

Kapitel 6

Eine neue Frage taucht auf

1983 ist schon die Hochzeit von Reaganismus und Thatcherismus. Der Kalte Krieg zwischen West und Ost ist aus der Phase des Wettrüstens in ein ruhigeres Fahrwasser der Koexistenz getreten. In meinem Leben ist dies allerdings die Zeit großer Betriebsamkeit und Produktivität. Ich bündele die vielfältigen Bereichsstudien aus Arbeits- und aus Frauenforschung, zwei Bücher erscheinen: *Zerreißproben – Automation im Arbeiterleben* und *Sexualisierung der Körper.* Beide machen Ernst damit, die Akteurinnen und Akteure, von denen sie handeln, selbst zum Sprechen zu bringen. Während das Sexualisierungsbuch sich weltweit durchsetzen konnte, führte der in die Arbeitsforschung eingreifende Band ein bescheidenes Leben. Er hätte für gewerkschaftliche Politik elementar sein können, weil er an so entscheidender Stelle mit neuen Vorschlägen eingriff, nämlich wie aus den Widersprüchen der Automationsarbeit und der Durchquerung der Grenzen von Privat- und Arbeitsleben zu lernen und politisch zu handeln sei. Er erreichte die gewerkschaftliche Diskussion jedoch kaum. Zwischen Frauen- und Arbeiterbewegung herrscht der immer gleiche Stellungskrieg, als könne man die Problematiken einfach aussitzen.

Aus dieser Zeit gibt es eine Reihe von Aufsätzen (9) von mir in Organen der Arbeiterorganisationen, in denen ich erneut Stellung nehme zum Zusammenhang von Klasse und Geschlecht und wie die Frauenfrage überhaupt zu denken sei. Das Thema wird begrifflicher, näher gerückt und zugleich distanzierter. Im Kern geht es jetzt weniger darum, wie Gewerkschaften mit der schnell sich ausbreitenden Computerisierung sämtlicher Arbeitsbereiche umgehen sollten, als vielmehr darum, wie Politik auch mit Frauen in diesem Kontext zu begreifen und zu machen sei.

Die Zeit ist reif

1984 wird Bilanz gezogen. Ich gründe mit einigen Kolleginnen (die ansonsten aus unterschiedlichen Flügeln der Linken kamen) und mit Studentinnen an meiner Hochschule das *Projekt Sozialistischer Feminismus* mit dem expliziten Ziel, die Frauenfrage und das Verhältnis zur Arbeiterbewegung zu klären und endlich in diesem Zusammenhang die inzwischen gewachsene internationale Diskussion zu Marxismus und Feminismus aufzuarbeiten. Das Projekt verschreibt sich denkwürdigen Grundannahmen, die zugleich Forschungsleitthesen sind:

Kein Abschied von der Arbeiterbewegung[1] – aber sich die eigene Frauengeschichte bewusst machen. Aus meiner Veröffentlichung zum Trennungszusammenhang von Arbeiter- und Frauenbewegung[2] wird explizit als Forschungsaufgabe aufgenommen, zu untersuchen, »ob und wie die unterschiedlichen Fesseln, aus denen sich Arbeiter und Frauen befreien wollen, zusammengeschmiedet sind […] und wie sich die beiden Unterdrückungen aufeinander beziehen, wie die Herrschaftselemente zusammenwirken« (*Geschlechterverhältnisse und Frauenpolitik*, 5). Die Gruppe bezeichnet sich als sozialistische Feministinnen (nicht als marxistische), und es wird als vorläufiger Begriff, auf den man sich einigen konnte, Geschlechter*verhältnisse* vorgeschlagen (nicht Geschlecht); dies soll ausdrücken, dass Frauenunterdrückung zur Sicherung von Herrschaft dient und »die Produktionsverhältnisse mitbestimmt« (ebd., 6), heißt es noch unsicher und vage.

Ein erster Schritt sollte die Rezeption der internationalen feministischen Einmischungen in den Bereichen Arbeit, Staat und Kultur sein. »Wir wollten Geschlechterverhältnisse in der Arbeit untersuchen und im Zusammenhang zu Kultur und Staat, um das vielfältige Geflecht, das die Einzelnen an ihre Plätze bannt, zu begreifen und eingreifende Gegenstrategien zu ersinnen« (ebd.).

Ein zweiter Schwerpunkt galt dem Bruch mit tradierten Politikvorstellungen. Im Slogan, dass das »Private das Politische« sei, sollte die Wendung zur Lebensweise und gegen das Stellvertreterprinzip ausgearbeitet werden. Das schloss die Analyse der Widerstände gegen eine Politik von unten ein.

Bemerkenswert auch, dass als Ziel des Projekts galt: »die Erarbeitung einer sozialistischen Frauenpolitik, die die Existenz anderer Widerstandsbewegungen als Stärke begrüßt und nicht als Schwäche bekämpft« (ebd.). Dies war ganz offensichtlich eine Lehre der Souveränität, gewonnen aus dem Kleinkrieg der Arbeiterbewegung gegen die Frauenbewegung. Wissenschaftlich fundierte sozialistische Politik, so heißt es selbstbewusst, braucht jeweils »die Analyse des Kraftfeldes« für ihre konkrete Politik »und nicht nur allgemeine immer gültige Ableitungen« (ebd.).[3]

1 1980 war das einflussreiche Buch *Abschied vom Proletariat* von André Gorz erschienen, was zu dieser Zeit die Diskussion bestimmte.

2 Vgl. Kapitel 4

3 Wir waren 3 Lehrende (außer mir Helga Milz und Ulla Ralfs) und am Ende, als es an den Abschlussbericht ging, noch 2 HWP-Studentinnen und 8 Studentinnen der Universität; unterwegs hatten 9 Arbeitsgruppen sich ans Werk gesetzt. Das Erarbeiten des Buchs *Geschlechterverhältnisse* rückte uns aneinander und schuf auch Gräben, aber es ist immer noch eine lehrreiche Lektüre. Am Schluss des Vorworts heißt es: »Im Marxismus verbinden sich die unterschiedlichen internationalen Frauengruppen in theoretischer Diskussion um po-

Für mich selbst ist Schwerpunkt die Aufarbeitung der internationalen theoretischen Arbeiten zu Marxismus-Feminismus, eine Lektüre, die innerhalb des Projekts von dem dieses weit überschreitenden Ziel geleitet ist, eine »internationale Frauenorganisation aller sozialistischen Feministinnen und feministischen Sozialistinnen als wissenschaftliche und politische Notwendigkeit« zu propagieren (ebd., 7). Zu Rate gezogen werden Arbeiten aus den USA, England, Frankreich, Italien, Jugoslawien, Indien, Australien, Belgien, Holland. Obwohl die Auswahl auch vom Sprachvermögen bestimmt ist, lässt sich gleichwohl von einem konzentrierten Einbezug der westlichen Welt sprechen – nicht der Länder der ›Dritten Welt‹, das kommt später, nicht der asiatischen Länder, nicht Afrikas oder Lateinamerikas. Das Unterfangen aber ist ausgreifend, die Lektüre aufregend, auch heute noch, gerade weil so viel Wiedererkennen geschieht. Man sieht nämlich marxistisch orientierte Frauen aus vielen Teilen der Welt um immer die gleichen Fragen ringen, sie »lasen sich, als hätten wir erst gestern miteinander gesprochen, und setzten über Tausende von Kilometern fort, uns gemeinsam zu bemühen, Wege zu finden« (ebd., 9). Eine erste Lehre war, dass wir uns selbst als Teil eines feministischen Internationalismus begreifen konnten, nicht als bloße Berichterstatterinnen einer Diskussion anderswo.

Die Texte aus den vielen Ländern unterscheiden sich je nach historisch-kulturellem Milieu. Von Anfang an aber geht es um Fragen aus der Bewegung, nicht um ein rein akademisches Problem. Alle Fragen kommen aus praktischem Grund und verlangen nach eingreifenden Strategien, nach Politik. Die Strategien treten auf als Losungen wie *Das Persönliche ist politisch.* Dieser Slogan hat »nach Barbara Ehrenreich (1977) seinen Ursprung in einer historischen Enttäuschung. Die Frauenkämpfe im 19. Jahrhundert zentrierten sich um gleiche Rechte (Eigentum, Recht auf Scheidung und Wahlrecht) und um die Eingliederung in die industrielle Produktion. Ihre Errungenschaft stand für Frauenbefreiung.« (ebd., 10) Die Enttäuschung kam aus der Erkenntnis, dass Frauenbefreiung dadurch keineswegs erreicht war. Es folgte »Ende der 60er, Anfang der 70er Jahre eine ›Problemverschiebung‹: Wenn die Frauenunterdrückung nicht wesentlich im ökonomischen gesellschaftlichen Bereich ihren Hauptkampfplatz hat, muss sie auf dem Feld des Privaten gesucht werden.« (ebd., 11) Der

litische Fragen; eine praktische Verbindung, ein Zusammenschluss über Ländergrenzen hinweg wäre wichtig. Eine internationale Frauenorganisation aller sozialistischen Feministinnen und feministischen Sozialistinnen scheint uns ein nicht zu fernes Ziel und eine wissenschaftliche und politische Notwendigkeit.« (7) Die Arbeit bleibt unfertig. Sie hat mich nie losgelassen. Mit solchen Erfahrungen, aber gut drei Jahrzehnte Forschung und Praxis später, kommen wir im März 2015 international auf einem Kongress in Berlin wieder zusammen, um weiterzuführen, was wir damals begannen.

Slogan vom Persönlichen oder Privaten, welches politisch sei, war so weit und auch unbestimmt gefasst, dass er geeignet war, ganz unterschiedliche Politiken und Besetzungen in Gang zu bringen. Das machte ihn haltbar wie eine Art Gummiband. Passend, »untereinander die Schwierigkeiten in den Beziehungen mit den Genossen zu diskutieren«; wie Carla Ravaioli aus Italien annimmt (1977, 59), oder als Verpflichtung, »wie wir uns verhalten und andere behandeln auf der individuellen Ebene«, um eine wahrhaft sozialistische Bewegung zusammenzubringen (Ehrenreich 1977, 17), als Auslöser für Selbsterfahrungsgruppen oder als Beginn, die Vorstellung vom Politischen radikal infrage zu stellen – die Losung ergriff alle als Antrieb, selbst ihr Leben in die Hand zu nehmen und zugleich aufmüpfig zunächst einmal das Gegenteil alles Vorherigen im Verhältnis von privat/öffentlich, persönlich/politisch für richtig zu halten. Es gab neue Formen und Austragungsorte von Geschlechterkämpfen – von der Fabrik in den Staat, von der Familie in die Öffentlichkeit.

Zwei wesentliche Lehren konnten sogleich gezogen werden: Ein nützliches Mittel theoretischer Erkenntnis ist die Verschiebung von Fragen, wie sie sich zunächst aufdrängen. Die neue Behauptung, dass das Persönliche das Politische sei, wird weiter verschoben in die Frage, *wie* das Persönliche in die Politik gebracht werden kann; und weiter, *wie* die Einzelnen in ihrem persönlichen Alltag die politischen Verhältnisse reproduzieren. Diese neuen Fragestellungen hatten zwei Orientierungen gebracht – die Opfer-Täter-Debatte, die nach der Beteiligung an eigener Unterdrückung fragt (vgl. Kapitel 3), und die Komplizenschaftsthese, welche die Frauen als Mittäterinnen der Männergeschichte aufsucht[4].

Die zweite Lehre ist, dass die meisten Versuche, in der Frage der Frauenunterdrückung eine historisch-kritische Begründung zu finden, zu einer Auflistung aller Ausgrenzungen kamen und so einen allgemeinen Benachteiligungs-, also Opferdiskurs erbrachten, der lähmend wirkte. Er musste ersetzt werden durch weitergehende Erkenntnis, aber er war auch nützlich für den Austritt aus der Vereinzelung, weil er es möglich machte, die als je einmalig angenommene Lebenssituation und ihre jeweilige Verarbeitung als allgemeine zu erkennen. Mit meiner Intervention (der Opfer-Täter-These, in mehrere Sprachen übersetzt und daher international bekannt), dass Frauen tätige Subjekte ihrer Unterdrückung seien, war die Initiative, auf die Aneignung von Fähigkeiten zur Selbstregierung zu orientieren, international angekommen. Damit war auch die Proklamierung von Marx' *Feuerbachthese* von der Selbstveränderung, die in revolutionärer Praxis in eins fällt mit der Veränderung der Umstände, als notwendiger Ausgangspunkt für eine feministische Befreiungstheorie in den sich international

4 Vgl. Christina Thürmer-Rohr: *Mittäterschaft und Entdeckungslust*, 1989.

herausbildenden feministisch-marxistischen Diskurs aufgenommen. Aus Italien kam die zusätzliche Aufforderung, dass die ideologiekritische Annahme von Selbstunterwerfung praktisch zur Folge haben müsse, mit der Veränderung sogleich zu beginnen (»Immanenz«, Pasquinelli 1982). Dies liest sich wie eine Hinwendung zur Selbsterfahrung, lässt sich aber zugleich umbauen in die Dialektik von Nahziel und Fernziel, wie es später aus Rosa Luxemburgs Texten rezipiert und übernommen wurde[5], also in den Versuch, die nächsten Schritte in das Spannungsfeld einer großen Umgestaltung zu stellen.

Eine dritte Lehre, die im internationalen feministischen Marxismus aufscheint, ist, dass auch die Geschichte dieser Theorie-Praxis-Form nicht ohne das Dazwischentreten des Staates aufgezeichnet werden kann, an den viele Forderungen gerichtet sind und der mit Antidiskriminierungsgesetzen und *affirmative action* zugleich befördernd als auch erstickend oder zumindest beschwichtigend die Politik von Frauen mitbestimmt.

Begriffe wie Sexismus, Patriarchat, Komplizenschaft (so die Formulierung aus Frankreich, marxisme/féminisme 1981) wurden ebenso international diskutiert und verstanden. Sexismus, ein Begriff, der aus den USA kam und analog zu Rassismus gebildet war, fokussiert auf die Beziehung zwischen Mann und Frau als »Herrschafts- und Ausbeutungs- und antagonistisches Verhältnis« (vgl. Paramio 1982). Die Allgegenwart der Erniedrigung von Frauen zum bloßen »›Objekt männlicher Begierde‹ [...] war Anlass, über Warenästhetik, Vermarktung des weiblichen Körpers, sexuelle Praxen, Homo- und Heterosexualität empirisches Material zu sammeln, um die umfassende Unterdrückung der Frauen, ihr Ausgeschlossensein aus allen Machtsphären zu belegen« (Projekt, 11). Auch diese Bewegung ins ›Kulturelle‹[6] erfolgte in den vielen Ländern gleichzeitig und hinterließ ganze Bibliotheken von Bereichsstudien. – Als staatliche Politik folgten Antidiskrimierungsgesetze, die in ihrer Zwieschlächtigkeit noch eigener Untersuchung harren.

Zu Beginn der achtziger Jahre gehörte der Rückblick auf die sich verlaufende Bewegung auch der Frauen zu den entmutigenden Momenten von Selbstkritik überall. Wo Bewegung, lebendiges kulturelles Leben, zahlreiche Institutionen wie Verlage, Zeitschriften, Cafés, Selbsthilfe-

5 Frigga Haug: *Rosa Luxemburg und die Kunst der Politik*, 2. Kapitel: Revolutionäre Realpolitik, 57ff.

6 Es ist umkämpft, ob der Blick auf die sexuellen Praxen als Herrschaftsmanifestation mit »kulturell« angemessen bezeichnet ist. Er wird aber in der Folge zusammen mit anderen Praxen der Lebensweise Gegenstand von Kulturtheorie, Teil des ›cultural turn‹, und sei daher hier als Unterscheidung von harten Ware-Geld-Ausbeutungsbeziehungen kulturell genannt. Die saubere Trennung wird hartnäckig von der Vermarktung des Sexuellen durchquert.

gruppen waren, wirkten die Stätten wie übriggebliebene Orte, die ihren Sinn vergessen hatten. Die nachwachsenden Frauen wurden von keinem Feuer mehr erfasst. Für die sozialistischen Feministinnen bedeutete dies auch international, eine Form zu finden, die der Bewegung mehr Dauer geben konnte. Auf Konferenzen von (in der Linken) organisierten und ›autonomen‹ Frauen wurde nach gemeinsamer Strategie gesucht. Dafür galt es, sich auf ein Verständnis der Frauenfrage und des entsprechenden politischen Subjekts zu einigen. Insbesondere in Frankreich wurde sorgfältig diskutiert, was Frauen eigentlich gemein sei, dass sie eine gemeinsame Befreiungsstrategie finden könnten. »Sind Frauen alle *Schwestern*? Sind sie eine eigene *Klasse*? Sind alle Frauen *Hausfrauen*? Ist die *Hausarbeit* also angemessener Ausgangspunkt für Befreiungsüberlegungen, oder ist es die *Familie*? Ist das *Kapital* Frauenunterdrücker Nummer eins oder ist es der *Mann*? Besteht Frauenunterdrückung hauptsächlich in der *Lohndiskriminierung* oder in *sexueller Ausbeutung*? Sind Frauen eher als *Ehefrauen* oder als *Mütter* unterdrückt, oder wird ihre Arbeitskraft von Männern und Kapital *angeeignet*?« (Projekt, 14) Hinter jeder Kategorie sammelte sich eine eigene feministische Gruppe.

Die sozialistischen Feministinnen begannen sich neu zusammenzufügen und zunächst intensiver theoretisch zu arbeiten. Die Vielzahl der Fragen führte zu einem wachsenden Berg arbeitsteilig zusammengetragenen Wissens für den Versuch, ein starkes politisches Subjekt zu werden. Dabei war es durchaus von Vorteil, dass eine strategische Linie vorerst fehlte. Denn so musste im Bemühen, Klarheit zu gewinnen, ein Weg gegangen werden, der keine Gruppe ausschloss. Die Forschung wurde vielseitig und demokratisch.

Jetzt wurde auch ein Zusammenhang von Marxismus und Feminismus neu oder auch erstmalig durchdacht, mit dem Ergebnis, dass es nicht um einen Bindestrich-Marxismus, auch nicht um Ergänzung und Erweiterung gehen kann, sondern um Rekonstruktion, die aufs Ganze zielt, um die Frauenfrage kritisch wirklich zu begreifen.

Ich orientierte in meinen Gruppen immer wieder auf intensive Befassung mit den *Feuerbachthesen*, weil dort die »Wirklichkeit, Sinnlichkeit« nicht mehr »unter der Form des Objekts oder der Anschauung gefasst wird«, sondern als »sinnlich menschliche Tätigkeit, Praxis« »subjektiv«, wie Marx dies gleich in der ersten These (MEW 3, 5) spricht und später (45) kritisch gegen Feuerbach unterstreicht, der, selbst wo er die wirklichen sinnlichen Menschen fassen will, diese idealistisch sieht, nämlich vom Menschen als Abstractum ausgeht, nicht die gesellschaftlichen Menschen in ihrer »gesamten lebendigen sinnlichen *Tätigkeit*« begreift. Es braucht lange Zeit, bis erleichtert entziffert wird, dass die Hochschätzung des Menschen die Analyse seines Gewordenseins unter schlechten Lebensbedingungen zu einem »skrofulösen, überarbeiteten und schwindsüchtigen Hungerleider« voraussetzt, statt einer idealistischen Verklärung des Menschen an sich. Ich begriff dies als programmatischen Auftrag an weitere Forschung in marxistisch-feministischer Absicht. Kritisch wird noch einmal das *Kapital* studiert mit der Suchfrage, wo im explizit allgemeinen Anspruch gleichwohl die Fragen der Frauen verloren gingen.

Feministischer Marxismus und Frauenpolitik

Aus den vielen Aufsätzen und Vorträgen, aus den tastenden Versuchen wird im Folgenden ein Beitrag von 1984 dokumentiert, der für die Mitglieder der Universität, an der ich lehrte, einige der Ergebnisse aus der Forschung zusammenfasst, die ich in verschiedenen Gruppen vorantrieb. Das bedeutet, dass er für das Hochschuljahrbuch geschrieben ist, für eine Leserschaft, die mehrheitlich einen Gewerkschaftshintergrund hat, Lehrende und Lernende des zweiten Bildungswegs, und von diesem Standpunkt aus sich Fragen von Frauenpolitik zurechtlegt. So ist der Beitrag abstrakter verfasst als die vorhergehenden aus dem Kontext der Volksuniversitäten, zugleich einführender und strategischer aufs Politische orientiert. Er greift die Forschungen aus dem internationalen Zusammenhang auf und macht sie fürs deutsche Publikum zugänglich. Er ist vor allem ein weiterer Schritt, Terrain in der Arbeiterbewegung zu gewinnen.

6.1 Marxismus und Frauenpolitik oder: Was ist feministischer Marxismus?[7]

Die Zustände sind merkwürdig. Etwa 200 Jahre nach ihrer Ausrufung gelten bürgerliche Gleichheiten vor dem Gesetz immer noch nicht überall für beide Geschlechter. Viel entscheidender aber noch ist die praktizierte Ungleichheit, die als »Benachteiligung«, »Diskriminierung« wie Kitt die Gesellschaft zusammenhält und durchsetzt. Das gilt nicht nur für kapitalistische Gesellschaftsformationen. Anders, aber als Unsichtbarkeit sichtbar ist die Benachteiligung der Frauen in allen Führungspositionen sozialistischer Gesellschaften, die fast bis zum faktischen Ausschluss reicht. Wenn man davon ausgeht, dass Frauenunterdrückung in der Trennung des Privaten vom Öffentlichen einen Nährboden findet und die Zuweisung des privaten Ortes an die Frauen andere Unterdrückungspraxen begründet, wird man schließen müssen, dass überall dort, wo die Frauen nicht selbstverständlich einen halben Teil der Öffentlichkeit besetzen (etwa auf Kongressen, in Parlamenten, aber auch in Kneipen usw.), ihre Unterdrückung fortdauert. Der Schritt in die Öffentlichkeit ist der Anfang der Frauengeschichte. Frauenbefreiungsbewegung, so meint z. B. die trotzkistische Autorin Raya Dunayevskaya (1982), beginnt dort, wo Frauen sich öffentlich artikulieren; und umgekehrt: Der Ausschluss aus der Politik begründet die Frauenfrage und verbindet sie mit der Rassenfrage.

Nun wird kein Marxist ernsthaft die Auffassung vertreten, es sei eine Menschheitsbefreiung ohne Frauenbefreiung denkbar oder anzustreben. Jedoch scheint es, als ob dieser allgemeine Konsens Folgen haben müsste – sowohl für Politiker als auch für marxistische Theorie –, wenn er nicht als ewiges Lippenbekenntnis die überwiegend männlichen Kongresse zieren soll.

Nachdem sich in allen Ländern der Welt die ungleiche Verteilung der Geschlechter auf öffentliche und private Räume trotz aller Einsicht in die Notwendigkeit einer Veränderung ständig reproduziert, wird zumindest offenkundig, dass es gezielter bewusster politischer Strategien bedarf, um solche Ungleichheit zu ändern. Diese Strategien müssen wohl auf ungleicher Behandlung beruhen, um Gleichheit zu erzielen – in solchem Rahmen sind die Quotierungen, die in einigen Fällen angewandt werden, um den Frauenanteil zu erhöhen, sicher ein unumgängliches Mittel. Zur Nachahmung propagiert sei hier der Beschluss der Parteikonferenz in Rumänien in diesem Sommer (1984), den Anteil der Frauen an führenden Parteipositio-

7 Aus: *Karriere oder Kochtopf? Jahrbuch der Hochschule für Wirtschaft und Politik*. Hamburg 1984. Für dieses Buch verknappt und überarbeitet.

nen von jetzt 6 auf 27 % zu erhöhen und in Bereichen der Volkswirtschaft ihre Beteiligung an Führungsposten von jetzt 14 auf 30 % zu steigern (vgl. Bergen, Fesel, Raasch 1984).

Dass solche politischen Maßnahmen notwendig sind, um Gleichheit wenigstens als Fernziel vorzubereiten, verweist auf die unter Marxisten beiderlei Geschlechts umstrittene Annahme eines patriarchalischen Herrschaftsverhältnisses; Produktionsverhältnisse sollen nicht nur als ökonomische Ausbeutungsverhältnisse – etwa zwischen Kapital und Lohnarbeit – begriffen werden, sondern auch als Geschlechterverhältnisse.

Die Geschlechterverhältnisse als Teil der Produktionsverhältnisse zu denken ist eine Herausforderung an jene marxistische Theoriebildungstradition, die im Umkreis der organisierten Arbeiterbewegung gewachsen ist. Für die westlichen Industrieländer, in denen es eine nennenswerte Frauenbewegung gibt, enthält sie zugleich das politische Problem für die Marxisten in beiden Bewegungen, die Frauenbewegung im Verhältnis zur Arbeiterbewegung wahrzunehmen und entsprechend zu handeln.

1. Der Rückgriff auf Marx

Der Begriff »marxistisch-feministisch« ist eine Kampfansage gegen das umstandslose Einverständnis mit dem verbreiteten Gedanken, im tradierten Marxismus sei die Frauenfrage schon ausreichend aufgehoben und behandelt. In der Zusammenziehung der beiden Begriffe marxistisch und feministisch äußert sich ein Programm: Marxistisch soll die Frauenfrage bearbeitet werden und für diesen Zweck der herkömmliche Marxismus neu studiert, umgebaut, wo nötig erweitert, kritisch genutzt werden. Er hat nicht »Theorie«, »Grundlage« und »Schlüssel« bereits für die Frauenfrage geliefert (so stand es im Programm des marxistischen Studentenbundes Spartacus), aber es ist von ihm zu lernen, um eben diese Lieferung nachzuholen.

In der internationalen Frauenbewegung ist, soweit dort marxistisch gearbeitet wird, der Rückgriff auf Marx ganz verschieden. Aus Frankreich, Jugoslawien und Indien kommt der Vorschlag, noch einmal die Frühschriften zu studieren, die *Philosophisch-ökonomischen Manuskripte*, in denen Marx das Geschlechterverhältnis und die Frage der geschlechtsspezifischen Arbeitsteilung verband mit der Teilung der Arbeit in Kopf- und Handarbeit und der Trennung von Stadt und Land. Diese Entwicklungen der verschiedenen Trennungen zu verfolgen, ihr Ineinanderverschränktsein und ihre wechselseitige Bedingtheit, ist ein Forschungsvorschlag an Anthropologie und Geschichte (vgl. dazu Ivekovic 1984; Dietrich 1984). Dunayevskaya (1982, aus den USA) empfiehlt, nicht nur die *Deutsche Ideologie* zum Ausgangspunkt feministischer Überlegungen zu nehmen, in der Marx praktisch vorschlage, die Geschlechterverhältnisse als Teil der Produktionsverhältnisse in ihrer Vermittlung durch Familien- und Heiratsformen zu untersuchen, sondern vor allem die erst jetzt zugänglichen ethnologischen Notizbücher zu studieren, in denen Marx die Permanenz der kulturellen Revolution begründe, die Notwendigkeit einer ständigen Neukonstruktion von gesellschaftlichen Beziehungen, die für die Frauenfrage unerlässlich sei. Aus England schließlich liest man im Beitrag zum 100. Todestag von Marx (Marxisme et Féminisme, 1981) nicht nur die Belege, die es wenig nützlich erscheinen lassen, eine Lösung für die Frauenfrage aus den Äußerungen von Marx herauszulesen, die sich unmittelbar zu den Frauen verhalten; Michèle Barrett (1983) empfiehlt zudem, Marx' Schrift zur Judenfrage für eine Frauenbefreiungsstrategie neu zu lesen. Seine Auffassung, dass alle Probleme von Minderheiten, alle Fragen der Gleichberechtigung im Prinzip bürgerlich seien und daher »bloß politisch«, müsse aus der *Judenfrage* kritisch zum Ausgangspunkt gemacht werden für die Frauenfrage. Nicht vom Marxismus weg, sondern: ein fruchtbares Neudenken des Marxismus, nicht in Marx, sondern mit Marx die Frauenfrage bearbeiten, so und ähnlich diskutierten Frauen auf einer Marxismus-Feminismus-Tagung in Paris (1981).

Ein intensives Studium der marxschen Schriften in kritischer Absicht wird zweifellos die Kräfte der Frauenbefreiung stärken können; zugleich werden wir Frauen wohl unsere Fragen, unsere Geschichte selbständig bearbeiten müssen. In den berühmten *Feuerbachthesen* schreibt Marx, der Hauptmangel allen bisherigen Materialismus sei, »dass der Gegenstand, die Wirklichkeit, Sinnlichkeit nur unter der Form des Objekts oder der Anschauung gefasst wird, nicht aber als sinnlich-menschliche Tätigkeit, Praxis, nicht subjektiv«. Er schlägt vor, »die sinnliche Welt als die gesamte lebendige Tätigkeit der sie ausmachenden Individuen aufzufassen« (MEW 3, 5). Darin steckt die Aufforderung, nicht die fertigen Formen anschauend zu betrachten, sondern zu studieren, wie die Menschen praktisch vorgehen, und ihre Tätigkeiten und Praxen als Wirklichkeit zu fassen. Wir lesen dies als ein Programm, einen Vorschlag zur Forschung. Marx selber analysiert im Hauptwerk *Das Kapital* die politische Ökonomie, schreibt ihre Kritik. Er untersucht die Formen, in denen die Menschen ihre Lebensmittel produzieren, wie sie durch Austausch ihre Existenz regulieren. Seine Forschungsgegenstände sind also Formen und die in ihnen steckenden Triebkräfte, Widersprüche und Ansatzpunkte für Entwicklung, Anknüpfungspunkte für revolutionäre Umschwünge. Er untersucht, wie die Menschen sich in der Verfolgung der Organisation ihres Lebens in Widersprüche verwickeln, die sie notwendig lösen müssen durch revolutionäre Lösungen für eine menschliche Gesellschaft, wenn ihre bewusstlose Lösung durch Chaos und Krieg ausgeschlossen werden soll. Von daher erscheint ihm das

Proletariat als die praktisch tätige Menschengruppe, die keine Privilegien, Zunftvorteile, ständische Fesseln am Bestehenden hält. Ihre Praxis, die Arbeit, als Beschaffung der gemeinsamen Lebensmittel ist verallgemeinerbar. Zugleich sind die Arbeiter die Klasse, die keine Klasse mehr unter sich hat – im Unterschied zu den Bürgern oder Feudalherren – und die daher ihre Befreiung als Befreiung aller vorantreiben muss. Das heißt keineswegs, dass die konkreten Arbeitergruppen dies auch tun und dass von daher zu jedem historischen Zeitpunkt Forderungen und Taten wirklicher Arbeiter in den Auseinandersetzungen mit dem Kapital denen der Frauen etwas Befreiendes oder Revolutionäres voraushätten.

2. Frauen, Kapital und Staat

Denkt man die Frauenfrage in einem so vorgestellten Spannungsfeld von Lohnarbeit auf der einen, Kapital auf der anderen Seite, bleiben als Frauenfrage und spezifische Frauenunterdrückung die Lohnungleichheit und der Status als besondere Reservearmee. Allein schon auf der Ebene des betrieblichen Klassenkampfes gerät man in Schwierigkeiten mit der Frauenfrage. Sie ist vom bloßen Klassenstandpunkt aus nicht fassbar. Zum Beispiel sorgen Sonderregelungen dafür, dass Frauen weniger gut ausbeutbar sind als Männer – so der Mutterschutz. Solche Schutzmaßnahmen, zu denen etwa auch das Verbot der Nachtarbeit für Frauen gehört, verweisen auf die Rolle des Staates, durch die der als einfacher Interessengegensatz gedachte Ort der Frauenunterdrückung schon ein wenig komplizierter zu bestimmen ist (vgl. dazu u.a. Engels, »Der Status quo in Deutschland«, MEW 3, 45). Aber nicht nur die Schutzregelungen für Frauen verdanken sich staatlichen Eingriffen; auch die meisten Objekte traditioneller Frauenpolitik – wie die Forderung nach mehr Kindergärten, mehr sozialen Diensten etc. – befinden sich im staatlich geregelten Raum. Im Marxismus der Arbeiterbewegung heute ist es üblich, die Frauenfrage im Spannungsverhältnis von Lohnarbeit und Kapital zu formulieren und dabei gleichzeitig ohne weitere Beunruhigung Forderungen aufzustellen, die alle an den Staat gerichtet sind. Damit ist implizit eine Staatsauffassung festgeschrieben, die zumindest expliziert gehört, um diskutierbar zu sein. Der Staat erscheint als bloßes Instrument in den Händen der herrschenden Klasse bzw. identisch mit ihr. Zugleich scheint der Klassenwiderspruch alle Lebensbereiche durchgängig zu bestimmen. Unter solchen Voraussetzungen wird allerdings traditionelle Frauenpolitik bzw. ihre theoretische Begründung zirkulär. Ausgangspunkt und Resultat der Analyse ist die Auffassung, dass das Kapital die Frauen unterdrücke, und untersucht werden nur Bereiche, in denen es dieses auch tut. Marx so zu verstehen tut ihm ebenso Unrecht wie der Frauenfrage.

Begreifen wir Marx als Aufforderung, von den Praxen der Menschen auszugehen und die Formen zu studieren, in denen sie ihr Leben organisieren, so scheinen alle Feministinnen von Marx mehr begriffen zu haben als traditionelle sich auf Marx berufende Frauenpolitik. Sie gehen nämlich in allen ihren Aktionen von den Erfahrungen der Frauen aus: Gesundheitsgruppen, Körpergruppen, Selbsterfahrungsgruppen, praktische Angriffe auf die herkömmliche Kleiderordnung, Vorschläge für eine menschlichere Sprache – dies alles sind Eingriffe in sinnliche Aktivitäten. Die Vielfalt sagt nicht, dass es bereits genug sei. Zunächst bewegen sich alle diese Aktivitäten noch in den gesellschaftlichen Strukturen, denken, handeln widerständig in ihnen gefangen. Es fehlt vor allem das Studium der Formen, in denen die Menschen ihr Leben produzieren, die sie wiederherstellen, fertig vorfinden und in denen sie sich entwickeln, die ihre Kämpfe mitbestimmen.

Von daher heißt marxistisch-feministisch forschen, Praxen und Erfahrungen in ihren Formierungen begreifen, um zu Vorschlägen zu kommen, die über die fesselnden Formen hinausweisen. Es gilt, die Lücke zu schließen, die zwischen den sich gegenüberstehenden Politikformen klafft: der Erforschung verinnerlichter kapitalistisch-patriarchalischer Strukturen und ihrer Effekte (die Betroffenheit erzeugen) und der Politik im unmittelbar staatlich-parlamentarischen Raum. Ein Ziel muss sein, die Erfahrungen in die politische Artikulation so zu übersetzen, dass sie als allgemeine Widerstände ihre Wirkung entfalten können.

3. Was ist die Frauenfrage?

Entstanden in einer politischen Landschaft, in der genau benennbare Ursachen von Unterdrückung – Profitgier und Eigentum an Produktionsmitteln – das Befreiungsziel und den Weg dorthin wenigstens in Umrissen vorgaben, war die neue Frauenbewegung von Anfang an ein Paradox. Im Abschwung der Studentenbewegung verkündeten die Frauen den Entschluss zu eigenem Kampf, autonomen Gruppen, Recht auf den eigenen Körper, Protest gegen den Abtreibungsparagraphen, riefen zu Selbsterfahrungsgruppen auf usw. – die Geschichte der Anfänge ist vielfach dokumentiert (vgl. u.a. Jelpcke 1981; Menschik 1977; Linnhoff 1974).

Und von Anfang an fanden sich diese Aktivitäten vor dem Richterstuhl sozialistischer Politik, vor der als Gewissheit propagierten Behauptung, Frauenunterdrückung habe schließlich mit Kapitalprofit und ungenügender Erwerbstätigkeit zu tun (die magische Zahl von ca. 30 bis maximal 40 Prozent weiblicher Erwerbstätigkeit wird nur in wenigen kapitalistischen Ländern überschritten: den skandinavischen und Finnland). Diese Sicherheit über die zwei logisch nicht einmal aufeinander beziehbaren Grundlagen der

Frauenunterdrückung, die zumindest in der Bundesrepublik Deutschland in den Arbeiterorganisationen unermüdlich wiederholt werden, grenzte die schnell anwachsende Frauenbewegung einerseits als kleinbürgerliches Grüppchenwesen aus der ernst zu nehmenden sozialistischen Politik aus und prägte zugleich als eine Art theoretischer Handlungs- und Denkdruck von Anfang an die Diskussion um die theoretische Grundlegung der Bewegung, die Ausarbeitung feministischer Theorie. Schließlich gehörten der neuen Bewegung auch langjährige Sozialistinnen und Marxistinnen an, die gleichsam unter Rechtfertigungsdruck versuchten, für die buntscheckige Vielfalt der Praxen in der Bewegung eine einheitliche Grundlage, eine Verursachung als Ausgangspunkt für Frauenunterdrückung zu finden, von der »alles Übrige« abgeleitet werden könne. Dabei wollten sie das Ungenügen an der bisherigen Formel – Frauen seien unterdrückt wegen des kapitalistischen Extraprofits und ihrer Funktion als Reservearmee – so überwinden, dass eine Frauenbewegung zusätzlich zur Arbeiterbewegung, ja sogar im Konflikt mit ihr, in einem gemeinsamen sozialistischen Projekt theoretisch begründet werden könne.

Im Folgenden sollen die Diskussionen um die wichtigsten Bestimmungen auf internationalem Maßstab vorgestellt werden. Es ist unübersehbar, dass marxistisches Denken und Vokabular die Debatten bestimmte und dass sie von vornherein international ähnlich geführt wurden.

Am Anfang steht als eine Art Opposition zur theoretischen Dominanz, die die Kapitalherrschaft in den bisherigen Befreiungstheorien hat, der Patriarchatsbegriff. Er soll eine alternative, eine zusätzliche Kraft formulieren, die bisherige Herrschaftstheorie herausfordert. In seinem Gefolge werden wiederum vielfältige, die Frauenunterdrückung anders begründende Faktoren herausgearbeitet: Grundlegend sei die Aneignung weiblicher Arbeitskraft durch Männer; Frauen seien eine eigene Klasse; die Aneignung und Ausbeutung der weiblichen Körper als Produzentinnen von Kindern sei Grundlage und insofern sexuelle Ausbeutung Fundament der Frauenunterdrückung; die geschlechtsspezifische Arbeitsteilung bestimme die Frauenfrage; die Heiratsform sei Basis der Frauenunterdrückung und mit ihr der Arbeitsvertrag zwischen Mann und Frau; die Familienform sei grundlegend für die Unterwerfung der Frau. Mit dem Begriff Schwesterlichkeit soll eine gemeinsame Politik angezielt werden.

Am bekanntesten wurde die Debatte über die Hausarbeit. Sie soll eine eigene bisher theoretisch vernachlässigte Produktionsweise bestimmen, die zudem in ihrer faktischen Bedeutung für die industrielle Produktion bislang unterschätzt wurde. Notwendig wäre die Umformulierung des Wertgesetzes, um Frauenunterdrückung in ihrem globalen Zusammenhang mit der imperialistischen Ausbeutung der Dritten Welt zu begreifen. Schließlich resultiert diese Debatte bei einigen Frauengruppen in der

Forderung nach Lohn für Hausarbeit, bis diese von den bundesrepublikanischen christdemokratischen Parteien ebenfalls aufgegriffen wurde. Die einzelnen Argumentationslinien widersprechen und durchkreuzen einander, sind teils Spezifizierungen oder Ergänzungen von Grundannahmen. Eine systematische Vorstellung der einzelnen theoretischen Annahmen gibt unvermeidlich den falschen Anschein, es herrsche eine ähnliche Systematik in der Frauenbewegung selbst. Das ist nicht der Fall. (Einige Argumentationen sollen im Folgenden vorgeführt werden.)

Einschub: Ich und die Hausarbeitsdebatte

Mich erreichte die Hausarbeitsdebatte wie so vieles in diesem Zustand, in dem die Dinge anwesend sind und doch zugleich abwesend, weil nicht wirklich begriffen, wie im Halbschlaf. Die Debatte schien mir wie die Hausarbeit selbst wichtig und unwichtig, wie etwas, das einem nicht gehört und doch gewohnter Bestandteil des täglichen Lebens ist. Als ich noch Kind war, begegnete mir Hausarbeit als lästige Pflicht, als Störung des guten Lebens, als Gegensatz zum Spiel, eben als Arbeit, die gegen Freiheit stand. Aber zugleich mochte ich alle diese einzelnen Tätigkeiten wie backen und kochen, nähen, stricken und flicken, Tiere füttern, das Baby baden und wiegen, Wäsche waschen und bügeln (Letzteres vor allem), Staub wischen, wenn die Veränderung richtig sichtbar war, bohnern und dabei auf dem Bohnerbesen rutschen usw., ich hasste die Hausarbeit nur, wenn ich dazu gezwungen wurde. Auf der anderen Seite war ich früh stolz, die Produkte dieser Tätigkeiten vorweisen zu können und also auch zu zeigen, dass ich eigentlich erwachsen war, ein Ziel, welches von mir wiederum als wirkliche Freiheit und Glück erstrebt wurde. Noch später, als Hausarbeit in Gegensatz geriet zu lesen und das Aquarium einrichten, säubern und stundenlang den Fischen zusehen, suchte ich sie zu meiden. Hausarbeit wurde Drohung, die gegen das eigentliche Leben stand.

Da niemand versuchte, mich zu einer guten Hausfrau zu erziehen – wir waren zwei Jungen, zwei Mädchen, unsere Mutter alleinerziehend als Kriegswitwe –, konnte Hausfrau für mich kein Beruf sein. Zudem war mir klar, dass die eigentlichen Tätigkeiten nicht zu Hause, sondern draußen in der Welt waren, Hausarbeit also eine Einsperrung, die für mich nicht in Frage kam.

Ohne weitere Reflexion erfuhr ich viel später, da war ich schon über 30 Jahr alt und hatte ein eigenes Kind, die feministische Hausarbeitsdebatte als rein theoretisches Problem. Meine erste Losung für ein Transparent zum Ersten Mai hieß entsprechend: *Vernachlässigung von Hausarbeit.* Die in der

Tradition der Arbeiterbewegung gewohnte Nichtachtung von Hausarbeit (meine Frau muss nicht arbeiten) fand also in meinem unreflektierten Dafürhalten ein bejahendes Echo. Die Abwertung zur Nicht-Arbeit wurde so von mir – wie von vielen Frauen der Bewegung – einfach wiederholt. Ich näherte mich der strategischen Frage der menschlichen Arbeit im eigenen Heranwachsen direkt und in der Theorie auf Umwegen.

Ich wusste, dass die Rolle der Hausarbeit ein Kampfpunkt war, der mir nicht auf den Nägeln brannte. Ich entwickelte daher eine wohlwollende Duldung und unterstützende Haltung, wie sie für Stellvertreterpolitik üblich ist. Wirklich ergriffen wurde ich durch die Veröffentlichung des Buches von Christel Neusüß: *Die Kopfgeburten der Arbeiterbewegung oder die Genossin Luxemburg bringt alles durcheinander*, das in die Reihen der Frauen, die sich der Arbeiterbewegung zugehörig fühlten, einschlug wie eine Bombe. Das Buch wurde zu einer Art Katalysator für all das Unbehagen, die erfahrene Zurücksetzung, Schwierigkeiten im Arbeitsalltag vor allem der Gewerkschafterinnen in ihrer Politik, weil es in einem Zug erlittenes Unrecht bündelte und umformte zur Kraft von Widerstand. Es brachte die Respektlosigkeit, die nötig ist, wenn dämmerndes Aufbegehren plötzlich an den Tag kommen kann. Es griff ein in die heiligste aller Festungen für Sozialistinnen, in die Frage, wie Arbeit in der Arbeiterbewegung gedacht und politisch ausgedrückt wurde, und tat dies vom kundigen und plötzlich selbstbewussten Standpunkt von Frauen. Christel Neusüß war eine allgemein anerkannte Gewerkschaftslinke, Marxistin, Professorin, hatte vieles veröffentlicht zur politischen Theorie, vor allem zum Staat. Man konnte ihr, man musste ihr glauben, als sie auf einen Satz all ihren Kredit in die Hauptfrage warf: *Marx und die Arbeit*.

In den Frauengruppen, in denen ich politisch und lehrend tätig war, sprachen plötzlich alle von diesem Buch, und alle wussten: Marx hatte den falschen Arbeitsbegriff. Auf sein Konto gehe praktisch die theoretische Vernachlässigung der Hausarbeit, ja er verdoppele und verewige so Frauenunterdrückung, deren Zentrum die Nichtachtung der alltäglichen Hausarbeit sei. Ich war zunächst verstört und empört. Marx und die Arbeit war Zentrum meines theoretischen Lebens und auch zentraler Teil meines Forschungslebens und eigener Veröffentlichungen. Mehr als 10 Bücher und unzählige meiner Aufsätze handeln davon. So hielt ich diese Thematik gewissermaßen auch für mein Eigentum, ihre Infragestellung zugleich für Einbruch und Diebstahl und verurteilte sie überlebensnotwendig als falsch. Ich konnte mich nicht auf oberflächliche Polemik beschränken. Ich musste mich durcharbeiten und zur grundsätzlichen Entgegnung bzw. Wiederaneignung ausholen. Diese Arbeit, die als öffentliche Diskussion gedacht war, konnte nicht zu Ende gebracht werden, weil Christel Neusüß früh an Krebs starb – Hunderte von Exzerptseiten liegen noch immer unberührt. An dieser Stelle sollen zwei Hauptpunkte erinnert werden.

Zum einen bringt Neusüß eine sorgfältige Dokumentation von Arbeiterbewegungspolitik und -denken in Sachen Frauen und Hausarbeit, gespickt mit Zitaten der Klassiker, Marx, Engels, Lenin, aber auch der offiziellen politischen Stellungnahmen der Arbeiterorganisationen. Das bleibt und harrt weiter seiner Aufarbeitung.

Zum anderen schreibt sie die Frauenfrage als Arbeitsfrage in die Wertlehre, in die Analyse der *Kritik der politischen Ökonomie* ein und stellt die einzelnen Posten anders auf. Indem sie Schwangerschaft und Geburt als zentrale Lebenstätigkeiten begreift und diese sodann mit marxschen Kategorien belegt – Tausch, Ware, Wert, Kauf und Verkauf usw. –, wird die Strenge der marxschen Kritik in so etwas wie ein Kabarett, vielleicht auch eine Satire verwandelt. Sie polemisiert, die Behauptung, die im Zentrum der marxschen Wertlehre steht, dass der freie Lohnarbeiter auf dem Arbeitsmarkt seine Arbeitskraft als eine Ware einbringt und verkauft, sei irrig, weil dies voraussetze, dass dem Arbeiter seine Arbeitskraft tatsächlich gehöre. Diese aber sei Produkt mütterlicher Tätigkeit, also ihr Eigentum, das sie im übrigen mitnichten auf den Markt bringe. – Die Wertlehre beruhe mithin auf der Auslöschung mütterlicher Arbeit. Das liest sich so: »Meine Mutter hat eine Ware produziert, die in den Austausch eingeht [...]. Ihre Arbeit war wertbildend [...]. Der ganze Haken also, dass meine Mutter kein autonomes Einkommen bezieht, ihre Arbeit nicht als gesellschaftlich notwendig anerkannt wird, besteht darin, dass sie [...] meine Arbeitskraft auf dem Markt nicht verkauft, sondern ich das selber tue, freie Lohnarbeiterin [...]. Dass meine Arbeitskraft in meinem Besitz ist, obwohl ich sie gar nicht produziert habe, diese Rechtsform verdeckt also die produktiv-wertbildende Arbeit meiner Mutter.« (Neusüß 1984, 24)

Beide Positionen, sowohl die Frage der Produktion des Lebens als auch die der Arbeiterbewegungspolitik um die Arbeit in der Familie, sind bis heute nicht wirklich bearbeitet und erwidert, blieben jedoch als Stachel und gingen auf andere Weise, ohne Bezug zu Neusüß, in die weitere Politik und ihre theoretische Begründung durch mich ein.

Die Lektüre der internationalen Arbeiten um einen feministischen Marxismus hatte mich notwendig in die Hausarbeitsdebatte geführt als Lösungsangebote für offene Fragen.

Fortsetzung des Dokuments Marxismus und Frauenpolitik oder: Was ist feministischer Marxismus?

In den verschiedenen westeuropäischen Ländern führten die Aktionen um den Abtreibungsparagraphen, die der neuen Frauenbewegung zu ihrer Größe und Popularität verholfen hatten, zu unterschiedlichen Kompromisslösungen und damit zu einem vorläufigen Ende. Mit dem Verlust dieses Kampfpunktes habe die Frauenbewegung ihre Einheit und damit ihre Kraft verloren, konstatierte Simone de Beauvoir in einem Artikel in *Le Monde* (März 1983) und fuhr fort: »Wenn wir nicht untergehen wollen, brauchen wir eine neue Gemeinsamkeit.« Dafür schlug sie die Hausarbeit vor, »weil schließlich alle Frauen Hausfrauen [sind], unabhängig von Klasse und Schicht, Status usw.«, wie auch alle Frauen vom Abtreibungsparagraphen irgendwann in ihrem Leben betroffen waren. Die Einfachheit, mit der hier aus strategischen Gründen eine Einheit vorgeschlagen wird, verdeckt die Umkämpftheit der Bestimmung. Schon im engeren Kreis der theoretisch-feministischen Zeitschriften Frankreichs gab es konträre Positionen zu diesem Thema, die kurz in ihren politischen Konsequenzen skizziert seien (auch sie gelten nicht nur für Frankreich):

Erstens: *Hausfrauenarbeit sei unproduktiv*, weil sie keinen Mehrwert schaffe und nicht direkt unter dem Kommando des Kapitals geschehe. Gerade weil sie in ihrer Zurückgebliebenheit gleichwohl für den kapitalistischen Produktionsprozess sozialisiere, gehöre sie abgeschafft, vergesellschaftet. Eine politische Strategie müsse ausgearbeitet werden, die das patriarchalische Unterdrückungssystem mit seiner Basis, der Familie, analysiere, mit dem Ziel, auch die Familie abzuschaffen. Die Vertreterinnen dieser Position berufen sich weitgehend auf Marx und Engels, auch Lenin (Thévenin 1982)[8]. Die Position findet sich in Frankreich in Opposition zur offiziellen Politik der KPF, wiewohl sie von Frauen aus der Partei vertreten wird.

In den Richtlinien der französischen kommunistischen Partei wird die Hausfrauenarbeit in ihrer privaten Form nicht prinzipiell infrage gestellt, sondern für gleichmäßige Verteilung plädiert und für technische Erleichterung, damit für die Frauen Berufstätigkeit und Mutterschaft vereinbar sind. Damit werde der schon bei Marx und Engels herausgearbeitete Zusammenhang von Arbeitsinhalt und Arbeitsform zerrissen und die Familie und ihre Stellung im Gesamt der Produktionsverhältnisse naturalisiert (Leger 1982). In gleicher Weise wie die KPF argumentieren die kommunistischen und

8 Vgl. ferner Thévenin in *Marxisme et Féminisme*, a. a. O.; und die Zeitschriften *La revue d'enface*; *L'Insoumise*; *Mignonnes*

sozialistischen Parteien in allen westlichen Industrieländern, auf jeden Fall in der Bundesrepublik Deutschland.

Die zweite Position geht davon aus, dass *Hausarbeit produktiv sei*, weil sie in der Form von persönlichen Dienstleistungen die Arbeitskraft als Ware herstelle und für die damit hinter dem Rücken der industriellen Produktion erfolgende Vergrößerung der Mehrwertproduktion sorge. Die Rolle der Frau sei durch ihre Zugehörigkeit zur Familienproduktionsweise unsichtbar gemacht. Indem sich die Verfechterinnen dieses Theorems auf Mariarosa Dalla Costa (1973) berufen, formulieren sie Familie und Frauenunterdrückung als eine von der Klasse und dem kapitalistischen System abhängige Beziehung und fordern Lohn für die Hausarbeit.[9]

[...]

Die Debatten sind nicht nur vielfältig, sondern auch verwirrend. Gleichwohl hatten sie eine große Bedeutung für die Frauenbewegung überhaupt wie auch für die Aufmerksamkeit, die dem Hausarbeitssektor insgesamt in den Gesellschaften geschenkt wird. Dies gilt insbesondere für die zunächst spektakuläre Forderung nach Lohn für die Hausarbeit. Diese ist zwar theoretisch umstritten, hat jedoch nicht nur die Sphäre der Hausarbeit überhaupt auf die Tagesordnung politischer Überlegungen gebracht, sondern auch die Notwendigkeit, den Zusammenhang von politischen Praxen und theoretischer Begründung neu zu durchdenken.

[...] So [...] belehrt uns die Politik der Frauen, die diesen Hausfrauenlohn fordern, mehr als alle bessere Theorie zuvor, dass das patriarchalische System in seiner Verschränkung mit dem kapitalistischen in seinen sozialen, ökonomischen, politischen und ideologischen Dimensionen Gegenstand marxistisch-feministischer Analyse sein muss. [...] Es gibt Hausarbeit und sie ist unbezahlt. Sie ist weltweit die Domäne der Frauen, gilt gesellschaftlich wenig und gehört irgendwie in den Bereich der individuellen Konsumtion, der Wiederherstellung der Arbeitskraft, der individuellen Subsistenzproduktion. Hausarbeit hält die Frauen abhängig und untergeordnet und steht in einem relativ ungeklärten Verhältnis zur kapitalistischen, aber auch zur sozialistischen Gesellschaftsformation und zu den gemischten Produktionsweisen der Entwicklungsländer. [...]

[Später (vgl. Kapitel 11) werde ich für die vielfältigen Fragen um die Hausarbeit eine Lösung vorschlagen, die die Akteurinnen im Feld ebenso einbezieht, wie sie von der gesellschaftlichen Gesamtarbeit her eine radikalere Politik anzielt. FH]

9 Viel später werden diese Debatte und die entsprechenden Forderungen historisch anders verortet, dass sie nämlich nicht Produkt der zweiten Frauenbewegung seien, sondern der ersten (bürgerlichen). – Vgl. Vogel 2003 und Dalla Costa 2014.

Hausarbeit als gesellschaftliches Verhältnis

Dass Hausarbeit eine eigene Produktionsweise sein soll, mit eigener Logik und in einem untergeordneten Verhältnis zur herrschenden Produktionsweise, leuchtet unmittelbar ein. Schließlich wird im Haus nicht nach Tauschgesetzen produziert, und erst recht lassen sich Geburt und Aufzucht der Kinder nicht profitlogisch erklären. Eigentümlicherweise äußern sich erste Befreiungsversuche in dieser Sphäre in Begriffen der Tauschlogik: die Partnerehe, die Berechnung der anfallenden Arbeiten und ihrer Verteilung nach Äquivalenzgesichtspunkten unter die Beteiligten, die Minimierung der in den Haushalten stattfindenden lebendigen Arbeit usw.

Herrscht im Haushaltssektor also eine unterentwickelte Produktionsweise und ist er von daher vergleichbar mit den Entwicklungsländern (wie z. B. von Werlhof vorschlägt) und fassbar in ähnlichen Begriffen wie diese? Der Versuch, hier konkrete Parallelen zu ziehen, verschlägt einem den Atem. Soll etwa die Lage in einem übervölkerten Land wie Indien, in dem vor den gleichgültig-hilflosen Augen unterernährter arbeits- und obdachloser Menschen täglich unzählige Kinder in den Straßen hungers sterben und die Weise, wie das internationale Kapital davon profitiert, gleichzusetzen sein mit den Leben der Hausfrauen z. B. in der Bundesrepublik, deren Unterdrückung in der Abhängigkeit und Begrenztheit relativen Wohllebens besteht? Die Langeweile am Hotelstrand in Mallorca, die Unsinnigkeit wöchentlicher Friseurgänge, die Frustration leerer Abende, die Einsamkeit und Hilflosigkeit unselbständigen Lebens, all dies gehört zur Frauenunterdrückung. Aber die global-theoretische Einordnung erreicht hier eine Stufe der Abstraktion von den unterschiedlichsten Formen des Elends, die gerade in der Frauenbewegung auf lebendige Weise überwunden war. Problematisch scheint nach bisherigen Überlegungen die in dem globaltheoretischen Entwurf vorgenommene Setzung einer umfassenden Herrschaftssystematik und die damit erfolgende Absehung von den vielfältigen historischen Ungleichzeitigkeiten, kulturellen Unterschieden, Andersartigkeiten der je spezifischen Unterdrückungen. Für weitere Internationalisierung braucht es wohl Begriffe, die über die Kulturgrenzen hinaus tragfähig sind. Sie müssen gleichwohl konkretisierbar sein und konkretisiert werden auf kulturelle, historische, ökonomische und politische Besonderheiten, da diese die praktischen Kämpfe in den einzelnen Ländern hier und heute bestimmen.

Dabei geschieht in der Debatte um die Hausarbeit zweierlei: Die Begriffe sind nicht nur zu abstrakt, sie verdanken die Absehung von wichtigen Unterschieden einem Ausgangspunkt, der selber gewissermaßen nicht abstrakt genug ist. Der Begriff der Hausarbeit ist nur scheinbar ein Formbegriff. In Wirklichkeit verbindet dieser Name höchst unterschiedliche Formen und

Organisationen der Arbeit in den unterschiedlichen Ländern (Entwicklungsländern und westlichen Industrieländern) und Zeiten. Feministischer Untersuchungsgegenstand für die Frage der Frauenunterdrückung wäre aber die Form, in der Frauenarbeit geschieht, im Vergleich und im Verhältnis zu anderen Formen. Nicht die Inhalte von Hausarbeit und auch nicht, dass sie im Haus geschieht (statt in der Fabrik oder auf dem Feld), wären demnach das Untersuchungsfeld, sondern dass bestimmte Arbeiten im Verhältnis zu anderen Arbeiten von bestimmten Personen im Verhältnis zu anderen an systematisch getrennten Orten und in unterschiedlicher Form (privat/Lohn) geleistet werden. Die Untersuchung gälte der Herausbildung jener Trennung der Bereiche und ihrer Anordnung im Zusammenhang der gesamten Produktionsverhältnisse. Indem das Verhältnis der Formen zueinander untersucht wird, ist damit zugleich die Frage nach der Beziehung der um die Formen gebildeten Frauen- und Arbeiterbewegung zueinander neu gestellt.

Geht man in der Analyse der Hausarbeit von der Arbeit aus, so verstrickt man sich in unendliche Debatten über die Fragen etwa von Produktivität oder Nichtproduktivität von Hausarbeit. Weiter wurde gefragt, ob Geburten nicht auch Arbeit seien und produktiv, was die Fragenden ausweglos in Überlegungen einklemmte, ob nicht Tiere, die schließlich auch Junge zur Welt bringen, arbeiten. [...] Und wohin mit den Gedanken darüber, dass Kinderbekommen tatsächlich anstrengend, verzehrend und große Lebenszeiten von Frauen ausfüllende »Tätigkeit« ist? Sollte man in diesen Punkten Donna Haraway (1982) folgen, die empfiehlt, die erkenntnisleitenden Kategorien nicht so zu wählen, dass man beständig auf die Früchte der Bewegungen der Menschen starrt (Arbeit und Geschlecht), und dieses Denken selber als bürgerliches Produkt vorführt? Wie dann?

Marx hat vorgeschlagen, von Verhältnissen auszugehen, die die Menschen in der Produktion ihres Lebens eingehen, den Beziehungen, die sie dabei organisieren. In der Geschichte der großen Trennungen – der von Stadt und Land, Kopf und Hand, Mann und Frau, schließlich der des Öffentlichen vom Privaten – und der je konkreten Bezüge – also der Art und Weise, wie die getrennten Bereiche miteinander verknüpft sind – kann die Frauenfrage nicht verschwinden. Sie steckt in der Art und Geschichte der Arbeitsteilung und des Zusammenhangs der getrennten Arbeiten in der Gesamtgesellschaft. Dies ist als Trennungszusammenhang zu begreifen. Eine so erarbeitete Frauenpolitik würde sich langfristig auf Aufhebung der Trennungen, auf Grenzüberschreitungen, Vermischungen, Infragestellungen richten. Dies folgt genau den Aktionen der Frauenbewegung. Hier werden weniger Bereiche infrage gestellt als vielmehr ihre Konstruktion als getrennte Formen, weil in der Konstruktion auch Herrschaft reproduziert wird und sich festigen kann. Die Untersuchung der Konstruktion von Bereichen, die sich einerseits gegeneinander verselbständigen und andererseits in eben diesem Prozess in ein Unter-/Überordnungsverhältnis zueinander treten, geht weit über den Bereich der Hausarbeit hinaus. Von daher vermittelt sie das Unbehagen, überall forschend und verändernd tätig sein zu müssen. Zugleich erlöst dies von dem anderen Unbehagen, mit der Frage der Hausarbeit und ihrer Bestimmung schon die Frauenfrage und ihre Reichweite erschöpft zu haben.

Wie die Produktion des Lebens perspektivisch organisiert sein soll, ist einerseits eine praktische Frage, die nur die Menschen gemeinsam lösen können, die in dieser Perspektive leben. Andererseits ist jeder Kampf gegen Unterdrückung eine Vorwegnahme von Zukunft, und von daher werden praktisch auch heute schon ein Stück weit alternative Formen gelebt. Theoretisch gibt es in den marxschen oder marxistischen Entwürfen wenig Vorarbeiten, die ein Gemeinwesen nicht nur als Ort der Lebensmittelproduktion, sondern auch der Lebensproduktion begreifen. Ebenso wenig wurden die Produktionsverhältnisse als Geschlechterverhältnisse ausreichend analysiert.

6. Geschlechterpolitik

Nachdenklich macht auch ein Beitrag von Fox-Genovese (1983) zur Frage des Funktionalitätsdenkens bei der Untersuchung der Frauenfrage und speziell der Rolle der Familie in diesem Zusammenhang. Sie führt vor, dass die Frage nach der Funktion der Familie für die Reproduktion der Gesamtgesellschaft wichtige weitere Fragen nach der Rolle von Werten und Institutionen, nach den die Gesellschaft stabilisierenden und reproduzierenden Kulturen möglich gemacht hat. Zugleich problematisiert sie, dass alle solche funktionalen Untersuchungen von Anfang an den in ihnen enthaltenen Vorschlag, mit Erfahrungen zu arbeiten, schon wieder verhindern. Weil sie nämlich davon ausgingen, dass die gesellschaftlichen Anforderungen – etwa an eine Hausfrau – den Wirklichkeiten gelebten Lebens entsprächen. In dieser Weise müssten ihnen Einordnungsaktivitäten, Anpassung und Widerstand, die Listen der Ohnmacht, Überfluss und Mangel, kurz das Leben selbst systematisch entgehen. Dies sei für die Frauenfrage besonders fatal, weil solcherart das Geschlechterverhältnis nicht als ständige Auseinandersetzung begriffen werden könne, von dessen konkret-historischer Füllung eine Befreiungspolitik abhängig sei, sondern als statisch unwandelbare Größe aufgefasst werde. In dieser Weise müsste auch jeder Funktionalitätsforschung das Verhältnis des Geschlechterkonflikts zu den ökonomisch-politischen Verhältnissen entgehen.

Fox-Genovese ersetzt die Arbeitshypothese von der Abhängigkeit der Frauen und der Verantwortlichkeit und Autonomie der Männer durch die

Hypothese von der Abhängigkeit aller Menschen, um die unterschiedlichen und auch im Geschlechter-, nicht nur im Klassenverhältnis gegeneinander gerichteten Kämpfe um Unabhängigkeit zu untersuchen. Auf diese Weise gelingt es ihr auch, Verhältnisse zwischen Männern als Herrschaftsverhältnisse abzubilden und das Ineinander von bürgerlich(-männlich)er Befreiung, Gleichheitsproklamation und Frauenunterdrückung vorzuführen. – Dabei empfiehlt sie dringend, alle Vorteile, die das kapitalistische System den Frauen gebracht habe, zu untersuchen und zur Kenntnis zu nehmen (mehr Gleichheit mit Männern, die Reduktion des Gewichts physiologischer Unterschiede durch die Technik [Maschinisierung] und Medizinentwicklung [Empfängnisverhütung], die Möglichkeit, überhaupt ohne Familie überleben zu können usw.). Die Besichtigung dieser Vorteile ermögliche erst, die Härte wirklich wahrzunehmen, mit der im politisch-ideologischen Raum für die Legitimierung der Minderwertigkeit und Unterwerfung der Frau gekämpft werde. Sie schlägt vor, den Ausschluss der Frauen aus den öffentlichen Geschäften als vornehmlich politische Tat zu sehen, die so tief in die gesellschaftlich-ökonomischen Verhältnisse eingelassen sei, dass »Frauen wie eine Klasse aussehen« (1983, 20).

7. Produktionsverhältnisse und Frauenpolitik

Die vielfältigen Diskussionen um Frauen als Klasse (Delphi 1982 und 1982a; Barrett u. McIntosh 1982), um das Patriarchat (Fox-Genovese 1983), um Kultur, Ideologie und Staat[10] zeigen eine exemplarische Problemkonstellation. Praktisch-politisch handelt es sich immer um die Fragen von Herrschaft und Befreiung, genauer um die Begründung und Reproduktion von Herrschaft und die Formen aktueller Befreiungspolitik und der notwendigen und möglichen Bündnisse. Theoretisch folgen die feministischen Diskussionen den Auseinandersetzungen im Marxismus der 1980er Jahre (oder eilen ihnen gar voraus). Die einzelnen Positionen radikalisieren durch ihre praktische Einbindung und massenhafte Rezeption bestimmte Positionen und Denkweisen im Marxismus, markieren so Lücken und Notwendigkeiten von Rekonstruktion.

Eine starke theoretische Front formieren dabei diejenigen, die man vielleicht in Analogie zu Ableitungsmarxisten[11] Ableitungsfeministinnen

10 Hier empfiehlt sich die Lektüre von Althusser, insbesondere das Buch *Ideologie und ideologische Staatsapparate*, 1977; ferner Projekt Ideologietheorie: *Theorien über Ideologie*, 1979, sowie Wolfgang Fritz Haug: »Strukturelle Hegemonie«, in: *Das Argument* 129, 1981.

11 Unter Ableitungsmarxisten ist eine auch im Ausland unter eben diesem Begriff bekannte Tradition gemeint, als Marxismus eine Denkweise zu behaupten, die aus obersten Prinzipien und/oder Gesetzen alle konkrete Wirklichkeit ableitet und von daher sich die

nennen könnte. Hierunter fasse ich alle die Positionen, die in Analogie zur Arbeiterklasse Frauen als Klasse ausrufen oder analog zum Kapitalismus ein Patriarchat sich denken oder parallel zur Aneignung der Ware Arbeitskraft durch das Kapital, welches sie als den Kernpunkt marxistischer Kapitalismusanalyse auffassen, die Aneignung weiblicher Arbeitskraft durch die Männer (in der Familie und in der Fabrik) als Kern weiblicher Unterdrückung formulieren (Hartmann 1981). Immer geht es um einen Kern, ein Wesen, eine Ursache, um polare Konstruktionen, Freunde und Feinde.

Alle diese Analysen sind nützlich zu lesen und zu studieren. Sie verweisen nicht nur auf eine Vielzahl von bisher schlecht bearbeiteten Feldern in den Fragen von Herrschaft und Ausbeutung und auf die stets sorgfältig vernachlässigte Frauenfrage. Die Radikalität, mit der sie an den strategischen Punkten analogisch zur Klassenunterdrückung die Frauenunterdrückung einsetzen, führt in gewisser Weise diese ganze Denktradition von Wesen und Erscheinung, Kern und Oberfläche, Ursache und Wirkung, Freund und Feind ad absurdum. Ja es scheint, als ob die Ausblendung der Frauenfrage – also eines Widerspruchs, der im Lohnarbeit/Kapital-Verhältnis nicht umstandslos aufgeht – die Stabilität jener Erklärungsweisen erlaubt hätte, die Althusser als hegelianisches Relikt »expressiver Totalität« begreift (Althusser 1968). [...]

8. Frauen, Kultur und Ideologie

Dass Herrschaftsbildung und -erhaltung selbst ein politischer Akt der Konsensbildung sei und also auch Frauenunterdrückung nichts an sich Gegebenes, sondern ständig zu Reproduzierendes – solche Überlegungen im Anschluss an Althusser stehen im Zentrum anderer feministischer Diskussionen um Kultur und Ideologie. Die Konstruktion von Weiblichkeit, die Organisation der Körper, ihre Indienstnahme zu Werbezwecken, die Mütterlichkeitsideologie, die Einspannung weiblicher Werte in politische Diskurse usw. – solche Diskussionen laufen praktisch getrennt von den oben genannten um »den Kern« weiblicher Unterdrückung. Sie liefern wichtige Untersuchungen über das Verhältnis von *sex* und *gender* und die Bedeutung von Kultur und Ideologie für die Frauenunterdrückung (Mouffe 1983). Aber ebenso wie in der allgemeinen Diskussion um die

Mühe sparen kann, die empirische Vielfalt tatsächlich (marxistisch) zu erforschen und so zu neuen Einsichten zu kommen. Im hier diskutierten Zusammenhang wähle ich den Begriff »Ableitungsfeministinnen«, weil mir ein Hauptmangel der vorgestellten Verfahren zu sein scheint, dass nicht aus der empirischen Vielfalt der Frauenunterdrückungen im Verhältnis zu vorhergehenden kategorialen Überlegungen Einsichten gewonnen wurden, sondern durch ein begriffliches Analogieverfahren einzelne Begriffe den Rang oberster Prinzipien erhielten, aus denen dann die Frauenunterdrückung abgeleitet werden konnte.

Krise des Marxismus verlieren diese Theoreme den Boden unter den Füßen. Der notwendige Blick auf die soziale Konstruiertheit des Weiblichen und damit der Unterordnung der Frauen öffnet den Blick für ein Netzwerk von sich wechselseitig bestätigenden und unterstützenden Unterordnungspraxen und ideologischen Instanzen, die die Anordnungen festigen. Die Absage an eine Verursachung gibt die Möglichkeit, viele zu denken und damit eine Politik mit vielen Subjekten, Aktionen, Polen, Zentren.

Die Stärke der Frauenbewegung, an den Erfahrungen, Betroffenheiten der Einzelnen anzusetzen, schiebt ihre Politik fast zwangsläufig in den kulturell-ideologischen Bereich. Auf diesen Vorgang antworten solche kritischen Überlegungen zum Marxismus, die auf eine Reihe von als fest angenommenen Rahmenbegriffen wie Klasse, Ökonomie, Interesse zu verzichten empfehlen. Indem die herrschende Anordnung in den kapitalistischen Gesellschaften die Frauen an den Rand der gesellschaftlichen Produktion drängt und ihren Konsens zu solchem Vorgehen damit in der politisch-kulturellen Sphäre herstellt, scheint angemessener Frauenkampf sich ebenso ausschließlich dort abspielen zu müssen.

Der Versuch, hier eine neue Theorie zu formulieren, führt dabei zu einem eigentümlichen Verzicht auf Macht und Politik. Indem die Arbeit in der Produktion der gesellschaftlichen Lebensmittel für die meisten Frauen nicht im Zentrum ihres Lebens steht, fordern Theorien, die von daher auch den Verzicht auf die Zentralität ökonomischer Kategorien empfehlen, zwar dazu auf, die Bedeutung des Kulturellen für die Reproduktion des Ganzen zu untersuchen, nicht aber dazu, die Tatsache, dass die meisten Menschen, darin fast alle Frauen, aus der Kontrolle der Lebensbedingungen ausgeschlossen sind, zu skandalisieren.

Frauenpolitik muss offenbar beides, von den Orten der Reproduktion der weiblichen Ohnmacht ausgehen und in die Orte der männlich-kapitalistischen Macht hineingehen. Das erfordert Analysen zur Politikform und zum Verhältnis von Frauen und Staat. Und praktisch fordert dies die Artikulation der Bewegung in den parlamentarischen Raum.

9. Für eine autonome sozialistische Frauenpolitik

Um die Annahme von Verschwörungstheorien und -praxen der Männer oder einer Theorie weiblicher Subjektwerdung unter Verzicht auf eine auch nur denkbare Beteiligung der Frauen an der Macht zu vermeiden, versuche ich erneut probeweise, Frauenunterdrückung und die Frauenfrage an einen Ort zu knüpfen, der die Vernetzung mit vielen Orten und Praxen gleichwohl nicht ausschließt und der es ermöglicht, Unternehmer, Männer und Frauen selber als Akteure von Herrschaft und Unterdrückung auszumachen – dies als Voraussetzung für eine Befreiungsstrategie und -politik.

Ich bin mir dabei darüber klar, dass ich die fruchtbare Verunsicherung durch die Diskussion um die soziale Konstitution von Weiblichkeit wieder aufgebe und ein Stück sicheren Bodens erkaufe um den Preis einer neuerlichen teilweisen »Zentrierung«. Ich rekapituliere die offenen Fragen: Es gibt das Phänomen der Frauenunterdrückung in allen Kulturen und allen Bereichen. Sie ist kulturell, politisch, ökonomisch, sexuell und findet an den entsprechenden Orten statt: Frauen nehmen keinen Anteil an der Macht, sie verdienen weniger als Männer, bis hin zur rechtlich abgesicherten ökonomischen Abhängigkeit in einzelnen Ländern; sie sind sexuell ausgebeutet, unterdrückt; die herrschende Kultur, Sprache, Literatur, Wissenschaft, Kunst sind männlich dominiert. An den einzelnen Orten finden zwar Kämpfe statt, sie enden jedoch »weltweit mit der Niederlage des weiblichen Geschlechts« (Engels). Dass auch die meisten Männer nicht an der Macht im politischen und ökonomischen Sinn teilhaben, verdunkelt und marginalisiert das Frauenproblem. Immerhin wirft es die Frage auf nach dem Verhältnis der Unterdrückungen zueinander. Das zweite Problembündel sucht nach den Verursachern. Wir haben ohne Zweifel in kapitalistischen Ländern eine Nutznießung von Frauenunterdrückung durch die Unternehmer. Wir haben in allen Gesellschaften eine Nutznießung durch die Männer. Ebenso finden wir in allen Gesellschaften den Staat an der Frauenunterdrückung beteiligt, sei es durch direkte diskriminierende Gesetzgebung, sei es durch kompensatorische Maßnahmen, die zugleich Kontrolle ausüben und Ortszuweisungen vornehmen (Familienfürsorge, Mutterschaftsschutz, Abtreibungsparagraphen usw.).

Der dritte Problemkomplex lässt sich bestimmen als Schwierigkeit mit der bisherigen Form, die Frauenfrage im Marxismus zu behandeln bzw. nicht zu behandeln. Sehr knapp zusammengefasst können wir behaupten, dass die Lesart des Marxismus, die für die theoretische Begründung der heutigen Arbeiterbewegungspolitik Geltung hat (soweit Marxismus hier überhaupt eine Rolle spielt), die Frauenfrage nicht begreift, die Frauen marginalisiert, die Frauenbefreiung als mögliches Resultat sozialistischer Umwälzung bloß behauptet.

Zwar finden wir in allen gesellschaftlichen Orten Frauenunterdrückung – das macht eine zusammenfassende Erklärung dieses Phänomens so schwierig. Bisherige Versuche, die die Familie, die Hausarbeit, die Eheschließung, die Mutterschaft zum Fundament der Frauenunterdrückung erklären, beziehen sich damit implizit auf eine der großen Trennungen in unserer Gesellschaft: der von öffentlich und privat. Im öffentlichen Raum werden die Bedingungen für den privaten Raum (staatlich) geschaffen in der Form kontrollierender Einmischung, die die Grenzen befestigt. Schlechte soziale Einrichtungen jenseits der Familiengrenzen korrespondieren mit gleichzeitigem öffentlichem (staatlichem) Bemühen, die familiären Zuständigkeiten für alle Fragen der menschlichen Reproduktion, wo nicht gesetzlich, so mindestens moralisch zu behaupten (Aufsichtspflicht, Sorgerecht, Altenpflege). Die Opposition privat/öffentlich gibt faktische Trennungen an: die Abschottung der Privatsphäre vor der Öffentlichkeit ebenso wie die Entprivatisierung des Öffentlichen.

Der Slogan der Frauenbewegung »Das Private ist politisch« besagt, dass im Privaten – eben durch seine getrennte Konstituierung – Politik stattfindet und im privaten Leben selber die gesellschaftlichen Verhältnisse reproduziert werden. Die Absehung vom Persönlichen und Privaten ist demnach selber eine Form der Politik, die die Erfahrungen der Vielen als eigenes Feld für irrelevant erklärt und damit in ihrer Brisanz entnennt. Die Frauenbewegung begann insofern ihre Aktionen anders als die Linke, aus der sie kam, indem sie die Effekte privatwirtschaftlicher Produktion auf die Lebensweise verändern wollte statt ihre Verursachung, und so die Bereiche Kultur, Ideologie, »Subjektwerdung« in den Vordergrund rückte. Die implizite Behauptung hieß, dass Veränderungen in diesen Bereichen sowohl möglich seien, als auch einen für das Gesamtsystem destabilisierenden Effekt hätten.

Auch in dieser Betrachtung der Bereichskonstruktionen und ihrer Trennungen – hier öffentlich und privat – haben wir Männer als Nutznießer von Frauenunterdrückung und als deren Vollstrecker. Wir haben die Form der Familie, in deren heutiger vorherrschender Form sich die Trennung von öffentlich und privat manifestiert und verewigt. Hier finden wir den Staat, der die Grenzen besetzt hält und die Familie ideologisch reproduziert, ebenso, nach Ländern verschieden, die Kirche, religiöse Institutionen. So finden wir die verschiedenen Mächte der Gesellschaft bei der Unterdrückung der Frauen versammelt, sehen den jeweiligen, meist sogar materiellen Nutzen und stehen dennoch vor dem Problem, irgendwie eine Verschwörung der Kapitalisten, Machthunger und Schlechtigkeit der Männer annehmen zu müssen, wenn wir eine tragfähige Erklärung für die verschiedenen Allianzen bei der Frauenunterdrückung geben wollen: etwa der von Lohnarbeitern und Kapitalisten oder Lohnarbeitern und Staat in der Familienfrage. Zudem fehlt uns eine Erklärung für das weitgehende Einverständnis der Frauen etwa mit der Form der Familie, die wir gleichwohl als eine Reproduktionsstätte von Unterdrückung entziffern können.

Eine mögliche Antwort, die das Ineinander der Herrschaftsarten, Gegensatz und Allianz von männlicher Lohnarbeit und Kapital in den kapitalistisch-industriellen Ländern ohne Rückgriff auf unhaltbare Verschwörungstheorien erklären könnte, wäre, dass die Familie in ihrer Gestalt als Kleinfamilie selber, weit entfernt davon, einfacher Unterdrückungszusammenhang in den Händen von Unternehmern und Staat zu sein, ein Produkt der Klassenkämpfe zwischen Lohnarbeit und Kapital ist und auf die Seite der Siege der Arbeiterbewegung gehört. Damit wäre sie den Unternehmern in ihren Befestigungen Stück um Stück abgerungen. Die Befestigung und der staatliche Schutz im weitgehenden Einverständnis mit den Frauen sind dann Produkt eines Herrschaftsverhältnisses, in dem die Siege sehr stark die Male der Herrschaft tragen, unter der sie erstritten wurden. Jedes Stück Privatheit ist eine Flucht vor kapitalistischen Produktionsverhältnissen und von ihnen strukturierten Öffentlichkeiten und in eben dieser Privatheit die Einmauerung der Frauen. Die Verteidigung der Frauenunterdrückung wäre damit ein Element der spezifischen Form, in der die Arbeiterklasse gegen das Kapital antritt.

Unter solchen Bedingungen ist deutlich, warum die Arbeiterbewegung eine kulturell männliche Bewegung ist. Zugleich finden wir einen Zusammenhang von Kapitalherrschaft und Frauenunterdrückung. Es ist ein *Trennungszusammenhang,* der folgenschwer für eine wirksame Frauenpolitik sein wird. Wenn im Verhältnis von Lohnarbeit und Kapital die den Unternehmern und dem Staat abgerungenen Vorteile für die Arbeiterklasse nicht etwa nur die Frauenfrage nicht berücksichtigen oder dies zu wenig tun, sondern die Siege sogar eingespannt sind in Formen, die Frauenunterdrückung festigen und ausbauen, so folgt daraus, dass die Kämpfe von Arbeiterbewegung und Frauenbewegung in einer bestimmten historischen Phase in einigen Punkten sich antagonistisch zueinander verhalten müssen. Der Schutz der privaten Familie und ihre Entprivatisierung sind gegensätzliche Bestrebungen. Frauenpolitik verlangt also insoweit den getrennten autonomen Frauenkampf. Die gemeinsame sozialistische Perspektive der Befreiung wird die Konstruktion von Bündnissen nötig machen, die die Artikulation von entgegengesetzten Interessen erlauben.

10. Noch einmal: Frauenfrage und Marxismus

In der Wirklichkeit kapitalistischer Gesellschaftsformationen steht die Produktion der Lebensmittel im Zentrum; sie ist profitlich organisiert. Insofern ist die Arbeiterklasse im Zentrum von Machtstrategien, ist ohne sie an eine andere Gesellschaftskonstruktion nicht zu denken. Die Zentralität der Lebensmittelproduktion und ihrer Organisation geht einher mit der Trennung der Bereiche öffentlich und privat und der Zuweisung von Personen an Bereiche und Funktionen. Im Privaten findet sich die Produktion des Lebens, die Reproduktion der Art, in gewisser Weise also die *Erhaltung der Natur.* Diese Aufteilung macht sie zu randständigen, unwesentlichen Bereichen, die den zentralen, der profitlichen Lebensmittelproduktion, untergeordnet sind.

Wenn wir von dieser Trennung der Bereiche ausgehen als Grundlage von Frauenunterdrückung, so können wir die historisch unterschiedlichen

Formen der Organisation der Produktion (und Aufzucht) des menschlichen Lebens je konkret untersuchen; begreifen die gesellschaftlichen Unterschiede in der Stellung der Frau ebenso wie die Kontinuität von Unterdrückung; sehen die Verschärfung im heutigen Kapitalismus, die einhergeht mit größeren Rechten und mehr Gleichheit von Frauen. Wir können die Bedeutung des Ideologischen für die Reproduktion der Gesellschaft ebenso erfassen wie für die Frauenfrage, und wir können erkennen, warum Frauenunterdrückung an so vielen Orten stattfindet und dennoch ein gemeinsames Fundament hat. Wir sehen die Rolle der Biologie und ihre gesellschaftliche Konstruktion. Auch beginnen wir zu begreifen, wohin eine Gesellschaft geht, die die Erhaltung des Lebens zu einer Privatsache gemacht hat und damit die unbeschränkte Produktion von Lebensmitteln vorantreibt auf Kosten des Lebens, zu dessen Erhalt sie dienen sollten. So einfach dieser Sachverhalt der gesellschaftlichen Trennung der Bereiche von Lebens- und Lebensmittelproduktion klingt, so scheint mir doch auch, dass die derzeitigen Überlebensfragen der Menschheit – die Ökologiekatastrophe, die Rohstofferschöpfung und die atomare Aufrüstung – Resultat einer solchen Trennung und der folgenden profitmäßig betriebenen Produktion der Lebensmittel sind.

Bisheriger Marxismus hat sich der Frage der Vergesellschaftung der Lebensmittelproduktion gewidmet, der Überführung des Privateigentums an Produktionsmitteln in genossenschaftliches. Die Erweiterung und Umgestaltung des Marxismus durch die Frauenbewegung wird die gesellschaftliche Organisation der Erhaltung, Produktion und Aufzucht des Lebens in die sozialistische Perspektive einschreiben und die Lücken im Marxismus zu füllen versuchen, deren Vernachlässigung die Geschichte von Kapitalismus und Imperialismus befördert hat.

Unmittelbar stellen sich neben den Fragen theoretischer, empirischer und historischer Forschung politische Fragen. Die im Verfolg kapitalistischer Produktionslogik betriebene Zerstörung von Natur und Menschen, die Verschränkung der Frauenfrage mit der Kapitalismusfrage zwingt die Frauenbewegung – will sie nicht esoterische Spielwiese sein – in die vorhandene Machtpolitik – als autonome Bewegung. Zurzeit müssen die Anstrengungen darauf gerichtet sein, eine Form für die politische Artikulation der Bewegung zu finden und durchzusetzen. Die Internationalisierung der Erfahrungen auf diesem Gebiet wird eine Chance sein.

6.2 Die Langsamkeit von Erkenntnisprozessen

Liest man die Texte und vor allem die in ihnen angekündigten Vorhaben mit kritischen Blick 30 Jahre später, fällt auf, wie gegenwärtig die meisten noch heute (2015) diskutierten Fragen schon waren. Wie weit die meisten Erkenntnisse schon gelangt waren und auch, wie viel davon inzwischen wieder verloren ging. Insofern ist es auch aufregend und tragisch zugleich, sich den damaligen Diskussionsstand wieder anzueignen. Liest man genauer, wird auch erkennbar, wie unsicher, ja fast unerkannt die meisten Begriffe in den Schriften umherirrten. So ganz exemplarisch bemerkbar an dem Ruck, den sich die Frauen geben mussten, um ihr Projekt *Geschlechterverhältnisse* zu nennen. Sie wollten weg von der damals bis heute modischen Konzentration aufs Geschlecht – später dann *gender* – und die Analyse auf Kräfte lenken, weg vom Wesen und metaphysischen Einheiten. Es war ein Griff nach vorn ins Unbekannte, eine Besetzung im Neuland, bei der man noch nicht wusste, ob der sumpfige Grund haltbar gemacht werden konnte. Das gilt erst recht, wenn diese Geschlechterverhältnisse in den Zusammenhang mit anderen Verhältnissen gebracht werden wollen, mit Produktionsverhältnissen. Noch heute spüre ich die Unklarheit gepaart mit Tollkühnheit, welche die ersten zusammenfassenden Begriffe begleiteten. »Geschlechterverhältnisse sind (ein) Teil der Produktionsverhältnisse«, das blieb lange Zeit die mutigste These. Obwohl sie Kraft kostete und als Unverschämtheit gelten musste, leistete sie dabei der Einordnung von Frauenfragen ins Kulturelle und also nicht so Wesentliche Vorschub, weil es eben nur ein Teil war. Unbeantwortet blieb, und das konnte mit dem Versuch, Teil und Ganzes zu denken, auch nicht gelöst werden, *wie* die Geschlechterverhältnisse Teil der Produktionsverhältnisse sein sollten. Bis zur kühnsten und befreienden These, dass sie selbst Produktionsverhältnisse sind (ein Begriff, der im vorhergehenden Beitrag sogar zweimal unbemerkt durchschlüpft, um dann sogleich wieder zurückgenommen zu werden), vergingen noch weitere 20 Jahre heftiger Auseinandersetzung und mühsamer Forschung. Rückwärts betrachtet sieht man erst, wie Erkenntnis geradezu nur millimeterweise vorankommt; und doch erscheint es im Moment des Verstehens wie ein Befreiungsschlag von riesigem Ausmaß. Vom Ergebnis blickend scheint es sogar, als habe man es die ganze Zeit gewusst. Da die Ergebnisse von Denkarbeit aber immer wieder vergessen oder gar ins Abseits geschoben werden, wird es zu einer Notwendigkeit, die Lernprozesse nachzuzeichnen, sie erfahren zu lassen, so dass sie sich selbst als mühsame Aneignung eingraben können. Zudem ist mit diesem Versuch, Lernwege zu zeigen, die Hoffnung verbunden, der steten Wiederholung von Geschichte zu entgehen, immer wieder von vorn anzufangen, womöglich auf immer niedrigerer Stufe, die jeweils als »heute neu« Konjunktur hat. – So kann es einem bei der Lektüre von Marx so gehen, dass man erst beim zehnten Mal des Wiederlesens ganz plötzlich bemerkt, dass er Vorschläge macht und Wege formuliert, auf die man gerade gekommen ist, die er also anderthalb Jahrhunderte zuvor gedacht und formuliert hat, und man sich also viel Arbeit hätte sparen können – doch auch dieser Gedanke verkennt den Charakter von Erkenntnisprozessen. Sie müssen alle selbst erarbeitet werden.

6.3 Internationaler sozialistischer Feminismus

Die Wendung ins Internationale war dem Anspruch nach zwingend, aber auch aus der Not geboren. Nur wenige Wissenschaftlerinnen in der Bundesrepublik Deutschland begriffen sich als feministisch und marxistisch zugleich. Diejenigen, die einen Lehrstuhl erringen konnten, fanden wohl eine solche Doppelbestimmung wenig attraktiv.

Aber was wäre ein marxistischer Feminismus, der sich nicht fortwährend nach außen wandte, viele Frauen einbezog, Bewegungspolitik betrieb? Um überhaupt die eigene Stimme laut werden zu lassen, musste der mit dem Sexualisierungsband (1983) längst begonnene Schritt ins Ausland auch organisatorisch erfolgen.

Das Forum europäischer sozialistischer Feministinnen

Zusammen mit den wenigen verbliebenen Mitstreiterinnen aus Deutschland versammelte ich die marxistischen Feministinnen, die ich auf meinen Kongressreisen oder als Gastprofessorin kennengelernt hatte, um (1985) ein *Forum europäischer sozialistischer Feministinnen* zu gründen. Dass sich auf Europa beschränkt wurde, hatte ausschließlich finanzielle Gründe. Da die Gründung von vornherein nicht an eine Partei gebunden sein sollte, gab auch niemand Geld für diese Initiative, und auf eigene Kosten konnten die Frauen kaum mehr als die europäischen Entfernungen überwinden. Auch diese Initiative war ein lebendiges Projekt. Es hielt 8 Jahre mit jährlichen Treffen[12], in denen mit großer Geschwindigkeit voneinander gelernt wurde. Dieser internationale Maßstab bestimmte die weitere Erarbeitung eines

12 Der Idee nach sollte in jedem Jahr eine andere Großstadt eines anderen Landes Gastgeberin sein – 1985 begann es in Kopenhagen, 1986 Hamburg, 1987 Madrid, 1988 Manchester, 1989 Göteborg, 1990 Amsterdam, 1991 Berlin, 1992 Norwich, 1993 Belgrad … doch dazu kam es nicht mehr.

feministischen Marxismus auch für mich, weil ich für die jährlichen Treffen (ähnlich wie schon für die Volksuniversität) jeweils neue Forschungsergebnisse und Aktualisierungen von Frauenpolitiken als eigenen Vortrag vorbereitete und weil natürlich eine solche Organisationsform unmittelbar den Wissens- und Bewegungsstand aus den verschiedenen Ländern zusammenbrachte und, da die Konferenzsprache Englisch war, zugleich das gesamte einflussreiche angloamerikanische Feld einbezog.

Es ist lehrreich, in Erinnerung zu behalten, dass diese Initiative praktisch mit der Selbstaufgabe der sozialistischen Länder, also durch 1989, und von da an innerlich zerstört wurde. Schon 1990 bekamen wir durch verschiedene internationale Fonds plötzlich Finanzmittel für Frauen aus den ehemals sozialistischen Ländern. Sie kamen und wollten mit unseren sozialistischen Impulsen nichts zu tun haben. Der heftige Streit endete mit einem Kompromiss: Wir änderten den Namen in »linke Feministinnen«, zugleich aber schwand auch unsere Hoffnung, auf dieser Ebene weiter nützlich tätig sein zu können. Die letzten geplanten Gastgeberinnen aus Belgrad übernahmen die Organisation für 1993 und verschwanden, und mit ihnen erlosch die Initiative.

Kapitel 7

Feministische Forschung und Staat

7.1 Forschungsvorhaben ohne Auftrag

Veränderung braucht Solidarität, Bewegung und Wissenschaft. Mit dem Anspruch, für Feminismus Partei zu nehmen und dabei den marxistischen Standpunkt nicht aufzugeben, ja ihn im Gegenteil als Stärke zu nutzen, war eine weitere Reihe von Grundpositionen bestimmt. Feministischer Marxismus konnte mit seinen zwei ungleichen Beinen zwar jederzeit aus der Balance gebracht werden durch Rückzug auf nur einen Standpunkt; umgekehrt war die ständige Option, Standbein und Spielbein zu wechseln, von vornherein auf große Beweglichkeit ausgerichtet. Vielseitigkeit, Lockerheit, Dialektik, sie alle gehören zu den tragenden Dimensionen eines sich entwickelnden feministischen Marxismus. Für mich kam es jetzt darauf an, historisch-kritische Forschungen und aktuelle Politik auch in dieser Weise auszurichten. Feministischer Marxismus wird erkennbar als ein riesiger Forschungsauftrag, nur in großen Kollektiven zu bewältigen: Es braucht nicht allein einen internationalen Zusammenschluss der politisch aktiven sozialistischen Feministinnen, es braucht auch Institute, die sich solcher Forschung annehmen.

Unglücklicherweise fiel diese Erkenntnis in eine Zeit, da Feminismus sich separiert hatte und, staatlich gestützt, zwar Einzug in die Universitäten hielt, es gab eigene feministische Lehrstühle, für die aber marxistisch arbeitende Wissenschaftlerinnen nicht in Frage kamen. Ich bewarb mich viele Male und war stets neu überrascht, wie ich mit meiner umfangreichen Veröffentlichungsliste immer wieder abgelehnt werden konnte, bis mir klar wurde, dass es gerade dieser Berg an getaner Arbeit war, der mich für andere Zusammenhänge als Kooperationspartnerin ganz ungeeignet machte. »Zu dominant, selbstbewusst, eloquent«, hieß es in einer Ablehnung – wer hätte man sein müssen, um eine solche Person in ein Institut einzugliedern, in dem man selbst schon eine bestimmte Stellung behauptete? Solche von existierenden Lehrstuhlinhaberinnen praktizierte Ablehnung wurde selbstverständlich unterstützt von den schleichenden Berufsverboten gegen marxistische Wissenschaftlerinnen staatlicherseits. Ich war so zwar aus dem akademisch-feministischen Betrieb ausgeschlossen, nicht aber ökonomisch ungesichert – ich hatte ja meine lebenslängliche Stelle als Lehrende im Mittelbau der Hamburger Hochschule für Wirtschaft und Politik –, und vor allem hatte ich ein Bewegungsumfeld von sozialistischen Frauen, eine Bühne wie die Volksuniversität, die Zeitschrift *Das Argument* und den dazugehörigen Verlag für Veröffentlichungen, und meinen Gefährten in vielen Projekten, mit dessen Rat und wissenschaftlichem Ungestüm ich immer neue Felder erarbeitete. Allerdings war mir versagt, ein Forschungsinstitut aufzubauen und solcherart Erkenntnisse auszuprobieren, weiterzutreiben und wirklich umfassend tätig zu sein. Ich hatte keinen Stab an Studierenden und Mitarbeitern, mit denen ich die Forschungsprojekte, die ich notwendig fand, hätte bewältigen können. Umso mehr verlegte ich mich aufs Selberschreiben.

Weitere Auswahl für dieses Buch

Vor mir liegen ungeordnet und unvollständig mehr als 150 Aufsätze, die allesamt in diesem Buch über Marxismus-Feminismus dokumentiert werden könnten. Der ursprüngliche Plan, alle Texte zum Thema um Wiederholungen verknappt aufzunehmen, erwies sich als ganz undurchführbar. Die Zuspitzung, feministischen Marxismus als Lernprozess vorzuführen, ging einigermaßen bis zu diesem Punkt, da erkannt wurde, dass Trennungszusammenhänge, also Blockierungen aus bestimmter Teilung, Leitlinie für weiteres Arbeiten sein müssten. Ab 1983 beginnt für mich eine geradezu hektische Produktion. Mit der Maßgabe, dass feministischer Marxismus allererst mit weiblichen Erfahrungen arbeitet, geht die Aufforderung einher, in die Praxen der Menschen so einzugreifen, dass Alltag erkennbar und Handlungsfähigkeit erweitert wird. Erinnerungsarbeit wurde eine Möglichkeit, die Subjekte in die Forschung einzubeziehen. Eine Vielzahl an weiteren Wirklichkeitsausschnitten harrte der Bearbeitung, weil sie allesamt in den Herrschaftskontext im kapitalistischen Patriarchat gehören. Mit jeder Studie wurden Stützpunkte in der Wirklichkeit gefunden, und jede spezifische Arbeit gab dem Verständnis, was feministischer Marxismus sein könnte, neue Impulse.

Ich schrieb und veröffentlichte, wurde in viele Städte, Universitäten, Bildungsinstitutionen, auf Bewegungstreffen und Kirchentage eingeladen, um meine Thesen zu vertreten – zumeist arbeitete ich sie im Anschluss aus als Aufsätze; sie erschienen in ganz unterschiedlichen Zeitschriften und Sammelwerken im In- und Ausland. Ich wurde bekannt, nicht weil, sondern obwohl ich eine feministische Marxistin war. Die Nachfrage nach meinen Arbeiten bezog sich wesentlich auf die vielen Studien über alltägliches Leben, die ich mit dem Schlüssel eines streitenden feministischen Marxismus betrieb. Der Schlüssel passte. Er ließ die Öffnung immer weiterer Räume zu.

Ich könnte mich jetzt damit begnügen, nur solche Beiträge in dieses Buch weiter aufzunehmen, die ausdrücklich feministischen Marxismus als Gegenstand haben, also erkenntnistheoretisch angelegt sind. Aber weiterführende Erkenntnisse verdanken sich eben wesentlich den Bereichsstudien. Es gibt mithin kein gutes Verfahren für den verbleibenden Teil des Buches. Gehen wir vom Wirkungsgrad aus. Es gibt einige Texte, die lange in der Diskussion waren, die kontrovers und aktuell immer wieder aufgenommen wurden, die in andere Sprachen übersetzt wurden und für die Entwicklung eines feministischen Marxismus, soweit einzelne Personen ein solches Kollektivwerk voranbringen können, elementar waren und sind. Das gilt insbesondere für die Studie zur zweigeschlechtlichen Moral[1], die hier verknappt dokumentiert wird, weil sie die Fruchtbarkeit eines feministisch-marxistischen Standpunkts sehr nachvollziehbar vor Augen führt und in popularer Weise (auch dies war ein Volksunivortrag) als Notwendigkeit erschließt, die Kenntnis und Analyse staatlichen Handelns in die Weiterentwicklung von Marxismus-Feminismus einzubeziehen.

1 »Die Moral ist zweigeschlechtlich wie der Mensch«, in: *Das Argument* 141, 1983, 653–673, hier überarbeitet und gestrafft; »Morals also have two Genders«, in: *New Left Review* 143, 1984

7.2 Die Moral ist zweigeschlechtlich wie der Mensch

Zur Theorie weiblicher Vergesellschaftung

Um manche Worte herrscht eine eigentümliche Spannung. Lange vertraut aus kindlicher Erfahrung, treten sie später ein in theoretische Zusammenhänge, führen dort ein unabhängiges und ordentliches Eigenleben. Plötzlich kehren sie zurück in alltägliche Erlebnisse, treffen uns unvermittelt und schwer nachvollziehbar. Solches geschah mir mit den Begriffen Moral und Verantwortung. Läuft die Frage nach der Beteiligung der Frauen an ihrer Unterdrückung, wie ich sie seit einigen Jahren in meinen Forschungen zur weiblichen Vergesellschaftung stelle, nicht Gefahr, ihnen die Verantwortung zuzuschieben für gesellschaftliche Verhältnisse, an denen sie ohnedies schon schwer genug tragen? Der Vorwurf ist ein moralischer, und er bezichtigt mich moralischer Verurteilung. Aber auch die Worte Opfer und Täter, mit denen ich die Frauenstudien begann, bewegen sich schon zwischen Recht und Moral. Ich verstehe die Vorwürfe und verstehe sie zugleich nicht. Grund genug, die Beunruhigung produktiv werden zu lassen und die Sache genauer zu studieren. Ich lasse mir also den Gegenstand dieses Beitrags diktieren als Frage nach dem Verhältnis von Frauen zunächst zu Moral, dann zu Verantwortung.

Erste Annäherung an den Gegenstand

Was sind eigentlich Frauen als moralische Wesen? Die Frage erweist sich sogleich als zu komplex. Zunächst muss ich einen Schritt zurücktreten und das Problem vereinfachen: Was sind überhaupt Frauen? Günstig für solche sehr allgemeinen und grundlegenden Fragen ist ein Blick ins Lexikon oder am besten in mehrere. Hier erfährt man nicht nur, was man ohnehin schon wusste oder ahnte, sondern auch erstaunliche Zusätze, welche die herrschende Auffassung dokumentieren, in der wir uns zumeist bewegen wie in fest gefügten Tatsachen, und sie in dieser schriftlichen Fassung auch wieder entselbstverständlichen. Unter allen Aussagen fand ich die folgende aus einem älteren Wörterbuch von 1818 (Conversationslexicon) am erstaunlichsten:

»Die Frauen sind die Repräsentantinnen der Liebe wie die Männer des Rechts im allgemeinsten Sinne. Liebe spiegelt sich in Form und Wesen der Frauen und Entweihung ist ihre Schande. Das öffentliche und häusliche Verhältnis des Frauenstandes gab von je und gibt noch den richtigen Maßstab echter Kultur im Staate, in der Familie, im einzelnen Menschen.« (Gerhard 1981, 138)

Das ist eine Mischung aus Gewusstem und Merkwürdigem. Der Zusammenbau von Frau und Liebe ist uns geläufig und stimmt überein mit ihrer gesellschaftlichen Stellung – sie ist Hüterin des Hauses, Ehefrau und Mutter, sie leistet Beziehungsarbeit. Aber was genau hat der Staat damit zu tun, und wieso ist es eine Parallele zum Recht, und in welcher Weise verkörpern die Männer dieses? Die Auskunft spricht in Rätseln und zugleich in Gewissheiten. Spricht sie überhaupt zu Moral?

Was ist eigentlich Moral?

Spontan beziehe ich die Frage nach der Moral auf mich als Frau, und ebenso flüchtig empfinde ich Moral, insbesondere dort, wo sie fehlt, als etwas, das irgendwie mit Sexualität zu tun hat. *Wenn ich zum Beispiel unmoralisch bin oder handle, den Pfad der Tugend verlasse, vom rechten Weg abkomme, in schlechte Gesellschaft gerate, nicht anständig bin; gar, indem ich meine Unschuld zu früh verlor, zum gefallenen Mädchen wurde; mein Lebenswandel einen Makel bekam; ich betrog, ich vielleicht sogar in die Schande geriet, nichts mehr wert war, da ich mich an jeden verschenkte und also ehrlos wurde; der Verführung erlag und also ins Verderben geriet …* Das Feld der Moral ist, soweit ich es von meinem weiblichen Standort überblicke, eigentümlich bestellt mit aufgeladenen Worten, die schillern zwischen Ökonomie und Leib, Recht und Liebe. – *Der Wert, das Geschenk, das Verschenkte, die Schuld, der rechte Pfad, der Makel, die Ehre.* So »neutral« gesprochen mobilisieren die Worte in meinem Kopf ganze Buchreihen über Wertlehre, das Geschenk in der Völkerkunde, Schuldhaft und Strafe usw. Und doch verrücken diese Bedeutungen, verblassen und bekommen eine sexuelle Tönung, wenn ich jeweils das Wort *Frau* oder das Adjektiv *weiblich* dazugeselle: *das wertlose Mädchen,* umgekehrt *das makellose, unschuldige, tugendhafte; die ehrlose Frau, Frauenehre.*

Ein Blick in unseren Sprichwörterschatz bezeugt ebenso wie eine Zitatensammlung aus der schönen Literatur, was zum nicht reflektierten Wissen gehört: Die Moral der Frauen steckt in ihrer Natur, in ihrem Körper bzw. im Verhältnis, das sie zu ihm haben. Eine moralische Frau erkennt man daran, wie sie ihren Körper lebt. – Ich gebe zur Veranschaulichung einige Proben aus unserem kulturellen Erbe.[2]

Zunächst die Bibel: »Ein schönes Weib ohne Zucht ist wie eine Sau mit einem goldenen Halsband.« (Sprüche Salomos)

Walther von der Vogelweide (1170–1230): »Ein Weib, das Tugend liebt, ja, das muss man begehren sehr. Ein Weib wird in sich selber wert, wenn der Besten einer sie begehrt.«

2 Aus: Lipperheide 1976; Röhrich 1973

Friedrich von Schiller: »Groß ist's der Tugend nachzustreben. Das Weib dient ihr im stillen Leben und in der Liebe sanftem Schoß.«

Johann Gottfried von Herder: »Ein schönes Weib ohne Unschuld und Tugend ist ein Giftbaum voller Blätter, auf dem man vergebens auf Blüten und Frucht hofft.«

Johann Wolfgang von Goethe: »Wenn ein Weib einmal vom rechten Wege ab ist, dann geht es auch blindlings und rücksichtslos auf dem bösen fort ... bei ihr wirkt dann die bloße Natur.«

Die literarischen Splitter bestätigen meine spontanen Empfindungen über weibliche Moral in geradezu ärgerlicher Weise. Beunruhigend bleibt allerdings, warum die stützenden Kategorien im Feld der Moral diesen eigentümlichen Zwitterklang von Recht, Ökonomie und Sexualität haben. Diese Disharmonie legt den Verdacht nahe, dass ich nicht genug über die Moral begreife, wenn ich die Bedeutung weiblicher Moral zu entschlüsseln versuche. So bleibt als Zweifel, ob ich wirklich weiß, was weibliche Moral ist, wenn ich nicht weiß, was Moral im Allgemeinen ist und bedeutet. Die offenen Fragen lassen mich einen zweiten Zugang zum Problem der Moral versuchen. Ich stelle mir jetzt die Frage nach der moralischen Vergesellschaftung von Frauen historisch und studiere ganz allgemein die Geschichte der Moral. Für dieses Unterfangen muss ich vollständig emigrieren, aus meinem Körper heraustreten und staunend zur Kenntnis nehmen: Die Geschichte von Moral und Sitte und von moralischen Urteilen, wie sie in philosophischer Tradition vorliegt, hat mit meinen bisherigen Annahmen und Ausführungen zur weiblichen Moral überhaupt nichts zu tun.

Thesen zur Moralphilosophie

Um die gänzliche Unverbundenheit allgemeiner moralphilosophischer Annahmen mit unserer bisherigen Kenntnis weiblicher Moral zu belegen, skizziere ich einige Auffassungen aus der Geschichte der Sittenlehre. Der komische bis absurde Effekt, den eine Aneinanderreihung ideengeschichtlich gewonnener Aussagen hat, ist hier ein Beiprodukt.

Im historischen Überblick kann man festhalten, dass Moral etwas mit »Theorie« zu tun hat, mit »Vollkommenheit«, mit »Sympathie«, mit »Fortschritt«, mit »Menschenwürde«. Mit einiger Mühe können wir entziffern, dass alle Versuche, Moral zu fassen, sich um einen Zusammenhang von Individuum, Recht und Staat bzw. Politik und Ökonomie bemühen. Moral soll die Ordnung der Gesellschaft garantieren, die Handlungen im Großen regulieren, besonders in den Bereichen, die vom Gesetz nicht erfasst sind. Moral (scientia moralis) hat etwa für Michael Scotus vier Teile: wie man den Staat regieren soll, wie der Mensch mit seinen Mitbürgern und mit seiner Familie umzugehen hat und wie er sein eigenes Leben ordnet. Mit welchen

Werten die Moral im Laufe der Geschichte verknüpft wird, hängt davon ab, welche Vorstellungen die Einzelnen vom Menschen hatten (ich untersuche hier nicht, wie diese Vorstellungen wiederum vom Stand der gesellschaftlichen Kämpfe bestimmt sind). Ist der Mensch ehrsüchtig, habsüchtig, herrschsüchtig (wie etwa bei Kant), so ist er nicht seiner Natur nach moralisch, sondern gelangt erst durch die Übernahme des Sittengesetzes in die Freiheit. Er folgt nicht seiner Natur, sondern seinem Willen.

Solche Philosophie der Freiheit wird zur Philosophie des Staates, weil er die Bedingung ist, dass Gewalt sich nicht durchsetzt. Der Mensch muss zur Moralität erzogen werden. Fichte schreibt 1798 eine Erziehungslehre für Moral, und Hegel wendet Kant, indem er die Subjektivität vollends zur Staatstugend macht: »Das Sittliche, insofern es sich an dem individuellen durch die Natur bestimmten Charakter als solchem reflektiert, ist die Tugend, die, insofern sie nichts zeigt als die einfache Angemessenheit des Individuums an die Pflichten der Verhältnisse, denen es angehört, Rechtschaffenheit ist.« (Hegel 1970, 298). Und Spencer formuliert: »Daher wird Freude eine jede Handlung begleiten, für die eine gesellschaftliche Notwendigkeit besteht.« Moral bezieht sich auf das Gute, auf das Soziale, weil der Mensch (so etwa Durkheim) nicht allein leben kann. Ein moralisches Gefühl ist das Gefühl der Achtung vor dem Sittengesetz, so kann man in Metzkes Handlexikon der Philosophie nachlesen.

In meinem Kopf tönen eherne Klänge von Recht und Staat, Politik und Ökonomie, Freiheit und Willen, Disziplin und Ordnung, von Achtung und vom Guten – wie kam ich dazu, Moral mit Körper und Sexualität zusammenzudenken? Tugend in die Nähe von Keuschheit zu bringen und Anstand zu Geschlechtlichkeit? Was brachte mich darauf, das Verhältnis von Frauen zu ihren Körpern und darin das Verhältnis, das sie zu Männern haben, im Bedeutungsfeld der Moral zu denken? Man kann in jeder Geschichte der Moral studieren, dass sie mit Wissen und Vernunft, mit Recht und Freiheit, mit dem Kampf aller gegen alle zu tun hat. Auch als Frauen ahnten wir dieses schon. Hilfesuchend wende ich mich noch einmal an den Großen Brockhaus, suche den Begriff *Anstand* heraus und denke, dass in solcher Allgemeinheit enthalten und formuliert sein muss, was z.B. eine anständige Frau ausmacht.

»Anstand … das von einer Gesellschaft verlangte Verhalten, dessen Befolgung die Zustimmung und dessen Nicht-Beachtung (Unanstand) Spott, Lachen oder stärkere Formen der Missbilligung (z.B. Boykott) nach sich ziehen. Der Anstand wird gewöhnlich von einer Gesellschaft im Sinne der Wahrung eines Niveaus mehr oder minder ausdrücklich gefordert. Daneben können in bestimmten Ständen, Klassen und Berufskreisen Sonderanstandsregeln beobachtet werden. In der Regel richtet sich der Anstand nach den in gesitteten Schichten vorherrschenden Verhaltensmaßregeln, welche die Maßstäbe für die ›Wohlanständigkeit‹ abgeben und in bestimmten Faustregeln zusammengefasst sind (z.B. Knigge). Dabei können von Land zu Land große Unterschiede und Gegensätze festgestellt werden. Im Unterschied zum Anstand kann der Takt als individuelle Variation des Anstands, die Etikette als das äußere Merkmal des Anstands umschrieben werden.« (Brockhaus 1960, Bd. 1, 559)

Ich habe gelernt: der Anstand richtet sich mit seinen Variationen Takt und Etikette nach der Sitte. Das ist ein in sich zurückkehrendes Verweissystem, denn wonach richtet sich die Sitte? Immerhin erfahren wir, dass es die herrschende Sitte ist, die den Anstand vorgibt, und nebenher noch – eher unfreiwillig –, dass es die herrschenden Schichten sind, die das Verhaltensrepertoire bestimmen und es als gesamtgesellschaftlich ausgeben. Wir finden also eine vulgarisierte, stark vereinfachte und vereindeutigte Gestalt der soeben studierten Bemühungen aus der Geschichte der Moralphilosophie und abermals keinen Anhaltspunkt für die spontanen Vorstellungen, Moral habe etwas mit weiblicher Keuschheit, Sitte mit weiblicher Sittsamkeit zu tun.

Aber die einzelnen Worte sind ja niemals ganz eindeutig, vielleicht suchte ich ein weiteres Mal unter dem falschen Stichwort, vielleicht hätte ich *Anständigkeit* nachlesen müssen. Ich hole dies nach: »Anständigkeit … eine erst in jüngster Zeit zu begrifflicher Formung gelangte Tugend der einfachen ›Sittlichkeit‹. Unabhängig von weltanschaulichen Begründungen geht sie aus ›menschlichen‹ Antrieben hervor. Mit ›Ritterlichkeit‹, ›sportlicher Fairness‹ und der ›honnêteté‹ der Franzosen verwandt, zeigt sich Anständigkeit namentlich gegenüber Kameraden, aber auch Untergebenen, etwa in schlicht und schweigend zu deren Gunsten geleistetem Verzicht auf Vorteile oder gar in unter Selbstgefährdung vollzogenem Einsatz für sie.« – Der Brockhaus zitiert hier aus Bollnow: *Einfache Sittlichkeit*, 2. Aufl., 1962. Schon wieder werden wir anderswohin kritisch verwiesen. Es ist wie in einem Geländespiel, in dem Botschaften versteckt werden und die gefundenen Schnipsel jeweils auf andere Orte verweisen. Der Wortkontext im Stichwort Anständigkeit – Ritterlichkeit, Kameraden, Selbstgefährdung, Einsatz – verweist auf die Zeit der Erstauflage des Bollnow'schen Werkes als die des Faschismus. Immerhin erfahren wir noch: Dieser Wert der Anständigkeit ist ganz gewiss einer, der nur für Männer gilt. Dies aber nicht, wie bei den Frauen vermutet, indem er in unmittelbarer Weise auf den Körper zielt, sondern indem gewissermaßen abstrahierend über ihn gesprochen wird, ein ungenanntes Etwas, das höherer Zwecke wegen geopfert werden musste.

Theorien moralischer Entwicklung

In den schriftlich niedergelegten allgemeinen Prinzipien der Moral und Sittlichkeit kann ich keine Bestätigung für meine Vermutungen über die weibliche Moral finden. Aber Moral ist nicht nur Gegenstand philosophischer Erörterung, sondern auch einer der Erziehung. Spätestens hier müssen ja wohl die Leitlinien zur Gestaltung weiblicher Moralität fixiert sein. Ich mache also einen weiteren Versuch, mich dem Problem anzunähern, indem ich Theorien moralischer Erziehung studiere: Durkheim, Piaget, Kohlberg[3] – die Väter und ihre Söhne.

Bei Durkheim ist das ganz einfach: Die Verstaatlichung der Erziehung schafft einen Bedarf an handlungsleitenden Werten. Damit wird die Vermittlung von Moral zur Schulaufgabe. Die Schule wird zuständig für den »Geist der Disziplin«, »die Autonomie des Willens« und den »Anschluss an die sozialen Gruppen« bis hin zur Vaterlandsliebe. In diesen Ausrichtungen kann ich unschwer Gedanken und Kategorien aus der Geschichte der Moralphilosophie erkennen; doch schon wieder ist keine Rede vom Körper oder gar von Sexualität.

Bei Piaget muss Aufklärung zu finden sein. Denn er schreibt über die Herausbildung moralischer Urteile beim Kinde. Dabei studiert er ihre Spiele und untersucht ihre Begründungen bei Entscheidungen in Konfliktfällen. Er arbeitet empirisch und leitet nicht einfach aus obersten Ideen das Sein-Sollende ab. Er findet zwei Quellen der Moral: die Fremdbestimmung oder Heteronomie – dabei werden die Regeln von außen autoritär gesetzt und übernommen, um im Anschluss buchstäblich befolgt zu werden statt dem Geist nach. Solche fremdbestimmt übernommenen Regeln sind in ihrer Wirkung entsprechend schwach. In ihrer Praxis spielen die Kinder häufig nach völlig anderen Regeln, als sie ihrem Bewusstsein nach für richtig halten. Die zweite Quelle der Moral ist die Selbstbestimmung oder Autonomie. Hier entstehen Regeln aus der Zusammenarbeit mit Gleichaltrigen. Sie erfahren sich als kleine Gesetzgeber und entwickeln eine wahre Lust am Regeln-Machen und -Verändern. Dies können wir als die Geburt der Demokratie verstehen. Die Entwicklung von der Fremdbestimmung zur Selbstbestimmung begleitet die Geschichte der Völker wie die der Kinder und prägt ihr Rechtsempfinden, welches vom Gedanken der Vergeltung zu dem der Wiedergutmachung fortschreitet. – Warum kam jetzt Piaget vom Studium der kindlichen Spiele wiederum nur zu den Regeln und Prinzipien, die den Staat und die Produktion regeln, und nicht zu der Körpermoral der Frauen?

3 Anstelle von Kohlberg wende ich mich seiner Mitarbeiterin Carol Gilligan zu, weil sie den kritischen Versuch gemacht hat, weibliche Moral ins männliche Kohlberg-Modell einzubauen.

Die Antwort auf diese Frage ist so einfach wie aufschlussreich: Er untersuchte nur Knabenspiele. Ein Seitenblick auf die Spiele der Mädchen entmutigte ihn, denn sie kannten keine Begeisterung für Regeln, Gesetze und ihre Vielfalt, für Möglichkeiten von Regelkodierung und -veränderung. Höchst einfallslos hopsten sie mit einfachsten unveränderten Grundregeln Jahrhunderte durch die gleichen mit Kreide auf Stein gezogenen Felder und schienen ihre Leidenschaft darin zu erschöpfen, ein Steinchen auf einem Fuß zu balancieren.

Die Moral der Geschlechter

Die Frauen sind die Repräsentantinnen der Liebe wie die Männer des Rechts im Staat. Wir waren ausgezogen, um den Sinn dieses Satzes zu entschlüsseln, und haben jetzt eine Ahnung davon, dass der Satz wörtlich zu nehmen ist, dass es einen Zusammenhang gibt von Recht und Gerechtigkeit und männlicher Moral. Versuchsweise beziehe ich die eingangs weiblich interpretierten Werte auf Männer: *Ein Mann, der vom rechten Wege abkommt, hat vielleicht eine Unterschrift auf einem Scheck gefälscht; seine Tugenden – er hat deren mehrere – beziehen sich z. B. auf seine Rechtschaffenheit, Tüchtigkeit, Gerechtigkeit, Wahrhaftigkeit, seinen Mut; und ist er umgekehrt dem Laster verfallen, so trinkt er vermutlich, spielt und kann seine Geschäfte nicht mehr führen. Wenn er nichts wert ist, vergeudet er wohl, was er hat; vielleicht vergeht er sich gegen das Eigentum, indem er betrügt und stiehlt. Sein Verderben sind seine Schulden, ist sein Bankrott Seine Ehrlosigkeit bezieht sich ebenso eindeutig auf Geld und Gut usw. usf.* – *»Moral«*, so sagt Heine, *»ist Zahlungsfähigkeit.«*

Die Moral der Männer bezieht sich also weitgehend auf ihre Geschäftsfähigkeit. Ich bin über die Selbstverständlichkeit, mit der mir die geschlechtsspezifische Beziehung der moralischen Werte geläufig ist und zugleich nicht gewusst, ebenso erstaunt wie über das Ergebnis: dass es nämlich nicht zwei Moralsysteme gibt, eines für Männer und eines für Frauen, wie wir leicht anzunehmen bereit sind, sondern dass die Moral selber zweigeschlechtlich ist wie der Mensch.

Mit neuer Aufmerksamkeit lese ich die mich in der Schule früher stark bewegenden Sätze wie z. B.: *Das Leben ist der Güter höchstes nicht, der Übel größtes aber ist die Schuld.* Dabei stelle ich fest, dass schon solche Sätze von uns geschlechtsspezifisch gehört und verstanden wurden und werden. Zunächst hören wir es wohl allgemein und empfinden, dass es um Großes geht, um erhabene Gefühle, um Tragödien und Seelenqualen. Sowie wir aber Frauen praktisch verwickelt denken, eine Situation suchen, in der ihnen das Leben gering scheint – oder scheinen sollte – angesichts der Schuld, die sie auf sich luden, denken wir vielleicht an Maria Magdalena, an eine Tragödie, weil ein Kind unterwegs ist, etwas zwischen Mann und Frau geschah. Männer dagegen werden, wenn nicht am Geschäft und bei der Bank, dann hauptsächlich an nichts Geringerem als am Vaterland oder am Rechtssystem schuldig.[4]

Es gelten also nicht für jedes Geschlecht von vornherein andere Werte, wie wir bislang annahmen – so Fürsorglichkeit nur für Frauen; Tapferkeit nur für Männer oder Ähnliches –, sondern die gleichen Werte bedeuten je nach Geschlecht Verschiedenes, beziehen sich auf andere Praxen, verlangen ein anderes Verhalten. Moral ruft so beide Geschlechter zur Ordnung – sie verstehen es, jedes an seiner Statt.

In dieser Weise ist die Moral selber ein extremer Scheider der Geschlechter. Männlich verstanden kreist sie um das Eigentum und weiblich um den Körper. So dass selbst eine scheinbar so eindeutige Redensart wie *jemandem die Unschuld nehmen* noch für Männer bedeutet, dass sie in die Geschäftsgeheimnisse eingeweiht, für die Frauen, dass sie in geschlechtliche Praxen eingeführt werden. Was können wir mit diesem Ergebnis der Zweigeschlechtlichkeit der Moral anfangen?

Moral und Gesellschaft

Zur weiteren Bearbeitung treten wir wieder einen Schritt zurück zur allgemeinen Moralgestalt und fragen uns: Wozu braucht es überhaupt Moral?

Aus der Skizze zur Moralphilosophie erinnern wir, dass Moral ein Scharnier bildet zwischen Individuum und Gesellschaft. Sie soll dazu dienen, dass der Zusammenhalt von Gesellschaft geleistet wird – dies als bewusste Tat der einzelnen Individuen, wenn sie ihrer Natur nach gegeneinanderstehen.

Betrachten wir (wie etwa das Projekt Ideologietheorie 1979, 1980) die »Natur« der Menschen selber als ein soziales Produkt, ein Resultat der besonderen Verhältnisse, in denen sie ihr Leben produzieren, so können wir – sehr knapp und thesenhaft – formulieren: In Gesellschaften, in denen Interessensgegensätze herrschen, leistet Moral das Gemeinschaftliche als innere Zustimmung der Einzelnen zum Gesellschaftsganzen. Da die Interessen der Einzelnen gegeneinanderstehen, müssen sie beim Verfolg des Gemeinschaftlichen von ihnen absehen. Garant solchen Verhaltens ist der Staat über den Klassen mit den ideologischen Mächten wie Schule, Rechtssystem usw. In den verschiedenen gesellschaftlichen Praxen eignen sich die Mitglieder

4 Der Abfallbeseitigungsexperte Partingaux z. B. hatte sich seit seiner Festnahme Ende März 1983 hartnäckig geweigert, die Lagerstelle der Giftfässer preiszugeben, weil er ein »ehrenwerter« Mann sei, der sein Schweigeversprechen nicht brechen werde. Für dieses Versprechen soll er 333 000 DM bekommen haben.

der Gesellschaft ein solches ideologisches Verhalten an, das die Zustimmung zum Gesellschaftsganzen gewährleistet. Freilich wäre die bloße Absehung von den Interessen kein sicherer Boden, auf dem Moral gedeihen könnte. Ihr erfolgreiches Leben verdankt sie dem gleichzeitigen Umstand, dass sie, dass ideologische Werte auch die Hoffnung auf ein Gemeinsames oder auch die Erinnerung an ein ursprünglich Gemeinsames anrufen. Gut sein zu wollen und an das Gute zu glauben, das sind ja nicht nur Inszenierungen für einige wenige, es ist zugleich eine Sehnsucht aller. Für die Reproduktion der Gesellschaft bedeutet das, dass mit Hilfe moralischer Erziehung Zustimmung produziert wird zu einer Gesellschaftsordnung, in der die gemeinschaftliche Regelung der Produktion des Lebens fortgerückt ist in den Himmel von abstrakten Werten. Von dort kehrt sie als Tugend der Individuen zurück, als innere Haltung, welche die allgemeine Inkompetenz für die gemeinschaftliche Regelung des Lebens verklärt. Ein solches Verhalten nennen wir ideologische Subjektion – Subjektwerden als Unterwerfung.

Inzwischen erkennen wir, dass es bei diesen Auffassungen des Projekts Ideologietheorie wiederum um die männliche ideologische Subjektion geht, konkreter: um jenen Raum jenseits des Rechts, in dem die Verhaltensweisen der Geschäftsträger in Klassengesellschaften geregelt werden. Aber aus dem Jenseits der Verhimmelung kehren die Vergesellschaftungskompetenzen nicht nur wertförmig, sondern auch zweigeschlechtlich zurück. Unsere erste Annäherung an diesen Umstand ist der Gedanke, dass Frauen in anderer Weise ideologisch unterworfen sind als Männer. Das scheint leicht sichtbar an den anderen Werten, die sich gewissermaßen als Subsysteme in der Moralordnung entfalten: Mütterlichkeit, Fürsorge, Wärme, Weichheit, Freundlichkeit usw. Innerhalb der Frauenbewegung wurde daraus der Schluss gezogen, Frauen lebten in gewisser Weise humaner (vgl. auch Gorz 1980); für ihre Werte bedürfe es wesentlich noch gesamtgesellschaftlicher Geltung. Eine Feminisierung der Gesellschaft könne Krieg, Rüstung, Fragen der Ökologie und vieles andere mehr friedlich aus der Welt schaffen. Ohne zu untersuchen, welche Inkompetenzen durch solche »weiblichen Werte« erträglich gemacht werden, wird hier zudem unterstellt, es handle sich bei solchen Werten um Charakter- und Wesensmerkmale des Weiblichen, nicht um gesellschaftliche Anforderungen.

Neuerlich erregen eine Autorin und ein Buch Aufsehen, propagiert durch *Psychologie heute*: Carol Gilligan, *Die andere Stimme* (1984).[5] In der Tradition von Piaget und Kohlberg (als seine Kollegin) arbeitend, stellt sie in den Seminaren zur moralischen Erziehung fest, dass Mädchen sich weniger für die Diskussion um Gerechtigkeitsprinzipien interessieren und ihre Konflikte anders lösen. Sie zieht daraus den Schluss, dass es eine ganz

5 Vgl. *Psychologie heute*, 10/1982

andere weibliche Moral gebe, die den männlichen Gerechtigkeitsprinzipien und deren Einzelkämpfertum vorzuziehen sei, weil sie an den Bedürfnissen anderer ausgerichtet sei, schon heute. Das Buch wurde ein Erfolg.

Ich befürchte, dass uns diese Annahme einer anderen, auf gesamtgesellschaftlichem Maßstab funktionierenden Moral und also zweier getrennter Moralsysteme in eine irrige Politik führt. Die Bejahung des einen Wertsystems verbleibt nicht nur überhaupt im Feld der Moral. Zugleich wird uns nahegelegt, die Frage der Moral und ihrer Konsequenzen im Wertfeld selber zu entscheiden und zu verändern, statt auf die Praxen zurückzukommen, die die Bedeutungen des Moralischen bestimmen.

Gerade bei der Frage der Frauenunterdrückung scheint mir dies ein fataler Irrtum zu sein. Wie wäre diese denn zu denken, wenn wir weibliche Werte so umstandslos bejahen? Vielleicht müssen wir dann auf die Märchenprinzipien zurückgreifen und annehmen, dass in der Gesellschaft das Böse gegen das Gute streitet und es sich unterwirft, einfach weil es an der Macht ist? Und wie vor allem denken wir den Zusammenhang von männlicher und weiblicher Moral? Wie denken wir uns die Geschlechterverhältnisse?

Moralische Vergesellschaftung

Für diese Fragen wenden wir uns noch einmal dem Prozess der Aneignung des herrschenden Wertsystems zu. Wir nehmen an, dass moralische Erziehung den Effekt der ideologischen Einordnung hat. Von daher müssen wir davon ausgehen, dass die verschiedenen Geltungsbereiche und Bedeutungshaftigkeiten von Moral für die Knaben und die Mädchen auch in unterschiedlicher Weise eingeübt werden. Erste moralische Unterscheidungen sind ganz allgemein die in gut und böse. Die Vorstellungen von guten und schlechten Taten bestimmen u. a. unser Verhältnis zur Ordnung, unsere Einordnung.

In einem Seminar zur moralischen Vergesellschaftung an der Hochschule für Wirtschaft und Politik in Hamburg[6] haben wir versucht, eigene Erinnerungen an unsere Einordnung aufzuarbeiten. Angesichts der vielfältigen Literatur zur moralischen Erziehung, die durchweg eine der Knaben ist, lasse ich an dieser Stelle die allgemeinen Ergebnisse zur Rolle der Angst, zu Schuldgefühlen, zum Ekel, zur wechselseitigen Unterstützung moralischer Werte usw. weg[7] und führe exemplarisch einige Aspekte weiblicher morali-

6 An dieser Hochschule des zweiten Bildungswegs sind die Studierenden älter als üblich, haben schon eine Berufsausbildung und Berufstätigkeit hinter sich, stammen also aus der »arbeitenden Bevölkerung«.

7 Einige Ergebnisse und Lehren aus diesem Seminar wurden von Studenten zusammenfas-

scher Vergesellschaftung vor. Ich stelle zwei Auszüge aus Kinderferienheim-Geschichten vor. Beide wurden von Frauen/Mädchen geschrieben. Ihre Auswahl verdankt sich dem Umstand, dass die einzige Kindergeschichte, die wir in diesem von beiden Geschlechtern besuchten Seminar von einem Mann erhielten, ebenfalls in einem Kinderferienheim spielte. Sie bildet den stillschweigenden Hintergrund, der die geschlechtsspezifische Bearbeitung der hier vorgelegten beiden Mädchengeschichten erlaubt.[8]

Im Kinderheim

Sie war neun Jahre alt und fuhr zum ersten Mal ohne Eltern fort, vier Wochen ins Kinderheim nach Spiekeroog. Es waren ungefähr vierzig Kinder, und sie kannte nur den Sohn vom Bäcker, der sowieso in einem anderen Zimmer schlafen musste. Bei der Zimmeraufteilung war sie sehr aufgeregt. Irgendwie hatte sie Angst, dass sie allein übrig bleiben würde. Aber es gelang ihr, drei andere Mädchen zu finden, die sie ganz nett fand und die mit ihr in ein Zimmer wollten. Leider stellte sich am zweiten Tag heraus, dass ein Mädchen Bettnässerin war und nach Hause geschickt werden musste. So waren sie nur noch drei. Sie wurden in kleine Gruppen geteilt, nach Schwimmerinnen und Nichtschwimmerinnen, und durften nur mit ihrer Erzieherin ins Wasser, zweimal am Tag für zehn Minuten …

Erst gab es ein Stück trockenen Kuchen und dazu Hagebuttentee, den sie nicht ausstehen konnte. Sie fragte eine von den Frauen, ob sie nicht Himbeersirup haben könne, aber die schimpfte mit ihr und sagte irgendetwas wie »verzogene Göre«. Daraufhin schrieb sie ihren Eltern, dass es ganz blöd im Heim wäre und nur furchtbare Sachen zu essen und zu trinken gebe, und ob sie ihr nicht ein Päckchen mit Himbeersirup schicken könnten – und sie sollten einen Brief zurückschicken, weil die Erzieherinnen immer die Karten lasen und mit den Kindern schimpften, die was Schlechtes geschrieben hatten. Nach vielen Tagen schrieben ihre Eltern zurück, sie solle sich Sirup von ihrem Taschengeld kaufen. Aber es war verboten, sich was zu essen oder zu trinken zu kaufen, weil einige Kinder zum Abnehmen da waren und weil es keine Extrawürste gebe. Einmal schlich sie sich doch aus dem Haus, um ihren Sirup im Milchladen zu kaufen und auch noch eine Tafel Marzipanschokolade, die sie so gerne aß. Aber der Sirup schmeckte gar nicht so gut, weil sie ihn immer heimlich auf dem Klo trinken musste, um nicht erwischt zu werden. Sonst hätte sie den nächsten Ausflug – eine

send wiedergegeben in dem Beitrag »Moraltheorie und Klassenerfahrung«, in: *Frauen und Moral. Frauengrundstudium 3*, 1984.

8 Die Geschichte des Knaben wird unter der Fragestellung Einordnung und Widerstand im angegebenen Aufsatz wiedergegeben und bearbeitet.

Schiffsfahrt um die Insel – nicht mitmachen dürfen und stattdessen in der Küche helfen müssen. Zwei Mädchen mussten schon zu Hause bleiben, und sie wollte nicht zu denen gehören.

Die Kur

Ich war fünf Jahre alt. Also gerade noch Zeit genug, um mich vor Schulbeginn für sechs Wochen zu einer Abmagerungskur zu schicken. Mit mir sprach keiner über die Gründe der Verschickungsmaßnahme.

Viele Kinder waren im Heim. Alle mussten dicker werden. Zu den Mahlzeiten wurden sie mit Süßspeisen und Nachtisch vollgestopft. Ich natürlich nicht. Dabei hätte ich gerne auch mal einen Pudding oder ein Eis gehabt. Bei der dicken Grießsuppe fiel mir der Verzicht leicht, und die anderen Kinder beneideten mich um meine Sonderstellung. Nach der Mittagsmahlzeit mussten alle Dünnen Mittagsruhe halten – zwei Stunden. Nur ich nicht. Anfangs hatte ich es sehr gut gefunden, nicht schlafen zu müssen, aber die zwei Stunden ohne Spielgefährten waren sehr lang. Manchmal ging ich dann zur Köchin und bekam ein Stück Schokolade – »aber nur eins«. Das zerrieb ich mir auf der Puppenreibe – so hatte ich länger was von der Süßigkeit. Langsam begriff ich, dass ich »dick« war und deswegen solche Sonderstellung einnehmen musste. Auch die anderen Kinder begriffen es, und wenn ich weinte aus Heimweh und Einsamkeit, so riefen sie: »Tante Trudel, die Dicke weint mal wieder.« Die nahm mich auf den Schoß und tröstete mich. Auf den Spaziergängen durch die Heide, die in Zweierreihen gemacht wurden, wollte kein Kind mit »der Dicken« gehen. Also nahm mich die Erzieherin an die Hand. Die Erwachsenen traten mir alle sehr wohlwollend entgegen. So durfte ich ab und zu in dem Häuschen der Heimleiterin spielen, oder sie erzählte mir dort ganz alleine schöne Geschichten. So hörte mein Weinen langsam auf. Und als ich wieder zu Hause war, bekam ich eine Tafel Schokolade zur Begrüßung, und auch mein Nuckeltuch gab mir meine Mutter zurück, das die Erzieherinnen mir schon vor der ersten Nacht weggeschlossen hatten.

Ich lege im Folgenden einen knappen Versuch der Bearbeitung dieser beiden Geschichten vor. Ich konzentriere mich auf die drei Schwerpunkte: die Regeln im Heim, die Beziehung zu den anderen Personen, Gleichaltrigen und Erwachsenen und schließlich die eigene Person. Während in der hier nicht vorgestellten Geschichte des Jungen wesentliche Elemente der Piaget'schen Beobachtungen bestätigt werden – so der Widerstand gegen die Regeln, der als Autoritätskonflikt gelebt wird; das Verhalten in der Gruppe der Gleichaltrigen, das eine Art horizontaler Vergesellschaftung in Opposition zu den Erwachsenen darstellt; der Wunsch, selber Regeln zu geben; die Bedeutung in der eigenen Gruppe durch die Widerstandshaltung usw. –, gibt es in den Mädchengeschichten typische andere Verknüpfungen.

Die eigene Person tritt stark um den Körper zentriert auf. Der Genuss, das Wohlleben spielen eine entscheidende Rolle. Ebenso sind Funktion und Aussehen des Körpers, seine Normalität wesentliche Orientierungspunkte.

Der Maßstab der Normalität ist zugleich individuell angemessen und bestimmt auch das soziale Aufgehobensein. Abweichungen sind Grund für Isolation. Funktion und Aussehen des Körpers bestimmen Gruppenbildungen und Trennungen. Da gibt es die Dicken und die Dünnen, die Schwimmer und die Nichtschwimmer, die Kranken und die Gesunden, die, welche zu essen haben, und die, welche keinen Nachtisch bekommen. Selbständiges und widerständiges Verändern der vorgegebenen Regeln führt, weil es ausschließlich am eigenen Wohlleben orientiert ist, zu weiterer Vereinzelung und Isolation, so, wenn man etwa Sirup und Marzipan auf dem Klo verzehrt.[9]

Die Regeln treten nicht als etwas den Personen ganz Äußerliches auf und nicht als ganz und gar unbegründet. In ihrer körperlichen Vermitteltheit scheinen sie den Einzelnen von vornherein angewachsen wie der Körper selbst, über den die Einordnung, die Sozialisation erfolgt. Diese eigentümliche Verwachsenheit der Regeln mit dem natürlichen Leib verleiht ihnen zugleich etwas Schicksalhaftes, dem selbstverständlich zu folgen ist, wie den Charakter einer gesellschaftlichen Pflicht, für die man zur Verantwortung gezogen werden kann, an der man schuldig wird. »Ich begriff, dass ich dick war« – und *also* einsam, können wir ergänzen. In diesem Zusammenhang wird Leid auch als etwas erfahren, dem Regeln abhelfen können.

Die Erwachsenen erhalten die eigentümliche Gestalt richterlicher Komplizen. Sie treten als Trostspender auf, als Wesen, die ausgleichend tätig sind, wie auch als Einordnende. Sie können zur sozialen Eingliederung verhelfen oder sie gar selber darstellen, indem sie Kindergruppen einteilen und die Maßstäbe dafür anbieten oder sich selbst für freundschaftliche Beziehungen zur Verfügung stellen. Es gibt zwar Regelverstoß, aber er führt nicht zur horizontalen Vergesellschaftung, sondern in größere Isolation (die gegessene Schokolade macht dicker, das Klo ist in seiner Einsamkeit konsequente Folge der widerständigen Absonderung).

Die Anordnung stellt eine eigenartige Polarisierung her: Auf der einen

9 In jeder Diskussion um die hier vorgeführten Thesen wurde irritiert darauf verwiesen, dass ja auch kleine dicke Knaben das Schicksal von Abweichenden ertragen müssen. Sicher ist die Geschichte der körperlichen Einordnung der Männer noch zu erforschen – jedoch kann man wohl schon festhalten, dass die dicken Knaben Möglichkeiten des Ausgleichs und der Kompensation haben (wie etwa von Erich Kästner im *Fliegenden Klassenzimmer* vorgeführt), die ihnen Eingliederung in eine Gruppe gewähren, während Mädchen in ihren Bemühungen auf dem gleichen Feld verharren – Abmagerungskuren machen usw.

Seite steht die soziale Gruppe, und die mögliche Einbindung in sie ist gebunden an ein Wohlverhalten, das um den Körper und seine Normalität zentriert ist. Auf der anderen Seite steht das Wohlleben, der Genuss des gleichen Körpers. Beide Verhaltenspole sind über den Körper direkt vermittelt. – Wie könnten wir in einer solchen Anordnung selbst tätig werden? Welche Veränderungen sollten wir durchsetzen? Die Anordnung wirkt wie eine Falle. Warum sollten wir Regeln zu verändern streben, deren Befolgung den Einschluss in eine soziale Gruppe mit sich bringt? Und umgekehrt: Warum sollten wir Regeln befolgen, die sich gegen das Wohlleben unserer Körper richten? In dieser Zwickmühle wird man damit rechnen können, dass die eingeschlagenen Strategien der Veränderung im Rahmen dessen bleiben, was wir unter Normalität und den dazu gehörenden Regeln verstehen. Die Einzelnen werden vermutlich versuchen, den Raum des Genusses im gesteckten Rahmen zu erweitern.

Eine solche Ausgestaltung des gebotenen Rahmens erbringt eine gefügigere, einfachere Einordnung in die Regeln. Das soziale Zusammengehörigkeitsgefühl erfolgt über den Gehorsam und dessen sichtbare Zeichen, die richtigen Maßstäbe, den angemessenen Genuss, das Mittelmaß. Im Unterschied zu den Befunden und Aussagen von Piaget kann Selbsttätigkeit also kaum im eigenhändigen Erlass von Regeln bestehen oder überhaupt in der Kodifizierung und Verfeinerung bestehender Regelsysteme. Was hätte es für einen Sinn, selbst Regelmacht auszuüben und z.B. die eigene kürzere oder dickere Gestalt zum neuen Maß auszurufen, solange man die Abweichung als Schuld lebt? Folgerichtig finden wir schon in den Geschichten der kleinen Mädchen die Tendenz, den Genuss im gerade noch Erlaubten auszudehnen – die Schokolade wird gerieben, man gönnt sich etwas. Auch wird – wieder anders als bei Piaget – die Welt der Erwachsenen nicht so sehr als äußerlicher Zwang mit nachfolgendem Widerstand wahrgenommen. Die weiblichen Erwachsenen in den Szenen sind vielmehr den gleichen Regeln unterworfen. Ihre soziale Hinwendung geschieht als eine Art Komplizenschaft. Unter Beibehaltung einer allgemeinen Anerkennung der maßstäblichen Regeln werden Abweichungen mit geheimer besonderer Zuwendung bedacht. Ein Stück Schokolade wird heimlich zugesteckt oder gar eine ganze Tafel, in traulicher Zweisamkeit werden Geschichten erzählt, man darf an der Hand der Erzieherin gehen. Die Abweichung schafft eine Art Solidaritätsnetz unterhalb der Regelordnung, die damit in ihrer Macht unangetastet bleibt und jederzeit auch die Solidarität zerstören und ihre Kraft entfalten kann. Im Grunde entsteht durch dieses Verhältnis eine unberechenbare Macht jener Personen, die solcherart soziale Hinwendung, Genuss ohne Einsamkeit geben können. Die eigene Macht, die in der körperlichen Ordnung mögliche Vergesellschaftung, ist die Züchtung des »richtigen Körpers«.

Sexualisierung der Körper

Wir kommen ein weiteres Mal zur besonderen Bedeutung des Körpers für die moralische Vergesellschaftung der Frauen. Welchen Zusammenhang hat eine Einordnung in die Gesellschaft, die ihren Ausgangspunkt und ihr Ziel bei dem Körper hat, mit der Unterdrückung der Frauen? Es ist eine Bewegung, die in sich zurückläuft. Für diese Kreisförmigkeit möchte ich den Begriff Körperzentrierung wählen. Er soll ausdrücken, dass sich bei einer solchen Vergesellschaftung alles um den Körper dreht, statt dass umgekehrt wir uns mit dem Körper in die Gesellschaft hineinbegeben. Dieses Feld von Frauenkörpern, Frauenunterdrückung und Befreiungspolitik haben wir in einem ganzen Buch bearbeitet (Haug, F., Hg., 1983: *Sexualisierung der Körper).* Ich skizziere im Folgenden einige dort ausgeführte und im Kontext von Moral und Frauenkörpern wichtige Thesen:

Nicht die Sexualität der Frauen wird unterdrückt, sondern Sexualität selber wird als Unterdrückung gelebt.

Nicht der Körper wird verboten oder abgetötet, sondern er ist selber Einsatz in dieser Unterordnung der Frauen.

Die Haltung des Körpers ist zugleich Haltung der Frauen zur Welt, ist Tätigkeit.

Dabei ist die selbstverständliche, die ungepflegte Haltung der allgemeinen Auffassung nach obszön oder gar tierisch. Die Pflege und die Kultur des Körpers gelten der Herstellung einer zweiten Natur.

Diese Verwandlung ist die Erreichung von Sittlichkeit.

Das Kulturelle ist nicht Selbstzweck, sondern eine Überformung der Triebe im Namen ihrer Vermenschlichung. Das gilt für beide Geschlechter. Jedoch geschieht dieser Umgang mit Natur für Frauen im Namen der Natur, als Züchtung wahrer Weiblichkeit, als Tugend und Formung. Die Pflege ist eine Gärtnertat.

Bei Männern muss Natur überwunden werden im Namen von Pflicht, Arbeit, Disziplin, Geist. Man duscht kalt. Die Natur wird unterdrückt. Der Wille herrscht über Spannung und Wildheit. Das Tier gehört in den Käfig.

Bei den Frauen wird es zur Blume.

Indem sich Frauen als Natur vergesellschaften, brauchen sie keine Zwangsherrschaft über Natur, wohl aber eine verinnerlichte Darbietung und kulturvolle Darstellung derselben. Die Einigkeit der Frauen mit der Natur ist die von Edelrosen, bei denen jederzeit die Gefahr besteht, dass wilde Schösslinge aus ihnen treiben.

Männer sind keine Rosen, sondern Gärtner.

Was bedeutet ein solch unterschiedliches Verhältnis zur eigenen Natur für die Beziehungen der Menschen untereinander und für die Beziehung der Geschlechter?

Gewöhnlich verhalten sich Frauen zueinander wie Natur zu Natur: anschauend als gepflegte Natur; manchmal wild und animalisch als ungepflegte Natur – so das herrschende Klischee, das mit dem tatsächlichen Verhalten zwar nicht identisch sein muss, aber auch nicht ganz unabhängig davon ist. Das Geschlechterverhältnis ist bestimmt durch Überwindung/Unterwerfung, Zucht und Anbetung. Frauen werden Objekte, Sklavinnen, die Kompetenzen erlangen, wie Lust zu bereiten ist, statt eigenes Begehren zu entwickeln. Sie akzeptieren ihre Unterordnung und bauen sie in ihre eigene Konstruktion ihrer Sozialkörper ein. Im sozialen Körper Frau ist also die besondere Körper-Natur-Beziehung ebenso eingeschlossen wie das Verhältnis der Frau zum Mann.

Voraussetzung für ein solches Verhältnis ist eine gewisse Schizophrenie der Frauen: Man muss sich schon selbst auch Objekt sein, um zustimmen zu können, dass andere einen so denken, fühlen, erwarten.

Im großen Maßstab haben die Mitglieder unserer Gesellschaft keine Kompetenz der Planung und Regelung der Gesellschaft. Sie entwickeln in dieser allgemeinen Inkompetenz allerdings spezielle arbeitsteilige Kompetenzen, sich in so viel Entmündigung zu bewegen. Frauen z.B. haben die Kompetenz, die Maßstäbe der Normalität ihrer Körper genau zu kennen und ebenso die Wege, sie zu erreichen (bestimmte Kleider, Farben, Muster, Frisuren, Kuren usw.). Hier entwickeln sie Schuldbewusstsein, wenn ihre Körper nicht so sind, wie sie sein sollten. Körperschuldbewusstsein gilt immer anderen Personen. Bei Frauen gilt es den Männern. Dabei würde ein solches Verhältnis schnell seine normative Kraft verlieren, gälte diese Körperschuld einem bestimmten Mann. Unter Umständen besteht er nicht auf umfassender Normalität, mag sogar Rundlichkeit, zu lange oder zu kurze Beine usw. Solche Kraftlosigkeit haben die Normalitätsansprüche nicht, die Frauen an ihre Körper legen. Sie entwickeln sie also gegenüber dem männlichen Prinzip, Männern schlechthin.

Die erstrebte Normalität ist eine Aufgabe, die wertförmig auftritt. In ihr steckt zugleich der Wunsch nach gesellschaftlicher Integration. Man möchte sein wie alle. Dass man überhaupt abweicht, Normalität nicht erreicht, verursacht dieses Schuldbewusstsein, das ein Nährboden ist für Herrschaft. Es wird gelebt als Vereinzelung, Isolation, Geheimnis, Einzelkämpfertum. Dieser harte Einzelkampf ist dabei nicht nur vergeblich in seiner zaghaften Wirkung, sondern auch im Ansatz widersprüchlich, denn er steht von vornherein gegen die Sehnsucht nach dem Kollektiv.

An dieser Stelle setzen Körperkollektive an, wie wir sie aus der Frauenbewegung kennen (z.B. »Ich stehe zu meinem Fett«). Spontan erfassen sie in dieser Körpernormalitätsaufgabe einen wesentlichen Punkt ideologischer Vergesellschaftung der Frauen. Sie arbeiten gegen Vereinzelung, gegen das Geheimnis, für das kollektive Nicht-Einhalten von Maßstäben.

So fordern sie die Körperideologie heraus, stellen aber nicht die gesamte Existenz solcher Herrschaft in Frage, weil sie die Körperzentrierung in der Vergesellschaftung unangetastet lassen (ich komme darauf zurück).

Frauen werden biologisch erwachsen. Männer müssen aktiv erst noch etwas werden, wenn ihnen der Bart sprießt (man muss untersuchen, ob dies für alle Schichten gilt, auch für Arbeiterjungen?). Das körperliche Erwachsenwerden vereinzelt. Es bringt Brüche in die bisherigen Sozialbeziehungen, Geheimnisse, die man allein austrägt. Auch hier gibt es Widerstandspraxen in der Frauenbewegung: die Selbsterfahrungsgruppen.

Die Qualifikationen, welche Frauen in Bezug auf ihre Körper haben, sind die Kenntnisse über die richtigen Umgangsweisen mit den Abweichungen. Darin steckt ein Widerspruch, eine Wertekollision. Der richtige Umgang mit den Abweichungen ist die Täuschung, die Verheimlichung der Sünde, dass man anders ist. So wird permanent schlechtes Gewissen erzeugt: Man kann ertappt werden beim Vertuschen, beim Täuschen oder dabei, dass man es nicht tat.

Der Körper ist wie die Erbsünde: uns aufgegeben und Aufgabe. Dabei wird die Körperverantwortung gelebt als Teilhabe am gesellschaftlichen Leben. Das unterwirft die Frau dem Mann, so wie er dem Staat unterworfen ist. Aber die Regelaneignung bringt auch Genuss. Wie die murmelspielenden Knaben bei Piaget offenbar das Demokratiespielen und Regeln-Kodifizieren mit Lust praktizieren, bringt auch den Mädchen die Beherrschung und Einübung von Regeln Spaß, der sie zu Sklavinnen macht. Ihr Selbstbewusstsein ist so verschränkt mit ihrem Objektsein.

Daher kann man das Verhältnis der Geschlechter als eines von kultureller Natur zu kultivierten Dompteuren bezeichnen. Die Frauen sind Natur, wenn auch selbstgepflegte, sittliche. Die Männer beteiligen sich an der Kultivierung der Frauennatur und zähmen ihre eigene. Aber auch umgekehrt scheint die also sittlich veredelte Frauennatur einen unterstützenden Einfluss auf die Zähmung der Männernatur zu haben: ein sich wechselseitig bestätigendes System. Oder wie anders sollte man die sittigende Kraft der Frauen auf die rohe Männernatur verstehen, wie sie häufig besungen und bedichtet, z. B. auch von Goethe in angenehme Worte gekleidet wird?

»Willst du genau erfahren, was sich ziemt,
so frage nur bei edlen Frauen an.
Denn ihnen ist am meisten dran gelegen,
dass alles wohl sich zieme, was geschieht.
Die Schicklichkeit umgibt mit einer Mauer
das zarte, leicht verletzliche Geschlecht.
Wo Sittlichkeit regiert, regieren sie.
Und wo die Frechheit herrscht, da sind sie nichts.« (Tasso)

Was geschieht, wenn der Körper zum Einsatz von Vergesellschaftung wird? – Zum Bespiel werden Fehler der Gesellschaft als persönliche Gebrechen gelebt. Die Einzelnen werden psychisch zerrissen oder einfach körperlich krank. An dieser Stelle zeigt sich, dass die Frauen bei aller Kundigkeit über den Einsatz ihrer Körper, bei aller Körperzentrierung und Kompetenz im Zeigen und Verhüllen auch wieder nichts über ihre Körper wissen. Selbst ihre Körperkompetenz leben sie inkompetent, bewusstlos-wissend. Das Körperwissen existiert arbeitsteilig bei Ärzten. Auch hier greift die Frauenbewegung spontan an einem strategischen Punkt mit Gesundheitszentren in dieses Kompetenz/Inkompetenzverhältnis ein. Und wiederum wird nur in den Strukturen gekämpft, nicht gegen sie. Beibehalten wird die Verantwortung für den eigenen Körper (als ob wir sie wirklich hätten, wenn die Luft verschmutzt ist, die Nahrung vergiftet und die Erde atomverseucht).

Die individuelle Vergesellschaftung der Frauen fällt mit der Sexualisierung ihrer Personen zusammen. Damit ist ihre gesellschaftliche Unterdrückung immer auch eine sexuelle und eine, die sie als Einzelne trifft, als Körper. Diese Vereinzelung hat den Effekt, dass der Zusammenhang zwischen den persönlichen Abweichungen vom Normalen und der gesellschaftlichen Unterwerfung, der »ideologischen Subjektion«, unsichtbar ist.

Klasse und Krieg

In einem letzten Abschnitt möchte ich versuchen, einige vorläufige Thesen über den Herrschaftsnutzen einer funktionierenden zweigeschlechtlichen Moral zu formulieren. Eingangs fragten wir nach der Bedeutung einer Aussage, welche die Liebe mit den Frauen und das Recht mit den Männern zusammenbrachte. Genauer fragen wir jetzt nach der Bedeutung einer solchen Verknüpfung für die Reproduktion des Gesellschaftssystems.

Es fällt uns nicht schwer, Frauen mit Liebe zusammenzudenken, auch mit Körpern, und Männer mit Geschäft und Recht – im Gegenteil, es erhöht unser Selbstwertgefühl und bestätigt unsere weibliche Abneigung gegen Gesetzesdenken und Geschäftemachen. Auch gewöhnen wir uns schnell daran, die ideologische Subjektion wesentlich für Männer zu denken, und lieben die Vorstellung, Frauen seien nicht so ideologisch unterworfen, unterdrückt zwar und ausgeschlossen aus vielen gesellschaftlichen Bereichen, jedoch eben darum auch heiler, weniger eingelassen in die dreckigen Geschäfte dieser Gesellschaft wie Klassenkampf und Krieg. Frauen – so denken wir – sind Männern unterworfen und diese dem Staat. Die Herrschaftsbeziehungen sind vermittelt. Zwischen den Frauen und dem Staat stehen Männer. In dieser Anordnung verwundert uns eigentlich nicht, dass die Handbücher, die Geschichten philosophischer Lehrmeinungen usw. voll sind von Formulierungen, welche die Sitte und den Anstand der Männer betreffen, und wo von Frauen die Rede sein müsste, einmal wieder gähnende Leere ist. Zur Bestätigung ergreife ich noch einmal den Großen Brockhaus, suche das Stichwort *Moral* (welches ich bislang nur in wissenschaftlichen Texten studiert hatte) und lese: Sie betrifft die »Gesamtheit oder Mindestausstattung an Verhaltens- und Einstellungsnormen, die unter dem Einfluss einer Kultur z.T. als deren Ethos in einer Gesellschaft über eine längere Zeit hinweg als verbindlich angesehen wird. Die Normen werden im Laufe einer Sozialisation verinnerlicht.«

So weit verspüren wir keine Beunruhigung, der gleiche seltsam abgehobene Stil wie bisher. Aber dann geht es plötzlich unvermittelt weiter:

»In den westlichen Demokratien wird die Moral zunehmend privatisiert, auf immer weniger Gebieten steht sie unter ausdrücklich staatlichem Schutz (z.B. Legalisierung abweichenden Verhaltens, des Rauschmittelkonsums, der Abtreibung, der Pornographie)«, und jetzt können wir leicht ergänzen, *der Prostitution.* Zu unserer Überraschung findet der Staat uns Frauen und unsere Körper, wo wir, von den Körpern ausgehend, ihn nicht fanden. Im Rechtsgefüge, in das vornehmlich die Knaben hineinsozialisiert wurden und das sich gleichwohl als ein allgemeines behauptet, finden wir unverhofft einen Zusammenhang von Recht und Körper – im Zentrum sogar die Frauenkörper –, und wieder treten die solcherart verrechtlichten Moralnormen auf, als seien sie allgemeine Sittengesetze. Aus diesem kleinen Befund, den man ohne große Anstrengung ergänzen könnte und der ein Ausgangspunkt für eine größere Forschung sein müsste, möchte ich an dieser Stelle einige vorläufige Thesen entwickeln:

Die zweigeschlechtliche Moral scheint einerseits je Geschlecht spezifisch zu gelten und andererseits Stärke und Unangreifbarkeit dadurch zu erhalten, dass sie beständig ihr Geschlecht wechseln kann. Dass ein jedes Geschlecht bzw. seine Bedeutung von Moral als allgemein behauptet werden kann, dass also beide Geschlechter als Getrennte in einer universellen Moral existieren, hat den Effekt, dass die einzelnen Menschen Wertorientierungen und die dazugehörigen Praxen für allgemein richtig und möglich halten können, obwohl sie selbst gerade sich anderen, vielleicht entgegengesetzten Werten unterwerfen. Dieses Gemisch kann einerseits entlastend wirken – so kann auch eine Frau wenigstens Charakter haben, wenn sie schon einen hässlichen Körper ihr Eigen nennt –, andererseits aber auch explosiv reaktionär sein. So spielen demagogische politische Reden häufig auf diesem Klavier schwankender Geltungsbereiche der von ihnen angerufenen Werte. Dabei gelingt ihnen die Errichtung eines Bauwerks mit so viel Inkonsistenzen und Brüchen, die deshalb überraschenderweise unbeachtet bleiben, weil die abwechselnde Anrufung der geschlechtsspezifisch arbeitsteiligen Wertorientierungen macht, dass die Hörer und Hörerinnen sich eben abwechselnd angesprochen fühlen und die jeweils anderen Passagen zur entspannenden Zustimmung nutzen. So bringt es Bundeskanzler Kohl in seinem Bericht zur Lage der Nation fertig, Freiheit und Selbstbestimmung, Frieden und Verträge mit der DDR sowie das Streben nach einer Wiedervereinigung Deutschlands und eine Beendigung der Klassenkämpfe alles gleichzeitig und zudem als Willen eines jeden BRD- und DDR-Bürgers auszusprechen. Dabei ist die Wortwahl beim volltönenden Willen zur Einheit der Nation vertraut verständlich: alle Männer werden zur Zustimmung gerufen, würden wir jetzt sagen. Da geht es um Kultur und Würde, Werk und Freiheit, Idee und Interessen:

»Wir wollen die Nation freier Bürger, die Klassengegensätze überwindet, widerstreitende Interessen versöhnt und Gemeinschaft stiftet im Bekenntnis zum geschichtlichen Erbe und zu den Werten und Tugenden, die allen Deutschen eigen und verpflichtend sind. In dem freiheitlichen Menschenbild des Grundgesetzes erkennen sich die Deutschen, alle Deutschen wieder.«[10]

Bei den Aufgaben und dem Beklagen der fehlenden Normalität aber wechselt die Sprache. Zwar spricht Kohl hier nicht direkt von Körpern oder gar vom Sexuellen, jedoch bewegen sich die Worte deutlich in den zu den Körperpraxen gehörigen und demgemäß eher weiblichen Bereichen. Da geht es um *engste Räume, gutnachbarliche Beziehungen, gegen das Gewaltsame, für Attraktivität und Bindung, für ungehinderten Verkehr, gegen Mauer und Stacheldraht, dagegen, dass Leben und Gesundheit aufs Spiel gesetzt werden, dass nicht geschwiegen werde, sondern Zusammengehörigkeitsgefühl geachtet werde. Die Teilung soll erträglicher und weniger gefährlich gemacht werden, mitmenschliche Verantwortung, ein »Zustand des Zusammenlebens in Deutschland, in dem das gewachsene Geflecht der Beziehungen sich verdichtet und weiter verfestigt.«*

Die konkreten Vorschläge an die DDR rasseln dann wieder von *Kraft und Stärke, Waffen und Wille, Interesse und Recht.* Man sieht, die Arbeitsteilung in der Moral bewährt sich als eine Art weiblicher Legitimierung männlich artikulierter Außenpolitik.

Ich möchte dieses Zusammenwirken an einem weiteren Beispiel verdeutlichen: Wir haben im oben schon angeführten Seminar an der Hochschule für Wirtschaft und Politik auch Szenen geschrieben zum Erfahrungsbereich *Arme Leute.* Ausgangspunkt war die Überlegung, dass Klassengegensätze ja nicht unmittelbar als solche gelebt werden, sondern ideologisch verarbeitet und als Unterschiede umgedeutet harmloser auftreten. Zum Beispiel haben Unternehmer und Arbeiter unterschiedliche Jobs und tragen unterschiedliche Verantwortungen. Es gibt Unterschiede in der Vermögensverteilung,

10 Es wäre gewiss wichtig, in diesem Kontext zu untersuchen, warum die Parteien der Rechten vorwiegend von Männern getragen sind.

Arme und Reiche. – Wir wollten herausfinden, wie die Erklärungen für die sozialen Unterschiede als soziale Wahrnehmungen angeeignet und geformt werden, wie also das Ideologische in uns Raum einnimmt.

Zumindest für die Frauen aus diesem Seminar kann ich zusammenfassen, dass wir Armut körperlich aussprechen und als Element von Ordnung/Unordnung. Ich montiere Zitatstücke aus den einzelnen Szenen:

Arme Leute sind in erster Linie ungewaschen, schmutzig, schlecht angezogen. Sie wissen auch gar nicht, wie man sich anzieht Man muss sich vor ihnen ekeln. Bei ihnen ist nichts in Ordnung. Womöglich ist das Klo in der Küche, bestimmt aber der Schuhschrank – Schweißfüße. Zudem haben sie zu viele Kinder – irgendwie kommt das von ungeregelten sexuellen Ausschweifungen. Sie schlafen alle in einem Bett. Um sie ist ein Geheimnis. Sie sind verwahrlost. Sie haben Läuse, anderes Ungeziefer, Seuchen, sind überhaupt krank. Sie treten selten einzeln auf, sondern immer in Sippschaften, Horden, Massen. Sie sind schamlos und asozial.

Natürlich dachten wir nicht so über eine unterdrückte Klasse – schließlich begreifen wir uns alle irgendwie als links –, aber wir empfanden solches und mehr über Arme. Ich denke, dass diese Empfindungen ein Nährboden, eine emotionale Basis sind für Rassismus und Antikommunismus – und für die Sozialpolitik der Neokonservativen.

Brecht verwies – u. a. im *Guten Menschen von Sezuan* – auf die kommerzielle Basis der Liebe: Moralisch sein kann nur, wer Geld hat. Geld macht sinnlich. Das tugendhafte Leben erfordert die Zweiteilung der Person in einen Geschäftsträger und einen Tugendträger.

Meine bisherigen Untersuchungen haben gezeigt, dass das Geschäft eine andere Bedeutung der Moral braucht als die Liebe. Die beiden Bedeutungen oder Moralpraxen stehen dabei nicht in einem Verhältnis des wechselseitigen Ausschließens oder der wechselseitigen Unterdrückung zueinander, wie wir bislang dachten – etwa Männer unterdrückten das Fürsorgliche in sich –, sondern in einem Verhältnis der Arbeitsteilung und wechselseitigen Unterstützung des Systems als ganzem. Dabei bringt die Teilung und Trennung wie bei der Arbeitsteilung im Großen der Gesellschaft auch hier eine Unter- und Überordnung der Personen mit sich, die die verschiedenen Praxen leben, den unterschiedlichen Moralbedeutungen folgen. Aber es sind nicht gute Wertorientierungen, die gegen schlechte stehen, sondern Kreise, die ineinandergreifen, sich wechselseitig abstützen, zusammenhängen. Ich habe versucht, diesen Wirkungszusammenhang am Beispiel der Wahrnehmung von Armut vorzuführen.

In diesem Zusammenhang scheint es mir nützlich, auch die Fragen von Militarismus und Krieg, Erziehung zur Wehrtüchtigkeit usw. neu zu durchdenken. Ein *anständiger Soldat* ist schließlich keineswegs das Gleiche wie ein *anständiger Lohnarbeiter* oder ein *anständiger Geschäftsmann.* Kameradschaft hängt mit Körpern zusammen, ebenso wie Krieg mit Vaterlandsliebe vereinbar ist. Bei der militärischen Erziehung spielt der Körper eine große Rolle. Seine Haltung – Bauch rein, Brust raus – ist zwar nicht *sexy*, ähnelt jedoch den Verhaltensanweisungen, die Frauen täglich auf sich beziehen. Und schließlich fanden wir auch männliche Tugenden, die nicht direkt rechtlich kodifiziert waren, wie Tapferkeit und Mut. Werden diese Tugenden, die den Körper als überwundenen und gerade darum subjekthaften zeigen, legalisiert, so geschieht auch dies im Krieg: Feigheit und Mutlosigkeit können als Fahnenflucht mit Erschießung geahndet werden. Es scheint, als ob im Krieg nicht die gewöhnlichen Tugenden der Männer aus ihrem geschäftlichen Alltag angerufen und gebraucht würden, sondern vielmehr, als ob sich die Kriegsmoral aus beiden Bedeutungen gleichzeitig angerufen zusammensetzt: sich opfern als Held – das wäre die unheilvolle Kombination.

So kommen wir zu dem Schluss, dass nicht die männliche Bedeutung der Moral und ihre Ausrufung als allgemeines Sittengesetz die Macht des Staates ausmacht, sondern die schillernde Bedeutung, der mögliche Wechsel und die Kombination, die Zweigeschlechtlichkeit der Moral, die gleichzeitige Trennung bei gemeinschaftlicher Anrufung. Sie kann bewirken, dass wir Widersprüchliches für ebenso normal halten wie dass es Männer und Frauen gibt[11]. Dass wir einen Austausch von Liebe gegen Geld für ebenso unmöglich wie möglich halten, sie vertraglich wollen und garantiert aus freien Stücken. Dass wir glauben, dass Männer bereit sind, wegen des Ruhmes zu sterben, und uns selber für sie aufopfern wollen. Dass wir annehmen, dass sie aus höheren Prinzipien morden können, während wir selber das Leben schützen – auch dieser Gedanke ein Effekt zweigeschlechtlicher Moral.

Dieser Zusammenhang zwischen der Zweigeschlechtlichkeit der Moral, ihren Trennungen, Verknüpfungen, Kombinationen und den Fragen von Klassen, Politik und Krieg müsste dringend weiter erforscht werden, wenn wir aus unseren Selbstfesselungen herauskommen wollen.

Erste Schritte

Der Eindruck, Herrschaft sei ein fest geknotetes Netz, in dem wir gefangen seien, so dass man gar nichts tun kann, ist derzeit so verbreitet, dass ich versuchen möchte, aus den hier vorgestellten Zusammenhängen einige Resultate zusammenfassend vorzutragen als Handlungsaufforderungen.

11 Seit feministische Diskussionen die Behauptung der Zweigechlechtlichkeit der Menschen selbst für einen Herrschaftsdiskurs halten, wird die Untersuchung männlicher Herrschaft über Frauen weitgehend ausgehebelt. Noch bleibt mir verschlossen, wie diese theoretischen Praxen in einen Befreiungsdiskurs umfassend aufgenommen werden könnten.

Die allgemeine Geschichte der Moral, der Moralphilosophie und Moralerziehung kommt ohne Frauen aus. Es gibt aber eine weibliche Bedeutung und dazugehörige Alltagspraxis von Moral. Ihre Existenz muss noch von der Stufe des Alltagswissens in wissenschaftlich begreifendes Wissen überführt werden. Ihre Aneignung muss studiert, die Leerstelle über die moralische Erziehung der Mädchen gefüllt werden.

Während die männliche Bedeutung von Moral weitgehend um Geschäft und Eigentum kreist, um den Geldbeutel zentriert ist, vergesellschaften sich Frauen über ihre Körper. Ihre Körperlichkeit stiftet zugleich ihre Identität wie ihre Unterordnung unter die Männer und ihre Vereinzelung. Notwendig ist es, gegen die Vereinzelung Kollektive zu bauen; gegen die Zentrierung um die Körper und die damit erfolgende Unterwerfung könnten wir versuchen, andere Ziele und Haltungen zu entwickeln, könnten wir uns in die Welt begeben.

Wenn die herrschende Moral ihre Stärke aus der Trennung und der willkürlichen Zusammenfügung ihrer geschlechtsspezifischen Bedeutungen bezieht, werden wir unsere Energie auf einen bewussten, für alle nützlichen Zusammenbau lenken. Wir werden den Zusammenhang, der für eine gemeinschaftliche Lebenspraxis nötig ist, studieren und so Produktion und Genuss, Gesellschaftsveränderung und Liebe zusammenzubringen versuchen.

Wenn die herrschende Moral auf dem Schuldbewusstsein gedeiht, werden wir unsere Anstrengungen gegen das Schuldbewusstsein richten, welches Nährboden für Herrschaft ist. Da das, was die Einzelnen der Gemeinschaft der Menschen schulden, also der bewussten geplanten Regelung der gemeinschaftlichen Produktion bei dem üblichen Schuldbewusstsein, heute in Dienst genommen ist für die Beibehaltung von Sonderinteressen, wäre es eine Strategie zu fragen, was wir uns als menschlicher Gemeinschaft und den kommenden Generationen wirklich schulden. Dies ist die Veränderung und Vermenschlichung der Gesellschaftsstrukturen und die Verhinderung der Vernichtung der Erde.

7.3 Schritte in die Welt

1987 erhielt ich eine Gastprofessur an die Macquarie-Universität in Sydney, Australien. Ich überprüfte meine drei Forschungsschwerpunkte – Frauenalltag und -Politik, Automationsarbeit sowie Marxismus-Feminismus – und fühlte mich stark genug, nach den vielen Niederlagen in Deutschland die Herausforderung anzunehmen, das Erarbeitete in Englisch zu lehren. Ich musste dafür eine zweite innere Barriere überwinden: Flugangst. Diese war so groß, dass die Wahrnehmung der Professur im fernen Ausland dagegen leicht schien. Ich löste dieses Problem wie später andere – im Traum. Ich träumte mich als fähige Pilotin, die das Flugzeug trotz Schwierigkeiten sicher auf die Landebahn brachte. Ich träumte dies so nachdrücklich und nachhaltig, dass ich mich noch 30 Jahre später genau erinnere und vor allem, dass ich daraufhin nicht nur überhaupt ein Flugzeug bestieg, sondern dies ohne Angst konnte. Das hielt.

So wurde 1987 auch das Jahr des fieberhaften Zusammenfassens, des Schreibens von Übersichten. 1987 erschien das Handbuch zur Automationsforschung *Widersprüche der Automationsarbeit.* Ich begann mit Mitgliedern aus der Frauenredaktion (zusammen mit *New Left Review*) Beiträge zur Frauenbewegung in der Welt zusammenzustellen – der erste Band *Frauenbewegung in Westeuropa* erschien 1987, in ihm suchte ich eine Begründung für das gleichzeitige Auftreten von Frauenbewegungen in ganz unterschiedlichen Ländern in der Welt, ihre gleichzeitige Ungleichzeitigkeit, und ich begann mit Studien zu Rosa Luxemburg. – Australien war nicht nur als Erfahrung von Welt eine Herausforderung, die mich zwang, mich neu als Person zusammenzufassen. Es war auch ein Ort, meine Schwerpunkte anders zu legen. Ich hatte die meisten meiner Vorlesungen für diese Gastprofessur zur Arbeits- und Automationsforschung vorbereitet, weil ich mich da sicher und auch für eine neue westliche Welt gerüstet fühlte. Zudem war das gewiss anerkanntermaßen Wissenschaft. Aber es war die Erinnerungsarbeit, die begeistert aufgenommen wurde – und, was ich zaghaft ans Ende geschoben hatte, Marxismus-Feminismus. Dies war mir als Wagnis erschienen, fast eine Verlegenheitslösung, weil die Marxistinnen und Marxisten, die ich noch in Deutschland getroffen und mit denen ich mich befreundet hatte, vom Feminismus nichts hielten, und die Lehrenden, die sich für Erinnerungsarbeit begeisterten, nichts vom Marxismus. Es war meine letzte Vorlesung, ich erwartete also wenig. Aber der Raum war gedrängt voll, keine meiner anderen Vorlesungen (alle vor der Fakultät) hatte so viele Menschen angezogen. Ihre Neugier, ja ihr Hunger nach Wissen holte aus mir mehr an kundiger Erfahrung heraus, als ich selbst von mir wusste. Marxismus-Feminismus, das war für die Gekommenen ein Versprechen, eine Perspektive, ein willkommenes Forschungsfeld.

Nach diesem geglückten Sprung in die Ferne übernahm ich als Auftrag für mich, die Bereiche wiederum anders neu zusammenzuknüpfen. Ich vertiefte die Studien zu Rosa Luxemburg, die sich für Frauenpolitik nicht begeistert hatte, und arbeitete heraus, wie Luxemburg marxistische, theoretisch geleitete Politik mit Alltag, mit Erfahrung zusammenführt. Von dort her nahm ich die unbedingte Verpflichtung, Politik von unten zu machen, Lernen als Hauptimpuls sich auch theoretisch anzueignen und auszubauen, und vor allem ein Fernziel, eine Perspektive, eine Zukunftshoffnung mit alltäglicher Praxis zu verbinden. Mein erster Beitrag dazu, *Rosa Luxemburg und die Politik der Frauen*, erschien 1988[12].

Ich wohnte seit Beginn meiner Arbeitsstelle in Hamburg in zwei Städten – Familie und Zeitschrift, Automationsprojekt und Frauenbund waren in Berlin. So war mein Leben unstet, nirgends wirklich zu Hause. Jetzt aber kamen zusätzliche Reisen hinzu. Ich hielt Vorträge überall und glich das Übermaß an Anstrengung aus durch den Genuss aus der Zustimmung, die ich als Stärkung erfuhr.

Dann kam 1989.

12 Erst 2007 erscheint mein Buch *Rosa Luxemburg und die Kunst der Politik*. Es eröffnet mit diesem mehrfach überarbeiteten Aufsatz, der aus den Diskussionen aus vielen Vorträgen belehrt ist.

Kapitel 8

Fremd in beiden Welten

8.1 Das Erbe der Französischen Revolution

Der Kongress

1989 griffen einflussreiche Frauen aus der Bewegung auch symbolisch nach feministischer Repräsentanz im Politischen. Sie riefen zum Jubiläum der Französischen Revolution zu einem großen internationalen Kongress in die Paulskirche nach Frankfurt am Main und reklamierten so das Erbe der Französischen Revolution für die Frauen. Dies waren schon die neuen Feministinnen, die im Staat und an den Universitäten etwas geworden waren. Aber auch ich wurde eingeladen, um gewissermaßen im heraufkommenden Neuen das Alte zu vertreten. Ich sollte als sozialistische Feministin sprechen. Zunächst war ich glücklich, eingeladen zu sein, allerdings war mir mit dem zugewiesenen Thema klar, dass dieser neue Einschluss mein vollzogener Ausschluss war. Indem ich eine Welt ohne rechte Hoffnung verkörpern durfte, kam ich mir vor wie Aschenputtel im Souterrain, während die neuen Schwestern im internationalen Glanz neuer Begriffe und Denkformen in den Festräumen glänzten. Trotzig ergriff ich das Thema mit dem Vorhaben, wohl redlich und genau sozialistische Positionen im Feminismus zu vertreten, dies aber zugleich so zu tun, dass der humane Anspruch auf eine menschenwürdige Zukunft darin klar und als Hoffnung doch unbesiegbar wäre, also selbstbewusst ebenfalls das Erbe der Französischen Revolution anzutreten.

Der Kongress hieß *Differenz und Gleichheit. Menschenrechte haben (k) ein Geschlecht.* Mein Beitrag:

Tagträume eines sozialistischen Feminismus

Der Titelvorschlag der Veranstalterinnen bereitete mir spontan Unbehagen. Dies umso mehr, als ich als sozialistische Feministin den Standpunkt der »Gleichheit« vertreten sollte, deren Ausstrahlung auch mir in solchem Zusammenhang die bunte Phantasie von Tagträumen mit einem langweiligen Grauschleier zu versehen schien. Noch bevor dieses Gefühl des

Unzusammengehörigen ganz in mir Platz nehmen konnte, erinnerte ich mich an meine Forschung zu weiblichen Tagträumen.[1] Träumen, denen Frauen sich alltäglich wach hingeben, da sie anders ihr Leben nicht ändern zu können meinen, wenigstens nicht halbwegs so radikal wie im Traum. In diesen Träumen waren die Frauen heutigen Männern gleich. Da aber die Gesellschaft ansonsten blieb, wie sie ist, mit Staat, Recht, Kirche, Familie, mit Warenproduktion und Konsum, übernahmen Männer die komplementären Frauenrollen. Sie waren passiv, ausgeliefert, hilflos. Frauen verfügten über Zeit, Raum, Gefühle. Insofern blieb Herrschaft. Schon in diesen im Übrigen eher bedrückenden als beflügelnden Träumen steckt unbegriffene Einsicht, dass Gleichheit in unseren Verhältnissen nicht praktisch werden kann bzw. dass die Herrschaft in den Geschlechterverhältnissen mit der Herrschaft gesellschaftlicher Institutionen verknüpft ist. Wenn also Gleichheit erreicht werden soll, müssen die gesamten gesellschaftlichen Strukturen und Arbeitsteilungen umgewälzt werden. Der Traumweg beharrt auf Gleichheit, wenn auch auf verkehrende Weise.

Aber die Gleichheit ist heute in der feministischen Frauenbewegung fast allgemein in Verruf gekommen. Lähmend legt sich über den einstigen revolutionären Schwung die niederdrückende Vorstellung, es ginge den Gleichheit fordernden Frauen wirklich darum, ebenso zu werden wie die männliche Hälfte der Gesellschaft. Aber Männlichkeit ist keine Perspektive für die Frauenbewegung. Wenn wir so sprechen, denken und fühlen, vergessen wir, dass es ja gar nicht darum ging, so zu werden wie Männer, sondern dass Gleichheitsforderungen gegen die Praxis der schreienden Ungleichheit bei der Teilhabe an Raum und Zeit für Entwicklung in dieser Gesellschaft gerichtet waren. Wir erinnern uns dagegen sofort an die Politik um Gleichheit aus der jüngeren Geschichte der Arbeiterbewegung. Ob es um die Forderung nach gleichem Lohn für gleiche Arbeit ging, um Kindergartenplätze für Chancen der Berufstätigkeit, um Rentenreform – immer behaupteten diese Forderungen, die »Frauenfrage« erschöpfend zu beantworten. Dabei wuchs die Erbitterung der Frauen in der neuen Frauenbewegung sowohl gegen die Zumutung, sich ausschließlich mit diesen Forderungen bescheiden zu sollen, als auch wegen der gleichzeitigen Nicht-Einlösung dieser grundlegenden Menschenrechte. Gleichheit wurde so zum Synonym für das Steckenbleiben in halbherzigen Reformen und verdichtete sich zugleich in der oben genannten Vorstellung, sie beinhalte das Gleichwerden mit Männern. Wo solcherart in der Arbeiterbewegung eine Befreiungsperspektive für die Frauen verloren ging, lag es nahe, sie aus dem utopischen Horizont des ganz Anderen zurückgewinnen zu wollen.

1 »Tagträume. Dimensionen weiblichen Widerstands«, in: *Das Argument* 147, 1984. Nachgedruckt in: F. Haug: *Erinnerungsarbeit*, 1990, 151–74.

Bevor wir den Gedanken der Differenz als einzige Alternative begrüßen können, gilt es, die Frage der Gleichheit noch einmal aus der Geschichte der neuen Frauenbewegung selbst zu rekonstruieren.

Die neue Frauenbewegung

Aus der Geschichte unserer Bewegung möchte ich nur einige in unserem Zusammenhang besonders wichtige Punkte hervorheben: Ende der sechziger, Anfang der siebziger Jahre fanden sich in historisch und sozioökonomisch stark unterschiedenen Ländern Frauen aller Schichten zusammen und protestierten gegen den Abtreibungsparagraphen, forderten das Selbstbestimmungsrecht über den eigenen Körper. Die Kämpfe waren von Anfang an verknüpft mit den »großen« gesellschaftlichen Fragen nach Arbeitsteilung, Eigentum, Ausbeutung und Herrschaft. Sie waren spontan antistaatlich. Sie waren sozialistisch in den alten Formen sozialistischer Politik, aber da sie ihren Ausgangspunkt in der Lebensweise von Frauen nahmen, waren sie zugleich kulturrevolutionär. Protestiert wurde vor allem gegen die Normalität der Herrschaft, wie sie bis in die Strukturen der linken männlichen Politik tägliche Gewohnheit war. Die Erfahrungsbezogenheit feministischer Politik war zuallererst und auffällig die gleichzeitige Artikulation von Alltagsmomenten und jenen, die politisch bekannt und erprobt waren. Ich betone diesen Zusammenhang, weil ich der Auffassung bin, dass das spätere Auseinandertreten dieser Dimensionen am Niedergang der Frauenbewegungen einen entscheidenden Anteil hat.

Neben aller Ungleichheit und Ungleichzeitigkeit in den sozioökonomischen Voraussetzungen – insbesondere im Nord-Süd-Gefälle – gab es eine für die Anfänge der Bewegungen gleichartige Bedingung. Es war am Ende einer Phase wirtschaftlichen Wachstums und der ersten Ausbreitung elektronisch gesteuerter Produktionsmittel, des Ausbaus wohlfahrtsstaatlicher Elemente und mehr oder minder sozialdemokratischer Regierungsmehrheiten. Der Aufstieg der Frauenbewegung geschah also vor dem Hintergrund dieser Erfahrungen von Reform und Umbrüchen in Produktion wie Verwaltung, von mehr sozialer Sicherheit und Konsum, die zugleich mit einer stärkeren und spürbareren staatlichen Durchregelung und Kontrolle privater, also insbesondere weiblich bewohnter Bereiche verbunden waren. Ich möchte diese Erfahrungen eine *Freisetzung in Fesseln* nennen.

Ich will hier keineswegs behaupten, dass Wirtschaftswachstum und staatliches Verhalten das Entstehen sozialer Bewegungen ursächlich bestimmen, möchte jedoch diesen merkwürdigen Befund weiter befragen. Ich denke, dass es einen sehr spannungsreichen und schwierig zu bestimmenden Zusammenhang gibt zwischen den realen Bewegungs- und Entwicklungsmöglichkeiten von Frauen in der Gesellschaft und ihrem

Widerstandsverhalten. Oder anders: Auch Widerstand braucht Raum und Zeit für Entwicklung. Weder der absolute Mangel noch der Überfluss des Wohllebens sind ein fruchtbarer Grund für das Entstehen sozialer Bewegungen. Es muss die Luft der Freiheit mindestens spürbar sein, es müssen die Möglichkeiten erahnbar und der Stoff für eine bessere Gesellschaft träumbar sein, damit der Unmut über die reale Enge kollektive Kraft erreichen kann. In dieser Weise kann die sozialdemokratische Reformpolitik mit all ihrer widersprüchlichen Borniertheit ein Humus für radikalen Aufbruch sein und nicht – wie wir dies gewöhnlich meinen – bloß süßlicher Klebstoff, der uns an die vorhandenen Strukturen mit vielfältigen Belohnungen leimt.

Ich nehme diese Einschätzung insbesondere aus einem Umstand, der bis heute die Diskussion um die Anfänge der neuen Frauenbewegung pejorativ begleitet. In den vielfältigen Auseinandersetzungen mit denjenigen, die sich der Arbeiterbewegung verpflichtet fühlten und fühlen, fehlt niemals der Hinweis, dass die neue Frauenbewegung von Frauen der »Mittelklasse« getragen, aufgerührt, angeführt und gemacht wurde. In der sozialistischen Tradition ist damit sofort klar, dass es sich hier um eine historisch zufällige und auch nicht recht verlässliche, eine eigentlich luxurierende Trägerin von Veränderung handelt, mithin also kaum etwas Grundlegendes zu erwarten sei. Vermutlich geht es um Freizeithobbys von privilegierten Frauen, die genügend Geld besitzen – also nicht anständig dafür arbeiten müssen – und zu viel Muße haben. In den Anfängen haben wir uns gegen eine solche Einordnung zur Wehr gesetzt und uns bemüht, den eindeutig proletarischen Anteil an unseren Gruppen zu erhöhen, eine Politik, die so verschämt wie erfolglos war. Heute fange ich endlich an, darüber nachzudenken, was eine solche Verortung eigentlich bedeuten soll und was ihr realer Bezugspunkt ist.

Immer bezieht sich die Zuordnung konkret auf den Umstand, dass es Studentinnen waren, Frauen aus intellektuellen Berufen, gebildete Frauen, die als Erste zum Widerstand aufriefen, sich zusammenschlossen und Flugblätter, Texte, Artikel zur Frauenfrage verfassten. Ich möchte hier nicht einfach vergleichend vorgehen und prüfen, wie groß der Anteil der Intellektuellen an der Führung der Arbeiterbewegung war und ist – schließlich ist es inzwischen möglich, nicht zuletzt dank Gramsci, in Bezug auf die Intellektuellen in der Arbeiterbewegung umzudenken. Interessanter scheint mir, dass die Existenz von vielen gebildeten, intellektuellen Frauen in der Geschichte der weiblichen Menschheit ja selbst ein Umstand ist, den es zu erklären gilt, bevor wir ihn eilfertig herabwürdigen. Ist die zunehmende Qualifizierung der Frauen nicht selber ein Schritt in ihrer Befreiung? Sie ist zunächst ein Ergebnis der oben skizzierten Verknüpfung von Wirtschaftswachstum, Entwicklung der Produktivkräfte und sozialdemokratischen Regierungskompromissen und als solches Voraussetzung für die ersten Befreiungsschritte in Raum und Zeit. Schließlich ist sie – fast 20 Jahre später – auch ein erstes Ergebnis der Frauenbewegung. In allen europäischen Ländern finden wir eine nur unwesentliche Verbesserung der sozialen Lage der Frauen hinsichtlich ihres Einkommens, ihrer Stellung im Arbeitsprozess usw. Und zugleich gibt es in allen Ländern einen auffälligen Anstieg im Ausbildungsniveau. Folgen wir der pejorativen Zuordnung, so hat die Frauenbewegung dazu geführt, einen Großteil der weiblichen Bevölkerung in den Mittelstand oder die Mittelklassen zu versetzen. Es liegt auf der Hand, dass eine solche Diagnose so albern ist wie selbst in ihrer eigenen Logik falsch, da ja die soziale Lage der Frauen – als eine ausschlaggebende Größe für die Klassen- und Schichtenzuordnung – von ihrem Bildungsstand relativ unberührt bleibt. Ich möchte daher vorschlagen, diese Zuordnung der Frauenbewegung zur Mittelklasse oder -schicht aktiv zu bekämpfen und an ihre Stelle eine Analyse des Zusammenhangs von Wissen und Befreiungsmöglichkeit und von weiblicher Bildung und sozialer Lage zu setzen. (Dies kann an dieser Stelle nicht geschehen, ist also hier bloßes Forschungsversprechen.)

Ende der siebziger und Anfang der achtziger Jahre hatten in fast allen Ländern Rechtsregierungen das Ruder in einer sinkenden Wirtschaftslage übernommen. Ihre Politik galt keineswegs der Finanzierung und Befriedung von Frauenforderungen durch Gewährung von Ausgleich – im Gegenteil: Sozialabbau, Belastung der privaten Haushalte und hier insbesondere der Frauen, Privatisierung und Verherrlichung alter weiblicher Tugenden kennzeichnen die Politiken der westlichen konservativen Regierungen. Und eigentümlicherweise haben auch diese doch ganz entgegengesetzten Politiken den Effekt, die Frauenbewegung zu vereinnahmen und zu lähmen.

Blicken wir noch einmal auf die Bewegungen selber, um ihr spannungsreiches Verhältnis zu Staat, Parteien, zur Linken und in der Gesellschaft zu erkunden.

Das Zivilisationsmodell des Kapitalismus und die Frauenfrage

Meine Frage lautet jetzt: Was macht die Frauenbewegung vereinnahmbar in sozialdemokratische und in konservative Politik? Als Erkenntnismittel nutze ich die derzeitige Diskussion um die Quotierung, weil diese gegenwärtig am deutlichsten für eine Politik der Gleichheit stehen kann.

Innerhalb von Frauengruppen kreist der Streit über die Quotierungsforderung um eine wichtige Dimension, die die Bewegung der Frauen von Anfang an mehr oder weniger explizit begleitet hat: die Frage der Gleichstellung der Geschlechter und des Gegenteils – des Beharrens auf dem Unterschied, dem Anderssein, der Differenz. Die Diskussion wird implizit geführt als eine um Reform oder Revolution, wie Rosa Luxemburg dies genannt hätte. Wo die Frauenfrage als soziale Frage gefasst wird, als eine des ungleichen Lohns, der ungerechten Arbeitsplatzchancen etc., streiten die bewegten Frauen um gesellschaftliche Gleichberechtigung, ihr politisches Mittel sind Forderungen zumeist an den Staat. Die Forderungen sind selbst dann solche nach Gleichheit, wenn sie aufgrund der schlechteren Startbedingungen ungleiche Behandlung einklagen – wie dies bei der Quotierung der Fall ist. Ziel scheint eine Gesellschaft zu sein, in der Männer und Frauen gleich behandelt werden, nicht eine veränderte Gesellschaft. Diese Aussage ist offenbar widersinnig: eine Gesellschaft, in der die Geschlechter gleich behandelt werden, ist eine veränderte Gesellschaft. Dies zu begreifen erfordert eine Analyse des Zusammenhangs von Geschlechterverhältnissen und Reproduktion von Herrschaft in dieser Gesellschaft überhaupt – also auch des Zusammenhangs von Kapitalreproduktion, Ausbeutung und Geschlechterunterdrückung.

Der Blick zurück auf die Anfänge der Frauenbewegung in den frühen siebziger Jahren zeigt, dass es so etwas wie ein intuitives Wissen um diese Zusammenhänge gab. Die Aktionen der neuen Frauenbewegung erhielten ihren radikalen Charakter nicht dadurch, dass sie systematisch auf alle Gleichstellungsforderungen verzichteten. Sie verbanden vielmehr diese Forderungen auf überraschende Weise mit alltäglichen Dimensionen von Frauenunterdrückung. Fragen der Arbeitsteilung und ungleicher Arbeitsplatzchancen wurden verknüpft mit solchen nach der Zurichtung der Frauen als Geschlechtswesen: mit Make-up, Büstenhaltern, hochhackigen Schuhen.

Kindergartenplätze und Sexualität gerieten in einen Kontext, der vielleicht folgendermaßen zu kennzeichnen ist: Ins Zentrum der Aktionen und Theorien rückte der Zusammenhang von Körperpolitik (und deren alltäglicher Erfahrung) und Gesellschaftsreproduktion.

Der Begriff »Körperpolitik« folgt der Redeweise von »body-politics« im angloamerikanischen Raum. Mit ihm soll keineswegs gemeint sein, dass hier Politik im Kleinen gemacht werde, während die »große« anderen überlassen sei, sondern es sollen die folgenden Dimensionen erfassbar werden: Zum einen geht es um direkte individuelle Erfahrung von Herrschaft, die ja über die Körper ausgetragen werden muss; zum anderen gegen die männliche Denk- und Politikweise, die weitgehend von den Körpern abstrahiert, als wären Menschen reine Geistwesen. Gerade diese Absehung von der Natürlichkeit der Menschen aber macht die Einsetzung einer großen Bevölkerungsgruppe für diese als nebensächlich betrachteten, aber dennoch notwendigen Arbeiten um die Körper notwendig. Dieser Umstand selbst begründet Frauenunterdrückung. Körperpolitik ist also – so verstanden – auch die Einsetzung der Frauen in den politischen Raum.

Es war dieser Zusammenhang von »Körper« und Gesellschaftsreproduktion, der die Frage, ob es um Gleichstellung oder Differenz, Reform oder Revolution geht, verschob. Die gleichzeitige Artikulation weiblicher Körpererfahrungen mit den »großen« Fragen der Gesellschaftsstruktur riss die Fragen der Gleichstellung über die bloße Gleichberechtigung hinaus in den Entwurf von einer anderen Gesellschaft; sie befreite die individuellen Körpererfahrungen ins Öffentliche und zog sie damit ebenso sehr in den Traum von einer anderen Gesellschaft. Die Lehre, die wir politisch aus diesem Vorgehen der Bewegung ziehen können, ist, dass es den einzelnen Forderungen nicht anzusehen ist, ob sie reformistisch sind oder revolutionär. Sie haben keine positive oder negative Essenz. Vielmehr bestimmt ihr Ort in der Bewegung, wie sehr es möglich wird, die einzelnen Schritte nicht als Ziele misszuverstehen und auf ihnen auszuruhen, sondern aus jeder Stufe die Kraft zum Weiterziehen zu gewinnen. Die formulierten Ziele sind in gewisser Weise taktisch zu verstehen. Das gilt selbstverständlich auch für die Quotierung, die als Ziel an sich, also ohne Bewegung über sie hinaus, solche Reglosigkeit reproduziert, wie ihre Gegner schon eilig glauben machen wollen.

Wichtig in den Anfängen der Bewegung war also zum einen der Zusammenhang von Alltagserfahrung und Gesellschaftsstruktur und die Veröffentlichung dieses Zusammenhangs. Zum anderen die dadurch auch gegebene Leichtigkeit, nicht einfach Forderungen nach Gleichbehandlung zu stellen, sondern alle Schritte in eine Bewegung für eine andere Gesellschaft zu ziehen. Dies war das Mitreißende an der Bewegung. Die Alternative »Gleichstellung oder Differenz« konnte sich so nicht stellen. Das kam später.

Ich skizziere im Folgenden ein wenig einseitig und wegen des Versuches einer Klärung etwas verkürzt die weitere Entwicklung in den Frauenbewegungen. Es ist bekannt, dass es gerade die Dimension der Alltagserfahrung und darauf gegründeter Politik war, die den Bewegungen Größe und schnelle Verbreitung – auch durch die Medien – gab. Und je bornierter die Frauen aus den herkömmlichen sozialistischen Organisationen auf Forderungen nach gleichem Lohn, gleicher Arbeit und sozialem Ausgleich bestanden, desto zorniger entfalteten sich in der schnell wachsenden autonomen Bewegung die Gruppen und Aktionen um die Körperfragen. Das gerade Verknüpfte wurde auseinandergerissen. Die vielen Ein-Punkt-Gruppen und -Aktionen konnten einige Erfolge verzeichnen – während der sozialdemokratischen Zeit vor allem auf dem Sozialarbeitssektor im weiteren Sinn –, ebenso wie die Frauen in den Organisationen kleine Erfolge in ihrer Gleichstellungspolitik hatten. Aber die Lähmung, die der staatlichen Gewährung einiger Forderungen folgte, scheint damit nicht so sehr eine Folge dieses staatlichen Handelns zu sein, sondern mehr noch der

Auseinanderreißung der zwei Politiken, die erst in der Zusammenführung bewegende Kraft entfalteten.

In den Frauenbewegungen folgte Arbeitsteilung um Arbeitsteilung. Die ganze Welt zerlegte sich in unterschiedliche Aspekte, die von einzelnen Frauengruppen zu bearbeiten waren – nicht nur die sozialistische Perspektive, auch der Massencharakter der Bewegung ging verloren. Und jetzt erst folgten die Diskussion um Gleichheit und Differenz. Die Ironie der Geschichte will es, dass den sozialistischen Frauen Gleichstellungspolitik und also biedere Reform vorgeworfen werden konnte, während eine ganze Reihe von Gruppen aus der neuen Bewegung, die das gesellschaftliche Gesamt aus ihren Veränderungsstrategien gestrichen hatten, im Namen des ganz Anderen unterdrückter Weiblichkeit revolutionäre Befreiungspolitik zu verkörpern schienen. Das Beharren auf weiblichem Anderssein ist einerseits vereinnahmbar durch neokonservative Politik der Herrschaftssicherung (deutlich in den Fragen der Mütter, der Feminisierung der Gesellschaft); zum anderen fristet in diesen Diskursen die von den reformerischen Organisationsfrauen aufgegebene »andere«, befreite Gesellschaft ein gefesseltes Dasein. In diesen Trennungen finden wir uns also vor dem Paradox, dass die revolutionäre Hoffnung nach rechts abgespalten wird, während die reformerische Praxis neue kämpferische Berechtigung erhält. Statt einander zu ergänzen, polarisieren die Vereinseitigungen wechselseitig. Im Rückzug auf Weiblichkeit, auf den eigenen Frauensektor steckt einerseits ein Protest gegen staatliche Einmischung, eine Weigerung, sich den herrschenden gesellschaftlichen Regelungen zu unterwerfen. Aber eben dadurch bleiben die alten sozialen Fragen immer wieder als brennende Probleme für traditionelle Politik übrig. Ein Blick in die Statistiken über Fraueneinkommen, weibliche Armut, Wohnungslage usw., die in den Jahrzehnten wachsenden Wohlstands der westlichen Gesellschaften relativ unverändert schlecht blieben, scheint der Bescheidung auf Sozialreform ein historisches Recht zu geben.

Aus den vielfältigen Auseinandersetzungen in der und um die Frauenbewegung der letzten 20 Jahre können wir lernen, dass die direkten Versuche, Frauenunterdrückung in die Klassenfrage, in die Lohnarbeitsfrage, in kapitalistische Ausbeutung einzuschreiben, zu kurz greifen. Frauenunterdrückung ist älter als der Kapitalismus. Umgekehrt überzeugen auch die ausschließlich auf die Macht der Männer gerichteten Erklärungsversuche nicht, wiewohl sie den Vorzug haben, näher am Alltag, näher an der Erfahrung zu sein.

Folgen wir den Aktionen der feministischen Frauenbewegung und ihren Artikulationen in den Wissenschaften, so zeigt sich, dass sie durchweg auf die Geschlechterverhältnisse, auf Fragen des Körpers und seiner Repräsentanz in der Welt des Kulturell-Symbolischen gerichtet sind. Sie greifen historisch zurück in die Entstehung patriarchaler Kulturen und voraus in eine androgyne Gesellschaft. Im Kern steckt darin das Problem der Produktion des Lebens oder der Reproduktion der Gattung – um es mit Marx' Worten auszudrücken. Historisch belegbar ist die »weltweite Niederlage des weiblichen Geschlechts« (Engels) und damit ein herrschaftliches Verhältnis der Menschen untereinander bei dieser Produktion des Lebens lange vor der Entstehung des Kapitalismus und über ihn hinaus. Die Formen, in denen dies geschieht – die Ehe, die Familie –, sind daher wesentliche Kampfpunkte in der Frauenbewegung und – ironisch genug – bis auf wenige Ausnahmen Trutzburgen gegen kapitalistische Ausbeutung, für deren Befestigung die männliche Arbeiterbewegung stritt. Ihre Legitimation in unserer Gesellschaft bildet ein riesiges Feld kultureller Selbstverständlichkeiten, dementsprechend finden sich vielfältige Befreiungsaktivitäten von Frauen in diesem kulturell-symbolischen, abgesicherten Feld der Sprache, der Bilder, der Moral usw.

Der Zusammenhang zwischen Frauenunterdrückung und Kapitalreproduktion, den es zu begreifen gilt, kann nicht aus den Gesetzen des Kapitalismus begriffen werden. Umgekehrt ist der Kapitalismus als ein Zivilisationsmodell zu verstehen, welches das Auseinander der Bereiche von Lebensproduktion und Lebensmittelproduktion zugespitzt hat und sich der überlieferten Herrschaft in dem einen Bereich für seine Zwecke zu bedienen weiß. Auch können wir davon ausgehen, dass der Kapitalismus selbst durch die vorgängige Geschlechterhierarchie eine besondere Färbung erhält und insofern männlicher Kapitalismus ist.

Besichtigen wir die Schauplätze – das Ökonomische, das Politische und das Kulturelle – und ihre Vermischung: Allgemeines Regelungsprinzip kapitalistischer Gesellschaften ist der Profit. Er reguliert im Effekt, was produziert wird, und damit, welche Arbeit »produktiv« ist und bezahlt wird, etwas zählt. Festgelegt sind damit auch die Kontrahenten: die Lohnarbeiter gegen das Kapital, welches sie ausbeutet für seine Zwecke. Was geschieht mit all den Arbeiten, die keinen Profit bringen, weil sie zu zeitintensiv sind ohne Möglichkeit der Rationalisierung, weil der Bedarf nach ihnen zwar dem Überleben der Menschheit und der Erde dient, aber paradoxerweise gerade darum als eigennützig, individuell, luxuriös eingespart werden könnte? Bereiche, in denen tätiges Leben ist, die aber gerade nicht bezahlt werden sollen, um dem Makel des Tauschs zu entgehen, wie die Liebe, die Fürsorge, die Befriedigung von Bedürfnissen all derer, die keine Gegenleistung erbringen können (Alte, Kranke, Behinderte, Kinder)? Diese Tätigkeiten werden von der gesellschaftlichen Gesamtarbeit abgespalten, ausgelagert und an eine Menschengruppe gegeben, die sich dafür eignet: die Frauen. Die Eignung bezieht sich auf die vorhergehende Marginalisierung, Unterwerfung, Unterdrückung, die aus der Geschichte der männlichen

Verfügung über die reproduktive Kraft der Frauen stammt. Ihre ideologische Rechtfertigung besteht in der Naturalisierung dieses sozialen Verhältnisses. Fortan wird den Frauen die Eigenschaft zugeschrieben, fürsorglich, zärtlich, liebend zu sein. Dieses ins Kulturell-Symbolische transferierte Unterdrückungsverhältnis muss trotz aller materiellen Begründungen ebenso auch im Kulturellen ausgetragen werden. Um sich als Menschen zu befreien, müssen Frauen paradoxerweise gegen ihre Natur kämpfen, soweit diese eine ins Biologische verschobene soziale Unterdrückung festschreibt. Alexandra Kollontai forderte dies u.a. für das Verhältnis der Frauen zur Liebe[2]:

»Die neue Frau lehnt sich nicht nur gegen die äußeren Ketten auf, sie protestiert ›gegen das Liebesgefängnis selbst‹, sie fürchtet sich vor den Fesseln, die die Liebe bei der unserer Zeit eigenen verkrüppelten Psychologie den Liebenden auferlegt.« (Kollontai 1977, 39) In ihr »gibt es eine Grenze der Anpassung an den Geliebten, und ihre atavistische Neigung zur Selbstverleugnung, zur Selbstentäußerung und Auflösung in der Liebe stößt sich an der schon entwickelten, bestimmten menschlichen Persönlichkeit«. (Ebd., 20)

In dem, was wir heute als ›Frau‹ kennen, ist also das Überleben der Menschheit in der Verkehrung eingesperrt und die Unterdrückung des weiblichen Teils der Menschheit festgehalten. In der praktischen Einengung der Arbeitsfrage auf die profitbringenden Tätigkeiten stellt sich die Gattungsfrage. Das ist heute doppelt wörtlich zu verstehen. Die Produktion um der Produktion willen hat die Menschheit schließlich dahin gebracht, dass die Erde vernichtet zu werden droht, die Nahrungsmittel vergiftet sind, die Städte unbewohnbar werden. Insofern sind in der Frauenunterdrückung zugleich die Ausbeutung und Vernachlässigung der Natur und die des Überlebens der Menschheit eingeschrieben.

Da die Arbeitsteilung zwischen den Geschlechtern mit der Natur des einen Geschlechts begründet wird, wachsen auch andere Arbeitsteilungen den Herrschenden und Beherrschten als Naturbegabungen zu und können selbst die Hierarchie unter den Lohnarbeitern noch als natürliche Unterschiede legitimieren. Die Lohnkämpfe werden in dieser Weise als Männerkämpfe geführt, gekrönt vom männlichen Ernährerlohn, der das Funktionieren des kapitalistischen Zivilisationsmodells in die individuelle Zuständigkeit verlagert. An dieser Stelle steht heute der Vorschlag, den Arbeitsbegriff um die Hausfrauentätigkeiten zu erweitern. Dass er als Eingriff in das gesamte Zivilisationsmodell des Kapitalismus verstanden wird, ist selbst eine politische Tat und ein kultureller Kampf, für den in 20 Jahren Frauenbewegung Vorarbeit geleistet wurde. Es ist auch ein Kampf gegen

2 Alexandra Kollontai: *Die neue Moral und die Arbeiterklasse*, 1977

männliche Herrschaft, der wegen des Zusammenwirkens von Kapital und Patriarchat nur gewinnbar wird, wenn die unterschiedlichen Bewegungen sich so vernetzen, dass sie sich wechselseitig unterstützen können, statt einander zu delegitimieren.

Noch einmal zur Quotierungsfrage als eine mögliche Verschiebung in der Blockade zwischen Arbeiterbewegung und Frauenbewegung. Setzen wir ein funktionierendes Patriarchat voraus, ist es nicht mehr so rätselhaft, warum Frauen so große Schwierigkeiten haben, in die traditionellen Sphären des Politischen einzudringen. Da war nicht nur das Wahlrecht, das ihnen bis ins zwanzigste Jahrhundert hinein verweigert wurde; auch Jahrzehnte danach – bis 1989 – sind die Parlamente Ausstellungen von Männergestalten. Politik ist ein Beruf, Erwerbsarbeit, und fällt also in männliche Zuständigkeit. Frauen davon fernzuhalten ist eine mit viel ideologischem Aufwand betriebene kulturelle Tat (daher ist der Schlachtruf, mit dem die neue Frauenbewegung begann – das Private ist das Politische –, auch eine Verkehrung der herrschenden Verhältnisse, die u.a. gerade in dieser Weise auch auf den Herrschaftscharakter verwies, der in der Abtrennung der politischen Sphäre liegt). Politik für Männer zu reservieren ist zudem nützlich für diejenigen, die die Gesellschaft so behalten wollen, wie sie ist, so dass wir auch hier von einer wechselseitigen Stärkung von Kapital und Männerherrschaft sprechen können. Dass das Politische überhaupt als eigenes, arbeitsteiliges Geschäft betrieben werden muss, statt dass alle an der Regelung ihrer Gesellschaft beteiligt sind, wird durch ihre männliche Vereigenschaftung naturalisiert und legitimiert. Insofern stellt sich mit der Quotierung der politischen Funktionen zugleich die Demokratiefrage.

Es ist an der Zeit, die gesamtgesellschaftliche Arbeitsteilung neu zu besichtigen und in ihrer krisenhaften Zuspitzung anders zu organisieren. Die pragmatische Forderung nach Arbeitszeitverkürzung wäre ein Ausgangspunkt, an dem wir die Neuverteilung der Gesamtarbeit auf alle Gesellschaftsmitglieder zumindest diskutieren könnten, um dabei zugleich – aus der Frauenbewegung lernend – die Frauenbereiche als Teil der gesellschaftlichen Gesamtarbeit zu erkennen, zu gewichten und in unsere Strategie bewusst einzubeziehen. Ein zweiter Schritt wäre die Quotierung aller Arbeitsplätze, sozialen Orte und politischen Felder. Diese so harmlos und reformistisch daherkommende Forderung nach einer gleichen Teilhabe der Geschlechter an der Gesellschaft untergräbt alle herrschaftssichernden Selbstverständlichkeiten und ist darum Voraussetzung für jede Gesellschaftsänderung, die ans Fundament geht, in welches die Herrschaft der Männer eingegossen ist, ökonomisch, politisch und kulturell.

Die Quotierung der Geschlechter in den politischen Funktionen kann nicht als einfache Forderung nach Gleichbehandlung verstanden werden, sondern als Schritt in einer Bewegung für eine andere Gesellschaft. Es sollte endlich möglich werden, das Politische, die Zuständigkeit für das gesellschaftliche Gesamt, in die Normalarbeitszeit für alle einzurechnen. Eine solche Bewegung, die die Selbsttätigkeit aller Gesellschaftsmitglieder herausfordert, verhindert die heute wieder aktuelle Wendung, im begrenzten, zugestandenen Do-it-yourself entmündigt stecken zu bleiben.

Die Selbstverständlichkeit, mit der unter dem Namen »sozialistisch-feministisch« oder besser »marxistisch-feministisch« die großen Fragen der Menschheit abgehandelt werden, könnte Zweifel aufkommen lassen, ob die Hinzufügung »feministisch« nicht eine Anmaßung ist. Als dieses Doppelwort vor etwa einem Jahrzehnt als Kampfbegriff auftauchte, war es ein Unwort. Die es für sich reklamierten, wurden bezichtigt, den Marxismus lächerlich zu machen ebenso wie sich selbst. Die kurze Geschichte dieser allseits behinderten Wissenschaft und Politik hat gezeigt, dass die feministische Kritik am Marxismus eine an der bestehenden Lesart des Marxismus ist. Die Verkürzung der sich auf Marx berufenden Kämpfe auf die von Lohnarbeit und Kapital, die Fixierung auf nur eine Herrschaft mit einem einzigen Ausgangspunkt, die Vernachlässigung der Lebensproduktion und der in Kultur und Ideologie eingeschriebenen Frauenunterdrückung ist selbst ein Werk einer männlichen Arbeiterbewegungstradition, also eines männlichen Marxismus. Dabei bleibt aber die marxsche Frage nach der Möglichkeit einer Selbstvergesellschaftung der Menschen, nach der gemeinsamen und also herrschaftsfreien Regelung ihrer Lebenstätigkeiten aktuelle Forschungs-und Politikfrage, gerade für Frauen. Durch Hineinnahme des Standpunkts der Frauen können wir mehr Dialektik in den vorhandenen Marxismus bringen, ja durch den expliziten Bezug auf das Besondere (der Frauen) statt einer impliziten Gleichsetzung (des Männlichen) mit dem Allgemeinen wird die Fassung des Allgemeinen radikalisiert. Es wird offenbar werden müssen, dass das, was allen gemein sein könnte, erst noch zu erringen ist. Der Herrschaftszusammenhang von Kapitalismus und Patriarchat muss konkret in allen Lebensbereichen herausgearbeitet werden, um eine Frauenbefreiungspolitik zu ermöglichen, welche die ständige Reproduktion von Männerherrschaft im Fundament der Gesellschaft umzuwälzen sucht. Die gleichzeitige Artikulation von Erfahrungen aus der individuellen Reproduktion mit den »großen« Fragen der Gesellschaftsstruktur zieht die Fragen der Gleichstellung über die bloße Gleichberechtigung hinaus in eine befreite Gesellschaft. Sie zieht die individuellen Erfahrungen ins Öffentliche und ermöglicht ihre Einbeziehung in den Traum von einer anderen Gesellschaft.

8.2 1989 – Hoffnung und Enttäuschung

Ich kam vorläufig nicht mehr dazu, die hier vorgetragenen Eckpunkte und Strukturvorschläge für marxistisch-feministische Forschung aufzunehmen und weiterzuführen. Obgleich hier schon wesentliche Punkte späterer Arbeit genannt, begründet und vorgeschlagen sind, fehlte die zusammenfassende Einschreibung in die feministische Forschung, die sich universitär etabliert hatte und zu der ich keinen Zugang fand. Der Aufbruch aus diesem Kongress findet vor allem einen historischen Abbruch. 1989 war nicht allein das Jahr der Erinnerung an die Französische Revolution. Es war für alle Linken unwiderruflich das Jahr, welches das Scheitern des staatssozialistischen Projekts nur 70 Jahre nach seinem Beginn besiegelte.

Für die sozialistischen unter den Feministinnen war die Öffnung der Berliner Mauer als konkret erfahrbare Dimension der Selbstaufgabe der sozialistischen Länder eine zerreißende Erfahrung. In Berlin lebend, konnte ich wie so viele andere stundenlang, fast die ganze Nacht die langen Züge von Menschen erleben, die über die Grenze kamen und staunend den Kurfürstendamm hinauf- und hinunterströmten, sich mit uns anderen mischten, wir sprachen, umarmten einander – Freiheit. Es war nicht möglich, hier reserviert und vernünftelnd zu verharren. Es war ein historisch bewegender Augenblick des unerwarteten Zusammenkommens. Das Unmögliche war Wirklichkeit geworden. Viele weinten. Viele lachten. Ich wartete mitgezogen und häufiger am Rand, staunend und ungewiss, was werden könnte.

Dann entschloss ich mich nach einigen Tagen mit einem Ruck, die Trauer über das verloren gegangene sozialistische Projekt mit seinen unzähligen Toten beiseitezuschieben und mich ganz auf die Hoffnung für eben dieses Projekt zu werfen. Wie viele sozialistische Feministinnen würden jetzt zu uns nach Westberlin kommen und endlich die zusammengeschmolzene Bewegung mit dem großen Lebensmut anstecken, den sie aus ihrer Freilassung mitbrachten? Marxistische Feministin – das schien plötzlich nicht mehr gleichbedeutend damit, allein zu sein oder jedenfalls bloß zu einer winzigen Minderheit zu gehören. Ohne weitere Reflexion dachte ich tatsächlich die Einwohnerinnen der DDR auch als in ihrer Produktivität gefesselt und nun als ungebremste sozialistisch-feministische Energie. Das war sowohl grotesk falsch als auch richtig. In unser Haus kamen jede Woche neue Menschen, lauter Männer, die das *Argument* kannten und nun ihre Mitarbeit anboten, vor allem aber reden wollten und begreifen, was ihnen geschah. Ich gründete mit den anderen aus der inzwischen kleinen Frauenredaktion ein *Diskussionsforum Demokratie*, das jetzt Werkstätten zur Diskussion anbot zur brennenden Frage, was nun werden solle. Diese Zusammenkünfte waren immer voll besucht; es trafen sich in den Räumen, die wir dafür organsierten in Westberlin, die Vielen, die Fragen hatten und Antworten suchten, und wir, die wir versuchten, alles zu einer Gesamtenergie zusammenzufügen. Aber zwischen den benachbarten Frauen, die plötzlich eins zu werden sich versprachen, herrschte eine große kulturelle Fremdheit, die fast 30 Jahre später (2015) immer noch nicht restlos überwunden ist. Es fing damit an, dass die aus der DDR Kommenden nicht verstanden, was die ›Frauenfrage‹ sein sollte, und dass alle eilig nachholenden Ausführungen, was wir damit meinten, auf kein Echo stießen. – Ich reiste nach Halle, eingeladen, Vorträge zu halten zu Erinnerungsarbeit. Ich stieß auf eine Art ›gesundes‹ Entsetzen von Wissenschaftlerinnen, wie es möglich sei, dass Frauen im Westen über Sexualisierung forschten und dass Kleider, überhaupt das Aussehen ihnen so ungeheuer problematisch war, dass sie Weiblichkeit insgesamt für eine Konstruktion hielten. Umgekehrt gefiel ihnen eine Reihe der vorgestellten Projekte, und sie fragten voll Neid, was für ein wunderbarer Staat der westliche sein müsse, dass er die Frauen für solche Forschung freisetzte und bezahlte. Ungläubiges Erstaunen bei mir, dass sie Forschung und Lehre spontan in Dimensionen von Rechtmäßigkeit und bezahlter Anerkennung dachten, wo wir uns im Widerstand wussten. Der Weg war unendlich weit.

Aber die Frauenredaktion des *Argument* war ein gutes Auffangbecken. Neun Frauen aus Ostberlin kamen dazu – die Redaktion war groß wie lange nicht und produktiv. Wir waren bei der Gründung des Unabhängigen Frauenverbandes dabei und machten mit ihnen ein erstes Studienheft, »Ohne Frauen ist kein Staat zu machen«. Viele Frauen gingen wieder, neue kamen. Die wechselseitige Fremdheit blieb. Offenbar mussten die gesamten 40 Jahre nachgelebt werden auf beiden Seiten. Die Medien übernahmen marktschreierisch die Führung für die neue Linie. Die wirkliche Wiedervereinigung war ein Projekt von Regierung und Treuhand – auch sie ist 2015 noch nicht beendet.

Aber ich musste mein Projekt eines feministischen Marxismus neu und anders durchdenken und aufstellen. Die Erfahrungen aus dem Scheitern des staatssozialistischen Projekts mussten ebenso aufgearbeitet werden wie die Enttäuschungen beim Versuch, sich mit den Frauen der DDR zusammenzuschließen. Traum und Wirklichkeit wurden einer neuerlichen Prüfung unterzogen. Aus der schmerzlichen Gewissheit, dass mit 1989 das sozialistische Projekt sein imaginäres Diesseits verloren hatte, las ich sozialistische Utopien, die die Probe des Wirklichwerdens nicht gemacht hatten und darum auch klarer auf ihr Potenzial befreiter Gesellschaft durchwandert werden konnten. Ich nahm das Studium von sozialen Utopien in meine Lehre auf und die Lektüre feministischer Utopien als Schwerpunkt für meine Arbeit mit Frauen.

Da sich der Sozialistische Frauenbund aufgelöst hatte, die Frauenredaktion im *Argument* aber blieb, wurde die Suche nach der Möglichkeit, mit Literatur Politik zu machen, Teil des Programms dieser Gruppe. Das feministische Projekt einer Frauenkrimi-Reihe[3], begonnen 1988 mit Übersetzungen aus dem angloamerikanischen Raum, lief im Argument Verlag mit großem Erfolg, auch ökonomisch. Vor diesem Hintergrund starteten wir die Reihe *Coyote* als den Versuch, feministisch-marxistische Texte aus den Anfängen der zweiten Frauenbewegung aus dem Magnetfeld des untergegangenen Staatssozialismus zu retten und sie für den notwendigen Neuanfang vor dem Vergessen zu bewahren.[4]

Ich suchte vor allem, Alltagsstudien mit marxistischer Analyse und Hoffnung unter den neuen sozialen und politischen Voraussetzungen des gesellschaftlichen Bruchs voranzutreiben. Ich erarbeitete mit einer Seminargruppe eine Studie zur Leistung (*Hat die Leistung ein Geschlecht?*), die in diesem für die Bewältigung des wirtschaftlichen Einschlusses der DDR in die BRD polemisch aufgeladenen Feld die großen Unterschiede im Verhältnis der Geschlechter zur Leistung, auch die der neu aus dem Staatssozialismus Hinzugekommenen, mit überraschenden Ergebnissen erhob und veröffentlichte. Die Welt wurde so nicht nur ärmer, sondern auch reicher.

1992 erhielt ich die Aufforderung, ins Feld anerkannter sozialwissenschaftlicher Kritik einzutreten und für die Zeitschrift *Ethik und Sozialwissenschaften – Streitforum für Erwägungskultur* einen Beitrag aus meiner Arbeit zu verfassen, der, dem Verfahren dieser Zeitschrift gemäß, öffentlich zur Kritik ausgeschrieben würde. Er würde zusammen mit den eingegangenen Kritiken veröffentlicht, während ich zudem den Raum für eine Erwiderung erhielte. Ich war glücklich und stolz, aus meiner eingreifenden Forschung zu berichten, und ging in den Aufbrüchen gestärkt ans Werk.

Ich beschloss, beherzt herauszutreten und gleich im Titel eine Offensive mit Humor zu verbinden. Eigentlich war ich sicher, dass die zur Erwiderung sich Meldenden die Aufgabenvielfalt, mit der die Zeit uns Sozialwissen-

3 Die *Ariadne Krimis*, die sich als »Bausteine einer feministischen Kultur« verstanden, erscheinen weiter als explizit politische Krimis von Frauen, so hat meine Tochter Else Laudan dieses Erbstück in eigene Regie und mit großem Engagement übernommen.

4 Als Coyote-Texte erschienen: Cynthia Cockburn: *Blockierte Frauenwege. Wie Männer Gleichheit in Institutionen und Betrieben verweigern*; Raya Dunayevskaya: *Rosa Luxemburg. Frauenbefreiung und Marx' Theorie der Revolution*; Donna Haraway: *Monströse Versprechen. Coyote-Geschichten zu Feminismus und Technowissenschaft*; Kornelia Hauser: *Patriarchat als Sozialismus. Soziologische Studien zu DDR-Literatur*; Mary Mellor: *Wann, wenn nicht jetzt! Für einen ökosozialistischen Feminismus*; Rossana Rossanda: *Auch für mich. Aufsätze zu Politik und Kultur*; Sheila Rowbotham: *Nach dem Scherbengericht. Über das Verhältnis von Feminismus und Sozialismus*; Dorothy Smith: *Der aktive Text – Eine Soziologie für Frauen.*

schaftler bedrängte, ebenso spürten, und hoffte jäh, es könnte möglich sein, jetzt doch zusammenzuarbeiten, in einem virtuellen Forschungsinstitut das Angefangene gemeinsam besser voranzubringen. Insofern war mein Beitrag so etwas wie eine Bewerbung und Antrag für ein virtuelles feministisch-marxistisches Forschungsinstitut mit mir als Mitglied unter all den anderen.

Ich nannte den Aufsatz:

8.3 Knabenspiele und Menschheitsarbeit

Geschlechterverhältnisse als Produktionsverhältnisse[5]

Vorbemerkung

Was mich nach dem Fall der Mauer auch verwirrte, war meine eigene Schwierigkeit, die Frauen zu verstehen, ein Problem, das ich mit vielen teilte. Die Schnelligkeit der Geschichte ließ wenig Platz zum Denken; die Gefühle fanden sich in allerlei Widerstreit, der zum Teil bis heute anhält.

Da war zunächst Hoffnung – wir, d.h. die Reste der Frauenbewegung, erführen jetzt eine unerhörte Stärkung durch den Überschuss der freigelassenen DDR-Frauen, endlich auf der gleichen Seite. In dieser Hoffnung war Verzweiflung überwunden. Alte Gefühle, geboren aus der langen Zeit, in der wir sozialistischen Feministinnen die Lasten vielfach trugen. Schließlich galten die Frauen aus der DDR als jene Schreckensvorbilder, derentwegen man uns ins Unrecht setzen konnte. Auch für uns stellten sie das dar, was wir offenbar wollten, und doch taten sie dies zugleich nicht; und eben dort, wo wir Fragen und Probleme hatten, wurden wir ihretwegen als Frauen mit negativ-utopischer Perspektive gescholten. Die Medien überschlugen sich, die sogenannte Gleichberechtigung in der DDR und Sowjetunion als eine Art bürokratischer Barbarei darzustellen, in der Frauen wesentlich alte Kleider trugen und schwere Arbeit verrichteten. Sie zeigten auf Landarbeiterinnen, rundliche Traktorfahrerinnen, Frauen in Uniform. Dies ist es, was ihr wollt. Und es war dies, und zugleich war es das auch nicht. Der antikommunistische Diskurs von vier Jahrzehnten ließ uns verkehrte Räume. Wir wollten Berufstätigkeit für Frauen und zwar in allen Bereichen; wir forderten auch genügend Fürsorge für Kinder usw.; wir wollten ein Land, in dem die Gleichstellung der Geschlechter selbstver-

5 EuS 4 (1993), H. 2, Hauptartikel, 215ff.

ständlich war; und zugleich wollten wir anderes, etwas weniger Graues und Kleinbürgerliches als den DDR-Alltag. Vielleicht können wir vom heutigen Standpunkt aus sagen, wir wollten eine Befreiung, in der Frauen schön und klug, phantasievoll und lebendig, lebenslustig und sinnlich, tatenfroh und gemeinschaftlich sein konnten. Und wir wussten in der antikommunistischen Schere, die sich ja auch gegen dieses, unser Frauenbild richtete, nicht, was genau in der DDR verfehlt wurde.

Immerhin fühlten wir, mit dem Fall der Mauer könnten genau die erhofften Dimensionen auch in unseren Schwestern entgrenzt werden. Ich führe an dieser Stelle nicht aus, wie sehr diese Hoffnungen begraben wurden einerseits durch die Andersheit der real existierenden Frauen, andererseits durch die heftigen Nöte, in die Frauen sofort gerieten, als die BRD mit ihrer Kolonisierung begann. Das ist ja allgemein bekannt und häufig diskutiert.

Meine schriftliche Intervention in die Schwierigkeiten des Zusammenkommens bezog sich zunächst auf das, was ich einen verbreiteten Mangel an Feminismus unter den Frauen der DDR nennen möchte, auf den wir nicht vorbereitet waren. Und da aus den vielen Erzählungen in der kurzen Zeit seit der Wende kaum mehr zu entnehmen war über die vormalige Lage der Frauen, als dass auch sie Hausarbeit verrichten mussten in übergroßem Teil, habe ich zunächst versucht, mich auf die Analyse des sozialistischen Patriarchats zu konzentrieren, obwohl ich damit keine eigene Erfahrung verband. Wie genau gehörte Frauenunterdrückung eigentlich zu den Grundlagen des Staatssozialismus? Die Überprüfung der unterschiedlichen Stellungnahmen und Eindrücke, die Analyse unserer Erobererpresse und die Daten zur Wirtschaftslage in der vormaligen DDR brachten mich zur vorläufigen Einsicht, dass genau jene Faktoren, die als besonders unproduktiv und als wesentliche Ursachen des wirtschaftlichen Scheiterns der ehemaligen DDR vorgeführt wurden, zugleich – wenigstens zum Teil – diejenigen waren, die am ehesten die Fundamente von Frauenunterdrückung antasten konnten: nämlich die teilweise Aussetzung des Leistungs- und Kosten-Nutzen-Kalküls als einzige Prinzipien der Regelung gesellschaftlicher Produktion. Allerdings gingen solche Aussetzungen von Produktivitäts- und Wachstumsstreben einher mit staatlich-paternalistischem Gebaren über das, was an deren Stelle zu treten habe. Nicht Basisdemokratie, nicht die Wünsche und Bedürfnisse – hier der Frauen – konnten sich in solche »Freiräume« entwickeln. Administrative Regelungen von oben ließen das mögliche Feuer eigener Initiative und alternativer Entwürfe, die für solche Umorientierung unabdingbar gewesen wären, nicht aufkommen. (Vgl. dazu F. Haug 1990)

Diese wenigen Befunde zwangen mich allerdings, die alte Debatte um den Zusammenhang von Frauenunterdrückung und Produktionsweise wieder aufzunehmen.[6] Jetzt, da der Kapitalismus weltweit die einzige Alternative zu sein scheint, kommt es mir noch dringlicher vor, uns dieser Frage zuzuwenden: nämlich weiter zu begreifen, wie kapitalistisches Patriarchat sich reproduziert. Dies als Grundlage für strategische Überlegungen heute.

Heimat

Ich beginne mit einer Skizze eines Romans, der mich sehr beeindruckt hat: Marge Piercy, eine Literatin, die die stockigen fünfziger Jahre ebenso wie die aufbrechenden sechziger, die Hoffnungen der siebziger und die Restauration in den Krisen der achtziger Jahre offenbar in ähnlichen Aufbrüchen und Bewegungen verbrachte wie ich, schreibt in ihrem Roman *Fly away home*, dessen Titel man vielleicht am treffendsten mit »Geh fort, such Heimat« übersetzen könnte, über Geschlechterverhältnisse u.a. als eine Art Produktion zwischen den Geschlechtern. Zunächst begegnen wir einer gutaussehenden, glücklichen, erfolgreichen Frau in mittleren Jahren aus dem amerikanischen Mittelstand. Sie kommt von einer Fernsehsendung, in der sie wie gewöhnlich ihre Kochrezepte (*Wie bereite ich als berufstätige Frau in nur 20 Minuten ein schmackhaftes und auch ästhetisch gelungenes Essen für meine Lieben*?) kunstfertig vorstellte, und ist auf dem Heimflug zu ihrer Familie (Ehemann und zwei halbwegs erwachsene Töchter). Immer wieder sagt sie sich, wie glücklich sie sei, welch wunderbare Familie sie habe im Gegensatz etwa zu ihrer Mutter, die sich für die Familie verbrauchte, von ihrem Ehemann beherrschen und betrügen ließ und stets unglücklich war. Sie selbst hat nach oben geheiratet. Seither geht es unaufhaltsam aufwärts, z.B. in immer größere Eigenheime. Über viele Seiten werden wir mit dem Familienglück vertraut gemacht. Gute Laune und fröhliches Umsorgen werden uns so lange vorgeführt, bis die unendliche Nichtigkeit, Langeweile, Öde und Verlogenheit dieser Idylle uns als eine Art Lese- und Wortschmerz überwältigt. Da kommt wie ein Blitz aus heitrem Himmel der Entschluss

6 Anfang der achtziger Jahre hatte es in den USA eine leidenschaftliche Debatte darüber gegeben, ob sich die beiden Herrschaftsverhältnisse, das ökonomische zwischen Kapital und Arbeit und das der Geschlechter, in einem inhaltlichen Stützungsverhältnis befänden, oder ob es sich um zweivollständig unabhängige Unterdrückungsweisen mit je eigener Logik handele (vgl. dazu insbes. Hartmann 1981; Barrett 1982; Delphy 1982; Sargent 1981; Haug, F., 1981; Leger 1982; Mies 1981; Pasquinelli 1982; Rossanda 1980; Young 1981). Diese Diskussion wurde in der BRD nur sehr randständig geführt, wohl hauptsächlich deswegen, weil diejenigen Frauen, die sich für die Klassenfrage interessierten, in der Frauenfrage wie unter Denkverbot agierten. Neuere Veröffentlichungen zum Komplex Klasse und Geschlecht haben darauf verzichtet, sich die Problematik global, als Frage von Produktionsweise zu stellen (vgl. u. a. Beer [Hg.] 1987; dies. 1990; IMSF [Hg.] 1984).

des Ehemannes: Er überreicht der Familie eine Menge teurer Weihnachtsgeschenke und den Scheidungsantrag. Das Tempo des Romans ändert sich. Aus der anfänglichen Verzweiflung der Ehefrau wird der Selbstzweifel der Frau: Was hat die andere mir voraus? Was hat sie, das ich nicht habe? Der fieberhafte Eifer wird doppelt gelenkt. Die Suche nach der anderen Frau, deren Entdeckung nichts Besonderes erbringt, wird zur Suche nach den Taten des Mannes, der umso fremder wird, je mehr sie sich ihm nähert. Sie muss erkennen, dass sie sich tatsächlich nie für ihn interessiert hat – wie er ihr also richtig vorwarf –, auch nicht für das, was er – ein erfolgreicher Anwalt – außerhalb des gemeinsamen Hauses tat. Auf der Suche nach Geldausgaben für die Geliebte findet sie unerhörte Kontenbewegungen, die sie sich nicht erklären kann. Die ursprüngliche Eifersucht wird von ihr überführt in ein Interesse an der Welt. Die Frau tritt aus dem privaten Geschlechterverhältnis und beginnt, Geschlechterverhältnisse als Verhältnisse der Produktion im Großen zu begreifen, als System, das die gesamte Gesellschaft durchdringt. Piercy arbeitet mit der Doppeldeutigkeit der Worte. In anderen, die der Mann auch betrog – Mieter, die er mit allen Mitteln vor die Tür setzte –, findet sie Bündnispartner, mit deren Hilfe sie übelste Grundstücksspekulationen – bis hin zu in Kauf genommenen Morden – aufdeckt. In seinen Geschäften wird er ihr immer unvertrauter, aber sie erkennt sich selbst als eine, die mit ihrem Hunger nach der abgeschirmten Sicherheit und Harmonie ihres Heims jene schreckliche Außenwelt voller Berechnung und Gemeinheit mit produziert hat. Im weiteren Roman ändert sie alles: ihr Verhältnis zu sich und anderen und zur Welt, die Form ihres Lebens – in ihrer neuen Wohnung, die viel kleiner ist, als ihr Haus es war, gehen pro Tag mehr als 30 Personen ein und aus – und die Gewichtung ihrer Taten – sie nimmt ihren Beruf wichtig, und im Gegensatz zu früher zählt sie auch, was er einbringt, weil sie darauf angewiesen ist –, ja selbst ihr wohlerzogenes, temperiertes Ich wandelt sich in eine gewöhnlichere, heftigere und leidenschaftliche Person. Sie lernt selbst Gewalt zu üben, wo es nötig ist.

Vielfältigkeit

Ich habe diese Romanskizze an den Anfang gestellt, weil sie eindrücklich den vielschichtigen Zusammenhang, in dem Frauenunterdrückung produziert und reproduziert wird, fast lehrbuchhaft verdichtet. Frauenunterdrückung lässt sich nur begreifen als Tat beider beteiligter Geschlechter, aus der Art, wie sie ihr Leben produzieren – also in Geschlechterverhältnissen als Produktionsverhältnissen. Sie durchziehen die gesamte Gesellschaft; sie sind sowohl gewordene Struktur als auch tägliche Praxis. Sie sind stets in Bewegung und umkämpft. Sie sind voller Widersprüche und Ungleichzeitigkeiten. Sie werden selbst immer wieder produziert. Ihre Basis ist die Arbeitsteilung bei der Produktion von Leben und Lebensmitteln. Im Laufe der Geschichte heftet sich an die verschiedenen Tätigkeiten soziale Bedeutung, die mit den Personen verwächst. Ein Netz kultureller Selbstverständlichkeiten hält die Produktions-/Geschlechterverhältnisse als Herrschaftsverhältnisse mit ihren überlieferten Über- und Unterordnungen. Frauenunterdrückung wird ein Feld der Politik, der Ökonomie, der Moral, der Kultur und ist in allen Bereichen getragen von allen beteiligten Personen und nur durch sie veränderbar. Und umgekehrt: In keinem der genannten Bereiche sind Freiheit, Selbstbestimmung, Demokratie, individuelle Entwicklung und Entfaltung, ja das Überleben von Welt und Menschen selbst auch nur denkbar, ohne dass das weibliche Geschlecht volle Menschlichkeit erstritten hat.

Nachdem ich viele Jahre damit zugebracht habe, Dynamik und Stagnation, Widerstand und Einverstand in verschiedenen gesellschaftlichen Bereichen von feministischem Standpunkt durchzuarbeiten, war ich jetzt versucht, die Einzelforschungen so zusammenzubringen, dass endlich das System der Geschlechterverhältnisse wenigstens theoretisch formulierbar wäre. Den Gesamtzusammenhang einmal kritisch erarbeitet, sollte es leichter fallen, die notwendigen Detailanalysen voranzutreiben. Aber, wenngleich der Berg feministischer Forschung wächst und wächst, scheint mir das Unterfangen immer noch verfrüht. Zu viel notwendiges Wissen findet sich auf den Kehrseiten abendländischen Denkens, gewissermaßen als unsichtbarer Teil der Münzen, mit denen wir zu handeln gewohnt sind. Entsprechend fehlt häufig ein gemeinsames Selbstverständnis, auf das zu bauen und von dem aus zu sprechen und weiterzudenken wäre. Daher begnüge ich mich mit einem Versuch, die einzelnen Bereiche, in denen Geschlechterverhältnisse mir bis heute wesentlich als Herrschaftsverhältnisse wirksam zu sein scheinen, zusammenfassend abzuschreiten. Ich beziehe mich dabei auf eine Reihe eigener Untersuchungen.[7]

Kapitalistisches Patriarchat als Zivilisationsmodell

Da der Zusammenbruch der sozialistischen Länder auch die Analysefähigkeit in Bezug auf den Kapitalismus als Wirtschaftssystem zerrüttet zu haben scheint, ist es wichtig, noch einmal einige grundlegende Überlegungen zusammenzutragen. Dabei möchte ich weder den langen Streit

7 In vielen Fällen formuliere ich thesenhaft, was ich an anderer Stelle sorgfältiger ausgeführt habe, und gebe den entsprechenden Text im Literaturverzeichnis an. Es enthält daher eine beschämende Anzahl von eigenen Titeln. Diese sind selbst auf der Grundlage der vielen anderen Arbeiten aus dem Feminismus geschrieben. Literaturberichte über den Stand feministischer Forschung veröffentlichen wir im Übrigen unregelmäßig, aber doch weitgehend umfassend in unserer Zeitschrift *Das Argument*.

wieder aufnehmen, inwieweit Frauenunterdrückung mit Kapitalstrukturen zusammenhängt, noch mich auseinandersetzen mit der Frage, ob es ausreichend sei, den Begriff Patriarchat für das spezifische Herrschaftsverhältnis zu benutzen, in dem Frauen ihre Leben verbringen. Das Wissen, dass Frauenunterdrückung weit älter ist als Kapitalismus, ist seit mindestens einem Jahrzehnt zum Allgemeinwissen geworden; umgekehrt ist noch wenig Analysekraft auf die Frage verwendet, wie ein System mit offensichtlicher Männerherrschaft begrifflich gefasst werden kann, wenn das Wort Patriarchat zu eingeengt scheint auf die Macht der Väter über die Familie. In der Zusammenstellung kapitalistisches Patriarchat sind die Dominanzen schon benannt, wenn auch nicht begründet. Es handelt sich bei unseren westlichen Gesellschaften um Systeme, in denen Männerherrschaft sich spezifisch und erfolgreich verbunden hat mit einer Wirtschaftsweise, die wir kapitalistisch nennen. (Entsprechend müsste man für die Frage nach der Spezifik des sozialistischen Patriarchats vorgehen, wobei der Ausgang uns lehrt, dass hier die Verbindung nicht so erfolgreich war.) Die Kritik solcher Ökonomie muss es also immer mit beidem zu tun haben: mit der Frage der Geschlechterverhältnisse und also der Organisation der Produktionen von Leben und Lebensmitteln im Verhältnis zueinander und ihrer alltäglichen Praxis, und zugleich und damit verbunden mit der Frage von Lohnarbeit und Klassen, Wachstum und Ressourcen, Markt und Leistung, Profit und Ausbeutung. Diesen Gesamtzusammenhang möchte ich mit dem Begriff des Zivilisationsmodells bezeichnen. Der Begriff scheint mir geeignet, in der Analyse der Produktionen von Leben und Lebensmitteln den Prozess der Zivilisation mit allen kulturellen Dimensionen und legitimatorischen Verästelungen als spezifischen Entwicklungsprozess, als wirkliches Dasein zu denken und zu begreifen und zugleich dabei nicht stehenbleiben zu müssen, sondern auch ein anderes Modell von Zivilisation für denkbar, lebbar, machbar und vor allem für notwendig zu erachten.

Das Geheimnis

Wir können nicht davon ausgehen, dass aus ideologischen Rechtfertigungssystemen Gesellschaftsstruktur zu erklären ist, aber umgekehrt können wir in den vielfältigen ideellen Konstruktionen die Sprache des wirklichen Lebens entziffern.[8] In der symbolischen Ordnung, in ihrer Überlieferung

8 Marx formuliert das in der *Deutschen Ideologie* folgendermaßen: »Ganz im Gegensatz zur deutschen Philosophie, welche vom Himmel auf die Erde herabsteigt, wird hier von der Erde zum Himmel gestiegen. D.h., es wird von den wirklichen tätigen Menschen ausgegangen und aus ihrem wirklichen Lebensprozess auch die Entwicklung der ideologischen Reflexe und Echos dieses Lebensprozesses dargestellt.« (MEW 3, 26) Vgl. auch W.F. Haug: *Die*

z. B. in Literatur und Sozialtheorie entdecken wir ein Gemeinwesen, das durch antagonistische Gegensätze bestimmt ist. Die Spannungen ziehen sich durch: Herrschaft und Unterwerfung, Geist und Natur, Subjekt und Objekt – in solchen Gegensätzen sind die Verhältnisse von Mann und Weib ebenso eingespannt wie die Vorstellungen vom Gemeinwesen selbst. Am historischen Horizont treten die Mitglieder der Gesellschaft langsam als Einzelne hervor. Sowohl in der Literatur als auch in den sich entwickelnden Sozialtheorien werden mit dem Prozess der Industrialisierung folgende Themen bestimmend: Identität durch Konkurrenz, die Überwindung des Todes durch ewigen Ruhm, die Beherrschung der Natur. Sie alle lassen sich ebenso unschwer als treibende Momente noch unseres heutigen Gesellschaftsmodells erkennen. Legitimatorische Versicherung finden wir im »kulturellen Erbe« über Jahrhunderte. Ich versuche im Folgenden an einem beinahe beliebigen Kunstwerk von Dauer – Mozart/Schickaneders *Zauberflöte* – exemplarisch einige Thesen zu formulieren, die mir als Vorschlag für weitere Materialanalysen geeignet scheinen.[9] Text und Musik dieser Oper lehren ein einfaches Modell von Zivilisation, welches trotz seiner Schlichtheit einen Schlüssel liefern kann zum Selbstverständnis bürgerlicher Gesellschaften bis heute. In den Moralvorstellungen der Freimaurer finden wir das Bürgertum mit seinen Möglichkeiten und Leistungen. Am Anfang steht die Unterwerfung der Frauen und damit die Erhöhung der Männer. Dieser Doppelzug braucht für seine allgemeine Anerkennung eine Reihe von Tugenden, deren höchste das »Eingeweihtsein« ist. Die Eingeweihten regieren, schweigen, denken, handeln. Sie sind mutig, tapfer und opferbereit bis zum Tode. Sie sind fähig, von konkretem Leiden zu abstrahieren, Tränen zu ignorieren, um ihren Weg weiter zu gehen. Leidenschaften, Alltagssorgen und -bedürfnisse, Schmerz und Leid dürfen sie nicht berühren. – »Die als Mitglieder einer Loge aufgenommenen Personen müssen gute und aufrichtige Männer sein, von freier Geburt, in reifem und gesetztem Alter, keine Leibeigenen, keine Frauen, keine sittenlosen und übelbeleumundeten Menschen, sondern nur solche von gutem Ruf«, zitiert Marcard (1991) aus einem alten Statut. Die nötige Abkehr von Alltäglichem, die als erforderlich gilt für die Errichtung des »humanen Weltgebäudes«, ist zugleich die

Camera obscura des Bewusstseins, 1984; hier insbes. »Die paradigmatische Revolution in der ›Deutschen Ideologie‹«.

9 Es ist mir bewusst, dass ich dabei höchst einseitig und aspekthaft verzerre. Für unsere Frage nach dem Verhältnis der Geschlechter im Zusammenhang mit der Produktionsweise scheint mir eine solche fragmentarische Herangehensweise möglich. Tatsächlich wären natürlich interessante Antworten auf eine Reihe von weiteren Fragen zu gewinnen, wie z. B. auf die nach dem Verhältnis der Frauen untereinander, nach der Figur der Königin der Nacht etc. Vgl. dazu weiterführend die Arbeit von Eva Rieger 1981; hier insbes. »›Hinab mit den Weibern zur Hölle!‹ – Warum wurde die *Zauberflöte* ein Erfolg?«

erforderliche Abstraktion als männliche Tugend, Grundlage der Ordnung. Solche hohe Stufe erreichen nicht alle Männer. Den Eingeweihten gegenüber findet sich das einfache Volk, welches zur Belohnung für seine Unterwerfung die Tugenden der Oberen nicht leben muss. So ist die Gesellschaft gespalten in vier Hauptgruppen: die eingeweihten regierenden, planenden Männer und ihre Frauen (man versteht sogleich, warum bis heute Männer niemals zu alt sind fürs Politikmachen, während eine alte Frau in jedem Fall eine überflüssige Belastung für die Gesellschaft darstellt) und die Männer des übrigen Volkes und ihre Frauen. Immer beruht das Modell auf der Unterwerfung der Frauen, jedoch sind die Frauen der Eingeweihten anders einbezogen als die des uneingeweihten Volkes. Während Erstere noch die hohen Tugenden ihrer Männer ahnungsvoll achten und an deren Verdiensten partizipieren[10], denken die Unteren nur noch an die Anzahl der Kinder, erschöpft sich ihr Aufbegehren im Wunsche, auch Mädchen zu bekommen (in der *Zauberflöte* etwa Papagena). Für beide ist das Mittel der Unterwerfung die Liebe zum Mann, der für sie dadurch zum Zweck des Daseins wird. Durch die Liebe treten sie in die männliche Ordnung ein.

Sarastro, der weise Meister, sagt:

> »Ein Mann muss eure Herzen leiten,
> Denn ohne ihn pflegt jedes Weib
> Aus seinem Wirkungskreis zu schreiten« (Mozart, 53)

Umgekehrt belehrt ein Priester den auserwählten Tamino:

> »Ein Weib hat also Dich berückt?
> Ein Weib thut wenig, plaudert viel.
> Du, Jüngling, glaubst dem Zungenspiel?
> O legte doch Sarastro klar
> Die Absicht seiner Handlung dar.« (Ebd., 48)

In solchen doppelt bestimmten Unterwerfungs-/Erhöhungsmodellen reproduziert sich abendländisches Zivilisationsdenken seit Aristoteles. Die Figuren sind unschwer auf der historischen Bühne zu erkennen bis heute.

10 In einer Debatte um den §218 mit Jutta Dittfurth Anfang Oktober 1991 wurde dieser Zusammenhang frappierend deutlich. Einige Frauen vertraten den Standpunkt der Kirche gegen weibliche Selbstbestimmung. Die Querfragen des Moderators, wie denn Frauen, die von Männern vertreten werden, diese Bevormundung in Bezug auf ihre Körper erführen, schlugen sie mit der Einführung des göttlichen Prinzips aus dem Felde. Gott selbst war es, der durch die Kirchenoberen sprach und daher alle seine Schäfchen in Freiheit setzte unabhängig vom Geschlecht.

Solche Arbeits- und Sozialteilung und ihre Legitimation als eine Hierarchie von Männertugenden und Weiblichkeitsbestimmung erweist sich als sehr fruchtbarer Boden für die Gesellschaft, welche die Produktion um der Produktion willen und die Unterwerfung und Beherrschung der Natur als allgemeingültiges Prinzip durchsetzte und zugleich nichts für alle gemeinsam gültig sein ließ. Es war eine sehr glückliche Verbindung. Gleichheit ohne Gleichheit, Freiheit ohne Freiheit, Brüderlichkeit ohne Schwestern – mit solchen Werten betreten die neuen Bürger kulturell und häuslich abgesichert die Bühne des heraufkommenden Industrialismus – »bedeutungsvoll schmunzelnd und geschäftseifrig«, wie Marx dies treffend ausdrückte, schreitet der »ehemalige Geldbesitzer« als Kapitalist voran, »scheu, widerstrebsam, wie jemand, der seine eigne Haut zu Markt getragen und nun nichts anderes zu erwarten hat als die – Gerberei«, folgt hinter ihm der Arbeitskraftbesitzer als Arbeiter. (*Das Kapital*, MEW 23, 191) Freilich blickt Marx hier einseitig auf die Stätte der – wie wir es heute nennen – außerhäuslichen Erwerbsarbeit, sonst hätte er (wie Nancy Hartsock dies ergänzend nachträgt) sehen müssen, dass der Zug an dieser Stelle nicht zu Ende ist, denn hinter dem Arbeiter steht abseits, niedergedrückt von Einkaufstüten, Windeln und einem Baby im Arm, seine Frau (Hartsock 1983, 234); und, so müssen wir zusätzlich ergänzen: hinter dem schmunzelnden Geldbesitzer steht als kulturelle Schöpfung seine Frau, deren körperliches Dasein ihn seine eigene Körperlichkeit so weit vergessen lassen kann, dass seine Organisation von Wachstum und Profit gleichgültig gegen das Leben wird. In der symbolischen Ordnung, die das ganze Zivilisationsmodell mit Sinn legitimiert, sind es die Frauen der »Eingeweihten«, die den strategischen Ort als achtbare Gefäße besetzen, während dort, wo Einkaufstüten, Windeln und Babys genannt werden müssten, nicht Verkehrung, Erhöhung, Verdinglichung, sondern einfach Totenstille herrscht.

Die Annehmlichkeiten des Marktes

Es ist an der Zeit, in diesen gesellschaftlich mächtigen Zusammenhang einen feministischen Standpunkt hineinzubringen, also aus dem Systemganzen des kapitalistischen Patriarchats hinauszutreten und es selbst als spezifische Produktionsverhältnisse zu erkennen, nicht als menschliche Gesellschaft schlechthin. Wir machen dafür einen Sprung nach vorn.

Seit dem Zusammenbruch der sozialistischen Länder sind wir gezwungen, uns noch intensiver mit dem Marktmodell zivilisatorischer Entwicklung auseinanderzusetzen. Weltweit scheint es das einzige Regulationssystem zu sein, welches die Ökonomie produktiv hält und mit ihr die Einzelnen zu lohnender Leistung anspornt. Nur wer sich am Markt bewährt, lebt angenehm. Soll heißen: Nur wer in angemessener gesellschaftlich durchschnittlicher Zeitspanne oder schneller seine Kräfte in produktives Tun umsetzt, um dann die solcherart gefertigten Werke auf den Markt zu bringen, wo sie andere Warenproduzenten als Käufer reizen, hat eine Chance, am gesellschaftlichen Reichtum zu partizipieren. Freilich geschieht dies heute nicht mehr in dieser historischen Form der Unmittelbarkeit. Der Arbeitsmarkt vermittelt dazwischen, die Kapitale lenken die Kraftströme auf die günstigen Felder. Das Grundaxiom bleibt: Leistungsfähigkeit und -willigkeit sowie ein Streben danach, stets rationeller, wirtschaftlicher, effektiver, produktiver Zeit zu verausgaben, bestimmen das Zivilisationsmodell, in dem wir leben, seine Regelsysteme und seine Entwicklung und damit ebenso die Handlungsmaximen der Einzelnen, soweit sie nicht durchs Netz fallen. Beherrschung der Natur, Entwicklung der Produktivkräfte, Wettlauf.

Was aber geschieht mit all den Tätigkeiten, Bereichen, Notwendigkeiten, die solchem Kalkül nicht unterworfen werden können? Es ist ja ohne Weiteres ersichtlich, dass fast alles, was die lebendigen Menschen direkt betrifft, ihre Hege und Pflege ebenso wie der Umgang mit der Natur, nach einer solchen Zeitsparlogik und ihrer Berechnung nicht oder doch nur mit außerordentlich hohen Kosten regulierbar ist. In der Liebe, in der Zärtlichkeit, in Erzählungen und beim Zuhören, beim Lernen und Lehren einen Zeitraffer einzusetzen muss Mangel produzieren, nicht etwa marktgängige Produkte oder unsterbliche Werke. – Brecht ironisiert die allgemeine Heuchelei und Perversion, die in die menschlichen Beziehungen kommen, wenn Profit, Marktgängigkeit und Menschlichkeit sich mischen, in seinem *Mahagonny*-Lied: Die Seeleute stehen vor dem Bordell in einer Schlange, dazu wird schmalzig gesungen: »Liebe ist doch an Zeit nicht gebunden«; dann im Arbeitsrhythmus: »Johnny mach schnell, denn es geht um Sekunden«. – Der Zusammenstoß zweier Zeitlogiken geht für beide Geschlechter auf Kosten von Lebensqualität. Gesamtgesellschaftlich wird diese Koexistenz von Zeitmodellen allerdings durch die vorhergehende Unterwerfung von Frauen lebbar gemacht. Das soll heißen, dass alle Tätigkeiten, die nicht durch Zeiteinsparung produktiver erledigt werden können, entweder vernachlässigt oder einer gesellschaftlichen »Randgruppe« überlassen werden: Frauen. Diese Struktur, in welcher der gesellschaftlich dominante Bereich stets weiter entwickelt und nach Profitgesichtspunkten organisiert ist (das Marktmodell), wird unaufhörlich ideologisch legitimiert. Hier geht es nicht nur um Literatur, ewige Werte, Moral; wir beobachten und erfahren diese ideologischen Kämpfe z.B. auch als Streit darum, was als Arbeit geachtet wird, was überhaupt als gesellschaftlich notwendige Tätigkeit in den Blick gerät, und umgekehrt, wie im Gegensatz zur tatsächlichen Mächtigkeit von Lohnarbeit gegenüber der Hausarbeit abstrakte moralische Zeugnisse verteilt werden, die das eine als schnöde Tätigkeit gegen Geld, das andere als

Dienst um der Liebe willen auszeichnen. Beide Bereiche sind mit Versuchungen umstellt. Wer möchte nicht genug Geld haben, um auf dem Markt der Wunscherfüllungen sich bedienen zu können, mal ganz abgesehen von der Bedeutung und den gesellschaftlichen Möglichkeiten, die man als Erwerbstätige im Gegensatz zur liebenden Reproduktionsarbeiterin hat? Wer möchte nicht umgekehrt in Bereichen tätig sein, in denen nicht jede Regung nach ihrer Marktgängigkeit geprüft wird? Hier sind neben den geschlechtsspezifischen Zuschreibungen weitere Trennungsriegel notwendig. Da sich für die meisten Menschen die Wahl, entweder gegen Geld oder »aus Liebe« tätig zu sein, nicht als Alternative stellt, sondern Frauen in großer Anzahl mit beiden Anforderungen konfrontiert sind, bedarf es der zusätzlichen Stärkung, dass sie der einen oder anderen Versuchung nicht auf Kosten des jeweils anderen Bereichs anheimfallen. Solche Stärkung, die elastisch genug sein muss, an einem Tag Gegensätzliches für gleich bedeutsam zu erklären, am nächsten das eine dem anderen voranzustellen und dies im fliegenden Wechsel, finden wir auf allen gesellschaftlichen Ebenen: nach innen gewendet als weibliche Sozialisation, abgesichert durch Moral und Werte; nach außen durch die tatsächliche Unerreichbarkeit befriedigender und gut bezahlter Arbeitsplätze für Frauen und durch ihre Ergänzung, die schreienden Notwendigkeiten unerledigter Haus- und Reproduktionsarbeiten.

Betrachten wir also unser Gesellschaftssystem von einem feministischen Standpunkt, so finden wir Frauen in einem spezifischen Widerspruch. Sie agieren in einem wertemäßig abgesicherten Legitimationssystem, das für sie zugleich gültig ist, soweit sie sich allgemein als Menschen erfahren, und ungültig, wo es um sie als weibliche Gesellschaftsmitglieder geht. Dass sie sich nicht immer als Menschen gebärden und die herrschenden Werte tatsächlich als allgemeingültig missverstehen (z.B. dass sie nicht etwa Karriere wichtiger finden als Familie), muss ebenfalls kunstvoll abgesichert werden. Tatsächlich gewinnen wir von unserem feministischen Standpunkt einen weiteren Einblick in eine ganze Reihe von sonst nur schwer verständlichen Verrechtlichungen in der bürgerlichen Gesellschaft. Die zahlreichen eigentümlichen Gesetze, welche die Fragen von Leben, Körper und ihrer privaten Organisation (Abtreibung, Familie, Ehe und Scheidung, Prostitution, Homosexualität, Sorge für Kinder, Alte etc.) regeln sollen, sind im Grunde nur verstehbar, wenn wir uns vergegenwärtigen, dass im Übrigen die gesamte Gesellschaft nach Prinzipien von Markt und Profit geregelt ist und dies als allgemein menschliches Handeln Gültigkeit haben soll. Eine Reihe von Gesetzen greift dort ein, wo solche Prinzipien nicht ausreichen oder gar entgegengesetzt wirken. Im Streit um den Paragraphen 218 wird solches u.a. ganz offenkundig. In der falschen polemischen Fragestellung, ob man für Leben oder Mord/Tod sich entscheide, wird völlig verdeckt, dass diese gesamte Frage als gesetzlich zu regulierende überhaupt nur deswegen auftritt, weil dieser Komplex der Reproduktion der Menschheit im Modell kapitalistisch-patriarchalischer Zivilisation selbst gar nicht vorgesehen ist und deshalb Frauen qua Gesetz gezwungen werden müssen, sich solcher Fragen privat und unter Einsatz ihres Körpers und Lebens anzunehmen. Das Gesetz baut also der Versuchung vor, sich nach den gesellschaftlich herrschenden Maximen von Produktivität, Leistung, Lohn und Profit zu verhalten und daher Kinder als Zeitvergeudung als unlohnend, ineffektiv und also als Lebensraub zu betrachten. (Sehr erhellend ist es hier, aus den Ungleichzeitigkeiten in der Vereinigung der beiden Deutschland zu lernen. So hat sich etwa die Geburtenrate in der ehemaligen DDR in den letzten 2 Jahren halbiert. Eine Frau sagte: »Die goldenen DDR-Zeiten des Kinderkriegens sind absolut vorbei. Jetzt wird's wie im Westen: Das Kind ist Luxus, den ich mir nicht leisten kann.« *Neues Deutschland*, 7.2.1992)

Ein solches Zivilisationsmodell benötigt als eine Grundlage die Unterwerfung der Frauen. Ihre Einstufung als bloße Natur macht es möglich, die eigene männliche Natur als überwindbar zu denken und sich als Herrscher über Natur überhaupt aufzuschwingen. (Immerhin konnte etwa Marx als positiv schreiben, dass die »Natur planmäßig auszubeuten sei«.) Im Denken von Produktion um ihrer selbst willen, von stetem Wachstum und Profit, ist alle Natur als Steinbruch aufgefasst, der gewinnbringend auszubeuten ist. Dies gilt sowohl für weibliche wie für außermenschliche Natur. Männliche Natur wird dabei zu abstrakter Kraft, Arbeitskraft zum Beispiel. Diese Anordnung geht nicht zuletzt auf Kosten von Menschheitsentwicklung. Eine Gesellschaft, in der nur solche Tätigkeiten und die damit verknüpften Bedürfnisse Raum zur Entwicklung erhalten, die am Markt bestehen können, die also sich lohnen, was die Verausgabung von Zeit angeht, lässt alle Produktionen und Tätigkeiten, deren Spezifik eine extensive Zeitverausgabung ohne entsprechend großes Produkt ist, auf der Strecke bleiben. Es liegt in der Logik der Sache, dass der größte Teil der agrikulturellen Tätigkeiten ebenso wie Wald- und Naturpflege und insbesondere das Aufziehen von Menschen mit der Logik der Zeitreduktion unverträglich sind. (Die Chemisierung der Landwirtschaft, die wir als einen solchen Versuch, beschleunigend in Naturprozesse einzugreifen, ansehen können, hat nicht nur zu einer Vernichtung von Gebrauchswertqualitäten riesigen Ausmaßes geführt, sondern ebenso zu ökonomischen wie ökologischen Katastrophen.) Soweit die solcherart erzielten Produkte für das Überleben der Menschheit auch kurzfristig unentbehrlich sind, treibt diese Entwicklung eine Spaltung der Menschheit voran in solche, die sich am Markt bewähren können, und solche »Teilmenschen«, die unter dem Niveau der Durchschnittsmenschen tätig sind. Hierin kündigen sich die »dritten Welten« und ihre Verelendung an. Ein großer Teil aber dieser, nennen wir sie »zeitraubenden«, Tätigkeiten bleibt einfach ungetan. Hier entwickelt sich die Menschheit nicht. In dieser Weise geht der Prozess der industriellen Produktivkraftentwicklung und der entsprechenden Bedürfnisse in den westlichen kapitalistischen Ländern einher mit einer ungeheuren Verrohung der Menschheit. Verbrechen, Drogen und Alkoholmissbrauch sind bloß die sichtbaren Zeichen eines Zivilisationsmodells, in dem die menschliche Entwicklung der Entwicklung einer aufs Äußerste rationalisierten Arbeitszeitverausgabung und der nur so verfertigten Produkte/Bedürfnisse untergeordnet ist. Weit entfernt davon, dass der Fortschritt der materiellen Produktivkräfte die Menschen freisetzen würde, ihre eigene Entwicklung als Menschen in die Hand zu nehmen, bleibt diese gewissermaßen Abfallprodukt der allgemeinen industriellen Entwicklung und Frauenwerk. – In dieser Weise ist der Satz, dass am Grad der Frauenemanzipation der Grad der Entwicklung der Menschheit ablesbar sei, äußerst aktuell. Er betrifft die Beziehungen der Menschen untereinander, ihre Bedürfnisse, ihr Verhältnis zu ihrer Sinnlichkeit, zur sie umgebenden Natur, zum Werk ihrer Hände und Köpfe, ja zu sich selbst als menschliche Individuen.

Moral, Sexualität und Krieg

Betreten wir das weite Feld der symbolischen Ordnung um Leben und Tod. So bemerkenswert verschieden die Praxen der Geschlechter auch und gerade in diesen Bereichen sind – Frauen bringen das Leben, unterliegen aber dem Tötungsverbot, umgekehrt Männer, vgl. die Debatten und Praxen um Soldatinnen im Krieg[11] –, so aufschlussreich sind die symbolischen Artikulationen. Dort, wo es um nichts weniger geht als um so materielle Fragen wie Sein oder Nichtsein, toben die immateriellen Kämpfe um Bedeutungen am heftigsten.

Beginnen wir mit dem an Schule, Kirche, Erziehung schlechthin erinnernden Bereich der Moral. Sie ist die Form, in der handlungsleitende Werte die einzelnen Menschen gesellschaftsverträglich halten, soweit dies nicht Gesetze tun. Himmlisch lehrt sie die Unterscheidung von gut und böse und macht so, dass jede/r Einzelne das Sittengesetz in sich trägt. Soweit

11 Inzwischen beträgt die Anzahl von weiblichen Armeeangehörigen in den USA z. B. 10%. Im Golfkrieg von 1991 tobten die Presseberichte um ihren Einsatz heftiger, als es die Berichte über den Krieg überhaupt taten. So schwierig es Frauen, die sich der Friedensbewegung verpflichtet fühlen, fallen muss, die Tatsache gutzuheißen, dass es Frauen gibt, die freiwillig Soldatinnen werden, so sehr zeigte sich in diesem Krieg, dass die Legitimation des Krieges selbst in den Herzen der Bevölkerung zumindest mit davon abhängt, dass dort nur Männer kämpfen und dies zum Schutz von Frauen zu Hause tun (vgl. dazu F. Haug, 1991b).

Interessen gegeneinanderstehen, wird herrschende Moral uns heißen, das »Oben« anzuerkennen und auf Durchsetzung des »Unteren« zu verzichten. Solche geläufige kritische Betrachtung sieht allerdings auf Herrschaftsverhältnisse, als seien sie allein durch ökonomische Interessen bestimmt. Eine Einbeziehung der Geschlechterverhältnisse zeigt erwartete und zugleich auch unerwartete Verschiebungen. Schon ein kurzer Blick in alltägliche Wertformen offenbart: die universalistisch daherkommende Moral mischt nicht nur die gegensätzlichen ökonomischen Interessen, sie ruft auch die beiden Geschlechter in ihren spezifisch verschiedenen Praxisbereichen zur Ordnung. Tugend, Anstand, Ehre, Schande, Betrug, Tapferkeit usw., sie alle bedeuten für die Geschlechter Verschiedenes, verweisen auf die Bereiche des Ökonomischen und Politischen auf der männlichen Seite, auf Körper und Sexualität auf der weiblichen[12].

Diese »moralische« Orientierung des weiblichen Geschlechts – in unseren westlichen Kulturen zumindest – auf Körper und Sexualität ist umso bemerkenswerter, wenn wir uns bewusst machen, dass Sexualität nicht einfach bloß Fortpflanzung meint, sondern dass die Konstruktion und Bedeutung des Sexuellen selbst herrschaftlich geschieht und eine wichtige Dimension ist in der Reproduktion von Gesellschaft, also unseres kapitalistischen Patriarchats. Hartsock (1983) hat m. E. zu Recht darauf verwiesen, dass es unsinnig ist, die Geschlechter als sozial konstruiert anzunehmen, ebenso den Bereich der Sexualität, nicht aber das, was als spezifisch männliche oder weibliche Sexualität gilt. Erst eine Historisierung geschlechtsspezifischer »Sexualität« erlaubt es uns, die Aggressivität und Gewalttätigkeit männlicher Sexualität in ihrer Funktion für den Gesellschaftszusammenhang und als Basis auch für Sozialtheorie zur Kenntnis zu nehmen und in befreiender Absicht zu kritisieren. Feministische Kritik von Natur- und Sozialphilosophie hat lange schon die falsche Verallgemeinerung des Männlichen zum Menschlichen und die damit ebenso fälschliche Besonderung des Weiblichen als Natur kritisch herausgearbeitet.[13] Hinzu kommt, dass der Mensch nicht nur männlich gedacht ist; in seiner Männlichkeit entsprechen ihm auch ebenso sozial konstruierte, für die Lebenspraxen wie für die Theoriebildung wirksame Züge eines defizitären Wesens.

Männliche Sexualität z.B. wird als aggressiv, gewaltsam, einsam und gleichwohl oder deswegen subjekthaft angenommen, dem komplementär ein zum Objekt oder bloßen Körper oder gar nur einem Teil desselben

12 Vgl. Kapitel 7.2

13 Schon seit Beginn der achtziger Jahre wenden Frauen ihren Zorn auf die verschwiegene und unterdrückte weibliche Präsenz in den Wissenschaften in eine Kritik am Androzentrismus in der Theoriebildung selber. Vgl. stellvertretend Schiebinger 1982; List u. a. (Hg.) 1989; und zusammenfassend Harding 1990.

verfügbar gemachtes Weibliches entspricht. Männliche Sexualität muss von einem eisernen Willen in Schach gehalten werden: Ihm kommt daher das Primat an Menschlichkeit zu; während weibliche Sexualität als stete Bereitschaft, ja Gier unterstellt wird, die gleichwohl als bloß Daseiendes keines eigenen Willens bedarf. In diesem Spannungsverhältnis entsteht das Weib als Nicht-Mensch und Körper, der Geistmann als Mensch und Körperüberwinder/-unterwerfer. Solche Konstruktion bestimmt das Natur/Geist-Verhältnis in der abendländischen Philosophie ebenso wie die symbolische Ordnung, die Kriege subjektiv legitimiert, individuelle Kriegsbereitschaft ermöglicht. Die Körper von Weib und Kindern zu schützen, zieht der Mann hinaus in den Krieg, wo er die Körper der Frauen seiner Feinde als rechtmäßige Beute für sich beanspruchen kann[14]. Die »Männlichkeit« des Krieges bedarf der friedfertigen willen- und geistlosen Frauen zu Hause wie draußen. Der Kriegsheld muss sterben wollen wegen des Ruhmes seiner Tapferkeit; zu Hause rühmen den Mann seine unsterblichen Werke. Immer aber geht es darum, den Tod zu überwinden, indem der Körper zuvor schon aus dem Leben gedacht wird. Umgekehrt Frauen. Konstruiert als bloße Körper, als Natur, finden sie sich auch in der Wirklichkeit in unzähligen natur- und körpernahen Praxen. Ihnen obliegt die Sorge für die Menschen, für die Reproduktion der Menschheit wie für die Einzelnen. Es liegt in der herrschenden Konstruktion der Geschlechterverhältnisse, dass alle diese Taten als gesellschaftlich minderwertig angesehen, vergessen und aus der Theoriegeschichte ebenso ausgeblendet sind. In der Sexualisierung des Weibes, die man sich als einen kulturellen Prozess auch selbsttätiger Vergesellschaftung vorstellen muss, ist die Unterwerfung unter den Mann und zugleich gesellschaftliche Marginalisierung eingeschrieben.[15] Der Mann dagegen betritt die Bühne als Wille und Geist, der seine Körperlichkeit als Todesmöglichkeit bekämpft.[16] Er ist Held und werktätig, Natur

14 Ganz folgerichtig sprach sich auch ein amerikanischer General, dessen Tochter als Soldatin im Golfkrieg in Feindeshand geraten war, dafür aus, sie möge lieber tot sein denn zurückkommen, da die Familie solche Schande nicht überleben könne.

15 Wir haben diesen Prozess der Verwandlung von Mädchen in sexualisierte Frauen und die damit einhergehende Einordnung in gesellschaftlich untergeordnete Bereiche studiert und sind zu dem Ergebnis gekommen, dass in dieser Hinwendung von Frauen zu Männern in unseren patriarchalen Kulturen eine Unterwerfung allgemeiner Art auch subjektiv geleistet wird (vgl. Haug, F. [Hg.], [3]1991).

16 In unserer Untersuchung über die Angst von Frauen (Haug, F., u. K. Hauser [Hg.] 1991) stießen wir ein weiteres Mal auf den bemerkenswerten Umstand, dass (männliche) Theorien über Angst davon ausgehen, die Sterblichkeit der Menschen, also die Todesangst, sei geradezu menschheitsbewegende Befindlichkeit; in unseren eigenen empirischen Materialien sahen wir Frauen am meisten geängstigt in Geschlechterverhältnissen, aber auch in Arbeitsteilungen und den dazugehörigen Normalitätserwartungen und in widersprüchlichen politischen Verfügungen; ihre Ängste, ohnmächtig zu sein, waren so groß, dass der Tod demgegenüber ein

muss schaffend unterworfen und beherrscht werden, er ist stets im Wettbewerb mit anderen. Der Gedanke des Wettbewerbs als Unterscheidung und Identitätsstiftung bestimmt auch die Vorstellungen vom Gemeinwesen in der Geschichte der abendländischen Sozialtheorie (vgl. dazu exemplarisch Hartsock 1983).

Man mag zur Psychoanalyse ein skeptisches Verhältnis haben, sicher aber bleibt unbestritten, dass zumindest in unseren westlichen Kulturen die beiden Geschlechter in höchst unterschiedlichen Verhältnissen geschlechtliche Identität finden können. Das Mädchen, das sich als gleichgeschlechtlich mit der Mutter feststellt, findet sich in einer Vielzahl von alltäglichen sinnstiftenden Praxen, die zu seinem Leben gehören. Es wird sich widerständig oder einverständig zu diesen Praxen verhalten. Der Junge, der sich als männlich wie der Vater entdeckt, findet diesen als praxisferne Form, als abstrakte Figur. (Der Vater ist nicht zu Hause, wo er arbeitet, und wo er zu Hause ist, arbeitet er nicht.)[17] Die Identifikation des Knaben mit ihm muss als Sprung aus dem Alltag, gegen die gewohnten Körperpraxen erfolgen. Vieles von diesem Vorgang findet sich als »menschliche« Entwicklungsfigur in psychologischen Theorien. – Die verschiedenen Denkmuster und sozialen Konstruktionen sind niedergeschrieben in Literatur und Theorie über Jahrhunderte. Das heißt nicht, dass sie bloßes Papier sind, sie bestimmen auch die Praxen der Geschlechter, ja was als soziale Konstruktion behauptet wird, wird tatsächlich Wunsch und Begehren Einzelner. Das betrifft beide Geschlechter, das Herrschende ebenso wie das Unterworfene, eben weil jene Artikulation, die vom Mensch = Mann ausgeht, die herrschende und alle Kultur bestimmende ist. Die Geschichte des weiblichen Menschen bedarf noch eigener Praxis wie theoretischer Artikulation, welche, da sie vom Standpunkt der Unterworfenen ausgeht, der Möglichkeit nach über die Begrenzung des männlich Allgemeinen hinausgehen, wirkliche Allgemeinheit beanspruchen kann. Dafür muss Feminismus wissenschaftlich sein.

Ich fasse die bisherigen Argumente zusammen: Als kapitalistisches Patriarchat bezeichnen wir ein Zivilisationsmodell, in dem sozial kon-

kleines Übel, wenn nicht gar Rettung schien. – In der oben diskutierten *Zauberflöte* wird die Toleranz gegenüber Frauen auch folgerichtig in diesen Zusammenhang des Verhältnisses zum Tode gerückt: »Ein Weib, das Macht und Tod nicht scheut, ist würdig und wird eingeweiht.« II.28, 66)

17 Dieser Satz von Marx aus den *Philosophisch ökonomischen Manuskripten* hat in der feministischen Diskussion schon einige Unruhe hervorgerufen. So kritisiert etwa Ivecovic (1984), dass doch Frauen sehr wohl dort arbeiten, wo sie zu Hause sind, Marx hier mithin wieder einmal falsch verallgemeinere. Immerhin können wir sehen, dass solche Sätze nicht bloß theoretisch androzentrisch sind, sondern dass ihnen eine ebenso männliche Wirklichkeit entspricht, die wiederum Folgen für Identitätsbildung und weitere Sozialtheorie hat.

struierte Männlichkeit mit ihren Formen der Effektivierung, der Konkurrenz, des Wettlaufs gegen den Tod durch die Schaffung ewiger Werke, der Abstraktion vom Lebendig-körperlich-Alltäglichen sich verbunden hat mit der Regulationsform von Markt und Profit. Diese Gesellschaftsform muss einhergehen mit Frauenunterdrückung und -marginalisierung ebenso wie mit einer Unterwerfung der körperlich Arbeitenden und einer gleichzeitigen Marginalisierung und Vernachlässigung der Bereiche des Sozialen, der Menschlichkeitsentwicklung, des Ökologischen als Verhältnis zur Natur.

Stellvertretung und Quote

Karl Marx hatte auch den unerhörten Gedanken, dass es ein erstrebenswertes Ziel sei, dass »der wirkliche individuelle Mensch den abstrakten Staatsbürger in sich zurücknimmt«; angezielt war eine Perspektive, in der die Spaltung der Gesellschaft in Regierende und Regierte – mit der entsprechenden Unterwerfung und Inkompetenz der Regierten – zu verändern sei in größtmögliche kollektive Selbstbestimmung, gerade indem Individualität sich ausbildet. Es ist wichtig, sich solches zu vergegenwärtigen angesichts des Zusammenbruchs von Sozialismen, die im direkten Gegensatz zu solchen Hoffnungen Staatlichkeit geradezu total ausbildeten. Linke Kritik an solchen Staatssozialismen schlug zur Charakterisierung dafür den Begriff »befehlsadministrativ« vor (vgl. dazu exemplarisch Haug 1989). In unserem Zusammenhang ist allerdings der bei der berechtigten Kritik am Befehlen und Verwalten immer noch übersehene Zusammenhang zu den Geschlechterverhältnissen in den Vordergrund zu rücken. Die Ver-Anderung[18] der Frauen zu Gefäßen, Natur, Körpern, Objekten etc., denen gegenüber wahres Menschsein als männliches Eingeweihtsein und Werktätigkeit sich herausbilden konnte, verweist auf den Zusammenhang von Frauenunterwerfung und Stellvertretung, auf das Regieren als eigenes Geschäft, und zwar von Männern. Es ist daher bei einer Analyse jener Staatssozialismen und der Rolle von Partei und Führung notwendig, die Frage der Geschlechterverhältnisse grundlegend einzubeziehen. Und es überrascht nicht, dass eine der wenigen Personen in der Arbeiterbewegung, welche sah, dass ein Sozialismus mit einer Partei, die sich selbst als bevormundende Führung begriff, überhaupt kein Sozialismus sein konnte, Rosa Luxemburg, eine Frau war. Die Vorstellungen von Führung und Leitung der »Dummen« und »Unreifen« durch einige Auserwählte durchsetzen die gesamte politische Kultur unserer Gesellschaften.

18 Das Wort Ver-Anderung wurde bewusst gewählt, um einen Anschluss an die Diskussion um »das andere Geschlecht« zu ermöglichen.

Wir konnten diesen Paternalismus gut studieren, als die Kämpfe um die Frauenquote noch aktuell waren (vgl. dazu u.a. Haug, F., 1989), d.h., als die unerhörten Probleme, welche die Kapitalisierung der ehemaligen DDR-Wirtschaft aufwirft, noch nicht gänzlich auf Kosten einer Entwicklung der Menschheit zu lösen versucht wurden und bevor also die Frage der »Menschlichkeit« der Frauen wieder in der Tagesordnung nach unten und nach oben in den Himmel einer moralischen Kategorie geworfen wurde. In der Abwehr der Selbstverständlichkeit, dass das weibliche Geschlecht auf allen Stufen der Gesellschaft ebenso vertreten sein solle wie das männliche und dass insbesondere die Entscheidungspositionen in Politik, Wirtschaft und Wissenschaft paritätisch zu besetzen seien, zeigte sich, welche anderen Selbstverständlichkeiten durch solches Gleichheitsverlangen erschüttert wurden. Wie schon beim Bericht über die Freimaurerideale in Mozarts *Zauberflöte* angedeutet, wird beim Versuch, eine Gleichstellung der Geschlechter durchzusetzen, offenbar, dass die Tugenden und Werte der westlichen Welt – wie Gleichheit selbst, aber auch Freiheit, natürlich Brüderlichkeit – sich auf der Unterwerfung der Frauen behaupten. Dass die behauptete Gleichheit gelebt werden kann, setzt voraus, dass andere als die Gleichen die ungleiche Arbeit tun. Es beginnt bei der Gleichstellungsdebatte tatsächlich mit dem Vorwurf, der Gleichheitsgrundsatz werde verletzt, wenn Frauen gleichgestellt würden. Das ist so widersinnig wie einleuchtend. Frauen müssen als Geschlecht »bevorzugt« werden, wenn Gleichstellung angezielt werden soll. Dass dies als unerhörter Angriff empfunden und gesprochen werden kann, liegt darin, dass die Mechanismen bisheriger Benachteiligung unsichtbar gemacht wurden. Soweit alle Menschlichkeit als soziale Männlichkeit ausgerufen wird, müssen Frauen darin versagen. Das ist besonders deutlich bei der Frage der Leistung[19], die bekanntlich unsere westliche Welt bestimmt und die den Platz in der Gesellschaft und seine Annehmlichkeiten in die freie Wahl der Einzelnen stellen soll. Da sie also selbstbestimmter Regulator ist, wäre die Quote zugunsten von Frauen ein Verstoß gegen Tüchtigkeit und Freiheit. Geschlecht vor Leistung. Schon wenige Blicke in z.B. die politische Landschaft der Volksvertreter aber machen offensichtlich, dass diese Gruppe der »Eingeweihten« kaum nach Leistungskriterien in die Parlamente gekommen ist, sondern nach Protektion, Seilschaften, Laufbahnen, »Charakter«, Verkäuflichkeit etc. Ein massenhafter Einzug von Frauen in den Bereich des Politischen bringt

19 Wir haben in einem Hamburger Frauenseminar eine Untersuchung zu Theorien über Leistung und Erfahrungen von Frauen mit dem Leistungsbegriff durchgeführt, weil wir das ungemütliche Gefühl verspürten, dass insbesondere in der Kritik an der ehemaligen DDR wegen ihrer zu kleinen Leistungen nicht nur die Hoffnung auf die Leistungsgesellschaft neu auflebte, sondern darüber hinaus die Frage der Frauen im Leistungszusammenhang völlig übergangen wurde. Für einen ersten Bericht dazu vgl. Haug, F., 1991b.

im Grunde unsere symbolische Ordnung und ihre praktische Wirksamkeit ebenso sehr in Erschütterung, wie es ihre Verwandlung in Soldatinnen oder in Kirchenobere tut. In den Bereichen aber, wo wirklich Leistung eine wichtige Rolle spielt, z.B. in den produktiven Sektoren der Wirtschaft, ist das, was als Leistung definiert wird, die Produktivität der Arbeit (Kraft durch Zeit), so durchsichtig männlich – unter Absehung natürlicher Reproduktion – definiert, dass Frauen wiederum versagen müssen. Schließlich obliegt ihr, dass »er« so funktionieren kann. Die männliche Leistung baut hier mithin auf der Unsichtbarkeit und Nichtberechnung weiblichen Tuns. Letzteres nennen wir nicht Leistung. Eine einfache Ernennung würde das Spannungsverhältnis auch kaum entlasten. Denn mit ihm einher geht ja eine allgemeine gesellschaftliche materielle Geringschätzung und immaterielle Erhöhung weiblichen Tuns, das mit weiblicher Zustimmung rechnen kann. Frauen bezeichnen und erfahren ihre eigenen Taten nicht als Leistung. Es kann auch kaum darum gehen, alle gesellschaftlichen Tätigkeiten dem gleichen Prinzip zu unterwerfen. Vielmehr wären die Maßstäbe aus den verschiedenen Bereichen in eine Anordnung zu bringen, welche die Entwicklung menschlicher Gesellschaft erlaubt: ökonomisch, ökologisch, sozial.

Es muss hier kaum extra betont werden, dass eine Quote, welche Frauen in größerem, ja den Männern gleichem Umfang in alle Positionen bringt, das hohe Prinzip der Brüderlichkeit ganz und gar ausschließt. Indem Männer sich auf Frauen immer als auf Sexualkörper zu beziehen gewohnt sind, können sie diese ja nicht nur nicht als Gleiche erkennen, auch die Beziehungen von Mann zu Mann, die brüderlichen, bleiben davon nicht unberührt.

Und dass Freiheit sich schließlich auf Selbstbestimmung in einer Weise bezieht, dass man zu ihrer Wahrnehmung schon eingeweiht sein, dazugehören und die Regeln kennen und auf andere anwenden muss, verwirrt sich mit der Zumutung der Quote für Frauen zu einem systemwidrigen Verlangen nach Zwangswirtschaft.

Das Netz

Die wenigen Bereichsdurchquerungen haben gezeigt, dass die alten Streite um Ursprung und Ort von Frauenunterdrückung geradezu notwendig zu hilflosen Strategien der Befreiung führen mussten. Es kann nicht darum gehen, ob »das Kapital« »die Frauen« am meisten unterdrückt und sich daher mit seiner Abschaffung Frauenbefreiung von selbst ergäbe oder ob es Männerherrschaft allein ist und daher mit der Bekämpfung dieser befreites Land zu erreichen wäre. Es geht nicht um die Verortung von Frauenunterdrückung *entweder* in der Familie *oder* in der Erwerbsarbeit oder in der Politik. Es geht um nichts weniger als um das Ganze. Ich habe zu zeigen versucht, dass kapitalistisches Patriarchat eine Produktionsweise ist, deren Regulationsprinzipien auf Frauenunterwerfung gründen. Sowohl die herrschende Ökonomie mit Tausch, Markt, Profit, Wachstum setzt auf eine umfassende Ausbeutung nicht nur erwerbstätiger Arbeitskraft, sondern ebenso anderer (Dritter) Welten, die nicht nach den gleichen Prinzipien produzieren, und auf Vernachlässigung und Überantwortung der Sorge um Leben auf Menschen, die dies aus Liebe, aus »Menschlichkeit« tun und daher nicht als »Gleiche« behandelt werden können. Ebenso ist die symbolische Ordnung, sind die Bereiche von Kunst und Wissenschaft, ist das gesamte Zivilisationsmodell durchdrungen und legitimiert durch solche Geschlechterverhältnisse als Produktionsverhältnisse. Das betrifft auch die Subjekte selbst als Persönlichkeiten. Frauen können daher in diesen Verhältnissen nirgends einfach als Menschen auftreten. Sie finden sich nicht in wechselnden Verhältnissen einmal mit, einmal ohne Herrschaft und Unterwerfung, je nachdem ob es sich um kulturelle, politische, ökonomische, familiäre Bereiche handelt. Immer und überall leben sie in Geschlechterverhältnissen. Es gilt daher, das Leben auf allen Ebenen zu verändern, um es menschlich zu gestalten.

8.4 Lernerfahrungen im Gegenwind

Die Diskussion und die Flucht nach vorn

Zunächst pauschal und emotional: Es gab 26 Kritiken, die in ihrer übergroßen Mehrheit ein Totalverriss waren und in dieser Weise den Boden absperrten, auf dem ich immer noch illusionär geglaubt hatte Fuß fassen zu können. Von da an hörte ich endgültig auf, mich auf Professorinnenstellen zu bewerben, um endlich zur Kenntnis zu nehmen, dass jetzt nach 1989, »nach der Wende«, wie das so harmlos hieß, es in dem neuen Deutschland erst recht unmöglich war, als Marxistin auf einen Lehrstuhl zu kommen. Die staatlichen Riegel wurden verstärkt durch einen offenbaren Konsens unter den Lehrenden, die sich für Geschlechterfragen zuständig erachteten, die durch mich verkörperte Forschung aus den Universitäten zu verbannen und dies auch in der Diskussionszeitschrift öffentlich zu begründen. Zudem war ich jetzt schon über 50 Jahre alt, zu alt, wie es in einer Ablehnung hieß, obwohl mich die Universität für die Besetzung dieser Stelle in Berlin sogar auf Platz 1 gesetzt hatte, wenn auch parallel zu einem Mann (pari passu). Das Altersargument konnte von staatlicher Seite den anderen Grundsatz aushebeln, dass »bei gleicher Qualifikation eine Frau zu berufen« sei.

Dennoch gab es, trotz umfassender Neoliberalisierung der Verhältnisse global, weiter Aufbruch auch für mich. Ich erhielt, noch ganz im Aufruhr wegen der vielen Kritiken, einen Ruf auf eine Gastprofessur nach Kanada an das *Ontario Institute for Studies in Education*, kurz OISE, und nahm noch in der Nacht des Anrufs ohne weiteres Bedenken an. Ich flog Mitte 1992 nach Toronto. Kanada wurde die glücklichste meiner Lehrzeiten. Man erwartete von mir, dass ich Marxistin sei, ich stellte meine Studien zu Angst in einem großen, überfüllten Seminar vor, lehrte Kritische Psychologie und in ihr Erinnerungsarbeit und machte die nachdrückliche Erfahrung, als Weiße in der Minderheit zu sein. Ein Völkergemisch füllte die Züge, die Hörsäle, ja selbst das Kollegium bestand nicht ausschließlich aus einer weißen Oberklasse, wie das in Australien noch der Fall gewesen war. Und erst jetzt – im Moment der Einordnung in die Menschengemeinschaft ohne besondere Hervorhebung bestimmter Rasse oder des Geschlechts – jetzt erst, als die gewohnte Privilegierung nicht mehr galt, merkte ich, wie blind ich gewesen war und wie viel Glück die neue Freiheit der Gleichheit geben konnte.

Es gab auch hier Nachholbedarf in Frauenforschung. Ich wurde aufgenommen in die Gruppe der weiblichen Lehrenden, die weiter ihre Arbeit auch geschlechtsspezifisch organisierte – schließlich waren, was die Universität anging, 800 Jahre Vorsprung aufzuholen bis in die kulturellen

Gewohnheiten. Ich lernte kanadische Literatinnen kennen und lieben, die Kultur der Nachbarschaft leben, die Gemeinsamkeiten der Viertel, die Trennungen in Herkunftskulturen – es gab chinesische, polnische, koreanische usw. Viertel, in denen das Anderssein jeweils auch als gastronomische Kunst genossen werden konnte. Dazu die unendliche Landschaft mit Seen, Meer und Bergen, Eis und Schnee und vielen Wanderungen. Sicher sind meine Wahrnehmung und Erinnerung nicht widersprüchlich genug, ebenso sicher waren fünf Monate auch zu kurz. – Aber es bleibt festzuhalten, dass es eine starke kollegiale Verbundenheit gab und gemeinsamen Wissensdurst, also die Bereitschaft, die intellektuellen Fähigkeiten einzusetzen, um »die Welt zu verbessern«, was es mir auch erlaubte, über den Schock der Ausstoßung hinwegzukommen, die mir den Boden möglicher Zusammenarbeit, also des Kolleginseins, vollständig entzogen hatte. Ich stellte meinen Beitrag *Knabenspiele und Menschheitsarbeit* vor dem gesamten Kollegium des OISE vor und schrieb dort in Toronto meine Replik, bei der mich viele berieten und im emotionalen Aufruhr absicherten. Ich schrieb sie dennoch als Abschied von der akademischen Welt in Deutschland.

Von Toronto aus nahm ich auch an den internationalen marxistischen und feministischen Kongressen in den USA teil (in Amherst, in Chicago) und lernte die vielen Kolleginnen kennen, von denen ich bislang nur Texte gelesen hatte, die wir zum Teil übersetzt und im *Argument* als Artikel veröffentlicht oder als Bücher herausgebracht hatten. Eine intensive und weltoffene Zusammenarbeit begann, die nur an der Endlichkeit körperlicher Kräfte, also auch in der Ökonomie der Zeit, eine Grenze fand. Die Freundschaften halten.

Replik: Explikation des Roten Fadens[20]

Vorbemerkung

Die Zeitschrift EuS ist ein Projekt für eine neue Streitkultur. Der Plan ist faszinierend. Eine wirkliche Diskussion, Erwägung, Nachdenken, Verbessern – das klingt zukünftig, aber machbar. Als ich jedoch das Inhaltsverzeichnis der Antworten auf meinen Beitrag zu Gesicht bekam, hatte ich das Gefühl, durch ein Schlammbad zu waten. Freilich sind nicht alle Beiträge so, dass sie nicht ruhen, bis kein Stück von mir übrig bleibt – aber die Überschriften gaben diesen Eindruck, dies mehr noch von weit weg, von Toronto aus, wo ich in diesem Wintersemester 92/93 lehrte. Geholfen haben mir meine Kollegen vom Ontario Institute for Studies in Education (insbesondere Dorothy Smith und James Heap) mit ausführlicher und ermutigender Diskussion. Ihre produktive Kritik gab mir die Hoffnung zurück, dass es so etwas wirklich geben kann: eine Streitkultur, die darauf aus ist, ein Problem gemeinsam zu klären.[21]

Zum Zusammenhang meines Charakters mit meiner Gesellschaftstheorie

Die meisten Kritiken stehen im Zeichen des Zweifels an der Möglichkeit von Gesellschaftstheorie heute, formuliert oder auch nur anklingend als Hohn, Verwunderung, Vernichtung, Verachtung, Verdammung, Anerkennung. In anderem Gewand tritt dieser Zweifel auf als Frage nach meinem Charakter: Bin ich noch Marxistin (treu zumindest, wenn auch fehlgeleitet) oder bin ich es, Mode und Konjunktur gehorchend (und daher auf das Feld der Geschlechterverhältnisse ausweichend), nicht mehr? – Ich beginne autobiographisch mit dem Versuch einer Antwort auf die Lernfrage als Charakterfrage.

Vor langen Zeiten war ich eine ganz unerschrockene Sozialistin, die wusste, was die Welt zusammenhält, klar unterscheiden konnte zwischen richtig und falsch, Freund und Feind, und sich die Welt des universitären Lebens Stück um Stück aneignete. Ich empfand mich selbst keineswegs als unterdrückte Frau (Feministinnen gab es damals noch keine), sondern eher als ein Projekt, ein Wunsch, eine Erwartung. Erst Jahre später, ich hatte

20 Ethik und Sozialwissenschaften 4 (1993), H. 2, Replik, 272ff. Dokumentation hier gekürzt – vollständige Fassung auf meiner Website: friggahaug.inkrit.de

21 Ich bin gespannt, wie der Beitrag im nordamerikanischen Raum diskutiert werden wird, für den ihn die (US-amerikanische) Zeitschrift *Rethinking Marxism* (vol. 6, no. 4, 1993) veröffentlichen wird.

schon mein Studium abgebrochen und saß mit einer kleinen Tochter auf einem Dorf in der Nähe von Köln, begann ich zu begreifen, dass ich auch Geschlechtswesen im sozialen Sinn war. In der (späteren) Frauenbewegung war ich daher von Anfang an; freilich »wusste« ich immer noch ziemlich viel sehr genau – aber jetzt wollte ich »es« mit Frauen teilen, so auch meine Erfahrungen als Mutter, als Hausfrau, als Frau ohne Studienabschluss, ohne eigenes Einkommen. Die Jahre in der Frauenbewegung waren ebenso wie meine neuerlichen Versuche, in der Universität Fuß zu fassen, Lehrjahre. Ich lernte stürmisch und doch auch wieder langsam. Weitere zehn Jahre brauchte es, bis ich Frauenforschung in einer Weise zu betreiben begann, die ich selbst auch heute noch als feministisch bezeichnen würde. Seither habe ich sprunghaft dazugelernt – schon wieder 13 Jahre lang – und in dieser Zeit zahlreiche Aufsätze und Bücher veröffentlicht, die diesen Lernprozess zeigen.[22] […]

Aber Marxistinnen können gar nicht lernen, denn »der Marxismus« hat zu Frauen in Geschlechterverhältnissen so wenig zu sagen, dass »er« andererseits gerade in dieser Stummheit nur als Schweigebefehl gegen feministisches Sprechen gedeutet werden kann. Diese Auffassung scheint in mehreren Kritiken durch. Meine Schwierigkeit, hier sinnvoll zu replizieren, kommt aus der Unausgesprochenheit der Vorwürfe. – Meike Aissen-Crewett belegt mit Literaturverweisen, dass »die Versuche, Marxismus und Feminismus theoretisch zu vereinen, … [sich] schließlich als unbefriedigend [erwiesen]«. Ich habe diese Debatten auch und mit viel Gewinn studiert und zusammen mit Kornelia Hauser einen 75-seitigen diskutierenden Literaturbericht (Haug/Hauser 1984) dazu veröffentlicht. Ich fand nichts »unbefriedigend«. Im Gegenteil: Mit marxistisch-analytischem Werkzeug vom Standpunkt von Frauen zu denken ist doch nach wie vor ein aufregendes Unterfangen, die Resultate mit immer neuen Einsichten sind geradezu lustvoll zu lesen und bis heute stets weitergeführt[23]. Im konkreten Fall ist mir unter anderem unklar, warum Heidi Hartmanns (marxscher) Ausgangspunkt, dass die Unterdrückung der Frauen mit männlicher Verfügung über weibliches Arbeitsvermögen ihren Anfang nehme, heutzutage nicht weiterführend sein soll. Dass hingegen der traditionelle Parteimarxismus eine geradezu militante Ignoranz gegen feministisches Denken gezeigt hat, gehört zum feministischen Allgemeingut. So möchte ich auch nicht vorschlagen, mit Parteimarxismus-Leninismus zu arbeiten, wohl aber, mit marxistischen und feministisch umgebauten Denkmitteln

22 Die mir wichtigsten meiner Veröffentlichungen sind ins Englische, eine größere Zahl in bis zu 12 weitere Sprachen übersetzt.

23 Vgl. etwa Donna Haraway (1990), Nancy Hartsock (1991), Hilary Rose (1984), Dorothy Smith (zuletzt 1992), Patricia Hill Collins (1991) und viele andere, zusammenfassend Sandra Harding (1992).

den Zusammenhang von Produktionsweise und Patriarchat zu analysieren. [...] – Seit dem Zusammenbruch der staatssozialistischen Länder scheint ein Bann über dem Wort »marxistisch« zu liegen (Dorothy Smith nennt es eine Art »genetischer Codierung«, wie sie in Nordamerika ein Resultat des McCarthyismus war), der es erlaubt, die wissenschaftlichen Revolutionen, die Marx ins Denken gebracht hat, zu übergehen. Unverzichtbar bleibt für mich, Theorien nicht für absolute Gebilde, sondern für interessengeleitete Verarbeitungen unterschiedlicher Praxen zu halten; gesellschaftliche Formen zu studieren, in denen Menschen agieren; Widersprüche ins Denken produktiv einzuschließen; Kritik auch auf den eigenen theoretischen Entwurf rückzubeziehen und ihn dabei stets zu korrigieren und zu aktualisieren. Insofern gibt es für mich »den Marxismus« nicht, der »von Grund auf sexistisch und unfähig ist, feministische Fragen adäquat zu beurteilen« (Aissen-Crewett), weil ich nicht von geschlossenen subjektlosen Systemen bzw. Offizialdoktrinen ausgehe, sondern mehr oder minder fantasievolle, sich beim Bearbeiten ihrer Probleme mehr oder minder auf Marx berufende Männer und Frauen sehe. Als Feministinnen beginnen wir unsere Analysen dabei von einer Perspektive, von einer Befreiungsvision (wie Donna Haraway dies nennt), die wir zugleich in ihrer wirklichen Herausbildung in unseren Verhältnissen studieren. Dazu gehört, den Kapitalismus nicht für die letztmögliche Stufe von Zivilisation, sondern die Verbesserung der Welt für möglich zu halten und entsprechend zu handeln und nicht an weiterer Zerstörung teilzuhaben. Ich begreife meinen eigenen hier zur Kritik stehenden Beitrag in dieser Hinsicht. – So viel zu den mir in Beziehung auf den Marxismus entgegengehaltenen Charakterdiagnosen:

- in denen man mich Marx verraten sieht, »die Welt passend zum Absturz des Marxismus aalglatt in den Geschlechtergegensatz aufgehen« lassend (Heise);
- mich Missbrauch treiben wähnt: »Die marxschen Begrifflichkeiten erhalten nunmehr einen rein illustrativen Charakter, die eine Verknüpfung zur originären Theorie suggerieren, aber nicht mehr das Geringste mit ihr zu tun haben« (Beer);
- mir einen »guten Charakter« bescheinigt: »Freilich gehört sie nicht zu denen, die sich rasch auf die Seite der Sieger schlugen, und die ihren ehemaligen (oftmals dogmatischen) Marxismus gegen modische (ebenso dogmatisch vertretene) Positionen eintauschten, wie andere ihr Hemd wechseln« (Ebrecht);
- mich Marx zumindest verdrehen sieht: »Sie hat damit einen der wesentlichsten Begriffe des Marxismus anti- bzw. unmarxistisch aufgefasst, indem sie die marxistisch gesehen notwendige Änderung der kapitalistischen Produktionsverhältnisse als Widerspruch zwischen männlicher Produktion und weiblicher Aneignung auffasst« (Rech);

– mich als halbwegs kritisch emanzipiert erfährt: »Obgleich Haug sich ziemlich kritisch in Hinsicht auf marxistische Ideen zeigt, frage ich mich, ob ihre Unterordnung kultureller Aspekte der Frauenunterdrückung unter Produktionsverhältnisse nicht doch noch marxistisch gedacht ist« (Schade), u.v.m.

Nach der Lektüre der vielen Kritiken schlug ich mich lange Zeit mit dem Phänomen herum, dass kaum jemand auf den sozial-theoretischen Entwurf antwortete, während mehr oder minder alle die Anmaßung, solches zu wagen, bewerteten. Ich traf auf eine Vielzahl von Themen und Vorschlägen, die mir als meine eigentliche Aufgabe angetragen wurden. [...] Dieses Phänomen, dass nur wenige sich auf meinen vorgeschlagenen gesellschaftstheoretischen Versuch beziehen und viele mich stattdessen in ein anderes Feld verweisen, muss damit zusammenhängen, dass ich selbst diese »Kritik der politischen Ökonomie der Geschlechterverhältnisse« nicht deutlich genug herausgearbeitet, sie gewissermaßen schamhaft im Material versteckt gehalten habe. Im Folgenden versuche ich den theoretischen Entwurf skizzenhaft noch einmal zu umreißen. Wiewohl ich aus den Kritiken belehrt sein müsste, nur noch »mit Netz« zu arbeiten und mich möglichst allseitig abzusichern, muss diese Skizze vorläufig und unabgesichert bleiben, schon weil ich mit dieser Arbeit nicht fertig bin. Eingeschlossen sind Fragen von Begriffsstrategien und solche der methodischen Herangehensweisen. [...]

Belehrt aus dem Untergang der europäischen Staaten, die sich sozialistisch nannten (obwohl es sich wohl unzweifelhaft auch um »Zusammenbrüche« handelte, trifft der Vorschlag von B. Rohr, von »Selbstaufgabe« zu sprechen, genauer), versuche ich, noch einmal über Zusammenhänge zwischen Produktionsweise und Frauenunterdrückung nachzudenken. Mich interessiert vor allem die Verbindung von Kapitalismus und Patriarchat, weil dies nicht nur die weltweit dominante Produktionsweise ist, sondern auch, weil ich selbst in diesem Zusammenhang Erfahrungen mache. Mein Vorschlag nähert sich dem Problem von mehreren Seiten. Die Analyse setzt an mit der Artikulation von Geschlechterverhältnissen als Produktionsverhältnissen. Auch dies trifft auf ein seltsam widersprüchliches Echo: Kaufmann findet die Argumentation überzeugend, Bader bezweifelt einen solchen Zusammenhang (vor allem wegen der Vagheit des Produktionsbegriffs). [...] Während Beer zu verstehen gibt, es sei falsch, Geschlechterverhältnisse als Produktionsverhältnisse zu denken, formuliert Tatschmurat emphatisch: »Dieser Zusammenhang ist unbestritten. Wer ihn kritisiert, fällt hinter zwei Jahrzehnte Frauenforschung zurück.« [...]

Karl Marx hat den denkwürdigen Satz formuliert: »Ökonomie der Zeit, darin löst sich schließlich alle Ökonomie auf.« (*Grundrisse*, 89; MEW 42, 105). Diese Auffassung findet bei ihm folgende Durchführung: Immer schon musste es die Menschen beschäftigen, Zeit, die sie zur Reproduktion ihrer selbst brauchen (notwendige Arbeitszeit), zu verkürzen, sei es, um überhaupt zu überleben, sei es, um besser zu leben. Die Entwicklung der Produktivkräfte zielt auf und bewirkt Einsparung von gesellschaftlich notwendiger Arbeit (heute durch Maschinisierung, Rationalisierung, Automatisierung), wobei sich auch das Niveau dessen, was als gesellschaftlich notwendig gilt, erhöht. Wenn solche Entwicklung nicht für die unmittelbar Produzierenden zu Buche schlägt, so der Herrschaftsverhältnisse wegen. Der Möglichkeit nach aber gilt, dass die Entwicklung der Produktivkräfte die Menschen zunehmend freisetzt, Herrschaft abzubauen und ihre Entwicklung in die eigenen Hände zu nehmen. Die Entwicklung der menschlichen Bedürfnisse wird als analog zu und als Resultat der Entwicklung der Produktivkräfte und des Reichtums gedacht. Beide Bewegungen sind im Fluss. Es ist auf dieser Ebene einsehbar, warum die kapitalistische Produktionsweise, welche die Menschheit »in die Produktion um der Produktion willen« treibt und der Akkumulation unterwirft, trotz aller Krisen gedeiht, während eine auch nur teilweise Aussetzung dieser Entwicklungsprinzipien zu so etwas wie einer allgemeinen »Staatsbummelei« führen kann. – Ich untersuche an dieser Stelle nicht, wie staatliches Handeln auch im Kapitalismus die alleinige Regelung nach Profitgesichtspunkten durchbricht. Meine Fragen an den hier skizzierten Theorierahmen gehen in zwei andere Richtungen. Zum einen bleibt der Stachel, dass »Haus-« und »Familienarbeit« als strategische Dimension in der weiteren Analyse nicht nur »vergessen« sind, sondern dass auch 10 Jahre hartnäckiger feministischer Arbeit »nur unwesentlich dazu geführt hat, diesen Teil der gesellschaftlichen Gesamtarbeit anders denn als bloßen Zusatz, also grundlegend in einen allgemein akzeptierten Theorieentwurf einzubeziehen.« – Ich frage mich zudem, warum sich gerade im Kapitalismus Frauenunterdrückung stets reproduziert, obwohl doch als allgemeine Einsicht gelten kann, dass die Kapitalgesetze »gleichmachend« sind, dass es vom Profitstandpunkt gesehen gleichgültig ist, wes Geschlechts die Arbeitenden sind. Die entgegenstehende »partei-marxistische« Auffassung, »das Kapital« sei Frauenunterdrücker Nr. 1, die zu Beginn der neuen Frauenbewegung und bis Mitte der achtziger Jahre gegen feministische Versuche, Patriarchat zu begreifen, gewandt wurde, trug lange dazu bei, die Frauenfrage für nebensächlich (»Nebenwiderspruch«), für vorübergehend oder, wie ein Hamburger Kollege einmal zu mir gesagt hat, für eine »Oberflächenturbulenz« zu halten, und rief in der Frauenbewegung einen solchen Zorn hervor, dass die drängende Frage, in welcher Weise Produktionsweise und Frauenunterdrückung zusammenhängen, ins Abseits geriet. Sie wurde kurz und heftig wiederaufgenommen als Theoriestreit, als Kritik an der marxschen Wertlehre. Marx habe versäumt, so wurde argumentiert, den Mehrwert schaffenden Teil der Frauenarbeit einzubeziehen.

Selbst wenn man zugrunde legte, dass im männlichen Ernährerlohn der Unterhalt der Frauen mit abgedeckt sei, sei noch nicht einbegriffen, dass auch Frauen mehr Werte schaffen, als sie zu ihrer eigenen Reproduktion verbrauchen, wenn sie die Ware »männliche Arbeitskraft« mit herstellten. Im Schwinden des Ansehens von Marx in feministischer Theorietradition verschwand auch diese Debatte. Der von mir neuerlich herausgearbeitete und zur Diskussion gestellte Aspekt dieser Problematik hebt die Existenz »zweier Zeitlogiken« hervor. Ich knüpfe dabei an verschiedene Theorietraditionen an. Ein Ausgangspunkt war die »Akkumulationstheorie« Rosa Luxemburgs, ihr Hinweis, Kapitalismus benötige zu seiner erweiterten Reproduktion ein »Hinterland«, welches selbst nicht nach Kapitalgesetzen reguliert sei. Raub, Diebstahl, ungerechte Aneignung seien daher permanente Bestandteile kapitalistischer Produktionsweise und nicht bloß – wie Marx dachte – ihrer Entstehungsphase, der sogenannten »ursprünglichen Akkumulation«. Demnach seien Kolonialismus und Imperialismus notwendige Strategien wachsender Kapitalismen und ein (gewalttätig-katastrophisches) Ende angesichts der Endlichkeit der Erde vorhersehbar. Der Gedanke wurde von Claudia von Werlhof (1978), Maria Mies (u.a. 1980), Veronika Bennholdt-Thomsen (1981) und später von Christel Neusüß (1985) aufgenommen und umformuliert in die These zweier miteinander verschränkter Verhältnisse: Das Verhältnis der Ersten zur Dritten Welt sei wie das Verhältnis der Männer zu den Frauen. Die Ausbeutung von Frauen und Dritten Welten sei Grundlage des »männlichen Kapitalismus«. Ausweg und also einzuschlagende Strategie sei die notwendige Rückdrehung des Rades der Geschichte: die Rückkehr zur allgemeinen Subsistenzproduktion. Problematisch an dieser These scheint mir, dass die ihr entsprechende Strategie noch weniger realisierbar ist als alle Träume von sozialistischer Demokratie.

In meinem »weniger feministischen« Forschungsleben habe ich seit mehr als 20 Jahren Veränderungen in der Arbeitswelt studiert und [...] in einer Kritik an Kern/Schumann (1985) einen ersten Versuch gemacht, mich dem Modell der zwei Zeitlogiken von einer politischen Seite her anzunähern. In die damalige Diskussion um die Verkürzung der Arbeitszeit (die 35-Stunden-Woche stand auf der Tagesordnung) habe ich die Dimensionen des Sozialen (Reproduktion der Menschen und ihre Entwicklung) und des Politischen (Erwerb und Praxis der Kompetenzen, in die Anordnung und die Regulierung der Lebensbedingungen einzugreifen) als Dimensionen von Zeit nachgetragen. Die Losung: 4 Stunden Erwerbsarbeit für alle, 4 Stunden kulturelle Reproduktionsarbeit, 4 Stunden Politikarbeit war zugleich mein Versuch, die Debatte um die zeitliche Doppelbelastung in der Hausarbeit in eine Frage widersprüchlicher Zeitlogiken zu verschieben. Das Modell sollte die Forderung nach einer radikaleren Verkürzung der Erwerbsarbeitszeit verbinden mit einem Wissen darum, dass in der Tat eine Verlängerung der Arbeitszeit (mit einem anders, weiter gefassten Arbeitsbegriff) die Folge sein müsste, wenn Menschen in der Lage sein sollen, über die Bedingungen ihres Handelns und über ihre Entwicklung mit zu verfügen; bzw. dass die Ausfüllung des Tages mit Lohnarbeit auf jeden Fall Frauenunterdrückung auf der einen Seite und politische Unmündigkeit sowie »kulturelle Unterentwicklung« auf der anderen reproduziert. Oskar Negt drang 1984 im gleichen Kontext darauf, Zeit nicht nur als etwas Quantitatives aufzufassen: da Verfügung über Zeit über Entwicklungsräume entscheidet, die Zeitfrage an die Herrschaftsfrage rührt. Negts Buch beeindruckte nicht nur wegen der produktiven Art, mit der Marx aktualisiert und mit gegenwärtigen alltäglichen Kämpfen verknüpft wird, sondern vor allem, weil er das Augenmerk darauf richtet, das banale Ringen um Minuten, bei denen niemand weiß, für was sie genutzt werden sollen, zu übersetzen in die Frage nach Zeit als Lebenszeit. Aber auch bei Negt war da wieder trotz aller utopischen Dimensionen und streitbaren Momente diese seltsame Stille, wo es um die Aufnahme jener Momente aus weiblichem Alltag hätte gehen müssen, um die die Frauenbewegung schon so lange streitet, und das, obwohl Negt durchaus Fragen einer anderen »Zeitlogik« kennt, der der Muße (vgl. meine Kritik und seine Antwort, beides 1987).

In Umarbeitung der genannten Theoreme versuche ich dagegen im Ansatz einen Zusammenhang von Produktionsweise und Frauenunterdrückung zu fassen. Wenn der allgemeinste Antrieb kapitalistischer Produktionsweise der Profit ist, so treibt das Profitstreben Produktivität voran und damit gesellschaftlichen Reichtum in Warenform. Produktivitätssteigerung verkürzt gesellschaftlich notwendige Arbeitszeit. Als Arbeit gilt dabei, was in der gesellschaftlich anerkannten Form der Lohnarbeit verrichtet wird. Der größte Teil der für das Überleben von Menschen notwendigen Tätigkeiten, die von ihrer Qualität her nicht der Logik der Zeiteinsparung folgen können (dies trifft u.a. auf fast alle Tätigkeiten der Pflege der heranwachsenden Menschen zu), wird »ausgelagert«: Das heißt, auf der ideologisch/kulturellen Ebene zählen sie nicht als »Arbeit«, auf der Ebene der Organisation von Arbeiten heißt dies, dass sie nicht in der üblichen gesellschaftlich anerkannten Lohnform entgolten werden, auf der Ebene der »Gleichheit« der Menschen, dass sie von »Ungleichen« getan werden müssen oder ungetan bleiben. Die schon vor dem Kapitalismus vorhandene Frauenunterdrückung hat die Auftreffstruktur für eine solche Organisation gesellschaftlicher Gesamtarbeit geboten. Zugleich herrschte, diese Überdeterminierung verlangend, die Fiktion, die ganze Gesellschaft sei von gleichen und freien Menschen nach den gleichen Prinzipien von Leistung, Wachstum, Zeiteinsparung und Profit geregelt. Das Problem, dass Menschen sich zugleich frei entscheiden und Unfreiheit wählen, ist so auf den Ebenen von Lohnarbeit und Frauenunterdrückung gleichzeitig in eine lebbare Form gebracht. Insofern können wir davon ausgehen, dass es einen stringenten Zusammenhang zwischen kapitalistischer Produktionsweise und Frauenunterdrückung gibt, dass also Kapitalismus zu seiner Aufrechterhaltung des kontinuierlichen Einsatzes tätiger Menschen bedarf, die nach anderen Logiken von Zeit und in anderen Formen als denen des Lohns tätig sind. – Abstrakt lassen sich Modelle denken, in denen nicht Frauen, sondern andere Gruppen diese Rolle übernehmen[24], doch verkennen solche Spekulationen, dass sich auf Basis der biologischen Ungleichheit der Geschlechter und der historisch »archaischen« Unterwerfung des weiblichen Geschlechts »Freiheit, Gleichheit und Brüderlichkeit« vergleichsweise umstandslos aufrechterhalten lassen, als seien sie allgemein gültige und realisierte Werte. – Die patriarchale Struktur wird vervollkommnet durch die Notwendigkeit, das Zueinander solcher unterschiedlichen Zeitlogiken und Tätigkeiten im Gesellschaftsganzen politisch zu regeln, was der Logik der Sache nach Männerbünde voraussetzt. Daher die enormen Schwierigkeiten, Frauen in politische Entscheidungsgremien einzuschließen.[25]

Freilich sind die Kapitalismen selbst durchwoben von staatlichen Eingriffen, die die einseitige Durchsetzung der Zeitsparlogik ermäßigen. Baders Kritik leuchtet mir dagegen nicht ein: Die Tatsache, dass es auch kapitalistisch betriebene Altenheime, Krankenhäuser etc. gibt, setzt doch nicht den Verdacht außer Kraft, dass die massive Privatisierung solcher Bereiche zulasten der sozialen Qualitäten geht, die, funktionieren diese Institutionen erst einmal profitorientiert, entweder schwinden oder nur noch einer besonders zahlungsfähigen Klientel zugänglich sind. Die Unterscheidung zeitlogischer Sphären stellt die Kritik an solcher Politik in einen weiteren Horizont. Sie eröffnet die Möglichkeit, Über- und Unterordnung der verschiedenen Tätigkeitsbereiche (und der in ihnen tätigen Personen) und

24 Vgl. etwa Margaret Atwoods *Report der Magd*; diese Vision einer künftigen Gesellschaft teilt die Menschen in ganz andere Gruppen von Versklavten und Herrschenden ein; zur Regulierung muss sie dann allerdings nicht parlamentarisch verfassten Kapitalismus mit seinen bürgerlichen Freiheiten vorsehen, sondern eine Art faschistischer Militärdiktatur.

25 Wiewohl allgemein davon ausgegangen wird, dass auch die untergegangenen Staatssozialismen Patriarchate waren, ist es einigermaßen aufklärerisch zu sehen, wie die Kapitalisierung dieser Gesellschaften, bzw. die versuchten Übergänge zu einer Marktökonomie die dort lebenden Frauen aus den Parlamenten verdrängt haben. In Polen sank die Anzahl der Parlamentarierinnen auf die Hälfte; in Rumänien fiel der Prozentsatz von 34,3 auf 3,5 Prozent, in der Tschechoslowakei von 29,5 auf 6 Prozent, in Bulgarien von 21 auf 8,5 Prozent, in Ungarn von 20,9 auf 7 Prozent und in der Ex-DDR von 32,2 auf 20,5 Prozent. Die Zahlen beziehen sich auf die Wahlen von 1990 oder 1991 – zitiert nach Peggy Watson, 1993.

ihre kulturell-moralische Legitimierung in ihren Wirkungsweisen zu untersuchen. Geschlechterverhältnisse werden als eine Art Webwerk begriffen, welches keinen bestimmten Ort hat, sondern alle Orte durchzieht. Bader bezweifelt, dass es sinnvoll ist, »das System der Geschlechterverhältnisse« begreifen zu wollen. Aber ersetzen wir »System« durch die Kodierung dieses sozialen »Gewebes«, scheint mir unabweisbar, Zusammenhänge, Funktionsweisen, Praxisformen, wechselseitige Verstärkungsverhältnisse und Handeln und Verhalten in diesen Verhältnissen zu untersuchen. [...]

Über das oben Skizzierte hinaus versuche ich mit dem Modell der zwei entgegengesetzten Zeitlogiken Dimensionen von Kultur, Lebensweise und Politik zu fassen.

Marx schrieb, dass die Menschen in der Entwicklung der Produktivkräfte zugleich ihre Bedürfnisse und also ihre eigene Entwicklung vorantreiben.[26] Problematisch daran scheint mir im Kontext meiner Überlegungen zu den zwei Zeitlogiken der naheliegende Gedanke, dass mithin die Entwicklung »der Menschheit« aus dieser Logik einzusparender Zeit folgt, dass Bedürfnisentwicklung sich einem Lebensbezug verdanken soll, der – positiv gesprochen – beständig darüber nachdenkt, wie etwas rationeller zu gestalten wäre. Die bisherige Geschichte der Menschheit scheint dieser Auffassung zumindest in Teilen recht zu geben. Vieles spricht dafür, dass die Effekte von »Entwicklung« auch Destruktion sind. Es geht darum, extensive, Zeitverausgabung verlangende Tätigkeiten sichtbar zu machen und ihre subalterne Stellung in den gesellschaftlichen Verhältnissen zu kritisieren. Darüber hinaus geht es um eine Perspektive, in der statt Über- und Unterordnung solcher nach unterschiedlichen Zeitlogiken durchgeführten Tätigkeiten eine Regulierung der gesellschaftlichen Gesamtarbeit ausgehandelt werden kann, die nach sozialen, ökologischen, kulturellen Maßstäben verträglich ist mit dem Überleben von Menschen und außermenschlicher Natur. Ich denke hier weder sozialromantisch, dass auf Entwicklung der Produktivkräfte verzichtet werden kann und Menschheit dennoch auf »menschliche Weise« im Weltmaßstab überlebensfähig ist, ich halte nicht sehr viel von den Vorstellungen, Technik sei männlich und also von Frauen abzulehnen; auch nehme ich umgekehrt nicht an, dass eine denkbare Dominanz der zeitextensiven Tätigkeiten des »Hegens und Pflegens« allein die Probleme, die unsere Produktionsverhältnisse schu-

26 Vgl. u.a. MEW 3, 28f., 31, 43, 54, 71. MEW 23, 120, 185, 535: »In den Kulturanfängen sind die erworbnen Produktivkräfte der Arbeit gering, aber so sind die Bedürfnisse, die sich mit und an den Mitteln ihrer Befriedigung entwickeln.« – Marx denkt dies keineswegs durchweg; wo er sich auf »disponible Zeit« bezieht, vertritt er die Auffassung, dass die »Entwicklung der vollen Produktivkräfte der Einzelnen, daher auch der Gesellschaft« (MEW 42, 603) erst jenseits der notwendigen Arbeitszeit (als »Schöpfung von Nicht-Arbeitszeit«) möglich sei, es also darauf ankomme, notwendige Arbeitszeit zu verkürzen.

fen, zu lösen imstande wäre – wie dies in einigen feministischen Utopien erträumt wird. Allerdings muss die strukturell mit Frauenunterdrückung zusammenhängende Vorherrschaft des Gewinnerhöhungsmotivs (mit den Effekten von Rationalisierung und Arbeitszeiteinsparung) beschränkt werden zugunsten von »Lebensqualitätszielen«. [...]

Eine Reihe meiner Kritikerinnen halten den von mir gewählten Begriff »Zivilisationsmodell« für fragwürdig oder irreführend. Ich habe diesen Begriff an die Stelle gerückt, in der in meinem Diskussionskontext üblicherweise von »Produktionsweise« gesprochen wird. Ich wollte damit zwei Dimensionen Raum geben, die nach meinem Dafürhalten im Begriff Produktionsweise lange Zeit geradezu systematisch »vergessen« wurden[27]. Der Frauenbewegung ist es kaum gelungen, den Bereich der menschlichen »Reproduktion«, vor allem der Haus- und Familienarbeit, in die Theorie der »Produktionsweise« wirksam einzuschreiben. Diese Dimensionen gesellschaftlicher Gesamtarbeit blieben eine, wenn auch inzwischen geduldete, Spezialität von Frauenforscherinnen. Ferner handelt es sich in dieser Über- und Unterordnung von Tätigkeiten auch um eine politische Frage, nicht nur um eine ökonomische des rationellen Produzierens: Dies zeigen die »stellvertretenden« Männerbünde in den industrialisierten kapitalistischen Ländern, die daran arbeiten, diese Produktionsweise funktionsfähig zu halten[28]. Die Problematik im Rahmen eines Zivilisationsmodells anzuvisieren umfasst dagegen von vornherein die Ebenen von Arbeits- und Lebensweise und von Politik sowie die entsprechenden kulturellen Instanzen, die das Ganze mit Sinn legitimieren. Kritik in zivilisatorischer Perspektive zielt nicht bloß auf ein Modell, *wie* produziert werden soll, sondern zugleich auf Lebensweise, Kultur und Politik.

27 In seiner theoretischen Skizze benutzt aber Marx den Begriff Produktionsweise zunächst im Zusammenhang mit Lebensweise: im gleichen Kontext folgen Bemerkungen zur »patriarchalen Betriebsweise« der gesellschaftlichen Arbeit und zur Herrschaft in der Familie. Vgl. *Deutsche Ideologie*, MEW 3, 21f.

28 Es war lehrreich, die Diskussionen um die Frauenquote in Politik, Wirtschaft, Wissenschaft in den Medien der BRD (1989) – und dort insbesondere um die paritätische Repräsentanz von Frauen auf oberen Ebenen – zu verfolgen. In der Abwehr des weiblichen Anspruchs auf Machtteilung trat offen zutage, wie sehr das gesamte Zivilisationsmodell durchwoben ist von der Selbstverständlichkeit männlicher Besetzung entscheidender Denk-, Handlungs-, Planungszentralen zum einen und der gleichzeitigen Besetzung einiger für unverzichtbar gehaltener »Menschlichkeiten« mit weiblicher Anwesenheit. Letzteres wurde besonders betont, um zu verhindern, dass Frauen in männlichen Domänen Einlass finden, selbst wenn wohlmeinende Männer dies heute schon für richtig halten (vgl. F. Haug 1989).

Vom Nutzen

Um die Fruchtbarkeit einer solchen theoretischen Skizze zu testen, habe ich einige meiner bisherigen Arbeiten, die mich zur Ausformulierung des Theorierahmens führten, schärfer zu fassen versucht. Das gilt für die Themen Moral, Quote, Leistung, Sexualität und Krieg. Der erneute Durchgang hatte den doppelten Sinn, sowohl eigene Arbeiten zuzuspitzen, als auch den Nachweis zu führen, dass Geschlechterverhältnisse in der Tat keinen spezifischen Ort haben, sondern die gesamte Gesellschaft durchziehen. Natürlich kommt keiner der skizzierten Bereiche bei dieser Wiederaufnahme in einer Weise und Ausführlichkeit vor, die für sich selbst stehen konnte: Hinweise mussten genügen, wo die Ausarbeitung nachzulesen ist. [...] Rüdiger Lautmann hat nun einen Aufsatz von Nancy Hartsock gegen meine halbe Seite [dazu] ausgespielt. Spurensuche bringt mich darauf, dass dies die Retourkutsche auf meine Ironie ist. Ein Männerbild, welches als kulturelle Konstruktion, nicht als empirische Behauptung über real existierende Männer gemeint war, entreißt ihm die Rüge: »Solche Retourkutschen wechselseitiger Minorisierung bringen uns soziologisch und politisch keinen Schritt voran.« Mit Donna Haraway (1990) und anderen bin ich der Ansicht, dass viele hundert Jahre männlicher Vorherrschaft im gültigen Denken Feministinnen gar keine andere Schreibweise lassen als Ironie und subversiven Humor – Haraway nennt es Coyote-Feminismus.

Anmerkung zum sozialistischen Patriarchat

»Staatssozialismus ist gleich Kapitalismus zumindest hinsichtlich des Patriarchats«. – Dies war eine der Hauptthesen auf der 92er Konferenz der US-amerikanischen Linken in Chicago. Eine ähnliche Auffassung findet sich in mehreren der Kritiken. Wozu Unterschiede machen?

Die Frage nach der Spezifik des kapitalistischen Patriarchats durchzieht meinen gesamten Artikel. So gut wie alle für mich erreichbaren Phänomene sperren sich gegen die Verabschiedung einer Unterscheidung. Da ist nicht nur die nicht enden wollende Krise kapitalistischer Vereinnahmung der ehemaligen DDR, die zeigt, dass hier anders – wenn auch nicht demokratisch, sozialistisch, ökologisch oder frei von Frauenunterdrückung – produziert wurde; da ist die Tragödie, die diese Vereinnahmung für die Frauen bedeutet. All dies stützt bei mir wie bei Beer den Zweifel, ob es sich bei diesen Systemen wirklich um die ganz gleichen Patriarchate gehandelt haben kann. Beer meint, sozialistisches Patriarchat lasse sich mit dem Begriff des Zivilisationsmodells nicht differenziert analysieren, weil er zu allgemein ansetze. Dagegen begriff ich die Fruchtbarkeit dieses »allgemeinen Modells« u.a. bei einer Analyse der Berichterstattung über die »DDR-Ökonomie«

in der westdeutschen Presse, die beim Triumph über die »Fehler« des ehemaligen Systems unter der Hand Auskünfte über beide Patriarchate in ihrer Unterschiedenheit liefert. In meinem mit Wissenschaftlerinnen aus der ehemaligen DDR diskutierten Beitrag (1991) wird u. a. die These vom zeitweiligen Aussetzen des Leistung-Nutzen-Kalküls entwickelt. Da diese These bei Raehlmann und Rauschenbach auf Unverständnis stößt, deute ich die in jenem Beitrag gegebenen Beispiele an: Von »westlichem« Standpunkt wurde etwa als vollkommen undiskutabel ein Chemiewerk beschrieben, in dem alleinstehende Frauen über 80 geduldet wurden, die aus sozialer Einsamkeit kamen, statt Vorruhestandsregelungen für alle über 57 durchzusetzen; in dem 80 Vietnamesen beschäftigt wurden, statt sie in ihr Heimatland zu schicken; an das eine Poliklinik angeschlossen war mit 30 Ärzten, die so auf Betriebskosten für die Region arbeiteten; in dem Kinderkrippen und Kindergärten zum Betrieb gehörten. Kurz: als besonders unproduktiv gebrandmarkt wurden sozialpolitische Elemente wie der Hausarbeitstag, der erweiterte Kündigungsschutz für Mütter, pauschale und dynamisierte Mindestleistungen für Rentner und Arbeitslose, ein höheres Erziehungsgeld usw. (ebd., 890f.). Es scheint mir unstrittig zu sein, dass Sozialpolitik zugunsten von Frauen sowohl Teil der DDR-Wirklichkeit war, als auch, dass dies mit der Vorherrschaft des Leistung-Nutzen-Kalküls kollidiert. Allerdings reichen solche Überlegungen und Analysen nicht hin, um »sozialistisches Patriarchat« zu verstehen. Es fällt mir vor allem schwer – trotz langdauernder und ständiger Diskussionen mit sehr vielen Individuen und Gruppen –, die Frauen im »sozialistischen Patriarchat« wirklich zu begreifen. Da ich es gewohnt bin, eigene Erfahrungen in meine Analysen einzubeziehen, kann ich der Aufforderung, »lieber eine Analyse des sozialistischen Patriarchats« (Aissen-Crewett) zu liefern, nicht nachkommen. Ich wollte, solches würde von Erfahrenen unternommen. Die fragwürdigen Zustände bei der Neubesetzung der Stellen an den Universitäten lassen dafür wenig Hoffnung aufkommen[29]. – Einen wichtigen Hinweis entnehme ich Eva Kaufmanns Beitrag. Sie schlägt vor, die Widerstandsformen des »Unterlaufens« als eine Spezifik staatssozialistischer Systeme zu betrachten und von daher zu studieren, wie solche Formen in Verhältnissen, die nicht obrigkeitlich, sondern durch Geld reguliert werden, sinnlos und absurd werden. Zudem schlägt sie vor, die Spezifik der Reproduktion von Weiblichkeit im

29 Hierzu ein Nachtrag: Es ist das Verdienst von Ursula Schröter und Renate Ullrich, dass sie nach dem Ende der DDR die langwierige Aufgabe übernommen haben, die Spuren des Patriarchats in der DDR und im Sozialismus überhaupt zu erkunden. Vgl. Ursula Schröter und Renate Ullrich: *Patriarchat im Sozialismus? Nachträgliche Entdeckungen in Forschungsergebnissen aus der DDR*, 2005; sowie Ursula Schröter, Renate Ullrich, Rainer Ferchland: *Patriarchat in der DDR. Nachträgliche Entdeckungen in DFD-Dokumenten, DEFA-Dokumentarfilmen und soziologischen Befragungen*, 2009.

»sozialistischen Patriarchat« so zu begreifen, dass die »allgemeine Orientierung aller auf überindividuelle ›höhere‹ Ziele ... sich auf Frauen wegen der Gewöhnung ans Dienen besonders nachteilig« ausgewirkt habe. Sowohl Formen spezifischen Widerstands als auch die Indienstnahmen herkömmlicher Weiblichkeit für die Reproduktion verschiedener Produktionsweisen zu studieren scheint mir lohnender, als mit Konzepten wie dem der »Doppelbelastung« kulturelle Unterschiede einzuebnen.

Produktion und Reproduktion

Dorothee Sölle, die meine Fragen teilt und im Kern meinen Vorschlägen zum begreifenden Erkennen als Teil von Veränderungsstrategie zustimmt, zweifelt an der Begrifflichkeit: Verhältnisse im vernachlässigten Bereich der »extensiven Zeitlogik«, der Menschheitsentwicklung, der Liebe versuche ich ja mit gleichen Begriffen zu fassen wie Verhältnisse in den herrschenden Bereichen der Profitmaximierung, der Erwerbsarbeit, der »Zeiteinsparung« – nämlich als Produktion und Reproduktion. Auch für Schade ist der Reproduktionsbegriff ein Problem, und Terlinden versteht Lebensmittel als Agrarprodukt, als »angebaut«, und versteht daher nicht, wieso die Lebensmittelproduktion, die ja im Laufe der Geschichte zunehmend über den Markt vermittelt wird und in Warenform geschieht, ein Sektor mit Männerdominanz sein soll: »gerade die Frauen produzierten die Mittel zum Leben«. – In den Begriffen Produktion und Reproduktion, die ich benutze, um durch die Gleichheit der Worte die Ungleichheit der in ihnen zusammengefassten Prozesse umso deutlicher hervorzuheben, sieht Sölle den kleinen Finger, an dem die ganze Hand und schließlich das Ganze überhaupt in die Logik des dominanten Bereichs gezogen werden kann: Reproduktionstechnologie statt lebendiger Fürsorge. Dieses Erschrecken angesichts von Formulierungen wie etwa der von der »Produktion des Lebens« habe ich auch bei anderen Diskussionen gefunden, so dass es an der Zeit ist, über die Wirksamkeit einer solchen Begriffsstrategie nachzudenken. Ich bin bisher davon ausgegangen, dass die unvermutete Zusammenstellung etwa von Liebe und Arbeit, von Produktion und Leben etc. zum Nachdenken über beide Zusammenhänge zwingt, Verlust und Sinn, Besetzung und Formierung sichtbar machen kann. Lautmann belehrt mich, Brecht habe im *Mahagonny*-Lied »ideale Liebe« und »gekauften Geschlechtsverkehr« »kontrastiert« und nicht zu den zwei Zeitlogiken gesprochen. Meine Erinnerung an Brechts Meti sieht ihn Liebe und Freundlichkeit als Produktion denken und damit dem Begriff der Produktion seine angestammte Würde wiedergeben. Indem er im *Mahagonny*-Lied Arbeitsrhythmus und Liebeszeit paradox zusammenführt, erschließt er einen Raum, in dem die Verlogenheit der Liebessätze durchscheint wie eine Hoffnung, dass es anders sein möge, ebenso wie der käufliche Sex in seiner selbstverständlichen zeitlichen Bemessung zugleich klar rational wie auch kritisch gegen eben die gesellschaftliche Liebesheuchelei spricht. Kurt Weills Musik hebt den Zusammenstoß in seiner Vieldeutigkeit klar hervor. Das sorgfältige Getrennthalten der Bereiche (Liebe vs. käuflicher Sex, Leben vs. Produktion) verdeckt, wie sehr sie ineinanderhängen, die Zustände in einem Bereich die im anderen nicht unbeschadet lassen. So denke ich zu Sölles Befürchtung, dass im Falle von Reproduktionstechnologie Kritik nicht nur gegen die Technisierung von Lebendigem geführt werden muss, welches u. U. durch den für beides gewählten »Produktionsbegriff« erschwert wird, sondern dass Durchkapitalisierung und Herrschaftsdurchdringung zu drohen scheinen, wenn ein Feld in solchen Regulierungen verkommt.

Frauen und Wahrheit

[...] Ilona Ostner klagt an: »Das sozialistische Projekt ist erst mal gescheitert und bietet keine Folie mehr für Kapitalismuskritik; diese Leerstelle soll nun feministische Patriarchatskritik à la Frigga Haug einnehmen und umgekehrt: Die Autorin vereinnahmt Feminismus für ihre spezifische Kapitalismuskritik. Mit Feminismus als kritischer Perspektive auch auf die eigene wissenschaftliche Praxis, die empirische Frauen in empirischen Verhältnissen zum Ausgangspunkt macht, hat all das nichts mehr zu tun.« Ich versuche, diese Sätze als ernsten Vorschlag zu lesen: Sollen wir (seit 1989) keine Kapitalismuskritik mehr leisten? Oder sollen wir es nur als Feministinnen nicht tun? Sollen wir es nicht mit Erkenntnissen aus dem Feminismus tun? Bezieht sich »Feminismus als kritische Perspektive« nicht auf Gesellschaft und die wirklichen Frauen darin? Leben »empirische Frauen« in »empirischen Verhältnissen« in nicht-kapitalistischen Verhältnissen, in »unbekannter Offenheit«?

[...] Ostner beschuldigt mich einer Reihe von Aussagen, die vermutlich zu sehr auf Einverständnis bauten, um dann eine Belehrung mit entgegengesetzten oder schlicht ganz anderen Wissenschaftsannahmen und Forschungsvorschlägen zu geben – im Ton einfacher Wahrheitsverkündung. Eingewoben sind Faktenbehauptungen, die allenfalls zur Diskussion gestellt werden könnten, wie: »Also fehlten auch Ehe und Familie« (in der DDR). Im direkten Gegensatz dazu behauptet Terlinden ebenso sicher: »Ich erinnere an das allseits vorherrschende und gelebte kleinbürgerliche Familienmodell« (wiederum in der DDR). Ostner: »Der einzelne Mann war aus der Pflicht entlassen. Die DDR wies ihm, dem Mann, keine Rolle zu«. Oder: »Der Staat wurde zum ehemaligen Gesamtehemann«; die Frauen waren »nolens volens Mütter«. Sie wirft mir »Unfähigkeit zur Differenzierung« vor, um selbst zu behaupten: »Bürgerinnen laufen ihrem Staat davon in die Arme des westlichen Kapitalismus« – kein Wort über die, die blieben, und vor allem nicht über die vielen, die diesen »Staat«, diese Gesellschaft produzierten. Natürlich teile ich Ostners Ausgangsvorstellung, dass eine »feministische Perspektive ihren Ausgang nimmt in den Überzeugungen, Wünschen und Hoffnungen von empirischen [?] Frauen«. Aber woher weiß sie, dass ich in meinen Untersuchungen diese Fragen verfehle, und noch weitgehender: Woher weiß sie so sicher, dass sie den richtigen Weg eingeschlagen hat? Die reflexionslose Sicherheit hierüber erlaubt ihr zu verkünden, wo ich eigentlich stehe: »in vereinheitlichender realsozialistischer Tradition«. Unter den gegebenen Bedingungen ist das eine Denunziation, die allen kundtut, dass man solch altmodischen Unfug nicht lesen muss. Dazu bedarf es keines Hinweises, was genau von mir »vereinheitlicht« und wo und wie »realsozialistisch« gedacht worden sein soll.

[…] Ebrecht belehrt mich, dass »der ›Staatssozialismus‹ in der DDR nicht zugelassen [hat], dass sich hier, wie ab 1968 in der Bundesrepublik, unter Rückgriff auf aufklärerische gesellschaftskritische Traditionen unterschiedliche kritisch feministische und marxistische Positionen herausbilden konnten«. Natürlich weiß ich, wie wichtig 1968 für den Westen war. Aber ich erinnere die Bundesrepublik nicht ganz so rosig, Politiken wie das »Berufsverbot« wollen sich nicht verdrängen lassen. Zudem scheint mir solches Denken, »der Staatssozialismus hat etwas nicht zugelassen«, nicht fruchtbar zu sein. Ich würde danach fragen, welche Akteure wie handelten (vgl. u.a. die während der DDR-Zeiten veröffentlichten kritischen Arbeiten von Irene Dölling, die feministischen Romane von Irmtraud Morgner, Helga Königsdorfs Novellen u.v.a.m.) und nicht davon ausgehen, dass es ein totales System geben kann, in dem Menschen ausschließlich gezwungen leben – es sei denn, es ist ein Gefängnis.

Etüden in Begrifflichkeit

Ursula Beer hält es für beliebig, ob der Begriff Geschlechterverhältnis(se) im Singular oder Plural benutzt wird. In Wirklichkeit liegen Welten zwischen dem Singularprojekt, das Verhältnis von Männern zu Frauen, und dem Pluralprojekt: die Einspannung der Geschlechter in die gesellschaftlichen Gesamtverhältnisse kritisch zu untersuchen. Weil sie nur die erste Frage kennt, kann sie meinen, »das Geschlechterverhältnis« werde bei mir dem Kapitalverhältnis »additiv hinzugefügt«. […] Beer bestimmt als »systemübergreifende Momente von Geschlechterungleichheit […] z.B. den Ausschluss von Frauen von Macht und Einflusspositionen, die […] geschlechtsspezifische Arbeitsteilung in Familie und Erwerb, die Kulturproduktion weitgehend als Männersache«. Mir scheint das ungenügend bestimmt. Man wird kaum sagen können, dass »die … geschlechtsspezifische Arbeitsteilung in Familie und Erwerb« im Kapitalismus und Sowjet-Sozialismus (worunter ich, gewaltsam vereinfachend, hier auch den der DDR subsumiere) gleich gewesen sei; z.B. die fast völlige Integration der Frauen ins Erwerbsleben gehört zur Spezifik des Sowjet-Sozialismus. *»Geschlechterungleichheit«* wird von ihr auch als *»Geschlechterungleichheit zu Lasten der Frauen«* spezifiziert. Schließlich fragt Beer nach *»Geschlechterherrschaft«.* Diese Begriffe gleichen Messern ohne Klingen. *Geschlechterherrschaft* ist analog zu *Klassenherrschaft* gebildet. Aber Klassen sind bereits ein Aspekt der Klassenherrschaft. Klassen sind nichts Natürliches. Geschlechter aber sind (wiewohl sozial gleichsam überbaut) auch etwas Natürliches, und die Existenz von Geschlechtern ist nicht einfach die Folge oder ein Aspekt von *»Geschlechterherrschaft«.* Wiederum ist der Begriff der *Geschlechterungleichheit* fragwürdig, weil der Begriff *»Geschlechtergleichheit«* allenfalls als politischer Slang-Ausdruck verständlich ist. Von Geschlechtern zu sprechen heißt von Geschlechtsunterschieden zu sprechen. Mehr noch: Unterschied ist zu schwach, um die Komplementarität zu denken, die durch das natürlich ungleiche Zusammenwirken bei der Fortpflanzung bedingt ist. Rechtliche Gleichstellung von Frauen und Männern stellt sie als Rechtssubjekte gleich, abstrahiert also vom Geschlecht. Wo die rechtliche Gleichstellung sich faktisch nicht verwirklicht und zu kompensatorischen Maßnahmen wie Quotenregelungen gegriffen wird, werden sogar, von Ungleichheit ausgehend, die Angehörigen der einzelnen Geschlechter im Einzelfall »ungleich« behandelt, um zu einer durchschnittlichen Gleichbehandlung in bestimmter Hinsicht zu gelangen. Ich verständige mich mit Beer gern darauf, dass wir mit »größerer begrifflicher Präzision« formulieren müssen. [...] – Wenn Bader von »asymmetrischen Machtverhältnissen« oder Becker-Schmidt von »männlicher Suprematie« (also *Vormacht)* sprechen, ist dies zu schwach, weil Machtbeziehungen erst als asymmetrische überhaupt als solche wirken können und Vormacht ein vagierendes Phänomen ist, während Herrschaft etwas Strukturelles ist. – Heise schlägt u.a. den Begriff *»Geschlechtergegensatz«* vor. Auch dieser Begriff, dem Klassengegensatz nachgebildet, ist nicht zu Ende gedacht. *Geschlechterkomplementarität* ist das eine (sozusagen als Naturform der Säugetiere), die herrschaftliche Ausprägung der Verhältnisse der komplementären Geschlechter das andere. Indem Heise den »Geschlechtergegensatz« in Nachfolge des Klassengegensatzes sieht, glaubt sie, ich betreibe »die Substitution der Klassen durch die Geschlechter«. Als Heises Allgemeinbegriff kann der Begriff »Geschlechterkonstellation« angesehen werden. Da es sich bei Männern und Frauen so nur um zwei »Gestirne« handelt, ist nicht einsichtig, warum es eine komplexe Konstellation dieser beiden geben soll. Es sei denn, es wird mit mir zu modellieren versucht, dass und wie in allen gesellschaftlichen Bereichen die Geschlechterverhältnisse ihre bereichsspezifischen Formen finden und dass es darauf ankommt, die »Konstellation« all dieser Formen zu denken, was als strategische Kodierung zu fassen wäre. [...] – Unverständlich und daher unbeantwortbar bleibt mir, dass Jäger in seinem detaillierten und nachdenklichen Aufsatz »kapitalistisches Patriarchat« einen weißen Schimmel findet.

Das Vorgehen

Mein Gedanke arbeitet sich am Material ab. Umgekehrt: das Material studierend komme ich zu gedanklichen Fassungen über es, über Zusammenhänge des Allgemeinen und Besonderen. Mein Gedanke kann sich blamieren. Nicht das Material. Insofern ist die ursprünglich positivistische Auffassung, dass eine These sich am Material bewähren (falsifizierenverifizieren) möge und so lange gelte, bis sie belehrt, des Irrtums überführt ist, nicht nur fragwürdig. Problematisch ist, dass das Material selbst nicht fest ist und auf Erkenntnis wartet. Es ist in seiner Wahrnehmung selbst schon Ergriffenes, das Wahrzunehmende selbst sozial konstruiert usw.. Alle neueren Sozialtheorien sind voll von diesen Erkenntnissen, dass Welt in Bewegung ist. Folgt daraus, auf Erkenntnis zu verzichten, Empirie an den Nagel zu hängen? Wenn ja, müsste logisch die Selbstaufgabe der Intellektuellen folgen. Die intellektuelle Predigt, dass jeder Versuch von Erkenntnis trügerisch ist, verdient ihren arbeitsteiligen Lohn nicht. Es gilt, den Versuch zu wagen, die Erkenntnis von der sozialen Konstruktion von Wahrnehmung und Begreifen in methodische Verfahren umzusetzen. Die einzige Möglichkeit dafür scheint mir, Begriffe und Theorie so beweglich zu halten, dass das zu Erkennende – die Phänomene – selbst als Kritik an den Begriffswerkzeugen aufgefasst werden können. Resultat wäre eine Theorie in Bewegung, eine Annäherung. Begreifendes Erkennen scheint mir aus einem Wechselprozess, einem steten Hin- und Hergehen zwischen Phänomenen und theoretischer Frage zu entstehen.

Das Problem der Darstellung: Im Versuch, Zusammenhänge zum Begreifen vorzuführen, gehe ich womöglich mit den Phänomenen ganz selektiv um. So ging es mir natürlich mit dem Beispiel der *Zauberflöte* keineswegs darum, eine feministisch gültige, neue und alles bisherige Ersetzende Interpretation und Analyse dieses Werkes zu leisten (wie sich Lautmann entsetzt – um von seinem Standpunkt aus eine Reihe von Einsichten zu diesem Werk nachzutragen; auch Rauschenbach verweist auf die »zerstörerische Dynamik kommender Naturbeherrschung«, die sich als frühe Kritik in der *Zauberflöte* abzeichnet und hier nachzutragen wäre.). Vielmehr schien mir dieses »kulturelle Erbe« auf einiges Echo bei den Menschen rechnen zu können und daher vorzüglich geeignet, einen theoretischen Gedanken zu »illustrieren«. Nämlich den der vierfachen Bewegung, der gleichzeitigen

Artikulation von Frauenunterdrückung, »Rassen«- und Klassenherrschaft und der Abtrennung des Politischen als eine Art Männerbund. Ich habe nicht die Illusion, dieser Beleg sei ausreichend, irgendeine These empirisch abzusichern. Sondern solche Exkurse in die Literatur sind hilfreich, wofern einem daran gelegen ist, mehr als nur einen kleinen Kreis von »Eingeweihten« für begreifende Theoriearbeit zu gewinnen. Als Feministin lege ich meine Arbeit so an, dass Anknüpfen und Weiterdenken Folge meiner Vorschläge sein soll. Das gilt ebenso für andere hier eingebaute »Illustrationen«, so die Skizze eines Romans von Marge Piercy. Hier ging es darum, Geschlechterverhältnisse als Produktion zu zeigen. Das Beispiel sollte Doppeltes leisten: das einfach Nachvollziehbare jenes schwierigen Gedankens über die Geschlechterverhältnisse als solche, die die gesamte Gesellschaft durchziehen und nicht bloß einen Ort haben, vorführen und zugleich die Komplizenschaft der Akteurinnen sichtbar machen. Die Fragen des Verhältnisses von Theorie und Empirie, wie Erkenntnis zu gewinnen, wie empirisch zu forschen sei, und des Weiteren das Problem, wie Theoriearbeit darstellbar und wie hier mit Veranschaulichung umzugehen ist, scheinen mir im Übrigen sehr wichtige Fragen zu sein, um die es zu streiten lohnt und die noch keineswegs gelöst sind. Ich selbst habe in verschiedenen Arbeiten versucht, Vorschläge zum Problembereich zu machen[30]. Im vorliegenden Fall geht es allerdings noch um ein weiteres Moment – nennen wir es Spurensuche oder feministisches Querlesen. Gemeint ist ein Verfahren, bekannte und lange als sicher gewusste »Werke« aus dem kulturellen Erbe noch einmal »gegen den Strich zu lesen« – das Vergessene hervorzuheben, neue Sichtweisen vorzuschlagen. Es ist dieses Verfahren keineswegs von mir erfunden, sondern, worauf List hinweist, »das Vorgehen hat sich in der feministischen Forschung bewährt«. Auch die Literaturwissenschaftlerin Kaufmann hebt die Vorzüge literarischer Beispiele hervor und ergänzt aus ihrem Bereich. […] Lautmann ist empört wegen der »Eklektik«, ironisch erwähnt er das »Mutige« an der Wahl der Beispiele, die jeweils jedoch »in ihrem eigenen Sinn- und Rationalitätsgehalt nicht erfasst werden«. Ich kann dieser Kritik leicht folgen, würde auch meine Zustimmung keineswegs verweigern, wenn ich gleichzeitig anerkennen könnte, dass diese »Beispiele« tatsächlich so etwas besitzen wie einen eigenen »Sinn- und Realitätsgehalt«, der sich feministischem Ungehorsam letztgültig zu entziehen vermag. Die »unreine« Forschungsweise von Feministinnen, die respektlos gegen bislang gültige Regeln verfahren, braucht noch Zeit, bis sie selbstsicher neue Standards setzen kann. Bis dahin gilt der Versuch.

30 Vgl. u. a. *Dialektische Theorie und empirische Methodik*, 1978; *Auswertung – Überlegungen zu einer inhaltlichen Methode*, 1980; *Verelendungsdiskurs oder Logik der Krisen und Brüche*, 1983; *Arbeitsforschung im Zeitalter der Mikroelektronik*, 1987; *Erinnerungsarbeit*, 1988

Heiterer Nachtrag

Da eine ganze Reihe meiner Kritikerinnen ihre Auffassung, ich denke Frauen einseitig als Opfer, mit der Textstelle belegen, in der Hartsock Marx' Marsch in die Fabrik ergänzt um die hinter dem Arbeiter abseits mit Windeln, Baby und Einkaufstüte beschwerte Frau, sei mir folgende Frage erlaubt: Wieso gibt dieses Bild eigentlich nur den Schluss Frau = Opfer her; wieso kommt niemand auf die Idee, auch den Arbeiter in der Gerberei als Opfer auszumalen und dies dann Marx (oder auch mir) in die Schuhe zu schieben?

Einige Kritikerinnen waren verwirrt über die Überschrift meines Beitrags, suchten vergeblich eine Studie über Knabenspiele. Ist es wirklich zu abwegig, angesichts der unglaublichen und zugleich auch wieder lächerlichen Inszenierungen etwa im Golfkrieg, aber auch im Militär überhaupt, bei den Aufzügen der Talare in Gerichten, mancherorts noch in Universitäten, bei politischen Zeremonien usw. an »Knabenspiele« zu denken und zugleich auch wieder zu erinnern, dass dies mehr als Spiel ist, dass menschheitlich verspielt wird, was getan werden müsste?

Kapitel 9

Heimwärts! Zurück zu Engels und Marx

9.1 Zurück nach Hamburg

Aus Kanada zurückgekehrt erfuhr ich, dass in den Monaten meiner Abwesenheit die Neoliberalisierung nun auch meine Hamburger Hochschule nicht nur erreicht, sondern übernommen hatte. Als ich sie verließ, galt sie noch als gewerkschaftliche Kaderschmiede, nun war sie in so kurzer Zeit zum Modellfall neoliberaler Hochschulreform geworden. Der Umbruch kam für mich unverhofft, aber schließlich hatte ich mich in der kurzen Zeit auch sehr verändert, warum also die Universität nicht. Die Änderungen galten der Neu-Strukturierung des Lehrkörpers, der Neueinrichtung in der Frage der Leistung (als Leistung galt nicht mehr, ob die Studierenden lernten, sondern wie viel Drittmittel man einwarb) sowie dem allmählichen Abbau des Charakters, eine Hochschule des zweiten Bildungswegs zu sein. Die Umstrukturierung des Lehrkörpers betraf mich sogleich. Es wurden alle diese Besonderheiten und Zwischenstufen, nämlich die Stellen von Lehrenden, die noch aus einer früheren Form der Hochschule kamen, also Hochschuldozenten überführt in Professorenstellen. Das betraf mich nicht, da ich dem Mittelbau angehörte. Aber ich war nicht nur promoviert, sondern auch habilitiert, so schuf man mir eine eigene Position: eine ganz kleine Professur (C2), die für die künftige Universität mit klarer professoraler Struktur gleich prophylaktisch einen Streichvermerk bekam nach meinem Ausscheiden.[1] Verbeamtet wurde ich nicht mehr, weil ich dafür zu alt war (ich würde auch sehr viel weniger Rente bekommen als meine Kollegen), aber konkret, für meine Arbeit in Forschung und Lehre, blieb alles beim Alten. Ich durfte mich erstmals auch im Inland Professorin nennen, fühlte mich allerdings wie jemand, die die Räumungsklage schon bekommen hat.

1 Meinen Gefährten Wolfgang Fritz Haug traf das gleiche Schicksal. Auch er erhielt in der Neustrukturierung des Philosophischen Instituts an der FU Berlin eine kleine C2-Professur mit dem Streichvermerk. Seine Professur galt marxistischer Philosophie. Aber C2 bedeutete: keine Forschungsmittel, keine Assistenten, keine Möglichkeit, Studierenden beim Weg in die Universität zu helfen, kurz Austrocknung von Marxismus.

Was bedeutete diese Veränderung für die Entwicklung eines Marxismus-Feminismus, für den ich in Australien, dann in Kanada neue Kraft und viele Kolleginnen gewonnen hatte?

Historisch-kritisch arbeiten

Es war notwendig gewesen, die marxistischen Klassiker kritisch zu lesen, ihnen Leerstellen, Fehler, Irrwege nachzuweisen und immer wieder die Nichteinbeziehung der halben Menschheit in die großartige Kritik der politischen Ökonomie. Aber wie konnte meine Kritik sich mit solchen Punkten begnügen und ich gleichzeitig daran festhalten, Marxistin zu sein? Kurz: Wozu Kritik, wenn nicht aufgehoben wird, was bleiben kann? Historisch-kritisch forschen muss ja heißen, aus dem Gewordensein das Mögliche zu erarbeiten und für die weiteren Schritte der Veränderung zu behalten und weiter zu verändern. – Ich setzte mich erneut auf die Schulbank und las noch einmal genau nach, wie die Klassiker gearbeitet hatten und was ich daraus lernen könnte speziell für einen feministischen Marxismus.

Dieser neue Arbeitsgang war voller Überraschungen. Zum einen studierte ich noch einmal Engels, der für Frauen so sympathisch ist, weil er mit der Skandalisierung der »weltweiten Niederlage des weiblichen Geschlechts« explizit Partei ergriffen hat für Frauen und weil seine Studien zum *Ursprung der Familie, des Privateigentums und des Staats* ins Zentrum auch feministischer Forschung gehören (auch kritisch in feministischer Ethnologie). Obwohl ich die Schriften kannte, stieß ich bei dieser Arbeit überraschend auf eine Begründung für die Schwierigkeit, feministisch eingreifend mit Engels zu arbeiten.

9.2 Engels' Problematik der Frauenfrage[2]

Vorbemerkung

Zum sozialistischen Teil der Studentenbewegung kam ich Ende der fünfziger Jahre, zum damaligen SDS. Frauenbewegung begann erst Ende der Sechziger. Wiewohl ich von Anfang an mit dabei war, bestimmte dieser autobiographische Vorlauf an sozialistischem Denken meine Gehversuche in Sachen Frauenbefreiung. Folgerichtig habe ich auch, wie die meisten der damals entstandenen Frauengruppen, angefangen, bei den sozialistischen Klassikern Unterstützung in Frauenemanzipationsdenken zu suchen: Bebel und Engels vor allem. Die Erinnerung an beide ist ambivalent. Unkundig noch in fast allen Fragen, die mich selbst als Frau betrafen, war ich begeistert, ganze Bücher über »die Frauenfrage« zu finden, und fühlte mich beachtet und wohl beheimatet. Andererseits erinnere ich ebenso, wie zäh und mühselig die Lektüre von Engels' *Ursprung der Familie* war. Wir studierten das Buch in einer Arbeitsgruppe des Sozialistischen Frauenbundes. Und als wäre es gestern gewesen, fühle ich noch die Mühsal, mich durch die irokesische Gens, die Punaluafamilie, die Onkel-Tanten-Geschwister-Ehen hindurchzuwinden, um endlich bei Fragen anzukommen, die uns betrafen. Es war wie eine Art Hinderniskraxeln zu einem Ziel, dessen erhellende und lösende Qualität wir irgendwie niemals erreichten. Ich schob die Erfahrung mit dem Buch beiseite. Spätere Erinnerungen waren flüchtig und wurden von mir abgebucht als Unvermögen meinerseits, mich für ethnologische Studien zu interessieren. Aber ein Stachel blieb.

In diesem Jahr 1995, zu Engels' 100. Todestag, war ich es mir und Engels schuldig, so empfand ich, noch einmal zu prüfen, was an diesem Ursprungstext dran war. Ich stellte mir die Frage, ob Engels als Theoretiker von Frauenbefreiung noch uneingelöste bedenkenswerte Potenziale und Werkzeuge bereitgestellt hatte, Schätze, die von uns damals nicht gehoben wurden, oder ob er durch die Spezifik seines Herangehens Frauenbefreiungsdenken in der Arbeiterbewegung unter Umständen eher verstellte. Dabei war mir bewusst, dass die Frage so ein wenig unhistorisch gestellt war. Schließlich leben wir in anderen Zeiten und anderen Wirklichkeiten, welche krisenhaft deutlich machten, dass Frauenunterdrückung ein Herzstück der Gesellschaftsformation und ihres Funktionierens ist, während Befreiungsdenken zu Engels' Zeiten gerade erst begonnen hatte, die Horizonte von Kapital und Arbeit abzuschreiten. Gleichwohl.

2 Aus: Bergmann u. a. (Hg.): *Zwischen Utopie und Kritik. Friedrich Engels – ein »Klassiker« nach 100 Jahren.* Hamburg 1996, 42–50; leichte Kürzungen vermerkt.

Geschlechterverhältnisse und Arbeit

Ich studierte also den *Ursprung der Familie* [...] nach 25 Jahren ein weiteres Mal [...] und formuliere thesenhaft:

Während die irokesische Gens, die Punaluafamilie und Ähnliche mich in keiner Weise mehr »langweilten«, noch ihre Vorführung »zäh und mühsam« war, stolperte ich gleich zu Anfang über die Problemzurechtlegung, die Engels als Aufriss gibt. Da heißt es schon im Vorwort: »Je weniger die Arbeit noch entwickelt ist, je beschränkter die Menge ihrer Erzeugnisse, also auch der Reichtum der Gesellschaft, desto überwiegender erscheint die Gesellschaftsordnung beherrscht durch Geschlechtsbande. Unter dieser auf Geschlechtsbande begründeten Gliederung der Gesellschaft entwickelt sich indes die Produktivität der Arbeit mehr und mehr; mit ihr Privateigentum und Austausch, Unterschied des Reichtums, Verwertbarkeit fremder Arbeitskraft und damit die Grundlage von Klassengegensätzen: neue soziale Elemente, die im Lauf von Generationen sich abmühen, die alte Gesellschaftsverfassung den neuen Zuständen anzupassen, bis endlich die Unvereinbarkeit beider eine vollständige Umwälzung herbeiführt. Die alte auf Geschlechtsverbänden beruhende Gesellschaft wird gesprengt im Zusammenstoß der neu entwickelten gesellschaftlichen Klassen; an ihre Stelle tritt eine neue Gesellschaft, zusammengefasst im Staat, dessen Untereinheiten nicht mehr Geschlechtsverbände, sondern Ortsverbände sind, eine Gesellschaft, in der die Familienordnung ganz von der Eigentumsordnung beherrscht wird und in der sich nun jene Klassengegensätze und Klassenkämpfe frei entfalten, aus denen der Inhalt aller bisherigen Geschichte besteht.« (MEW 21, 28)

Wiewohl dies auf den ersten Blick eine gute Forschungsanleitung zu sein scheint, erkennt man bei näherem Hinsehen eine Linienführung – der Engels im Übrigen auch weitgehend folgt –, die geradezu zwangsläufig dazu führen musste, die Unterdrückung von Frauen zu übersehen. Verkürzt gesprochen bietet Engels hier eine Zurechtlegung, die vermuten lässt, dass Gesellschaftsregulierung über Geschlechtsbande, Verwandtschaftsverhältnisse, Familien geschah bis zu dem Zeitpunkt, an dem Arbeit in Klassenverhältnissen das Reglement übernahm. Solcher Rahmen führt dazu, in den Gesellschaften, in denen Verwandtschaftsverhältnisse, Geschlechtsbande herrschen, eine Analyse der Arbeit zu vergessen und umgekehrt in jenen, in denen Arbeit, Eigentum, Klassen als bestimmend gedacht werden, auf eine Analyse der »Geschlechtsbande« zu verzichten. Dazu kommt eine sprachliche Besonderheit. Engels benutzt für die Fragen der Reproduktion der Gattung und die damit zusammenhängenden Verhältnisse den Begriff Geschlechterverhältnisse, den ich bis heute tragfähig finde, ja für einen Schlüsselbegriff halte. Im Kontext der alten Gesellschaften, die durch Verwandtschaftsbeziehungen geregelt sein sollen, spricht er von Geschlechtsverbänden und Geschlechtsbanden. Eigentümlicherweise rutschen die Begriffe so ineinander, dass in dem Moment, in dem von ihm historisch von der Dominanz von Arbeit im Regelungszusammenhang gesprochen wird, auch die Analyse der Geschlechterverhältnisse weitgehend verschwindet. In der Logik der Forschungsskizze können Geschlechterverhältnisse mit Beginn der mehrwertproduzierenden Arbeit keine gesellschaftliche Relevanz mehr haben.

Im gleichen Vorwort wird dieser Punkt erhärtet durch die Weise, wie Engels die Bestimmungen aus der *Deutschen Ideologie* über die Reproduktion und Produktion von Leben aufnimmt und weiterführt. Er skizziert, was unter »Produktion und Reproduktion des unmittelbaren Lebens« (ebd., 27) zu verstehen sei: »Einerseits die Erzeugung von Lebensmitteln, von Gegenständen der Nahrung, Kleidung, Wohnung und den dazu erforderlichen Werkzeugen; andrerseits die Erzeugung von Menschen selbst, die Fortpflanzung der Gattung.« (Ebd., 28) Er nennt beides »Produktionen« und liefert in dieser Weise einen Ausgangspunkt für eine Theorie von Frauenunterdrückung, deren Ausarbeitung er selbst jedoch durch die folgenden Bestimmungen verstellt: Er bestimmt die beiden Produktionsarten in der weiteren Entwicklung als »einerseits ... Arbeit, andrerseits ... Familie« (ebd.). Indem er solcherart eine Trennung vornimmt in Arbeit, der Nahrung, Kleidung, Wohnung etc. zugehörig sein sollen, und Familie, bleibt ihm für Letztere und damit auch für eine Theorie von Frauenunterdrückung kein anderes Material, als die Organisation biologischer Prozesse und ihre Verrechtlichung und Verstaatlichung zu studieren. *Familienarbeit* kann nicht gedacht werden. Folgerichtig untersucht er in *Ursprung* die Organisationen der Fortpflanzung als Frage von Verwandtschaften, nicht, in welchem Verhältnis die in der Familie verrichteten Arbeiten zur gesellschaftlichen Gesamtarbeit stehen und zur Reproduktion von Gesellschaft.

Dies wird erleichtert dadurch, dass die Kategorien *Produktion des Lebens, Erzeugung von Menschen, Fortpflanzung der Gattung* auf einer Allgemeinheitsstufe gehalten bleiben, dass der gesamte Vorgang und die in ihn eingelassene Herrschaft und Unterdrückung, alle Arbeit und Ausbeutung in diesem Kontext verschluckt sind.

Engels arbeitet mit der im Marxismus geläufigen Denkfigur, gesellschaftliche Verhältnisse und dominante Regelungen zu denken und in ihnen ihrerseits Formen, die in solchen Verhältnissen unter Spannung geraten. So nimmt er an, dass »die Produktivität der Arbeit« sich zwar in der auf Geschlechtsbande begründeten Gliederung der Gesellschaft entwickelt und mit ihr »Privateigentum und Austausch, Unterschiede des Reichtums, Verwertbarkeit fremder Arbeitskraft und damit die

Grundlage von Klassengegensätzen« (ebd., 28). Er entfaltet hier ein Netz von Bestimmungen, die uns heute als zentral für marxistische Analyse und gesellschaftliche Wirklichkeit geläufig sind, die er aber dann allesamt als von Geschlechtsbanden emanzipiert denkt. An die Stelle von Geschlechterverhältnissen treten Staat und Klassen. Diese Anordnung macht, dass es weitgehend unmöglich wird, den Staat als von Geschlechterverhältnissen durchsetzt zu denken, als patriarchalen Staat. Es brauchte fast 100 Jahre, bis versucht wurde, Geschlechterkämpfe in einen Systemzusammenhang zum Kapitalismus zu stellen[3]. Dies übrigens, obwohl Engels selbst zumindest ein gleichzeitiges Auftreten von Frauenunterdrückung und Klassengegensatz notiert. »Der erste Klassengegensatz, der in der Geschichte auftritt, fällt zusammen mit der Entwicklung des Antagonismus von Mann und Weib in der Einzelehe, und die erste Klassenunterdrückung mit der des weiblichen Geschlechts durch das männliche.« (Ebd., 68) Diese Beobachtung hat jedoch kaum Folgen für seine weitere Darstellung und Analyse des Regulationswechsels in der Gesellschaft. Die Denkweise selbst, einen Dominanzwechsel in der Regelung von Gesellschaft anzunehmen und zugleich damit eine Verschiebung, eine andere Verknüpfung vorher vorhandener Praxen und Zuordnungen, bleibt ansonsten fruchtbar.

Trotz dieser Negierung von Familienarbeit ist Engels an anderer Stelle, im Zusammenhang mit der Fortentwicklung von Gesellschaft, durchaus klar, dass in Familie auch gearbeitet wird. Im historischen Rückblick sagt er im *Anti-Dühring*: »Alle Entwicklung der menschlichen Gesellschaft über die Stufe tierischer Wildheit hinaus fängt an von dem Tage, wo die Arbeit der Familie mehr Produkte schuf, als zu ihrem Unterhalt notwendig waren, von dem Tage, wo ein Teil der Arbeit auf die Erzeugung nicht mehr von bloßen Lebensmitteln, sondern von Produktionsmitteln verwandt werden konnte.« (MEW 20, 180) Engels interessiert sich hier allerdings nicht weiter dafür, welche Bedeutung dieser Prozess für den zurückbleibenden Teil, den er »Erzeugung von bloßen Lebensmitteln« nennt, hat, sondern blickt allein auf den gesellschaftlichen Fortschritt, der aus dem Überschuss des Arbeitsprodukts über die Unterhaltungskosten der Arbeit kommt, als Grundlage aller »gesellschaftlichen, politischen und intellektuellen Fortentwicklung« (ebd.).

Es ist interessant, sich genau anzusehen, wie ein solcher blinder Fleck hergestellt wird, wie er also Arbeit für die Subsistenz, Beschaffung der notwendigen Nahrung und Kleidung beschreibt, und wo der Übergang zur Mehrproduktion, zu Eigentum und Reichtum beginnt. »Jetzt mit den

3 Zuletzt Jacques Kergoat: »Remarques sur la lutte de classes«, Congrès Marx International, Paris, Sept. 1995

Herden der Pferde, Kamele, Esel, Rinder, Schafe, Ziegen und Schweine hatten die vordringenden Hirtenvölker [...] einen Besitz erworben, der nur der Aufsicht und rohesten Pflege bedurfte, um sich in stets vermehrter Zahl fortzupflanzen und die reichlichste Nahrung an Milch und Fleisch zu liefern. [...] die Jagd, früher eine Notwendigkeit, wurde nun ein Luxus.« (*Ursprung*, MEW 21, 58) Die Stoßrichtung ist klar. Engels will im Wechsel der Nahrungsgrundlage – von der Wiederholung in der Jagd zur sich selbst vermehrenden Grundlage der Haustiere – einen Umsturz skizzieren, der zu einer neuen gesellschaftlichen Regelung auf Grundlage von Eigentum beruhte. Aber er tut dies mit Worten, die von Arbeit ablenken und zugleich damit wiederum von der Frage der Geschlechterverhältnisse in dieser Arbeit. Überspitzt könnte man sagen, dass hier der Boden vorbereitet wird für eine Vernachlässigung von Hausarbeit für die Analyse der gesellschaftlichen Gesamtarbeit und für die Befreiungsperspektive. In der knappen Erwähnung von »Aufsicht« und »rohester Pflege« kann man sich noch Elemente von Arbeit vorstellen, wenngleich diese sofort im Diminutiv erscheint; der weitere Teil der notwendigen Arbeit, die Pflege und Zubereitung der Nahrung, bis sie gegessen werden kann, verschwindet als subjektive Tat ganz und gar. Die Tiere liefern sich selbst, fast wie im Märchen vom Schlaraffenland. Es verschwinden u. a. das Melken, das Ausmisten der Ställe, das Zusammentreiben des Viehs, das Schlachten und Häuten, das eigentliche Zubereiten der Nahrung selbst. Kurz: es verschwindet die den Frauen zugewiesene Arbeit, als wäre diese selbst bloßer Naturreichtum.

Auf der anderen Seite tritt die Jagd auf als geschlechtsloser Luxus, als könnten die allmählich reich Gewordenen sich ohne Ansehen des Geschlechts und der Positionierung im Gesamt in möglicher Freizeit daran beteiligen.

Engels konstatiert, dass das neue Eigentum die Familienordnung beherrscht, und teilt mit, dass die neuen Eigentümer die männlichen Familienoberhäupter sind, weil sie »nach der damaligen Arbeitsteilung in der Familie« für die Beschaffung der Nahrung zuständig waren und Frauen für den Hausrat (*Ursprung*, 59). Die Unterwerfung des weiblichen Geschlechts findet an dieser Stelle eine vage und wieder fast märchenhafte Erklärung. Die Geschlechter treten wie zwei Brüder auf, von denen der eine plötzlich Gold in seinem Acker findet, der zweite nur Steine und daher gut daran tut, will er überhaupt am Reichtum partizipieren und überleben, sich dem Ersteren zu unterwerfen. Ohne das an dieser Stelle ausführen zu können, scheint diese umstandslose Zuordnung der Nahrungsbeschaffung zu Männern historisch ebenso unwahrscheinlich, wie die Aufgaben im Haus mehr als unterbestimmt sind durch die implizite Aussage, sie brächten keinen Reichtum.

Was in feministischer Diskussion über viele Jahre als kritischer Verdacht gegen die marxistischen Klassiker geäußert und abgewehrt wurde, findet sich bei genauer Lektüre als explizite Problemanordnung bei Engels. Er orientiert darauf, die später nicht in der Form der Erwerbsarbeit verrichteten Tätigkeiten aus der Analyse des gesamtgesellschaftlichen Produktionsprozesses herauszunehmen, und kann sie damit für das Funktionieren des Ganzen unauffällig vernachlässigen.

Die Frage nach dem Zusammenwirken von Patriarchat und Kapital wird verstellt. Und es wird der Boden bereitet für die Illusion, eine Familie ohne Eigentum, also die proletarische, wäre herrschaftsfrei.

Inzwischen gehört es zum allgemeinen Wissen, dass die Herrschafts-/Unterwerfungsverhältnisse auch in der proletarischen Familie zu Lasten der Frauen ausgebaut wurden. Mit fortschreitender Industrialisierung, mit wachsendem Wohlstand auch in der Arbeiterklasse bis hin zur Möglichkeit, von nur einem Einkommen, dem des Mannes, zu leben, verschlechterte sich die Stellung auch der proletarischen Hausfrau zunehmend. Engels erwähnt tatsächlich schon den männlichen Ernährerlohn (*Ursprung*, 75) und die »Haussklaverei der Frau« (ebd.), jedoch hält er diese Phänomene nicht für ausreichend, um seiner Analyse einen theoretischen Rahmen zu geben, der eine Entfaltung des Proletariats unter Beibehaltung des Patriarchats, also eine widersprüchliche Entwicklung zu denken erlaubt.

In einer Gesellschaft, in deren zentraler Regelung Sorgen und Versorgtwerden nicht vorgesehen sind oder gar den dominanten Zielen widersprechen, wird man damit rechnen müssen, dass das Privileg, versorgt zu werden, verfügend ergriffen wird. Die Analyse müsste mithin den Wechsel von der Regulierung nach Geschlechtsbanden zu der nach Eigentum und dadurch bestimmter Arbeit vor allem auch als Wechsel in den Zielen gesellschaftlichen Handelns zeigen. Nicht mehr die Frage der Reproduktion der Gattung ist Bestimmungsmoment bei der Regulierung von Gesellschaft, sondern die Anhäufung von Reichtum. Umso wichtiger, das Schicksal der keinen Reichtum schaffenden Tätigkeiten, z.B. der Sorge um die nächste Generation, und ihr Verhältnis zur als dominant anerkannten Arbeit in die Analyse einzubeziehen.[4] Dieser Trennungszusammenhang ist zentral

4 In ihrem Beitrag »Familienlohn und Männergewalt« hat Dorothy Smith (1994) herausgearbeitet, dass die ökonomische Form des Familienlohns bestimmte Erwartungen an den Vollzug damit einhergehender Arbeitsteilung bei den betroffenen Männern erweckt, die ihnen das »Recht« zu geben scheint, Familienpflichten notfalls mit Gewalt einzufordern. In ihrer empirisch gestützten Analyse begründet sie die Entstehung von Gewalt in proletarischen Familien. »Die praktische Notwendigkeit, Familienmitglieder zu unterhalten, trägt zur Triftigkeit und Überzeugungskraft von Familienideologien bei, die durch das Schulsystem, die Kirchen und die Massenmedien verbreitet werden. Erfahrungen von Frauen aus der Arbeiterklasse [...] machen deutlich, dass die Kultur, die sich zwischen Frauen und Männern aus dieser Klasse, aus

für die Bestimmung des patriarchalen Kapitalismus. Er wird in Engels' Problemanordnung weitgehend in einen blinden Fleck gerückt.

Mit der Ablösung der Dynamik der Geschlechtsverbände durch die des Eigentums und damit der Klassenkämpfe kommen wir, wie Engels schreibt, »zum Inhalt aller bisherigen geschriebenen Geschichte« (*Ursprung*, 28). Die Formulierung verrät schon eine Korrektur zur vorherigen von Marx und Engels geäußerten Auffassung, dass alle Geschichte an sich Geschichte von Klassenkämpfen sei. Diese Wendung hat jedenfalls nicht genügt, der Arroganz in der Arbeiterbewegung entgegenzuwirken, alle Fragen der Geschlechterverhältnisse in die Vorgeschichte zu verweisen und damit für wirkliche politische Fragen für belanglos zu halten.

Eine andere Linienführung bei Engels gilt der Entwicklung der Produktivkräfte (*Ursprung*, ab 33). Der Blick wird hier gerichtet auf die Spezifik des Produkts und des Produzierens, nicht auf die Anordnung, in der dies geschieht. Auch diese Geschichte nicht nur als positive Entwicklungsgeschichte der Menschheit zu schreiben, sondern zugleich als eine spezifische Ungleich- und Unterentwicklung, steht noch aus.[5]

In *Ursprung* gibt es auch die grandiose und häufig zitierte Formulierung von der »weltgeschichtlichen Niederlage des weiblichen Geschlechts« (61) durch den Umsturz des Mutterrechts. Es folgt der Satz: »Der Mann ergriff das Steuer auch im Hause, die Frau wurde entwürdigt, geknechtet, Sklavin seiner Lust und bloßes Werkzeug der Kinderzeugung.« Die spontane Sympathie mit der im Satz kundgetanen Solidarität mit Frauen verdeckt, dass hier nicht über Kämpfe, nicht über Waffen, nicht über Täter (außer im Modus des Ergreifens) gesprochen wird. Frauen treten auf in der geläufigen, nicht entwicklungsfähigen Position ... als Opfer.

Es gibt andere Linienführungen in diesem Text, die nicht einfach falsch sind, die aber eine Richtung von theoretischer Arbeit und Politik vorzeichnen, die problematisch ist. So, wenn die Lohnarbeit von Männern der Prostitution von Frauen parallel gesetzt wird, bis hin zur Vorstellung, die Frau verkaufe ihre Moral, nicht Arbeitskraft. »Diese Konvenienzehe schlägt in beiden Fällen [Hetärismus und Ehebruch] oft genug um in krasseste Prostitution – manchmal beider Teile, weit gewöhnlicher der Frau, die sich von der gewöhnlichen Kurtisane nur dadurch unterscheidet,

ihren Lebensbedingungen und deren Fortbestehen ergibt, sich mit der Hegemonie der herrschenden Klasse überschneidet.« (84)

5 In *Ursprung der Familie* finden sich im Übrigen noch eine Reihe interessanter und ausbaufähiger Theorievorschläge, auf die näher einzugehen in diesem Kontext verzichtet werden muss. So begreift Engels etwa Verwandtschaft als System, Familie als dynamische Form – eine Problemanordnung, die sonst unverständliche Verhältnisse von Ungleichzeitigkeit entschlüsseln hilft und zugleich eine Entwicklungsrichtung ausmachen lässt.

dass sie ihren Leib nicht als Lohnarbeiterin zur Stückarbeit vermietet, sondern ihn ein für allemal in die Sklaverei verkauft.« (*Ursprung*, 73) So einverständig wir die Ausführungen über die lieblose, auf Eigentum gegründete Ehe als Prostitution lesen mögen, gilt doch zugleich, dass in dieser Orientierung des Blicks wiederum die unbezahlte Arbeit, jener Teil aus der gesellschaftlichen Gesamtarbeit, der Bedingung ist für die Konzentration der Lohnarbeit auf Effektivität, Rationalisierung und in dieser Weise auch für die Einsparung von Arbeit, in der moralischen Empörung verschwindet.

Einmal findet sich eine weitsichtige Bestimmung über das problematische Verhältnis von öffentlich und privat und lässt eine Ahnung aufkommen von der politischen Bedeutung der prekären und theoretisch noch zu erfassenden Signifikanz von Hausarbeit. Engels schreibt: »In der alten kommunistischen Haushaltung, die viele Ehepaare und ihre Kinder umfasste, war die den Frauen übergebene Führung des Haushalts ebenso gut eine öffentliche wie eine gesellschaftlich notwendige Industrie wie die Beschaffung der Nahrungsmittel durch die Männer. Mit der patriarchalischen Familie, und noch mehr mit der monogamen Einzelfamilie wurde dies anders. Die Führung des Haushalts verlor ihren öffentlichen Charakter. Sie ging die Gesellschaft nichts mehr an. Sie wurde ein *Privatdienst*; die Frau wurde erste Dienstbotin, aus der Teilnahme an der gesellschaftlichen Produktion verdrängt.« (*Ursprung*, 75) Dennoch folgt aus dieser Problemskizze nichts. Bekanntermaßen gipfelt Engels' Analyse in der Vision einer total industrialisierten Gesellschaft, wie sie später auch als Leitbild für die Sowjetunion diente. Abschaffung der Hausarbeit als Vorbedingung für die Emanzipation des weiblichen Geschlechts war die Devise, die wohl erst durch Gorbatschow, zu spät und wiederum in verdrehter Form, angezweifelt wurde.[6]

Bei Engels findet sich als perspektivische Formulierung der oftmals zitierte Satz: »Die Befreiung der Frau wird erst möglich, sobald diese auf großem gesellschaftlichen Maßstab an der Produktion sich beteiligen kann, und die häusliche Arbeit sie nur noch in unbedeutendem Maß in Anspruch nimmt. Und dies ist erst möglich geworden durch die moderne große Industrie, die nicht nur Frauenarbeit auf großer Stufenleiter zulässt, sondern förmlich nach ihr verlangt, und die auch die private Hausarbeit mehr und

6 Gorbatschow hat vorgeschlagen, den Frauen zu ermöglichen, »ihren Pflichten zu Hause« besser nachkommen zu können, »dem Haushalt, der Erziehung der Kinder und der Schaffung einer familiären Atmosphäre« (1987, 147). Er wollte damit Probleme lösen: »im Verhalten vieler Kinder und Jugendlicher, in unserer Moral, der Kultur und der Produktion – die zum Teil durch die Lockerung der familiären Bindungen und die Vernachlässigung der familiären Verantwortung verursacht werden« (ebd.). Dafür brauchte er Frauen und ihre »unerlässliche erzieherische Funktion als Mutter und Hausfrau« (148). – Vgl. dazu Haug/Ketelhut 1990.

mehr in eine öffentliche Industrie aufzulösen strebt.« (*Ursprung*, 158) Ich halte das für einen Irrtum, der eine fragwürdige Politik begründet, in der die Positionierung und Funktion unbezahlter Frauenarbeit für die kapitalistische Produktionsweise beiseitegelassen wird.

Kapitalistisches Produzieren setzt die ständige Einverleibung, Ausbeutung, Kolonisierung nicht-kapitalistischer Produktionsweisen voraus. Ich habe an anderer Stelle (vgl. Haug, F. 1990) ausgeführt, dass eine profitorientierte Wirtschaftsweise, die auf Einsparung von lebendiger Arbeit und Wachstum beruht, die Erledigung der überlebensnotwendigen zeitintensiven Hege- und Pflegearbeiten als sich immer weiter verschärfendes Problem aufwirft. Eine Lösung ist die Überantwortung an Frauen, die darum nicht als gleiche und freie Lohnarbeiterinnen auftreten können, ein Teil wird dem Sozialstaat als Kompromissform abgerungen, ein Teil exportiert in Dritte Welten, ein Teil bleibt ungetan, ein zersetzendes Moment moderner Gesellschaften. Selbst in diesen wenigen Bemerkungen dürfte deutlich sein, dass diese Anordnung selbst herrschaftlich ist, eine besondere Form von Ausbeutung hervorbringt, krisenhaft ist und zugleich Austragungsort von Krisen, wie aktuell weiter zu studieren ist.

Nach dem überraschenden Befund, dass der lange feministische Streit um den marxschen Arbeitsbegriff eine frühe Fundierung hätte erfahren können, wenn wir nur Engels mit kritischeren Augen gelesen hätten, prüfen wir Marx ein weiteres Mal.

9.3 Feministisch arbeiten mit Marx

> Was hat er uns abgenommen
> an Mühe dieser schwammige Herkules
> Aber was hat er uns überlassen. Welchen Mangel an Illusionen.
> Welchen weltweiten Verlust
> An sicheren Werten. Welch verbreitete
> Unfähigkeit, *sich zu unterwerfen*!
> Und wie ausgeschlossen, unter uns
> Nicht an *allem zu zweifeln*. Seither
> All unsere Erfolge: nur Abschlagszahlungen
> Der Geschichte. Dahin die Zeit
> Sich nicht hinzugeben an die Sache
> Und wie unmöglich, nicht ans Ende zu gehen: und es nicht für den
> Anfang zu halten.
>
> Volker Braun

Die Erschließung des theoretischen Hinterlands von Erinnerungsarbeit kommt um eine Auseinandersetzung mit Marx nicht herum. Es geht darum herauszuarbeiten, wo Marx zu beerben ist, wo er kritisch weitergeführt werden müsste, um für ein feministisches Vorhaben brauchbar zu sein. In diesem Kapitel wird daher nicht der feministische Streit um Marx wiederaufgenommen (vgl. dazu Haug, F., 1996), sondern an drei Punkten eingegriffen und Lehren aus Marx gezogen, die ich für einen heute aktuellen Feminismus weiter für sehr fruchtbar, ja unentbehrlich halte. Das sind 1. die Bedeutung der marxschen Thesen gegen Feuerbach für feministische Forschung und Kritik an bürgerlicher Wissenschaft[7]; 2. die Frage des marxschen Arbeitsbegriffs, wie er einerseits die feministischen Debatten bis heute bestimmt und andererseits für eine Auseinandersetzung in der derzeitigen »Krise der Arbeitsgesellschaft« genauer erinnert und scharf gefasst werden sollte; 3. die marxsche Fassung der Familien- und Hausarbeit, die nach meinem Dafürhalten in ihrer einseitigen Weise die gesamte Kritik der politischen Ökonomie begleitet und von daher die Kritik an der kapitalistischen Gesellschaftsformation auch in ihrer heutigen Gestalt nicht ausreichend artikuliert.

7 Die Arbeit mit den *Feuerbachthesen* ist in den Kapiteln 3 und 5 durchbuchstabiert, sie ist daher aus diesem Dokument gestrichen. Der besseren Orientierung wegen hier erwähnt, weil der Aufsatz selbst auf Englisch, also im angloamerikanischen Raum Verbreitung gefunden hat.

Marx und die Arbeit[8]

Der anfängliche feministische Zorn gegen Marx, dem schließlich eine Abkehr von marxistischem Denken folgte, richtete sich [...] nicht gegen die Feuerbachthesen, deren Bedeutung für einen wissenschaftlichen Feminismus ich nirgends ausgeführt fand, sondern gegen sein Konzept von Arbeit und die Theorien über die Produktion von Mehrwert.

Der Vorwurf war, Marx habe einen Arbeitsbegriff entwickelt, der Frauen ausschloss und ihn schließlich daran hinderte, Frauenunterdrückung wahrzunehmen. Die Kritik konzentrierte sich auf seine Auffassung vom »Doppelcharakter der Arbeit«. Die Vorstellung, dass Arbeit sowohl Gebrauchswerte als auch Tauschwerte schafft, ist zentral für seine Analyse des Kapitalismus und seiner Dynamik wie auch für seine Revolutionstheorie. Eine Gesellschaft, die dadurch vorangetrieben wird, dass sie lebendige Arbeit in tote verwandelt (um in marxscher Metaphorik zu sprechen) und dann der toten Arbeit Macht über die lebendige gibt in Form von Kapital, Maschinen, Fabriken – wird sich selbst in die Katastrophe manövrieren, wenn kein radikaler Eingriff erfolgt. Doch solch eine radikale Tat würde die Grundstrukturen gesellschaftlicher Regulation umstürzen müssen: Profit als Triebkraft und mit ihm die Herrschaft des Mehrwerts über die lebendige Arbeit auf der Basis von Arbeitsteilung und Eigentum. In seiner Analyse des Doppelcharakters der Arbeit rückt Marx die Lohnarbeit als bestimmende Weise, die Lebensaktivität zu verformen, ins Zentrum. Ein erster revolutionärer Schritt wäre die Aufhebung des Privateigentums an Produktionsmitteln. Diese Argumentation hatte den Effekt, dass der männliche Arbeiter in seiner historischen Rolle als Ernährer der Familie Zentrum der Analyse wurde wie die Arbeiterbewegung Subjekt der Politik. Die Proteste der Frauen gegen diese theoretische Anordnung scheinen gerechtfertigt. Denn selbst wenn wir zustimmen, dass diese Situation eine Schöpfung der kapitalistischen Gesellschaft ist und nicht bloß marxscher Analyse geschuldet, gibt es in seiner Argumentation eine bemerkenswerte Leere und ein Schweigen, wo über Frauen hätte gesprochen werden müssen. Die Hausarbeitsdebatte der späten [...] sechziger und frühen siebziger Jahre, die in gewisser Weise im Internet, zumindest in den Vereinigten Staaten, noch in den späten Neunzigern andauerte, erweitert diese Kritik gegen die Konzentrierung auf den männlichen Arbeiter zu einer Diskussion um die Gültigkeit der marxschen Wertlehre überhaupt.

8 Deutsch erstmals als »Feministisch arbeiten mit Marx« in: *Utopie kreativ*, H. 109/110, 1999, 125–137. Der Beitrag wurde immer wieder umgearbeitet, ergänzt und aktualisiert. Englisch zuletzt als »The Marx within Feminism« in Mojab (ed.) 2015.

Die frühe Diskussion im Feminismus entzündete sich mithin an der Frage der vergessenen *Hausarbeit* in der marxschen Wertlehre. Im Anschluss an Mariarosa Dalla Costa (1973) wird die Wertlehre um die als »produktiv« behauptete *Hausarbeit* erweitert, weil diese in der Form von persönlichen Dienstleistungen die Arbeitskraft als Ware reproduziere und damit hinter dem Rücken der industriellen Produktion für die Vergrößerung des Mehrwerts sorge. Die Rolle der Frau dabei sei in der Form der *Familienarbeit* unsichtbar gemacht. Auch Frauen produzierten mehr Wert, als zu ihrer eigenen Reproduktion nötig sei, dessen kostenlose Aneignung gehe in den Kapitalprofit ein und sei von Marx nicht berücksichtigt. Familie wird in dieser Analyse ein Zentrum gesellschaftlicher Produktion. *Hausarbeit* wurde ferner als »blinder Fleck in der Kritik der politischen Ökonomie« (von Werlhof 1978) herausgestellt. Schwerwiegender sei aber noch, dass Frauenlohndiskriminierung in der Wirklichkeit gerechtfertigt sei, weil Frauen weniger Wert schafften. Dies wird damit erklärt, dass Frauen Männer reproduzieren, ihre eigene Reproduktion aber von ihren Kräften abzuziehen sei. Insofern besäßen Männer faktisch mehr Wert für die Unternehmer bzw. diese kauften mit der Ware Arbeitskraft Mann einen unsichtbaren und für sie kostenlosen Anteil *Frauenarbeit* ein. Die Vernachlässigung der von Frauen zu Hause geleisteten Arbeit bei der Reproduktion der Arbeitskraft musste einen wesentlichen Bestandteil des von Kapitalisten angeeigneten Mehrwerts außer Acht lassen. Wenn es das Geheimnis der Ware Arbeitskraft sein sollte, dass sie mehr zu produzieren in der Lage war, als sie zur eigenen Reproduktion brauchte, so musste dies auch für Frauen gelten und bestimmt werden, wie diese zusätzliche Arbeitskraft auch in die kapitalistisch verfertigte Ware einging (Pohl 1984). Eine praktische Konsequenz solcher Analysen war die Forderung nach Lohn für *Hausarbeit*, eine andere, diese Sphäre der weiblichen Umsonstarbeit einfach abzuschaffen. [...] Vielleicht kann man solcher Argumentation einige Plausibilität nicht absprechen, problematisch scheint mir jedoch, dass diese Diskussionen weitgehend rein akademisch und folgenlos geführt wurden, da die Leidenschaft, die in den Streit um den Wert der häuslichen Arbeit einging, kaum ein Äquivalent in einer entsprechenden politischen Strategie fand.

Politischen Einfluss hatte dagegen die ebenfalls in der Hausarbeitsdebatte explizierte Argumentation, nach der auch Hausarbeit produktiv sei und entsprechend der Lohnarbeit gesellschaftlich anerkannt und bezahlt werden sollte. Die Forderung nach Lohn für Hausarbeit wurde von eher konservativen Parteien in Deutschland übernommen, da sie gleichzeitig dazu dienen konnte, den ›Wert der Familie‹ hochzuhalten und für den bei zunehmender Arbeitslosigkeit immer vorteilhafter scheinenden Verzicht von Frauen auf Berufstätigkeit Zustimmung zu finden. Diese Vereinnahmung vormals zur Frauenbefreiung gedachten Protestes hält an. Im März

1999 gewann der Vertreter der österreichischen Rechtsaußen-Partei Jörg Haider in Kärnten 42 % der Stimmen u. a. mit dem Versprechen, Hausarbeit zu bezahlen. 2012 bringt der Regierungsblock das Betreuungsgeld in den deutschen Bundestag, das ebenfalls einen Teil der Hausarbeit zu bezahlen sich anschickt. Unter der Hand wurde mit dem berechtigten Protest gegen die Missachtung häuslicher Arbeit durch ihre umstandslose Einschreibung in eine Art Gleichwertigkeit zur Lohnarbeit fast alles aufgegeben, wofür die Frauenbewegung zu kämpfen begonnen hatte: die Kritik an der Familienform, die an der geschlechtlichen Arbeitsteilung, die Kritik an der entfremdeten Form der Lohnarbeit und die am Kapitalismus. Die Behauptung, auch Hausarbeit sei produktiv, konnte, wenn auch nur durch Begriffszauber, den Makel von einer Form der Arbeitsteilung zudecken, die Frauen, sobald sie dies ausschließlich taten, die Möglichkeit verweigerte, ohne männlichen Ernährer überhaupt zu existieren.

Die Debatte wurde als feministische vornehmlich in den USA weitergeführt (vgl. u. a. Fraad, Resnick, Wolff, 1994). In ihrem Buch *Bringing it all back home* versuchen Fraad u. a., den Klassenbegriff auf die Praxen in den Haushalten anzuwenden. Sie kommen zu dem Ergebnis, dass ein solches Verfahren durchaus ertragreich sei, und erklären, dass es sich unter diesem Gesichtspunkt um zwei ungleichzeitig vorhandene Klassenproduktionsweisen handele, dass also in diesem Fall eine feudale neben einer kapitalistischen Produktionsweise existiere. Dieser Zugang erlaubt es ihnen, die einzelnen Praxen als unter Umständen widersprüchlich zueinander abzubilden, die Anforderungsstrukturen an die Menschen, die die häuslichen Räume ebenso wie die öffentlichen besiedeln, als inhomogen. Ihre Hoffnung ist, dass in dieser Weise aus der häuslichen Sphäre ein Protestpotenzial erwachsen könne. – Diese Abbildungsweise ist nicht inkompatibel mit Marx, verschiebt jedoch das Gewicht der Analyse von der Kritik der dominanten Herrschafts- und Wirtschaftsweise auf die Problematik der Koexistenz unterschiedlicher herrschaftlich organisierter Verhältnisse.

Und was ist mit dem Vorwurf, Marx habe der Hausarbeit ihren produktiven Charakter abgesprochen und arbeite also mit an der Entwertung weiblicher Arbeit? Aber Marx hat auch darüber gesprochen, dass es ein Pech sei, produktiver Arbeiter zu sein, und kein Glück. Bevor ich daher einen anderen Zugang zur Frage der Funktion der unbezahlten Hausarbeit für die Reproduktion der kapitalistischen Gesellschaft als Kritik an Marx vorschlagen werde, möchte ich eine Reihe der Kritikpunkte aus der Hausarbeitsdebatte zum marxschen Arbeitsbegriff zurückweisen. Sie beziehen sich nach meinem Dafürhalten nicht auf Marx, sondern auf den Marxismus der Arbeiterbewegung. Das wäre an sich wiederum noch kein Problem, wäre nicht von Marx gerade für die Frage der Arbeit für Feministinnen einiges Wichtige zu übernehmen. Ich schreite also zur Relektüre von Marx.

Beginnen wir von vorn. Marx fand in der philosophischen Tradition und den neueren Entwicklungen der politischen Ökonomie (Smith, Ricardo) schon einen Arbeitsbegriff vor, der widersprüchlich bestimmt war. Arbeit, das war zunächst Tätigkeit der Armen; sie war mühselig, erschöpfte die Lebensgeister oder war für viele gar an die Stelle des Lebens getreten. Aber Arbeit war auch Quelle des Reichtums und aller Werte. Marx zitiert den Satiriker Mandeville: »... aber es ist das Interesse aller reichen Nationen, dass der größte Teil der Armen nie untätig sei und sie dennoch stets verausgaben, was sie einnehmen ... Diejenigen, die ihr Leben durch ihre tägliche Arbeit gewinnen, haben nichts, was sie anstachelt, dienstlich zu sein außer ihren Bedürfnissen, welche es Klugheit ist zu lindern, aber Narrheit wäre zu kurieren. Das einzige Ding, das den arbeitenden Mann fleißig machen kann, ist ein mäßiger Arbeitslohn. ... Aus dem bisher Entwickelten folgt, dass in einer freien Nation, wo Sklaven nicht erlaubt sind, der sicherste Reichtum aus einer Menge arbeitsamer Armen besteht.« (Mandeville 1728, 212–213, 328. Zit. nach Marx, *Kapital* Bd. 1, MEW 23, 643)

Marx arbeitet in diesem Spannungsfeld – Arbeit als Bindeglied zwischen Armut und Reichtum als widersprüchliche Grundlage beider – seinen Arbeitsbegriff aus. Er begreift Arbeit zunächst als Dimension von Herrschaft. In der Perspektive der Arbeiteremanzipation ist die allgemein menschliche Emanzipation enthalten, weil »die ganze menschliche Knechtschaft in dem Verhältnis des Arbeiters zur Produktion involviert ist und alle Knechtschaftsverhältnisse nur Modifikationen und Konsequenzen dieses Verhältnisses sind« (*Manuskripte* 44, MEGA I,2, 373f.; MEW 40, 521).

Noch ganz in Anlehnung an Hegel denkt Marx in seinen Frühschriften Arbeit als Verkehrung und Entwirklichung. Die Verkehrung erstreckt sich auf das gesamte Leben durch eine Mittel-Zweck-Vertauschung. Dabei wird die produktive Teilnahme am Gattungsleben zum bloßen Mittel, das Leben zu fristen, statt es zu verwirklichen (vgl. MS 44; MEGA I,2, 369; MEW 40, 516). Diese Vorstellung, dass Arbeit selbst Herrschaft ist, unterscheidet noch nicht die stoffliche Seite von den ökonomischen Formen und kommt daher zum logischen Schluss, dass Arbeit selbst abgeschafft gehöre. »Es ist eines der größten Missverständnisse«, schreibt Marx in seinen Notizen zu List, »von freier menschlicher, gesellschaftlicher Arbeit, von Arbeit ohne Privateigentum zu sprechen. Die Arbeit ist ihrem Wesen nach die unfreie, unmenschliche, ungesellschaftliche, vom Privateigentum bedingte und das Privateigentum schaffende Tätigkeit. Die Aufhebung des Privateigentums wird also erst zu einer Wirklichkeit, wenn sie als Aufhebung von Arbeit gefasst wird« (zit. n. List 1982, 459f.). Während »in allen bisherigen Revolutionen die Art der Tätigkeit stets unangetastet blieb und es sich nur um ... eine neue Verteilung der Arbeit an andere Personen handelte«, soll nun »die Arbeit beseitigt« werden (*Deutsche Ideologie*, MEW 3, 69f.).

Ein Gegenbegriff zur (entfremdeten) Arbeit ist im Kontext der des »universellen Produzierens«, etwa als ein »Formieren« »nach den Gesetzen der Schönheit« (MS 44, 241). Wenn Arbeit als Kapitalmacht über Menschen gilt, so ist das Kapital »der sich ganz abhanden gekommene Mensch« (MS 44, 376).

Marx hält also auch in den Frühschriften nicht Arbeit im Sinne des produktiven Stoffwechsels Mensch-Natur für aufhebbar, sondern indem er Arbeit als Verkehrung produktiver Tätigkeit denkt, zwingt er dazu, zu rekonstruieren, was in die Form der Arbeit geriet und deformiert wurde, was es also hier zu befreien gilt. In entfremdeter Form findet Marx: freie Lebensäußerung, Lebensgenuss, Selbstbetätigung, Teilhabe am menschlichen Gemeinwesen, humanisierte Bedürfnisbefriedigung, Liebesfähigkeit (vgl. MEW 40, 462f.), allseitige Entwicklung der Individuen, Verkehr der Individuen als solcher (*Deutsche Ideologie*, MEW 3, 68); bewusste, freie Lebenstätigkeit als Gattungswesen (MS 44, MEGA I,2, MEW 40, 516f.). Die Betonung liegt auf der *freien* oder *Selbsttätigkeit*, die gattungsspezifisch gedacht ist. Als Gattungswesen sind die Menschen produktiv füreinander tätig; dies bestimmt ihren Verkehr untereinander, das Gemeinwesen und ihre Entwicklung als Individuen. Diese freie Betätigung ist Genuss. Das Leben selbst ist eine genussvolle Produktion.

Wenn wir von solchen Bestimmungen ausgehen, können wir »Selbstbetätigung als erstes Lebensbedürfnis fassen«; wir könnten die Gemeinschaft als produktiven Rahmen denken; und wir könnten auch über die Entwicklung der Individuen durch eigene freie Betätigung sprechen – wir gelangten aber niemals zu der modernen soziologischen Abwehr, dass Arbeit nicht länger im Zentrum von Gesellschaftstheorie stehen solle (wie bei Marx), sondern durch Kommunikation oder Lebensweise (Lebenswelt) ersetzt werden solle. Es ist ganz klar, dass Marx nicht zwischen Lebenswelt und Arbeitswelt unterschied, sondern dass er vielmehr das, was heute »Lebenswelt« heißt, umstürzen wollte. Er begreift sie in der Perspektive als den genussvollen tätigen Zusammenhang der Individuen eines Gemeinwesens. Hier sind die »Interaktion«, die Liebe und das Leben eingeschlossen, wenngleich Marx als Leben immer tätiges Leben meint.

Unser Leben ist durch die Produktionsverhältnisse entfremdet, durch die Weise, wie die Menschen ihr materielles Leben produzieren. Vereinfacht gesprochen tun sie dies im Laufe der Geschichte anfänglich so, dass einige der freien Selbstbetätigung frönen, während die anderen die materielle Existenz für alle produzieren. »Während in den früheren Perioden Selbstbetätigung und Erzeugung des materiellen Lebens dadurch getrennt waren, dass sie an verschiedene Personen fielen und die Erzeugung des materiellen Lebens wegen der Borniertheit der Individuen selbst noch als eine untergeordnete Art der Selbstbetätigung galt, fallen sie jetzt so auseinander, dass überhaupt das materielle Leben als Zweck, die Erzeugung dieses materiellen Lebens, die Arbeit (welche die jetzt einzig mögliche, aber wie wir sehen, negative Form der Selbstbetätigung ist), als Mittel erscheint.« (*Deutsche Ideologie*, MEW 3, 67)

Selbstbetätigung als Befreiungsperspektive ist bezogen auf die Produktion des materiellen Lebens – die Beziehung ist wesentlich, um ein Leben ohne Herrschaft überhaupt denken zu können. Die Produktion des Lebens durchläuft mehrere Stufen – eine Form ist die der Arbeit. Sie ist die direkteste Form der Verkehrung, »negative Form der Selbstbetätigung«. So ist das Leben entzweit. In dieser negativen Form entfaltet Marx analytische Kategorien, die er auch später im *Kapital* beibehält. Die »Entäußerung des Arbeiters in seinem Produkt hat die Bedeutung, ... dass das Leben, was er dem Gegenstand verliehen hat, ihm feindlich und fremd gegenübertritt« usw. (MEW 40, 236, 511ff.).

Schon hier erkennen wir seinen späteren Sprachgebrauch. Die globale Verurteilung von Arbeit wird vom reiferen Marx ersetzt durch eine Differenzierung ihrer Formbestimmtheiten zum einen, ihrer Naturnotwendigkeit zum anderen. Über Arbeit sagt Marx jetzt: Als »nützliche Arbeit« ist »die Arbeit eine von allen Gesellschaftsformen unabhängige Existenzbedingung, ewige Naturnotwendigkeit, um den Stoffwechsel zwischen Mensch und Natur, also das menschliche Leben zu vermitteln« (*Kapital* I, MEW 23, 57, ähnlich 192; fast gleichlautend in *Zur Kritik der Politischen Ökonomie*, MEW 13, 23f.). Arbeit hat also immer auch eine anthropologische Dimension: Indem das arbeitende Individuum die Natur außer ihm verändert, verändert es zugleich seine eigene Natur (vgl. MEW 23, 192).

In ihrer entfremdeten Form ist Arbeit von zwieschlächtiger Natur. Auf der einen Seite produziert sie Gebrauchswerte, ist konkret-nützlich, und ist in dieser Weise unabhängig von aller Gesellschaftsformation. Auf der anderen produziert sie Tauschwerte, ist Verausgabung von abstrakt-menschlicher Arbeitskraft und bildet so den Warenwert. Dies geschieht nur unter bestimmten gesellschaftlichen, privat-arbeitsteiligen Verhältnissen. Die Verkehrungen oder Entfremdungen aus diesem Zusammenhang sind sorgfältig im *Kapital* analysiert. Die Erkenntnis vom Doppelcharakter der Arbeit ist für den Kapitalismus als warenproduzierende Gesellschaft grundlegend. Immer aber bleibt die Produktion der materiellen Existenz als eine Form freier Betätigung bestimmende Perspektive auch für die kritische Analyse. Sie enthält die Vorstellung von herrschaftsfreier Produktion, und von daher die Abschaffung des Privateigentums (als Akkumulation von Tauschwerten) als regelndes Prinzip, wie auch die Versöhnung mit der Natur aus der Kenntnis der Naturgesetze. Es geht darum, den Zweck der Tätigkeit und das Maß der Verausgabung in ein Verhältnis zueinander zu bringen, so dass fremdbestimmte Über- und Unterordnung der spannungsgeladenen Dimensionen von Tätigkeit ausgeschlossen werden. Die Emanzipation der Menschen liegt demnach in der entwickelnden Verausgabung von Kraft zum gemeinschaftlich selbstbestimmten Zweck. Dieser Gedanke verbindet die Früh- mit den Spätschriften.

Freie Lebenstätigkeit wird dabei als Prozess gefasst. In Frage steht das Verhältnis zwischen Freiheit und Notwendigkeit. Als eine Seite der materiellen Produktion sollten die Zwänge der Notwendigkeit so weit wie möglich zurückgedrängt werden zugunsten freier Betätigung. Im Reich der Notwendigkeit wird Arbeit ein Verteilungsproblem – jeder sollte den gleichen Anteil notwendiger Arbeit vollbringen. Im Reich der Freiheit ist die Tätigkeit von anderer Art, in der die überkommene Arbeitsteilung und vor allem die zwischen geistiger und körperlicher Arbeit nicht mehr gilt. Der Weg dahin geschieht durch die Entwicklung der Produktivkräfte, die die Seite der Notwendigkeit in der Produktion des materiellen Lebens ermäßigen. Und er geschieht auch durch die Teilung der menschlichen Arbeit, ihre Entfremdung. Entfremdete Arbeit muss gewaltsam überwunden werden in einem Prozess, in dem der Mensch schließlich die von ihm geschaffenen Produktivkräfte sich gewaltsam aneignet. Die gesamten Produktionsverhältnisse müssen umgestürzt werden, da diese Verhältnisse die menschliche Gattung bis zu dem Punkt verkehrt haben, an dem alle Entwicklung, aller Reichtum, Kultur und die gegenständlichen Arbeitsbedingungen sich gegen die Arbeitenden versachlichten und zur Macht über sie wurden. Dieser Widerspruch kann nur durch einen Bruch in eine neue Form gebracht werden.

In der *Kritik des Gothaer Programms* umreißt Marx die kooperative Phase der Gesellschaft (gesellschaftlicher Besitz an Produktionsmitteln), die – eben weil sie aus der kapitalistischen Gesellschaft hervorgeht – die Geburtsmale dieser Gesellschaft trägt »in jeder Hinsicht, ökonomisch, sittlich, geistig«. Er fährt fort, eine entwickeltere »kommunistische Gesellschaft« zu beschreiben, eine Gemeinschaft, welche die Verkehrungen der Arbeit überwunden hat, und erst in diesem Zusammenhang begegnen wir dem Satz über die »Arbeit als erstes Lebensbedürfnis«. »... nachdem die knechtende Unterordnung der Individuen unter die Teilung der Arbeit, damit auch der Gegensatz geistiger und körperlicher Arbeit verschwunden ist«, wird Arbeit für die Individuen nicht mehr »nur Mittel zum Leben, sondern selbst das erste Lebensbedürfnis« (MEW 19, 19f.). Diese Bemerkungen haben zu einem weit verbreiteten Missverständnis geführt. Unter Berufung auf Marx konnten Einzelne beschuldigt werden, »arbeitsscheu« zu sein, um dann zu Menschen »erzogen« zu werden, denen »Arbeit ein erstes Lebensbedürfnis« war. Schlimmer noch war der in diesem Kontext geäußerte Satz: »Jedem nach seinen Bedürfnissen«, der Hoffnungen und Befürchtungen wachrief, Marx könne eine Gesellschaft herbeigesehnt haben, in der die durch kapitalistische Überflussproduktion geformten Bedürfnisse allesamt befriedigt würden und umgekehrt auch eben solche, die durch jetzige Armut bestimmt seien. Dabei ist der Zusammenhang unzweideutig: Wenn es den Menschen gelingt, sich dank einer angemessenen Organisation der Produktion aus materieller Not und Herrschaft zu befreien, dann ist die Erzeugung des materiellen Lebens ihnen produktiver Genuss und Entfaltung ihrer Fähigkeiten. Dieses Bedürfnis werden sie leben können und insofern ihr Menschsein verwirklichen. Dies schließt die Aufhebung der Arbeitsteilungen ein, welche die Entzweiung der menschlichen Arbeit als Grundlage von Gesellschaftsformationen hervorbrachte: die Teilung in Hand- und Kopfarbeit, in Männer- und Frauenarbeit, in Stadt- und Landarbeit und schließlich auch die herrschaftliche Pseudo-Arbeits-Teilung, die Klassenspaltung der Gesellschaft in Arbeitende und Nicht-Arbeitende. Wenden wir uns mit diesen Ausführungen den zuvor aufgeworfenen Fragen zu.

Es versteht sich von selbst, dass wir nicht ohne Umschweife von Arbeit sprechen können, sondern immer ihre Formbestimmtheit in Rechnung stellen müssen – ein Umstand, der dauernd übersehen wird. Der Mangel an Unterscheidung beim Sprechen über Arbeit ist überhaupt die Quelle der meisten Missverständnisse. Wir reden zum Beispiel über Lohnarbeit, halten sie für eine allgemeine Bestimmung und kritisieren mit diesem Verständnis die Rede von der Arbeit als erstem Lebensbedürfnis. Und umgekehrt ist die Erziehung von Menschen zu diesem ersten Lebensbedürfnis nicht nur sinnlos, sie bedeutet zumeist auch nicht mehr, als Menschen dazu zu erziehen, Lohnarbeit zu akzeptieren, eine Erziehung, die von der Unterwerfung unter die Betriebsdisziplin nicht unterschieden werden kann. Wenn wir dagegen über den »Gehalt« sprechen wollen, der in unseren Gesellschaften in die Form der Lohnarbeit geraten ist, schlage ich vor, den Begriff »Selbstbetätigung bei der Produktion materieller Existenz« zu benutzen.

Ich vergleiche die marxschen Argumente mit den feministischen Vorwürfen aus der Hausarbeitsdebatte und tue dies zugleich mit feministischem Blick. Dafür habe ich einige seiner eher vergessenen Vorstellungen wieder hervorgeholt, um ihm für unsere Fragen mehr Gewicht zu geben. Statt Marx rasch auf den Müllhaufen der Geschichte zu werfen, trete ich also einen Schritt zurück und prüfe, ob die Frauenbewegung keinen besseren Gebrauch von seiner Aussage über die »genussvolle freie Betätigung bei der Produktion des materiellen Lebens« machen könnte. Tatsächlich positioniert Marx selbst die Frage der Frauenunterdrückung in den Kontext entfremdeter Arbeit: »Die freilich noch sehr rohe, latente Sklaverei in der Familie ist das erste Eigentum, das übrigens hier schon der Definition der modernen Ökonomie entspricht, nach der es Verfügung über fremde Arbeit ist.« (*Deutsche Ideologie*, MEW 3, 32)

Ich habe große Schwierigkeiten, für die Vorwürfe aus der Frauenbewegung eine Grundlage in den marxschen Ausführungen selbst zu finden. Zwar kommt er (in den Frühschriften) eher auf den Gedanken, die gesamte Arbeit abzuschaffen, als nicht-lohnförmige Frauenarbeit einfach einzuschließen, aber es steht doch außer Frage, dass er die bestimmte Verkehrung, die einem Teil der menschlichen Arbeitstätigkeiten durch die Überführung in die Lohnform angetan wird, als Grundlage für die Analyse der kapitalistischen Gesellschaft betrachtet und nicht alle gesellschaftliche Arbeit, und dass dies für Kapitalismuskritik notwendig ist. Und ist dann nicht, was Marx sich als perspektivische menschliche Gesellschaft und die in ihr lebenden Individuen dachte, so konstruiert, dass die Frage von Frauenunterdrückung in ihrer Mischung von »natürlichen« und sozialen Grundlagen eine explosive Dynamik erhält? Die geschlechtliche Arbeitsteilung ist in geradezu teuflischer Weise in die Arbeitsteilung von Lebensproduktion und Lebensmittelproduktion eingeschrieben und ebenso in die weitere Teilung in Arbeit und freie gemeinschaftliche Tätigkeit. Der Bereich des wirklichen Lebens ist vom Standpunkt der Lebensmittelproduktion an den Rand gedrängt und mit ihm die Menschen, die ihn hauptsächlich bevölkern, nämlich Frauen. Gleichzeitig ist die Arbeit im Zentrum von Gesellschaft entfremdet, so dass alle Hoffnung auf Befreiung illusionär verschoben ist in Richtung auf die lebendige Tätigkeit an den Rändern der Gesellschaft. Von Frauen, die immer weiter unterdrückt werden, wird ganz irrational erwartet, die Last gesellschaftlicher Hoffnung auf ein besseres Leben zu verkörpern, auf Freude und sinnlichen Genuss.

Bei Marx finden wir auch die Formulierung: Der »Arbeiter fühlt sich daher erst außer der Arbeit bei sich und in der Arbeit außer sich. Zu Hause ist er, wenn er nicht arbeitet, und wenn er arbeitet, ist er nicht zu Haus.« (MEGA I, 2, 238f.) Nicht ohne gewisse Berechtigung wurde auch diese Bemerkung Ziel feministischer Kritik. Spricht sie nicht vom Standpunkt des männlichen Arbeiters und übersieht die Lage der Hälfte der Menschheit, die in der Tat zu Hause arbeitet, und daher auch arbeitet, wenn sie zu Hause ist? (Vgl. Ivecovic 1984) Jedoch übersieht solche Kritik wiederum das Problem, auf das Marx anspielt. Es handelt sich doch um eine doppelte Spaltung: zum einen die Trennung von sinnlichem Genuss und Sinn des Lebens von der Arbeit; und zum anderen um die Teilung der Arbeit in bezahlte Arbeit und solche, die nichts gilt. Dies meint die Metapher »er ist nicht zu Hause, wenn er arbeitet«. In dieser Verkehrung besetzen Frauen das Zuhause, diesen randständigen Bereich, der auch Zuflucht ist, ein verkehrter Ort der Hoffnung. Die unterdrückerische Idealisierung von Frauen wird wesentlich für das Überleben des männlichen Lohnarbeiters. Und sie ist festgeschrieben in der Zusammenarbeit der beiden Geschlechter in der Familie. Es kann also nicht darum gehen, die Frauenarbeit, so sie zu

Hause geschieht, auch und zusätzlich zu benennen, sondern darum, diesen gegensätzlichen Spannungszusammenhang von Hausarbeit und Lohnarbeit näher zu analysieren.

Wäre es nicht eine revolutionäre Tat, in dieses System einige Unordnung zu bringen als Basis für eine andere Ordnung? Wenn wir die randständigen Bereiche des Lebens befreien wollen, müssen sie verallgemeinert und daher neu bewertet werden. Gleichzeitig muss der Bereich der gesellschaftlichen Arbeit, der derzeit privilegiert ist, von Frauen besetzt und zudem seine Autorität geschwächt werden. Sobald sich die beiden Geschlechter die verschiedenen Betätigungsfelder teilen, wird ein Herrschaftselement ins Wanken gebracht, das bislang die alte zerstörerische Ordnung gefestigt hat. Dies ist nach meiner Sicht eine Vorbedingung, um das »Zuhause zurück in die Arbeit« zu bringen. Damit wird die Frauenbewegung für die Vermenschlichung der Gesellschaft entscheidend.

Die Unruhe, die die Hausarbeitsdebatte trotz aller Problematik und auch unfruchtbaren Zurückweisung von Marx in den etablierten Marxismus gebracht hat, sollte besser genutzt werden, um Rolle und Funktion von Frauenunterdrückung für die Reproduktion kapitalistischer Gesellschaften neu zu denken. Dabei kann sowohl die frühe Hoffnung, die Marx in die Arbeit setzte, wie auch seine scharfe Analyse des Schicksals der Lohnarbeit als zentrale Quelle des Profits und daher des kapitalistischen Fortschritts von aktuellem Nutzen sein. Ich glaube nicht, dass wir die Lage der Frauen dadurch verbessern können, dass wir die Hausarbeit in die Lohnarbeit und ihre Gesetze einschmuggeln und auf diese Weise die marxsche Analyse um die Problematik nicht bezahlter Hausarbeit ergänzen.

Nach meinem Dafürhalten müssen wir in unserer Kritik andersherum vorgehen. Wenn wir versuchen, Hausarbeit selbst und ihre Rolle in den verschiedenen Stadien des Kapitalismus zu begreifen, stoßen wir auf eine ganz andere Problematik bei Marx, auf die ich mich im Folgenden konzentrieren möchte.

Familienarbeit und Hausarbeit

Wir erinnern, der Beginn feministischer Auseinandersetzung mit Marx war die Intervention von Dalla Costa und James (1973) zur Bedeutung der Trennung der Sphären von Haus- und Fabrikarbeit für die Frauenunterdrückung. Die daran anschließende Hausarbeitsdebatte bezog sich auf Marx' Analyse der Lohnarbeit. Ein Anschluss an seine […] Ausführungen zur Hausarbeit geschah eigentümlicherweise nicht. Dies soll hier kritisch nachgeholt werden. Ich referiere zunächst: Marx und Engels benutzen den Begriff Hausarbeit zumeist für die im Haus verrichtete Erwerbsarbeit und behandeln das im 20. Jahrhundert gewöhnlich unter Hausarbeit gefasste unter Familienarbeit. Diesem Umstand versuche ich im Folgenden durch die Verdoppelung des Begriffs Familienarbeit/Hausarbeit Rechnung zu tragen. [...]

Marx. Im *Kapital*, Bd. 1, kennt er durchaus, wenn auch nur am Rande, *Familienarbeit*. So bezeichnet er zum einen jene für die Manufaktur typische Organisation von Arbeit, die in kleinen durch Familien betriebenen Werkstätten geschah, und die wir bis heute aus der Landwirtschaft kennen. Sie bedeutet die Verwandlung aller Lebenszeit aller Familienmitglieder inkl. der Kinder in Arbeitszeit. Im Zusammenhang mit der Durchsetzung der Fabrikgesetzgebung schreibt er über die »Regulation der sog. Hausarbeit ... als direkter Eingriff in die patris potestas ... die elterliche Autorität, ein Schritt, wovor das zartfühlende englische Parlament lang zurückzubeben affektierte. Die Gewalt der Tatsachen zwang jedoch, endlich anzuerkennen, dass die große Industrie mit der ökonomischen Grundlage des alten Familienwesens und der ihr entsprechenden Familienarbeit auch die alten Familienverhältnisse selbst auflöst.« (MEW 23, 513) Marx spricht hier u.a. über »das Recht der Kinder«, sein Gegenstand ist die Zersetzung der Familie durch Warenproduktion und damit der Zusammenstoß zweier unterschiedlicher Produktions- und Lebensweisen: die Marktlogik, die den freien Warenbesitzer voraussetzt, und die *Familienarbeit* mit der relativen Rechtlosigkeit der Frauen und Kinder. An anderer Stelle schreibt er: »Der Arbeiter verkaufte früher seine eigne Arbeitskraft, worüber er als formell freie Person verfügte. Er verkauft jetzt Weib und Kind. Er wird Sklavenhändler« (ebd., 418), und in der Fußnote: »... findet man ... wahrhaft empörende und durchaus sklavenhändlerische Züge der Arbeitereltern mit Bezug auf den Kinderschacher« (ebd.). Marx zitiert eine große Zahl von Fabrikberichten insbesondere über Kinderarbeit, die allesamt zeigen, wie die »Sphären des Handwerks und der Hausarbeit sich in relativ kurzer Zeit zu Jammerhöhlen gestalten« (ebd., 514), und kommt dann zu dem bekannten perspektivischen Satz: »So furchtbar und ekelhaft nun die Auflösung des alten Familienwesens innerhalb des kapitalistischen Systems erscheint, so schafft nichtsdestoweniger die große Industrie mit der entscheidenden Rolle, die sie den Weibern, jungen Personen und Kindern beiderlei Geschlechts in gesellschaftlich organisierten Produktionsprozessen jenseits der Sphäre des Hauswesens zuweist, die neue ökonomische Grundlage für eine höhere Form der Familie und des Verhältnisses beider Geschlechter.« (Ebd.)

Marx' Blick ist nach vorn auf die Organisation der gesellschaftlichen Produktion gerichtet und auf die notwendige Beseitigung alter behindernder Formen. Tatsächlich rückt hier überhaupt nicht in seine Betrachtung, was in der Familie außer der Produktion von Waren noch gearbeitet wird, und demnach auch nicht, in welcher Weise diese Arbeiten der Hege und Pflege von Mensch und Natur in den Vergesellschaftungsprozess eingehen. Unter

Hausarbeit versteht er hier die innerhäusliche Erwerbsarbeit, das »häusliche Gewerbe« (so auch MEW 23, 316, 363f, 405, 489–493, 533, 629, 699, 733, 776); zum Teil spricht er in diesem Kontext auch von »Hausindustrie« und meint damit ein »auswärtiges Departement der Fabrik, der Manufaktur oder des Warenmagazins« (MEW 23, 485; vgl. auch 533, wo ihn *Hausarbeit* als »Zwitterform« interessiert; sie ist nicht direkt dem Kapital unterstellt, sondern »Wucherer« oder »Kaufmänner« garantieren den Druck auf die häuslichen Produzenten). Eine Erwähnung des *Familienarbeits*bereichs außerhalb und in Konflikt mit der außerhäuslichen Erwerbsarbeit findet sich schließlich in zwei Fußnoten. Er schreibt über den Bericht aus der Baumwollkrise im Amerikanischen Bürgerkrieg: »Hygienisch habe die Krise, abgesehn von der Verbannung der Arbeiter aus der Fabrikatmosphäre, vielerlei andre Vorteile. Die Arbeiterfrauen fänden jetzt die nötige Muße, ihren Kindern die Brust zu reichen, statt sie mit Godfrey's Cordial [einem Opiat] zu vergiften. Sie hätten die Zeit gewonnen, kochen zu lernen. Unglücklicherweise fiel diese Kochkunst in einen Augenblick, wo sie nichts zu essen hatten. Aber man sieht, wie das Kapital die für die Konsumtion nötige Familienarbeit usurpiert hat zu seiner Selbstverwertung.« (MEW 23, 416f., Fn. 120) Der begriffliche Vorschlag »für die Konsumtion nötige Familienarbeit« erlaubt es, *Familienarbeiten* zusätzlich zu Arbeiten in der Erwerbsform zu fassen, jedoch ist auch in dieser Anordnung die im gleichen Zitat enthaltene Beobachtung, dass »die Muße« fehlte, den Säugling zu stillen, weshalb er schädlich »ernährt« wurde, übergangen. Anders gesprochen: Es gibt keinen Ansatzpunkt für die Frage, was eigentlich mit denjenigen Lebensqualitäten geschieht, die durch Zeiteinsparung, wie sie das Gesetz der Ökonomie erzwingt, zerstört werden. Marx behandelt diese Frage z.B. des Stillens sehr knapp wiederum als Frage des Lohnes: »Da gewisse Funktionen der Familie, z.B. Warten und Säugen der Kinder usw., nicht ganz unterdrückt werden können, müssen die vom Kapital konfiszierten Familienmütter mehr oder minder Stellvertreter dingen. Die Arbeiten, welche der Familienkonsum erheischt, wie Nähen, Flicken usw., müssen durch Kauf fertiger Waren ersetzt werden. Der verminderten Ausgabe von häuslicher Arbeit entspricht also vermehrte Geldausgabe« (MEW 23, 417, Fn. 121). Marx' Interesse gilt hier dem Umstand, dass die Einbeziehung der Frauen in den kapitalistischen Produktionsprozess keine Mehreinnahme für die Familien bedeutet, sich also nicht wirklich lohnt. Gleichwohl lässt die verschiedentliche Erwähnung von Substituten Raum für weitergehende Analysen.

Im Zusammenhang mit der Analyse der Arbeitsteilung finden wir Ansätze zu einer Theorie von *Familienarbeit*: »Für die Betrachtung gemeinsamer, d.h. unmittelbar vergesellschafteter Arbeit brauchen wir nicht zurückzugehen zu der naturwüchsigen Form derselben, welche uns an der

Geschichtsschwelle aller Kulturvölker begegnet. Ein näher liegendes Beispiel bildet die ländlich patriarchalische Industrie einer Bauernfamilie, die für den eignen Bedarf Korn, Vieh, Garn, Leinwand, Kleidungsstücke usw. produziert. Diese verschiednen Dinge treten der Familie als verschiedne Produkte ihrer Familienarbeit gegenüber, aber nicht sich selbst wechselseitig als Waren. Die verschiednen Arbeiten [...] sind in ihrer Naturalform gesellschaftliche Funktionen, weil Funktionen der Familie, die ihre eigne naturwüchsige Teilung der Arbeit besitzt so gut wie die Warenproduktion [...] Die durch die Zeitdauer gemessne Verausgabung der individuellen Arbeitskräfte erscheint hier aber von Haus aus als gesellschaftliche Bestimmung der Arbeiten selbst, weil die individuellen Arbeitskräfte von Haus aus nur als Organe der gemeinsamen Arbeitskraft der Familie wirken.« (MEW 23, 92) Es ist erstaunlich, dass Marx diesen Befund, dass die einzelnen Produkte nicht primär nach der verausgabten Zeit gemessen und von daher als mehr oder weniger wert erachtet und gesellschaftlich relevant verglichen sind, nicht in seinen Folgen für die geschlechtsspezifische Arbeitsteilung und für das gesamte Zivilisationsmodell weiter untersucht hat. Schließlich macht das Kalkül der verausgabten Zeit den Wert auch zu einem Fluch, vor dem die Produkte geschützt werden müssen, so dass gesellschaftlich sich schließlich nur bewähren kann, was möglichst wenig lebendige Zeit verschlingt – dies das Modell des Fortschritts und der Verarmung in einem. Zugleich erhalten wir hier auch einen Hinweis auf die Sehnsucht, die der Familie noch heute gilt und ihr Dauer verleiht als dem Ort, an dem nicht nur kostengünstig und arbeitssparend kalkuliert und produziert werden muss.

Es gibt bei Marx keine Analyse der Problematik, die sich aus der Unterordnung aller nicht der Lohnform unterliegenden Tätigkeiten unter die Logik des Kosten-Nutzen-Kalküls ergibt – dies sowohl für die Entwicklung der Menschen selbst und ihrer Bedürfnisse als auch für das, was als gesellschaftlich sinnvoll und anerkannt gilt. Seine Begeisterung für eine umfassende Ökonomisierung unterstellt alle Arbeit und ihre Bewertung im Grunde dem Rationalisierungskonzept, das er für notwendig erachtet, um weiteren »Lebensansprüchen« genügen zu können: »Je mehr die Produktivkraft der Arbeit wächst, umso mehr kann der Arbeitstag verkürzt werden, und je mehr der Arbeitstag verkürzt wird, desto mehr kann die Intensität der Arbeit wachsen. Gesellschaftlich betrachtet wächst die Produktivität der Arbeit auch mit ihrer Ökonomie. Dies schließt nicht nur die Ökonomisierung der Produktionsmittel ein, sondern die Vermeidung aller nutzlosen Arbeit.« (MEW 23, 552)

In den ausführlichen Analysen zur Arbeit im Kapitalismus kommt die geschlechtsspezifische Arbeitsteilung nurmehr am Rande vor. Ihr Zustandekommen skizziert er als zunächst »naturwüchsig«, eine Teilung auf »rein physiologischer Grundlage«, die durch den Austausch in voneinander abhängige Zweige gerät (MEW 23, 372). Er untersucht die Anordnung dieser Bereiche, die für das kapitalistische Zivilisationsmodell zentral ist, nicht weiter. Dass Marx seine insbes. in der *Deutschen Ideologie* skizzierten Überlegungen zum Herrschaftscharakter der geschlechtsspezifischen Arbeitsteilung (vgl. oben) nicht weiter verfolgte, ist umso merkwürdiger, als sich auf dieser Grundlage eine Gesellschaftsformation entwickelte, in der gesellschaftlich im Wesentlichen produziert wird, was Profit bringt, so dass alle Arbeiten, die dieser Zeitlogik nicht folgen können, nicht rationalisierbar, automatisierbar, beschleunigbar sind – wie das Hegen und Pflegen von Mensch und Natur –, liegen gelassen, zerstört oder der unentgeltlichen Pflege von Frauen überlassen werden. Wir können heute wohl davon ausgehen, dass die Krisen der unbeherrschten und ungehemmten Produktivkraftentwicklung und des Raubbaus an der Natur und ihren Ressourcen mit dieser Logik und Bereichsordnung, der sich die Frauenunterdrückung verdankt, zusammenhängen. Insofern, so können wir, unsere Marx-Kritik zuspitzend, festhalten, führt die einseitige Analyse der Lohnarbeit statt des Zusammenhangs gesellschaftlich notwendiger Arbeit und ihrer Über- und Unterordnung zu einer unzureichenden Analyse der Reproduktion kapitalistischer Gesellschaften, damit ihrer Dauer und der sie stützenden Kräfte. Hier also ist von feministischem Standpunkt einiges nachzuarbeiten und umzubauen.

Im Marxismus gab es keine weiteren Analysen zum Verhältnis von *Familienarbeit* und *Lohnarbeit* – Untersuchungen zur *Frauenarbeit* in der Familie wurden spezielle Domänen von Ethnologen (vgl. etwa Meillassoux). Rosa Luxemburg folgt in diesem Punkt ganz dem marxschen Blick, Familie als etwas zu sehen, aus dem die Frauen schon »herausgerissen« sind (GW 3, 410ff.). Auch Lenin interessiert Familie nur als Ort des Stumpfsinns, aus dem die Frauen herauszuholen sind.

Erst in den 1980er Jahren wurden innerhalb der Frauenforschung Überlegungen aufgenommen, welche die Form der *Familienarbeit* mit einer Analyse gesellschaftlicher Verhältnisse verbanden. So schlugen etwa Maria Mies, Veronika Bennholdt-Thomsen, Claudia von Werlhof u.a. vor, eine Verallgemeinerung der Subsistenzarbeit könne eine Lösung der Weltproblematik erbringen, die sich aus der Warenproduktion entwickelte und bis zur Ausbeutung der Dritten Welt voranschritt. Leider enthält dieser Vorschlag, vor die Warenproduktion zurückzugehen, keinen Hinweis, wie zu verfahren und wie auf dieser Basis Weltbevölkerung ernährbar ist.

Blicken wir vom heutigen Standpunkt zurück auf eine Entwicklung der Menschheit, in der jeweils nur solche Tätigkeiten und die damit verknüpften Bedürfnisse sich entwickelten, die am Markt bestehen konnten, die also sich lohnten, was die Verausgabung von Zeit anging. Auf der Strecke blieben alle Produktionen und Tätigkeiten, deren Spezifik eine extensive Zeitverausgabung ohne entsprechend großes Produkt war. Es liegt in der Logik der Sache, dass der größte Teil der agrikulturellen Tätigkeiten, ebenso wie Wald- und Naturpflege, ja auch das Aufziehen von Menschen mit der Logik der Zeitreduktion unverträglich sind. (Einige Versuche der Industrialisierung der Agrikultur haben jene schauerlichen Produkte hervorgebracht, von denen Brecht mit knappen Worten prognostizierte: »Ihr werdet die Früchte nicht mehr am Geschmack erkennen«.) Soweit die solcherart erzielten Produkte für das Überleben der Menschen auch kurzfristig unentbehrlich sind, treibt diese Entwicklung eine Spaltung der Menschheit voran in solche, die sich am Markt bewähren können, und »Teilmenschen«, die unter dem Niveau der Durchschnittsmenschen tätig sind. Hierin kündigen sich die »dritten Welten« und ihre Verelendung an. In den Ländern der ersten Welt ist die Entwicklung komplizierter. Zum einen haben Frauen es schwer, sich selbst zu ernähren, soweit sie sich auf die »nicht lohnenden Tätigkeiten« einlassen müssen; das gilt ja selbst dann, wenn sie »zusätzlich« berufstätig sind. Ihre Stellung wird ökonomisch abgefedert durch einen Ehemann, wie er schon bei Marx und Engels als Ernährer der Familie auftritt. Ein großer Teil aber dieser, nennen wir sie »zeitraubenden« Tätigkeiten bleibt einfach ungetan. So geht die Entwicklung der Menschheit einher mit ihrer Verrohung. Ganze Erdteile dem Hungertode ausgesetzt, und in den entwickelten kapitalistischen Ländern ganzen Generationen von Nachwachsenden der Eintritt in die Gesellschaft verwehrt. Dafür eine Zunahme an Rauschgift und Drogen und entsprechender Kriminalität. Die Zeichen, dass das kapitalistische Zivilisationsmodell, in dem die Entwicklung der Menschen der Entwicklung einer aufs Äußerste rationalisierten Arbeitszeitverausgabung und nur so verfertigten Produkten/Bedürfnissen untergeordnet ist, in Krieg, Krise und Barbarei treibt, treten krisenhaft immer deutlicher zutage. Der Fortschritt der materiellen Produktivkräfte setzt die Menschen nicht frei, ihre eigene Entwicklung als Menschen in die Hand zu nehmen. Es fehlt ihnen die Zeit. So bleibt sie Abfallprodukt der allgemeinen industriellen Entwicklung und Frauenwerk. – In diesem Zusammenhang erscheint es auch als logisch, dass etwa Gorbatschow der Verwahrlosung der Jugend durch eine Rückkehr der Frauen in die Familien abzuhelfen hoffte.

In dieser Weise ist der Satz von Fourier, dass am Grad der Frauenemanzipation der Grad der Entwicklung der Menschheit ablesbar sei, äußerst aktuell. Er betrifft die Beziehungen der Menschen untereinander, ihre Bedürfnisse, ihr Verhältnis zu ihrer Sinnlichkeit, zur sie umgebenden Natur, zum Werk ihrer Hände und Köpfe, ja zu sich selbst als menschliche Individuen.

Kapitel 10

Geschlechterverhältnisse sind Produktionsverhältnisse

10.1 Begriffsentwicklung als Maulwurfsarbeit

Aufschlussreich und quälend zugleich ist es, die allmähliche Herausbildung einer Theorie der Geschlechterverhältnisse nachzuzeichnen als Resultat der Zusammenarbeit von Marxismus und Feminismus. Zunächst war es ›nur‹ die Frage nach der Frauenunterdrückung und ihrer Hartnäckigkeit in der Geschichte, die zur Erforschung anstand. Sie ließ Empörung wachsen und führte Frauen zusammen zu einer Bewegung an vielen Orten in der Welt. Frauenbewegung wuchs schnell als sozialistische in ihren Anfängen und also als antikapitalistische. War Marxismus der Zusammenhang von marxscher Theorie und Arbeiterbewegung, so war der reflektierende Zusammenhang zwischen Theorie und praktischer Bewegung, wie ihn marxsche Theorie für die Arbeiterbewegung schuf, noch einzulösen.

Schon bald wurde die Frage nach der Frauenunterdrückung als einheitliche Grundlage der Bewegung delegitimiert durch Zweifel am *Subjekt Frauen*, soweit diese als Trägerinnen sozialer Veränderung angerufen waren. Sowohl die Klassenfrage als auch die Rassenfrage erschwerten solches Ausgreifen, wobei die Bewegung schwarzer Frauen den Ausschlag gab, dem bisherigen angenommenen kollektiven Subjekt Frau als westlich-weiß den Allgemeinheitsanspruch zu entziehen. Die Kategorie Frau wurde fallengelassen und durch Geschlecht ersetzt. Geschlecht als allgemeiner Begriff verlor zwar sogleich die Fähigkeit, die Herrschaft von Männern über Frauen noch artikulieren zu können, hatte aber den Vorteil, keine falsche Allgemeinheit ins Fundament möglicher Befreiungstheorie einschreiben zu wollen. Das Unbehagen um Geschlecht, erst recht, als es ins Englische abwanderte und nicht mehr so hautnah *gender* hieß, eröffnete die Möglichkeit, einen neuen Unterschied auszumachen, innerhalb des Geschlechts sich des niedrigen Biologischen als ›Sex‹ zu entledigen und das Soziale als ›Gender‹ zur Erforschung seines Werdens und seiner Konstruktion zu denken. Das war eine Weile erleichternd und auch einfach, jeder konnte das Natürliche vom Sozialen unterscheiden – es wird übrigens bis 2015 an vielen Universitäten im Fach Geschlechterforschung so gelehrt –, bis Donna Haraway schon 1982[1] ihre eingreifenden Thesen zur sozialen Fabrikation des Biologischen veröffentlichte und so den Zweifel unauslöschlich säte, ob diese Unterscheidung zwischen natürlich und sozial tatsächlich den metaphysischen Boden schon verlassen hatte, auf dem die wesensmäßigen Charakterisierungen der vormaligen Geschlechter gediehen. Marx' Verschiebung (in seiner Streitschrift gegen Feuerbach), dass das menschliche Wesen kein dem Einzelnen innewohnendes Abstraktum, sondern vielmehr im Ensemble der gesellschaftlichen Verhältnisse aufzusuchen sei, musste erhebliche Unruhe und ein riesiges Forschungsfeld eröffnen. Herrschaft und Unterdrückung in allen Bereichen im Ensemble der gesellschaftlichen Verhältnisse zu suchen, riss den forschenden Blick in die Kritik der politischen Ökonomie und konnte hier auf die große Vorarbeit von Marx rechnen, sie zog den Blick zugleich in die Bauweise der Einzelnen, die in ihrer praktischen Tätigkeit auch sich selbst und ihre Unterdrückung errichteten. Diese Forschungsgeschichte ist im vorliegenden Buch dokumentiert; die Forschung weiterzuführen ist schwer zu machen, jedoch noch mit dem bisherigen Forschungsinstrumentarium anzugehen. Eine Wendung wurde möglich durch den Bezug auf die gesellschaftlichen Verhältnisse statt auf je ein Geschlecht, dies selbst dann, wenn es sich um Forschung zur Individuierung handelte.

Schwieriger wird es mit dem Zwang zur Dialektik, der aus der Sache selbst kommt. Es zeigt sich dies in den Kapiteln, die mit dem Begriff »Trennungszusammenhänge« benannt sind. In ihnen wird die komplizierte Lehre gezogen, dass Trennungen – etwa die der Geschlechter oder auch Arbeitsteilungen – zwar erkennbar auf einen Herrschaftszusammenhang verweisen, dieser aber gerade in der Trennung sich ständig verändert und fortzeugt, aufs Äußerste fruchtbar stets neue Lösungen und Formen findet, Auffangstationen gegen umfassende Transformation. Der Abschied von der Metaphysik in die Dialektik ist erst vollzogen, wenn alles im Fluss der Bewegung und also in Veränderung gefasst wird. Das heißt zugleich, dass das Festhalten von ersten Begriffen und Erkenntnissen für die Suche nach einer Theorie der Geschlechterverhältnisse keine günstige Herangehensweise ist; umgekehrt zeigt jeder Versuch, mit Blick auf Bewegung gelesen, tastende Schritte in Richtung auf befreiende Erkenntnis – Kritik wird zum notwendigen Vehikel.

In den Gehversuchen auf unbegriffenem Grund, die in diesem Buch dokumentiert sind, ist die Anwendung der Maulwurfsmetapher, wie sie

1 Donna Haraway: »Rasse, Klasse, Geschlecht als Objekte der Wissenschaft. Eine marxistisch-feministische Darstellung der sozialen Konstruktion des Begriffs der produktiven Natur und einige politische Konsequenzen«, in: *Das Argument* 132, 1982, 200–213.

Marx von Shakespeare und Luxemburg von Marx übernahm und ausbaute, überaus passend: Luxemburg fasst Geschichte von der Seite der inneren Dynamik. Die Entwicklungsgesetze des Kapitalismus selbst untergraben unaufhörlich den Boden, auf dem sie sich durchsetzen; bringen das Proletariat als eigene Kraft zur Welt und arbeiten an der Zersetzung aller alten Formen. Für diese Bewegung wählt sie die Metapher des Maulwurfs und fasst darunter die Dialektik der Geschichte als unaufhörliches Wühlen im Innern der Gesellschaft, die Bewegung, die die feste Oberfläche sprengt. So kann als Maulwurf einmal der Kapitalismus auftreten, der das erstarrte Russland in Bewegung bringt: »sein Fundament unterwühlt jetzt der junge Maulwurf – der Kapitalismus, und das gibt eine Garantie für die Niederwerfung des Absolutismus von innen heraus« (GW 1/1, 42). »Und erst in vulkanischen Ausbrüchen der Revolution zeigt sich, wie rasch und gründlich der junge Maulwurf gearbeitet hat. Wie lustig arbeitet er erst der westeuropäischen bürgerlichen Gesellschaft unter den Füßen!« (GW 1/2, 488) Unterirdische Wühlarbeit und eherne Gesetze sind selbst eine paradoxe Zusammenbindung, wie sie für Luxemburgs Dialektik kennzeichnend ist. Die Maulwurfsmetapher ist so die Form, in der plötzliche und auch unerwartete Bewegung und zielgerichtete Entwicklung zugleich ausgedrückt werden, so dass ständige Agitation notwendig bleibt und doch keine Berechnung möglich ist, wann eine Revolution ausbricht, ja nicht einmal gesagt werden kann, ob sie es tut. Die Maulwurfsmetapher dient für das Nicht-Lineare von Entwicklung, als Code für die Bewegung im Fundament der Gesellschaft. Sie ist bei Luxemburg zugleich Ausdruck für die Auffassung, dass es am Ende eben doch ein »ehernes Gesetz«, ein »großes historisches Gesetz« gibt, was aber heißen soll, dass die Klassenkämpfe nicht stillzustellen sind, dass sie selbst wie eine Naturkraft wirken, »wie ein Bergwasser, dem man das gewohnte Bett verschüttet hat und das, in die Tiefe gefallen, an unerwarteter Stelle wieder in hellem Strahl an den Tag springt« (*Der alte Maulwurf*, GW 1/2, 246).

Auch der theoretische Zugriff auf die Geschlechterfrage erfolgt alles andere als linear. Der Sprung in die Analyse von Verhältnissen der Geschlechter wird an vielen Punkten vorangetrieben und doch zugleich fortwährend halbherzig fallengelassen, beiseitegeschoben und vor allem mit fast beliebigen Worten zurechtzuschneidern versucht. Bereits in der Studie von 1984, die selbst »Geschlechterverhältnisse und Frauenpolitik« genannt ist – ich erinnere mich, wie sehr wir damals vor dem Begriff zurückschreckten und ihn dann doch wagten –, also selbst hier ist Satz um Satz spürbar, dass nicht klar ist, was das Wort Geschlechterverhältnisse als Begriff meinen sollte. Er findet also vor seiner eigentlichen Inbesitznahme schon Verwendung wie ein Diebesgut. Mal heißt es, Geschlechterverhältnisse sind Teil der Produktionsverhältnisse – da hat man Letztere umfassender, gewissermaßen um ein Zimmer erweitert, und die Anmaßung darin, die kleinen Fragen der Geschlechter (zu denen die Frauenunterdrückung weitgehend unerkennbar geschrumpft ist) überhaupt in den großen Kontext der politischen Ökonomie zu bringen. Verwegen heißt es später als Titel eines ganzen Kapitels mit mehreren Aufsätzen, dass Geschlechterverhältnisse als Produktionsverhältnisse auftreten oder betrachtet werden. Unausgeführt bleibt, wie das große Wort Produktionsverhältnisse in diesen Kontext kommt und was es dabei verliert oder gewinnt. Eilig wird sich, dem Zeitgeist folgend, damit zufriedengegeben, dass die Produktion sich auf die Verhältnisse zwischen Männern und Frauen bezieht und auf diese Weise die vielen Einzelstudien zur Konstruktion von Weiblichkeit und Männlichkeit in dieser Ordnung neuen Platz finden. Leider schneidet diese Antwort vom Gesamt der Produktionsverhältnisse wieder ab, was so hoffungsvoll als Inbesitznahme eines Ortes in der Ökonomie im Großen begann. Auf der Suche nach mehr Klarheit im Dickicht der Geschlechterfragen hat der Maulwurf kurz seine Nase aus dem dunklen Erdreich gesteckt, dann die Wege als nicht gehbar verworfen, er verschwand wieder im Inneren. Aber er wühlt weiter.

In den verschiedenen Veröffentlichungen aus dem Kontext der Frauenbewegung ist das Echo von Kämpfen um die Verbesserung der Lage von Frauen hörbar oder, in einem anderen Zweig, sind die Beziehungen zwischen Männern und Frauen ins Zentrum der Kritik gerückt. In der akademischen Forschung wird Judith Butlers Intervention (*Gender Trouble*, 1990) bestimmend mit der Empfehlung, überhaupt auf Geschlecht als Gegenstand und Ausgangspunkt von Herrschaftsforschung zu verzichten, darin auch nicht mehr von Zweigeschlechtlichkeit mit allem Normativen auszugehen. Das umging die Falle, mit dem Resultat von Herrschaftssystemen anzufangen, als seien sie natürlich, hatte aber das Feld der gesellschaftlich-industriellen Produktion und deren Regulation relativ kampflos aufgegeben.

Der Maulwurf im Inneren des gesellschaftlichen Denkens sucht einen anderen Ausgang – nicht die Kategorie der Geschlechterbeziehungen, nicht Geschlecht (als *sex* und *gender*), nicht ein darüber gestülpter abstrakter Begriff von Geschlechterverhältnissen (im Singular oder Plural) musste wieder und wieder erarbeitet werden. Der befreiende Ausweg, der zugleich die Dialektik nicht stillstellt, musste an einer anderen Wand im Bergwerk beginnen. Es ist der Begriff Produktionsverhältnisse, der neu gefasst werden muss, will man eine Theorie der Geschlechterverhältnisse erarbeiten, welche die Gesellschaftsverhältnisse und ihre Regulierung nicht aus den Augen verliert.

10.2 Die Produktionsverhältnisse in den Feminismus holen

Den Begriff Produktionsverhältnisse kritisch reformulieren zu wollen klingt zunächst anmaßend, soweit wir gewöhnt sind, diese als Ökonomie und Politik aufzufassen, also als die Weise, wie in Gesamtgesellschaft Waren produziert werden und wie diese Produktionsweise politisch reguliert wird. Schließt diese Bestimmung die Frage nach den Praxen der Geschlechter aus? So gefragt wird sicher Konsens sein, dass dies nicht der Fall sein kann, wofern man nicht versucht ist, Gesellschaft als eine Veranstaltung nur eines Geschlechts aufzufassen. Andererseits sind wir gewohnt, Produktionsverhältnisse als die Organisation der Produktion von Lebensmitteln zu denken, kapitalistische Produktionsverhältnisse z. B. begreifen wir als die Organisation profitlicher Produktion für den Markt. Zentrale Begriffe zur Analyse solcher Produktionsverhältnisse sind etwa Doppelcharakter der Arbeit, entfremdete oder Lohnarbeit, Wert, Produktivkräfte. Aus dieser Konfiguration scheint sich zu ergeben, dass alle diese Bestimmungen nicht nur geschlechtsneutral sind, sondern auch, dass die Praxen, die die Geschlechter als Geschlechter auszeichnen, etwas sind, das zunächst in keinem Verhältnis zu den Produktionsverhältnissen gedacht werden sollte, allenfalls peripher davon berührt oder betroffen ist.

Innerhalb des Marxismus und der durch ihn bestimmten Denkweisen gibt es dafür topographische Begriffe, wie Basis und Überbau, die empfehlen, wenn überhaupt, dann einen Ableitungszusammenhang herzustellen, also etwa zu fragen: Gibt es Auswirkungen der Produktionsverhältnisse auf die Beziehungen der Geschlechter untereinander? Diese Frage können wir sofort mit ja beantworten: Es gibt den männlichen Ernährerlohn, die Gestalt der Hausfrau, die den Lohnarbeiter fit hält, und schließlich gibt es die Frau als Konsumentin, die einen Teil der in bestimmten Produktionsverhältnissen produzierten Waren kauft und dem Verbrauch zuführt. Obwohl schon diese Erwähnungen uns misstrauisch machen sollten in Bezug auf die Nebensächlichkeit der Geschlechterverhältnisse für den Zusammenhang der Produktionsverhältnisse, möchte der Versuch, Geschlechterverhältnisse in die Produktionsverhältnisse einzutragen, zugleich mehr. Er unterstellt nämlich, dass alle Praxen in der Gesellschaft durch Geschlechterverhältnisse bestimmt sind, einen Geschlechtersubtext haben, auch in dieser Weise herrschaftlich kodiert sind, und dass wir zum Begreifen von Gesellschaft genötigt sind, dies grundlegend zu untersuchen.

Die Begründung dafür ist die Doppeltheit der gesellschaftlichen Produktion, nämlich einerseits Leben zu produzieren, andererseits Lebensmittel. Wir wissen schon, dass die Produktion des Lebens sich auf neues Leben, also Fortpflanzung, bezieht sowie auf eigenes und seine Erhaltung – diese beiden Produktionen nennen wir landläufig Reproduktion, obwohl das missverständlich ist, da natürlich auch die Produktion von Lebensmitteln – also die gesamte gesellschaftliche Anordnung – eine Reproduktion braucht, eine Wiederbeschaffung von Kapital, was den Verkauf des Produzierten voraussetzt, die Instandsetzung des Bereichs und seine Regulierung. Die Unterscheidung kann also nicht die zwischen Produktion und Reproduktion sein, sondern die zwischen Leben und Lebensmitteln, und entsprechend sollte man statt Reproduktion[2] vielleicht von lebenserhaltenden und -entwickelnden Tätigkeiten sprechen.

Es bleibt als zentrale Frage, wie die beiden Bereiche von Leben und Lebensmitteln zueinander geordnet sind, wie sich die Geschlechter darin bewegen, woher Herrschaft in diesen Bereichen kommt und wodurch sie sich hält. Wir können davon ausgehen, dass sich die Entwicklung der Produktivkräfte ebenso wie die Frage, was als Fortschritt gilt, und auch die Anhäufung von Reichtum allesamt auf den Lebensmittelproduktionsbereich beziehen, der darum der relevantere scheint und der sich also den der Produktion des Lebens als Voraussetzung und Resultat unterworfen hat.

Wir verdanken es wesentlich Antonio Gramsci und Louis Althusser, auch Nicos Poulantzas, dass wir das Begreifen von Gesellschaft nicht mehr so ökonomistisch von oben nach unten denken, Herrschaft nicht bloß einseitig als Tat der Oberen, und Beherrschtwerden nicht bloß als Passivität. Bei Gramsci etwa finden wir eine exemplarische Analyse von Geschlechterverhältnissen als Produktionsverhältnissen in seinen Notizen zum Fordismus. Sein Ausgangspunkt ist die Änderung der Produktionsweise (Massenproduktion am Fließband), die dazugehörige Schaffung »eines neuen Menschentyps« Arbeiter und die politischen Kräfteverhältnisse, die dieses regulieren. Gramsci denkt nicht einfach Ökonomie als Basis und Staat als Überbau – eine mechanistische Denkweise, die entscheidende Bewegungen und Kräfte verpasst, so u. a. die Geschlechterverhältnisse –, sondern er legt den Überbau auseinander in ein Nebeneinander konkurrierend zusammenwirkender Superstrukturen, was Bewegung, Veränderung, Strategien und Taktiken zu fassen erlaubt. Quer dazu schlägt er zwei Ebenen vor: die

2 Eine Weile habe ich versucht, bei meinen Vorträgen eine Diskussion über den Reproduktionsbegriff zu provozieren, mit dem Ziel, in kollektiver Anstrengung einen besseren Begriff zu finden, der zugleich schon seine erste Probe bestanden hätte, gehört und verstanden zu werden. Alle diese Diskussionen wurden lebhaft unter Einschluss der Vielen geführt. Die Aufgabe war ergriffen, aber am Ende lief es auf ähnlich allgemeine Begriffe hinaus wie Menschheitsarbeit, den ich in meinem Beitrag zu den Knabenspielen (vgl. Kapitel 8) als Provokation genutzt hatte. Neuerlich (etwa seit Beginn dieses Jahrhunderts) scheint die Kategorie *Care* die Lücke zu füllen (Vor- und Nachteile dieses Begriffs diskutierten wir in *Das Argument* 292, 2011). Die Suche dauert an.

Zivilgesellschaft und die politische Gesellschaft. Diese Unterscheidung ist eine methodische, eine im Denken, die also verschiedene Dimensionen zu betrachten erlaubt, in der Wirklichkeit, »im konkreten historischen Leben sind politische und Zivilgesellschaft ein und dasselbe« (*Gef* 3, H. 4, § 38, 498f.). Gramscis Vorschlag beinhaltet, genau zu unterscheiden zwischen Zwang und Konsens, Autorität und Hegemonie, Gewalt und Kultur (*Gef* 7, H. 13, § 14, 1553f.). Ziel ist, herauszuarbeiten, wie auf der Ebene der Zivilgesellschaft – also auf der Ebene, auf der die Menschen in Gesellschaft sich beteiligen – sich die für Hegemoniebildung relevanten gesellschaftlichen Zusammenschlüsse, Diskurse, Medien betätigen. Wir könnten auch sagen, wie Zustimmung organisiert wird bzw. wie die Einzelnen zustimmen und aus welchen Motiven und Interessen. Er führt außer dem Begriff Hegemonie den des geschichtlichen Blocks ein. Darunter versteht er die Zusammenbindung der Kräfte an der Macht. So etwa das Zusammenwirken von Massenproduktionsweise (Fließband) und staatlicher Kampagne um Moral – Puritanismus/Lebenswandel – in der Herausbildung des neuen benötigten Menschentyps. In diesem Kontext werden Geschlechterverhältnisse sichtbar als besondere Unterwerfung von Männern unter die Erwerbsarbeit am Fließband mit mechanischer Kräfteverausgabung bei höherer Bezahlung, die mehr Konsum, das Halten einer Familie und Freizeit erlaubt, die wiederum notwendig werden für die Aufrechterhaltung des männlichen Arbeitssubjekts. Seine Verausgabung bedingt spezifische Moral und Lebensführung, Monogamie als nicht zeitvergeudender ausschweifender Sex, Enthaltsamkeit auch im Alkoholkonsum, die Einsetzung von Hausfrauen, die über Disziplin, Lebensführung, Gesundheit, Ernährung der Familie, also über das Wie des Konsums wachen. Man sieht den Einsatz der Geschlechter, ihre Konstruktion, ihre subjektive Tat, die Regulierung durch Moralkampagnen und Gesundheitspolitik, dies auf der Grundlage einer veränderten Produktionsweise. Es ist offensichtlich, dass sich das Zueinander der Geschlechter verändern muss, sobald die Produktionsweise eine andere ist, etwa eine, deren Produktivkräfte hochtechnologisch sind, die das Verhältnis von körperlicher zu geistiger Arbeit umstürzt, weniger Arbeitskräfte anderen Typs braucht und entsprechend anders hegemonial durchgesetzt wird, anderen staatlichen Eingriff benötigt, eine andere Wirkung auf der Ebene der Zivilgesellschaft hervorbringt. Die Frage nach den neuen Arbeitssubjekten muss die Neubestimmung der Geschlechterverhältnisse einschließen, eben weil es immer um Leben, Lebensführung, -erhaltung und -entwicklung geht, die gewissermaßen so etwas wie ein ›marginales Zentrum‹ gesellschaftlicher Verhältnisse sind.[3]

3 Vgl. dazu Haug, F., 1998

10.3 Die Produktion des Lebens als doppeltes Verhältnis

Noch einmal: zurück zu den Klassikern. Zu Marx, der die ausgearbeitete Theorie der Produktionsverhältnisse hinterlässt. Zu Engels, der im Marxismus, welcher als Verbindung von marxscher Theorie mit Arbeiterbewegung zu begreifen ist, wegen seiner Stellung in der Bewegung besondere Bedeutung hat, und über den der Begriff tradiert ist. Mit beiden haben wir es je unterschiedlich zu tun, wenn wir zugunsten einer lebendigen Theorie der Befreiung Marxismus und Feminismus füreinander fruchtbar zu machen suchen.

In seiner frühesten ökonomischen Schrift spricht Marx von den »beiden Geschlechtern in ihren sozialen Verhältnissen« (MEW 40, 479), eine Formulierung, die für eine Theorie der Geschlechterverhältnisse tragfähig ist; Engels äußert sich auch zum Verhältnis der Geschlechter, meint aber wesentlich die Beziehung von Männern und Frauen zueinander. Diese interessiert Marx und Engels in den frühen Schriften, in denen eine herrschaftsfreie Mann-Frau-Beziehung in der Perspektive des Befreiungsprojekts skizziert wird. Der – Fourier aufnehmend – berühmt gewordene Satz, dass der »Grad der weiblichen Emanzipation [...] das natürliche Maß der allgemeinen Emanzipation« (*Heilige Familie*, MEW 2, 208) ist, wird eingeführt mit Worten, die an der Entwicklung der Geschlechterbeziehung die Entwicklung der Menschen ablesen wollen, »weil hier im Verhältnis des Weibes zum Mann, des Schwachen zum Starken, der Sieg der menschlichen Natur über die Brutalität am evidentesten erscheint« (ebd.); zuvor hatte Marx »das Verhältnis des Mannes zum Weibe« als das natürlichste bezeichnet, in dem sich zeige, »inwieweit das Bedürfnis des Menschen zum menschlichen Bedürfnis, inwieweit ihm also der andere Mensch als Mensch zum Bedürfnis geworden ist, inwieweit er in seinem individuellsten Dasein zugleich Gemeinwesen ist« (MEW, EB I, 535).

In der *Deutschen Ideologie* entwerfen Marx und Engels ein Szenario, das die Problematik der Geschlechter über die individuelle Beziehung hinaustreibt und ins Zentrum weiterer Forschung rückt. Unter den »Momenten«, »die vom Anbeginn der Geschichte an [...] zugleich existiert haben«, fungiert, dass »die Menschen, die ihr eignes Leben täglich neu machen, anfangen, andre Menschen zu machen, sich fortzupflanzen [...] Diese Familie, die im Anfange das einzige soziale Verhältnis ist, wird späterhin, wo die vermehrten Bedürfnisse neue gesellschaftliche Verhältnisse, und die vermehrte Menschenzahl neue Bedürfnisse erzeugen, zu einem untergeordneten Verhältnis« (MEW 3, 29f.). Und von Anfang an gilt: »Die Produktion des Lebens, sowohl des eignen in der Arbeit wie des fremden in der Zeugung, erscheint nun schon sogleich als ein doppeltes Verhältnis – einerseits als natürliches, andrerseits als gesellschaftliches Verhältnis –, gesellschaftlich in dem Sinne, als hierunter das Zusammenwirken mehrerer Individuen [...] verstanden wird. Hieraus geht hervor, dass eine bestimmte Produktionsweise oder industrielle Stufe stets mit einer bestimmten Weise des Zusammenwirkens oder gesellschaftlichen Stufe vereinigt ist, [...] also die ›Geschichte der Menschheit‹ stets im Zusammenhange mit der Geschichte der Industrie und des Austausches studiert und bearbeitet werden muss.« (Ebd.)

Als ich diesen Satz vor mehr als vier Jahrzehnten zum ersten Mal las, schien er mir für mich selbst unwesentlich und im Allgemeinen eine beiläufige Anweisung mit dem verhassten »muss« darin, wie sie in Lehrbüchern von der Schule bis zur Universität gang und gäbe waren, bevor eine neoliberale Reform solche Befehlsworte zugunsten von Freiheit und Selbstbestimmung getilgt hatte, ohne beides einzuräumen, den Protest so erstickend, bevor er sich regen konnte. – Als ich die Sätze jetzt wiederlas, leuchteten sie taghell wie ein Blitz im Dunklen des Maulwurfstastens. Genau dies war die Lösung: Wir mussten von der »Produktion des Lebens« ausgehen, darin sogleich zwei Produktionen erkennen, die der Mittel zum Leben und die des Lebens selbst, welch Letztere zunächst als natürlich gefasst ist, aber sogleich auch ein soziales Verhältnis ist, den Menschen als gesellschaftliches Wesen meint, während die Produktion der Mittel zum Leben ebenfalls soziales Zusammenwirken begreift, aber eines, welches gewissermaßen die Mittel zum Zweck Leben herbeischafft.

In der tastenden Formulierung will die gesamte Geschichte neu geschrieben werden als eine, in der sich die Produktion der Lebensmittel – fortan verkürzt Arbeit geheißen – von vornherein unter dialektischem Entwicklungsdruck findet, in ihr also Arbeit eingespart werden muss; in den Anfängen, um überhaupt genug Lebensmittel zu gewinnen, später, um Reichtümer aufzuhäufen und vor allem Profite zu machen in den letzten 200 Jahren der Geschichte des Kapitalismus. So wird das Treiben in diesem Sektor von Herrschaft durchdrungen, mit Erfindungen begeistet, mit Unterwerfung vorangetrieben. Eine Ökonomie der Zeit wird zum Kerngeschäft – rationeller, schneller, automatisch, bis der Gesellschaft »die Arbeit ausgeht«, wie das in der Soziologie dann heißt. Aber die Hauptsache, das Leben selbst, für dessen Erhaltung dies veranstaltet wurde, wird mehr und mehr an den Rand gedrängt, vom Zweck zum Mittel, in dem gleichwohl Frauen für das Leben sorgen mussten, selbst randständig werdend. Dieser Fortgang in der Geschichte wurde in den in diesem Buch versammelten Texten ebenso erarbeitet. – Das Neuartige, Erhellende jetzt ist, dass Marx an dieser zitierten Stelle sagt, dass die ›Geschichte der Menschheit‹ als natürlich-soziale stets im Zusammenhang mit der Geschichte der Industrie und des Austausches studiert und bearbeitet werden muss. Dass ich hier nicht eine Forschungsanleitung für die Frage der Geschlechterverhältnisse erkannte, gibt weitere Lehren für die Frage begreifenden Erkennens und seiner Verbreitung. Ich hatte nämlich zur Zeit der ersten und zweiten Lektüre der *Deutschen Ideologie* gar nicht vor, die »Geschichte der Industrie und des Austauschs« zu studieren, und schon gar nicht, bei meinen ersten Schritten in der Aneignung der Kritik der politischen Ökonomie, also des *Kapitals* von Marx, mich durch Fragen nach der Menschheitsgeschichte ablenken zu lassen, die ich in die arbeitsteilige Disziplin der Anthropologie verwies. So blieb, zumindest in den ersten Durchgängen, mein *Kapital*-Studium und die entsprechende Lehre weitgehend leblos und blieben vor allem meine Fragen nach Frauenunterdrückung von der Kritik der politischen Ökonomie unbeeindruckt. Es folgt daraus, dass Bewegungsgeschichte und die der Erkenntnis in einem eigenartigen dialektischen Spannungsverhältnis stehen. Es braucht Unruhe und Bewegung, um eine Auftreffstruktur zu finden, die Erkenntnis einschlagen lässt wie einen Blitz. Es braucht konjunkturelles Glück.

Sogleich hätte ich den Weg einschlagen müssen und können, die Umkehrung seines Satzes als Forschungsauftrag einzufordern, dass nämlich die Geschichte der Industrie und des Austausches immer mit der Geschichte des natürlich-gesellschaftlichen Verhältnisses, der Organisation der Fortpflanzung, studiert werden muss. Der Hinweis, dass diese »Familie« genannte Organisation zu einem »untergeordneten Verhältnis« wird, legt zudem nahe, diesen Prozess der Unterordnung eigens zu untersuchen. Es gibt in der *Deutschen Ideologie* eine Reihe von Hinweisen, wie die Entwicklung in diesem Bereich vorangeht, die aufzuheben und zu unterstreichen sind: Elementar wird die »ungleiche, sowohl quantitative wie qualitative Verteilung der Arbeit und ihrer Produkte [...], also das Eigentum, das in der Familie, wo die Frau und die Kinder die Sklaven des Mannes sind, schon seinen Keim, seine erste Form hat. Die freilich noch sehr rohe, latente Sklaverei in der Familie ist das erste Eigentum, das übrigens hier schon vollkommen der Definition der modernen Ökonomen entspricht, nach der es die Verfügung über fremde Arbeitskraft ist.« (MEW 3, 32) – Hier liegt ein weiterer Schlüssel zu einem durch die Ökonomie der Zeit regierten Zusammenwirken der Geschlechter, liefert also weitere wesentliche Bausteine für die Notwendigkeit eines feministischen Marxismus und zeigt zugleich die historische Ungleichzeitigkeit der Entwicklung innerhalb der Gattung. Die Teilung der Arbeit erfolgt auf der Grundlage von Überschüssen und bringt sie hervor, wie zuvor die selbständige Produktion der Lebensmittel ein Ergebnis der »Vermehrung der Bevölkerung« ist und sie befördert (MEW 3, 21). Arbeitsteilung ist die Möglichkeit, dass »der Genuss und die Arbeit, Produktion und Konsumtion, verschiedenen Individuen zufallen« (31), sie ist damit widersprüchliche Voraussetzung von Herrschaft und von

Entwicklung. Zwei einander überlagernde Herrschaftsarten bestimmen den Fortgang der Geschichte, die der Verfügung über Arbeitskraft in der Lebensmittelproduktion und die der Männer über die weibliche Arbeitskraft, die Gebärfähigkeit und den sexuellen Körper der Frauen in der »Familie«. Das Ineinander macht, dass die Entwicklung der Menschen zugleich mit der Zerstörung ihrer Grundlagen voranschreitet, gestützt und getragen durch Geschlechterverhältnisse, in denen aus Herrschaftsgründen das sozial Überformte als Natur behauptet wird und gerade dadurch die sinnlich-körperliche Substanz verleugnet wird.

Bei aller Problematik, die Engels dem forschenden feministischen Blick dadurch beschert, dass er die Familie ohne Arbeit konzipiert, also Befreiung einfach durch Vergesellschaftung der Familienfunktionen in die Perspektive der sozialistischen Arbeiterbewegung einschreibt, bringt er dennoch einige aufzuhebende Einsichten in eine Theorie der Geschlechterverhältnisse. – Er kommt nach Auswertung einer Vielzahl von Statistiken zur Entwicklung der Industrie in England zu dem Ergebnis, dass in den englischen Fabrikindustrien (1839) mindestens zwei Drittel der Arbeitenden weiblich waren. Er nennt dies eine »Verdrängung männlicher Arbeiter« und eine »Umkehrung der sozialen Ordnung«, die zur Auflösung der Familie führe, zur Verwahrlosung der Kinder. Dabei reflektiert er zunächst die geschlechtliche Arbeitsteilung nicht weiter, die ihn dazu führte, die Arbeiterschaft als genuin männlich zu denken (*Lage*, MEW 2, 367f., 465). Wenig später entdeckt er die Arbeitsteilung zwischen gesellschaftlicher und häuslicher Arbeit nicht nur als historisch besonders, sondern darin auch, dass der jeweilige Akteur häuslicher Arbeit von dem Akteur außerhäuslicher Arbeit beherrscht wird, und damit, dass diese Trennung Grundlage herrschaftlicher Geschlechterverhältnisse ist. Aber er gibt die Empörung über die Lage der Fabrikarbeiterinnen wesentlich mit Kategorien der Moral (Sittenverderb) wieder. Dies erschwert es, den Zusammenhang als Effekt kapitalistisch ausgebeuteter, spezifischer Geschlechterverhältnisse zu sehen. Er erkennt schließlich, »dass die Geschlechter von Anfang an falsch gegeneinandergestellt worden sind. Ist die Herrschaft der Frau über den Mann, wie sie durch das Fabriksystem [in dem die Männer arbeitslos werden, weil die Unternehmer die billigeren Frauen und Kinder einstellen, FH] notwendig hervorgerufen wird, unmenschlich, so muss auch die ursprüngliche Herrschaft des Mannes über die Frau unmenschlich sein« (MEW 2, 371). Das Problem verortet er in der Gütergemeinschaft mit ungleichen Beiträgen. Er schlussfolgert, dass es das Privateigentum sei, das die Beziehungen der Geschlechter zersetze, daher denkt er die eigentumslose proletarische Familie als herrschaftsfrei. »Wirkliche Regel im Verhältnis zur Frau wird die Geschlechtsliebe und kann es nur werden unter den unterdrückten Klassen, also heutzutage im Proletariat [...] Hier fehlt alles Eigentum, zu dessen Bewahrung und Vererbung ja gerade die Monogamie und die Männerherrschaft geschaffen wurden« (MEW 21, 73). Der Gedanke wurde als Ethik in die Arbeiterbewegung aufgenommen, ist aber als Aussage über ein tatsächliches Hier und Jetzt praktisch unzutreffend und verfehlt theoretisch die Funktion der Arbeitsteilung zwischen Haus und Fabrik und damit die Rolle der Geschlechterverhältnisse für die Reproduktion der kapitalistischen Gesellschaft.

Im *Kapital* notiert Marx, dass Erhaltung und Reproduktion der Arbeiterklasse Bedingung für die Reproduktion des Kapitals bleibt, deren Erfüllung der Kapitalist »getrost dem Selbsterhaltungs- und Fortpflanzungstrieb der Arbeiter überlassen« kann (MEW 23, 597f.). Die für die kapitalistische Produktionsweise notwendige Basis einer sich vermehrenden Arbeiterbevölkerung ist so zugleich als Privatsache aus dem Brennpunkt und Bewusstsein gerückt, erscheint wiederum als bloße Gabe der Natur. Die herrschaftliche Anordnung, die Verfügung der Männer über die Frauen in der Familie macht die Organisation der Geschlechterverhältnisse wenig sichtbar. Ein Effekt ist, dass die Arbeit der Frauen weniger gilt als die der Männer, ein Umstand, der sie für die kapitalistische Ausbeutung besonders geeignet macht. Dass Frauenarbeit ebenso wie Kinderarbeit billiger ist als Männerarbeit, ist ebenso historisches Resultat wie ökonomische Voraussetzung.

Marx wertet Berichte von Gesundheitsbehörden und Fabrikinspektoren aus, in denen zunächst durchschnittlich Arbeiter als Männer vorkommen, sobald es Frauen und Kinder sind, diese extra und als Besonderheit genannt werden. So kommt in die Diktion eine selbstverständliche Männlichkeit, etwa wenn notiert wird, dass die Rekruten wegen der Fabrikzustände nicht mehr die erforderliche Größe aufweisen usw.; aber zugleich ist offensichtlich, dass die männlichen Arbeiter vom Kapital durch Frauen und Kinder ersetzt werden. Unter gleichbleibenden Geschlechterverhältnissen hat diese Praxis die Zerstörung der natürlichen Grundlagen der Arbeiterklasse zur Folge. Weil die Annahme der Männlichkeit des Proletariats sich eher unter der Hand in die Texte mischt, wird nicht wirklich expliziert, dass die Form der Lohnarbeit tatsächlich den männlichen Lohnarbeiter bedingt bzw. Geschlechterverhältnisse, in denen die Arbeit der Lebensmittelproduktion, soweit sie warenförmig geschieht, eine gesellschaftliche Angelegenheit in privatem Nutzen ist, die Reproduktion der Arbeitenden (KI, MEW 23, 186) aber den einzelnen Familien privat überantwortet ist, also keine gesellschaftliche Angelegenheit scheint. Das Ineinander von kapitalistischer Ausbeutung und einer Arbeitsteilung in bestimmten tradierten Geschlechterverhältnissen zeigt, dass kapitalistische Produktion u.a. auf Frauenunterdrückung und -ausbeutung basiert. – Mitten in der Konzentration auf Kapitalismus blitzt Erkenntnis auf: »Doch bleibt es dabei, dass zu ihrem Ersatz ihre Reproduktion nötig, und insofern ist die kapitalistische Produktionsweise bedingt durch außerhalb ihrer Entwicklungsstufe liegende

Produktionsweisen.« (MEW 24, 114) Dies wird von Rosa Luxemburg in ihrem Imperialismusbuch weiter ausgearbeitet (GW 5).

Der kritische Durchgang durch Marx und Engels soll die These begründen: Geschlechterverhältnisse sind als Produktionsverhältnisse zu fassen. Das ist zunächst die Absage an die sich immer wieder einstellende Neigung, bei Geschlechterverhältnissen an Beziehungen zwischen Männern und Frauen zu denken oder an Proporze. Umgekehrt geht es darum, die unterschiedlichen Produktionsweisen in der Geschichte immer auch als Geschlechterverhältnisse zu untersuchen, um die Frage also, wie die Produktion des Lebens im Gesamt der Produktionsverhältnisse geregelt wird und in welchem Verhältnis sie zur Produktion der Lebensmittel steht. Das schließt die Etablierung der Geschlechter selbst, die jeweiligen Konstruktionen von Weiblichkeit und Männlichkeit ebenso ein wie Fragen von Arbeitsteilung und von Herrschaft – und darin die ideologischen Legitimationen, Politik um Sexualität ebenso wie die Naturalisierung des Marktes. Damit ist zugleich eine Kritik an der im Marxismus üblichen Verwendung des Begriffs Produktionsverhältnisse und seiner Reichweite artikuliert.

10.4 Der Weg des Maulwurfs: Durchquerungen

Für die neue Aufgabe, Geschlechterverhältnisse als Produktionsverhältnisse zu fassen, sind die Vorschläge von Louis Althusser und Nicos Poulantzas nützlich. Althusser denkt im Anschluss an Marx die Struktur von Gesellschaft als verschiedene Ebenen, wobei er im Überbau die juristisch-politische Ebene – Recht und Staat – und die ideologische, zu der Religion und Moral gehören, unterscheidet. Dies erlaubt es, die jeweilige Wirksamkeit des einen oder anderen und die relative Autonomie zu denken, Dominanz und Verschiebungen in den Dominanzverhältnissen. Sein Standpunkt ist der der Reproduktion der Gesamtgesellschaft, also wie bestimmte Produktionsverhältnisse mit ihren Regulationen sich erhalten. Letztlich geht es ihm um eine Geschichte der Produktionsweise; hierfür treten Begriffe auf wie Ungleichzeitigkeit, ungleiche Entwicklung, Überlebtheit und Rückständigkeit. Für die Analyse von Produktionsverhältnissen muss die aktuelle Konfiguration des Ganzen mit Überdeterminierungen, Artikulationsbeziehungen, Abhängigkeiten betrachtet werden. In unserer Sprache und für unsere Fragestellung nach den Geschlechterverhältnissen als Produktionsverhältnissen bedeutet dies etwa, dass wir – wenn wir Gramsci und Althusser nutzen – in der spezifischen neoliberalen Konfiguration Brüche und Ungleichzeitigkeiten in den Geschlechterverhältnissen entdecken können, den fordistischen Menschentyp[4] zugleich mit dem ›neuen Unternehmer‹, hegemoniale Diskurse um Selbstverantwortung und einen geschichtlichen Block aus Sozialdemokraten und neoliberal-globaler Wirtschaft, repräsentiert in den Medien u. a., der zugleich eine neue Lebensweise von Fitness, Jugend, Gesundheit, Sexualpolitik für die einen propagiert und eine Stützung der anderen durch konservative Moral etc., die zusammen im Diskurs um Selbstverantwortung kohärent gehalten werden. Darin kann durch verschärfte Individualisierung auf herrschaftliche Geschlechterverhältnisse – also Unterwerfung der Frauen – in der neuen Lebensweise teilweise verzichtet werden; ungleichzeitig existiert sie fort als bestimmbare Rückständigkeit in neuen Verhältnissen.

Nicos Poulantzas versucht, die in der Vorstellung von einer Abhängigkeit des Politischen von der Produktionsweise immer noch liegende Mechanik dadurch aufzulockern, dass er das Politische kritisch zu fassen vorschlägt, also auch als Kampfplatz für Widersprüche. Diese wären in unserem Fall zu studieren einerseits als die im Selbstverantwortungsdiskurs des Staates angebotene Kohäsion, die auf die Ungleichzeitigkeiten der neuen Menschen beiderlei Geschlechts stößt, die je individuell ihre Leben ›managen‹,

4 Vgl. Haug, F.: »Schaffen wir einen neuen Menschentyp«. Von Henry Ford zu Peter Hartz. In: *Das Argument* 252, 2003, 606–617.

andererseits als die alten Fürsorgeideale der fordistischen Geschlechterverhältnisse, die immerhin im hegemonialen Block von Kirche, Parteien, Staat und entsprechender Bevölkerung getragen werden. Das bedeutet u. a., dass wir im Politischen so flexibel sein müssen, wie es die Verhältnisse sind, d. h. etwa, wie Brecht vorschlägt, Argumente nicht religiös als Glaubenssätze zu benutzen, sondern wie Schneebälle zu verwenden, hart und treffend, aber mit der Option, sie je nach Konfiguration einzuschmelzen und neu zu formen.

Für unsere Frage nach den Geschlechterverhältnissen als Produktionsverhältnissen schlage ich nach diesen Maulwurfs-Denkübungen vor, den Begriff der gesellschaftlichen Produktionsverhältnisse von ihrer Beschränkung auf die Praxen in der Lebensmittelproduktion zu befreien bzw. diese selbst als etwas zu denken, das mit Politik und Ideologie verbunden, juristisch verfasst, moralisch formiert und auf allen diesen Ebenen in Geschlechterverhältnissen konfiguriert ist. Man kann also auf mehrfache Weise von Geschlechterverhältnissen als Produktionsverhältnissen sprechen: Geschlechterverhältnisse als Ebene, auf der die ihr Leben produzierenden und organisierenden Subjekte historisch spezifisch zueinander positioniert sind; Geschlechterverhältnisse als wesentliches Bestimmungsmoment in der Produktion von Lebensmitteln sowie ihres Verhältnisses zur Produktion und Erhaltung von Leben; Geschlechterverhältnisse als Austragungsform für Widersprüche in und zwischen den Produktionsweisen. Geschlechterverhältnisse als Produktionsverhältnisse zu bestimmen ist mithin eine Kritik an der bisherigen Fassung von Produktionsverhältnissen und Produktionsweise.

Nach dem langjährigen Durchgang durch feministische Studien, durch ethnologische (wobei ich von der feministischen Ethnologie in ihrer Kritik an Engels am meisten lernte und von der marxistischen Ethnologie – Meillassoux u. a. – in ihrer Orientierung auf häusliche Produktion und die Betonung der Reproduktion der Verhältnisse nachhaltig beeinflusst wurde), durch marxistische und bürgerliche Studien zu Geschlechterverhältnissen notiere ich für den Stichwortartikel *Geschlechterverhältnisse* im *Historisch-kritischen Wörterbuch des Marxismus* das Resultat als Forschungsskizze – in der Hoffnung, dass es von den Vielen, die dafür gebraucht werden, aufgenommen werde eines Tages:

Geschlechterverhältnisse werden als »fundamentale Regelungsverhältnisse in allen Gesellschaftsformationen« begreiflich: »Sie durchqueren (bzw. sind wiederum zentral für) Fragen von Arbeitsteilung, Herrschaft, Ausbeutung, Ideologie, Politik, Recht, Religion, Moral, Sexualität, Körper und Sinnen, Sprache, ja im Grunde kann kein Bereich sinnvoll untersucht werden, ohne die Weise, wie Geschlechterverhältnisse formieren und geformt werden, mit zu erforschen.« (HKWM 5, 493)

Kapitel 11

Eingreifen

11.1 Die Vier-in-einem-Perspektive[1]

Im Jahre 2001 ist mit der Einschreibung der Geschlechterverhältnisse als Produktionsverhältnisse in die Kritik der politischen Ökonomie[2] das Feld der gesellschaftlich notwendigen Arbeit auf die vielen nicht bezahlten, ehrenamtlichen, familiär verrichteten Arbeiten vergrößert. Damit habe ich zugleich eine Orientierung für eine Theorie der Geschlechterverhältnisse geliefert, in der das Zueinander der Geschlechter, Über- und Unterordnung in ihrer Fortdauer aus der Regelung kapitalistischer Produktionsweise und ihrer Entwicklung begreifbar wird. Entscheidend daran ist weniger die Erweiterung des Arbeitsbegriffs – wie es in der allgemeinen Diskussion heißt – als vielmehr die Anordnung menschlicher Tätigkeiten aus einander untergeordneten Bereichen als verschiedenartige auf einer Ebene – eine theoretische Bewegung, die es erlaubt, die jeweiligen Formbestimmungen in den Blick zu nehmen. Hausarbeit kann im Verhältnis zu Erwerbsarbeit studiert und dabei in der jeweiligen Besetzung als Geschlechterordnung verstanden werden, die, abhängig von der Entwicklung der Produktivkräfte in den historisch sich verändernden Kräfteverhältnissen, umkämpft ist. In diesen Kämpfen und in dieser Ordnung sind alle Posten in Geschlechterverhältnisse kodiert. Es ist wichtig, die Bereiche in ihren jeweiligen unterschiedlichen Zeitlogiken nebeneinanderzustellen, nicht das Recht des einen im anderen bloß zu behaupten.

Gegenwärtig sind die Produktivkräfte der Arbeit (die Übergabe von Arbeit an Maschinen, die Entwicklung der Computertechnologie) so weit vorangeschritten, dass die Zeit, die Menschen für die Erarbeitung des Überlebensnotwendigen aufbringen müssten, seit Beginn der Industrialisierung auf

1 Das Projekt ist mit vielen Vorarbeiten aufgenommen in mein Buch *Die Vier-in-einem-Perspektive. Politik von Frauen für eine neue Linke*, 2008, [3]2011. In der optimistischen Hoffnung, dass es inzwischen bekannt sei, ist die Darstellung hier sehr knapp gehalten.

2 Vgl. mein Stichwort *Geschlechterverhältnisse* in HKWM Bd. 5; und auch die nachfolgende internationale Diskussion dazu, abgedruckt u. a. in *Das Argument* 243, 2001.

einen Bruchteil geschrumpft ist. Doch in der Logik des Kapitalismus wird die frei werdende Zeit nicht zur Verkürzung der Erwerbsarbeitszeit genutzt, sondern kehrt sich gegen die Arbeitenden in Gestalt von Arbeitslosigkeit. Dagegen braucht es als perspektivische Leitlinie sinnvoller Politik eine grundlegende Veränderung von Arbeitsteilung. Nämlich eine Verknüpfung der vier Hauptbereiche menschlicher Tätigkeit:

- der Arbeit an den notwendigen Lebensmitteln in Form der Erwerbsarbeit;
- der reproduktiv genannten Arbeit an sich selbst und an anderen Menschen einschließlich des Sorgens für Kinder, Kranke und Alte;
- der Arbeit an den eigenen Fähigkeiten, sich lernend zu entfalten, das Leben tätig und schöpferisch zu genießen und damit auch eine andere Vorstellung vom guten Leben entwerfen zu können – hier geht es darum, unabhängig von Geschlecht, Klasse und ethnischer Zugehörigkeit die den Menschen eigenen vielfältigen Möglichkeiten zu ergreifen – ein Prozess, der lebenslang anhält;
- und schließlich der politischen Arbeit, weil es Zeit braucht, in die Gestaltung von Gesellschaft einzugreifen und die Kompetenz zu erwerben, uns alle politisch zu betätigen.

Gehen wir davon aus, dass jeder Mensch etwa 16 Stunden am Tag wach und tätig ist, so entfiele auf jeden Bereich ein Viertel der aktiv zu nutzenden Zeit, also vier Stunden. Die Perspektive ist, dass alle Einzelnen über ein ausreichendes Einkommen zum Leben verfügen und sich in jedem der vier Bereiche betätigen: in der Erwerbsarbeit, in der Sorgearbeit um sich und andere, in der Entfaltung der in ihnen schlummernden Fähigkeiten, schließlich im politisch-gesellschaftlichen Engagement. Probeweis kann man dies auch so ausdrücken, dass jeder Mensch in die Lage versetzt wird, sein Leben so einzurichten, dass er oder sie je vier Stunden in jedem dieser Bereiche pro Tag verbringt. Das ist nicht dogmatisch zu verstehen, als müsste man mit der Stechuhr in der Hand von Bereich zu Bereich gehen. Vielmehr wird man, sobald man anfängt, die eigene Lebensführung in diesen Dimensionen zu fassen, schnell bemerken, dass die Grenzen nicht fest sind, die Bereiche einander durchdringen und innerlich zusammenhängen. Die Aufteilung in vier mal vier Stunden ist ein Modell, das Strategien der Veränderung orientieren kann wie ein Kompass.

Perspektivisch erledigen sich auf diese Weise Probleme von Arbeitslosigkeit mitsamt Prekariat und Leiharbeit, und wir können uns auf die Qualität der Arbeit konzentrieren, verlangen, dass sie den menschlichen Fähigkeiten und Möglichkeiten entspricht.

Die politische Kunst liegt in der Verknüpfung der vier Bereiche. Keiner sollte ohne die anderen verfolgt werden, was eine Politik und zugleich eine Lebensgestaltung anzielt, die zu leben umfassend wäre, lebendig, sinnvoll, eingreifend und lustvoll. Dies ist kein Nahziel, nicht heute und hier durchsetzbar, doch kann es als Kompass dienen für die Bestimmung von Nahzielen in der Politik, als Maßstab für unsere Forderungen, als Basis unserer Kritik, als Hoffnung, als konkrete Utopie, die alle Menschen einbezieht und in der endlich die Entwicklung jedes Einzelnen zur Voraussetzung für die Entwicklung aller werden kann.

Die Vier-in-einem-Perspektive entwickelte ich aus vier zunächst getrennten Schwerpunkten politisch-wissenschaftlicher Arbeit: aus meiner langjährigen Forschung zu den durch Hochtechnologie bewirkten Umbrüchen in der Arbeit; aus meinen noch weiter zurückreichenden Untersuchungen über Ursachen und Orte von Frauenunterdrückung; aus den mehr autobiographisch bestimmten Fragen nach Selbstentfaltung und dem Kulturellen und den dabei erarbeiteten Methoden von Alltagsforschung (Erinnerungsarbeit); und aus den nie endenden Versuchen, Politik »von unten« zu entwickeln und zu praktizieren.

Das Projekt selbst hat eine Vorgeschichte von mehr als 20 Jahren. Immer wieder habe ich in vielen Diskussionen und mit Selbstzweifeln daran gefeilt, einzelne Posten verschoben, bis es in die Form gelangte, über die ich an dieser Stelle berichte. Die Vier-in-einem-Perspektive antwortet auf mehrere gesellschaftliche Bedürfnisse und Probleme, sie ist keineswegs einfach am Reißbrett ausgedacht, wie es wegen ihrer schematischen Zeitstruktur scheinen könnte. Bereits in den 1980er Jahren versuchte ich mich dem Modell der zwei Zeitlogiken politisch zu nähern, indem ich die Dimensionen des Sozialen und des Politischen als Dimensionen von Zeit vorstellte (siehe Kapitel 8.4, Kritik an Kern/Schumann): 4 Stunden Erwerbsarbeit für alle, 4 Stunden kulturelle Reproduktionsarbeit, 4 Stunden Politikarbeit – diese Losung sollte die Forderung nach Verkürzung der Erwerbsarbeitszeit verbinden mit der Erkenntnis, dass es mit einem anders, weiter gefassten Arbeitsbegriff eigentlich eine Verlängerung der Arbeitszeit braucht, wenn Menschen über die Bedingungen ihres Handelns und über ihre Entwicklung mit verfügen können sollen, während die Ausfüllung des Tages mit Lohnarbeit auf jeden Fall Frauenunterdrückung und politische Unmündigkeit reproduziert sowie »kulturelle Unterentwicklung«. Die Ähnlichkeit dieser Losung mit der Vier-in-einem-Perspektive fällt auf den ersten Blick auf. Zugleich sieht man, dass es nur drei Bereiche sind, und spürt in der Kategorie »kulturelle Reproduktion« noch Verlegenheit in der Frage, wie die Arbeit außerhalb der Erwerbsarbeit zu gewichten sein könne und wie eigentlich das »Kulturelle« untergebracht gehört.

Der fast 20 Jahre spätere Zug zur Vier-in-einem-Perspektive ermöglichte es, besser zu erkennen, dass weitere Tätigkeiten, nicht nur Haus- und Erwerbsarbeit, im gesellschaftlich herrschenden Arrangement in ihrer Bedeutung unberücksichtigt bzw. so angeordnet waren, dass ihr Fehlen oder auch ihre ungleiche Verteilung nicht bemerkt werden musste. Es waren dies alle Tätigkeiten, die auf eigene Entwicklung orientieren wie Lernen, Erzählen, Lesen, künstlerische Entfaltung, Tanzen und Gymnastik, überhaupt spielerische Betätigung des Körpers, kurz: Selbstzweckhandeln, was dennoch als Perspektive menschlicher Entwicklung bei Marx einen hohen Stellenwert einnimmt. So im marxschen imperativen Satz, dass »die Entwicklung eines jeden die Bedingung für die freie Entwicklung aller« (*Kommunistisches Manifest*) ist. Mit dem Weglassen aller dieser Tätigkeiten aus der Diskussion um Arbeit war auch dieser gleichsam ihre humane Perspektive genommen, der Maßstab nämlich, dass alle Arbeit so gestaltet sein möge, dass sie nicht einfach bloß Verausgabung von Kraft zum Zwecke des Profits ist, sondern selbst auch Entfaltung menschlicher Möglichkeiten sein muss. Der Verlust an Hoffnung, die auf die Qualität der Arbeit setzt, wie sie noch in der Zeit vernehmbar war, als die Humanisierung des Arbeitslebens zu den Zielen gewerkschaftlicher Kämpfe gehörte, hängt so auch mit der Verengung des Blicks zusammen, die alle Tätigkeiten als unwichtig preisgab, die sich nicht als Profit bringend messen lassen. Hat man das Selbstzweckhandeln einmal aufgenommen in den Kreis menschlichen Tätigseins, dann fällt endlich als Skandal auf, dass auch die Gestaltung der Gesellschaft, des Gemeinwesens, der Angelegenheiten aller, was wir Politik nennen, keine eigene Arbeit für alle ist und ihre Abspaltung als Spezialkompetenz einiger Experten sowohl Herrschaft bedingt, als auch die Subalternität der Vielen besiegelt.

Die Übersetzung dieser Erkenntnisse in das Projekt »Vier-in-einem-Perspektive« ist eine politische Aufforderung, orientierend auf ein Fernziel, in dem alle diese vier Tätigkeitsbereiche nebeneinander, keines dem anderen über- oder untergeordnet stehen können, und sie ist ein Nahziel, indem mit gesellschaftlicher Veränderung in dieser Perspektive sofort begonnen werden kann. Als Forderungen an Politik lässt sich zusammengenommen sprechen von Erwerbsarbeitszeitverkürzung, damit alle anderen Bereiche überhaupt besiedelt werden können; allgemeine Teilung der sozialen Reproduktionsarbeit, damit fürsorgender Umgang mit anderen Menschen selbstverständlich ist und nicht Spezialaufgabe einiger, deshalb untergeordneter Frauen; die eigne Entwicklung in die Hand nehmen, was Anstrengung und Genuss bedeutet, gegen die allgemeine Aufforderung, bloß zu konsumieren; und schließlich, die Gesellschaft zu gestalten, politisch sich zu betätigen. Gesellschaftlich verantwortlich fokussiert dieses Projekt auf Kämpfe um Zeit, die auf allen Ebenen sofort begonnen werden können. Von Standpunkt und Perspektive ist es ein ethisches Projekt für alle.

Inzwischen, nach achtjähriger Verbreitung, fasziniert es viele. Sie passen sich solch verändertem Zeitverbrauch probeweis an und verändern sich, indem sie dies tun. Es ist ein Projekt, das Ernst macht mit Marx' Feuerbachthese, dass Veränderung der Umstände und Selbstveränderung in eins fallen. Es bleibt unsicher, wann und wie es wirklich nennenswerte Teile der Bevölkerung ergreift. Das Projekt wurde international ausgeschrieben, findet Zuspruch und Widerspruch. Vieles davon ist aufgenommen im Buch *Briefe aus der Ferne.*

Immer weiter führt das Studium der Gegner zu lehrreichen Erfahrungen über den Stand des Alltagsbewusstseins in unserer Gesellschaft, aber auch über ihre Gesamtstruktur und ihre beweglichen Scharniere.

11.2 Der Herrschaftsknoten

Wir sind also auch genötigt, zu erarbeiten, welche Barrieren der Verwirklichung entgegenstehen, um Veränderungsschritte in Richtung auf Widerstandsabbau zu lenken.

Ich hatte das Projekt in der hier vorgestellten Form auf der ersten Herbstakademie (2007) für die Frauen der neu gegründeten Partei Die LINKE vorgestellt. Dafür hatte ich die mutmaßlichen Widerstände aus der Arbeiterbewegungstradition skizziert, die sich auf die Behandlung und Einschätzung der häuslichen Arbeit durch die im Kontext zitierten Klassiker des Marxismus einschließlich Rosa Luxemburg berufen können. So ist etwa Engels' Perspektive für befreite Geschlechterverhältnisse der Einschluss der Frauen in die Industrie, eine Bewegung, die er in der kapitalistisch organisierten Produktion schon Realität werden sieht, weil die moderne Industrie »nicht nur Frauenarbeit auf großer Stufenleiter zulässt, sondern förmlich nach ihr verlangt, und […] auch die private Hausarbeit mehr und mehr in eine öffentliche Industrie aufzulösen strebt.« (*Ursprung*, MEW 21, 157f.) Die Perspektive hat sich in den staatssozialistischen Ländern verengt auf die Berufstätigkeit von Frauen. Da das Gesamt der zur Reproduktion nötigen Arbeiten und ihre Stützung in Moral, Recht, Politik, Ideologie, Sexualität usw. nicht in die Analyse eingehen, verfehlt diese Lösung die Hartnäckigkeit und Verzweigtheit der Geschlechterverhältnisse. – Diese Verkürzung hat in der Arbeiterbewegung dazu geführt, ein Nacheinander für die Befreiungskämpfe anzunehmen, wobei übersehen wurde, dass die Geschlechterverhältnisse immer auch Produktionsverhältnisse sind und wie stark daher das Stützungsverhältnis für die Reproduktion der jeweiligen Form der Gesamtverhältnisse ist. Man kann nicht die Produktionsverhältnisse revolutionieren und dann erst die Geschlechterverhältnisse.

Das Ineinanderverflochtensein unterschiedlicher Stränge, die einander abstützen und halten, von denen eine Reihe nicht sichtbar sind, die in ihrem Wirkungszusammenhang aber die kapitalistische Gesellschaft am Laufen halten, nenne ich einen Herrschaftsknoten. Verflochten sind in diesem Knoten: das profitgetriebene Agieren des Kapitals, welches sich lebendige Arbeit in der Form der Lohnarbeit einverleibt, damit die Produktivkräfte immer weiter entwickelt und Arbeit, die ihre Quelle ist, austrocknet und einspart – dies ist bereits ein komplizierter dialektischer Zusammenhang. Dann die häufig unsichtbaren und vor allem geschichtslosen Taten, die allesamt zur Wiederherstellung des Lebens der Menschen und der sie umgebenden Natur nötig sind. Diese bilden einen eigenen Strang, haben eine andere Zeitlogik, lassen sich schlecht rationalisieren oder effektiver und schneller verrichten, um gewinnbringend zu sein[3]. Die unterschiedlichen Formen von der liebenden Mutter zur heroischen Krankenschwester, zur ehrenamtlichen Wohltätigen, zum Umweltschützer sind ebenso bekannt wie die Katastrophen, welche die Menschen ohne ihr Zutun zu überfallen scheinen, von der Verrohung und dem Verkommen ganzer Generationen und Bevölkerungen bis zur Unbewohnbarkeit der Erde. Viele der Leben erhaltenden und ermöglichenden Tätigkeiten bleiben unsichtbar, viele nicht bezahlt, viele ungetan. Manches davon wurde in den entwickelten kapitalistischen Ländern in die Lohnarbeit überführt, wo es ein geduldetes, schlechtes und schlecht bezahltes Ansehen hat.

In diese Verklammerung geht noch fast unerwähnt die Vernachlässigung der Menschen je selbst als Menschen ein – Entwicklung ist Elite, etwas, das sich nur Reiche leisten können, während die Regungen, menschlich Mögliches zu entfalten, im Konsumrausch erstickt werden, der zugleich eine Grundlage für Wachstum, Verbrauch usw. ist.

Und ebenso unbemerkt bleibt, dass Menschen subaltern in Unmündigkeit gehalten bleiben, in Bezug auf die Gestaltung der Gesellschaft – was wir das Politische nennen. Diese vier Stränge sind vielfältig verflochten, abgesichert, ausgestaltet, gerade weil in ihnen patriarchale Muster der Zeitverfügung tradiert sind. Sie finden sich in unseren Gewohnheiten, eigenen Taten, in Moral, im Hoffen und Begehren, im Common Sense. Sie zeigen sich als spontane Wertung von Tätigkeiten als unwichtig, als Zugeständnis in selbstbewussten Haltungen wie »meine Frau muss nicht arbeiten«, im alltäglichen Sprachgebrauch, der überliefert, was als Arbeit gilt und was nicht.

Das unbemerkte Auseinander der verschiedenen Bereiche und der Zuständigkeiten, als seien dies natürliche Arbeitsteilungen, die allen zugute kommen und daher immer weiter fortgeschrieben werden können, lässt

3 Wenngleich die Entwicklung im Gesundheitswesen auch als Versuch entziffert werden kann, die Zeitlogik, die in der industriellen Erwerbsarbeit gilt – schneller, rationeller, zeitsparend zu arbeiten –, auch auf den pflegenden Umgang mit Menschen auszudehnen mit ihrem vorläufigen Extrem, Roboter in der Altenpflege einzusetzen und auf diese Weise auch diese Tätigkeiten gewinnbringend zu organisieren.

vermuten, dass genau in diesem Auseinander der strategische Herrschaftsknoten geschürzt ist, der das Ganze so menschenfeindlich gegen so viele und so ausbeuterisch und zerstörerisch gegen Mensch und Natur festigt.

Auf das Ineinander von Herrschaftsarten stieß ich an politisch besonders brisanter Stelle schon früh (1984) wiederum auf dem Feld der Arbeitsforschung. Es erlaubte mir, den eigentümlichen Befund zu begreifen, dass es auch eine Allianz zwischen männlichen Lohnarbeitern und Kapital gibt bei schärfstem Gegensatz, kurz: das Phänomen, dass besonders militante gewerkschaftliche Klassenkämpfer (in den westlichen industrialisierten Ländern) ebenso militant der Frauenbefreiung in den Arm fallen können. Es ist dies die Erfahrung, dass die Kleinfamilie nicht einfacher Unterdrückungszusammenhang in den Händen von Unternehmern und Staat ist (wie in der Frauenbewegung zu der Zeit angenommen), sondern selbst ein Produkt der Klassenkämpfe zwischen Lohnarbeit und Kapital, den Unternehmern Stück um Stück abgerungen, so dass sie auf die Seite der Siege der Arbeiterbewegung gehört (vgl. Kapitel 6.1). Jedes Stück Privatheit ist auch eine Flucht vor kapitalistischen Produktionsverhältnissen und von ihnen strukturierten Öffentlichkeiten und in eben dieser Privatheit die Einmauerung der Frauen. Die Banalisierung und Abwehr der Frauenbewegung und ihrer Forderungen wären damit Elemente der spezifischen Form, in der die Arbeiterklasse gegen das Kapital antritt.

Brecht bündelt: »Über, was Herrschen ist, besteht eine verkehrte Meinung bei einigen. Die meisten Leute wissen zeit ihres Lebens nicht, dass sie beherrscht werden, das ist eine Tatsache. Sie meinen, sie tun, was sie auch täten, wenn überhaupt keine Obrigkeit oder sonst was, was herrscht, gäb«, sagt Kalle in den *Flüchtlingsgesprächen* und spricht so aufs Knappste, dass Herrschaft die Beherrschten braucht, die ihr Beherrschtsein praktisch betätigen, Tag und Nacht.

Man kann sich das Zusammenwirken dieser vielfältigen Kräfte vorstellen, auch, wie enorm das Forschungs- und Praxisfeld ist, das zur Befreiung von Herrschaft beschritten werden muss, und wie viele gehen müssen, verändernd sich und ihre Bedingungen.

Aber was bringt es, in diesem Zusammenhang von einem Herrschaftsknoten zu sprechen statt einfach von einem Zusammenwirken? Ich gehe zurück zu alltäglichen Knoten, etwa im Schuhwerk mit Schnürsenkel. Jeder weiß, dass hier zwei Stränge so zusammengebunden werden, dass sie sich nicht leicht von selber lösen können. Damit das garantiert ist, macht man einen Doppelknoten. Wenn man vier oder mehr Stränge hat, wird es fast unlösbar – wie ein gordischer Knoten – die Lösung bleibt Aufgabe. Aber, worauf es an dieser Stelle ankommt, es gibt immer die Möglichkeit, am falschen Ende zu ziehen und so den Knoten fester und die Lösung unmöglicher zu machen.

Im Projekt der Vier-in-einem-Perspektive ist die Vorstellung vom Knoten und seiner tückischen Weise, sich beim Lösen festigen zu können, grundlegend. Das ist einfach zu begreifen und zu erklären, wenn man sich den Druck in den Zeiten der Großen Krise vergegenwärtigt. Sieht man sich etwa die in Lohnform gefangene Arbeit an und betreibt ihre Verkürzung als ausschließliche Politik, ist die Vernachlässigung aller anderen gesamtgesellschaftlichen Arbeit dabei ebenso evident, wie die Zielgruppe mit Entwicklung der Produktivkräfte immer kleiner wird. Und auf der anderen Seite verschwinden die vielen anderen Arbeiten immer weiter aus dem sichtbaren Feld, während ihre in Lohnform überführten Teile den Sparmaßnahmen in der Krise zum Opfer fallen – wie geschehend im Gesundheitswesen, im Schulwesen, in der Sozial- und Jugendarbeit. Umgekehrt finden sich die vielen Sorge- und Reproduktionsarbeiten allgemein in großer Not, für sie reicht die Zeit nicht. Daher müssen die Kämpfe um sie anders geführt werden, nicht nur als Kämpfe um Erwerbsarbeitszeitverkürzung. Beginnt man aber, an diesem Strang zu ziehen, z. B. Betreuungsgeld, Elterngeld, Müttergeld zu fordern und damit diesen Bereich ebenfalls in die Lohnform zu überführen, so erfährt man schnell, dass fast unvermeidlich reaktionäre Mutterbilder verfolgt werden, die, wie Bloch das ausspricht, das weibliche Geschlecht auf ewig ans Kreuz der Geschichte nageln. Es ist – allein gezogen – das falsche Ende. Der Knoten muss anders gelöst werden. Das Knotengewirr beim Alten zu lassen und vorsichtig am Strang allseitiger Entwicklung zu ziehen, festigt die Grenzen, die um die Ausbildung von Eliten gezogen sind, weil die Verknüpfung mit wirtschaftlichem Wachstum zur Unterstützung von wirtschaftlich Gebrauchten führt, was weder der allseitigen Entwicklung der Persönlichkeit zugutekommt noch der Entfaltung aller Sinne. Stattdessen wird der Erfindungsgeist aufs Machbare konzentriert in Bezug auf die Herrschaft und Indienstnahme von Natur mit Gewinnabsicht: Verlängerung des Lebens für Reiche, Ersetzung ihrer kranken Organe durch anderswo geraubte, fehlerfreie Kinder für einige usw. Man muss, wie Donna Haraway das fordert[4], eine Liste anlegen, welche Erfindungen und Entwicklungen den Ausschluss Vieler aus dem allgemeinen Menschsein fördern, also Herrschaft stützen. Schließlich die Politik. Alle Verbesserungen in der politischen Stellvertretung, die gewiss nötig sind, rücken die Notwendigkeit nach hinten, dass es darum gehen muss, Politik von unten zu machen. Sozialistische Demokratie, in der alle befähigt werden, die Gesellschaftsgestaltung in eigene Hände zu nehmen. Wiewohl sich das unerträglich phrasenhaft anhört, weil wir nicht mehr daran glauben, dass dies gelingen könnte, bleibt es Fernziel, bleibt unsere Politik die Vertiefung von Demokratie als Handeln von allen.

4 In ihrem Cyborg-Manifest, 1984

Also nicht Arbeitszeitverkürzung für Vollbeschäftigung und diese für Wachstum, sondern Erwerbsarbeitszeitverkürzung, damit die ungetane notwendige Arbeit der Naturbewahrung einen Raum finden kann, damit ich Zeit habe für Märchen, für Freundlichkeit und zärtliche Fürsorge, für Entfaltung künstlerischer Möglichkeiten und fürs Politikmachen. Manchmal bringe ich dann alles zusammen. Manchmal durchdringen die Bereiche einander, wird notwendige Arbeit lustvoll und Entfaltung schlummernder Fähigkeiten gewollte Arbeit, und manchmal leuchtet in politischer Arbeit das Gemeinwesen in solidarischer Kollektivität, gedeiht ein Baum vor dem Fenster.

Bleibt die Frage, warum sich die Menschen in der jetzigen Großen Krise nicht wehren, sondern zumeist diejenigen als ihre Vertreter wählen, die diese Krise politisch eingebrockt haben. Die Frage allgemeiner gestellt zeigt die Wege ihrer Beantwortung. Zu den sich festzurrenden Fäden des Herrschaftsknotens gehört als Klebstoff, dass in den Befestigungen auch Belohnungen stecken. Der verschnürte Schuh erleichtert das Laufen. In jeder Herrschaftsform steckt nicht nur Gewohnheit, sondern damit auch Handlungsfähigkeit für die Unterworfenen.[5] Dies erschwert ein weiteres Mal, die Einzelnen zur Veränderung ihrer Lebensbedingungen zu ermutigen. Ohne Halt ist kein Halten. Die Lösung des Herrschaftsknotens ist daher nicht nur eine unerhört langfristige und komplizierte Arbeit – sie kann nur in allen Bereichen zugleich begonnen werden und braucht die Kraft und die Zeit aller, wenn sie eine andere Ordnung gemeinsam angehen wollen.

Im Idealfall ruckeln alle an den einzelnen Strängen. Sie lockern ihren Griff auf die Erwerbsarbeit in Vollzeitform und wollen weniger Zeit dort verbringen, um die frei gewordene Zeit der fürsorgenden Arbeit zu widmen, der Naturbewahrung, eigenem Lernen und der Solidarität in der Welt. Sie gewichten um, die einen halten Lohnarbeit nicht mehr für das ausschließliche Zentrum ihres Lebens, die andern wollen sich nicht mit ganzer Zeit dem Häuslichen widmen, sondern beide erkennen in größerer Muße, dass menschliche Sinne mehr vollbringen, genussvoller sind, wenn auch immer noch anstrengend, als bloßes Abrackern in der einen oder anderen Form. Aufatmend blicken sie um sich, sehen, das wenig zum Rechten steht und sehen auch, dass sie die Gestaltung der Gesellschaft gemeinsam vorantreiben, also Politik in ihre Hände nehmen müssen.

5 Sich das vorzustellen, fällt nicht schwer, wenn wir in der Geschichte zurückgehen. So führte etwa die Freilassung der Sklaven in den Südstaaten nicht einfach zu deren Freiheit, sondern zunächst zu Hunger, Vertreibung, Obdachlosigkeit. Die Freilassung der Frauen aus der Eheform durch neoliberale Umbrüche auch in der Moral befreite sie vom Haustyrann und überließ sie als Alleinerziehende der Armut.

In diesen vier Bewegungen zugleich verlieren die Knoten ihre Kraft, wird Herrschaft instabil. Diese Lockerung ist antikapitalistisch und radikal demokratisch, deshalb ist mit systematischem Widerstand zu rechnen.

Zum Abschluss ein weiteres Mal Brecht, der eine geistige Gymnastik für die Köpfe ist und ein ausgezeichneter politischer Lehrer, selbst wenn wir seine umfassende Hoffnung nicht mehr ganz teilen können: »Wenn die herrschende Klasse ihren Griff verliert, fallen die Beherrschten zunächst meist zusammen. Die Institutionen schwanken und zerfallen schon, und die Unterdrückten machen noch lange keine Anstalten, die Führung zu übernehmen. Gegen sie steht ihre Religion, ihre Lebenskunst, die sie mühsam gelernt haben, viel davon vom Feind, einiges davon im Kampf mit dem Feind, eine komplexe Ausstattung von Gewohnheiten und Maximen. Deshalb muss der Umsturz selber etwas Geschäftsmäßiges bekommen, ein organisiertes Unternehmen, in dem sie Züge ihres Alltags wieder erkennen können, kurz, vernünftig, um die Massen einzubeziehen.« (*Marxistische Studien*, GW 20, 120)

Ist es am Ende notwendig, extra zu betonen, dass ich mir einen Feminismus ohne Kritik der kapitalistischen Produktionsweise ebenso wenig vorstellen kann wie einen Marxismus, der die Kritik der Geschlechterverhältnisse nicht einbegreift?

Kapitel 12

Transformation

12.1 Das Experiment

Antonio Gramsci schlägt vor: »Man muss eine Lehre erarbeiten, in der all diese Verhältnisse tätig und in Bewegung sind, wobei ganz deutlich festgestellt wird, dass der Sitz dieser Tätigkeit das Bewusstsein des Einzelmenschen ist, der erkennt, will, bewundert, schafft, insofern er bereits erkennt, will, bewundert, schafft usw. und sich nicht als isoliert, sondern als voller Möglichkeiten begreift, die ihm von anderen Menschen und von der Gesellschaft der Dinge geboten werden, wovon er unvermeidlich eine gewisse Kenntnis hat. (Wie jeder Mensch Philosoph ist, so ist jeder Mensch Wissenschaftler usw.)«[1]. Eine Aufgabe, die anzudenken sogleich einen großen Schwindel erzeugt. Wo bleibt der feste Standpunkt, von dem aus wir ins Zukünftige gehen könnten? Diese Formulierung macht die Aufgabe schon weniger unerhört. Schließlich muss man, um zu gehen, stets den sicheren Punkt verlassen, um den nächsten zu erreichen, der selbst wieder nur der Anfang des wieder nächsten ist. In Bewegung sein, etwas anpacken, ein notwendendes Transformationsprojekt beginnen, das sind alles Formulierungen, die die Veränderung zur Grundlage haben. Der Schwindel ist nur die Folge einer falschen Vorstellung von Sicherheit und Verharren. Marxismus-Feminismus als Projekt, welches zunächst als schwierige Aufgabe erschien, spontan als zusammengehörig Gedachtes auch zusammenzuzwingen, zeigt sich in diesem Buch als mühsamer, als verrückter, als irrender und immer wieder aufgenommener Versuch, einen Weg zu finden, der allgemein begehbar ist und notwendig, um die immer zerstörerischen Krisen und Katastrophen aus dem Schicksalhaften zu holen und mit vereinten Kräften in eine andere Richtung zu bringen, kurz: in die Geschichte aktiv einzutreten.

Hier wird feministischer Marxismus in Entwicklung gefasst und zugleich in allen Irrtümern beharrlich weiterverfolgt. Ich formuliere als eigenen Versuch, »Bausteine« für einen zukünftigen feministischen Marxismus

1 Antonio Gramsci: *Gefängnishefte*, H. 10, Teil II, § 54. *Einführung ins Studium der Philosophie*

zu finden, und erfahre mich mit der Hoffnung, dass dies ein mögliches Unterfangen sorgfältiger Konstruktion und Bewahrung ist. Es zeigen sich von Anfang an zwei Dimensionen, die Schlüssel für das Projekt sind. Da ist zum einen Selbstkritik, die es erlaubt, aus Fehlern zu lernen, und so – statt starrer und immer rechthaberischer zu werden – erst die Möglichkeit eröffnet, eine allgemeine Perspektive anzusteuern und damit einen lebendigen Weltaufschluss zu finden. Die andere ist, dass es der Dialektik bedarf, um Veränderliches zum Verändern zu bringen. Das heißt zugleich, dass der Stolpergang einer autobiographischen Herangehensweise für die Aufzeichnung des unvollendeten Projekts Marxismus-Feminismus dem Gegenstand ganz angemessen ist, die beiden Standpunkte füreinander fruchtbar zu machen. Was zunächst dem Mangel an überlieferten Erkenntnissen geschuldet war, erweist sich im Nachhinein als ideale Form, um in Bewegung zu bleiben und Werdendes als genau dieses abzubilden: feministischen Marxismus als Perspektive, das Ziel im Werden ebenso wie die Einzelnen, die sich auf den Weg machen.

Von Anfang an ist die Sprache im Zentrum der Versuche, einen eigenen Standpunkt zu finden und ihn nicht zu verlieren. Nach störrisch-autoritärem Irrtum, der sich noch im Besitz allen Wissens glaubt und dabei Sprache ganz instrumentell als bloßes Handwerkszeug versteht, gerät eben Sprache, als sei dies eine Rache, im großen Projekt der Erinnerungsarbeit ins Zentrum politisch-pädagogischer Praxis.

Die marxistischen Klassiker haben wieder und wieder unterstrichen, dass die Geschichte die wesentliche Wissenschaft für ein Befreiungsprojekt ist, und damit die Erinnerung, die beständig neu zu erarbeiten ist. Gramsci hat zudem vorgeschlagen, die eigene Persönlichkeit als vielfältig zusammengesetzt, in allerlei Traditionen vorbewusst steckend zu begreifen, die, wenn sie sich nicht selbst erkennt, in den Widersprüchen dieser unterschiedlichen Erbstücke schließlich gelähmt und passiv steckenbleiben muss. Als einzige Möglichkeit schlägt er vor, ein Inventarverzeichnis seiner selbst anzulegen und sich und seine Weltauffassung in einer Gruppe, die verändernd in Gesellschaft eingreift, selbst kohärent zu arbeiten: »Der Anfang der kritischen Ausarbeitung ist das Bewusstsein dessen, was wirklich ist, das heißt ein ›Erkenne dich selbst‹ als Produkt des bislang abgelaufenen Geschichtsprozesses, der in einem selbst eine Unendlichkeit von Spuren hinterlassen hat, übernommen ohne Inventarvorbehalt. Ein solches Inventar gilt es zu Anfang zu erstellen.«[2] Noch bevor ich das las, hatte ich das Projekt *Erinnerungsarbeit* begonnen, welches zum Ziel hat, aus der politischen Lähmung durch kollektive Selbsterkenntnis auszubrechen. Die Methode wird in diesem Buch knapp vorgestellt (Kapitel 3); ein wesentlicher Befund war unsere

2 Antonio Gramsci: *Gefängnishefte*, H. 11, § 12, Anmerkung II

eigene Sprachlosigkeit, zunächst als partielle Inkompetenz gedacht, dann nach und nach erkannt als Resultat der Positionierung von Frauen in kapitalistischer Gesellschaft und der damit einhergehenden Schwierigkeit, sich als geschichtliche Wesen im Ensemble der gesellschaftlichen Verhältnisse zu erkunden. Sprachaneignung als Aneignung von Welt stößt sich an den strukturellen Behinderungen, irgendwo Fuß zu fassen mit Leib und Gefühlen und Verstand, wenn der vorgesehene Ort in Gesellschaft ein subalterner ist.[3] Gayatri Spivak fragt, ob die Subalternen überhaupt sprechen können[4], eine so offenkundig unsinnige Frage, dass es notwendig ist, die Frage selbst zu befragen. Dies ist als wesentliches Element methodischen Vorgehens wieder und wieder erprobt. Gerade wo die Evidenzen ein Einverständnis mit dem Gewohnten nahelegen, braucht es die Methode der Swift'schen Übertreibung, um Skandale unter der friedlichen Koexistenz des sichtbar Harmlosen erst erkennbar zu machen, die Stille und das Schweigen als Schrei zu hören.[5] Damit wird allerdings das Unerledigte, das Schiefgelaufene, wird Entfremdung zunächst erst mal als großes Forschungsfeld sichtbar, als Notwendigkeit kollektiver Arbeit, die noch nicht getan ist. Es ist der Anfang, nicht selbst die Lösung.

In den Materialstudien im Buch ist es immer wieder Brecht, mit dem gearbeitet wird, der das Zusammenbinden im Alltagsverstand entgegengesetzter Bereiche praktisch vorführt für dialektisches, eingreifendes Denken. In der Methode der Erinnerungsarbeit sind es die *Feuerbachthesen* (ihr Bruch mit der Metaphysik), die den Blick auf das Verständliche frei ma-

3 Im Projekt *Sündiger Genuss*, das in diesem Buch zu kurz kam, aber nachlesbar ist, sind wir dem eigenartigen Phänomen nachgegangen, dass es für die schreibenden Frauen weitgehend unmöglich war, für ihre Gefühle eine Sprache zu finden. Zumeist beschrieben sie sich als gefühllos. Die gemeinsame Studie setzte produktiv in einem Widerspruch an zwischen Gefühl und Vernunft: dem Genuss von vernünftig Abgelehntem, was wir eine verneinte Bejahung nennen können. Im Resultat wurden Wege des Nacheinander gewählt, Ausnahmezeiten für das Gefühl und Pflichtübung für den Verstand, statt das eine für das andere fruchtbar zu machen. Das Leben geriet zu einer schwierigen und zumeist angestrengten Gratwanderung mit der Bereitschaft, sich über andere zu erheben und frisch an die Tat moralischer Verurteilung zu gehen.

4 Gayatri Spivak: *Can the Subaltern Speak? Postkolonialität und subalterne Artikulation*, 2007

5 Swift hatte zur Bewältigung des Armutsproblems in England vorgeschlagen, den Kinderreichtum der Hungernden einzudämmen, indem die Kinder in eigene Heime kämen, in denen sie wohlgenährt würden, bis sie fit sind und in die großen englischen Parks getrieben werden könnten. Teure Jagdscheine an die Wohlhabenden könnten zugleich das Staatssäckel füllen, die Langeweile der Reichen vertreiben und das Armenproblem nachhaltig lösen. Marx zitiert im *Kapital* Mandeville, der das Land preist, das genügend Arme hat, deren Bedürfnisse berücksichtigt, aber nicht vollständig gestillt werden sollten, dass sie arbeitsam bleiben und so dem Land zum Reichtum verhelfen.

chen. Sie seien allen Generationen feministischer Marxistinnen zur stetigen Verwendung empfohlen.

Überhaupt sind in den einzelnen Schritten des feministischen Marxistinwerdens immer wieder Vorschläge herausgearbeitet, wie Welt genauer wahrgenommen und besser verstanden werden kann. So wird innerhalb des Umgangs mit Sprache und Bewusstsein die Kunst des Übersetzens als alltägliche Praxis geübt. Um wirklich begriffen zu werden, müssen das Gehörte und Gelesene, müssen zum Beispiel die Sätze aus der Politik zunächst in die eigene Sprache übersetzt werden. Das ist aus vielen Gründen eine schwere Arbeit, sei es, dass die eigene Sprache noch auf dem Weg des Werdens ist, sei es, dass die herrschenden Sätze kein Äquivalent in der eigenen Vorstellungswelt haben und darum leichthin »verstanden« werden, ohne begriffen zu sein. So hört man sich selbst laut als jemand anderer sprechen, einer spricht durch einen, man lebt damit, nicht betroffen zu sein. Um die allgemeine Schizophrenie zu durchbrechen, wird das Übersetzen wieder und wieder als Grundausstattung von allen als Übung empfohlen. Auch hier ist Brecht ein großer Lehrer. Allein ein Satz wie »Geld macht sinnlich, wie uns die Erfahrung lehrt« kann in einem Schulungsheft den das Nachdenken provozierenden Anfang zum »eingreifenden Denken« bilden. Brechtsche wie eigene Anwendungen von Widersinnigkeit, die sich bei näherem Nachdenken als messerscharfe Erkenntnisse erweisen, zeigen zugleich Humor als Waffe. Man liest zunächst ungläubig den Brecht'schen Satz: »Das Wort gut hat einen schlechten Beigeschmack«, der im Kontext von »besseren Leuten« zur Frage nach »einem guten Arbeiter« wird bzw. zur Frage führt, wann dieser sich wohl selbst so bezeichnen würde (*Flüchtlingsgespräche*). Die Befreiung aus der sprachlichen Zwangsjacke erfolgt mit kollektivem Gelächter. Dies ist für einen feministischen Marxismus unentbehrlich, gerade weil der Einsatz von Frauen als gleiche Ungleiche in kapitalistischem Milieu nur als Widersinn begreifbar ist in seiner Wirkung und ständigen Reproduktion. Wie können die aus großen Entscheidungen in Wirtschaft und Politik Ausgeschlossenen in der Einschließung ins private Heim Glück und Liebe spenden? Solchem Wunderglauben anzuhängen und ihn für alltäglich zu halten, verlangt eigenen Humor, der sich aber nicht der Erkenntnis verschließt, dass die Bewegung der Veränderung dieses gesamte ideologische Gebäude schon fortwährend umwälzt und damit aber zugleich den Bereich der Hoffnung wegfegt. Wir als Begreifende sind auch Teil dieser Transformation.

12.2 Bedürfnis nach Theorie

Meine Autobiographie, die unvermeidlich nur meine ist, hat das konjunkturelle Glück, mit Arbeitsforschung in gewerkschaftlich strategischem Denken begonnen zu haben als Marxistin mit sozialistischen Hoffnungen. Das gibt für den feministischen Marxismus einen besonderen Halt in doppelter Erfahrung und so etwas wie intolerante Toleranz. Gerade weil die gewerkschaftliche Fundierung zur eigenen Biographie gehört, kann die stete Wiederholung angeblich marxscher Sätze über Klasse und die Nebensächlichkeit der Frauenkämpfe auf polemische Ablehnung stoßen bei gleichzeitiger Toleranz, sie einfach stehen zu lassen und sich um anderes zu kümmern. Aber die dogmatische Vereinnahmung des Dialektikers Marx für metaphysische Positionen des Gewussten und Für-wahr-Gehaltenen führt auch widerständig zur immer erneuten Lektüre marxscher Texte, die bei weitem nicht ausgeschöpft sind und sich gerade für den jungen feministischen Marxismus als eine Quelle weiterer Erkenntnis erweisen. Dazu gehört die bewegliche Respektlosigkeit, auch Überholtes zurückzuweisen. Marx selbst aus der metaphysischen Vereinnahmung zu befreien und in die Zeit zu holen, wird insofern eine feministische Aufgabe, weil der lange Weg der Eintragung der Frauen in ein sozialistisches Projekt die vielen Gegner solcher Versuche aus den falschen Bündnissen loswerden muss *mit* Marx. Bedenken wir, dass Marxismus marxsches Denken + Arbeiterbewegung ist, dann ist die Stärke zugleich mit der Begrenzung deutlich.

Rosa Luxemburg fragt, ob ein »wirkliches Bedürfnis der Zeit nach theoretischer Arbeit vorliegt« und vor allem ob »wir« (als Sozialisten) »ein *Bedürfnis* nach theoretischer Weiterführung der Lehre über Marx hinaus« haben (GW, 1 /2, 364). Für die Arbeiterbewegung verneint sie diese Frage. Die »*Entstehung des Mehrwerts*, d. h. die wissenschaftliche Erklärung der *Ausbeutung*, sowie die *Tendenz* der Vergesellschaftung des Produktionsprozesses, d. h. die wissenschaftliche Erklärung der *objektiven Grundlagen der sozialistischen Umwälzung* [alle entwickelt in Bd. 1 des *Kapital*, haben …] das eigentliche theoretische Bedürfnis der Arbeiterbewegung im Großen und Ganzen befriedigt.« (366) Sie braucht für ihren Klassenkampf den dritten Band des *Kapitals* nicht. Sie fährt fort: »Aber wie mit der marxschen ökonomischen Lehre steht es mit der theoretischen Forschung überhaupt in unserer Bewegung. Es ist nichts als eine Illusion, zu denken, die aufstrebende Arbeiterklasse könne durch den Inhalt ihres Klassenkampfes aus freien Stücken auf theoretischem Gebiete ins Unermessliche schöpferisch wirken.« (ebd.) Sie erinnert an die Schranken, die der weiteren Aneignung der marxschen Lehre in der Arbeiterbewegung entgegenstehen, auch, wie sie mit womöglich überholten Teilstücken sich zufrieden gibt, »weil unsere

Bedürfnisse noch nicht für die Verwertung der marxschen Gedanken ausreichen.« (368) Sie endet emphatisch: »So rächen sich die von Marx theoretisch aufgedeckten sozialen Daseinsbedingungen des Proletariats in der heutigen Gesellschaft an den Schicksalen der marxschen Theorie selbst. Ein unvergleichliches Instrument der geistigen Kultur, liegt sie brach, weil sie für die bürgerliche Klassenkultur untauglich ist, die Bedürfnisse der Arbeiterklasse aber nach Kampfeswaffen weit überschreitet. Und erst mit der Befreiung der Arbeiterklasse aus heutigen Daseinsbedingungen wird mit anderen Produktionsmitteln auch die marxsche Forschungsmethode vergesellschaftet, um zum Wohle der ganzen Menschheit zu ihrem vollen Gebrauch, zu ihrer vollen Leistungsfähigkeit entfaltet zu werden.« (Ebd.)

Betrachten wir an dieser Stelle nicht, woran das sozialistische Projekt in seiner Verwirklichung gescheitert ist, sondern springen auf die Seite der neuen Bedürfnisse nach theoretischer Durchdringung von Seiten der sich in der Französischen Revolution schon regenden, im 20. Jahrhundert weiter herausbildenden Frauenbewegung. Besichtigen wir die immer neu ansetzenden Versuche ihrer Niederhaltung auch durch Kräfte aus der Arbeiterbewegung, und umgekehrt das Tasten und Suchen »nach Mitteln und Wegen, das Sein mit dem Denken, nämlich die geschichtlichen Daseinsformen mit dem gesellschaftlichen Bewusstsein in Einklang zu bringen« (Luxemburg, *Karl Marx*, GW 1/2, 370).

Davon handelt das vorliegende Buch. Ich arbeite mich ab an den Stillstellungen der fruchtbaren marxschen Theorie auch durch die Arbeiterbewegung und kritisch auch an Marx. Aber immer wieder geht der Weg ratsuchend zurück zu Marx. Nehmen wir etwa das »axiomatische Feld«, wie Brecht dies nennt (GA 21, 525; GW 20, 173), in dem marxsches Denken seinen politisch-ethischen Sinn findet. Es beginnt mit dem »*kategorischen Imperativ, alle Verhältnisse umzuwerfen*, in denen der Mensch ein erniedrigtes, ein geknechtetes, ein verlassenes, ein verächtliches Wesen ist« (MEW 1, 385). Das ist noch sehr allgemein, so dass auch Frauenbewegung sich aufgerufen fühlen kann. Dies umso mehr, als die darin gesprochenen Aufgaben sich geradezu wie Aufforderungen an fürsorgliches Handeln lesen lassen, bis auf das kraftvolle »Umwerfen«, das wiederum den Bezug zur Arbeiterbewegung erkennbar macht. Auch in der positiven Formulierung, auf Verhältnisse zu orientieren, in denen »die freie Entwicklung eines jeden die freie Entwicklung aller ist« (MEW 4, 482), braucht es nicht nur theoretische Einsicht, sondern auch ein Handeln, das nicht in Leistung in der Konkurrenz gebildet ist, sondern in umfassender Liebe, die Grundlage ist für Solidarität. Es setzt sich fort in Axiomen wie dem, dass »die Befreiung der Arbeiter nur das Werk der Arbeiter« sein kann, wie Brecht im *Einheitsfrontlied* den marxschen Grundsatz aufgenommen hat, wie es aber noch dringlicher und historisch ganz unerhört für Frauen gilt, deren Befreiung sich die männlichen Arbeiter der Bewegung zu einem späteren eigenen Ziel gesetzt hatten. Während selbstverständlich auch für Frauen gilt: dass es für uns ohne Folgen bleibt, wenn wir unsere Befreiung nicht in eigene Hände nehmen (wie Peter Weiss das spricht). Marx fährt im Anschluss an Fourier fort, dass die Emanzipation der Frauen der Gradmesser für die Emanzipation schlechthin ist, und schließt, dass die Revolutionierung der Geschlechterverhältnisse ein konstituierendes Element sozialistischer Revolution ist. Vor allem ist in seinem Konzept enthalten, dass der Mensch erst *wird* als Mensch, als natürlich-gesellschaftliches Wesen. So ist die Herausentwicklung aus der Brutalität des Tierreichs unabdingbar, mithin Gewalt gegen Frauen ebenso als vormenschlich zurückverwiesen, wie perspektivisch die Beziehungen auch der Geschlechter untereinander in ihrem individuellen Dasein davon bestimmt sind, dass Schwächere von Stärkeren gestützt werden. Und schließlich folgt das Postulat, das die Beziehung der gesellschaftlichen Menschheit zu ihrem »natürlichen Laboratorium« (MEW 42, 383) betrifft, dem, wie Marx sagt, »Arsenal, das sowohl das Arbeitsmittel wie das Arbeitsmaterial liefert wie den Sitz, die Basis des Gemeinwesens« (ebd., 384): »Vom Standpunkt einer höhern ökonomischen Gesellschaftsformation wird das Privateigentum einzelner Individuen am Erdball ganz so abgeschmackt erscheinen wie das Privateigentum eines Menschen an einem andern Menschen. Selbst eine ganze Gesellschaft, eine Nation, ja alle gleichzeitigen Gesellschaften zusammengenommen, sind nicht Eigentümer der Erde. Sie sind nur ihre Besitzer, ihre Nutznießer, und haben sie als boni patres familias [gute Familienväter] den nachfolgenden Generationen verbessert zu hinterlassen.« (MEW 25, 784)

Lassen sich die einzelnen Imperative je für sich genommen engführen in Wohltätigkeit, die es mit dem Umsturz nicht so ernst zu nehmen braucht; in Elitebildung, die arbeitsteilig ihre qualifizierten Geschäfte betreibt zum Wohle anderer, wie ein gut ausgebildeter Arzt gut ist für die Heilung Kranker; in Naturschützer, die gegen allzu drastische Übergriffe sich einsetzen, so entfalten die drei Imperative ihre transformative Sprengkraft, sobald sie als gemeinsame aufgerufen sind, die in ein Kraftfeld mit mehreren Polen einzutreten nötigen.

Das Postulat endlich, auf welches die Darstellung der kapitalistischen Industrie im marxschen *Kapital* zuläuft, nämlich die Reproduktion als regelndes Prinzip der Produktion durchzusetzen bzw. den gesellschaftlichen Stoffwechsel mit der umgebenden Natur »systematisch als regelndes Gesetz und in einer der menschlichen Entwicklung adäquaten Form herzustellen« (MEW 23, 528), ist vom feministischen Standpunkt zugleich Leitlinie, das, was sich krisenhaft als ökologische Frage geltend macht, in ein Transformationsprojekt aufzunehmen und zugleich das, was sich als Reproduktionskrise äußert, dem schon eine Care-Bewegung antwortet, also die Fragen der Reproduktion der Menschen selbst, auf den organisch sinnvollen Platz zu heben.

Das Auftreten von Frauenbewegung als Empörung gegen die Stellung der Frauen außerhalb der herrschenden Kultur verlangt nach einer Weiterentwicklung marxscher Theorie, also auch danach, aus seinem »Gedankendepot« (Luxemburg, GW 1/2, 368) über das bisher Angewandte hinaus die vorauseilenden Momente ins heute Brauchbare zu erarbeiten.

12.3 Die unerlöste Frage

Kapitalismus raste, seit Marx das *Kommunistische Manifest* schrieb, wie von ihm vorhergesagt über den gesamten Globus, unterwarf seinem Verwertungstrieb alle anderen Produktionsweisen, vernichtete Kulturen und entwickelte die Produktivkräfte der Arbeit in einem Maße, dass lebendige Arbeit immer weniger wird, menschliche Entwicklung also immer größere Räume disponibler Zeit erhalten könnte. Da aber gleichzeitig die Verminderung der notwendigen Arbeitszeit hinter dem Rücken der Arbeitenden kapitalistische Herrschaft stärkt und daher alle Entwicklung der Arbeitsproduktivität in Massenarbeitslosigkeit verkehrt, folgt auf der einen Seite Krise auf Krise. Feministischer Marxismus findet sich also vor den großen gesellschaftlichen Fragen vielfacher Krisen – der Überakkumulation von Waren, von Geld, Massenarbeitslosigkeit und dem herannahenden Ende der Rohstoffe mit Kriegsszenarien in wachsendem Umfang und der Drohung einer klimatischen Unbewohnbarkeit der Erde – vor einem so globalen Problembündel, dass die feministischen Fragen nach der Lage und den Möglichkeiten und Fähigkeiten der Frauen wie eh und je als Kindergeschrei und Kaffeeklatsch beiseitegewischt zu werden drohen. Das Auftreten der Frauenbewegung trifft jedoch noch unbegriffen den Punkt, an dem die ethisch-politischen Fragen – wie wir leben wollen, welchen Sinn unser Handeln hat, für wen und mit wem wir solidarisch streiten, wie Freundlichkeit in die Welt kommt – als eine besondere Arbeitsteilung vom Treiben der kapitalistischen Produktionsweise abgespalten und bis zum Verschwinden an Frauen delegiert sind, die zugleich keine Zeit haben, weil sie in die kapitalistische Produktion einbezogen werden. »Der sich selbst abhanden gekommene Mensch«, wie der junge Marx das spricht, benötigt zur Wiedergewinnung die gleichzeitige Anrufung der Fragen des Lebens wie die der kräftesparenden Produktion seiner Mittel. Für diese Zusammenfügung braucht es einen feministischen Marxismus. Er nimmt den historischen Platz ein, die beiden Produktionen, die des Lebens und die der Lebensmittel, zum Ausgangspunkt zu nehmen und ihre organische Zusammenführung so anzugehen, dass keines über das andere hierarchisch angeordnet ist und so das Leben selbst nicht zum Abfallprodukt der Produktion seiner Mittel wird.

12.4 Radikale Demokratie

Feministischer Marxismus kann als Theorie von Frauenbewegung in allgemeiner Perspektive nicht herausgefordert sein, eine Politik zu entwerfen, die Gefahr läuft, von oben bürokratisch Politikkonzepte zu dirigieren. Die derzeitigen Weltprobleme sind Herausforderungen, sich eine Weltgesellschaft vorzustellen, in der solche Katastrophen aus kapitalistischer Produktionsweise nicht aufkommen. Der Weg eines feministischen Marxismus ist – wie bei Marx, auch bei Engels entworfen, bei Luxemburg und Gramsci durchbuchstabiert, bei Brecht exemplarisch vorgeführt – einer, der mit dem Bewusstsein der je Einzelnen ringt. Es geht darum, Hegemonie für eine sozialistische Demokratie zu gewinnen, für eine friedliche Gesellschaft ohne Unterwerfung und Ausbeutung, in der auch alle Frauen selbstverständlich Platz als Menschen haben. Für eine Gesellschaft, in der es überhaupt keine Herren gibt, braucht es keine eigenen Frauenrechte, auch keine Minderheitenrechte, weil alle das Erbe der Französischen Revolution angetreten haben: Freiheit, Gleichheit und Solidarität. Die Vier-in-einem-Perspektive macht Ernst mit diesem Projekt, indem sie als harmloser Weg beginnt von radikaler Erwerbsarbeitszeitverkürzung, Recht auf Entwicklung, Recht und Pflicht praktischer sozialer Verantwortung und Politik für alle – und zwar Politik, die die nächsten Generationen und die Natur, die unsere Lebensbedingung ist, einbezieht. Freilich braucht und bewirkt die Vier-in-einem-Perspektive zu ihrer vollen Verwirklichung eine Umwälzung der bisherigen Gesellschaft auf allen Ebenen, nicht zuletzt der der Werte und Normen, der Gewohnheiten, des Alltagslebens und der politischen Ethik. So wird sie auf Widerstand stoßen. Diesem zu entgegnen braucht es viele, die diesen Weg überzeugt gehen wollen. Es ist ein langes Alltagsgeschäft. Es ist so notwendig wie vernünftig und allen zugetan. Nennen wir dies das Projekt einer radikalen Demokratie.

Danksagung

Zunächst danke ich den Vielen, die mich auf dem langen Weg des Streits um feministischen Marxismus herausforderten, mit mir debattierten, mir widersprachen, mir Rat gaben. Das sind vor allem die Studierenden und Kollegen und Kolleginnen zunächst vom Institut für Kritische Psychologie an der FU Berlin, dann die vom Institut für Klinische Psychologie in Kopenhagen, dann wieder anders die Lernenden und Lehrenden der Hamburger Hochschule für Wirtschaft und Politik, die von Anni Bell zusammengerufenen Frauen aus der Universität Innsbruck für 2 Semester, die Lehrenden der Macquarie-Universität in Sydney, der feministische Lehrkörper des Ontario Institute for Studies in Education in Toronto, Lehrende der Duke University in North Carolina, Studierende und Lehrende der Universität Klagenfurt. Dazu kommen die Vielen, die mit mir diskutierten und mich befragten, vor allem die Lernenden der Berliner Volksuniversität über viele Jahre, die Projekte aus dem Sozialistischen Frauenbund und der Frauenredaktion des *Argument*, die Projektgruppe Automation und Qualifikation – hier gilt großer Dank Christof Ohm, der unermüdlich die verlorenen Texte aufspürte und einscannte –, die Redaktionen der Zeitschrift *Das Argument* und des *Forums Kritische Psychologie*. Den Zweifel nicht zu begraben ermutigten mich die kämpfenden Frauen in den Gewerkschaften und die in der Partei DIE LINKE – und hier halte ich einfach inne, weil eigentlich alle, mit denen ich im Laufe von 5 Jahrzehnten zusammenarbeitete, auch halfen, meine theoretischen Arbeiten den Bedürfnissen nach Theorie anzumessen. Besonderer Dank gilt meinem Lebensgefährten wegen der unerbittlichen Strenge, mit der er mich zu klarerem Denken brachte, und vor allem meiner Lektorin und Tochter Else Laudan, die mehrere Wochen ihres arbeitsvollen Lebens sich ganz der Verbesserung dieses Buches widmete und dabei eine großartige marxistische Feministin wurde.

Literaturverzeichnis

Adorno, Th. W. u. a., 1969, 1978: Der Positivismusstreit in der deutschen Soziologie. Darmstadt

Althusser, Louis, 1977: Ideologie und ideologische Staatsapparate. Hamburg, Westberlin

Arbeitskreis Westeuropäische Arbeiterbewegung 1979: Eurokommunismus und Theorie der Politik. Berlin

Atwood, Margaret, 1987: Der Report der Magd. Düsseldorf

Barrett, Michèle, 1980: Das unterstellte Geschlecht – Für einen marxistischen Feminismus

Barrett, Michèle, 1980: Women's Oppression Today. Problems in Marxist Feminist Analysis. London

Barrett, Michèle, und Mary McIntosh, 1982: Christine Delphy: Vers un féminisme matérialiste«, in: Nouvelles questions féministes

Beauvoir, Simone de, 1951: Das andere Geschlecht. Sitte und Sexus der Frau. Reinbek

Beer, Ursula (Hg.), 1987: Klasse Geschlecht: feministische Gesellschaftsanalyse und Wissenschaftskritik. Bielefeld

Beer, Ursula, 1990: Geschlecht, Struktur, Geschichte: soziale Konstituierung des Geschlechterverhältnisses. Frankfurt/M., New York

Bennholdt-Thomsen, Veronika, 1981: Subsistence Production and Extended Reproduction, in: K. Young (ed.): Of Marriage and the Market. London

Bittorf, Wilhelm, 1973: Der Kampf der Geschlechter. Der Sündenfall – Liebeshass – Sexualpolitik. Film.

Bollnow, O. F., 1962: Einfache Sittlichkeit. Göttingen

Bonacchi, Gabriella, 1982: Esiste una Theoria Feminista? Vortrag auf dem Kongress »Die neuen sozialen Bewegungen und die heutige Politiktheorie« in Oaxaca, Mexico, April 1981; dt. in: Internationale Sozialismusdiskussion 2. Berlin

Brecht, Bertolt, 1967/1977: Gesamtausgabe (GA), Gesammelte Werke in 20 Bänden (GW), Frankfurt/M.

Brockhaus, 1960: Enzyklopädie in 20 Bänden. Wiesbaden

Bürger, H., 1978: Einsatz der neuen Technik in der Text- und Datenerfassung und -Verarbeitung. Betriebliche Erfahrungen und Interessenvertretung der Arbeitnehmer. Bielefeld.

Cockburn, Cynthia, 1993: Blockierte Frauenwege. Wie Männer Gleichheit in Institutionen und Betrieben verweigern. Hamburg

Collins, Patricia Hill, 1989: The Social Vonstruction of Black Feminist Thought, in: *Signs* 1

Conversationslexicon, 1818/1819: Enzyklopädisches Handwörterbuch für gebildete Stände. Stuttgart

Dalla Costa, Mariarosa, 2014: Kapitalismus und Reproduktion, in: *Bildpunkt. Zeitschrift der IG Bildende Kunst* 32

Dalla Costa, Mariarosa, 1973: »Die Frauen und der Umsturz der Gesellschaft«, in: dies. u. S. James (Hg.): Die Macht der Frauen und der Umsturz der Gesellschaft. Berlin/W

Das Argument 292, 2011: Care – eine feministische Kritik der politischen Ökonomie? Hamburg

Delphy, Christine, 1982: »Un féminisme matérialiste est possible«, in: *Nouvelles questions féministes*, H. 4

Dietrich, Gabriele, 1984: Die unvollendete Aufgabe einer marxistischen Fassung der Frauenfrage, in: Projekt Sozialistischer Feminismus (Hg.): Geschlechterverhältnisse und Frauenpolitik. Berlin

Druck und Papier, 1980/1981: Zentralorgan der Industriegewerkschaft Druck und Papier, Jg. 118 und 119

Dunayevskaya, Raya, 1998: Rosa Luxemburg. Frauenbefreiung und Marx' Theorie der Revolution. Hamburg

Durkheim, Émile, 1925: L'éducation morale, Paris; dt.: Erziehung, Moral und Gesellschaft, Frankfurt/M. 1984

Engels, Friedrich (1878, 1894), 1962: Herrn Eugen Dührings Umwälzung der Wissenschaft. MEW 20, 5–306

Engels, Friedrich (1884), 1962: Der Ursprung der Familie, des Privateigentums und des Staats. MEW 21, 25–173

Federici, Silvia, 2010: »Wir kommen in Bewegungen mit all den Narben ...«, Interview über Kämpfe von Frauen um Arbeitsteilung, Wissen und (Re)Produktion, von Maya Gonzalez und Caitlin Manning, in: *Reclamations* 3: dt. in: *Grundrisse* 38, Wien 2011, übers. von Renate Nahar

Frauengrundstudium 1980. Argument-Studienheft. Berlin

Frauenstudien 1981: Theorie und Praxis in den USA und Großbritannien, in: Gulliver 10. Berlin

Game, Ann, und Rosemary Pringle, 1983: Gender at Work. Sydney

Gerhard, Ute, 1981: Verhältnisse und Verhinderungen. Frauenarbeit, Familie und Rechte der Frauen im 19. Jahrhundert. Mit Dokumenten. Frankfurt/M.

Gilligan, Carol, 1984: Die andere Stimme. Lebenskonflikte und Moral der Frau. München

Gorbatschow, Michail, 1987: Perestrojka. Die zweite russische Revolution. München

Gorz, André, 1980: Abschied vom Proletariat – jenseits des Sozialismus (aus dem Französischen von Heinz Abosch). Frankfurt/M.

Gramsci, Antonio, 2012: Gefängnishefte: Kritische Gesamtausgabe in 10 Bänden. Hamburg

Haraway, Donna, 1982: Rasse, Klasse, Geschlecht als Objekte der Wissenschaft. Eine marxistisch-feministische Darstellung der sozialen Konstruktion des Begriffs der produktiven Natur und einige politische Konsequenzen, in: *Das Argument* 132

Haraway, Donna, 1985: A Cyborg Manifesto: Science, Technology, and Socialist-Feminism in the Late Twentieth Century, in: *Socialist Review* 80

Haraway, Donna, 1991: Situated Knowledges: The Science Question in Feminism and the Privilege of Partial Perspective, in: dies.: Simians, Cyborgs and Women. New York

Haraway, Donna, 1995: Die Neuerfindung der Natur. Frankfurt/M.

Haraway, Donna, 1995: Monströse Versprechen. Coyote-Geschichten zu Feminismus und Technowissenschaft. Neuauflage 2002 als Monströse Versprechen – die Gender- und Technik-Essays. Hamburg

Harding, Sandra, 1990: Feministische Wissenschaftstheorie. Hamburg

Harding, Sandra, 1992: Rethinking Standpoint Epistemology: What is »Strong Objectivity«?, in: L. Alcoff (ed.): Feminist Epistemologies. New York

Hardt, Michael, 1999: Affective Labour, in: *Boundary*, H. 2

Hartmann, H., 1981: Summary and Response. Continuing the Discussion (1975), in: Sargent 1981

Hartmann, H., 1981: The Unhappy Marriage of Marxism and Feminism (1975), in: Sargent 1981

Hartsock, Nancy, 1983: Money, Sex, and Power. Toward a Feminist Historical Materialism. New York, London

Hartsock, Nancy, 1991: Nullsummenspiel der Ehre, in: *Das Argument* 187

Hartsock, Nancy, 1991: The Feminist Standpoint Revisited. Paper given at the International Political Science Association, Buenos Aires, Argentina

Hartz, Peter, 2001: Job Revolution. Wie wir neue Arbeitsplätze gewinnen können. Frankfurt/M.

Haug, Frigga, 1971: Die missverstandene Emanzipation, in: *Das Argument* 67

Haug, Frigga, 1973: Verteidigung der Frauenbewegung gegen den Feminismus, in: *Das Argument* 83

Haug, Frigga, 1977: Arbeitspsychologie zwischen Kapital und Arbeit, in: Kritische Psychologie II. Berlin/West

Haug, Frigga, 1978: Dialektische Theorie und empirische Methodik, in: *Das Argument* 111

Haug, Frigga, 1981: Welche Bedürfnisse steuern die technische Entwicklung? Kongressbericht in *Das Argument* 127

Haug, Frigga, 1982: Wessen Kultur am Arbeitsplatz? In: *Kürbiskern* 2/1982

Haug, Frigga, 1983, 1986, 1990: Die Moral ist zweigeschlechtlich wie der Mensch, in: *Das Argument* 141 (1983); sowie in: Erinnerungsarbeit. Berlin, Hamburg 1986, 1990

Haug, Frigga, 1984: Moraltheorie und Klassenerfahrung, in: Frauen und Moral. Frauengrundstudium 3. Berlin

Haug, Frigga, 1984: Tagträume. Dimensionen weiblichen Widerstands, in: *Das Argument* 147; nachgedruckt in: Haug, Frigga, 1990: Erinnerungsarbeit. Hamburg

Haug, Frigga, 1984: Morals also have two Genders, in: *New Left Review* 143

Haug, Frigga, 1987: Arbeitsforschung im Zeitalter der Mikroelektronik, in: *Forum Kritische Psychologie* 20

Haug, Frigga, 1990: Ökonomie der Zeit, darin löst sich alle Ökonomie auf. Neue Herausforderungen an einen sozialistischen Feminismus, in: *Das Argument* 184

Haug, Frigga, 1990: Zur politischen Ökonomie der Frauenquote, in: *Das Argument* 181

Haug, Frigga, 1991: Arbeitskultur und Geschlechterverhältnisse, in: Kaschuba u. a. (Hg.)

Haug, Frigga, 1991: Eintritt der Frauen in den Krieg, in: *Das Argument* 187

Haug, Frigga, 1991: Leistung muss sich wieder lohnen, in: *Das Argument* 189

Haug, Frigga, 1992: Beyond Female Masochism. Memory-Work and Politics. London

Haug, Frigga, 1996: Engels' Problematik der Frauenfrage, in: Bergmann, Keßler, Kircz, Schäfer (Hg.): Zwischen Utopie und Kritik. Friedrich Engels – ein »Klassiker« nach 100 Jahren. Hamburg, 42–50

Haug, Frigga, 1996: Das neoliberale Projekt, der männliche Arbeitsbegriff und die fällige Erneuerung des Geschlechtervertrags, in: *Das Argument* 217

Haug, Frigga, 1999: Erfahrung und Theorie. Die Langeweile in der Ökonomie, in: B. Krondorfer und C. Mostböck (Hg.): Frauen und Ökonomie oder Geld essen Kritik auf. Kritische Versuche feministischer Zumutungen. Wien, 39–54

Haug, Frigga, 2000: »Immaterielle Arbeit und Automation«, in: *Das Argument* 235

Haug, Frigga, 2001: Stichwort Geschlechterverhältnisse, in: W.F. Haug (Hg.): Historisch-kritisches Wörterbuch des Marxismus (HKWM), Bd. 5. Hamburg

Haug, Frigga, 2001: Stichwort Hausarbeitsdebatte, in: HKWM (s. o.), Bd. 5

Haug, Frigga, 2003: »Schaffen wir einen neuen Menschentyp«. Von Henry Ford zu Peter Hartz, in: *Das Argument* 252

Haug, Frigga, 2004: Gender – Karriere eines Begriffs und was dahintersteckt, in: H. Hertzfeld, K. Schäfgen u. S. Veth (Hg.): GeschlechterVerhältnisse. Analysen aus Wissenschaft, Politik und Praxis. Berlin

Haug, Frigga, 2007: Rosa Luxemburg und die Kunst der Politik. Hamburg

Haug, Frigga, 2015: Stichwort Magd, in: W. F. Haug (Hg.): Historisch-kritisches Wörterbuch des Marxismus, Bd. 8/II

Haug, Frigga, u. B. Ketelhut, 1988: Die Perestrojka und die Frauen, in: *Das Argument* 170

Haug, Frigga (Hg.), 1980, [3]1988: Frauenformen. Alltagsgeschichten und Entwurf einer Theorie weiblicher Sozialisation. Berlin; gänzlich überarbeitete und aktualisierte Auflage unter neuem Titel: Erziehung zur Weiblichkeit. Berlin, Hamburg 1991

Haug, Frigga (Hg.), 1983, [3]1991: Sexualisierung der Körper. Frauenformen 2. Berlin, Hamburg

Haug, Frigga, u. G. Brosius (Hg.), 1987: Frauen/Männer/Computer. Empirische Untersuchungen zur Büroarbeit. Berlin

Haug, Frigga (ed.), 1987: Female Sexualization. London

Haug, Frigga, u. K. Hauser (Hg.), 1991: Die andere Angst. Berlin, Hamburg

Haug, Frigga, u. B. Hipfl (Hg.), 1995: Sündiger Genuß? – Filmerfahrungen von Frauen. Hamburg

Haug, Frigga (Hg.), 2005: Nachrichten aus dem Patriarchat, Hamburg

Haug, Wolfgang Fritz, 1972/2006: »Die Bedeutung von Standpunkt und sozialistischer Perspektive für die Kritik der politischen Ökonomie«, in: *Das Argument* 74; wiederveröffentlicht im Anhang zu seinen Neuen Vorlesungen zur Einführung ins »Kapital«. Hamburg

Haug, Wolfgang Fritz, 1979: Ideologie/Warenästhetik/Massenkultur. Berlin/W.

Haug, Wolfgang Fritz, 1981: Strukturelle Hegemonie, in: *Das Argument* 129

Haug, Wolfgang Fritz, 1984: Die Camera obscura der Ideologie. Berlin

Haug, Wolfgang Fritz, 2003: High-Tech-Kapitalismus. Analysen zu Produktionsweise, Arbeit, Sexualität, Krieg und Hegemonie. Hamburg

Hauser, Kornelia, 1994: Patriarchat als Sozialismus. Soziologische Studien zu DDR-Literatur. Hamburg

Hegel, F. W., 1970: Grundlinien der Philosophie des Rechts, in: Hegel Werke in 20 Bänden, Band 7. Frankfurt/M.

Historisches Wörterbuch der Philosophie, 1972. Basel

Hochschild, Arlie Russell, 1983/1990/2006: The Managed Heart: Commercialization of Human Feeling. Berkeley; dt. Das gekaufte Herz. Zur Kommerzialisierung der Gefühle. Frankfurt/M.

Hrdy, Sarah Blaffer, 2010: Mütter und Andere. Wie die Evolution uns zu sozialen Wesen gemacht hat. Berlin

IMSF, 1984: Krise des Marxismus oder Krise des Arguments? Frankfurt/M.

Ivekovic, Rada, 1984: Noch einmal zum Marxismus und Feminismus, in: Projekt Sozialistischer Feminismus (Hg.): Geschlechterverhältnisse und Frauenpolitik. Berlin

Jenson, Jane, 1980: The Fiench Communist Party and Feminism, in: *Socialist Register*

Karriere oder Kochtopf? Jahrbuch der Hochschule für Wirtschaft und Politik. Hamburg 1984

Kaschuba, Wolfgang, G. Korff und B. J. Warnecken (Hg.), 1991: Arbeiterkultur seit 1945 – Ende oder Veränderung? Tübingen

Kergoat, Jacques, 1995: Remarques sur la lutte de classes, Congrès Marx International, Paris, September 1995

Kern, Horst, und Michael Schumann, 1984: Das Ende der Arbeitsteilung? München

Klenner, Christina, 1990: Doppelt belastet oder einfach ausgebeutet? Zur Aneignung weiblicher Reproduktionsarbeit in DDR-Familien, in: *Das Argument* 184

Knave, B., and P.-G. Widebäck (eds), 1987: Work with Display Units 86. Amsterdam, New York, Oxford, Tokyo

Kollontai, Alexandra, 1977: Die neue Moral und die Arbeiterklasse. Münster

Leger, Daniele, 1982: Le Féminisme en France. Paris

Lipperheide, F.F. v., 1907, [8]1976: Spruchwörterbuch. Sammlung. Berlin

List, Elisabeth, u. Herlinde Studer (Hg.), 1989: Denkverhältnisse. Feminismus und Kritik. Frankfurt/M.

Luxemburg, Rosa, 1975: Die Akkumulation des Kapitals. Ein Beitrag zur ökonomischen Erklärung des Imperialismus (Berlin 1913), in: GW 5, Berlin

Magri, Lucio, 2015: Der Schneider von Ulm. Eine mögliche Geschichte der KPI. Hamburg

Marx, Karl: Das Kapital, MEW 23

Marxistische Blätter 3/1983

Mellor, Mary, 1993: Wann, wenn nicht jetzt! Für einen ökosozialistischen Feminismus. Hamburg

Metzke, Erwin, 1949: Handlexikon der Philosophie. Heidelberg

Mies, Maria, 1980: Gesellschaftliche Ursprünge der geschlechtlichen Arbeitsteilung, in: *Beiträge zur feministischen Theorie und Praxis*, H. 3

Mies, Maria, 1981: Marxistischer Sozialismus und Frauenemanzipation. Den Haag

Mies, Maria, 1983: Subsistenzproduktion, Hausfrauisierung, Kolonisierung, in: *Beiträge zur feministischen Theorie und Praxis*, H. 9/10

Millett, Kate, 1969: Sexual Politics. New York

Millett, Kate, 1971: Prostitution: A Quartet for Female Voices. New York

Millett, Kate, 1971: Sexus und Herrschaft. Die Tyrannei des Mannes in unserer Gesellschaft. München, Wien, Basel

Millett, Kate, 1973: Das verkaufte Geschlecht. Die Frau zwischen Gesellschaft und Prostitution. Vier Frauenstimmen zum Thema. München, Wien, Basel

Mojab, Shahrzad (ed.), 2015: Marxism and Feminism. London

Morisse, Inge, P. Sauerwald, H. Wilke, M. Zank-Weber, 1982: Unsicherheiten in der Politik – Gewerkschafterinnentagebuch, in: *Das Argument* 135

Negt, Oskar, 1984: Lebendige Arbeit, enteignete Zeit. Politische und kulturelle Dimensionen des Kampfes um die Arbeitszeit. Frankfurt/M., NewYork

Negt, Oskar, 1987: Brief an Frigga Haug, in: *Das Argument* 164

Neusüß, Christel, 1985: Die Kopfgeburten der Arbeiterbewegung. Hamburg, Zürich

Niggemann, Heinz, 1981: Emanzipation zwischen Sozialismus und Feminismus. Die sozialdemokratische Frauenbewegung im Kaiserreich. Wuppertal

PAQ – Projekt Automation und Qualifikation, 1975–1987: 8 Bände zur Automationsarbeit. Berlin

PAQ, 1975, [3]1979: Automation in der BRD. Berlin/West

PAQ, 1978, [2]1979: Entwicklung der Arbeitstätigkeiten und die Methode ihrer Erfassung. Berlin/West

PAQ, 1978: Theorien über Automationsarbeit. Berlin/West

PAQ, 1983: Zerreißproben. Berlin

PAQ, 1987: Widersprüche der Automationsarbeit. Berlin

Paramio, Ludolfo, 1982: Feminismo y Socialismo: Raices De Una Relacion Infeliz; dt. in: Internationale Sozialismusdiskussion 2. Berlin

Pasquinelli, Carla, 1982: Movimento FeministaNuovi Soggetti e Crisi del Marxismo; dt. in: Internationale Sozialismusdiskussion 2. Berlin

Piaget, J., 1981: Das moralische Urteil beim Kinde. Frankfurt/M.

Piercy, Marge, 1984: Fly away Home. New York, London

Pilgrim, Volker Elis, 1973: Der Untergang des Mannes. München, Wien, Basel

Pohl, Sigrid, 1984: Entwicklung und Ursachen von Frauenlohndiskriminierung – ein feministischmarxistischer Erklärungsansatz. Frankfurt/M.

Projekt »Arbeits- und Lebensbedingungen der Arbeitnehmer als Gegenstand der Hochschulforschung«: Arbeitsmaterialien Nr. 2.

Projekt Ideologietheorie, 1979: Theorien über Ideologie, Berlin/West

Psychologie heute 10/82

Ravaioli, Carla, 1977: Frauenbefreiung und Arbeiterbewegung. Feminismus und die KPI. Hamburg

Rieger, Eva, 1981: Frau, Musik und Männerherrschaft: zum Ausschluss der Frau aus der deutschen Musikpädagogik, Musikwiss. u. Musikausübung. Frankfurt/M., Berlin, Wien

Röhrich, L., 1973: Lexikon der sprichwörtlichen Redensarten in 4 Bänden. Freiburg, Basel, Wien

Rose, Hilary, 1984: Hand, Brain and Heart: A Feminist Epistemology for the Natural Sciences, in: *Signs* 9

Rossanda, Rossana, 1980: Einmischung. Gespräche mit Frauen über ihr Verhältnis zu Politik, Freiheit, Gleichheit, Brüderlichkeit, Demokratie, Faschismus, Widerstand, Staat, Partei, Revolution, Feminismus. Frankfurt/M.

Rossanda, Rossana, 1994: Auch für mich. Aufsätze zu Politik und Kultur. Hamburg

Rowbotham, Sheila, 1980: Im Dunkel der Geschichte. Frauenbewegung in England vom 17. bis 20. Jahrhundert. Frankfurt/M.

Rowbotham, Sheila, 1981, 1993: Nach dem Scherbengericht. Über das Verhältnis von Feminismus und Sozialismus. 1981 Berlin. 1993 Hamburg

Rowbotham, Sheila, L. Segal und H. Wainwright, 1979, 1980: Beyond The Fragments. Feminism and the Making of Socialism. London

Samuel, Raphael (ed.), 1981: People's History and Socialist Theory. London

Sargent, Lydia (ed.), 1981: Women and Revolution. A Discussion of the Unhappy Marriage of Marxism and Feminism. London

Sassen, Saskia, 2003: Global Cities and Survival Circuits, in: B. Ehrenreich, A. R. Hochschild (ed.): Global Woman: Nannies, Maids and Sex Workers in the New Economy. London

Schenk, Christina, 1990: Experiment Unabhängiger Frauenverband (UFV), in: *Das Argument* 184

Schiebinger, Londa, 1982: Liberale Philosophie zwischen Misogynie und Phallokratie, in: *Das Argument* 132

Schröter, Ursula, Renate Ullrich und Rainer Ferchland, 2009: Patriarchat in der DDR. Nachträgliche Entdeckungen in DFD-Dokumenten, DEFA-Dokumentarfilmen und soziologischen Befragungen. Texte 65 der RLS. Berlin

Schröter, Ursula, und Renate Ullrich, 2005: Patriarchat im Sozialismus? Nachträgliche Entdeckungen in Forschungsergebnissen aus der DDR. Texte 24 der RLS. Berlin

Schwarzer, Alice (Hg.), 1973: Frauenarbeit – Frauenbefreiung. Praxis-Beispiele und Analysen. Frankfurt/M.

Smith, Dorothy, 1992: Sociology from Women's Experience: A Reaffirmation, in: *Sociological Theory* 10

Smith, Dorothy, 1994: Familienlohn und Männergewalt, in: *Forum Kritische Psychologie* 33

Smith, Dorothy, 1998: Der aktive Text – Eine Soziologie für Frauen. Hamburg

Sölle, Dorothee, 1981: Vater und Mutter unser im Himmel, in: *Das Argument* 129

Spivak, Gayatri, 2007: Can the Subaltern Speak? Postkolonialität und subalterne Artikulation. Wien

Thévenin, Nicole-Edith, 1982: Identité et Politique, Féminisme, quel avenir, in: *Elles voient Rouge* 6/7. Paris

Thürmer-Rohr, Christina (Hg.), 1989: Mittäterschaft und Entdeckungslust, hg. vom Studienschwerpunkt »Frauenforschung« am Institut für Sozialpädagogik der TU Berlin. Berlin/W.

Vianello, Mino, R. Simienska u. a. (Hg.), 1989: Gender Inequality. A Comparative Study of Discrimination and Participation. London

Vocabulaire technique et critique de la Philosophie, Paris 1968

Vogel, Lise, 2003: Stichwort Hausarbeitsdebatte, in: Frigga Haug (Hg.), Historisch-kritisches Wörterbuch des Feminismus Band 1. Hamburg

Volksunibuch 1980: Volksuni '80 – Bilder und Texte. Redaktion Erwin Seyfried, Fotos Rotraut Lindenberger u. a. Berlin/W.

Watson, Peggy, 1993: Eastern Europe's Silent Revolution: Gender, in: *Sociology – Journal of The British Sociological Association*

Watson, Peggy, 1993: The Rise of Masculinism in Eastern Europe. Deutsch: Osteuropa: Die lautlose Revolution der Geschlechterverhältnisse, in: *Das Argument* 202

Weber, Claudia, 1982: Rationalisierungskonflikte in Betrieben der Druckindustrie. Frankfurt/M., New York

Weeks, Kathi, 2007: Life Within and Against Work: Affective Labour, Feminist Critique, and Post-Fordist Politics, in: *ephemera: theory and politics in organization*, H. 1; dt. in: *Grundrisse* 38 (2011), übers. von Renate Nahar

Wendelmuth, H., 1975: Arbeitsleben und technischer Wandel, in: *Technologie und Politik* 3, Reinbek

Werlhof, Claudia von, 1978: Der blinde Fleck in der Kritik der politischen Ökonomie, in: *Beiträge zur feministischen Theorie und Praxis*, H. 1

Willis, Paul, 1979: Spaß am Widerstand. Gegenkultur in der Arbeiterschule. Frankfurt/M.

Willis, Paul, 2013: Spaß am Widerstand. Learning to Labour (Neuübersetzung). Hamburg

Young, K. (ed.), 1981: Of Marriage and the Market, London

Weitere Veröffentlichungen von Frigga Haug zum Thema Marxismus-Feminismus

1980: Frauengrundstudium 1, zus. mit überregionalem Frauenprojekt. Berlin

1982: Frauengrundstudium 2, zus. mit überregionalem Frauenprojekt. Berlin

1983: The Women's Question and the Class Question, in: Haug, W.F., und W. Elfferding (Hg.): Rethinking Ideology. Berlin

1983: Der Streit um die Frauenfrage, in: *Marxistische Studien* 6

1983: Frauen und Politik, in: *Marxistische Blätter* 3. Frankfurt

1984: Frauen und Moral. Frauengrundstudium 3, zusammen mit Frauenredaktion. Berlin

1984: Frauenfrage und Klassenfrage, in: *Momente* 2

1984: Automation und Frauenarbeit, in: *Widerspruch – Beiträge zur sozialistischen Politik* 7

1984: Zukunft der Frauenarbeit, in: *AUF – eine Frauenzeitschrift* 6

1985, [2]1988: Subjekt Frau. Kritische Psychologie der Frauen 1, hg. zusammen mit K. Hauser. Berlin

1986: Interview mit Rossana Rossanda, in: *Das Argument* 158

1986: Perspektiven eines sozialistischen Feminismus, in: *Das Argument* 159

1986, [2]1989: Der Widerspenstigen Lähmung. Kritische Psychologie der Frauen 2, hg. zusammen mit K. Hauser. Berlin

1987: Eine Hausfrau im Widerstand kann keine Hausfrau sein. Notiz zur Kritischen Psychologie der Frauen, in: W.F. Haug und H. Pfefferer-Wolf (Hg.): Fremde Nähe. Festschrift für Erich Wulf. Berlin

1987: Zeit für uns. Zu Negt, in: *Das Argument* 164

1987: Frauenbefreiung als Männerwerk, in: *Das Argument* 164

1987: Frauen(arbeit) als konstitutiver Teil des Kapitalismus – oder Nebenwiderspruch?, in: Inge Wettig-Danielmeier und Ruth Winkler (Hg.): Frauenerwerbsarbeit –Fallstrick oder Lebensperspektive? Marburg

1987: Arbeitsforschung im Zeitalter der Mikroelektronik, in: *Forum Kritische Psychologie* 20. Berlin

1987: In der Arbeit zuhause sein?, in: K. Hauser (Hg.): Viele Orte überall? Feminismus in Bewegung. Berlin

1987: Widersprüche der Automationsarbeit. Ein Handbuch, zusammen mit PAQ. Berlin

1988/1989/1990: Frauenbewegungen in der Welt. Bd. 1: Westeuropa. Berlin; Bd. 2: Dritte Welt. Berlin, Hamburg; Bd. 3: Außereuropäische kapitalistische Länder. Berlin, Hamburg; hg. zusammen mit Frauenredaktion

1988: Perspektiven eines sozialistischen Feminismus – 20 Jahre Frauenbewegung in Westdeutschland, in: Frauenredaktion (Hg.): Frauenbewegungen in der Welt, Bd. 1: Europa. Berlin

1988: Gleichheit oder Differenz? Lehren aus den Frauenbewegungen in Europa, in: Frauenredaktion (Hg.): Frauenbewegungen in der Welt. Bd. 1: Europa. Berlin

1988: Küche und Staat. Die Politik der Frauen, hg. zusammen mit K. Hauser. Berlin

1988: Rosa Luxemburg und die Politik der Frauen, in: F. Haug, K. Hauser (Hg.): Küche und Staat. Die Politik der Frauen. Westberlin

1988: Verantwortung als Masochismus, in: F. Haug/K. Hauser (Hg.): Küche und Staat. Die Politik der Frauen. Westberlin

1988: Frauentaten. Zum Streit von Feminismus und Marxismus, in: *Perspektiven* und in: Die Verhältnisse zum Tanzen bringen. Bochumer Ringvorlesung

1988: Frauen, Arbeit und Automation, in: *Störfaktor, Zeitschrift kritischer Psychologinnen und Psychologen* 6

1988: Frauen, Marxismus und Bewegung, in: *Forum Wissenschaft* 4

1988: Feminismus-Marxismus, in: *Perspektiven* 4

1989: Feminismus als Kritik. Zu Ursula Beer (Hg.): Klasse und Geschlecht, in: *Soziologische Revue*, März

1989: Zur Aktualität von Marxismus-Feminismus, in: Helga Grebing, Peter Brandt, Ulrich Schulze-Marmeling (Hg.): Sozialismus in Europa – Bilanz und Perspektiven. Festschrift für Willy Brandt. Essen

1989: Zum Zusammenhang von Geschlechterverhältnissen und Produktionsverhältnissen, in: Renate Schmidt (Hg.): Die Frauenfrage als Männerfrage. Hamburg (unter dem Titel: Die Quotenfrage geht an das Mark der Gesellschaft in: *zweiwochendienst* 34, August)

1990: Die Frauenfrage als Systemfrage, in: *Das Argument* 180

1990: Erneuerung der Gewerkschaftsarbeit, in: *Das Argument* 183

1991: Feminismus als Kritik, in: Ch. Eifler (Hg.): Ein bisschen Männerhass steht jeder Frau. Erfahrungen mit Feminismus. Was heißt Feminismus? Berlin

1990, [2]1993, [3]2002: Erinnerungsarbeit. Berlin, Hamburg

1991: Feminismus und Marxismus, in: Th. Brüsemeister u. a. (Hg.): Die versteinerten Verhältnisse zum Tanzen bringen. Berlin

1992: Beyond Female Masochism. Memorywork and Politics. London

1992: Feministische Ethik braucht Gesellschaftsveränderung und Erinnerungsarbeit, in: 16. Werkstatt Feministische Theologie für Frauen. Protokolldienst 13/92; Ev. Akademie Bad Boll

1992: Feminismus als politische Utopie, in: R. Saage (Hg.): Hat die politische Utopie eine Zukunft? Darmstadt

1993: Feminismus als Kritik: Begegnungen mit Feminismus, in: H. Krüger (Hg.): Was heißt hier eigentlich feministisch? Zur theoretischen Diskussion in den Geistes- und Sozialwissenschaften. Bremen

1993: Anmerkung zur Diskussion um die Kategorie »Geschlecht«, in: *Das Argument* 202

1994: Keine Zeit und kein Ort – Geschlechterverhältnisse als Produktionsverhältnisse, in: Johanna Dohnal (Hg.): Gewalt gegen Gewalt gegen Frauen. Wien

1994: Familienarbeit/Hausarbeit, in: *Das Argument* 207, 911–916

1995: Marxistisch-feministisch – Geschichte einer Verbindung im Streit, in: ÖTG. Österreichische Zeitschrift für Geschichtswissenschaften. Frauen Geschlechter Geschichte Nr. 6, 219–236

1995: Paradoxien feministischer Realpolitik. Zum Kampf um die Frauenquote, in: *Das Argument* 210, 519–538

1995: Geschlechterverhältnisse und Eigentum. Vorwort zur Kritischen Ausgabe von Paul Lafargue. Hamburg

1996: Entweder Geschlecht oder Arbeit – eine rätselhafte Disjunktion bei Engels, in: *Das Argument* 214, 239–246

1996: Frauen-Politiken, in: *SPW – Zeitschrift für Sozialistische Politik und Wirtschaft* 91, 45–48

1996: Feminismus und Zukunftsfähigkeit des Marxismus, in: *Forum Wissenschaft* 3/96, 41–43

1996: Frauen von Chiapas, in: *Das Argument* 217, 801–806

1996: Theorie und Praxis der Linken und feministischer Standpunkt, in: *controvers*, März, 4–17

1996: Frauen-Politiken. Berlin, Hamburg

1997: Von Lustmolchen und Köderfrauen. Zur Politik um sexuelle Belästigung am Arbeitsplatz, hg. zusammen mit S. Wittich-Neven. Berlin, Hamburg

1997: Plädoyer für einen neuen Geschlechtervertrag, in: E. Altvater, F. Haug, O. Negt: Turbo-Kapitalismus. Gesellschaft im Übergang ins 21. Jahrhundert. Hamburg, 172–191

1998: Gramsci und die Produktion des Begehrens, in: *Psychologie & Gesellschaftskritik*, H. 2/3, 75–91

1998: Feministische Anmerkungen, in: Eric Hobsbawm u. a.: Das Manifest heute. 150 Jahre Kapitalismuskritik. Hamburg, 178–191

1998: Das Kommunistische Manifest und die Frauen, in: *Das Argument* 225, 360–370

1999: Und in seiner Welt erscheint Pandora … Überlegungen im Anschluss an Herbert Marcuse, in: Institut für Kritische Theorie (Hg.): Brecht. Eisler. Marcuse. Fragen kritischer Theorie heute. Hamburg, 53–65

1999: Terrainverschiebungen für eine Politik um die Zukunft der Arbeit, in: *Das Argument* 230, 434–443

1999: Die neue Mitte – Bewegungsmöglichkeiten im Neoliberalismus, in: *Das Argument* 233, 795–810

1999, [2]2005: Vorlesungen zur Einführung in die Erinnerungsarbeit. The Duke Lectures. Hamburg

1999: Feministisch arbeiten mit Marx, in: Utopie kreativ, H. 109/110, 125–137; englisch in: Mojab (ed.): The Conceptual Quest, 2015

1999: Wie Pelagea Wlassowa Feministin wurde, in: Heinrich Böll-Stiftung, Feministisches Institut (Hg.): Wie weit flog die Tomate? Eine 68erinnen-Gala der Reflexion. Berlin

1999: Stichwort Familienarbeit/Hausarbeit, in: W.F. Haug (Hg.): Historisch-Kritisches Wörterbuch des Marxismus (HKWM), Bd. 4. Hamburg, 118–129

1999: Stichwort Feminisierung der Arbeit, in: HKWM (s. o.), Bd. 4, 270–280

1999: Stichwort Frauenarbeitspolitik, in: HKWM (s. o.), Bd. 4, 833–842

1999: Stichwort Frauenbewegung II, in: HKWM (s. o.), Bd. 4, , 849–859

2000: Globale Umbrüche und Geschlechterverhältnisse, in: Rosa Luxemburg Stiftung (Hg.): Globalisierung und Geschlecht. Anforderungen an feministische Perspektiven und Strategien. Berlin, 68–81

2000: Zukunft für Frauen? Diskurse um Geschlechterverhältnisse im Internet, in: *Das Argument* 238, 765–776

2001: Der Traum von Gleichheit, in: C. Batisweiler, E. Lembeck, M. Jansen (Hg.): Geschlechterprolitik an Hochschulen: Perspektivenwechsel. Zwischen Frauenförderung und Gender Mainstreaming. Opladen, 15–26

2001: Subsistenz, Familie, Politik, in: M. Tjaden-Steinhauer u. K. H. Tjaden: Gesellschaft von Rom bis Ffm. Kassel, 438–448

2001: Stichwort Gesamtarbeit, in: W. F. Haug (Hrg.): Historisch-Kritisches Wörterbuch des Marxismus (HKWM), Bd. 5. Hamburg, 408–414

2001: Stichwort Gesamtarbeiter, in: HKWM (s. o.), Bd. 5, 414–428

2001: Stichwort geschlechtsegalitäre Gesellschaften, HKWM (s. o.), Bd. 5, 538–545

2001: Stichwort gesellschaftlich notwendige Arbeit, in: HKWM (s. o.), Bd. 5, 573–580

2001: Stichwort Hausfrau, in: HKWM (s. o.), Bd. 5, 1196–1209

2001: Stichwort Hausfrauisierung, in: HKWM (s. o.), Bd. 5, 1209–1214

2001: Standbein und Spielbein, in: *Z. Zeitschrift für marxistische Erneuerung* 46, 122–131

2001, [2]2010: Zur Theorie der Geschlechterverhältnisse, in: *Das Argument* 243, 761–787

2002: Fiction und Feminismus. Science Fiction, gesellschaftliche Utopien und die Frage des Feminismus, in: *Alaska* 241, 10–13

2003: Schluss mit der Marginalisierung. Endlich Gender Mainstreaming. Randnotizen zu einem neuen Zauber, in: *DDS, Zeitschrift der Gewerkschaft Erziehung und Wissenschaft.* Landesverband Bayern. September, 16–17; nachgedruckt in: *Neue Wege, Zeitschrift des religiösen Sozialismus*, Nr. 1/2004, 20–22

2003, [2]2005: Lernverhältnisse. Selbstbewegungen und Selbstblockierungen. Hamburg

2003, [2]2011: (Hg.) Historisch-Kritisches Wörterbuch des Feminismus. Band 1, Abtreibung bis Hexe. Hamburg

2004: Sozialistischer Feminismus: Eine Verbindung im Streit, in: R. Becker, B. Kortendiek (Hg.): Handbuch Frauen- und Geschlechterforschung. Wiesbaden, 49–55

2004: Gender – Karriere eines Begriffs und was dahintersteckt, in: H. Hertzfeld, K. Schäfgen, S. Veth (Hg.): Geschlechterverhältnisse. Analysen aus Wissenschaft, Politik und Praxis. Berlin, 15–32

2005: Geschlechterverhältnisse als Produktionsverhältnisse, in: Ch. Kaindl (Hg.): Kritische Wissenschaften im Neoliberalismus. Eine Einführung in Wissenschafts-, Ideologie- und Gesellschaftskritik. Marburg

2005: Das Patriarchat, beharrlich nach seinem Verschwinden, in: F. Haug (Hg.): Nachrichten aus dem Patriarchat. Hamburg

2005: (Hg.) Nachrichten aus dem Patriarchat. Hamburg

2005: Politik ums Kopftuch, hg. zusammen mit K. Reimer. Hamburg

2006: Sternschnuppen. Zukunftserwartungen von Schuljugend, zusammen mit Ulrike Gschwandtner. Hamburg

2006: Marxistische Theorien und feministische Debatten, in: T. Niechoj, M. Tullney (Hg.): Geschlechterverhältnisse in der Ökonomie. Marburg

2006: Geschlechterverhältnisse begreifen, in: *Beiträge zur feministischen Theorie und Praxis* 68. Köln

2006: Links und feministisch?, in: *Widerspruch* 50

2007: Rosa Luxemburg und die Kunst der Politik. Hamburg; spanisch: Rosa Luxemburg y el arte de la política. Madrid 2013

2007: Blick zurück nach vorn. Feministische Kapitalismuskritik, in: K. Bankosegger, E. Forstert (Hg.): gender in motion. Genderdimensionen der Zukunftsgesellschaft. Wiesbaden

2007: Mit Gramsci die Geschlechterverhältnisse begreifen, in: A. Mertens und V. Rego Diaz (Hg.): Mit Gramsci arbeiten. Hamburg

2008, [3]2011: Die Vier-in-einem-Perspektive. Politik von Frauen für eine neue Linke. Hamburg

2008: Vom Widerspruch im Häuslichen, in: *Das Argument* 268

2008: Attacken auf den abwesenden Feminismus, in: *Das Argument* 274

2009: Geschlechter – Verhältnisse und Beziehungen, in: *Das Argument* 280

2009: Feministische Initiative zurückgewinnen, in: *Das Argument* 281

2010: Wohin ging die Erbschaft der verschwundenen Frauenbewegung? Versuch einer Wiederaneignung in sozialistischer Perspektive, in: Zentrum für Gender Studies und feministischer Wissenschaft (Hg.): Kritik, Emanzipation, Utopie. Gender Lectures im Wintersemester 2009/10 (Schriftenreihe des Zentrums für Gender Studies und feministische Zukunftsforschung der Philipps-Universität, H. 13). Marburg

2010: (Hg.) Briefe aus der Ferne. Anforderungen an ein feministisches Projekt heute. Hamburg

2010: Feminismus – wer versteht was darunter und was bedeutet er uns?, in: Briefe aus der Ferne (s. o.)

2010: Kein Abschluss und Anhang, in: Briefe aus der Ferne (s. o.)

2010: Arbeiten wie noch nie!? Unterwegs zur kollektiven Handlungsfähigkeit, hg. zusammen mit Sabine Gruber und Stephan Krull. Hamburg

2010: Die Geschichte der Vier-in-einem-Perspektive als Schule des Lernens. Eine Vision von Frauen, die eine Vision für alle ist, in: Arbeiten wie noch nie!? (s. o.)

2010: Sozialistischer Feminismus: Eine Verbindung im Streit, in: Handbuch Frauen- und Geschlechterforschung. Wiesbaden

2010: Rückblick auf die westdeutsche Frauenbewegung, in: Linkssozialismus in Deutschland. Hamburg

2011: Die Vier-in-einem-Perspektive. Kompass für die politische Praxis, in: *Luxemburg* 2

2011: (Hg.) Historisch-Kritisches Wörterbuch des Feminismus. Band 2, Hierarchie/Antihierarchie bis Köchin. Hamburg

2011: Frauenabteilung der Stadt Wien (Hg.): Jenseits des Rechts auf einen Fensterplatz Erster Klasse – auf der untergehenden Titanic. Für einen gesellschaftskritischen Feminismus und eine Politik der allgemeinen Menschenbefreiung. Frigga Haug im Gespräch mit Beate Hausbichler, in: Und weiter: feministische Perspektiven für Wien. Wien

2011: Zwischen Klassenstaat und Selbstbefreiung, hg. zus. mit Michael Brie. Baden-Baden

2011: Rosa Luxemburg und der Weg, der zu Gramsci führt, in: Zwischen Klassenstaat und Selbstbefreiung (s. o.)

2011: Hilfsbereitschaft als Überlebensstrategie, Hrdys Forschungen zu Jungenaufzucht und Menschwerdung, in: *Das Argument* 294

2011: Nur eine Puppe, in: *Das Argument* 293

2011: Opfer oder Täter?, in: *Das Argument* 295

2011: Die Vier-in-einem-Perspektive und das bedingungslose Grundeinkommen, in: A. Allex, H. Rein (Hg): »Den Maschinen die Arbeit … uns das Vergnügen!« Beiträge zum Existenzgeld. Berlin

2011: Die Menschen machen die Geschichte …, in: R. Leiprecht (Hg.): »Nichts ist praktischer als eine gute Theorie«: Theorie, Forschung und Praxis im Kontext von politischer Kultur, Bildungsarbeit und Partizipation in der Migrationsgesellschaft. Oldenburg

2012: Clara Zetkin und wir. Der Zetkinpreis, in: *Das Argument* 301

2012: Freiheit von Kindern, in: *Das Argument* 299

2012: Menschsein können oder welche Aneignung für das weibliche Geschlecht?, in: *Das Argument* 303

2012: Unsere Geschichte zurückgewinnen, in: *Das Argument* 303

2012: Was bringt Gramsci für das Ringen um eine feministische Politik in der Linken?, in: *Das Argument* 303

2012: The Politics of Die Linke – A Politics of Time, zus. mit Dialektikfrauen, in: *Socialism and Democracy* 26, 143–155

2012: Interventionen in die Politik um die Zukunft der Arbeit, in: *politix* 31

2012: Preis des Patriarchats, in: *Das Argument* 298

2012: Vier-in-einem Perspektive, Kompass, in: *Luxemburg* 2/2012

2012: Woher kommen alle diese Reparaturarbeiten? Eine Theorie von Sozialarbeit braucht eine Sozialtheorie von Gesellschaft, in: U. Mäder, P. Aebersold und S. Mugier (Hg.): Soziale Disziplinierung und Kontrolle. Basel; nachgedruckt in: U. Eichinger und K. Weber (Hg.): Soziale Arbeit (texte kritische psychologie 03), Hamburg

2012: Wozu um Zeit kämpfen?, in: H. Platta (Hg.): Kaltes Land. Hamburg

2012: Vier-in-Einem-Perspektive, in: U. Brand, B. Lösch, B. Opratko, S. Thimmel (Hg.): ABC der Alternativen 2.0. Von Alltagskultur bis Zivilgesellschaft. 2. Aufl. Hamburg

2012: Tolerante Friedenstaube? Rosas Zumutungen, in: K. Kinner (Hg.): Rosa Luxemburg ante portas. Leipzig

2013: Stichwort Liebe, in: W.F. Haug, F. Haug und P. Jehle (Hg.): Historisch-Kritisches Wörterbuch des Marxismus (HKWM), Bd. 8/I. Hamburg

2013: Stichwort Linie Gramsci-Luxemburg, in: HKWM (s. o.), Bd. 8/I

2013: Die Prekarität ist von Natur aus weiblich, in: D. Fink, B. Krondorfer, S. Prokop, C. Brunner (H.g.): Prekarität und Freiheit? Feministische Wissenschaft, Kulturkritik und Selbstorganisation. Münster

2013: Herrschaft als Knoten denken, in: *Luxemburg* 2/2013

2013: Menschenbild und Sprache in der sozialpolitischen Literatur, in: B. Danuser und V. Gonik: Die Arbeit – eine Re-Vision.

2013: Die Vier-in-einem-Perspektive. Kämpfe um Zeit, zus. mit A. Conrads, in: Ch. Rudolf, D. Heide, J. Lemmle, J. Roßhart, A. Vetter (Hg.): Schneewittchen rechnet ab. Feministische Ökonomie für anderes Leben, Arbeiten und Produzieren. Ein Werkstattbuch aus der Attac-Gender AG. Hamburg

2013: Das Care-Syndrom, in: *Widerspruch* 62

2014: Arbeiten an einer Kultur in der Zerrissenheit, in: *Das Argument* 308

2014: (Hg.) Historisch-kritisches Wörterbuch des Feminismus. Band 3, Kollektiv bis Liebe. Hamburg

2014: Quoten und Stallgeruch, in: *Das Argument* 309

2014: Vom Schicksal zur Geschichte, in: *Das Argument* 308

2014: Versuch, in den Fußstapfen von Rosa Luxemburg für eine Demokratie von unten zu streiten, in: *Das Argument* 305

2014: Rezension zu H.-J. Voß u. S. A. Wolter: Queer, in: *Das Argument* 307

2014: Die Transformation muss am Herrschaftsknoten ansetzen, in: M. Brie (Hg.): Futuring. Münster

2014: Stefan Heyms Stalinallee-Roman, in: *Das Argument* 306

2014: Ton Veerkamp begegnen, in: *Texte und Kontexte* 141–143

2014: Erinnerungsarbeit als emanzipatorisches Lernprojekt, in: E. Meyerhof, T. Bernges, M. Block, M. Niehoff und Ch. Schultz (Hg.): Menschenbilder in der Psychologie. Hamburg

2014: Zum Verhältnis von Feminismus und Kapitalismuskritik – ein Lernprozess, in: T. Jung, A. Lieb, M. Reusch, A. Scheele, S. Schoppengerd (Hg.): In Arbeit: Emanzipation. Feministischer Eigensinn in Wissenschaft und Politik. Münster

2015: The Politics of Hope: Memory-Work as a Method to Study the Conduct of Everyday Life, in: E. Schraube and Ch. Højholt: Psychology and the Conduct of Everyday Life. London

Personenregister

Sachregister